이 세계에는 수많은 혼란의 씨앗이 심어져 있다.
민족, 종교, 경제, 문화……
그 원인은 제각각이며
혼란을 막을 정답 따위 존재하지 않는다.

그러한 세계가 "그들"을 낳았다.

국가, 기업, 조직, 개인
모든 이들과 계약을 맺고
계약자를 위해 일하는 "전쟁의 개"를.

세계 각지의 분쟁지역에서,
겉보기에는 평화로운 눈부시게 화려한 도시에서,
"그들"의 힘은 기피되면서 또한 요구되었다.

언제부터인가, "그들"을 아는 이들은
복잡한 감정을 담아 이렇게 부르기 시작했다.

"건독GUNDOG"이라고.

GUN ACTION TRPG
GUNDOG
REVISED

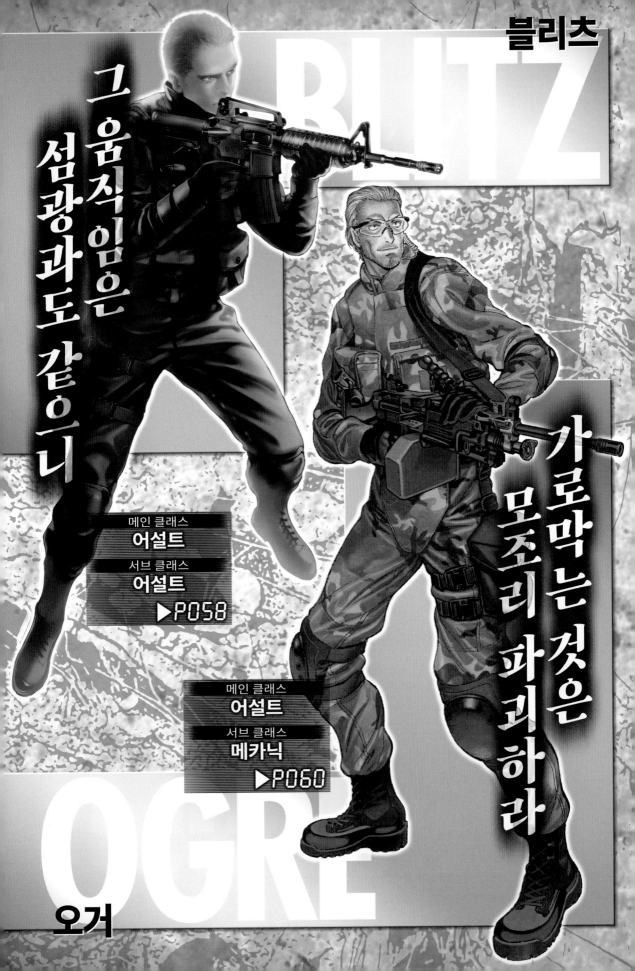

NEEDLE

니들

메인 클래스
스나이퍼

서브 클래스
오퍼레이터

▶P062

그 탄환은
조용히 죽음을
선고한다

바늘구멍마저도
관통하는 사격

메인 클래스
스나이퍼

서브 클래스
스카우트

▶P064

DULLAHAN

듀라한

고스트

GHOST

등 뒤에서
다가오는
고요한 죽음

메인 클래스
그래플러
서브 클래스
스카우트
▶P070

메인 클래스
어설트
서브 클래스
그래플러
▶P072

COBRA

코브라

목젖을 파고드는
날카로운 송곳니

SPIDER

스파이더

그물을 둘러치는 전장의 거미

불사의 감로수 덧없는 생명의 지킴이

AMRITA

암리타

어서 오십시오! 총과 초연의 세계에!!

『건독 리바이스드』의 무대는 지금보다 약간 앞선 미래입니다.
다만 우리가 살아가는 현실과 다른 역사를 걸어왔습니다. 약자에게 상냥하다고는 할 수 없는 세계입니다만……
이 세계에서는 테러나 흉악 범죄, 전쟁이 횡행하고 있고, 수많은 나라나 기업이 어려움을 겪으며, 정세 불안이 가속화됨에 따라 사람들의 마음이 황폐해지고 있습니다.
극도의 치안 악화는 각국의 치안기구조차 대처할 수 없을 정도로 심각합니다.
여기서 주목을 받은 것이 "민간보안기업"이라고 불리는 이들입니다.
그들은 고용주와 계약하여 경호나 거점 방어를 중심으로 한 보안 업무에 종사합니다.
치안이 아무리 악화되더라도 사람들은 삶을 살아가고 기업은 사업을 벌여야 합니다.
이러한 것들을 지켜주었으면 하는 사람들의 바람이 커져가던 도중, "민간보안기업"은 예측 가능한 위협에 대해 유효한 대응책으로서 세를 확장하였습니다.

"민간보안기업"은 다양한 활동을 합니다.
후방의 물자 운송이나 거점 설치, 중요인물의 경호나 거점의 수비 및 방어, 전투기술이나 전술/전략 등의 지도편달을 비롯해 때로는 전선에 나서 전투도 벌입니다.
"민간보안기업"이 세계에 알려짐에 따라 그들은 구미 각국을 중심으로 민간인에게도 가까운 존재가 되었습니다.

시간이 흘러, 2016년
계약주에게 충실한 개, 믿음직한 번견…… 그들은 수많은 의미를 담은 칭호로서 "건독"이라 불리게 되었습니다.
『건독 리바이스드』는 총과 초연으로 얼룩진 불안정한 세계에서 "건독"으로서 살아가는 이들을 롤플레이하는 게임입니다.

Gen Karioka and ARCLIGHT

Presents

GUN ACTION TRPG

GUNDOG

REVISED

테이블 토크 롤플레이 게임

『건독 리바이스드(이하 GDR)』는, 테이블 토크 롤플레이 게임(이하 본문에서 TRPG로 표기합니다)이라는 장르에 속합니다.

TRPG란, 다수의 참가자가 정해진 규칙을 기반으로 커뮤니케이션을 통해 하나의 이야기를 만들어가는 놀이입니다.

그러면 이제 TRPG의 기본적인 플레이 방법에 대해 간단하게나마 설명하겠습니다.

참가자 중 한 명은 "게임 마스터(이하 GM)"라 불립니다. 그는 이야기의 진행을 맡습니다. 다른 참가자는 "플레이어(PL)"라 불립니다. 이들은 GM이 준비한 시나리오 속에서 이야기의 중심적인 등장인물(플레이어 캐릭터라고 부릅니다. 이하 본문에서 PC로 표기합니다)을 맡게 됩니다.

우선 GM은, PC가 놓인 상황에 대하여 설명합니다. 해당 상황에 대해 PL은 PC들이 각각 어떻게 행동할지를 생각하고, 결정하여, GM에게 전합니다. 각 행동을 전달받은 GM은 정해진 규칙과 PC의 상황을 조합하여 판단하고, 해당 행동이 어떠한 결과를 가져왔는지를 PL에게 전합니다. 이러한 행위를 반복하면서 이야기를 만들어가는 놀이가 TRPG입니다. 그리고 이야기가 어떻게든 결말을 맞이했을 때, 게임을 종료합니다.

또한, 명확한 승리나 패배가 없다는 것도 TRPG의 특징 중 하나입니다. 굳이 말한다면, 참가자 전원이 만들어낸 이야기가 굉장히 멋진 것이었고, 참가자 전원이 즐거운 시간을 공유했다면, 바로 그것이 TRPG에 있어서 '승리'라 부를 수 있을 것입니다.

건독 리바이스드를 즐기는 법

2004년, TRPG 전문서적 『Role&Roll』은 첫 오리지널 TRPG로서 『건독』을 발매했고, 2008년에는 버전업한 『건독 제로』를 발매했습니다.

그리고 『건독 제로』의 2.5판이라 할 수 있는 개정판이 바로 『GDR』입니다.

본 시리즈는 건 액션을 주체로 삼은 TRPG입니다. 건 액션이라는 말에서 무기를 메인으로 다루는 TRPG라는 것도 알 수 있으리라 생각합니다.

단, 건 액션이라고 말해도 떠오르는 이미지는 사람마다 천차만별일 것입니다.

지금 당신의 머릿속에 떠오르는 이미지는 어떠한 것입니까?

카우보이 모자에 속사로 일컬어지는 마카로니 웨스턴 같은 총격전입니까?

아니면, 잠입공작, 암살, 인질구출 작전 등 특수부대가 활약하는 총격전입니까?

혹은, 총알 개수 따위는 신경 쓰지 않는 홍콩 누와르 영화같은 화려한 총격전입니까?

어쩌면 당신이 콘솔 게임이나 PC 게임의 애호가라면, 총격전 끝에 좀비나 에일리언 같은 몬스터를 쓰러뜨리는 이미지가 될지도 모르겠습니다.

『GDR』의 이미지는 위에서 설명한 것 중, 특수부대의 요소가 강하게 들어가 있습니다.

당신은 우리가 살아가는 현실과 조금 다른 역사를 쌓아 올린 근미래에서, 특수부대원과 같은 스킬을 가진 「건독」이라 불리는 이를 연기하며, 프로페셔널한 병사로서 의뢰받은 임무를 수행하게 됩니다.

당신은 이러한 임무가 필요한 장면에서 다양한 판단을 내리면서 임무를 성공시켜야 합니다. 임무에 따라 반드시 총격전이 일어난다고는 할 수 없기에 단언하긴 힘듭니다만, 대체로 임무를 수행하는 과정에서 총격전이 발생할 것입니다. 뭐라고 해도, 『GDR』은 총격전을 즐기기 위해 만들어진 TRPG이기 때문입니다.

물론, 실제 세계에서는 총격전 따위는 일어나지 않는 편이 좋습니다. 하지만, 동서고금 총기가 등장하는 영화나 애니메이션 같은 컨텐츠는 수없이 존재합니다. 역시 뭔가 끌리는 매력이 있는 것은 아닐까 생각합니다.

『GDR』을 즐기기 위해 특별하게 필요한 지식은 없습니다. 물론 특수부대나 무기, 밀리터리 관련 지식을 가지고 있다면, 더욱 즐길 수 있는 것은 분명합니다만, 지식이 없다고 해서 즐길 수 없는 것은 아닙니다. 「당신의 PC가 살아남기 위해서 무엇을 해야 하는가?」를 생각하고 행동하시기 바랍니다. 「그 영화처럼」, 「그 드라마처럼」 해보겠다는 행동방침을 세워도 좋습니다.

공상의 세계이기에 가능한, 정말 안전하면서도 스릴 넘치는 총격전을 『GDR』을 통해 마음껏 즐겨주시면 좋겠습니다.

각 플레이어에게 필요한 것

6면체 주사위

최소 2개는 준비하시는 것이 좋습니다. 5개를 준비하시면 대부분의 상황에서 부족하진 않을 것입니다.

10면체 주사위

색이 다른 10면체 2개를 준비합니다. 「0」~「9」가 그려진 10면체를 사용합니다.

필기도구

시트 등의 작성에 사용합니다. 또는 게임 중에 메모를 하기 위해 연필, 샤프, 지우개 등을 준비합니다. 볼펜이나 매직과 같이 한번 쓰면 지워지지 않거나 지우기 어려운 필기도구는 피하는 편이 좋습니다.

시트 등의 복사본

캐릭터 시트, 차량 시트를 각 플레이어 용으로 한 부씩 복사합니다. GM은 게임 중에 타깃 레인지 시스템을 사용한다면, 필요한 만큼 복사하거나 작성해두어야 합니다.

계산기

게임을 즐기는데 꼭 필요하지는 않습니다만, 캐릭터를 처음부터 제작하는 등의 작업에 사용하면 편리합니다.

용어 해설

GM(게임 마스터)

게임의 진행역을 맡는 참가자입니다.
『GDR』을 즐길 때, GM의 권한은 절대적입니다. GM은 규칙을 숙지하고 가능한 한 공평하고 올바른 규칙을 적용해야 할 것을 마음에 새겨두어야 합니다.
게임 도중, 룰북에 기재된 규칙으로는 해결할 수 없는 사태가 발생했을 경우, GM은 해당 사안을 결정합니다.

PL(플레이어)

GM이외의 참가자입니다.

PC(플레이어 캐릭터)

PL이 움직이는 등장인물입니다.

NPC(논 플레이어 캐릭터)

GM이 움직이는 등장인물입니다.

캐릭터

PC와 NPC의 총칭입니다.

굴림

주사위를 굴리는 행위입니다.

nD6

n개의 6면체 주사위를 굴려서 해당 눈의 합계를 내는 것입니다. n에는 1이상의 숫자가 들어갑니다.

nD9

n개의 10면체 주사위를 굴려서 해당 눈의 합계를 내는 것입니다. n에는 1 이상의 숫자가 들어갑니다. 『GDR』에서 10면체의 「0」은 「10」이 아니라 그대로 「0」으로 읽기 때문에 합계는 「0 ~ 18」의 수치가 됩니다.

D%

색이 다른 10면체 주사위 2개를 준비하여 한쪽은 10의 단위로, 다른 한쪽은 1의 단위로 삼아 주사위를 굴려서 「01 ~ 00」(00은 100)의 수치를 내는 행위를 말합니다.

DR

듀얼 롤. D%를 굴렸을 때, 추가로 해당 굴림에서 2D9의 수치를 내는 행위를 말합니다.

TRS

『GDR』의 특수 판정 시스템을 말합니다. 타깃 레인지 시스템을 가리킵니다.

표기 형식

책에서는 다음의 기호를 사용하여 표기하고 있습니다.
능력치 → 【 】   스킬 → 〈 〉
클래스 아츠 →《 》게임 용어 → [ ]

소수점 처리

계산에서 소수점이 나왔을 때는 전부 버립니다. 예외 처리를 할 때는, 그때마다 명기하고 있습니다.

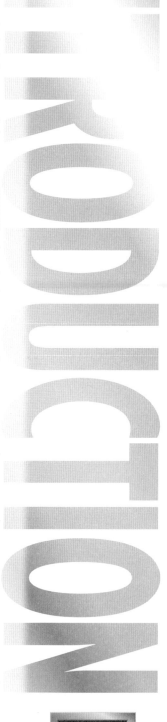

GUNDOG REVISED

"Cry 'HAVOC'
and let s
the dogs of

Chapter 1
WORLD SECTION

건독 리바이스드의 무대

『GDR』의 무대가 되는 2016년의 세계에서는, 테러 사건을 포함한 중범죄에서 경범죄까지, 수많은 사건이 발생하게 되었습니다.

생활양식이나 사람들의 의식은 지금 현재를 사는 우리의 생활과 사회와 그리 다르지 않지만, 2003년에 세계를 덮친 이상기후를 경계로 그 양상에 급격한 변화를 맞이했습니다.

세계 규모의 이상기후

2003년, 지구 규모로 발생한 역사상 유례가 없을 정도의 이상기후가 세계 각지에서 맹위를 떨쳤습니다.

이 이상기후가 남긴 가장 큰 피해는 곡물의 흉작이었습니다.

전문가 사이에서는 인구 증가나 환경 문제등 여러 요인을 기반으로 세계의 식량사정에 위기가 찾아올 것을 일찍부터 예측하고 있었습니다. 이 이상기후는 그 예측된 식량위기로 향하는 속도를 한층 가속화하고 말았습니다.

원래 200개에 가까운 국가들을 보더라도 곡물자급률 100%를 크게 넘기는 나라는 오스트레일리아, 아르헨티나, 프랑스, 캐나다, 미국, 스웨덴, 핀란드 등 20여개국에 지나지 않았습니다.

이 이상기후가 세계에 끼친 영향력의 크기는, 이러한 각국의 곡물자급률이 100% 가까이까지 저하되었다는 것으로 증명할 수 있습니다.

이러하듯 곡물자급률이 크게 저하되면서 육류나 유제품의 공급에서 막대한 영향을 주게 되었습니다(쇠고기 1 킬로그램을 만드는데 곡물은 7킬로그램이 필요하다는 계산이 있습니다. 다시 말해, 곡물이 없으면 가축을 기를 수 없습니다).

그 결과, 세계에서 식량자급률이 100%를 웃돈 국가는 오스트레일리아 뿐이라는, 그야말로 위기 상황에 몰리게 된 것입니다.

나이트메어 스톰

전 세계의 식량자급률이 100%를 밑돌면서 야기된 최대의 비극은, 세계 규모의 기아…… 그 끝에 있는 아사였습니다.

21세기의 선진국에 있어, 아사라는 단어는 현실성과 거리가 먼 단어였지만, 세계는 그 말의 의미를 몸으로 깨닫게 되었습니다.

막대한 인구를 보유하고 있던 중국이나 인도에서는 천만 단위의 아사자가 발생한 것이 아니냐는 추측이 나올 정도로, 긴박한 상황에 몰리게 됩니다.

물론 세계 각국의 연구기관은 곡물의 품종 개량이나 바이오 식품의 개발 등, 상황을 타개하기 위해 연구를 계속했지만, 눈에 띌 결과를 얻진 못하였습니다.

그들 연구기관의 분투를 비웃기라도 하듯, 이상기후는 발생 후 3년이 지난 2006년 초에 종식을 맞이합니다.

그러나 이상기후 중에 일어난 비극은 아사 뿐만이 아니었습니다. 오히려 아사라는 이름의 비극은 그 뒤에 이어진 크고 작은 수많은 비극의 방아쇠에 지나지 않았다고도 일컬어집니다.

개발도상국은 물론이고 선진국에서도 빈부격차가 커지면서 흉악한 사건이 셀 수 없을 정도로 발생했습니다. 치안은 악화되고, 경범죄에 그치지 않고 폭동이나 쿠데타, 테러 등의 중범죄도 점점 증가하게 되었습니다.

이리하여 각국의 치안기관은 빈번하게 일어나는 범죄에 미처 대응하지 못하는 케이스가 늘어만 갔으며, 더욱 치안이 악화되는 결과만을 불러왔습니다.

2003년부터 2010년에 걸친 7년간은, 그야말로 악몽이라고밖에 부를 수 없는 시대였습니다.

언제부터 그리 일컬어지게 되었는지는 알 수 없습니다만, 『GDR』의 무대가 되는 2016년의 세계에서는 이상기후로부터 시작된 7년간의 동란의 시기를 "나이트메어 스톰(거칠게 몰아친 악몽)"이라고 부르고 있습니다.

그리고 2016년

2016년 현재, 테러 사건이나 영리 목적의 유괴사건이 빈발하면서 범죄 발생률 증가가 멈추지 않을 경향을 보이는 등, 세계 정세는 여전히 불안정한 상태입니다.

개발도상국에서는 아사자가 늘어만 가고, 폭동이나 쿠데타 뉴스가 매일같이 미디어 매체를 시끄럽게 울려대는 것이 당연한 것처럼 여겨지고 있습니다.

세계에는 나이트메어 스톰이 할퀴고 간 흔적이 똑똑히 남아있으며, 전문가 사이에서는 아직도 세계가 나이트메어 스톰을 벗어나지 못했다고 주장하는 자가 있을 정도입니다.

PC는 그러한 세계에서 살아가는 험한 일의 프로로써 수많은 사건을 해결해야만 합니다. 이 세계는 언제나 PC와 같은 "제어된 폭력"이 필요합니다.

역자 주: 2016년

일본에서 원서를 발매했을 당시, 2016년은 가까운 미래였습니다.

이 룰북을 사용하는 여러분은 시대상을 자유로이 설정하셔서 플레이하시길 바랍니다.

이상기후

나이트메어 스톰의 방아쇠가 된 지구 규모의 이상기후는 가뭄에 의한 물 부족 현상, 장시간 강우로 인한 일조시간 부족과 냉해 등으로 곡물에 심각한 피해를 주었습니다.

기상학자들은 연구를 진행하면서 여러 가설을 세웠지만, 2016년 현재에 이르기까지 그 원인을 특정하지는 못했습니다.

식량자급률과 곡물자급률

단순하게 말한다면 국민이 1년간 소비하는 음식물(먹다 남긴 것도 포함하여) 중에서 국내산이 절반을 점유하고 있으면 연간 식량자급률은 50%가 됩니다.

곡물자급률은 쌀이나 보리, 옥수수 등의 곡물이 얼마나 국내에서 생산되었는가를 나타내는 지표입니다.

가축의 사육이나 어류 양식에도 곡물이 사용되기에, 대체로 곡물자급률이 식량자급률보다 밑도는 경우는 없습니다.

참고로 일본 농림수산성의 조사에 따르면, 2003년 시점의 식량자급률은 한국이 44,9%, 일본이 40%, 미국이 128%, 오스트레일리아가 237%입니다. 곡물자급률은 일본이 27%, 미국이 132%, 오스트레일리아가 333%입니다.

건독

PL의 분신인 건독은 군이나 경찰의 특수부대원과 같은 정도의 전투기술과 임무수행능력을 가진 민간보안기업(Private Military Security Company, 통칭: PMSC)에 소속된 전문가입니다.

「건독」이란, 의뢰인의 충실한 개, 믿음직한 번견이라는 이미지로부터 붙여진 속칭이면서, 경멸의 칭호이기도 합니다. 하지만 당사자들은 즐기면서 그렇게 자칭하는 듯합니다.

그들은 나이트메어 스톰이라는 역경을 이겨내 실력을 갈고 닦은 수완가이며, 출신 또한 군인, 경찰관, 용병 등 다양합니다.

민간보안기업

우선, PC가 소속될 민간보안기업이 어떠한 조직인지를 간단히 설명하겠습니다.

민간보안기업의 주 업무는 다양한 조직이나 국가 등과 계약을 체결하고 의뢰인이 원하는 서비스를 제공하는 것입니다.

필요한 장소에 필요한 만큼 무장 전투원을 파견하여 경비나 전투임무에 임하는 직접적인 것에서부터 탄약이나 식량, 연료 등을 보급하거나, 무장의 성능유지를 목적으로 하는 정비나 의료행위, 전장까지 물자나 장비를 운송하는 등, 서비스의 종류도 다양합니다.

기본적으로 그들을 현대의 세련된 용병조직이라고 생각해도 좋습니다.

민간보안기업의 역사

제 2차 세계대전 이후, 동유럽 각국에 사회주의정권을 도입하여 위성국가로 삼은 소비에트 사회주의공화국연합(이하 소련)은 동쪽의 각국 리더로서 서쪽 각국의 리더인 미합중국(이하 미국)과 냉전상태에 들어갑니다.

냉전상태에서 양국은 끝이 없는 군비확장 노선을 걸으며 핵병기나 신병기 개발, 군비 증강에 국비를 물 쓰듯 퍼부었습니다.

그 결과, 수많은 요인이 얽혀있긴 하지만, 소련의 국력이 쇠퇴해가면서 이윽고 국가 체제의 붕괴를 부르게 되었습니다.

소련의 붕괴로 냉전시대는 종결되었으나, 그와 동시에 미국을 시작으로 각국도 군비 감축을 시작합니다. 당연히 군비의 감축에는 인원감축도 포함되었고, 많은 퇴역군인이 발생했습니다.

냉전의 종결로 인해 강대국끼리 핵병기를 사용할 정도의 대규모 전쟁이 일어날 위기는 사라졌으나, 약소국의 내전이나 민족분쟁, 테러 행위 등이 빈번하게 발생하는 세계가 되었습니다.

그러한 세계정세가 민간보안기업의 수요를 낳았습니다.

비용과 수고, 군대의 군사적 행위를 선뜻 받아들일 수 없는 국내여론을 고려하자면, 자국 군대를 쓰기보다는 민간보안기업에 맡기는 편이 여러모로 편리해지면서 그 존재감이 커지고 있습니다.

민간보안기업의 업무

앞서 설명한 바와 같이, 민간보안기업의 업무는 다양합니다만, 크게 나누어 3개의 패턴으로 분류할 수 있습니다.

직접전투지원

문자 그대로 의뢰인을 위해 직접 전장으로 향하여 실제 전투행위에 참가합니다.

또한 시설 경비, 운송부대나 요인의 경호, NGO•보도•관광객 등의 경호도 여기에 포함됩니다. 용병의 이미지에 가장 가까운 업무라고 생각합니다.

병참(후방지원)

전투행위 지속을 위해서는 다양한 물자가 필요합니다. 그러한 물자의 운송도 민간보안기업이 맡는 경우가 많아졌습니다.

그 외에도 병사의 숙박시설이나 식사 제공, 하이테크화된 근대병기의 정비 등도 이 업무에 포함됩니다.

전략•전술 어드바이저

민간보안기업에 소속된 퇴역군인이 가진 풍부한 지식이나 경험을 살린 업무입니다.

계약한 국가의 군인을 훈련시키거나 실제 전투작전에서 전술적인 조언 등을 합니다.

이 외에도 최근에는 민간군사회사가 실전에서 신병기 개발이나 테스트 등을 거치고서 판매하는 경우도 있습니다.

민간보안기업의 메리트

국가나 조직이 민간군사기업과 계약하는 이유는 그만큼 메리트가 있기 때문입니다.

가장 큰 이유는 앞서 이야기한 「코스트 퍼포먼스」를 들 수 있겠습니다.

군대를 유지하고 운용하는 데에는 역시나 막대한 비용이 들어갑니다.

일부 국가를 제외하면 각국은 군비를 감축하는 경향을 보였지만, 신병기 개발은 언제나 계속되고 있습니다. 이들 신병기는 사용 방법이나 정비 방법이 점점 복잡해지면서, 도입에 필요한 비용도 점점 비싸지고 있습니다.

유지비용 중에서도 인건비는 가장 큰 비율을 차지하고 있으며, 이 부분을 억제할 수 있으면 상당한 코스트다운을 기대할 수 있습니다.

민간보안기업과 계약하는 것으로 이러한 코스트다운이 현실적으로 의미를 가지기에, 이와 같은 메리트의 크기를 이해할 수 있을 것입니다.

또한, 국군은 여러가지 규제에 묶여 있는 경우가 많고, 신속하게 운용하기가 어렵기 때문에, 대응이 늦어지기 마련입니다.

계약만 성립한다면, 대형 민간보안기업은 1,000 ~ 2,000인 규모의 부대를 즉시 목적지까지 이동시켜 대응할 수 있습니다.

그 외에도 민간보안기업의 소속 인원이 전투지역에서 사망하더라도 고용한 국가의 전사자 수에 포함되지 않는다는 점도 있습니다.

전사자 수는 전쟁을 지속할 때, 해당 국가의 여론을 크게 좌우하는 원인 중 하나입니다. 지금까지의 역사를 돌이켜봐도 전사자가 많으면 많아질수록 전쟁을 중단하자는 여론이 강해집니다.

위에 설명한 메리트는 강대한 군사력을 갖추지 못한 소국일수록 더욱 큰 가치로 환원됩니다.

민간보안기업이 원하는 금액만 지급하면, 본래 군인이었던 일류 요원들이 풍부한 경험과 지식, 기술을 바탕으로 최신 전술이나 병기의 사용법을 가르쳐줍니다. 더불어서 실제 전투상황이 있는 지역이라면, 그들은 전투지휘관이 되어 진두지휘를 펼칩니다. 이만큼 큰 메리트는 없을 것입니다.

실제로 소국의 내전에서 민간보안기업이 전황에 크게 관여하면서, 적군 진영이 내전 정전합의를 조건으로 민간보안기업과의 계약해지를 제시한 경우가 있을 정도입니다.

민간보안기업의 디메리트

메리트가 있으면 디메리트가 있는 것이 이세상의 상식입니다. 민간보안기업을 고용하는 데에는 몇 가지의 디메리트가 발생합니다.

가장 큰 문제는 민간보안기업의 입장상 위치에 관한 것입니다.

정규부대라면 정당한 이유도 없이 포로나 민간인을 학살하거나 폭행하면 군사법정에서 재판을 받습니다.

하지만 민간보안기업과 같은 기업을 단속할 근거가 없다보니 수많은 문제가 발생합니다. 군과 같이 행동하고 있더라도 민간보안기업의 사원이 일으킨 전쟁범죄에 대해서는 민형사상 어느 쪽으로도 법의 심판을 받은 경우가 없고, 도덕성이 낮은 이들 중에서는 위에서 말한 약탈과 폭행을 일종의 부수입으로 생각하는 자도 있습니다.

그 다음으로 문제시되는 것은, 민간보안기업이 우수한 군인을 빼돌린다는 점입니다.

막대한 자금을 투입하여 육성한 인재가 대우에 불만을 품거나 상층부와의 의견 대립 등을 이유로 의욕이 저하되어, 그로 인해 민간보안기업으로 전직하는 현상이 벌어지며, 결과적으로는 투입한 자금을 허공에 뿌리는 격이 되고 맙니다.

그 밖에도 사원의 파업에 따른 운용 불안정 등을 들 수 있습니다만, 이러한 행위는 계약한 기업으로서도 신용을 잃는 일이기 때문에 심각할 정도로 표면에 드러나지는 않았습니다. 무엇보다도 민간보안기업으로서는 거래 상대를 잃으면 경영을 꾸려갈 수 없기 때문입니다.

메리트 항목에서 설명한 것을 뒤집는 모양새가 되겠습니다만, 소국이 민간보안기업에 지나치게 의존한 결과, 자국 군대를 운용할 수 없게 된 사례도 있습니다.

군대의 유지와 운용은 장기적 시점으로 이루어지는 것이지만, 단기적으로 민간보안기업에 의한 성과가 올라가게 되면 자국 군대의 육성을 등한시하는 경우도 있습니다. ……물론, 대체로는 국가를 운영하는 수뇌부에게 명확한 비전이 없었던 것도 큰 원인이었습니다.

민간보안기업——이라기보다는 소속된 사원에게도 디메리트가 있습니다.

이것 또한 앞서 이야기한 메리트의 일부를 뒤집는 경우입니다만, 사원은 군인이 아니므로 만약 전장에서 죽거나 다친다고 해도 정식적인 전쟁사상자로 취급되지 않습니다.

즉, 그들에게는 나라가 준비한 유족연금이나 연금, 복리후생 시설을 이용할 권리가 없습니다. 민간보안기업의 사원이 전쟁지역에서 사망 또는 부상당한 경우에는, 단순한 업무상재해나 사고로서 처리되고 맙니다.

건독 리바이스드의 민간보안기업

『GDR』의 무대는 가까운 미래입니다.

이 시대에서는 민간보안기업에 관한 법률 정비가 진행되면서 앞서 이야기한 디메리트의 일부를 어느 정도 억제하는데 성공했습니다.

여기서는 정비된 해당 법에 관해 설명하겠습니다.

물론 여기서 다루는 것은 『GDR』의 오리지널입니다. 다시 말해 픽션입니다. 현실 세계에는 존재하지 않으니 주의하시기 바랍니다.

PMSC법

2003년 이라크 전쟁 이후, 민간보안기업은 폭발적으로 성장했습니다.

또한 나이트메어 스톰에 의한 전세계적인 치안 악화 역시 민간보안기업의 성장을 도왔습니다.

이러한 급성장은 역시나 뒤틀림을 낳게 되어 지금까지도 일어나고 있던 문제가 더욱 빈번해지는 사태를 맞이합니다.

사태를 중시하던 각국은 국제연합(이하 UN)의 주도로 민간보안기업을 제재하기 위한 법률정비를 시작했습니다.

2011년, UN이 내세운「평화와 안전 유지」,「인권 보호」의 기치 아래, 민간보안기업을 견제하기 위하여 정리한 것이「민간보안기업의 전투 및 준전투 행위에 관한 제약」……속칭「PMSC법」이라고 불리는 특별법입니다.

해당 내용은 상세한 부분까지 정해져 있습니다만, 그 중에서도 중요한 부분은 아래와 같습니다.

불필요한 전투행위의 금지와 벌칙

전쟁지역에서의 성폭행 사건이나 약탈행위, 군과 함께하는 포로 학살, 민간인에게 부당한 공격을 가하는 등, 그전까지 민간보안기업의 사원이라면 법률로 재판받지 않았던 그레이존을 명문화했습니다.

기본은 전시국제법의 교전규칙에 준합니다.

공격목표 선정의 원칙

공격목표는 군사목표와 적의 전투원으로 한정합니다.

전투원은, 전쟁당사국의 부대를 구성하고 있는 병력이나 무장한 테러 조직의 구성원 등입니다. 공격 목표로 삼는 것이 금지된 대상은 비전투원은 물론, 항복한 자, 포로, 부상자 등입니다.

군사목표는 야전진지, 군사기지, 병기, 군수물자 등의 물적목표를 말합니다. 기본적으로 병원과 같은 의료관계시설, 의료목적의 차량, 역사적 건축물이나 종교시설, 식료품생산시설, 원자력 발전소 등의 민간 건물을 군사목표로 삼을 수는 없습니다.

공격실행시의 3대 원칙

제 1 원칙. 비전투원이나 민간 건물이 휘말리는 무차별 공격은 금지한다.

제 2원칙. 비전투원이나 민간 건물의 피해를 최소화하도록 노력해야만 한다.

제 3원칙. 동일 군사적 이익을 얻을 수 있는 2개의 목표가 있을 경우. 비전투원과 민간 건물의 피해가 적다고 생각되는 쪽을 선택할 것.

이러한 사항을 위반하는 자는, 위반이 발생한 지역 혹은 위반자가 속한 국적의 국가 법률에 따라 재판을 받게 됩니다.

단, 위에 설명한 PMSC법도 UN가맹국이 아니라면 그 강제력이 통하지 않고, 2016년의 세계에서는 UN자체의 강제력이 그리 강하지 않습니다.

여기서 UN은「와이즈」라는 조직에 민간보안기업의 통제를 위탁하게 됩니다.

이 위탁에 관해 특히 구미 각국의 강렬한 후원이 있었다는 이야기가 큰 화제를 불러 일으켰습니다.

나이트메어 스톰 이후 민간보안기업의 수요는 점점 높아졌으나, 도를 넘은 무분별한 분쟁을 계속하고 있었으니 세계적인 여론의 반발을 부르게 되었습니다.

이미 치안 유지 전체를 국가나 치안기관에 맡기는 것이 썩 현실적이지 못한 시대입니다만, 무법자의 이미지를 가진 민간보안기업에 치안유지업무를 위탁할 수는 없습니다.

그러던 도중, 각국의 의사를 어느 정도 반영할 수 있는 커다란 조직에 민간보안기업을 관리하게 만들자는 의견이 생겼고, 그에 지목된 것이 와이즈였습니다.

물론 거기에는 대국의 의사가 반영되어 있었으나, 교묘한 여론조작으로 인해 해당 사안은 별다른 문제 없이 진행되었습니다.

모든 민간보안기업이 시키는 대로 순순히 따르지는 않았습니다. 무엇보다도 해당 국가의 법이나 윤리관에 맞춰 행동한다면 문제가 일어나지도 않을 사안이기도 하거니와, 모든 민간보안기업이 룰을 지키지 않는 무법자도 아닙니다.

독립적인 행동과 이미지 메이킹, 여론의 신뢰를 쟁취하기 위해, 반 와이즈라는 입장을 취하는 민간보안기업도 존재합니다.

PMSC법

물론 이 모든 법을 철저하게 지키지는 않습니다. 군대에 의한 전시국제법과 마찬가지입니다.

하지만 설령 명분 뿐이라고만 해도 민간보안기업을 규제하기 위한 법의 유무에서는 큰 차이가 있습니다.

건독의 연령

일반적인 민간보안기업이라면 미성년자와는 계약하지 않습니다.

일단, 임무에는 대체로 위험이 따라붙습니다. 부주의하게 미성년자와 계약해서 해당 인물이 부상을 당하거나 사망하기라도 하면, 어떤 소송이나 항의운동이 일어날지 알 수 없습니다.

정말 대단히 특수한 조건이 아닌 한, 기업 대부분은 미성년자와 계약하지 않는다고 생각하셔도 무방합니다.

재보험회사

생명보험회사나 손해보험회사가 고객과의 보험계약 전부를 자사에서 보장하고 보상하는 것은 아닙니다.

보험계약의 일부에 재보험회사를 사용하는 재보험(문자 그대로, 보험회사를 위한 보험)을 걸어 둡니다.

보험회사라고 해도 통상적으로 예측 불가능한 대규모 피해를 완전히 예상하기란 어려우며, 보험회사 자체도 리스크를 분산시킬 필요가 있기 때문입니다.

이러한 재보험회사로 가장 유명한 곳이 영국의 보험 브로커로서 알려진 로이즈 보험조합입니다.

와이즈맨

상당수의 와이즈맨은 자산가이거나 대기업입니다. 와이즈의 보험계약으로 얻은 이익만이 그들의 수입은 아닙니다.

누구라도 와이즈맨이 될 수 있는 것도 아닙니다. 와이즈 자체에 심사 기관이 있으며, 어느 정도 고액의 보험금을 치를 능력이 있다고 인정받지 않는 한, 와이즈맨이 될 수 없습니다.

와이즈

2000년 경부터 세계 각지에서 테러 사건이 빈발하면서 나날이 무거워져만 가는 보험금 지급으로 인하여 재보험회사의 경영이 성립할 수 없게 되는 케이스가 늘어났습니다. 이 상황은 나이트메어 스톰으로 인해 한층 악화합니다.

상황이 중대하다고 본 재보험회사는 유럽을 중심으로 재보험회사를 통합하여 2004년에 상부상조를 목적으로 한 거대 조직을 출범합니다. 여기서 탄생한 것이 「세계 보험안전기업(WORLD INSURANCE SECURITY ENTERPRISE)」입니다. 이니셜을 따서 통칭 「와이즈(W.I.S.E)」라 불리게 됩니다.

와이즈는 「UNDERWRITER(언더라이터)」라는 개인의 보험인수인 또는 기업에 의해 구성되며, 그들 언더라이터는 개인과 기업의 구별 없이 통칭 「WISEMAN(와이즈맨)」이라고 불리게 됩니다.

통합 과정에는 권익 분배 등 여러가지 문제가 있었기에 그리 수월하지는 않았습니다. 그래도 통합에 착수한 2002년부터 2년 후인 2004년에 와이즈가 탄생하였습니다.

와이즈와 민간보안기업

각국의 치안기관은 나이트메어 스톰의 영향으로 인해 지속해서 발생하던 테러 사건이나 유괴 사건에 미처 대응할 수 없었습니다. 이에 따라 와이즈는 보험약관에 관계된 사건을 보험금 지급이 발생하지 않는 방향으로 해결하고자 했습니다. 즉, 민간보안기업에게 경호 업무를 발주하거나, 와이즈와 계약한 기업이나 개인에게 입김이 닿은 민간보안기업과 계약하게끔 추천하는 등의 방식이었습니다.

여기에 때로는 국가와 계약을 맺기도 했다는 점까지 고려하면, 와이즈가 민간보안기업을 통제하는 데 적격이라고 여겨졌습니다.

실제로 와이즈가 민간보안기업을 통제하는 방식은 그리 복잡하지 않습니다. UN으로부터 통제의무를 위탁 받으면서 민간보안기업을 감시하는 기관을 설립하고, 문제를 일으킨 사안에 대해 심사를 시작했을 뿐입니다. 와이즈는 사법기관이 아니며, 멋대로 민간보안기업을 재판할 수는 없습니다. 그 때문에 심사한 결과를 관계 국가의 사법기관에 제출하는 것이 와이즈의 역할이고, 최종적인 판단은 각 사법기관에 맡깁니다. 또한, 해당 심사 결과는 각국의 미디어나 인터넷에 공개해야 합니다.

와이즈를 구성하는 와이즈맨 중에는 민간보안기업을 경영하는 이도 있습니다. 혹은 민간보안기업 자체가 와이즈맨인 케이스도 있습니다.

국가와 민간보안기업

『GDR』의 배경세계에서는 민간보안기업이 국가로부터 의뢰를 받는 케이스가 증가하고 있습니다.

특히 테러 다발 지역이나 테러를 경계할 필요가 있는 요인 또는 조직의 경호 등이 의뢰의 대부분을 차지하고 있습니다.

국가가 민간보안기업을 대하는 자세는 각국마다 다릅니다. 독재국가가 아닌 이상, 의회나 여론에서 찬비양론으로 의견이 충돌하는 것은 현실세계와 다르지 않습니다.

하지만, 치안이 악화된 세계에서 민간보안기업의 존재는 무척이나 유용합니다.

대부분의 국가에서 특정한 업무를 위탁하고 있습니다만, 민간보안기업이 항상 전쟁지역으로 달려가는 것도 아닙니다. 『GDR』에서 민간보안기업이 받는 업무에 대해서는 다음 페이지를 참조하시기 바랍니다.

와이즈의 그림자

와이즈는 창설된지 얼마 안 되어서 역사가 짧습니다만, 조직을 구성하고 있는 개인이나 기업 중에는 막대한 영향력을 가진 자도 있습니다. 이러한 이들의 힘과 시류가 와이즈를 밀어주면서 눈 깜빡 할 사이에 세계에서 유수한 거대 조직이 되었습니다.

이러한 거대화에 비례하듯이 와이즈를 구성하는 와이즈맨이 가진 영향력도 더욱 커져갑니다.

인류의 역사를 들춰보면 막대한 영향력을 가진 이들이 청렴함을 유지한 경우가 상당히 드물다는 것은 이해하실 겁니다.

급성장한 와이즈도 예외가 아니었습니다. 그 뒷면에는 다양한 형태의 어둠이 펼쳐지고 있습니다.

각국 정부, 군의 관료나 마피아와의 유착 등이 가장 큰 어둠이라고 할 수 있습니다.

이러한 사건은 정보가 교묘하게 위장되었고, 와이즈가 창설되고서 12년간 적발된 예는 단 한 건 뿐입니다. 이마저도 조직으로서의 역사가 짧은 것을 역이용하여 위험분자를 신속하게 제거하기 때문이라는 설도 흐르고 있습니다만……

또한 일부 와이즈맨의 입김이 닿은 민간보안기업은 거의 마피아나 다름없다는 소문도 있으나, 진실은 밝혀지지 않았습니다.

게임 상의 구체적인 업무

『GDR』을 즐기면서 GM이 쉽게 시나리오를 제작하기 위해, PC들(건독)이 민간보안기업에서 받게 될 구체적인 업무에 관하여 설명하겠습니다.

물론 여기서 설명한 업무만이 그들의 업무(임무)가 아닙니다. 어디까지나 대표적인 것만 설명하고 있으니 주의하시길 바랍니다.

직접 전투

테러 조직 혹은 적대 세력의 무장부대를 섬멸하거나 해당 거점을 공격하는 업무입니다. 작은 국가가 민간보안기업과 계약하여 자국의 군대 대신 사용할 때도 있습니다. 대체로 활동 지역의 치안기관과 연계합니다.

또한 미국에서는 경찰 특수부대가 배치되지 않는 주도 몇 곳인가 있습니다.

기본적으로 강력하게 무장하고 대응해야만 하는 흉악 범죄는 도시부에 집중하는 경향이 있습니다만, 『GDR』의 세계에서는 한적한 지역이라고 해서 방심할 수 없습니다.

이러한 지역에서는 민간보안기업의 힘을 빌리는 경우도 적지 않습니다.

경호, 경비

요인의 경호나 시설의 경비입니다. 일반적으로 상상할 수 있는 경비회사의 업무 내용과 큰 차이는 없습니다.

단, 건독의 경우에는 임지가 위험지대일 경우가 많습니다.

경호나 경비의 대상은 해당 국가의 요인이나 내방한 요인, 영리 목적의 사업가, NGO등의 비영리단체, 조사를 목적으로 하는 학자, 여행자 등 다양합니다. 굳이 정세가 불안한 국가로 가야만 한다면, 민간보안기업의 힘을 빌리는 것이 상식입니다.

교섭

경호나 경비에서 파생한 계열입니다. 유괴 및 납치 사건 등이 일어났을 경우, 범인 그룹과 교섭하는 업무입니다.

경찰 등의 치안기관에 맡긴 끝에 장기간의 교섭과 조사가 시작되면 인질에게 위해가 가해질 가능성이 커집니다.

사건 초기부터 유괴 교섭의 전문가에 의해 몸값을 교섭하는 것으로 조기에 해결하여 결과적으로 비용도 낮아지는 경우가 많습니다.

군사 컨설팅

소국에 군대 같은 곳에서 특수부대나 군 장교 출신의 경험, 지식, 기술을 바탕으로 전투 기술이나 폭발물 처리기술, 부대 지휘 방법, 전략 분석 등을 가르치는 업무입니다.

기본적으로는 단지 가르치는 것뿐인 임무이지만, 개중에는 그 성과를 확인하기 위한 명목 하에 직접 전투에 참여하는 이도 있는 모양입니다.

위험물 처리

컨설팅에서 파생된 계열입니다. 분쟁종결지대의 지뢰나 기뢰, 폭발물, 무기와 같은 위험물 처리를 담당하는 업무입니다.

후방지원

필요한 물자를 조달하거나 운송하고 숙소의 설치와 운영, 생활환경을 제공하는 업무입니다.

또한 명심해야 할 점은, 위험도가 적다고 해도 활동 지역의 정세가 불안정하다면 완벽하게 안심할 수 없다는 점입니다.

무장이나 병기의 개발 및 판매

분쟁지대는 신병기 개발이나 현행병기의 개량 등의 시험대로써 최고의 조건을 갖추고 있습니다.

전문가가 직접 사용하여 좀 더 사용하기 편하고 안전하면서 강력하게 개량하기 위해 조언을 합니다. 이러한 조언을 반영한 상품은 뛰어난 기능성을 갖추고 있기에 대단히 매력적인 물건입니다.

보수 지급

PC가 임무에 돌입할 때마다, 기본적인 보수가 업무마다 발생하며 이를 지급합니다.

위험도가 높은 일 > 위험도가 낮은 일
일당: $1,000 > 일당 $500

위험도가 높은 일이란, 목숨을 잃을 위험이 큰 일을 말합니다.

이 금액으로 임무에 따른 구속기간을 곱하고, 추가로 필요경비를 합산한 금액을 지급합니다. 물론 돌발적인 사건에 대응하는 경우에는 이러한 금액이 되지는 않습니다. 해당 위험도에 맞추어서 일당의 10~20배에 해당하는 보수가 지급됩니다.

보수가 높은 임무에는 그만큼 위험이 동반함을 인식해야만 합니다.

NPC를 [커넥션]으로 삼는다.

GM이 허가한다면, NPC를 [커넥션]으로 삼을 수도 있습니다.

각 캐릭터 데이터에 커넥션 또는 연줄이라고 적힌 곳이 있습니다. NPC를 [커넥션]으로 삼을 때에는 해당 란에 기재된 데이터로서 취급합니다. 2개의 데이터가 기재된 경우에는 두 능력 모두를 가지게 됩니다.

대표적인 민간보안기업

여기서는 『GDR』의 세계에서 유명한 세 곳의 민간보안기업을 소개합니다.

또한, 세계에서도 유수한 민간보안기업 리스트를 아래에 기재합니다.

민간경비회사 리스트

상당한 수의 민간보안기업이 국가에 의한 안전이 보증되지 않은 지역에서, 요인 경호부터 개인의 시큐리티 관리까지 폭넓게 활동하고 있습니다. 이들 기업의 대부분은 신용 제일을 내세우고 있기에 안심하고 의뢰할 수 있지만, 개중에는 신뢰할 수 없는 회사도 있으니 주의해야 합니다.

BC 컨설턴시(영국)

무장경호, 건물의 시큐리티, 유전 경호 등을 주된 업무로 삼고 있다.

메이 컨트롤 리스크스(영국)

세계 백수십개국에서 위기관리정보를 공유. 창업 45년을 자랑하는 대형 위기관리 컨설턴트. 경호 활동이나 시큐리티 관리 등.

라이안 배틀즈(미국)

무장경호, 지뢰처리, 운송 등을 주된 업무로 삼고 있다. 미군과의 연계가 깊으며 특히 후방지원업무를 주특기로 한다.

IT 미들 이스트(미국)

일반적인 무장경호에서 군사훈련까지 맡는다. 주로 아프리카의 소국을 계약주로 삼아 활동하는 기업. 지나칠 정도로 능동적인 분쟁 개입 때문에 여론의 반발을 산 적이 있다.

글로벌 시큐리티(미국)

유괴 사건을 메인으로 전반적인 위기관리 컨설턴트.

맥 앤드 어소시에이트(중국)

중동지역에서 강력한 커넥션을 가지고 활동하고 있다. 또한, 화교 네트워크를 이용하여 세계적인 활동을 하고 있으나, 와이즈와의 관계는 그리 좋지 않다.

ISP그룹(영국)

미국이나 영국의 전 특수부대원 출신으로 구성된 대형 경비회사. 동유럽 각국이라 일컬어지는 나라들의 군사훈련도 주된 업무로 삼고 있다.

베드로 택티컬 솔루션즈

마르시오 카를로스가 대표를 맡고 있는 "베드로 택티컬 솔루션즈(PTS)"는 브라질 최대의 민간보안기업이다.

풍부한 인재를 사용하여 개인 시큐리티 관리에서 시설 경호까지 무난하게 처리하면서 착실하게 신용을 쌓아 올렸다.

북미, 남미 대륙에서는 우량 민간보안기업으로서 유명하다.

마르시오 카를로스

연령: 34세	성별: 남자	국적: 브라질
머리: 스킨헤드	눈: 검은색	피부: 짙은 갈색
커넥션: 경찰관(브라질) +사업가(브라질) $200		

PTS의 대표. 언제나 싱글벙글하여 밝고 성실한 인격 덕분에 많은 사원에게서 신뢰를 얻고 있다. 경찰관 출신이었지만 아내를 잃는 사고를 계기로 전직하여 지금에 이른다.

「다시 또 자네의 힘이 필요해졌네. 이번에도 잘 부탁하지.」

포 호스맨

와이즈맨인 필립 테일러가 직접 경영하는 민간 보안기업. 주로 유럽을 중심으로 활동하고 있다.

엘리자베스 톰프슨이라는 젊은 재원에게 실무를 맡기고 있으며, 테일러가 업무에 관하여 참견하는 경우는 거의 없다.

민간보안기업이 맡을 수 있는 업무라면 모조리 처리하라는 캐치 프레이즈가 세일즈 포인트.

멘디에타 시큐리티

사원 대부분이 미국 특수부대 출신으로 해당 방면에 통달해 있다는 점을 세일즈 포인트로 내세우는 기업. 미군과도 강한 커넥션을 가지고 있는 모양으로, 군에 대동하는 경호나 경비, 병참 등을 주업무로 삼고 있다.

규모만 보자면 그리 크지는 않다.

그렇지만 회사의 대표를 맡는 남자와 함께 뒷세계에서는 두려움의 대상인 기업이다.

엘리쟈베스 톰프슨

연령: 24세	**성별:** 여자	**국적:** 영국
머리: 금발	**눈:** 청색	**피부:** 백색
커넥션: 정보상(영국) + 지식인(영국) $300		

어떤 상황에서도 냉정함을 잃지 않기에 "아이스 로즈"라는 별명이 붙었다.

쿨한 반면 때때로 에이전트와 함께 현장에 달려가는 등 외견과는 맞지 않는 대담함도 함께 갖추고 있다.

라몬 게레로

연령: 43세	**성별:** 남자	**국적:** 미국
머리: 검은색	**눈:** 검은색	**피부:** 백색
커넥션: 군인(미국) + 공작원(미국) $300		

멘디에타 시큐리티 사의 대표.

그가 미국 정보기관의 정보원이었다는 그럴싸한 소문이 돌고 있으나, 소문을 긍정하는 증거는 없다.

「그러면 모두 계약한 그대로 진행하겠어요. 괜찮으시겠지요.」

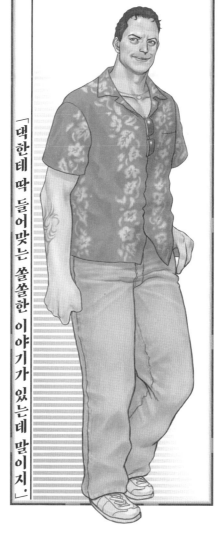

「댁한테 딱 들어맞는 쏠쏠한 이야기가 있는데 말이지.」

대표적인 와이즈맨

여기서는 『GDR』에 등장하는 저명한 세 명의 와이즈맨을 소개합니다.

와이즈를 구성하는 와이즈맨 중에서 민간보안기업을 경영하고 있는 이는 그리 많지 않습니다. 여기서 소개하는 세 명 중에서도 필립 테일러 만이 민간보안기업을 경영하고 있습니다.

민간보안기업은 PMSC법과 와이즈에 의해 어느 정도 통제할 수 있습니다. 또한 군이나 경찰에 소속되어 있다가 헤드헌팅을 받은 타입의 건독이라면―민감할 정도로 평소 행실에 주의할 필요는 없지만―직접 민간보안기업을 경영하기에는 여러모로 리스크를 지게 됩니다. 이러한 이유로 직접 경영하는 이가 적은 것입니다. 그 때문에 신뢰할 수 있는 민간보안기업은 와이즈맨에게 있어서도 구하기 어려운 "장기짝"이 되는 셈입니다.

와이즈 지부

와이즈는 유럽에 본부를 두고 있으며, 해당 시설은 스위스의 수도인 베른에 설립되었습니다.

2008년에는 미 서해안의 로스엔젤레스에 북미와 남미를 에어리어로 삼는 미국 지부가 설립되었습니다. 2010년에는 일본 오키나와에 아시아 지부가 설립되었습니다.

각 지부는 「와이즈 아메리카」, 「와이즈 아시아」로 불리고 있습니다. 대체로 「와이즈」라고만 부를 때는 본부가 아닌 조직 전체를 지칭합니다.

2015년에는 러시아 지부가 설립되어, 세계적으로 와이즈의 영향력은 점점 커지고 있습니다.

와이즈의 민간보안기업 심사기관

베른의 와이즈 본부에는 와이즈가 민간보안기업을 심사하기 위한 기관이 있습니다.

이 내부조사기관은 중앙기구(Central Organization)라고 불립니다. 기본적으로는 와이즈 내부의 부정이나 와이즈맨의 관리를 맡는 부서입니다만, 민간보안기업의 관리와 총괄도 맡고 있습니다.

단, 와이즈와 관련된 기업 이외에는 간섭하지 않기 때문에 주의하시기 바랍니다.

와이즈라는 존재를 좋게 여기지 않는 기업도 많으며, 그러한 기업 중에서는 와이즈와 관계되지 않게끔 업무를 처리하는 곳도 있습니다. 와이즈는 그러한 기업에게까지 강제력을 동원할 수는 없습니다.

위와 같은 사정은 PMSC법의 한계라며 야유를 보내는 원인이 됩니다.

필립 테일러

연령: 53세	성별: 남자	국적: 영국
머리: 백금발	눈: 청색	피부: 백색

커넥션: 시큐리티(영국) + 사업가(영국) $600

자작 작위를 가진 귀족이자 광활한 농지를 경영하는 한편, 미술상으로서의 면모도 가지고 있는, 보기 드문 유복한 귀족 중 한 명.

유럽 귀족에게는 "노블레스 오블리주(귀족의 의무)"라는 사고방식이 있으며, 그는 이 의무에 충실하여 적극적으로 사회에 공헌하고 있다.

포 호스맨의 경영자이기도 하지만, 회사의 경영 전반을 엘리자베스 톰프슨에게 맡기고 있으며 경영에는 크게 간섭하지 않는다.

나이트메어 스톰이 맹위를 떨치던 동란의 시기에는 적극적으로 복지활동을 벌이면서 용감하게 테러리즘에 맞선 정의감이 강한 인물.

「나에게 있어서 삶의 보람이란 도전을 계속하는 사람들에게 공헌하는 것이라네.」

개리 워커

연령: 43세	**성별:** 남자	**국적:** 미국
머리: 금발	**눈:** 청색	**피부:** 백색
커넥션: 픽서(미국) + 사업가(미국) $350		

   로스앤젤레스에 본사를 둔 "암 제너틱"은, 최근 10년 사이 단숨에 미국 최대 제약회사로 등극했다.

   해당 업무는 다양하며, 복합기업으로서 성장을 계속한 암 제너틱은 바이오 테크놀러지 분야에서 몇 개의 특허를 가졌으며, 세계 각국에 많은 연구소를 가지기에 이른다.

   현재 암 제너틱의 CEO(최고 경영책임자)를 맡은 개리 워커는 이러한 과정의 최대 공로자이기도 하다.

   언제나 합리성을 존중하기 때문인지 그의 방식을 냉철하다고 느끼는 이도 있으나, 개리 자신은 결코 냉담한 성격이 아니며, 사랑스러운 쌍둥이 딸인 제시카와 안나에게 상당한 애정을 쏟고 있다.

「모든 것은 합리적으로 진행해야만 한다. 그것만이 세상의 흐름을 원만하게 하지.」

아드리아나 보카르도

연령: 31세	**성별:** 여자	**국적:** 이탈리아
머리: 검은색	**눈:** 갈색	**피부:** 백색
커넥션: 유명인(이탈리아) + 아티스트(이탈리아) $600		

   자산가 가정에서 태어나 패션의 거리 밀라노에서 자란 그녀는 젊은 나이에 탑 디자이너 대열에 합류하였다. 디자이너로서는 물론이고 경영자가 지녀야 할 자질도 충분한 그녀의 능력에 힘입어 본래 그녀의 집이 소유하던 중견 브랜드 "아마란트"는 현재 젊은 여성을 중심으로 절대적인 인기를 자랑하고 있다.

   현재 그녀는 이탈리아 패션 협회의 정회원은 물론이고, 회원이 되기 위한 조건이 까다롭기로 유명한 파리 오트 쿠튀르 조합에도 가맹을 허가받는 등, 문자 그대로 패션 디자이너로서 순풍에 돛을 달고 나아가는 중이라 해도 과언이 아니다.

   하지만 와이즈맨으로서의 그녀는 마피아와 관계가 있다는 검은 의혹이 항상 주변을 떠돈다. 아직 증거는 없으나, 젊은 패션 디자이너인 그녀가 어째서 와이즈맨이 되었는지는 지금도 억측이 난무한다.

   여담으로, 그녀는 세리에A 리그의 강호 축구팀이자 밀라노에 연고를 둔 AC밀란의 열정적인 서포터이기도 하다.

「내 눈에는 엘레강트한 것만 들어와야 해. 무슨 말인지 알겠어?」

게임 상의 화폐 단위

번잡하고 복잡한 화폐 환율 등의 계산을 줄이기 위해 게임 상에서의 화폐 단위는 모두 「달러」로 처리합니다.

외무성 홈페이지

『GDR』의 지역구분은 일본 외무성의 구분법을 참조하고 있습니다.

또한 아래의 URL에서 2014년 기준 각지 정세를 확인할 수 있습니다.

단, 『GDR』 세계는 우리가 생활하는 세계와는 다른 역사를 가지고 있기에 참고 정도로만 생각해주시면 좋겠습니다.

각국 및 지역정세 페이지 URL

http://www.mofa.go.kr/countries/index.jsp?menu=m_40

세계지도

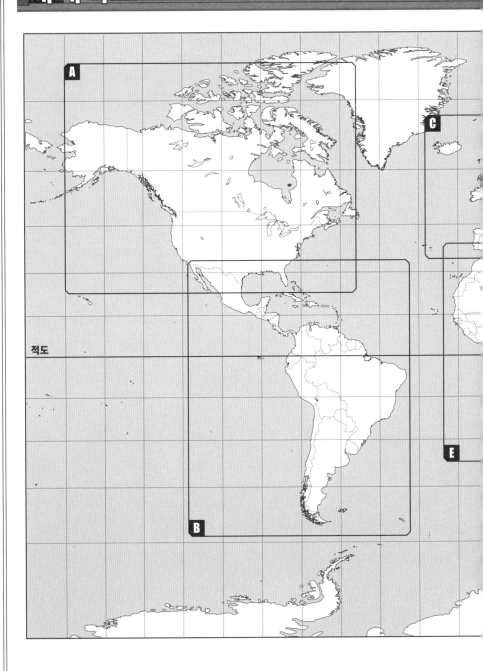

이 페이지에서는 세계를 8개 에어리어로 구분하여, 2016년 세계가 실제로 어떤 상황인지 각 에어리어 별로 설명하겠습니다.

8개의 에어리어에 대해서는 오른쪽과 같이 구분되어 있습니다.

참고로 각 에어리어 맵의 하단에 기재된 나라별 리스트를 읽는 법은 다음 페이지에서 설명하겠습니다.

에어리어A: 북미 에어리어(→P026)
에어리어B: 중남미 에어리어(→P029)
에어리어C: 유럽 에어리어(→P033)
에어리어D: 러시아 에어리어(→P037)
에어리어E: 아프리카 에어리어(→P040)
에어리어F: 중동 에어리어(→P045)
에어리어G: 아시아 에어리어(→P049)
에어리어H: 오세아니아 에어리어(→P052)

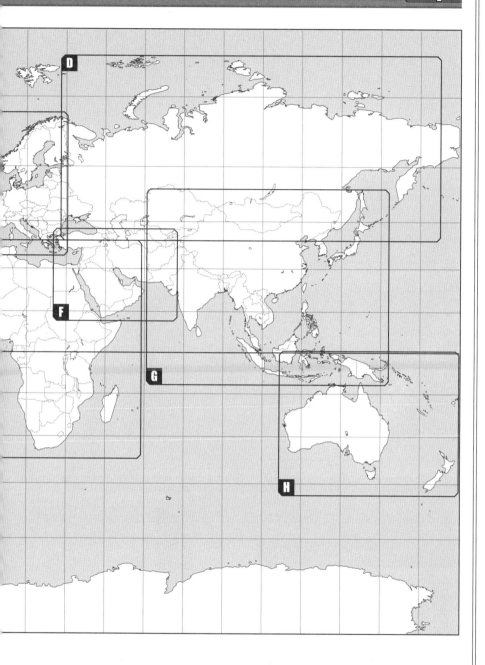

World Map

주요도시의 여객기에 의한 시간 경과

    뉴욕 및 로스앤젤레스에서 여객기를 이용해 주요 도시로 이동할 때의 소요시간을 기재합니다.

    참고로 기재된 시간은 어디까지나 게임 상의 기준이며, 정확한 정보는 아니기에 주의하시기 바랍니다.

●로스앤젤레스 발
런던 / 10시간
뉴욕 / 4시간
파리 / 9시간
모스크바 / 10시간
리우데자네이루 / 10시간
시드니 / 12시간
상하이 / 12시간
홍콩 / 13시간
도쿄 / 10시간
서울 / 11시간

●뉴욕 발
런던 / 6시간
로스앤젤레스 / 4시간
파리 / 7시간
모스크바 / 8시간
리우데자네이루 / 8시간
시드니 / 18시간
상하이 / 12시간
홍콩 / 15시간
도쿄 / 13시간
서울 / 14시간

나라별 리스트 읽는 법

나라별 리스트에는 다음과 같은 내용이 실려 있습니다.

국가명	면적	주요 언어	위험도

●국가명: 정식 국가명
●면적: 국유면적. 단위는 1,000평방킬로미터
●주요 언어: 해당 국가에서 사용하는 주된 언어.

●위험도: 해낭 국가의 치안을 나타낸다. A가 가장 위험하고, E는 비교적 안전하다.

북미 에어리어

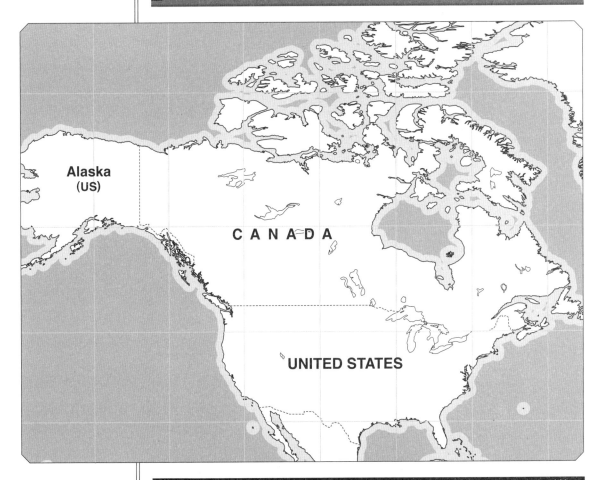

국가명	면적	주요 언어	위험도
미합중국	9,629	영어	D
캐나다	9,985	영어, 프랑스어	E

대통령 선거

미국의 대통령 선거는 4년마다 치러집니다.

선거기간은 2월에 시작하는 예비 선거와 당 집회에서 11월 말의 본선거까지 9개월 동안 계속됩니다.

또한 미국 대통령은 2선까지만 맡을 수 있습니다. 다시 말해, 대통령에 취임할 수 있는 기간은 아무리 길어도 최대 8년입니다.

미합중국

2003년 5월 이라크 전쟁 종결과 동시에 세계를 덮친 이상기후는 미국 국내의 곡물생산고를 격감시켰습니다.

중국이나 인도와 같이 수많은 아사자를 내지는 않았지만, 2010년까지 이전과 같은 식량수출이 불가능해졌습니다.

이로 인하여 당시 미국 정부는 이라크 전후 처리 문제를 끌어안고 있으면서도 국내정책에 좀 더 큰 힘을 기울이게 되었습니다.

이상기후의 기세가 줄어들지 않는 가운데에 벌어진 2004년 대통령 선거에서, 민주당 후보가 승리하여 국내정책에 점점 편중되는 경향이 강해집니다.

미국은 지금까지 해오던 곡물수출을 최대한 줄이고 농업정책에 몰두했지만, 그런데도 증가하는 실업률과 커져만 가는 빈부격차를 막을 수 없었습니다. 이로 인하여 빈곤층이 거주하는 거리의 슬럼화도 진행됩니다.

치안의 악화에 따른 폭동도 적잖게 일어납니다.

또한, 이러한 정세를 틈탄 것처럼 미국 내의 마피아가 활기를 띠면서 치안 악화에 한층 박차를 가하게 됩니다.

현재의 미국

이상기후가 종식을 맞이한 2006년부터 3년 뒤인 2009년에는 농업대책의 성과가 나타나면서 곡물생산고가 증가하기 시작했습니다.

아직 정세가 불안정하다는 점은 부정할 수

없지만, 부흥의 징조가 확실하게 나타나기 시작한 2012년의 대통령선거에서는 강한 미국을 되찾자고 외친 공화당후보 애드거 R 랜들이 압도적인 차이로 대승을 거두어 대통령에 취임합니다.

랜들의 정책은 중동, 아프리카 등 각종 분쟁에 간섭하거나 개입하였기 때문에 내정을 중시하며 보낸 지난 수년간 각지에서 몸을 숨기고 있던 반미감정을 부추기는 결과를 낳습니다.

그리고 2015년, 규모는 그리 크지 않지만 미국 내에서 자폭 테러나 요인을 노린 납치미수 사건 등이 빈번히 발생하게 되었습니다.

또한 2016년의 대통령선거에서는 미국의 여론이 둘로 나뉘었기 때문에 애드거 R 랜들의 재선이 가능할지는 미묘한 상황입니다.

미국과 멕시코

나이트메어 스톰으로 인하여 식량사정이 심하게 악화하던 시기, 미국은 멕시코를 원조하였습니다. 이것은 멕시코 이남에서 조금이라도 식량이 있을 법한 미국으로 가려는 불법입국자를 막으려는 조치였습니다.

위와 같은 사정을 포함하여, 멕시코의 상황에 대해서는 중남미 에어리어에서 설명합니다.

캐나다

나이트메어 스톰으로 인하여 캐나다의 식량자급률도 100%에서 약간 밑돌게 되었지만, 미국만큼 피해를 받지는 않았습니다.

하지만, 캐나다의 수출입 비율의 70%를 미국이 점유하고 있었던 관계로 실업률이 다소 증가하였습니다.

경범죄 역시 증가하였지만, 흉악 범죄 건수는 크게 증가하지 않았습니다. 오스트레일리아 다음으로 치안이 좋은 국가라 할 수 있습니다. "테렌스&필립"은 이와 같은 상황에서도 업무실적을 쌓아 올린 캐나다 유수의 대기업입니다. 오락산업을 시작으로 식품, 기계제조 등 다방면에 걸친 업무를 하고 있습니다.

업무 수행에 있어 필요하기에 몇몇 민간보안기업과 제휴를 맺고 있습니다. 개중에는 "멘디에타 시큐리티"도 있습니다.

와이즈

와이즈 아메리카의 설립 이후, 미국이나 캐나다에서 와이즈의 영향력은 확실하게 커지고 있습니다. 특히 범죄조직이나 테러 그룹으로부터의 위협이 커진 미국에서는 국내 기업이나 자산가가 와이즈와 개별적으로 특수보험계약을 맺는 경우가 많아졌습니다.

미국에서는 각 주마다 자치권의 영향력이

크기 때문에 와이즈와 주 사이에서 보험계약을 체결하는 경우도 종종 있는 모양입니다.

물론 모든 기업이나 자산가가 와이즈와 보험계약을 맺지는 않습니다. 직접 민간보안기업에게 의뢰할 수도 있고, 경우에 따라서는 경비원이라는 명목으로 군인 출신을 고용하는 기업도 있습니다.

건독과 치안기구

현재 북미에 살고 있는 대다수 일반인에게 민간보안기업은 상당히 가까운 존재입니다.

비교적 쉽게 총기를 구할 수 있는 환경이다 보니 민간보안기업이 주최하는 트레이닝 커리큘럼 등에 적극적으로 참가하는 사람도 많습니다.

일반인이 들르는 쇼핑몰 등에서 흔히 보이는 경비원을 민간보안기업에서 파견하는 경우도 많습니다.

또한 인재가 부족한 경찰이나 그와 비슷한 치안유지기구가 민간보안기업과 제휴하여 특수임무부대와 동일한 활동을 맡기는 경우도 있습니다.

위와 같은 사법기관과의 연계 덕분에 범죄조직이나 테러리스트는 건독을 명확한 적으로서 인식하고 있습니다.

이처럼 미국의 치안기구와 건독의 관계는 기본적으로 양호하지만, 미국은 주의 권한이 크기에 활동에 제한을 받을 수도 있습니다.

캘리포니아, 플로리다, 텍사스 등의 주와는 우호적인 관계이기에 건독이 신분증을 제시하면 권총을 (노출한 채) 들고 다니는 정도는 허가됩니다(설령 건독이라 하여도 허가 없이 라이플이나 서브 머신건을 메고 거리를 돌아다녀선 안됩니다). 또한 뉴욕, 워싱턴, 미네소타, 오하이오 등의 주에서는 건독이 그리 환영 받지 못하기에 똑같은 짓을 했다가는 유치장에 들어갈 수도 있습니다.

또한 캐나다 역시 미국과 비슷한 상황이기에 건독의 행동에도 나름대로 제한을 받으니 주의합시다.

총기를 대놓고 들고 돌아다니는 행위는 자제하시는 편이 좋습니다.

미국의 유명한 조직

이하, 미국의 유명한 조직 명칭과 해당 내용에 대해 설명합니다.

● **F.B.I.(Federal Bureau of Investigation)**

연방수사국.

법무부에 속한 수사기관으로, 연방 법률 위반 사건의 수사, 범죄정보 수집, 과학수사법 연구 등을 수행합니다.

● **C.I.A.(Central Intelligence Agency)**

중앙정보국.

1947년에 설립된 대통령 직속의 정보기관입니다. 외교 및 국방상의 정책결정에 필요한 정보를 수집하고, 특히 반미적 단체나 타국 정부의 감시와 정보 수집이 주요 임무입니다.

● **N.S.A.(National Security Agency)**

국가안전보장국.

그들의 임무는 미국의 국가 안전을 지키기 위해 세계에서 일어나는 모든 종류의 통신을 감청하고 해독하는 것입니다.

● **A.T.F.(Bureau of Alcohol, Tobacco and Firearms)**

알콜, 담배, 화기 등의 단속국.

법무부에 소속된 세무단속국입니다. 알콜류, 담배, 총기에 관한 과세가 목적이지만, 밀조, 밀매, 불법소지 등의 탈세행위를 조사하기 때문에 무기 사용이나 체포권 등, 경찰과 같은 권한을 가지고 있습니다.

● **D.E.A.(Drug Enforcement Adminisration)**

마약단속국.

법무부에 소속되어 마약관련 수사를 담당합니다.

흉악범죄와 밀접한 관계가 있으며 임무의 위험도가 높기 때문에 가택수사 등을 벌일 때에는 SWAT 팀이 지원하는 경우도 있습니다.

※역자 주

2016년 현실에서 텍사스 주는 면허 소지자에 한해 권총을 공개적으로 휴대하고 다닐 수 있는 정책을 시행했습니다.

애드거 R 랜들

강한 미국으로의 복권을 주장하며 2012년 대통령 선거에서 공화당 후보로 출마, 대립하던 후보와 큰 득표차를 보이며 대통령에 취임한 제 45대 대통령이다.

현재 식량위기에 괴로워하는 타국을 적극적으로 원조하면서 국제적인 발언력을 강화하는 동시에 중동, 아프리카 등에서 일어나는 분쟁에 사사건건 개입하는 등등, 이러한 강제적인 정책이 몇몇 개발도상국에서 반미감정을 불러일으키는 결과를 낳았다.

「미국이 세계의 평화를 지킨다」를 표방하면서, 세계 협조를 흔든다고 본 국가에는 파병까지도 불사한다.

연령: 55세 **성별:** 남자 **국적:** 미국
머리: 금색 **눈:** 청색 **피부:** 백색
연줄: 정치가(미국) $1,200 ※모두 [본거지]로서 취급한다.

「테러로 잃어버리는 자유가 있어선 안 된다!」

마이클 맥클라우드 Jr.

「미국 상품의 절반에는 『MM』 로고가 들어가 있다」고 일컬어지는 초거대 복합기업(컨글로머릿) "마이클 맥클라우드 컴퍼니"를 이끄는 2세이다.

창업자인 아버지가 의문의 죽음을 맞이한 뒤, 「선대의 유언으로서」 반쯤 강제적으로 CEO 의자에 앉아, 정치적으로 (때로는 비합법적 수단으로) 반대파를 차례차례 제거했다.

「오는 손님 안 가린다.」는 말을 사훈으로 삼아 돈벌이를 위해서라면 음지에서 테러리스트에게도 다양한 물자를 제공한다. 이러한 행위에 각지에서 항의하는 목소리가 끊이질 않고 있으나, 마이클은 전혀 신경 쓰지 않는다.

연령: 27세 **성별:** 남자 **국적:** 미국
머리: 금색 **눈:** 청색 **피부:** 백색
연줄: 사업가 + 픽서(미국) $350

「기업이 이익을 추구하는 것이 잘못되었나요?」

허버트 팔코너

미국 캘리포니아 주 시에라네바다 산맥의 일각에는 베드로 택티컬 솔루션즈와 멘디에타 시큐리티 사가 공동으로 소유한 훈련 센터 중 하나인 "청동문"이 있다.

젊은 건독에게는 지옥과도 같은 시설이고, 가장 흔히 들리는 말이 허버트의 고함임은 분명하다.

수많은 가혹한 임무에서 살아 돌아온 역전의 건독이면서, 아직도 실전 임무에 자원하는 이 노병에게 있어 삶의 보람이란 (허버트의 시선에선 아직도 풋내기인) 건독을 갈고 닦아 한 사람 몫을 하게 만드는 것이다.

연령: 48세 **성별:** 남자 **국적:** 미국
머리: 금색 **눈:** 청색 **피부:** 백색
연줄: 건독(미국) $100

「목소리가 작다! 고개 처들어! 이 ××새끼야!」

훈련 센터

세계 각지에는 이와 같이 여럿 혹은 단독 민간보안기업에 의해 설립된 훈련 센터가 있습니다.

해당 민간보안기업의 보안원 뿐만 아니라 군인이나 일반인이라도 훈련을 받을 수 있습니다.

중남미 에어리어

지도의 국가명 표기에 대하여
중남미에는 수많은 소국이 있습니다. 이러한 소국은 국가별 리스크에 이름이 있더라도 지도에는 표기되지 않았습니다.

국가명	면적	주요 언어	위험도
가이아나 협동 공화국	215	영어	E
과테말라 공화국	109	스페인어	E
그레나다	0.34	영어	E
니콰라과 공화국	130	스페인어	D
도미니카 공화국	49	스페인어	E
도미니카 연방	0.75	영어	E
멕시코 합중국	1,964	스페인어	C
바베이도스	0.43	영어	E
바하마	14	영어	E
베네수엘라 볼리바르 공화국	912	스페인어	B
벨리즈	23	영어, 스페인어	E
볼리비아 다민족국	1,099	스페인어	D
브라질 연방 공화국	8,515	포르투갈어	D

세인트 루시아	0.54	영어	E
세인트 빈센트 및 그레나딘 제도	0.39	영어	E
세인트 크리스토퍼 네비스	0.26	영어	E
수리남 공화국	164	네덜란드어, 수리남어, 영어, 힌디어, 인도네시아어, 중국어	E
아르헨티나 공화국	2,780	스페인어	D
아이티 공화국	28	프랑스어, 크리올 언어	A
앤티가 바부다	0.44	영어	E
에콰도르 공화국	256	스페인어	C
엘살바도르 공화국	21	스페인어	D
온두라스 공화국	112	스페인어	E
우루과이 동방공화국	176	스페인어	E
자메이카	11	영어	D
칠레 공화국	756	스페인어	E
코스타리카 공화국	51	스페인어	E
콜롬비아 공화국	1,142	스페인어	C
쿠바 공화국	110	스페인어	E
트리니다드 토바고 공화국	5	영어	D
파나마 공화국	75	스페인어	B
파라과이 공화국	407	스페인어, 과라니어	B
페루 공화국	1,285	스페인어	B

중남미의 현황

중남미 에어리어는 나이트메어 스톰 이전부터 치안 문제를 안고 있었습니다.

경범죄에서 중범죄까지 다양한 범죄가 빈번하게 일어나며, 콜롬비아를 중심으로 하는 마약 범죄도 꾸준히 증가하고 있습니다.

중남미의 마약조직에 있어 최고의 마약 거래처는 여전히 미국의 범죄조직이며, 실제로도 마약 거래로 움직이는 금액 대부분이 미국 측 범죄조직으로 흘러갑니다.

콜롬비아의 마약 카르텔을 예로 들어봅시다. 미국 범죄조직과의 거래로 콜롬비아 측 조직의 손에 들어올 이익은 전체 거래에서 발생한 이익의 25%정도라고 합니다.

마약 밀수 시 세관 등을 매수하기 위한 비용 이외에는, 나머지 이익은 모두 미국의 범죄조직의 손에 떨어집니다.

물론 콜롬비아의 마약 카르텔이 얻는 이익은 막대합니다. 하지만 미국의 범죄조직은 그것보다 약 3배에 가까운 이익을 얻는 것 또한 사실입니다. 이상의 점을 들어, 중남미 마약조직은 미국 범죄조직의 벌이를 위한 마약제조창에 지나지 않음을 알 수 있습니다.

중남미에서는 여전히 선주민의 대다수가 국가 운영에서 배제되어 있고, 이러한 사람들이 마약 재배 등으로 생계를 꾸려가고 있습니다. 스페인 침략에서 500년이나 지난 지금도, 이러한 사회구조는 변화하지 않았다고 할 수 있습니다.

콜롬비아에서 제조된 마약의 유통은 2007년 무렵부터 콜롬비아의 도시인 쿠쿠타를 중심으로 세력을 확장하여 지금은 세계최대의 마약조직이라 일컬어지는 "쿠쿠타 카르텔"이 장악하고 있습니다.

멕시코와 미국의 관계

미국 정부는 나이트메어 스톰으로 생활고에 시달리던 중남미 주민이 미국으로 밀입국하지 않게끔 멕시코를 완충지대로 삼고자 멕시코에 식량과 경제적 원조를 시작했습니다.

국내 유지만으로도 핍박한 상태였던 멕시코 정부는 미국의 제안을 받아들였고, 가혹할 정도로 미국 밀입국을 철저하게 단속합니다.

그 결과, 멕시코 국내의 치안이 악화되면서 국민의 지지율이 급하강하고 말았습니다.

나이트메어 스톰이 끝난지 10년이 되어가는 2016년에는 밀입국 단속도 느슨해졌지만, 당시에 단속을 위해 군부의 권한을 대폭 강화했던 것이 현재 군부의 발언력 강화로 이어졌습니다.

이로 인해 군부의 폭주나 쿠데타가 일어날 수 있다는 불안감 등이 새로운 문제를 일으키고 있습니다.

아르헨티나의 부흥

아르헨티나는 2001년 12월 정권붕괴를 계기로 심각한 정치적, 경제적 위기를 맞이합니다.

이에 따라 셀 수 없는 데모, 도로 봉쇄, 약탈 등이 발생함과 동시에 일반 범죄도 증가해 치안상황이 크게 악화되었습니다. 나쁜 일은 겹치는 법이라고, 이러한 정치적 경제적 위기의 한복판에 있던 아르헨티나를 나이트메어 스톰이 덮칩니다.

하지만, 아르헨티나의 곡물자급률은 100%보다 크게 웃돌았기 때문에 인접 국가들처럼 심각한 피해는 받지 않았습니다.

아르헨티나 정부는 2005년 이후, 지극히 어려운 상황 속에서도 다양한 정치문제에 대처하여 국민의 높은 지지를 얻으며 지금까지는 정권운영이 안정되어 있습니다.

경제상황도 2006년부터 호전되어 중남미 중에서 첫째 가는 국가로 변모했습니다.

중남미의 치안 상황

정세 불안이 조장되었기 때문인지 중남미 각 국에서는 강도나 도난사건 등이 빈번히 발생하고 있으며 살인이나 금전 목적의 유괴 등과 같은 흉악한 범죄의 발생도 계속되고 있습니다. 범죄 그룹과 관련이 있는 택시가 관광객을 노리고 강도나 유괴 같은 사건을 일으키거나, 값싼 호텔에 숙박하면서 외출했다가 돌아오니 짐이 엉망이 되어 있고 귀중품이 모두 도난 당하는 등의 사건도 매일 같이 일어납니다.

경제상황이 호전된 아르헨티나에서도 이러한 사건은 해결되지 않은 문제입니다.

이런 범죄는 빈곤층의 증가, 사법제도의 취약성, 치안기구의 부패, 교도소 부족 등이 원인으로 짐작되며, 단기간 내에 해결할 수 있는 부류가 아닙니다. 또한 아르헨티나와 브라질, 파라과이 세 국가가 접하고 있는 이른바 「3국 국경지대」에서는 대규모 아랍 커뮤니티가 있으며, 이 커뮤니티에는 몇몇 이슬람 원리주의 과격파의 동조자 그룹이 활동을 계속하고 있습니다. 중남미에서 일어난 대규모 폭발 사건이나 흉악범죄의 뒷면에는 이들 조직이 관여되었다고 지적을 받고 있습니다.

와이즈

중남미 에어리어에는 다수의 소국이 있으며 이들 소국에는 유럽 선진국의 영향이 짙게 반영되어 있습니다. 그 때문인지 소국과 와이즈가 개별 보안계약을 맺는 경우도 적지 않습니다. 또한 일부 와이즈맨은 마약조직과 관계가 있다는 소문이 돌고 있습니다.

건독

중남미에 걸쳐 건독의 평가는 둘로 나뉩니다. 비교적 제대로 된 소국이나 기업 입장에서는 믿음직한 경호원이지만, 중남미의 수많은 범죄조직의 관점으로는 눈엣가시에 불과합니다. 또한, 부패한 치안기구의 눈에도 상당히 거슬리는 존재입니다.

이러한 상황으로 인해 건독과 치안기구 사이에서는 충돌이 일어나는 경우도 있습니다. 치안기구와 같은 이들을 적으로 돌리게 되면 임무 수행에 큰 지장을 부르게 될 것입니다. 소속된 기업의 정치력에 따라 곤란에 직면할 수도 있습니다.

이처럼 치안이 좋지 않은 국가에서는 무기 소지 보행, 이동 방법, 경관 대응법과 같은 제반 사항에 거듭 신중을 기하여 트러블을 미연에 방지하는 마음가짐이 필요합니다.

일반인을 대할 때도 주의해야 합니다. 그들이 범죄조직과 연결되어 있는지 아닌지는 쉽사리 판단할 수 없습니다.

무력한 일반인 사이에서는 하루하루 살아가기 위해서, 때로는 범죄조직에 굴복할 수밖에 없다고 생각하는 풍조가 만연하고 있습니다.

이것은 중남미에만 국한된 것이 아니기에 염두에 두고 행동하는 편이 좋습니다.

NPC 소개

오메스 에스코바르

세계 최대의 마약 카르텔 "쿠쿠타 카르텔"의 총괄자이다. 그의 카르텔은 전세계 마약 거래의 반에 걸쳐 관계가 있다고 일컬어진다.

천애고아로 태어난 오메스는 아주 어렸을 때부터 각종 나쁜 짓에 손을 대다가 결국에는 길러준 부모인 카르텔 보스를 모략해 죽이고 조직의 톱을 차지했다.

밝고 쾌활하며 여자와 술을 좋아하는 쾌락주의자이지만, 자신에게 닥치는 위험에 관해서는 상궤를 벗어난 후각을 가지고 있다. 적도 많고 국제 지명수배도 받았으나, 지금껏 어떠한 조직도 그가 있는 곳을 포착하지 못하였다.

연령: 44세 **성별:** 남자 **국적:** 콜롬비아
머리: 검은색 **눈:** 갈색 **피부:** 짙은 갈색
연출: 픽서(콜롬비아) $250

「인류에게 있어 마약이란 물건은 필요악이지 않나?」

NPC 소개

베가 폭스 가르시아

멕시코 합중국 국방성 장관으로, 멕시코 군의 총사령관을 맡고 있다. 멕시코 국내는 물론 인근 국가에도 냉혹하고 무자비한 인물로서 유명하다.

열심히 대 테러를 염두에 둔 군비확장을 추진하고 있으나, 테러조직으로 정보가 누설되고 있어 성과가 있다고는 말하기 어렵다. 그 때문에 국내에서 불만이 높아지고 있으며, 그와 테러 조직의 유착을 의심하는 목소리도 커지고 있다.

최근 그는 의혹을 가라앉히기 위해 반정부파로 의심되는 관료를 빈번히 투옥, 숙청하고 있으나, 그것이 되레 국내의 혼란을 부르는 결과를 낳고 있다.

연령: 48세	성별: 남자	국적: 멕시코
머리: 검은색	눈: 검은색	피부: 짙은 갈색
연줄: 대신급의 정치가 + 군인(멕시코) $700		

「섬멸해라. 물론, 어린아이와 여자도 남김 없이.」

마리아치

그가 누구인지는 아무도 모른다. 본명은 물론이고 국적이나 경력 일체가 알려지지 않았다.

한 가지 확실한 것은, 그가 세계 유수의 실력을 갖춘 킬러라는 점 뿐이다. 그는 금액의 크기에 따라 의뢰를 받거나 하지 않는다. 해당 의뢰가 그의 신념에 맞는가 아닌가…… 그것만이 그가 의뢰를 받는 단 하나의 기준이다.

산책이라도 하듯이 가벼운 모양새로 표적 앞에 나타나, 기타 케이스에서 루파라를 꺼내 쏜다. 총성이 잦아든 뒤에 남은 것은 무참한 시체와 어디선가 들려오는 마리아치의 경쾌한 휘파람 뿐이다.

연령: 불명	성별: 남자	국적: 불명
머리: 검은색	눈: 검은색?	피부: 짙은 갈색?
연줄: 범죄자(베네수엘라) $100		

「바람이 노래하니까, 당신의 목숨을 받아가는 거야…….」

크라우디아 플로레스

북미와 남미에서 가장 주목받는 여배우로 활약하는 미녀.

그녀는 멕시코에 있는 작은 공장의 딸로 태어나 헐리우드 여배우가 되길 꿈꾸며 나이트 클럽에서 가수로 일하고 있다가, 17세에 스카우트되어 멕시코 TV 방송에서 연예계 데뷔를 달성한다.

이후 그녀는 그야말로 신데렐라 스토리라 할 법한 속도로 스타덤에 올라 중남미의 고대 제국을 무대로 한 헐리우드 대작영화 『아스테카』의 주역 여배우로서 그 입지를 공고히 했다.

연령: 21세	성별: 여자	국적: 멕시코
머리: 갈색	눈: 검은색	피부: 백색
연줄: 세계적 유명인(미국) $1,000		

「아직 스타트라인에 섰을 뿐이야. 내가 빛나는 건 지금부터야!」

유럽 에어리어

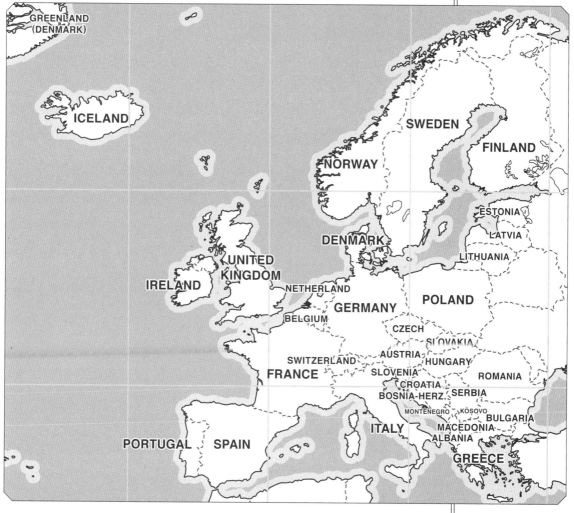

국가명	면적	주요 언어	위험도
그리스 공화국	132	그리스어	E
네덜란드 왕국	43	네덜란드어	E
노르웨이 왕국	324	노르웨이어	E
덴마크	43	덴마크어	E
독일 연방공화국	357	독일어	E
라트비아 공화국	65	라트비아어	E
루마니아	238	루마니아어	E
룩셈부르크 대공국	3	룩셈부르크어, 프랑스어, 독일어	E
리투아니아 공화국	65	리투아니아어	E
리히텐슈타인 공국	0.16	독일어	E
마케도니아 공화국	26	마케도니아어	C
모나코 공국	1.95 평방킬로미터	프랑스어	E
몬테네그로	14	몬테네그로어	B
몰타 공화국	0.32	몰타어, 영어	E
바티칸 시국	0.44 평방킬로미터	라틴어, 프랑스어, 이탈리아어	E
벨기에 왕국	31	프랑스어, 네덜란드어, 독일어	E

지도의 국가명 표기에 대하여
유럽에는 수많은 소국이 있습니다. 이러한 소국은 국가별 리스트에 이름이 있더라도 지도에는 표기되지 않았습니다.

돈세탁(Money Laundering)

부정, 탈세, 사기 혹은 조직 범죄나 마약거래 등의 비합법행위로 얻은 자금을 가상 명의의 계좌로 경유하거나 유가증원 구매 등으로 처리해 정당한 사업활동으로 얻은 자금인 것처럼 보이게 만들어 범죄 관련성을 은폐하는 행위입니다.

EU〔The European Union〕

유럽 연합. 1967년에 유럽 석탄 철강 공동체(ECSC), 유럽 경제 공동체(EEC), 유럽 원자력 공동체(EAEC)가 통합되면서 유럽 공동체(EC)가 발족했고, 1993년에 유럽연합(EU)가 되었습니다.

국경이 없는 단일 시장 조성을 목적으로 하여 상품 거래 자유화 외에도 노동력 거래의 자유화나 통화 통일(유로)을 진행하고 있습니다.

또한 환경문제, 소비자 보호, 공중위생, 경찰과 사법의 협력, 여권 심사의 전면 폐지 등 더욱 광범위한 공통외교와 안전보장정책 등에도 힘을 쏟고 있습니다.

하지만 각 가맹국의 국경을 없앤 것으로 범죄조직의 활동이 크게 늘어나는 결과를 맞이했습니다.

보스니아 헤르체고비나	51	보스니아어, 세르비아어, 크로아티아어	B
불가리아 공화국	111	불가리아어	E
브리튼 및 북부 아일랜드 연합 왕국(대영제국)	242	영어	E
산 마리노 공화국	0.06	이탈리아어	E
세르비아 공화국	88	세르비아어	B
스웨덴 왕국	450	스웨덴어	E
스위스 연합	41	독일어, 프랑스어, 이탈리아어, 로망슈어	E
스페인	506	스페인어	E
슬로바키아 공화국	49	슬로바키아어	E
슬로베니아 공화국	20	슬로베니아어	E
아이슬란드 공화국	103	아이슬란드어	E
아일랜드 공화국	70	영어, 아일랜드어	E
안도라 공국	0.47	카탈로니아어, 불어, 스페인어	E
알바니아 공화국	29	알바니아	B
에스토니아 공화국	45	에스토니아	E
오스트리아 공화국	84	독일어	E
이탈리아 공화국	301	이탈리아어	E
체코 공화국	79	체코어	E
코소보 공화국	11	알바니아어, 세르비아어	B
크로아티아 공화국	57	크로아티아어	D
포르투갈 공화국	92	포르투갈어	E
폴란드 공화국	312	폴란드어	E
프랑스 공화국	552	프랑스어	E
핀란드 공화국	338	핀란드어, 스웨덴어	E
헝가리 공화국	93	헝가리어	E

거대화하는 마피아

유럽 선진국은 농업대국이기도 합니다. 기본적으로 자급자족이 가능한 국가체제를 쌓아 올렸지만, 나이트메어 스톰으로 인하여 상황이 일변했습니다.

식량사정 악화는 식물값을 올렸고 실업률을 증가시켰으며 결과적으로 치안 악화를 불러왔습니다. 그리고 다른 에어리어와 같이 유럽의 정세도 점점 혼란 속으로 빠졌갔습니다.

이러한 상황 속에서, 천문학적 자금을 축적하고 있던 범죄조직이 세력을 확장했습니다.

시칠리아의 범죄조직 "마피아", 칼라브리아주의 범죄조직 "은드랑게타", 나폴리의 범죄조직 "카모라" 등 이탈리아 마피아를 시작으로 동유럽을 중심으로 활동하는 "유로 마피아", 러시아를 활동기반으로 삼는 "러시아 마피아" 등의 범죄조직이 거대화하며 돈의 힘을 빌려 유럽 정재계를 침식해갔습니다.

이들 마피아는 자신의 이익을 위해서라면 수단과 방법을 가리지 않습니다. 또한 방해물 제거에도 망설이지 않습니다.

정치가, 재판관, 검사, 경찰관, 기업가 등 사회 지배계층이나 단속기관이더라도 적대한다면 차례차례 가열찬 공격을 가합니다.

유럽에서는 정재계에서 마피아 세력을 배제하도록 각국 정부가 필사적으로 대응하고 있지만, 이러한 움직임은 흉포한 마피아의 행동으로 인해 지지부진할 따름입니다.

풍부한 자금을 가진 마피아는 언제나 자금이 필요한 정치가를 손쉽게 길들이고, 이러한 풍부한 자금의 돈세탁에 이용된 은행은 거액의 자금운용을 위해서라도 마피아에 관해서는 좀체 입을 열지 않습니다.

또한 마피아는 완벽한 비밀조직이며 조직의 비밀을 지키기 위한 「침묵 서약」을 가지고 있습니다. 비밀을 누설한 배신자는 그 가족까지 목숨을 빼앗기는 무시무시한 서약입니다.

이러한 공포의 서약으로 인하여 병균의 뿌리라 할 수 있는 마피아 중심 조직에 다가가기란 어마어마하게 어렵습니다.

와이즈

원래 유럽의 재보험회사를 통합하여 탄생한 와이즈답게, 유럽에 걸친 영향력은 막대합니다.

이 영향력에 눈독을 들인 마피아는 와이즈까지 손을 뻗어 현재는 일부 와이즈맨과 마피아 사이의 관계에 의혹이 집중되고 있습니다.

와이즈는 법집행기관이 아닙니다. 따라서 보험금 지급자인 와이즈맨도 마피아에 의한 손실이 발생하지 않는 한, 마피아와 대치하진 않습니다.

하지만 이탈리아의 자산가였던 와이즈맨인

프란체스코 마르텔리는 2011년에 이탈리안 마피아인 카모라와 항쟁을 일으킵니다. 그는 이탈리아 사법기관과 연계하여 관련 민간보안기업의 특수부대를 투입, 카모라의 간부 로베르토 로렌조를 살해하는데 성공했으나, 카모라를 괴멸시키지는 못했습니다. 그리고 프란체스코도 이 항쟁 중에 사랑하는 딸 모니카를 잃게 됩니다.

이 항쟁의 발단에 관해서는 확실하게 알려지지 않았습니다.

하지만, 마르텔리와 카모라의 항쟁은 지금도 물밑에서 계속되고 있습니다.

건독

유럽에 걸친 건독의 주된 적은 마피아와 테러 조직입니다.

앞서 이야기하였듯, 마피아 역시 종류가 여럿이고 테러 조직 또한 여러 조직이 활동하고 있습니다.

대표적인 테러 조직은 독일과 그 주변국에서 활동하는 "네오 나치를 표방한 무장그룹", 친미국가를 표적으로 활동하는 "이슬람 원리주의 과격파 테러리스트", 영국을 중심으로 활동하는 "IRA"등 다양하게 나뉩니다.

이들 범죄조직은 각국의 특수부대가 대응합니다만, 상황에 따라서는 민간보안기업에게 차례가 돌아올 때도 있습니다.

또한 나이트메어 스톰 이전부터 문제시되던 유괴나 인신매매 등의 범죄는, 나이트메어 스톰으로 인해 동유럽과 북유럽을 중심으로 더욱 정도를 더해가고 있습니다.

즉, 와이즈의 활동이나 민간보안기업에 일을 맡기는 등의 활동이 활발하게 이뤄지고 있습니다.

위와 같은 사정으로 건독은 유럽의 일반인에게 호의적으로 받아들여지고 있습니다.

호사가 사이에서는 건독의 활동을 추적하는 웹사이트도 있을 정도입니다.

또한 와이즈의 영향력이 강해서 건독과 치안기구의 연계도 대체로 양호합니다. 상황이 허락한다면, 지역 치안기구와 연계한 작전행동도 가능합니다.

그렇지만 치안기구가 완전히 선량한 조직이라 생각했다가는 돌이킬 수 없는 큰 피해를 받을 수도 있습니다. 일부 선진국의 경찰조직 상층부에는 이미 마피아의 힘이 닿아 있기 때문입니다.

2018년에 EU발족 25주년을 맞이합니다만, 반EU총합을 부르짖는 무장그룹이 불온한 움직임을 보인다는 정보도 있으니, 예의상으로라도 정세가 안정되어 있다고는 할 수 없습니다.

건독이 활약할 장면이 적으면 적을수록 사람들이 안심하고 살만한 세상이 되겠지만, 그리 되기까지는 아직도 긴 시간이 필요한 모양입니다.

IRA (Irish Republican Army)

아일랜드 공화군. 북 아일랜드를 영국에서 분리하는 것이 목적인 카톨릭 계열 반영국 조직입니다. IRA 는 평화적 해결을 바란 영국 정부의 노력으로 20세기 말부터 무장해제를 시작했지만, 나이트메어 스톰 당시 영국 정부의 고관이 북 아일랜드의 비축량이 영국 본토로 빼돌린 사실이 발각된 이래 다시금 활동이 격해졌습니다. 영국 정부 요인이나 중요 시설을 노린 테러활동을 적극적으로 일으키고 있습니다.

네오 나치

20세기 초, 아돌프 히틀러가 만든 "국가사회주의 독일 노동자당(나치스)"의 이상을 계승하여 활동하는 사람과 단체를 "네오 나치"라 부릅니다. 하지만 나치즘을 깊이 이해하지 않고 단순한 폭력과 약탈 행위의 구실로 네오 나치를 자칭하는 젊은이 그룹도 많습니다. "피에 물든 철십자"는 전형적인 무투파 네오 나치 그룹으로(다른 네오 나치 그룹과 같이) 이민으로 인해 직업을 잃었다고 맹신하는 젊은이를 중심으로 지지자를 늘려가며 세력을 키우고 있습니다.

NPC 소개

마가렛 빌팽

뒷세계에서는 유명한 이야기인데, 파리 중심 시장(레알)의 일각에 전세계에 무기 유통망을 가진 조달조직의 두목이 빵집을 경영하고 있다. 가게 이름은 "Pain au chocolat(팽 오 쇼콜라)"이며, 조직의 이름이기도 하다.

마가렛은 돈만 내면 어떤 무기라도 들여오며 어떠한 상대와도 거래한다. 어떻게든 구하고 싶은 총기가 있다면, 그녀와 상담하는 편이 좋다.

또한, 가게의 이름이면서 주력 상품인 쇼콜라 빵은, 그 무시무시한 단맛 때문에 한입만으로도 충치에 걸린다는 평판을 받고 있다.

연령: 불명 **성별:** 여자 **국적:** 프랑스
머리: 검은색 **눈:** 청색 **피부:** 검은색
연출: 무기상인(프랑스) $250

「댁이 원하는 건 달달한 빵보다는 이쪽이지 않나?」

NPC 소개

마리아 해먼드

원래는 IRA(아일랜드 공화군)에 소속되어 첩보활동을 중심으로 수많은 비합법활동에 가담했었다.

그러던 마리아는 마음 착한 잉글랜드 청년과 만나 사랑에 빠졌고, 결혼과 동시에 은퇴를 결심한다.

하지만 불운하게도 신혼여행지였던 이집트에서 무차별 폭발 테러 사건에 휘말려 남편은 사망하고 그녀도 중상을 입는다.

의식을 되찾은 그녀는 다시금 총을 들고 건독의 길을 걷는다. 그녀의 목적은 단 하나. 가장 사랑하던 사람을 빼앗은 테러리스트를 찾아 자신의 손으로 심판하는 것이다.

연령: 26세 **성별:** 여자 **국적:** 영국
머리: 금색 **눈:** 청색 **피부:** 백색
연줄: 건독(영국) $100

「이따위 방식은, 절대 용서할 수 없어……!」

콘라트 펠드호프

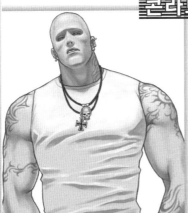

독일 도시부에서 맹위를 떨친 무투파 네오 나치 그룹 "피에 물든 철십자"의 리더이다.

"피에 물든 철십자"는 멤버 대부분이 리더와 마찬가지로 흉포하며 제멋대로인 젊은이로 구성되어 있다.

게르만 민족의 우월함에 강고한 믿음을 가지고 있으며, 분파 조직과 함께 유럽 전역에서 유대인계 기업을 대상으로 한 파괴 공작이나 유괴, 약탈 행위 등을 반복하고 있다.

유럽 전역에서 지명수배를 받은 콘라트와 간부들이 붙잡힐 기미는 전혀 보이지 않는데, 이는 국수주의자 정치가의 은밀한 원조 때문이라고 일컬어진다.

연령: 31세 **성별:** 남자 **국적:** 독일
머리: 스킨헤드 **눈:** 청색 **피부:** 백색
연줄: 갱(독일) $100

「숭고한 독일, 승리 만세!」

피에르 데나르

피에르가 대표를 맡은 "앙쥬의 일각수"는 그와 같은 프랑스 육군 출신의 실력자를 모은 민간보안기업이다.

그의 기업은 세계 톱 기업의 시큐리티 컨설팅도 하고 있으며, 정확하고 확실한 조언으로 깊은 신뢰를 얻고 있는데, 반 와이즈라는 측면에서도 유명하다.

그가 직접 밝힌 것은 아니지만, 수년 전 와이즈가 소개한 의뢰를 받았다가 와이즈의 실수로 많은 동료를 잃었다는 소문이 떠돈다. 그 이후 그는 반 와이즈 측에 서게 되었다고 한다.

연령: 38세 **성별:** 남자 **국적:** 프랑스
머리: 금색 **눈:** 갈색 **피부:** 백색
연줄: 용병 + 사업가(프랑스) $200

「거기 개들, 우리 발목이나 잡지 말라고.」

러시아 에어리어

국가명	면적	주요 언어	위험도
러시아 연방	17,098	러시아어, 다른 각 민족어	D
몰도바 공화국	34	몰도바어	D
벨라루스 공화국	208	벨라루스어, 러시아어	D
아르메니아 공화국	30	아르메니아어, 러시아어	B
아제르바이잔 공화국	87	아제르바이잔어, 러시아어	C
우즈베키스탄 공화국	447	우즈벡어, 러시아어	B
우크라이나	604	우크라이나어	D
조지아	70	조지아어, 러시아어	B
카자흐스탄 공화국	2,725	카자흐어, 러시아어	E
키르기스스탄 공화국	200	키르기스어, 러시아어	B
타지키스탄 공화국	143	타지크어, 러시아어	B
투르크메니스탄	488	투르크멘어, 러시아어	B

경제성장률

경제성장률의 상승은 경기가 좋음을, 하락은 경기가 나빠짐을 나타냅니다.

유라시아 대륙의 패자

1998년 8월, 러시아의 경제에는 금융위기가 닥쳤지만 1999년 이후 호조로 돌아섰습니다.

2000년에는 10%라는 높은 경제성장률을 기록하고, 2001년과 2002년에도 호조가 계속되어 2003년의 성장률에 많은 기대가 걸렸습니다.

하지만 2003년에는 러시아에도 이상기후의 파도가 닥쳐왔습니다. 그전까지 한랭지대이면서도 곡물자급률이 간신히 100%를 넘겼던 러시아를 열파가 덮친 것입니다.

1996년 이후 농업 확대 정책을 펼치던 러시아 정부였지만, 이 열파가 가져온 가뭄으로 인해 엄청난 피해를 받습니다. 1998년의 대규모 흉작을 웃도는 규모의 피해였습니다.

하지만, 러시아 정부는 신속하게 대응했습니다. 석유나 천연 가스 등 세계 제일의 수출량을 자랑하는 에너지 자원으로 곡물의 대량 수입과 비축을 이뤄냈습니다.

그 뒤, 2007년까지 곡물생산고는 여전히 낮았지만, 미리 비축한 곡물 덕분에 피해를 최소한으로 줄이는데 성공했습니다.

이러한 배경 덕분에, 실질적인 유라시아 대륙의 패자로서, 러시아의 세계적 발언권은 커졌습니다.

이제는 에너지 자원 수출국으로 큰 비중을 차지하는 미국이 나이트메어 스톰으로 괴로워하던 당시, 러시아는 순조롭다고 할 수는 없어도 착실하게 국력을 쌓아갔던 것입니다.

체첸

그랬던 러시아도 내부에 큰 문제를 안고 있었습니다.

과거 러시아와 러시아의 위성국으로 만들어

졌던 구 소비에트 연방이 붕괴하면서 상당수의 위성국가가 독립했지만, 체첸은 러시아의 군사 침공을 동반하는 강고한 반대에 부딪혀 독립을 이루지 못하였습니다.

러시아 정부에 있어 가장 중요한 것은 카스피 해에 잠든 세계 1위 매장량을 자랑하는 석유, 가스 등의 천연자원입니다. 예나 지금이나 러시아의 경제를 지탱하기 위해 없어서는 안 될 것입니다.

이러한 천연자원은 장대한 파이프라인을 사용해 흑해나 지중해로 옮겨진 뒤 선박을 통해 각국으로 운송하게 되는데, 파이프라인이 지나가는 자리에 있던 체첸은 독립을 주장하면서 파이프라인 자체를 점유하려 했습니다.

그 밖에도 체첸 지역이 군사적으로 중요하다는 것과 석유 파이프라인이 체첸 지역을 통과하는 것과 더불어 체첸의 독립을 인정하면 다른 소수민족도 완전독립을 주장할 수도 있다는 사정이 있었습니다.

특히 수많은 민족이 새로이 독립을 주장하면서 반목하게 되면, 수습할 수 없을 정도의 복잡한 내전으로 발전할 수도 있었습니다. 러시아는 그러한 혼란과 내전을 두려워하고 있었습니다.

이러한 정세 때문에 당시 러시아 정부는 체첸의 완전 독립을 인정할 수 없었습니다.

러시아는 독립을 바라는 체첸에 대해 1994년과 1999년의 2회에 걸쳐 전쟁이란 이름의 대량학살을 자행했습니다. 이 대량학살 탓인지 현재 독립파 무장조직에는 남자가 그리 많이 남지 않았다고 합니다.

그리고 이 문제는 항상 러시아의 (꽤 심한) 두통거리가 되어 2016년 현재까지도 크고 작은 다양한 테러 활동이 일어나게 됩니다.

러시아 마피아와 체첸 마피아

구 소련 시대에는 배급품 유출로, 러시아 연방이 된 뒤에는 암거래 브로커 비슷한 행위나 기업을 가로채는 등 수단을 가리지 않는 돈벌이를 해오던 범죄자 집단이 "러시아 마피아"입니다.

그들은 부를 가장 우선시하며, 방해하는 이를 배제하기 위해서 수단을 가리지 않습니다.

그들의 비합법적이고 강제적인 경제활동은 지금 와서는 세계 규모로 확대되었으며, 각국의 치안기구와도 빈번히 충돌하고 있습니다.

"체첸 마피아"도 이와 같은 조직으로 보면 됩니다. 러시아 영내를 중심으로 러시아의 재산을 노리며 날뛰고 있습니다.

그들은 이슬람 원리주의 과격파 그룹과 「핵」마저도 거래할지 모른다는 점에서, 미국이나 러시아로부터도 감시를 받는 위험한 조직입니다.

NIS국가

구소련의 신독립국가 중에서 러시아 연방, 에스토니아, 라트비아, 리투아니아를 제외한 11개국을 가리켜 NIS(New independent States)국가라고 부릅니다.

아프가니스탄에 가까운 나라에서는 마약밀매인이나 이슬람 원리주의 과격파의 동정에 항상 주의를 기울이고 있으며, 그들의 통행로인 산악지대에는 행동을 방해하기 위한 지뢰가 수없이 묻혀 있습니다.

체첸 근방의 여러 국가에서는 체첸 무장세력의 동향에 주의를 기울이고 있습니다.

아제르바이잔에서는 1988년에 발생한 나고르노 카라바흐 분쟁이 지금도 이어지고 있으며, 아제르바이잔뿐만 아니라 아르메니아 근방에 걸쳐서도 산발적인 무력충돌이 발생하고 있습니다.

우크라이나에서는 신 러시아파 정치세력의 약체화를 계기로 동부 친 러시아계 주민에 의한 분리독립과 러시아로 편입되길 바라는 운동이 거세어지면서 무력충돌도 일어나고 있습니다. 또한 이 무력충돌에 러시아군이 개입하는 것이 아니냐는 의혹도 떠돌고 있습니다.

이처럼 NIS국가도 현재 각각 여러 문제를 안고 있는 이른바 위험지대가 되었습니다.

건독

와이즈 러시아가 설립되었다고는 하지만, 러시아 에어리어 각각의 국가에게 와이즈의 영향력은 그렇게 강하지 않습니다.

특히 NIS국가에 사는 사람에게 와이즈는 전혀 관계가 없는 조직입니다. 와이즈의 존재 자체를 아예 모를 가능성도 충분히 있습니다.

하지만 민간보안기업이라는 존재의 인지도는 굉장히 높습니다.

건독이 이들 국가에서 활동하게 된다면, 러시아 마피아나 체첸 마피아에 관련된 사건이 많을 것입니다.

물론, 반드시 그러한 사건에 한정되어 활동하지는 않을 것입니다.

위험요소가 많은 NIS국가의 요인이나 석유 시설의 경비와 같은 임무도 예상됩니다.

단, NIS국가는 영어가 통하지 않는 국가가 대부분이라 현지 언어나 러시아어를 익힌 인물과 팀을 짜거나 통역을 고용하지 않는다면 임무를 수행할 수 없을 것입니다.

NPC 소개

이반 이바노비치 이바노프

허무한 웃음을 짓곤 하는 과묵한 남성. 보리슬라프 철도공사 감사부 부장을 맡고 있다. 그는 보리슬라프의 심복이라고도 일컬어진다. 그의 주된 임무는 조직 내의 불온분자를 제거하는 것이다. 제거 수단은 암살이며, 길거리 한복판에 마피아 간부의 목덜미가 잘려나간 채 쓰러져 있다면, 나이프를 애용하는 그가 벌인 짓임이 분명하다.

KGB출신이라든가 내무성 특수부대 출신이라고도 일컬어지며, 진상을 아는 이는 그의 보스인 보리슬라프 뿐이다. 그렇지만 불온분자의 정보를 얻고서도 방관할 때도 많아서 그 의도가 수수께끼에 싸인 채다.

연령: 불명 **성별:** 남자 **국적:** 러시아
머리: 금색 **눈:** 갈색 **피부:** 백색
연줄: 갱(러시아) $100

「나는 낭비를 싫어하네. 용건은 간단히 말해주게나.」

보리슬라프 페뜨로비치 브라긴스키

그는 열렬한 애국자로서 알려졌으며, 러시아 최대 철도공사 "보리슬라프 철도공사"의 경영자이다.

동시에 석유나 농업 등, 각종 산업에서 성공을 이룬 실업가라는 일면도 가지고 있으면서, 러시아 연방의 범죄조직을 통솔하는 러시아 마피아의 장이기도 하다.

구 소련 공산주의 시대, 물자 밀매로 비축한 현금과 과격하기까지 한 무력행사로 지금의 지위를 쌓아 올렸다.

그는 「모국을 위해서라면 어떠한 행위라도 인정한다」는 방침을 가지고 있으며, 이로 의해 러시아 마피아는 인정사정 없는 방식으로 전 세계에 점차 세력을 확장하는 중이다.

연령: 63세 **성별:** 남자 **국적:** 러시아
머리: 검은색 **눈:** 갈색 **피부:** 백색
연줄: 갱(러시아) $100

「어머니 러시아야 말로 이 세계를 이끌어가기에 어울리지.」

소피아 바츄시킨

러시아 연방으로부터 체첸의 완전 독립을 바라는 테러리스트 조직의 리더. 선대 리더였던 아버지는 러시아 연방과의 회담장에서 모략으로 살해당했다. 때문에 그녀는 러시아 연방의 사람이라면 누가 되었든 절대 신뢰하지 않는다.

그녀의 조직은 체첸 동포 이외에도 러시아의 아프가니스탄 침공을 경험한 이슬람 원리주의자도 상당수 이름을 올리고 있다.

조국 독립을 위해서라면 어떠한 수단도 가리지 않는, 호쾌하면서 열화와 같은 격렬한 감정을 가진 테러리스트다.

연령: 28세 **성별:** 여자 **국적:** 러시아
머리: 검은색 **눈:** 갈색 **피부:** 백색
연줄: 테러리스트(러시아) $100

「우리가 흘린 피가 조국 독립을 위한 길이 된다!」

아프리카 에어리어

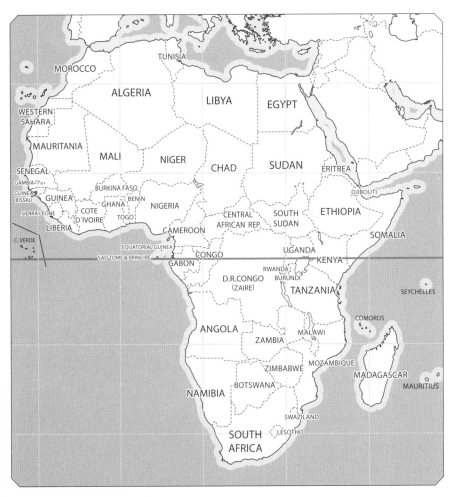

국가명	면적	주요 언어	위험도
가나 공화국	239	영어, 가나어	B
가봉 공화국	268	프랑스어	B
감비아 공화국	11	영어, 만딩고어	E
기니 공화국	246	프랑스어	B
기니비사우 공화국	36	포르투갈어	B
나미비아 공화국	824	영어, 아프리칸스어	B
나이지리아 연방공화국	924	영어, 하우사어, 요루바어, 이보어	B
남 수단 공화국	644	영어	A
남아프리카 공화국	1,221	영어, 아프리칸스어	D
니제르 공화국	1,267	프랑스어, 하우사어	C
라이베리아 공화국	111	영어	A
레소토 왕국	30	영어, 소토어	E
르완다 공화국	26	프랑스어, 영어, 키냐 르완다어	B
리비아 왕국	1,760	아라비아어	D
마다가스카르 공화국	587	마다가스카르어, 프랑스어	D
말라위 공화국	118	영어, 치체와어	D
말리 공화국	1,240	프랑스어, 밤 바라어	D
모로코 공화국	447	아라비아어, 프랑스어	E
모리셔스 공화국	2	영어, 프랑스어, 크레올어	E

국가	인구	언어	등급
모리타니 이슬람 공화국	1,031	아라비아어, 프랑스어	E
모잠비크 공화국	802	포르투갈어	D
베냉 공화국	115	프랑스어	E
보츠와나 공화국	582	영어, 츠와나어	E
부룬디 공화국	28	프랑스어, 키룬지어	C
부르키나파소	274	프랑스어	E
상투메프린시페 민주 공화국	0.96	포르투갈어	D
세네갈 공화국	197	프랑스어, 우오로프어	B
세이셸 공화국	0.46	영어, 프랑스어, 크레올어	E
소말리아 연방공화국	638	소말리아어, 영어, 이탈리아어, 아라비아어	A
수단 공화국	1,861	아라비아어, 영어	A
스와질란드 왕국	17	영어, 스와티어	E
시에라리온 공화국	72	영어, 멘데어	B
알제리 민주 인민 공화국	2,382	아라비아어, 프랑스어	B
앙골라 공화국	1,247	포르투갈어	B
에리트레아 주정부	118	티그리니아어, 아라비아어, 각 민족어	A
에티오피아 연방 민주 공화국	1,104	암하릭어, 영어	A
우간다 공화국	242	영어, 스와힐리어, 루간다어	A
이집트 아랍 공화국	1,002	아라비아어	B
잠비아 공화국	753	영어, 벰바어	B
적도 기니 공화국	28	스페인어, 프랑스어, 부비어	D
중앙 아프리카 공화국	623	상고어, 프랑스어	C
지부티 공화국	23	아라비아어, 프랑스어	D
짐바브웨 공화국	391	영어, 쇼나어, 은데벨레어	D
차드 공화국	1,284	프랑스어, 아라비아어	B
카메룬 공화국	475	프랑스어, 영어	D
카보 베르데 공화국	4	포르투갈어	E
케냐 공화국	581	영어, 스와힐리어	B
코모로 연합	2	프랑스어, 아라비아어, 코모로어	C
코트디부아르 공화국	322	프랑스어	A
콩고 공화국	342	프랑스어	B
콩고 민주 공화국(구 자이레)	2,345	프랑스어, 키콩고어, 링갈라어	A
탄자니아 연합공화국	945	스와힐리어, 영어	C
토고 공화국	57	프랑스어	D
튀니지 공화국	164	아라비아어, 프랑스어	E

암흑대륙 아프리카

사하라 사막 이남의 아프리카 국가는 내전이나 분쟁이 끊이질 않으며, 치안 상태는 그야말로 최악입니다.

전문가가 분석한 아프리카의 상황은, 나이트메어 스톰 때문이라는 설과 나이트메어 스톰의 영향은 없었다는 설로 나뉘어 있습니다.

애초에 사하라 이남의 아프리카 국가 중에는 카오스 상태인 불안정한 국가가 많았고 치안이 나빴다고는 하지만, 나이트메어 스톰이 치안 악화를 야기했음은 분명합니다.

사하라 이남의 아프리카 국가 중 상당수는 개발도상국으로 인식되고 있지만, 그 중에서 비교적 유복한 남아공을 예로 들어 얼마나 치안 상황이 악화했는지를 해설하겠습니다.

남 아프리카 공화국에는 외국인으로 조직된 230개 이상의 범죄 신디케이트가 있다고 일컬어집니다. 이들 범죄 신디케이트의 활동이나 직업을 가지지 못한 빈곤층의 증가와 더불어, 주변국으로부터의 불법 이민이나 총기의 유입 때문에 도시부에 범죄가 집중되었습니다. 살인, 강도, 강간, 공갈협박, 하이 재킹 등, 무엇을 놓고 보더라도 총기로 무장한 범죄 그룹에 의한 흉악범죄가 밤낮을 가리지 않고 벌어집니다.

개중에서도 강간은 24초에 한 번 벌어지고 살인사건은 뉴욕의 10배라고도 일컬어지는 요하네스버그의 다운타운 지역은 전세계에서도 범죄발생률 1, 2위를 다투는 위험지대입니다. 지역 경찰마저 이곳에서 운전할 때는 범죄에 휘말리지 않도록 빨간불을 무시하며 가라고 통보할 정도입니다.

하지만, 사하라 이남의 다른 여러 나라는 훨씬 상황이 비참합니다. 민병대 조직이나 군조직이 살인, 강도, 강간과 같은 흉악범죄를 자행하기도 합니다. 이처럼 사하라 이남의 국가 대부분에서는 치안 기구가 범죄 증가에 미처 대응하지 못하는 상황이 이어지고 있습니다.

평균수명이 제일 짧은 지역

사하라 이남 지역 모든 나라의 평균수명은 40세 전후입니다.

잠비아나 시에라리온 등지에서는 평균수명이 37세로 제일 낮으며, 가장 평균수명이 길다고 하는 남아공조차도 47세로, 선진국과 비교해 30세 이상 평균수명이 짧습니다.

이러한 현상의 주된 원인은 영유아의 높은 사망률과 전염병의 유행 때문이라고 합니다.

아프리카 각국은 출생률이 높고 인구도 뚜렷하게 증가하고 있으나, 아이러니하게도 거듭되는 분쟁과 전염병의 만연에 의한 사망률의 상승이 폭발적인 인구 증가를 억누르고 있는 셈입니다.

전염병의 공포

콩고 공화국 북서부의 퀴베트 지방에서 발생한 "에볼라성 출혈열"은 세계에서 가장 위험한 바이러스로 알려졌습니다.

이 바이러스를 치료할 백신은 아직껏 개발되지 않았으며, 감염 시의 사망률은 50%~90%라고 합니다. 콩고 공화국은 국민의 식생활 관습이나 보건시설 등의 사회 인프라가 덜 정비된 탓에 에볼라성 출혈열은 종식과 재유행이 번갈아 일어나는 상태입니다.

또한 에볼라성 출혈열이나 마루부르크 병 등의 전염병은 일부 지역을 제외하고는 발생 자체가 드물지만, 풍토병으로 사망률이 높은 아레나 바이러스 출혈열과 라사열이 있으며, 콜레라, 이질, B형 간염, 말라리아, 광견병, 파상풍, 결핵 등의 질병도 문제가 되고 있습니다.

개발도상국에서는 의사의 수가 압도적으로 부족합니다. 사하라 이남에 갈 때에는 최저한의 예방접종을 받아놓는 것도 중요합니다.

또한 아프리카의 에이즈 문제 역시 대단히 심각합니다.

사하라 이남의 아프리카에서는 실제로 성인의 8%가 에이즈에 감염되어 있다고 합니다.

남아프리카에서는 「처녀와 성교하면 에이즈가 낫는다」라는 말도 안 되는 미신이 존재하며, 이 때문에 미성년자를 대상으로 하는 강간사건이 다발하고 있습니다. 이로 인하여 젊은 층의 에이즈 감염에 박차를 가하는 결과를 낳습니다.

이와 같은 미신도 아프리카의 에이즈 감염자 증가의 원인으로 지적되고 있습니다.

용병 천국

내전이나 분쟁이 끊이지 않는 중앙 아프리카 각국은 용병에게 있어 천국과도 같습니다. 민병대의 훈련이나 군사고문으로 초빙받는 용병이나 군 출신자는 셀 수 없습니다.

세계 최빈국의 하나로 손꼽히는 콩고 민주 공화국(구 자이레)의 마르셈 음와나와사 대통령은 전 미군사관을 군사고문으로 초빙하고서 군사 쿠데타를 성공시켜 대통령의 자리를 손에 넣었습니다.

이러한 사례는 드물지 않고, 개중에는 쿠데타에 의한 정권탈취라는 야망을 품고 아프리카를 찾아오는 용병도 있을 정도입니다.

건독

아프리카 각국은 제대로 된 국가의 형태를 갖추지 못하는 경우가 많기에 와이즈의 영향력은 거의 없습니다. 그렇지만 많은 기업이 아프리카 대륙의 지하자원에 눈독을 들이고 있습니다. 이러한 기업과 연관이 있는 민간보안기업의 활동 사례는 빈번히 목격됩니다.

지중해 연안의 국가는 중앙 아프리카와 비교하면 치안이 좋은 편입니다만, 비교하자면 그렇다는 것이지 결코 정세가 안정되어 있다는 뜻은 아닙니다. 시작 부분에 열거한 흉악 범죄는 건수가 그리 많지 않지만, 영리 목적의 유괴 사건 등이 빈번하게 일어납니다.

또한 유적조사대를 경호하기 위해 건독이 활동하는 예도 있습니다. 그리고 용병으로 고용된 뒤에 그대로 군사고문이 되어 아프리카에서 활동하고 있는 건독이 있다는 소문도 있습니다.

아프리카의 주요 분쟁

콩고 내전(1997년~2003년)

국외로 추방된 반야물렝게 족과 카비라 자민혁명당 의장이 이끄는 반정부조직이 32년간 독재지배하던 대통령을 타도하고 신정부가 탄생하였으나 신 대통령 카비라의 정책에 반발한 반야물렝게 족이 다른 반정부 세력과 결탁하여 다시금 내전이 발발합니다. 짐바브웨와 앙골라가 정부측을 지원하고, 르완다와 우간다가 반정부측을 지원하는 형태로 내전이 계속되었습니다. 1999년에 일단 정전에는 합의했지만, 결국 무력충돌은 가라앉지 않았으며 전투에 휘말린 주민 20만명 이상이 사망하고 식량과 의약품의 부족 등으로 150만명이 추가로 사망하였다고 합니다.

대통령 암살을 계기로 이윽고 평화 협정을 향한 대화가 실현되었습니다. 그리고 2002년, 프레토리아 포괄화평합의가 성립하여 2003년에 임시정부가 성립합니다. 이것으로 일단락 지어진 듯이 보였지만, 국내의 실상을 보자면 전쟁이 계속되는 것이나 마찬가지입니다. 콩고 동부는 학살, 약탈, 강간이 빈번히 발생하는 무법지대가 되었습니다.

르완다-부룬디 내전(1962년~2008년)

1961년, 르완다 정권을 거머쥔 후츠 족이 이듬해 독립한 뒤부터 츠치 족을 박해하기 시작합니다. 츠치 족은 인접국 우간다로 도망쳐 응전합니다. 그리고 과거 츠치 족 정권을 기반으로 독립한 부룬디에서는 1993년 선거로 후츠 족의 대통령이 취임하였지만, 이듬해에는 후츠 족이었던 양국의 대통령 모두가 암살당합니다. 르완다에서는 그 해에만 약 100만명이 희생되었다고 일컬어지는 대학살이 발생합니다. 1996년, 부룬디에서는 무혈 쿠데타로 츠치 족이 다시금 정권을 잡게 되었습니다.

에티오피아-에리트레아 분쟁(1998년~2000년)

에리트레아는 1993년에 독립을 이뤘지만, 비옥한 토지(이르가 삼각지)와 금맥의 존재, 에티오피아가 내륙국이 된다는 지리적인 이유에서 국경 확정에 난항을 겪고 있습니다. 1998년에 이르가 삼각지에서 무력충돌이 발생하였고, 이 전투에서는 양국이 서로 수도를 공중폭격하는 사태로까지 번집니다. 2000년, 에리트레아 군이 철수하면서 정전협정이 성립되고 평화조약이 체결되었습니다.

소말리아 내전(1988년~)

1969년부터 소말리아를 독재하던 바레 장군이 1991년에 USC(통일 소말리아 회의)에서 추방되면서 각지에서 무력세력이 할거, 무정부 상태에 돌입합니다. USC의 내분, 무장세력간의 항쟁, 가뭄 등으로 약 200만명의 아사자와 30만명의 난민이 발생합니다. 이러한 사태를 심각하게 여기던 UN은 1992년에 다국적군을 파견하지만, 많은 희생자를 내고서 1995년에 철수합니다.

1997년에는 평화협정이 체결되었지만 유명무실해졌고, 지금은 한층 더 혼란이 이어지고 있습니다.

라이베리아 내전(1989년~1995년)

찬밥 신세가 된 일부 원주민이나 미국 해방 노예의 자손이 손을 잡고 군사정권과 격렬한 내전을 벌이고 있습니다. 1995년에 평화협정이 체결되었습니다.

시에라리온 내전(1992년~2000년)

RUF(혁명 통일 전선)이 1991년에 무장봉기를 시작. 국제 군사개입과 함께 독재정권이 쓰러지며 2000년에 정전을 맞이했지만, 현재 RUF의 움직임에 불온한 기척이 느껴집니다.

앙골라 내전 (1975년~2002년)

1974년에 독립하던 때부터 3개의 독립투쟁 조직 중 2개가 주도권을 놓고 다투었습니다. 약 30년간 이어진 내전으로 국내 피난민이 대량으로 발생하여 도심부에는 광대한 슬럼이 형성되었습니다.

남수단-수단 국경분쟁 (2011년~)

2005년, 제 2차 수단 내전의 포괄적 잠정 평화 협정으로 남수단이 수단 정부로부터 자치를 인정받은 자치정권이 되었습니다.

그후, 2011년에 수단으로부터 분리독립의 시비를 가리자는 주민투표가 실시되어 같은 해 7월 9일에 분리독립을 이룹니다.

하지만 정세는 간단히 안정되지도 않았고, 수단과 남수단 사이의 국경에서는 분쟁이 그 격렬함을 불려가면서 언제 본격적인 전쟁상태로 돌입할지 모르는 상황이 되었습니다.

NPC 소개

로랑 루뭄바

반정부세력 「콩고 독립해방전선」의 지도자로서, 조국의 혁명을 목표로 활동하는 이상가 청년.

그는 유복한 광산주의 아들로서 태어나 미국에서 유학하던 도중 조국의 빈곤함과 뒤틀림을 새삼 깨닫게 된다.

양친의 죽음을 계기로 귀국한 로랑은 유학 시절에 자신을 인정해주고 대우해준 기업과 손을 잡고 조국을 진정한 민주국가로 만들기 위해 일어섰다. 지금까지 수많은 계획을 입안했지만, 모두 실패로 끝났다. 조직 내부에 정부의 스파이가 심어져 있어 모든 정보를 낱낱이 빼가고 있지만, 순진한 청년인 로랑은 아직 눈치 채지 못하고 있다.

연령: 25세 **성별:** 남자 **국적:** 콩고 민주 공화국
머리: 검은색 **눈:** 검은색 **피부:** 검은색
연줄: 테러리스트(콩고) $100

「진정한 민주국가의 실현을 위해, 이 한목숨을 바칩니다.」

NPC 소개

사이몬 카가메

　과거 부룬디 공화국의 제 3 독립연대 "검독수리"의 연대장을 맡고 있던 사이몬은 둔한 머리를 굳건한 육체로 보조하며 살아온 전사였다. 정치적인 지위가 낮은 소수민족 출신이면서 수많은 분쟁에서 무훈을 세워 출세했다.

　하지만 폭력적인 행동이 거듭되면서 당시 정권으로부터 점차 미움을 받아 결국 국가반역죄로 투옥될 지경에 처한다. 그는 이와 같은 정보를 사전에 파악하고서는 부하들을 이끌고 군을 떠나서 근거지로 삼은 산악지 부근의 촌락을 대상으로 약탈 행위를 반복하고 있다. 그와 그의 부하들은 지금도 인근 주민에게 공포의 대상이다.

연령: 42세　**성별:** 남자　**국적:** 부룬디 공화국
머리: 검은색　**눈:** 검은색　**피부:** 검은색
연줄: 군인 + 정치가(부룬디 공화국) $400

「내일의 이상보다는 오늘의 밥상이 중요하다고!」

콩고 민주 공화국(구 자이레)
　대통령의 가혹한 착취와 일상사가 되어버린 군부나 산적에 의한 약탈, 경찰기구 역시 대통령의 사병에 불과하고, 민중은 하루의 끼니를 얻기 위해 범죄행위에 손을 대고 있습니다. 그런 한 편으로 세계 유수의 광물자원(구리, 코발트, 다이아몬드 등)이 매장되어 있어 전세계의 기업이 주목하는 나라이기도 합니다. 시찰을 목적으로 방문한 기업의 중역이 현지의 산적(때로는 정부기관)에게 구속되어 건독에 의해 탈환되는 사건도 발생하고 있습니다.

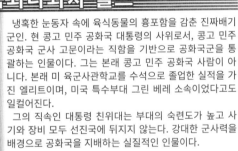

잭 음와나와사 윌스

　냉혹한 눈동자 속에 육식동물의 흉포함을 감춘 진짜배기 군인. 현 콩고 민주 공화국 대통령의 사위로서, 콩고 민주 공화국 군사 고문이라는 직함을 기반으로 공화국군을 통괄하는 인물이다. 그는 본래 콩고 민주 공화국 사람이 아니다. 본래 미 육군사관학교를 수석으로 졸업한 실적을 가진 엘리트이며, 미국 특수부대 그린 베레 소속이었다고도 일컬어진다.

　그의 직속인 대통령 친위대는 부대의 숙련도가 높고 사기와 장비 모두 선진국에 뒤지지 않는다. 강대한 군사력을 배경으로 공화국을 지배하는 실질적인 인물이다.

연령: 36세　**성별:** 남자　**국적:** 콩고 민주 공화국
머리: 검은색　**눈:** 검은색　**피부:** 검은색
연줄: 군인(콩고 민주 공화국) $100

「"공포"는 가장 합리적으로 사람을 지배한다.」

마르셈 음와나와사

　콩고 민주 공화국의 현 대통령으로, "식인귀"라고 불리는 탐욕스런 남자다. 원래 존재감이 부족한 정치가였지만, "잭"이라는 남자와 알게 된 이후, 잭이 가져온 미국 군수산업과의 파이프라인으로 인해 국내 발언력이 급격히 올라갔다.

　2012년 군사 쿠데타를 결행하여 실권을 장악하는 데 성공한다. 현재 콩고는 군부의 폭력과 약탈이 일상처럼 일어나고 있으며, 자기 욕심대로만 행동하는 마르셈과 그 일족의 소유물로 전락하여 끝없이 착취당하는 "이 세상의 지옥"으로 변했다.

연령: 51세　**성별:** 남자　**국적:** 콩고 민주 공화국
머리: 검은색　**눈:** 검은색　**피부:** 검은색
연줄: 정치가(콩고 민주 공화국) $300

「온 나라가 나의 것이다. 실로 훌륭하군!」

중동 에어리어

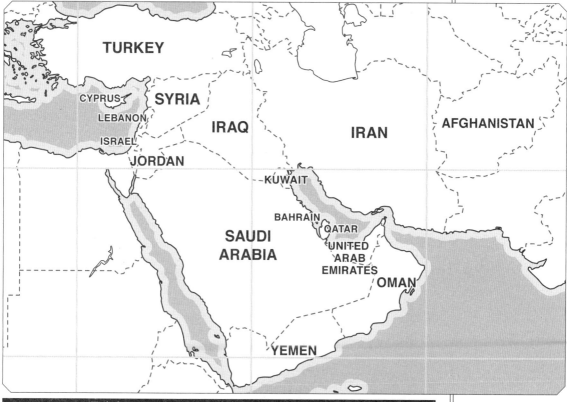

국가명	면적	주요 언어	위험도
레바논 공화국	10	아라비아어, 영어, 프랑스어	C
바레인 왕국	0.76	아라비아어	D
사우디아라비아 왕국	2,150	아라비아어	D
시리아 아랍 공화국	185	아라비아어	A
아랍에미리트 연합	84	아라비아어	D
아프가니스탄 이슬람 공화국	652	푸슈툰어, 다리어	A
예멘 공화국	528	아라비아어	B
오만	310	아라비아어	E
요르단 하삼 왕국	89	아라비아어	D
이라크 공화국	435	아라비아어	A
이란 이슬람 공화국	1,629	페르시아어	B
이스라엘	22	히브리어, 아라비아어	B
카타르	12	아라비아어	D
쿠웨이트	18	아라비아어	B
키프로스 공화국	9	그리스어, 터키어, 영어	E
터키 공화국	784	터키어	D

혼란스런 중동

2001년 시점으로, 곡물자급률은 사우디아라비아에서 30%, 이란에서는 58%를 기록했습니다.

이것만 봐도 알 수 있듯, 중동 각국은 원래부터 곡물자급률이 높지 않습니다. 곡물자급률의 상당부분을 수입과 교역에 기대던 사회입니다.

나이트메어 스톰으로 인해 다른 에어리어와 같이 곡물수확량이 감소하였지만, 중동에 있어 심각했던 부분은 다름 아닌 수입량의 감소였습니다.

이로 인하여 자산가 및 왕족과 일반인 사이

의 경제적 격차는 더욱 커져만 갔습니다.

원래 중동 사람들은 이슬람 신앙을 중심으로 상부상조 정신이 강하기 때문에 일반인 사이의 빈부격차는 그리 크지 않았지만, 직업을 가지지 못한 이들의 불만이 폭발하여 치안 악화를 야기했습니다.

또한, 2003년에 일어난 이라크 전쟁의 영향도 커서 빈번히 발생하는 무장 그룹에 의한 습격사건 등이 일어나면서 주변 국가의 치안 역시 지속적으로 악화되고 있습니다.

한때 미국이 내정에 편중하며 다른 나라에 간섭을 제한하던 것으로 반미감정은 잦아들었지만 2012년에 발족한 랜든 정권이 횡포라 할 수 있는 과도한 간섭을 시작하면서 잠들어 있던 반미감정을 폭발적으로 키우게 됩니다.

이러한 반미감정의 고양은 미국이나 미국의 지원국에 대해 이제껏 이상으로 과격한 공격을 가하는 형태로 표현되었습니다.

미국 국내에서도 미수를 포함하여 수많은 테러 사건이 일어나기 시작했습니다.

현재도 이러한 현상은 더 심해지고 있으며, 진정될 기미가 조금도 보이지 않습니다.

이슬람

이슬람(이슬람 교)를 무시하고 중동을 알기란 불가능합니다.

여기서는 간단하게나마 이슬람에 관해 설명하겠습니다.

이슬람이라는 언어의 기원은 「신을 따른다」라는 의미이며, 이슬람의 신앙을 가진 사람을 "무슬림"이라고 부릅니다.

또한 이슬람은 크리스트 교나 불교와 같은 종교의 범주에서 해석하기 어렵습니다. 정치, 경제, 법, 사회, 생활관습, 문화 등 인간 생활의 대부분을 규정하기 때문입니다.

무슬림의 해석으로 예언자는 무함마드(마호메트) 혼자만이 아닙니다.

크리스트 교의 예수도, 유대교의 모세도, 또한 최초의 인류 아담도 이슬람에서 보면 예언자입니다.

코란 뿐만 아니라 구약성경과 신약성경도 성전입니다. 크리스트 교도가 보는 유태교가 이슬람에게 있어선 유태교나 크리스트 교이며, 3개의 종교는 같은 신을 믿고 있다고도 합니다. 또한 신은 때때로 예언자를 지상에 보내 인류에게 말씀을 전하는데, 제대로 전해지지 않거나 말씀을 제대로 지키지 않으면 새로운 예언자를 보낸다고 합니다.

무함마드는 최고이자 최후의 예언자라는 위치를 점합니다.

이슬람에서는 유태교도나 크리스트교도는 같은 경전을 믿는 백성이며, 우상숭배를 하는 이들과는 달리 신앙을 인정받기에 강제로 개

종을 재촉하진 않습니다. 그 증거로 이슬람 각국에는 아직도 네스토리우스 파, 마론 파, 콥트 파 등의 크리스트 교도가 남아있으며, 사회적으로 중요한 역할을 가진 인물도 있습니다. 단, 무슬림과 결혼하는 경우, 상대는 반드시 이슬람으로 개종해야 합니다.

현재 이슬람은 세계 전체로 보면 수니 파가 다수파를 점하고 있으며, 시아 파가 이란이나 이라크 등지에서 극히 일부분을 점하고 있습니다. 양파벌의 차이는 무함마드의 관행이나 정치가를 볼 때 실력과 인덕을 중시하는가(수니 파), 아니면 혈통을 중시하는가(시아 파)의 차이입니다. 또한 시아 파는 단일 파벌이 아닌 여러 파벌로 나누어져 있습니다. 참고로 현재 이란은 열두 이맘 파로서, 그 밖에도 레바논의 드루즈 파, 시리아의 알라위 파, 오만의 이바디 파, 예멘의 자이드 파, 인도의 이스마일 파 등이 있습니다.

이슬람의 법은 국제법, 민법, 형법, 상법에서 도덕까지 사회 및 생활에 관련된 모든 행위를 규정하고 있습니다. 이것은 신이 정한 법으로 취급되기에 개정할 수 없습니다. 단, 현실에 맞지 않는 부분을 피하고 새로운 상황에 대응하기 위해 이슬람 법학자(울라마)에 의한 재해석은 항상 이루어지고 있습니다. 이슬람은 강하게 평등을 주장하기 때문에 이들 법학자는 크리스트 교에서 말하는 성직자가 아닙니다. 자주 오해를 받지만 이슬람 법은 모든 것을 엄격히 규정하지는 않습니다. 의무, 권장, 임의, 기피, 금지의 다섯 행위를 분류하며, 개중에는 자유롭게 해도 좋은 것도 있습니다. 특징이라면 자유롭게 해도 좋은 것까지 명시하고 있다는 것입니다.

이슬람의 관점에서 인간은 죄를 지고 태어나지 않습니다. 하지만 유혹에 져서 나쁜 짓을 저지르는 약한 동물이라는 위치에 있습니다. 여성이 베일을 뒤집어 쓰는 발상도 이 부분에 기원을 두고 있습니다. 남성은 여성의 피부 노출에 약하며, 냉정한 판단을 할 수 없게 된다고 여겨져 여성의 피부 노출을 엄격하게 제한하고 있는 것입니다.

이슬람 사회에서 여성의 지위도 다양합니다. 바레인은 중동에서도 여성 권리의 중시에 가장 적극적인 나라입니다. 반대로 사우디아라비아는 엄격한 계율로 인해 교사와 간호사 이외의 여성은 바깥에서 일할 수조차 없습니다. 남성이 알고 지내는 여성과 거리에서 마주쳤을 때 말을 거는 것도 금지되어 있으며, 다른 이의 아내를 칭찬하는 것조차도 금기입니다.

또한, 「이슬람 원리주의자」라고 하면 「테러리스트」로 치부되기 십상이지만, 본래 「이슬람 원리주의」란 「코란의 가르침에 충실한 이슬람 국가 건설」을 목표로 하는 이상으로, 테

러 활동을 하는 자는 그들 중 일부에 지나지 않습니다. 「이슬람 원리주의자」는 테러를 자행하는 「테러 조직」, 군대를 공격하기 위해 중무장한 「게릴라 조직」, 정치 활동을 하는 「정치 조직」, 복지활동 등을 하는 「사회 운동 조직」등 그 성격에 따라 명확하게 구별됩니다.

와이즈

와이즈는 유럽과 미국을 중심으로 활동하기에 중동에서는 영향력이 그리 크지 않습니다.

하지만 중동은 석유회사나 전력회사 등, 구미 각국의 기업이 진출해 있어 이들 기업과 보험계약을 체결한 케이스도 있습니다.

중동의 치안은 다른 에어리어 이상으로 악화되고 있으며 테러에 의한 유괴사건이나 순수하게 몸값만을 노린 영리유괴 사건 등도 빈번히 발생하고 있습니다. 특히 이라크 국내에서는 이러한 경향이 두드러지며, 국제적인 문제가 되고 있습니다.

이러한 상황에서 와이즈가 요인과 개별 계약을 맺는 경우가 늘어나고 있습니다.

또한 아프가니스탄이나 이라크는 테러 조직이 잠복하기 쉬운 지역이기도 하며, 테러리스트의 훈련 캠프도 있다고 합니다.

건독

수는 적지만, 중동 출신 중에서 건독이 된 사람도 있습니다. 하지만 중동 사람에게 있어서 건독, 다시 말해 민간보안기업의 사람은 무뢰한이라는 인상이 강한 듯합니다. 특히 구미권 출신의 건독을 무뢰한으로 보는 경향이 강합니다.

또한 이슬람 항목에서도 설명했다시피, 중동 사람들은 정도의 차는 있으나 엄격한 생활 관습을 가지고 있기에, 그들의 생활권에 경솔히 발을 들이는 짓은 삼가야 합니다.

그리고 여성 건독은 불필요한 사건을 피하기 위해서라도 피부 노출이나 행동에 주의를 기울여야 합니다.

건독과 치안기구

중동의 자산가나 왕족과 같은 VIP는 대체로 개인적으로 경호원을 고용하고 있습니다. 이는 중동에서 국가의 치안기구가 믿음직하지 않다는 점을 명확하게 나타냅니다.

즉, 지역 치안기구에 정보 수집이나 지원 등의 협력을 바라지 않는 쪽이 좋다고 생각하는 편이 낫다는 뜻입니다.

또한 총기를 휴대하고 다닐 때는 충분한 주의를 기울여야 합니다. 치안이 악화되어 있기 때문에 무기를 소지하는 것에 과민반응을 할 수 있습니다.

특히 이라크는 각별히 주의해야 합니다. 이라크에서는 아직도 수많은 나라의 치안유지군이 체류하고 있으므로, 그들과 트러블을 일으킬 사태는 되도록 피하는 편이 좋습니다.

드러내놓고 행동할 수 있는 임무는 아니지만, 테러 조직 섬멸을 위해 군과 협력하여 작전에 돌입할 수도 있습니다. 그렇다 해도, 그러한 사례는 그리 자주 있지 않습니다.

후리야

아라비아어로 「자유」를 의미합니다.

구 소련의 아프가니스탄 침공을 계기로 결성된 의용군을 기원으로 합니다. 걸프전쟁시 사우디아라비아 침공을 계기로 반미활동에 가담하였고, 이라크 전쟁으로 인해 이러한 반미감정은 정점에 달했습니다. 이전까지 최대 규모의 조직이었던 알 카에다를 시작으로 수많은 대규모 테러 조직이 붕괴한 뒤, 그 잔당을 흡수하여 강력한 힘을 얻기에 이르렀습니다.

NPC 소개

무함마드 유프스 무사

세계 규모의 테러 조직 "후리야"는 가장 과격한 조직으로서 알려졌다. 그는 이 조직의 젊은 지도자이다.

흉탄에 쓰러진 전 지도자의 유언에 따라 젊은데도 지도자의 지위에 올랐다. 신의 가르침에 충실한 대행자이며, 반미세력의 상징으로서 지목되고 있다.

전세계에 뿌리를 뻗은 후리야의 최대규모 테러 네트워크는 전세계에서 빈번히 일어나는 이슬람 교도에 의한 테러 활동에 깊이 연관되어 있다.

그가 전세계를 향해 입을 열 때, 세계의 어딘가에서는 신벌의 이름을 빌린 파괴활동이 실행되고 있다.

연령: 46세　성별: 남자　국적: 이라크
머리: 검은색　눈: 검은색　피부: 갈색
연줄: 테러리스트(이라크) $100

「신의 평안과 자비와 축복이 있기를. 알라는 위대하다.」

NPC 소개

압둘 카비드 무스타파

"디나르 상회"의 회장으로서, 사우디아라비아 왕가의 많은 후원을 업고 막대한 양의 석유를 세계 각지로 수출하고 있는 석유왕이다.

중동 각지에서 반미감정이 높아지는 가운데 사우디아라비아가 미국과 무역을 계속하는 데에는 그의 수완이 크게 작용했다.

하지만 현재의 왕가를 오랫동안 섬기던 집안 출신이며, 경건한 이슬람 신도인 그의 정체는, 과격할 정도의 반미주의자이며 석유 무역으로 얻은 이익금의 상당부분을 각지의 반미조직에 자금원조로 제공하고 있다.

연령: 42세	성별: 남자	국적: 사우디아라비아
머리: 검은색	눈: 검은색	피부: 갈색
연줄: 사업가(사우디아라비아) $100		

「설령 이교도라고 해도 거래는 해드립니다.」

핫산 시라위 칼리파

페르시아 만에 위치한 소국 바레인의 제 3왕자로서, 온화한 성격으로 알려진 외무 장관이다.

그는 구미권 국가와 정력적으로 친목을 다지고 있으며, 각국의 반미주의자에게는 불구대천의 적이다. 실제로 갖가지 암살계획에 휘말렸다. 3년 전에 일어난 비참한 폭발 테러로 두 다리를 잃었지만, 그의 정치활동은 계속되었고, 언제부터인가 "휠체어 외무 장관"이라고 불리게 되었다.

지금 그는 이슬람 국가와 미국을 연결하는 우호의 상징이 되어 있다.

외동딸 사피야를 무척 사랑하는 것으로도 유명하다

연령: 40세	성별: 남자	국적: 바레인
머리: 검은색	눈: 청색	피부: 갈색
연줄: 대신급 정치가(바레인) $600		

「중요한 것은 "우리의" 행보가 아니겠는가?」

사피아 핫산 칼리파

바레인 "휠체어 외무 장관"의 외동딸로 "왕국의 보물"이라 불리는 미모와 상냥한 마음의 소유자.

그 미모 때문에 수많은 혼담이 들어오고 있으나, 지금은 아버지를 돕는 것에 열중하고 있기에 결혼 예정은 없는 모양이다.

바레인 왕국 친선대사라는 직함을 가지고 있고, 아버지의 휠체어를 밀면서 각국을 돌아다니는 모습은 세계의 주목을 모으고 있으나, 그 때문인지 아버지 이상으로 테러리스트의 표적이 되기 때문에 건독에게 기대는 일이 많다.

연령: 17세	성별: 여자	국적: 바레인
머리: 검은색	눈: 청색	피부: 갈색
연줄: 세계적 유명인(바레인) $1,000		

「어째서 사람은 서로 미워하는 걸까요……」

아시아 에어리어

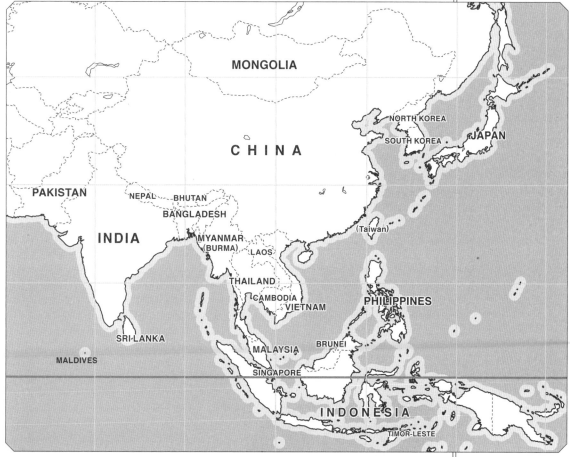

국가명	면적	주요 언어	위험도
네팔 연방 민주 공화국	147	네팔어	B
대한민국	100	한국어	E
동티모르 민주 공화국	15	테툼어, 포르투갈어, 영어, 인도네시아어	E
라오스 인민 민주 공화국	237	라오스어	B
말레이시아	330	말레이어, 영어	B
몰디브 공화국	0.3	디베히어	E
몽골	1,565	몽골어	E
미얀마 공화국	677	버마어	D
방글라데시 인민 공화국	144	벵골어	B
베트남 사회주의 공화국	346	베트남어	E
부탄 왕국	38	종카어	C
브루나이 다루살람	6	말레이어, 영어	E
스리랑카 민주 사회주의 공화국	66	싱할라어, 타밀어, 영어	B
싱가포르 공화국	1	말레이어, 영어, 중국어, 타밀어	E
인도	3,287	힌디어, 영어, 기타 헌법 공인어 17	B
인도네시아 공화국	1,919	인도네시아어	B
일본	378	일본어	E
조선 민주주의 인민 공화국(북한)	121	문화어	D
중화민국(대만)	36	대만어, 중국어	B
중화인민 공화국(중국)	9,597	중국어	B

캄보디아 왕국	181	캄보디아어	B
타이 왕국	513	타이어	E
파키스탄 이슬람 공화국	796	우르두어, 영어	A
필리핀 공화국	300	필리핀어, 영어	B

아시아

세계적으로도 인구수가 두드러진 중국과 인도는, 나이트메어 스톰에 의한 피해가 가장 큰 지역임이 분명합니다.

양국 모두 수천만명의 아사자가 발생했다고 추측될 정도입니다.

긴박해지는 중국

원래 곡물자급률이 100%전후였고, 13억 이상의 인구를 가진 중국은 나이트메어 스톰에 의한 피해가 극심했습니다. 어마어마한 아사자가 발생했고, 도시부와 지방의 빈부격차는 점점 커져만 갔습니다.

또한 2016년까지 군과격파가 일으킨 쿠데타 미수만 3건이며, 자잘한 폭동이 일어난 횟수는 세 자리 숫자에 이를 정도로 정세가 무척이나 불안정합니다.

중앙정부는 지방의 군벌화가 일어나면서 생기는 폭주를 두려워하여 보유하던 모든 핵병기를 중앙에 모아 어느 정도 지방자치권을 인정하는 것으로 군벌화를 아슬아슬한 수준에서 억누르고 있습니다.

일억총중류(一億総中流)
역자 주 - 일본 국민의 대다수가 자신이 중류층이라고 생각하던 것.

혼돈의 동남아시아

인도네시아, 필리핀, 말레이시아, 베트남, 캄보디아, 타이, 미얀마 등 이들 국가의 해안, 다시 말해 동남아시아 전역은 해적의 영역으로 변했습니다.

해적 대부분이 완전무장을 갖추고 있습니다. 이러한 무장은 각국의 군에서 흘러나온 물건이라고 추측됩니다.

과거의 해적은 화물을 약탈하는 것만이 목적이었으며, 저항하지 않으면 목숨을 빼앗기진 않았습니다. 하지만 최근에는 무저항인 사람의 목숨을 빼앗는 해적도 많아졌습니다.

게다가 저항한다고 가만히 있을 해적이 아니니, 해적의 관용을 바라는 것은 목숨을 내던진다는 말이나 마찬가지임을 기억해 두시기 바랍니다.

남중국해나 벵골만에서는 표적이 되기 쉬운 유조선이나 상선과 보험계약을 맺어 건독이 경호를 서는 경우도 늘어나고 있습니다.

인도의 대립 구도

원래 빈부격차가 크고 민족문제나 종교 문제를 끌어안고 있던 인도에서는 지방마다, 부족마다 주장이 격해지고 있습니다.

지금까지 정부가 해결하지 못한 문제가 단번에 터져 나온 것입니다.

인도는 많은 타국 기업이 진입해있었기에 각 기업은 민간경비회사나 와이즈의 보험계약으로 자신의 안전을 확보하고 있습니다.

고립되어가는 일본

식량자급률이 40%로 낮은 일본은 2010년까지 45%로 끌어올린다는 정책을 취했으나, 나이트메어 스톰으로 궁지에 몰리게 됩니다.

유일하게 수입에 의존하지 않던 쌀조차도 수확이 격하게 감소했습니다. 더불어 세계 최대의 곡물수출국인 미국이 수출량을 한계까지 제한하였기에 일본의 식량사정은 최악의 상황으로 치달았습니다.

일억총중류라고 불리던 시대가 그리워질 정도로 국민간의 경제격차는 커지고, 누적되던 불만이 치안 악화를 불러 젊은이들에 의한 범죄 그룹이 증가하는 문제를 안고 있습니다.

건독

일본 기업도 세계에서 많이 활동하게 되면서 일본 국내의 민간보안기업의 활동도 활발해졌습니다.

또한 유럽과 미국의 기업도 중국, 인도 등 일본 이외의 나라에도 많이 진출해있기에 건독이 활약할 장소도 제법 준비되어 있습니다.

단, 건독과 지역 치안기구 및 군과의 사이는 그리 좋다고 할 수 없습니다.

원래 어느 나라에서든지 치안기구나 군이라는 조직은 텃세가 심하고 외부인이 활개를 치고 다니는 것을 좋아하지 않는 풍조가 만연합니다.

또한, 현재 아시아 전역의 치안기구나 군조직이 범죄조직과 유착하고 있다는 소문도 돌고 있습니다.

이는 때로 건독의 임무 수행에 장애가 될 수도 있기에, 이에 관한 대응에는 충분히 주의해야 합니다.

그리고 서양인이 아시아 에어리어에서 활동할 때에는 자신이 과도하게 눈에 띄는 존재라는 점을 염두에 두고 행동해야 합니다.

NPC 소개

우 황룽

중국과 일본을 중심으로 맹위를 떨치는 차이니즈 마피아 "셔옌(蛇眼)"의 간부이자, "흉룡"이라 불리는 두려움의 대상.

파괴활동 등에서는 특히 화려한 방식을 선호하며, 애용하는 2정의 베레타로 적대하는 이를 순식간에 죽여버리는 흉악함을 자랑한다. 정부나 같은 범죄조직 사이에서는 공포의 대명사로도 여겨진다.

총기 밀매나 요인 유괴 등 현장을 지휘할 때도 있는가 하면, 조직의 간부를 경호하는 경우도 있어 행동 자체가 예측불가이고 신출귀몰하다. 그 때문인지 「똑같은 얼굴의 형제가 몇 명이고 있는 것은 아닌가?」하는 소문이 끊이질 않는다.

연령: 33세 **성별:** 남자 **국적:** 중국
머리: 검은색 **눈:** 검은색 **피부:** 노란색
연줄: 갱(중국) $100

「……죽고 싶은 너석부터 앞으로 나와라.」

로베린 벨라스코

필리핀 빈민가에서 태어나 살기 위해 해적의 길을 선택했는데, 이는 어찌 보면 자연스러운 흐름일 것이다. 그녀가 두목을 맡은 "벨라스코 일가"라고 불리는 해적단은 동업자 사이에서도 실력을 인정받게 되었다.

머신건과 로켓 런쳐 등의 근대병기로 무장한 어선을 사용해 남중국해 주변의 유조선이나 무역선을 주요 목표로 삼는다.

승무원의 목숨까지 빼앗는 해적이 많은 와중에, 그녀는 저항하지 않으면 위해는 끼치지 않으며, 빈민가 주민들은 이러한 그녀를 영웅시하고 있다.

연령: 28세 **성별:** 여자 **국적:** 필리핀
머리: 검은색 **눈:** 검은색 **피부:** 노란색
연줄: 갱(필리핀) $100

「얌전히 굴면, 목숨까지 빼앗지는 않겠어!」

우에야나기 테츠유키

광역폭력단 "안도 파"의 관서 지역 장으로서, 인정사정 없는 수단으로 세력을 키운 야심가.

상투적으로 상대의 약점을 쥐고 협박하는 수단을 쓰며, 그에게 착취당해 어둠 속으로 사라진 사람의 수는 양손으로 헤아릴 수 없을 정도다.

최근 무기나 마약 같은 비합법물품의 밀수를 솔선해서 벌이고 있으며, 풍족한 자금과 장비를 손에 넣는 중이다.

그 결과, 그가 이끄는 "우에야나기 파"의 무장정도는 군대와 필적한다고도 하며, 해외 마피아도 이들을 경계하고 있다.

연령: 35세 **성별:** 남자 **국적:** 일본
머리: 검은색 **눈:** 검은색 **피부:** 노란색
연줄: 갱(일본) $100

「나도 귀신은 아니라고. 돈으로 이야기 좀 해볼까.」

오세아니아 에어리어

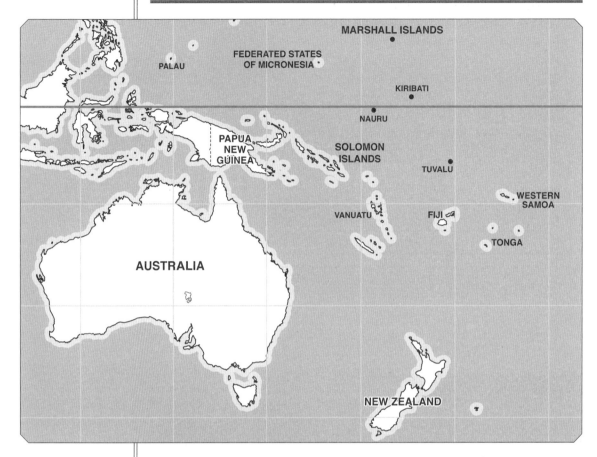

국가명	면적	주요 언어	위험도
나우루 공화국	0.02	나우루어, 영어	E
뉴질랜드	270	영어	E
마셜 제도 공화국	0.18	마셜어, 영어	E
미크로네시아 제도 공화국	0.7	영어, 야프어, 추크어, 폰페이어, 코스라에어	E
바누아투 공화국	12	비슬라마어, 영어, 프랑스어	E
사모아 독립국	3	사모아어, 영어	E
솔로몬 제도	28	피진어, 영어	B
오스트레일리아 연방	7,692	영어	E
키리바시	0.73	키리바시어, 영어	E
통가 왕국	1	통가어, 영어	E
투발루	0.03	투발루어, 영어	E
파푸아 뉴기니	463	피진어, 영어, 모투어 외 다수	B
팔라우 공화국	0.46	팔라우어, 영어	E
피지 공화국	18	피지어, 힌디어, 영어	E

오세아니아

나이트메어 스톰의 피해를 최대한 작게 억누를 수 있었던 오스트레일리아는 현재 세계에서 가장 치안이 좋은 나라가 되었습니다.

여기서는 오스트레일리아를 중심으로 오세아니아 에어리어의 상황을 설명합니다.

최상의 리조트

나이트메어 스톰이 시작되던 시기, 오스트레일리아에는 이민 희망자가 속출했지만, 당시 오스트레일리아 정부에는 그들 모두를 받아들일 여유가 없었습니다. 정부는 전세계적인 비난을 각오하고서 2020년까지 이민을 받지 않겠다고 발표합니다.

이러한 오스트레일리아 정부의 판단은 주효했습니다. 식량자급률도 100%이상을 유지하며, 다른 나라와 비교했을 때 치안 악화를 억제하는 데에도 성공했습니다.

또한 식량 수출을 억제했기에 발생한 수출액 저하도, 치안 안정을 전면에 내세운 관광정책으로 인해 어느 정도 보충하는 데에 성공했습니다.

이로 인하여 세계에서도 손꼽히는 리조트 지역으로서 이름을 날리게 되었습니다.

연구 도시 앨리스 스프링스

오스트레일리아의 관광명소로 유명한 에어즈 록에서 550킬로미터 떨어진 곳에 있는 앨리스 스프링스는 오스트레일리아 대륙의 중심지 부근에 있습니다.

예나 지금이나 에어즈 록 관광 거점으로서 활기를 띄고 있는데, 2016년에는 이 도시에 연구 도시라는 또 하나의 얼굴이 생겼습니다.

나이트메어 스톰이 한창일 때, 좀 더 안전한 환경에서 연구를 진행할 수 있도록 많은 타국의 기업이 연구소 설치를 요구했습니다. 이러한 연구는 대체로 식량사정을 호전시키기 위한 바이오 식품이나 품종개량 관련이었기에 오스트레일리아 정부는 그들의 요구를 받아들였습니다. 오스트레일리아 정부는 연구소끼리 편하게 정보를 교환하거나 연구 내용 발표 등을 쉽게 공유하게끔 한 지역에 연구소 설치를 집중시켰습니다.

식량사정이 점점 호전되고 있는 지금도, 이러한 연구 시설은 이 도시에서 연구를 계속하고 있습니다.

과격한 환경 보호단체

포경 금지를 주창하는 환경 보호단체 "시 복서"는 일본을 비롯한 포경국가에 공격적인 대응을 거듭해왔는데, 2016년에는 한층 과격해진 도발을 반복하고 있습니다.

이 때문에 시 복서 뿐만 아니라 거의 테러리스트나 다름없는 세력을 가진 이들 환경 보호단체가 얽힐 사안이라면, 민간보안기업이 경호나 경비 임무를 맡는 경우도 늘어났습니다.

단, 유럽에서 민간보안기업을 경영하는 이들 중에는 위와 같은 환경단체의 동조자도 있으며, 남극해에서 민간보안기업에 의한 총격전이 벌어졌다는 웃지 못할 뉴스가 흘러나올 때도 있습니다.

NPC 소개

다니엘 화이트먼

영국 특수부대 소속이었으나, "블루 가이아"라는 환경 보호단체의 사상에 감화되어, 제대 후에는 눈 깜빡 할 사이 블루 가이아의 간부까지 올라갔다.

하지만 활동에 관하여 당시의 간부들과 의견이 갈린 탓에, 그는 별도의 단체인 "시 복서"를 결성하여 좀 더 과격한 활동을 벌였다.

포경 금지나 원자력 발전소 정지를 외치며 비합법적인활동마저도 불사하는 행동은 전세계의 식견을 가진 사람들에게서 비판을 받고 있으나, 확고한 신념을 지닌 그의 눈에는 비판하는 이들이야말로 어리석은 인간으로 비치고 있다.

연령: 60세　**성별:** 남자　**국적:** 오스트레일리아
머리: 은색　**눈:** 청색　**피부:** 백색
연출: 테러리스트(오스트레일리아) $100

「야만스런 황색인종이…… 그 대가를 치르게 해주지.」

월드 섹션 보충

건독 연표

서력	사건
2003년	이라크 전쟁 이상기후 발생.
2004년	**와이즈 설립** 앨리스 스프링스(호주) 연구 도시화
2005년	아프리카에서 내전 활성화 로스앤젤레스에서 여객기 추락
2006년	암 제너틱 사의 실적이 늘기 시작. 이상 기후가 종식을 맞이함
2007년	쿠쿠타 카르텔 세력 확대
2008년	사우디 아라비아의 정유 공장에서 대규모 테러 남중국해를 중심으로 해적 활동이 활발해짐 남중국해에서 유조선 연속 습격 사건
2009년	민간 보안 회사의 직원을 노린 연쇄 살인 사건 캐나다 바이러스 연구소에서 의문의 폭발 사고
2010년	멕시코 농촌 지역에서 군에 의한 학살 사건
2011년	프란체스코 마르텔리, 마피아와 항쟁 독일을 중심으로 네오 나치 활동이 활성화
2012년	에드거 R 랜들, 미국 대통령 취임 이집트에서 무차별 테러 (마리아 해먼드, 남편을 잃음)
2013년	후리야, 활동 활성화 선언 스페인에서 폭발 테러 (핫산 시라위 칼리파, 양다리를 잃음)
2014년	마르셈 음와나와사, 콩고 민주 공화국 대통령으로 취임 차이니즈 마피아의 세력 확대
2015년	미국 내에서 테러 연속 발생 타이완 독립 분쟁 모스크바에서 체첸 독립 과격파에 의한 자폭 테러 사피야 핫산 칼리파 납치 미수 사건
2016년	**현 재**

나이트메어 스톰

『GDR』에 등장하는 인물과 단체명은 모두 가공의 산물이며, 실존하는 인물과 단체와는 일절 관계가 없습니다.

GM 여러분께

월드 섹션에서는 세계를 8개 에어리어로 나누어 『GDR』 세계의 과거와 현재에 관해 설명했습니다.

『GDR』 세계는 우리가 사는 세계의 정세나 역사나, 사회 통념을 기반으로 설정했으나, 어디까지나 가공의 산물이기에 현실의 역사와는 다른 부분도 있습니다.

현실 세계에서는 2003년에 세계 규모의 이상기후가 발생하지도 않았고, 2004년에 와이즈도 탄생하지 않았습니다. PMSC법이라는 「?」가 붙을 법률도 만들어지지 않았습니다.

또한, 이 룰북에 게재된 세계의 정보는 일부 지역과 조직에 편중되어 해설하고 있으므로 공백으로 남은 정보도 있습니다.

그리고 『GDR』을 구매하여 GM을 맡으려고 하시는 분은, 이런 공백을 채워서 세계의 정보를 보충할 권리를 가지고 있습니다. 새로운 사건을 일으키거나, 새로운 NPC나 조직의 제작도 각 GM이 자유롭게 할 수 있습니다.

추가로, GM은 『GDR』을 플레이할 때 판정 룰만을 사용하여 룰북에서 설정한 세계와 전혀 다른 세계, 다시 말해 자신이 새롭게 만들어낸 세계를 무대로 플레이하셔도 좋습니다.

단, 세계를 변경하거나 새로운 세계에서 『GDR』을 플레이할 때에는 게임에 참가하는 플레이어 전원에게 변경한 세계의 정보를 확실하게 설명해야 한다는 점을 명심하시기 바랍니다.

플레이어 여러분께

『GDR』을 플레이할 플레이어는 게임을 시작하기 전 또는 게임 도중에 GM이 새롭게 붙인 설정에서 이상한 점을 느꼈다고 하여도, 그것에 이의를 되풀이해서 제기하지는 마시기 바랍니다. 설령 그것이 선의에 의한 것이라 해도 게임의 흐름을 멈추게 하고 플레이 분위기를 방해하며 참가자 전원의 "즐거운 기분"이 반감되는 행위이기 때문입니다.

설정에 관해 이의나 의견이 있는 경우에는 게임이 끝난 뒤에 따로 이야기하는 편이 좋습니다. 이편이 좀 더 좋은 설정을 만들기 위해서도 생산적인 행동입니다.

단, 『GDR』 세계는 픽션이기 때문에 현실의 역사를 가져와 GM이 생각한 설정을 처음부터 부정하지 맙시다.

이는 『GDR』을 즐기기 위해 정말로 중요한 부분입니다.

"Cry H...
and let
the dogs

Chapter **2**

PLAYER SECTION

2종류의 PC제작법

GM은 파츠 셋업을 지시할 때, 해당 PL의 규칙 숙련도에 따라 일부는 올 셋업을 하도록 허락할 수 있습니다.

단, 다른 PL이 오래 기다리지 않게끔 주의해야 합니다. 『GDR』의 PC제작에는 랜덤 요소가 없기 때문에 사전에 PC를 제작할 수도 있지만, 그럴 경우 다른 PL의 선택 범위를 좁히게 될 가능성도 있으니 주의해 주십시오.

PC제작시의 주의점

GM은 어느 PC제작법을 지정하든, PL 사이의 밸런스를 생각하여 서로 이야기한 뒤에 PC를 제작하시기 바랍니다.

『GDR』의 PC는 일반적으로 각자 다른 클래스(P086~)를 선택해 팀을 짜서 서로의 약점을 보완합니다.

같은 클래스로만 고른다면 다양한 사태에 대응할 수가 없어서 작전이 실패하게 됩니다.

또한 PL이 기괴한 설정이나 데이터를 가진 PC를 제작하고 싶다고 말했을 경우, 다른 PL의 승낙을 얻는다면 불필요한 트러블을 피할 수 있습니다.

그리고 GM은 플레이할 시나리오에서 어떠한 클래스가 필요할지를 PL에게 알려줘도 좋습니다.

캐릭터 제작

캐릭터

『GDR』에서는 PL(플레이어)이 움직이는 PC와 GM이 움직이는 NPC라는 2종류의 캐릭터가 있습니다.

PC와 NPC는 게임 내에서의 역할이 서로 다릅니다. 캐릭터마다 역할에 맞춰서 각각의 제작방법을 준비되어 있으니 순서대로 설명하겠습니다.

여기서는 PL의 분신인 PC의 제작방법을 설명합니다.

2종류의 PC 제작법

『GDR』에서는 파츠 셋업과 올 셋업이라고 부르는 2종류의 제작방법이 있습니다.

GM은 각 제작방법의 설명을 읽은 뒤, 이번에 어떠한 방법으로 PC를 제작하는지 결정하여 PL에게 말하시기 바랍니다.

파츠 셋업

곧바로 『GDR』을 플레이하고 싶은 경우에는 이 방법을 선택합니다.

게임에 필요한 데이터가 대부분 정해진 샘플 캐릭터를 사용하기 때문에 PC 제작에 드는 시간을 단축할 수 있습니다.

처음으로 플레이하거나, 규칙이나 데이터를 마저 파악하지 못했다면 파츠 셋업을 선택하는 편이 좋습니다.

P002~007의 컬러 페이지에서 소개한 샘플 캐릭터 12개의 상세 데이터를 P058~P081에 개재하였습니다. 이 중에서 하나를 골라 PC를 제작합니다.

PC 제작 순서

1 샘플 캐릭터 선택(P058~P081)

↓

2 퍼스널 데이터 결정(P102)

↓

PC 완성

올 셋업

PC의 취향에 맞춰 원하는 대로 PC를 제작하고 싶다면, 이 방법을 선택합니다.

게임에 필요한 데이터 전체를 PL이 결정하고 선택할 수 있기에 작성한 PC에 각별한 애착이 생길 것입니다.

단, 『GDR』의 규칙이나 데이터를 파악하지 않으면 언밸런스 해지거나 활약할 수 없는 PC를 만들게 될 가능성이 있기에 몇 번 정도 플레이를 하고서 올 셋업을 선택하는 편이 좋습니다.

시간은 걸리지만, 『GDR』에 익숙해졌다면 아무쪼록 올 셋업으로 PC를 꼼꼼하게 제작해 보시기 바랍니다.

1 메인 클래스 결정(P082)

↓

2 서브 클래스 결정(P082)

↓

3 능력치 & 연령 결정(P094)

↓

4 기본% 산출(P095)

↓

5 경력 결정(P096)

↓

6 보너스 스킬의 습득(P096)

↓

7 최종적인 수치 계산 (P098)

↓

8 내구력 결정(P098)

↓

9 이동력 결정(P098)

↓

10 클래스 아츠 결정(P099)

↓

11 퍼스널 데이터 결정(P102)

↓

PC 완성

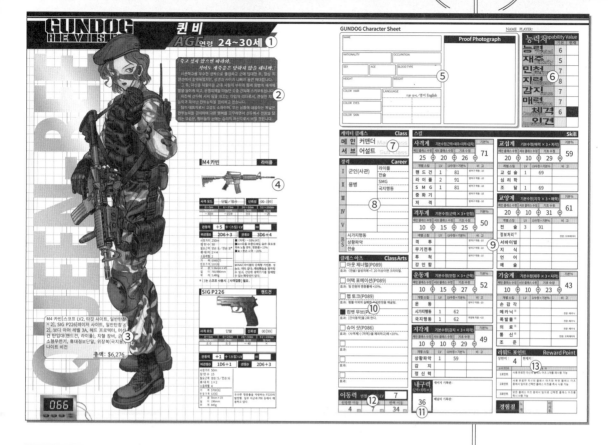

샘플 캐릭터 페이지 보는 법

P058~P081에 실린 샘플 캐릭터 페이지에는 소개하고 있는 해당 캐릭터의 캐릭터 시트가 실려 있습니다.

그 밖에도 캐릭터의 경력에 관해 간단한 설정과 특기 분야의 설명과 사용하는 무장, 아이템도 실려 있습니다. 이러한 페이지를 복사하여 PL에게 주면 PC제작 순서가 거의 끝난 셈입니다.

샘플 캐릭터 페이지의 내용에 관해서는 다음의 설명을 참조하시기 바랍니다.

①연령층
해당 연령대에서 PC의 연령을 결정합니다.
②해설
간단한 캐릭터 설정이나 게임 중에 어떠한 것이 가능한지를 해설하고 있습니다.
③소지 아이템
캐릭터가 소지하는 아이템입니다.
④소지 무장
캐릭터가 소지한 무장입니다. 아이템에 따라 수정한 명중률이 쓰여 있습니다.
⑤퍼스널 데이터
이름이나 국적, 성별, 혈액형 등을 쓰는 칸입니다.

⑥능력치
해당 캐릭터의 능력치입니다.
⑦캐릭터 클래스
해당 캐릭터의 메인 클래스와 서브 클래스입니다.
⑧경력
해당 캐릭터의 경력입니다. 연령층에 따라 취득 가능한 경력의 개수가 다릅니다.
⑨스킬(기능)
습득한 스킬과 능력치에 따라 계산된 수치가 쓰여 있습니다. 〈사격계〉〈격투계〉〈운동계〉〈지각계〉〈교섭계〉〈교양계〉〈기술계〉의 7개 스킬 분야에 총 30개의 스킬이 있습니다. 비고란에는 아이템에 따른 수정을 써넣습니다.
⑩클래스 아츠
캐릭터가 습득한 클래스 아츠를 써넣습니다.
⑪내구력
캐릭터의 [내구력]입니다.
⑫이동속도
캐릭터의 이동속도입니다.
⑬리워드 포인트
선택 규칙으로 사용하는 포인트입니다.

소지 아이템

샘플 캐릭터 데이터에 실려 있는 소지 아이템 전부가 CP관리표(P105)에 딱 맞게 들어가지는 않습니다.

[미션]의 내용 등을 참고하여 어떤 아이템을 장비하면 좋은지 취사선택하시기 바랍니다.

블리츠

AGE 연령 24~30세

M4 카빈[스코프 LV2, 도트 사이트, 일반탄창 × 2],
H&K Mk.23 SOCOM 피스톨[도트 사이트, 일반탄
창 × 2], 보디 아머 레벨 3A, 헬멧, 탄입대(핸드건,
라이플), 지혈 장비, 군용 소형무전기, 휴대정보단
말, 위장복(국지용), 나이트 비전

총액: $8,011

「임무 완료. 인질을 포함한 피해 없음.
오늘은 대장이 사는 날이로군.」

　육군에 입대하여 보병으로 군에 복무하고 있었지만, 지루한 군대에 싫
증을 내며 제대했습니다. 그 후 얼마간 용병으로서 전장을 떠돌아다니
다가 헤드 헌팅을 받아 건독이 되었습니다. 각지에서 전쟁의 불길을 헤
치고 나온 덕분에 젊은데도 불구하고 실전경험을 풍부하게 쌓았습니다.
　높은 전투능력을 갖췄고, 전투에서는 팀의 주전력으로서 활약할 수
있습니다. 총기 전반의 취급이 익숙하기에 어떠한 상황에도 대응할 수
있는 유연성을 가지고 있습니다. 또한 격투나 은밀행동도 무난히 수행
합니다.
　돌입 시에는 항상 팀의 선두에 서며, 장해 요소를 신속하게 배제합니다.
팀에 반드시 한 명 정도는 필요한 전투의 전문가입니다.

M4 카빈　　　라이플

사격 모드	단발/점사		신뢰성	00 [99]
	0~5m	6~25m	26~50m	51~200m
	지근거리	근거리	중거리	장거리
	−30※	−15※	±0	−25
	67	82	87(112)	62(87)

관통력	+5	+ 〈스킬〉 LV	2	=	7

비관통D	2D6+3	관통D	3D6+4

사정거리　250m
장탄수　30
필요근력　양손:6／한손:8★
휴대치　2×4
소음레벨　2
가　격　$900[7]
탄창가격　$10[6]
구　경　5.56mm×45
길　이　760/840mm
무　게　3,480g

■〈저격〉 −30% [47]
■※=다음 라운드에도 같은 목표를
계속 노릴 경우, 명중률 +15%
■★ = 한손 사격 −20%

M16A2 라이플을 단축한 형태의 카
빈총. 성능은 거의 동등. 운반용 손
잡이를 떼어내서 간단히 광학기기를
탑재할 수 있다는 확장성이 있다.

※ ( )는 스코프 사용시. [사격집중] 필요.

H&K Mk.23 SOCOM 피스톨　　핸드건

사격 모드	단발		신뢰성	00 [99]
	0~5m	6~25m	26~50m	51~200m
	지근거리	근거리	중거리	장거리
	±0	±0	−40	×
	87	87	37(57)	-

관통력	±0	+ 〈스킬〉 LV	1	=	1

비관통D	2D6−1	관통D	3D6

사정거리　50m
장탄수　12
필요근력　양손:6／한손:7
휴대치　2×2
소음레벨　4
가　격　$2,000[10]
탄창가격　$3[10]
구　경　.45ACP
길　이　245mm
무　게　1,460g

미군 특수부대의 요청으로 제작된
권총. .45ACP탄을 사용한다.

※ ( )는 도트사이트 사용시. [사격집중] 필요.

GUNDOG Character Sheet

NAME PLAYER:

NAME

NATIONALITY	OCCUPATION

Proof Photograph

SEX	AGE	BLOOD TYPE

HEIGHT	WEIGHT

COLOR HAIR	LANGUAGE
COLOR EYES	기본 언어／영어 English
COLOR SKIN	

능력치 Capability Value

	기본	현재
근력 Physical	8	
재주 Dexterity	6	
민첩 Quickness	8	
지력 Intelligence	6	
감각 Sense	7	
매력 Charisma	5	
체격 Constitution	8	
외견 Appearance		

캐릭터 클래스 Class

메인	어설트 Main Class
서브	어설트 Sub Class

경력 Career

Ⅰ	군인(병사)	중화기
		시가지행동
Ⅱ	용병	감지
		국지행동
Ⅲ		
Ⅳ		
Ⅴ		
B S	격투	
	운동	
	상황파악	

클래스 아츠 Class Arts

☐ 건 액션(P086)
효과: 추가로 [사격]을 한다.

☐ 퀵 드로우(P086)
효과: 가장 먼저 행동한다. [드로우]의 페널티를 받지 않는다. [사격]에만 적용.

■ 컴뱃 센스(P086)
효과: 〈상황파악〉에서 [이니셔티브]를 확인할 수 있다. 방어구의 〈상황파악〉 수정을 10% 경감.

☐ 슈어 샷(P086)
효과: 〈사격계〉〈저격〉을 제외하고에 +20%

☐ 페이틀 샷(P086)
효과: 〈사격계〉(〈저격〉을 제외하고)의 달성치에 +7. 20 이상이라면 크리티컬.

☐
효과:

☐
효과:

☐
효과:

이동력 민첩+〈운동〉LV 9

신중한 이동	일반 이동	전력 이동
5 m	9 m	38 m

스킬 Skill

사격계 기초수정(근력+재주+지력+감각) 기본%

메인 클래스 수정	서브 클래스 수정	기초 수정	
30 ⊕	20 ⊕	27 ⊜	77

개별 스킬	LV	LV수정+기본%	비 고
핸 드 건	1	87	방어구 착용: -10
라 이 플	2	97	방어구 착용: -10
S M G	2	97	방어구 착용: -10
중 화 기	1	87	방어구 착용: -10
저 격			방어구 착용: -10

격투계 기초수정(근력 × 3 + 민첩) 기본%

메인 클래스 수정	서브 클래스 수정	기초 수정	
20 ⊕	15 ⊕	32 ⊜	67

개별 스킬	LV	LV수정+기본%	비 고
격 투	1	77	방어구 착용: -10
무 기 전 투			방어구 착용: -10
투 척			방어구 착용: -10
강 인 함			

운동계 기초수정(민첩 × 3 + 근력) 기본%

메인 클래스 수정	서브 클래스 수정	기초 수정	
15 ⊕	15 ⊕	32 ⊜	62

개별 스킬	LV	LV수정+기본%	비 고
운 동	1	72	방어구 착용: -10
시가지행동	1	72	
국지행동	1	72	위장복 착용: +10

지각계 기초수정(감각 × 3 + 지력) 기본%

메인 클래스 수정	서브 클래스 수정	기초 수정	
10 ⊕	10 ⊕	27 ⊜	47

개별 스킬	LV	LV수정+기본%	비 고
상 황 파 악	1	57	
감 지	1	57	
정 신 력			

내구력 (근력 + 체격) × 3 48

대미지 기록란:

페널티 기록란:

교섭계 기초수정(매력 × 3 + 지력) 기본%

메인 클래스 수정	서브 클래스 수정	기초 수정	
10 ⊕	10 ⊕	21 ⊜	41

개별 스킬	LV	LV수정+기본%	비 고
교 섭 술			
심 리 학			
조 달			

교양계 기초수정(지력 × 3 + 매력) 기본%

메인 클래스 수정	서브 클래스 수정	기초 수정	
10 ⊕	10 ⊕	23 ⊜	43

개별 스킬	LV	LV수정+기본%	비 고
전 술			
정보처리※			전문: 오퍼레이터
서 바 이 벌			
지 식			
언 어			
예 술			

기술계 기초수정(재주 × 3 + 지력) 기본%

메인 클래스 수정	서브 클래스 수정	기초 수정	
10 ⊕	10 ⊕	24 ⊜	44

개별 스킬	LV	LV수정+기본%	비 고
손 감 각			
메 카 닉 ※			전문: 메카닉
폭 발 물 ※			전문: 메카닉
의 료 ※			전문: 메딕
통 신 ※			전문: 오퍼레이터
조 종			

리워드 포인트 Reward Point

상한치: 4   현재치:

소비포인트	효 과
1포인트	사용 완료한 자신의 클래스 아츠 1개를 재사용 가능
2포인트	자신의 클래스 아츠와 공용 클래스 아츠 중에서 임의로 선택한 클래스 아츠를 즉시 사용 가능
3포인트	모든 클래스 아츠 중에서 임의로 선택한 클래스 아츠를 즉시 사용 가능

경험점

누계		미사용

오거

AGE 연령 31~40세

「내가 원호하지! 셋 세면 부상자 업고 달려!」

정의감에 불타올라 경관이 되어 이윽고 폭발물 처리반에 배속되었지만, 부패한 경찰기구에 혐오를 느끼고 퇴직했습니다. 그 후, 육군에 입대하여 공병으로 군에 복무하고 있던 도중 건독으로 스카우트 되었습니다.

기관총 등의 중화기 취급에 익숙하며, 엄청난 화력으로 적을 압도하는 것은 물론, 제압사격으로 적의 발을 묶는 등, 동료를 지원할 수 있습니다.

또한, 폭발물의 취급 등 섬세한 기술도 보유하고 있습니다.

전투에서는 팀의 공격과 수비에서 주축이 되며, 전투 이외에도 귀중한 특수 기술을 몸에 익히고 있는 든든한 존재입니다.

FN 미니미 머신건 　　　중화기

사격 모드	연사		신뢰성	00 [99]

0~5m 지근거리	6~25m 근거리	26~50m 중거리	51~200m 장거리
−50※	−30※	±0	−20
50	70	90(115)	70(95)

관통력	+5	+〈스킬〉LV	3	=	8

비관통D	2D6+3	관통D	3D6+4

사정거리 400m
장탄수 200(B)
필요근력 양손:8／한손:−
휴대치 3×5
소음레벨 1
가 격 $4,500[12]
탄창 가격 벨트 탄약: 200발
구 경 5.56mm×45
길 이 1,040mm
무 게 6,850g

■※=다음 라운드에도 같은 목표를 계속 노릴 경우, 명중률 +20%
■탄창교환: [아이템 사용] 2회
■양각대 내장

소형경량 5.56mm×45탄을 사용하는 우수한 분대지원화기. 벨트 급탄 외에 NATO규격의 M16용 탄창도 사용할 수 있는 점이 특징.

※ ( )는 스코프 사용시. [사격집중] 필요.

데저트 이글 .50AE 　　　핸드건

사격 모드	단발		신뢰성	99[98]

0~5m 지근거리	6~25m 근거리	26~50m 중거리	51~200m 장거리
−7	−7	−47	×
73	73	23(43)	-

관통력	+3	+〈스킬〉LV	1	=	4

비관통D	3D6	관통D	3D6+6

사정거리 50m
장탄수 7
필요근력 양손:7／한손:8*
휴대치 2×2
소음레벨 3
가 격 $700[8]
탄창 가격 $5[8]
구 경 .50AE
길 이 269mm
무 게 2,053g

■★= 한손 사격 −20%

.50AE탄을 사용하는 자동권총. 크고 무거우며 쏠 때의 반동도 크다.

※ ( )는 도트사이트 사용시. [사격집중] 필요.

FN 미니미[도트 사이트, 스코프 LV2, 벨트 탄약], 데저트 이글 .50AE[도트 사이트, 일반 탄창 × 2], M67 파편수류탄 × 2, 섬광수류탄, 보디 아머 레벨 3A, 헬멧, 탄입대(핸드건), 수류탄 파우치, 지혈 장비, 군용 소형무전기, 휴대 정보단말, 위장복(시가지용), 나이트 비전, 폭약 × 2, 기폭장치 장비 × 2, 문 폭파 장비, 브레이커 툴, 공구 세트

총액: $10,870

NAME

NATIONALITY		OCCUPATION	
SEX	AGE	BLOOD TYPE	
HEIGHT		WEIGHT	
COLOR HAIR		LANGUAGE	
COLOR EYES		기본 언어／영어 English	
COLOR SKIN			

Proof Photograph

능력치 Capability Value

		기본	현재
근력 Physical	9	
재주 Dexterity	8	
민첩 Quickness	5	
지력 Intelligence	7	
감각 Sense	6	
매력 Charisma	5	
체격 Constitution	8	
외견 Appearance		

캐릭터 클래스　Class

| 메 인 | 어설트 Main Class |
| 서 브 | 메카닉 Sub Class |

경력　Career

I	경찰관	핸드건
		격투
II	폭발물처리반	메카닉
		폭발물
III	군인(공병)	강인함
		폭발물
IV		
V		
B S	중화기	
	국지행동	
	조종	

클래스 아츠　Class Arts

☐ **슈어 샷(P086)**
효과: 〈사격계〉(〈저격〉)을 제외하고)에 +20%

☐ **나인 라이브스(P086)**
효과: [관통D]를 [비관통D]로 변경한다.

☐ **페이틀 샷(P086)**
효과: 〈사격계〉(〈저격〉)을 제외하고)의 달성치에 +7. 20 이상이라면 크리티컬.

☐ **데프트 핑거(P091)**
효과: 〈메카닉〉〈폭발물〉에 +20%

☐ **룰 오브 섬(P091)**
효과: 〈메카닉〉〈폭발물〉의 달성치에 +7. 20 이상이라면 크리티컬.

☐
효과:

☐
효과:

☐
효과:

이동력　민첩+〈운동〉LV　5

신중한 이동	일반 이동	전력 이동
3 m	5 m	30 m

스킬　Skill

사격계　기초수정(근력+재주+지력+감각)　기본% 70

메인 클래스 수정		서브 클래스 수정		기초 수정	
30	⊕	10	⊕	30	⊜

개별 스킬	LV	LV수정+기본%	비 고
핸 드 건	1	80	방어구 착용: -10
라 이 플	1	80	방어구 착용: -10
S M G			방어구 착용: -10
중 화 기	3	100	방어구 착용: -10
저 격			방어구 착용: -10

격투계　기초수정(근력 × 3 + 민첩)　기본% 62

메인 클래스 수정		서브 클래스 수정		기초 수정	
20	⊕	10	⊕	32	⊜

개별 스킬	LV	LV수정+기본%	비 고
격 투	1	72	방어구 착용: -10
무 기 전 투			방어구 착용: -10
투 척			방어구 착용: -10
강 인 함	1	72	

운동계　기초수정(민첩 × 3 + 근력)　기본% 49

메인 클래스 수정		서브 클래스 수정		기초 수정	
15	⊕	10	⊕	24	⊜

개별 스킬	LV	LV수정+기본%	비 고
운 동			방어구 착용: -10
시가지행동			위장복 착용: +10
국지행동	1	59	

지각계　기초수정(감각 × 3 + 지력)　기본% 50

메인 클래스 수정		서브 클래스 수정		기초 수정	
10	⊕	15	⊕	25	⊜

개별 스킬	LV	LV수정+기본%	비 고
상 황 파 악			방어구 착용: -10
감 지			
정 신 력			

내구력
(근력+체격)×3
51

대미지 기록란:

페널티 기록란:

교섭계　기초수정(매력 × 3 + 지력)　기본% 42

메인 클래스 수정		서브 클래스 수정		기초 수정	
10	⊕	10	⊕	22	⊜

개별 스킬	LV	LV수정+기본%	비 고
교 섭 술			
심 리 학			
조 달			

교양계　기초수정(지력 × 3 + 매력)　기본% 51

메인 클래스 수정		서브 클래스 수정		기초 수정	
10	⊕	15	⊕	26	⊜

개별 스킬	LV	LV수정+기본%	비 고
전 술			
정보처리※			전문: 오퍼레이터
서 바 이 벌			
지 식			
언 어			
예 술			

기술계　기초수정(재주 × 3 + 지력)　기본% 61

메인 클래스 수정		서브 클래스 수정		기초 수정	
10	⊕	20	⊕	31	⊜

개별 스킬	LV	LV수정+기본%	비 고
손 감 각			
메 카 닉※	2	81	전문: 메카닉
폭 발 물※	3	91	전문: 메카닉
의 료※			전문: 메딕
통 신※			전문: 오퍼레이터
조 종	1	71	

리워드 포인트　Reward Point

상한치:	4	현재치:	

소비 포인트	효 과
1포인트	사용 완료한 자신의 클래스 아츠 1개를 재사용 가능
2포인트	자신의 클래스 아츠와 공용 클래스 아츠 중에서 임의로 선택한 클래스 아츠를 즉시 사용 가능
3포인트	모든 클래스 아츠 중에서 임의로 선택한 클래스 아츠를 즉시 사용 가능

경험점

누계		미사용	

니들
AGE 연령 31~40세

드라그노프 스나이퍼 라이플[일반탄창 × 2, 소음기(장)], Cz85[레이저 사이트, 일반탄창 × 2], 보디 아머 레벨2, 탄입대(핸드건, 라이플), 지혈 장비, 군용 소형무전기, 정보처리단말, 소형 랩톱, 위장복(시가지용), 스포터 세트, 전파탐지기, 발신기 장비, 재머, 전자기기용 장비

총액: $8,822

「목표 포착, 정보를 송신한다. 사격 허가를.」
과거 이상에 심취하여 어떠한 테러조직에서 저격수이자 공작원으로서 활동했지만, 내부 항쟁에 휘말려서 밀고를 당하고 적측 정보조직의 손에 떨어집니다.
하지만 그 능력에 눈독을 들이던 정보조직에게 권유받아, 지금까지의 삶에 의문을 품은 것도 있어서 소속을 바꿉니다. 그 후, 수많은 공작활동에 종사하던 도중, 건독으로 스카우트 되었습니다.
테러리스트 시절부터 갈고 닦은 저격 기술은 물론, 공작원 시절에 익힌 정보처리기술이나 감시기기의 설치기술도 미션 수행에 큰 도움이 될 것입니다.
또한 저격수는 대체로 전장 전체를 가늠하는 장소에 있기 마련입니다. 전장 상황을 파악하여 멤버에게 귀띔하는 것으로 팀에 공헌할 수 있을 것입니다.

드라그노프 스나이퍼 라이플　　라이플

사격 모드	단발	신뢰성	□ [00]

0~5m	6~25m	26~50m	51~200m
지근거리	근거리	중거리	장거리
−50※	−28※	−8	−20
37	59	79(104)	67(92)

관통력	+8	+ 〈스킬〉LV	2	=	10

비관통D	2D6+8	관통D	3D6+9

사정거리　600m
장 탄 수　10
필요근력　양손:6／한손:－
휴 대 치　2×6(+1×2)
소음레벨　1(2)
가　　격　$2,000[12]
탄창가격　$8[6]
구　　경　7.62mm×54R
길　　이　1,217mm
무　　게　4,310g

■〈저격〉±0%[97(87)]
※=다음 라운드에도 같은 목표를 계속 노릴 경우, 명중률 +20%
스코프 LV2(1 × 2) 표준장비

구 동구권의 세미 오토식 스나이퍼 라이플. 가볍다는 것이 특징이지만, 강력한 7.62mm×54R탄을 사용하므로 반동이 심하다.

※ ( )는 스코프 사용시. [사격집중] 필요.
※소음기 사용시 : 명중률과 〈저격〉 -10%. 소음 레벨 +1

Cz85　　핸드건

사격 모드	단발	신뢰성	00 [99]

0~5m	6~25m	26~50m	51~200m
지근거리	근거리	중거리	장거리
±0	±0	−40	×
87	87	37	-

관통력	+1	+ 〈스킬〉LV	1	=	2

비관통D	1D6+1	관통D	2D6+3

사정거리　50m
장 탄 수　15
필요근력　양손:5／한손:6
휴 대 치　1×2
소음레벨　4
가　　격　$600[7]
탄창가격　$3[6]
구　　경　9mm×19
길　　이　206mm
무　　게　1,000g

구 체코슬로바키아에서 생산된 Cz75를 원형으로 발전. 개량한 권총. 수출 목적으로 설계·생산되었으므로 9mm×19탄을 사용한다.

GUNDOG Character Sheet

Character Info

NAME	
NATIONALITY	OCCUPATION
SEX	AGE	BLOOD TYPE
HEIGHT	WEIGHT
COLOR HAIR	LANGUAGE 기본 언어／영어 English
COLOR EYES	
COLOR SKIN	

Proof Photograph

능력치 Capability Value

	기본	현재
근력 Physical	6	
재주 Dexterity	7	
민첩 Quickness	7	
지력 Intelligence	7	
감각 Sense	7	
매력 Charisma	6	
체격 Constitution	7	
외견 Appearance		

캐릭터 클래스 Class

메인	스나이퍼	Main Class
서브	오퍼레이터	Sub Class

경력 Career

I	테러리스트	시가지행동	
		정신력	
II	히트맨	핸드건	
		저격	
III	공작원	감지	
		통신	
IV			
V			
BS	저격		
	라이플		
	정보처리		

클래스 아츠 Class Arts

- ☐ 샤프 슈터(P087)
  효과: 〈라이플〉〈저격〉에 +20%
- ☐ 시리어스 운즈(P087)
  효과: 대미지 페널티 표에 -5.
- ☐ 트랭퀼리티(P087)
  효과: 〈정신력〉에 +20%
- ☐ 어드바이스(P092)
  효과: 임의 스킬에 +20%
- ☐ 일렉트로닉스(P092)
  효과: 〈통신〉에 +20%
- ☐
  효과:
- ☐
  효과:
- ☐
  효과:

이동력 민첩+〈운동〉LV [7]

신중한 이동	일반 이동	전력 이동
4 m	7 m	34 m

스킬 Skill

사격계 기초수정(근력+재주+지력+감각) 기본% 67

메인 클래스 수정	서브 클래스 수정	기초 수정	
30 ⊕	10 ⊕	27 =	67

개별 스킬	LV	LV수정+기본%	비 고
핸 드 건	1	77	
라 이 플	2	87	
S M G			
중 화 기			
저 격	3	97	

격투계 기본수정(근력 × 3 + 민첩) 기본% 45

메인 클래스 수정	서브 클래스 수정	기초 수정	
10 ⊕	10 ⊕	25 =	45

개별 스킬	LV	LV수정+기본%	비 고
격 투			
무 기 전 투			
투 척			
강 인 함			

운동계 기초수정(민첩 × 3 + 근력) 기본% 57

메인 클래스 수정	서브 클래스 수정	기초 수정	
20 ⊕	10 ⊕	27 =	57

개별 스킬	LV	LV수정+기본%	비 고
운 동			
시가지행동	2	77	위장복 착용: +10
국지행동			

지각계 기초수정(감각 × 3 + 지력) 기본% 53

메인 클래스 수정	서브 클래스 수정	기초 수정	
15 ⊕	10 ⊕	28 =	53

개별 스킬	LV	LV수정+기본%	비 고
상 황 파 악			
감 지	1	63	
정 신 력	1	63	

내구력 (근력+체격)×3 39

대미지 기록란:

페널티 기록란:

교섭계 기초수정(매력 × 3 + 지력) 기본% 45

메인 클래스 수정	서브 클래스 수정	기초 수정	
10 ⊕	10 ⊕	25 =	45

개별 스킬	LV	LV수정+기본%	비 고
교 섭 술			
심 리 학			
조 달			

교양계 기초수정(지력 × 3 + 매력) 기본% 57

메인 클래스 수정	서브 클래스 수정	기초 수정	
10 ⊕	20 ⊕	27 =	57

개별 스킬	LV	LV수정+기본%	비 고
전 술			
정보처리 ※	2	77	전문: 오퍼레이터
서 바 이 벌			
지 식			
언 어			
예 술			

기술계 기초수정(재주 × 3 + 지력) 기본% 58

메인 클래스 수정	서브 클래스 수정	기초 수정	
10 ⊕	20 ⊕	28 =	58

개별 스킬	LV	LV수정+기본%	비 고
손 감 각			
메 카 닉 ※			전문: 메카닉
폭 발 물 ※			전문: 메카닉
의 료 ※			전문: 메딕
통 신 ※	2	78	전문: 오퍼레이터
조 종			

리워드 포인트 Reward Point

상한치: **4**　　현재치:

소비포인트	효 과
1포인트	사용 완료한 자신의 클래스 아츠 1개를 재사용 가능
2포인트	자신의 클래스 아츠와 공용 클래스 아츠 중에서 임의로 선택한 클래스 아츠를 즉시 사용 가능
3포인트	모든 클래스 아츠 중에서 임의로 선택한 클래스 아츠를 즉시 사용 가능

경험점

누계	미사용

「……사냥의 시간이다.」

포수의 아들로 태어났기에 어린 시절부터 라이플과 친합니다. 추가로 사냥 경험을 통해 사격뿐만 아니라 예민한 야생동물의 감각도 속이는 탁월한 위장술과 경이적으로 강한 인내력을 갈고닦았습니다.

이러한 능력을 살려 저격병으로서 군에 입대한 뒤, 다양한 전장을 헤치며 수많은 무훈을 세웠지만, 자신의 가치를 좀 더 인정해주는 건도에 매력을 느껴 전직했습니다.

뛰어난 저격기술을 보유하고 있기에 초장거리에서는 무적을 자랑하는 존재입니다. 또한, 은밀능력도 뛰어나서 정탐역으로서도 활약할 수 있습니다.

난데없이 날아와 죽음을 부르는 탄환은, 단 한 명으로도 군대를 공포에 질리게 해 발을 묶을 수 있습니다.

M40A3 스나이퍼 라이플 　　라이플

사격 모드	볼트 액션	신뢰성	□ [00]

0~5m 지근거리	6~25m 근거리	26~50m 중거리	51~200m 장거리
−50※	−25※	−5	−15
40	65	85(115)	75(105)

관통력	+8	+〈스킬〉LV	2	=	10

비관통D	2D6+7	관통D	3D6+8

■〈저격〉+20%[135]
■ ※=다음 라운드에도 같은 목표를 계속 노릴 경우, 명중률 +20%
■스코프 LV3(1×3) 표준장비

사정거리 800m
장탄수 4(T)
필요근력 양손:6／한손:─
휴대치 3×5(+1×3)
소음레벨 1
가　격 $3,000[14]
탄창가격 $20 (탄환만:20발) [6]
구　경 7.62mm×51
길　이 1,117mm
무　게 6,570g

레밍턴 M700 라이플을 기반으로 미 해병대가 독자적인 개량을 한 스나이퍼 라이플이므로 해병대 내부에서밖에 입수할 수 없다.

※ ( )는 스코프 사용시. [사격집중]필요.

콜트 M1911A1 　　핸드건

사격 모드	단발	신뢰성	□[00]

0~5m 지근거리	6~25m 근거리	26~50m 중거리	51~200m 장거리
±0	±0	−40	×
90	90	40	-

관통력	±0	+〈스킬〉LV	1	=	1

비관통D	2D6−1	관통D	3D6

사정거리 50m
장탄수 7
필요근력 양손:5／한손:6
휴대치 1×2
소음레벨 4
가　격 $250[5]
탄창가격 $2[5]
구　경 .45ACP
길　이 216mm
무　게 1,100g

이전의 미군 제식 채용 권총. 콜트 거버먼트의 애칭으로, 지금도 미국인들에게 인기가 좋다.

M40A3 스나이퍼 라이플[탄약 주머니 × 2(예비 탄약 40발)], 콜트 M1911A1[레이저 사이트, 일반탄창 × 2], 보디 아머 레벨2, 탄입대(핸드건), 지혈 장비, 서바이벌 장비, 암시쌍안경, 스포트 세트, 군용 소형무전기, 정보처리단말, 위장복(국지용), 길리 슈트

총액: $7,314

GUNDOG Character Sheet

NAME		

Proof Photograph

능력치 Capability Value

	기본	현재
근력 Physical	7	
재주 Dexterity	7	
민첩 Quickness	6	
지력 Intelligence	7	
감각 Sense	9	
매력 Charisma	3	
체격 Constitution	7	
외견 Appearance		

NATIONALITY		OCCUPATION	
SEX	AGE	BLOOD TYPE	
HEIGHT		WEIGHT	
COLOR HAIR		LANGUAGE 기본 언어／영어 English	
COLOR EYES			
COLOR SKIN			

캐릭터 클래스 Class

메인 Main Class	스나이퍼
서브 Sub Class	스카우트

경력 Career

I	헌터	라이플
		서바이벌
II	군인(저격병)	저격
		정신력
III	군인(저격병)	저격
		시가지행동
IV		
V		
B S	핸드건	
	운동	
	서바이벌	

클래스 아츠 Class Arts

☐ 샤프 슈터(P087)
효과: 〈라이플〉〈저격〉에 +20%.

☐ 스톤 콜드(P087)
효과: 〈정신력〉 달성치에 +7. 20이상이면 크리티컬.

☐ 원 샷 원 킬(P087)
효과: 〈라이플〉〈저격〉 달성치에 +7. 20이상이면 크리티컬.

☐ 아크로바틱 피트(P090)
효과: 〈운동계〉에 +20%.

☐ 서바이벌 스킬(P090)
효과: 〈서바이벌〉〈손감각〉에 +20%.

☐
효과:

☐
효과:

☐
효과:

이동력

민첩+〈운동〉LV	7

신중한 이동	일반 이동	전력 이동
4 m	7 m	34 m

스킬 Skill

사격계 기초수정(근력+재주+지력+감각) 기본% 70

메인 클래스 수정		서브 클래스 수정		기초 수정	
30	⊕	10	⊕	30	=

개별 스킬	LV	LV수정+기본%	비 고
핸드건	1	80	
라이플	2	90	
SMG			
중화기			
저격	3	100	

격투계 기초수정(근력 × 3 + 민첩) 기본% 47

메인 클래스 수정		서브 클래스 수정		기초 수정	
10	⊕	10	⊕	27	=

개별 스킬	LV	LV수정+기본%	비 고
격투			
무기전투			
투척			
강인함			

운동계 기초수정(민첩 × 3 + 근력) 기본% 65

메인 클래스 수정		서브 클래스 수정		기초 수정	
20	⊕	20	⊕	25	=

개별 스킬	LV	LV수정+기본%	비 고
운동	1	75	길리 착용: -10
시가지행동	1	75	
국지행동	2	85	위장복:+10 〈길리 착용:+20〉

지각계 기초수정(감각 × 3 + 지력) 기본% 69

메인 클래스 수정		서브 클래스 수정		기초 수정	
15	⊕	20	⊕	34	=

개별 스킬	LV	LV수정+기본%	비 고
상황파악			
감지	1	79	
정신력	1	79	

내구력 (근력+체격)×3 | 42

대미지 기록란:

페널티 기록란:

교섭계 기초수정(매력 × 3 + 지력) 기본% 36

메인 클래스 수정		서브 클래스 수정		기초 수정	
10	⊕	10	⊕	16	=

개별 스킬	LV	LV수정+기본%	비 고
교섭술			
심리학			
조달			

교양계 기초수정(지력 × 3 + 매력) 기본% 44

메인 클래스 수정		서브 클래스 수정		기초 수정	
10	⊕	10	⊕	24	=

개별 스킬	LV	LV수정+기본%	비 고
전술			
정보처리※			전문: 오퍼레이터
서바이벌	2	64	장비:+10
지식			
언어			
예술			

기술계 기초수정(재주 × 3 + 지력) 기본% 48

메인 클래스 수정		서브 클래스 수정		기초 수정	
10	⊕	10	⊕	28	=

개별 스킬	LV	LV수정+기본%	비 고
손감각			
메카닉※			전문: 메카닉
폭발물※			전문: 메카닉
의료※			전문: 메딕
통신※			전문: 오퍼레이터
조종			

리워드 포인트 Reward Point

상한치:	4	현재치:

소비포인트	효과
1포인트	사용 완료한 자신의 클래스 아츠 1개를 재사용 가능
2포인트	자신의 클래스 아츠와 커먼 클래스 아츠 중에서 임의로 선택한 클래스 아츠를 즉시 사용 가능
3포인트	모든 클래스 아츠 중에서 임의로 선택한 클래스 아츠를 즉시 사용 가능

경험점

	누계		미사용

퀸 비
AGE 연령 24~30세

「죽고 싶지 않으면 따라와.
적어도 개죽음은 당하지 않을 테니까.」

　사관학교를 우수한 성적으로 졸업하고 군에 입대한 후, 항상 최전선에서 활약해왔지만, 상관과 사이가 나빠져 돌연 제대합니다.
　그 후, 자신을 뒤쫓아온 군대 시절의 부하와 함께 용병의 세계에 발을 들이게 되고, 분쟁지역을 떠돌던 도중 건독에 스카우트됩니다.
　자진해 선두에 서서 팀을 이끄는 타입의 리더로서, 견실한 지휘능력과 뛰어난 전투능력을 겸비하고 있습니다.
　팀의 대표자로서 교섭도 소화하며, 모든 상황에 대응하는 폭넓은 전투능력을 겸비하여 다른 멤버를 고무하면서 선두에서 전장을 달리는 모습은, 멤버들의 눈에는 승리의 여신으로서 비칠 것입니다.

M4 카빈[스코프 LV2, 도트 사이트, 일반탄창 × 2], SIG P226[레이저 사이트, 일반탄창 × 2], 보디 아머 레벨 3A, 헤드 프로텍터, 탄입대(핸드건, 라이플), 지혈 장비, 군용 소형무전기, 휴대정보단말, 위장복(국지용), 나이트비전

총액: $6,276

M4 카빈 　라이플

사격 모드	단발／점사		신뢰성	00 [99]
0~5m	6~25m	26~50m		51~200m
지근거리	근거리	중거리		장거리
−30※	−15※	±0		−25
61	76	81(106)		56(81)

관통력	+5	+〈스킬〉LV	2	=	7

비관통D	2D6+3	관통D	3D6+4

사정거리　250m
장탄수　30
필요근력　양손:6／한손:8★
휴 대 치　2×4
소음레벨　2
가　격　$900[7]
탄창가격　$10[6]
구　경　5.56mm×45
길　이　760/840mm
무　게　3,480g

■〈저격〉−30% [41]
■※=다음 라운드에도 같은 목표를 계속 노릴 경우, 명중률 +15%
■★=한손 사격 −20%

M16A2 라이플을 단축한 형태의 카빈총. 성능도 거의 동등. 운반용 손잡이를 떼어내서 간단히 광학기기를 탑재할 수 있다는 확장성이 있다.

※ ( )는 스코프 사용시. [사격집중] 필요.

SIG P226 　핸드건

사격 모드	단발		신뢰성	00[99]
0~5m	6~25m	26~50m		51~200m
지근거리	근거리	중거리		장거리
±0	±0	−40		×
81	81	31		-

관통력	+1	+〈스킬〉LV	1	=	2

비관통D	1D6+1	관통D	2D6+3

사정거리　50m
장탄수　15
필요근력　양손:5／한손:6
휴 대 치　1×2
소음레벨　4
가　격　$700[6]
탄창가격　$3[6]
구　경　9mm×19
길　이　196mm
무　게　845g

우수한 명중률을 자랑하는 P220의 발전형. 일부 미군이나 FBI 등에서 채용됐다.

GUNDOG Character Sheet

NAME	Proof Photograph	능력치 Capability Value

능력치 Capability Value

능력치	기본	현재
근력 Physical	6	
재주 Dexterity	5	
민첩 Quickness	7	
지력 Intelligence	8	
감각 Sense	7	
매력 Charisma	7	
체격 Constitution	6	
외견 Appearance		

NAME	
NATIONALITY	OCCUPATION
SEX	AGE	BLOOD TYPE
HEIGHT	WEIGHT
COLOR HAIR	LANGUAGE 기본 언어／영어 English
COLOR EYES	
COLOR SKIN	

캐릭터 클래스 Class

메 인	커맨더 Main Class
서 브	어설트 Sub Class

경력 Career

I	군인(사관)	라이플
		전술
II	용병	SMG
		국지행동
III		
IV		
V		
BS	시가지행동	
	상황파악	
	전술	

클래스 아츠 Class Arts

- ☐ 아웃 제너럴(P089)
  효과: 〈전술〉 달성치에 +7. 20 이상이면 크리티컬.
- ☐ 어택 포메이션(P089)
  효과: 팀 전원의 명중률에 +10%.
- ☐ 펩 토크(P089)
  효과: 펌블 이외의 실패한 성공판정을 재굴림.
- ■ 컴뱃 무브(P086)
  효과: [간이동작]을 2회 한다.
- ☐ 슈어 샷(P086)
  효과: 〈사격계〉〈저격〉을 제외하고에 +20%.
- ☐ 효과:
- ☐ 효과:
- ☐ 효과:

이동력

민첩+〈운동〉LV	7

신중한 이동	일반 이동	전력 이동
4 m	7 m	34 m

스킬 Skill

사격계 — 기초수정(근력+재주+지력+감각) — 기본%

메인 클래스 수정	서브 클래스 수정	기초 수정	
25 ⊕	20 ⊕	26 =	71

개별 스킬	LV	LV수정+기본%	비 고
핸 드 건	1	81	방어구 착용: -10
라 이 플	2	91	방어구 착용: -10
S M G	1	81	방어구 착용: -10
중 화 기			방어구 착용: -10
저 격			방어구 착용: -10

격투계 — 기초수정(근력 × 3 + 민첩) — 기본%

메인 클래스 수정	서브 클래스 수정	기초 수정	
10 ⊕	15 ⊕	25 =	50

개별 스킬	LV	LV수정+기본%	비 고
격 투			방어구 착용: -10
무기전투			방어구 착용: -10
투 척			방어구 착용: -10
강 인 함			

운동계 — 기초수정(민첩 × 3 + 근력) — 기본%

메인 클래스 수정	서브 클래스 수정	기초 수정	
10 ⊕	15 ⊕	27 =	52

개별 스킬	LV	LV수정+기본%	비 고
운 동			방어구 착용: -10
시가지행동	1	62	
국지행동	1	62	위장복 착용: +10

지각계 — 기초수정(감각 × 3 + 지력) — 기본%

메인 클래스 수정	서브 클래스 수정	기초 수정	
10 ⊕	10 ⊕	29 =	49

개별 스킬	LV	LV수정+기본%	비 고
상황파악	1	59	
감 지			
정 신 력			

내구력

(근력+체격)×3	대미지 기록란:
36	페널티 기록란:

교섭계 — 기초수정(매력 × 3 + 지력) — 기본%

메인 클래스 수정	서브 클래스 수정	기초 수정	
20 ⊕	10 ⊕	29 =	59

개별 스킬	LV	LV수정+기본%	비 고
교 섭 술	1	69	
심 리 학			
조 달	1	69	

교양계 — 기초수정(지력 × 3 + 매력) — 기본%

메인 클래스 수정	서브 클래스 수정	기초 수정	
20 ⊕	10 ⊕	31 =	61

개별 스킬	LV	LV수정+기본%	비 고
전 술	3	91	
정보처리※			전문: 오퍼레이터
서바이벌			
지 식			
언 어			
예 술			

기술계 — 기초수정(재주 × 3 + 지력) — 기본%

메인 클래스 수정	서브 클래스 수정	기초 수정	
10 ⊕	10 ⊕	23 =	43

개별 스킬	LV	LV수정+기본%	비 고
손 감 각			
메 카 닉※			전문: 메카닉
폭 발 물※			전문: 메카닉
의 료※			전문: 메딕
통 신※			전문: 오퍼레이터
조 종			

리워드 포인트 Reward Point

상한치 : 4	현재치 :

소비 포인트	효 과
1포인트	사용 완료한 자신의 클래스 아츠 1개를 재사용 가능
2포인트	자신의 클래스 아츠와 공용 클래스 아츠 중에서 임의로 선택한 클래스 아츠를 즉시 사용 가능
3포인트	모든 클래스 아츠 중에서 임의로 선택한 클래스 아츠를 즉시 사용 가능

경험점

누계		미사용	

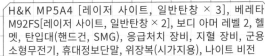

H&K MP5A4 [레이저 사이트, 일반탄창 × 3], 베레타 M92FS[레이저 사이트, 일반탄창 × 2], 보디 아머 레벨 2, 헬멧, 탄입대(핸드건, SMG), 응급처치 장비, 지혈 장비, 군용 소형무전기, 휴대정보단말, 위장복(시가지용), 나이트 비전

총액: $4,494

H&K MP5A4 　　　　　SMG

사격 모드	단발／점사／연사		신뢰성	□ [99]

0~5m	6~25m	26~50m	51~200m
지근거리	근거리	중거리	장거리
−20	±0	±0	−40
72	92	82	42

관통력	+2	+〈스킬〉 LV	2	=	4

비관통D	1D6+2	관통D	2D6+4

사정거리	200m
장 탄 수	30
필요근력	양손:4／한손:5★
휴 대 치	2×4
소음레벨	3
가　격	$900[7]
탄창가격	$6[6]
구　경	9mm×19
길　이	675mm
무　게	2,800g

■★ = 한손 사격 −20%

높은 정밀도를 자랑하지만, 복잡한 구조 탓에 혹독한 환경에서 사용하기에는 부적합하다. 전 세계의 경찰 SWAT 부대나 군의 대테러 부대에서 사용된다.

「사람의 마음은 어떤 퍼즐보다도 복잡하다. 그래서 재미있지.」

심리학자로서 활동하는 한편, 유괴 교섭인으로서 활약하던 도중 건축에 헤드 헌팅되었습니다. 처음에는 유괴 교섭인으로 일하는 계약이었지만, 심리학 지식이 뒷받침하는 사람의 마음을 장악하는 기술과 천부적인 전술안을 가지고 있었기에 지휘관으로서 팀을 맡게 되었습니다.

교섭의 전문가로서 인질해방 교섭이나 돌입준비까지 시간을 버는 등에 재능을 발휘하고 있습니다. 또한, 인맥이 넓고 정보수집 등에서도 확약할 수 있습니다.

그리고 멤버의 성격을 파악하고 적의 심리를 읽어내면서 태어나는 전술이 전투를 유리하게 이끌 수 있습니다.

팀의 사령탑으로서 빼놓을 수 없는 존재입니다..

베레타 M92FS 　　　　　핸드건

사격 모드	단발	신뢰성	00 [99]

0~5m	6~25m	26~50m	51~200m
지근거리	근거리	중거리	장거리
±0	±0	−40	×
82	82	32	-

관통력	+1	+〈스킬〉 LV	1	=	2

비관통D	1D6+1	관통D	2D6+3

사정거리	50m
장 탄 수	15
필요근력	양손:5／한손:6
휴 대 치	1×2
소음레벨	4
가　격	$270[5]
탄창가격	$3[5]
구　경	9mm×19
길　이	217mm
무　게	975g

1985년에 미군에서 제식으로 채용한 M92S의 개량형. 9mm×19탄을 사용하며, 싱글／더블 액션에 대응할 수 있고 다수의 탄창을 갖춘 표준적인 권총.

GUNDOG Character Sheet

NAME PLAYER:

NAME

NATIONALITY		OCCUPATION	
SEX	AGE	BLOOD TYPE	
HEIGHT		WEIGHT	
COLOR HAIR		LANGUAGE	
COLOR EYES		기본 언어/영어 English	
COLOR SKIN			

Proof Photograph

능력치 Capability Value

	기본	현재
근력 Physical	6	
재주 Dexterity	7	
민첩 Quickness	5	
지력 Intelligence	8	
감각 Sense	6	
매력 Charisma	8	
체격 Constitution	7	
외견 Appearance		

캐릭터 클래스 Class

메인	커맨더 Main Class
서브	메딕 Sub Class

경력 Career

I	학자	심리학
		지식
II	교섭인	교섭술
		언어
III	군인(사관)	SMG
		전술
IV		
V		
BS	핸드건	
	SMG	
	전술	

클래스 아츠 Class Arts

☐ 아웃 제너럴(P089)
효과: 〈전술〉 달성치에 +7. 20 이상이면 크리티컬.

☐ 컨피던스(P089)
효과: 〈교섭술〉〈조달〉에 +20%.

☐ 프론트 액션 (P089)
효과: 펌블을 실패로, 크리티컬을 일반적인 성공으로 변경한다.

☐ 카운터 플롯(P093)
효과: 크리티컬 이외의 성공한 성공판정을 재굴림.

☐ 프로파일링(P093)
효과: 〈교섭술〉〈심리학〉 달성치에 +7. 20 이상이면 크리티컬.

☐
효과:

☐
효과:

☐
효과:

이동력 민첩+〈운동〉LV 5

신중한 이동	일반 이동	전력 이동
3 m	5 m	30 m

스킬 Skill

사격계 기초수정(근력+재주+지력+감각) 기본%

메인 클래스 수정	서브 클래스 수정	기초 수정	
25 ⊕	10 ⊕	27 ⊜	62

개별 스킬	LV	LV수정+기본%	비 고
핸 드 건	1	72	
라 이 플			
S M G	2	82	
중 화 기			
저 격			

격투계 기초수정(근력 × 3 + 민첩) 기본%

메인 클래스 수정	서브 클래스 수정	기초 수정	
10 ⊕	10 ⊕	23 ⊜	43

개별 스킬	LV	LV수정+기본%	비 고
격 투			
무기전투			
투 척			
강 인 함			

운동계 기초수정(민첩 × 3 + 근력) 기본%

메인 클래스 수정	서브 클래스 수정	기초 수정	
10 ⊕	10 ⊕	21 ⊜	41

개별 스킬	LV	LV수정+기본%	비 고
운 동			
시가지행동			위장복 착용: +10
국지행동			

지각계 기초수정(감각 × 3 + 지력) 기본%

메인 클래스 수정	서브 클래스 수정	기초 수정	
10 ⊕	10 ⊕	26 ⊜	46

개별 스킬	LV	LV수정+기본%	비 고
상 황 파 악			방어구 착용:-10
감 지			
정 신 력			

교섭계 기초수정(매력 × 3 + 지력) 기본%

메인 클래스 수정	서브 클래스 수정	기초 수정	
20 ⊕	15 ⊕	32 ⊜	67

개별 스킬	LV	LV수정+기본%	비 고
교 섭 술	2	87	
심 리 학	2	87	
조 달	1	77	

교양계 기초수정(지력 × 3 + 매력) 기본%

메인 클래스 수정	서브 클래스 수정	기초 수정	
20 ⊕	15 ⊕	32 ⊜	67

개별 스킬	LV	LV수정+기본%	비 고
전 술	3	97	
정보처리 ※			전문: 오퍼레이터
서바이벌			
지 식	1	77	
언 어	1	77	
예 술			

기술계 기초수정(재주 × 3 + 지력) 기본%

메인 클래스 수정	서브 클래스 수정	기초 수정	
10 ⊕	20 ⊕	29 ⊜	59

개별 스킬	LV	LV수정+기본%	비 고
손 감 각			
메 카 닉 ※			전문: 메카닉
폭 발 물 ※			전문: 메카닉
의 료 ※	1	69	전문: 메딕
통 신 ※			전문: 오퍼레이터
조 종			

리워드 포인트 Reward Point

상한치: 4 현재치:

소비 포인트	효 과
1포인트	사용 완료한 자신의 클래스 아츠 1개를 재사용 가능
2포인트	자신의 클래스 아츠와 공용 클래스 아츠 중에서 임의로 선택한 클래스 아츠를 즉시 사용 가능
3포인트	모든 클래스 아츠 중에서 임의로 선택한 클래스 아츠를 즉시 사용 가능

내구력 (근력+체격)×3 39

대미지 기록란:

페널티 기록란:

경험점 누계 / 미사용

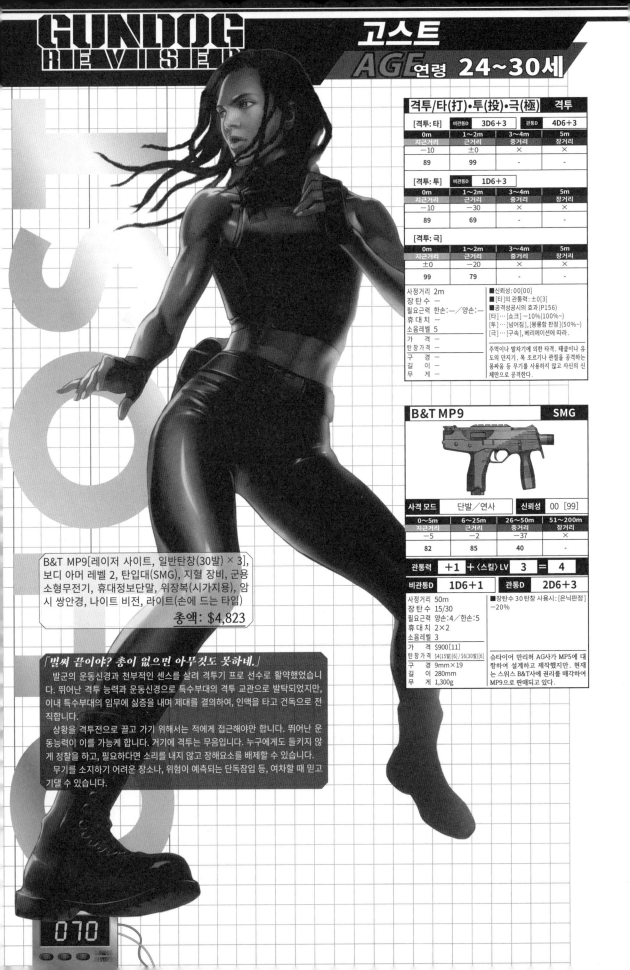

고스트
AGE 연령 24~30세

격투/타(打)·투(投)·극(極) 격투

[격투:타]	비관통D	3D6+3	관통D	4D6+3
	0m	1~2m	3~4m	5m
	지근거리	근거리	중거리	장거리
	−10	±0	×	×
	89	99	-	-

[격투:투]	비관통D	1D6+3		
	0m	1~2m	3~4m	5m
	지근거리	근거리	중거리	장거리
	−10	−30	×	×
	89	69	-	-

[격투:극]				
	0m	1~2m	3~4m	5m
	지근거리	근거리	중거리	장거리
	±0	−20	×	×
	99	79	-	-

사정거리 2m
장 탄 수 −
필요근력 한손:−/양손:−
휴 대 치 −
소음레벨 5
가 격 −
탄창 가격 −
구 경 −
길 이 −
무 게 −

■신뢰성:00[00]
■[타]의 관통력:±0[3]
■공격성공시의 효과 (P156)
[타] … [쇼크] −10%[100%~]
[투] … [넘어짐], [몽롱함 판정](50%~)
[극] … [구속], 베리에이션에 따라.

주먹이나 발차기에 의한 타격. 태클이나 유
도의 던지기, 목 조르기나 관절을 공격하는
몸싸움 등 무기를 사용하지 않고 자신의 신
체만으로 공격한다.

B&T MP9 SMG

사격 모드	단발/연사	신뢰성	00 [99]

	0~5m	6~25m	26~50m	51~200m
	지근거리	근거리	중거리	장거리
	−5	−2	−37	×
	82	85	40	-

관통력	+1	+〈스킬〉LV	3	=	4

비관통D	1D6+1	관통D	2D6+3

사정거리 50m
장 탄 수 15/30
필요근력 양손:4/한손:5
휴 대 치 2×2
소음레벨 3
가 격 $900[11]
탄창 가격 $4(15발)[6]/$6(30발)[6]
구 경 9mm×19
길 이 280mm
무 게 1,300g

■장탄수 30탄창 사용시:[은닉판정]
−20%

슈타이어 만리허 AG사가 MP5에 대
항하여 설계하고 제작했지만, 현재
는 스위스 B&T사에 권리를 매각하여
MP9으로 판매되고 있다.

B&T MP9[레이저 사이트, 일반탄창(30발)×3],
보디 아머 레벨 2, 탄입대(SMG), 지혈 장비, 군용
소형무전기, 휴대정보단말, 위장복(시가지용), 암
시 쌍안경, 나이트 비전, 라이트(손에 드는 타입)
총액: $4,823

「벌써 끝이야? 총이 없으면 아무것도 못하네.」

발군의 운동신경과 천부적인 센스를 살려 격투기 프로 선수로 활약했었습니
다. 뛰어난 격투 능력과 운동신경으로 특수부대의 격투 교관으로 발탁되었지만,
이내 특수부대의 임무에 싫증을 내며 제대를 결의하여, 인맥을 타고 건독으로 전
직합니다.

상황을 격투전으로 끌고 가기 위해서는 적에게 접근해야만 합니다. 뛰어난 운
동능력이 이를 가능케 합니다. 거기에 격투는 무음입니다. 누구에게도 들키지 않
게 정찰을 하고, 필요하다면 소리를 내지 않고 장해요소를 배제할 수 있습니다.

무기를 소지하기 어려운 장소나, 위험이 예측되는 단독잠입 등, 여차할 때 믿고
기댈 수 있습니다.

GUNDOG Character Sheet

NAME

NATIONALITY	OCCUPATION
SEX	AGE	BLOOD TYPE
HEIGHT	WEIGHT
COLOR HAIR	LANGUAGE
COLOR EYES	기본 언어／영어 English
COLOR SKIN	

Proof Photograph

능력치 Capability Value

	기본	현재
근력 Physical	7	
재주 Dexterity	6	
민첩 Quickness	8	
지력 Intelligence	6	
감각 Sense	8	
매력 Charisma	5	
체격 Constitution	7	
인견 Appearance		

캐릭터 클래스 Class

메인	그래플러	Main Class
서브	스카우트	Sub Class

경력 Career

Ⅰ	격투가	격투	
		운동	
Ⅱ	특수부대	SMG	
		시가지행동	
Ⅲ			
Ⅳ			
Ⅴ			
B		SMG	
S		SMG	
		국지행동	

클래스 아츠 Class Arts

☐ 녹 아웃 (P088)
효과: 〈강인함〉으로 판정하게 하여 성공하면 [몽롱함], 실패하면 [기절]시킨다.

☐ 피니쉬 블로우 (P088)
효과: 〈격투계〉(〈강인함〉을 제외하고) 달성치에 +7. 20 이상이면 크리티컬.

■ 마스터즈/맨손(타) (P088)
효과: [격투: 타]의 대미지 다이스에 +1D6한다.

☐ 풋 워크 (P090)
효과: 이동방법에 따른 성공률의 마이너스 수정을 무시한다.

☐ 리플렉스 (P090)
효과: [행동]을 잃지 않고 [회피행동]을 한다.

☐
효과:

☐
효과:

☐
효과:

이동력 민첩+〈운동〉LV [10]

신중한 이동	일반 이동	전력 이동
5 m	10 m	40 m

스킬 Skill

사격계 기초수정(근력+재주+지력+감각) 기본% 47

메인 클래스 수정	서브 클래스 수정	기초 수정	
10 ⊕	10 ⊕	27 ＝	47

개별 스킬	LV	LV수정+기본%	비 고
핸 드 건			
라 이 플			
S M G	3	77	
중 화 기			
저 격			

격투계 기초수정(근력 × 3 + 민첩) 기본% 69

메인 클래스 수정	서브 클래스 수정	기초 수정	
30 ⊕	10 ⊕	29 ＝	69

개별 스킬	LV	LV수정+기본%	비 고
격 투	3	99	
무 기 전 투			
투 척			
강 인 함			

운동계 기초수정(민첩 × 3 + 근력) 기본% 71

메인 클래스 수정	서브 클래스 수정	기초 수정	
20 ⊕	20 ⊕	31 ＝	71

개별 스킬	LV	LV수정+기본%	비 고
운 동	2	91	
시가지행동	2	91	위장복 착용: +10
국지행동	1	81	

지각계 기초수정(감각 × 3 + 지력) 기본% 65

메인 클래스 수정	서브 클래스 수정	기초 수정	
15 ⊕	20 ⊕	30 ＝	65

개별 스킬	LV	LV수정+기본%	비 고
상 황 파 악			
감 지	1	75	
정 신 력			

교섭계 기초수정(매력 × 3 + 지력) 기본% 41

메인 클래스 수정	서브 클래스 수정	기초 수정	
10 ⊕	10 ⊕	21 ＝	41

개별 스킬	LV	LV수정+기본%	비 고
교 섭 술			
심 리 학			
조 달			

교양계 기초수정(지력 × 3 + 매력) 기본% 43

메인 클래스 수정	서브 클래스 수정	기초 수정	
10 ⊕	10 ⊕	23 ＝	43

개별 스킬	LV	LV수정+기본%	비 고
전 술			
정보처리※			전문: 오퍼레이터
서 바 이 벌			
지 식			
언 어			
예 술			

기술계 기초수정(재주 × 3 + 지력) 기본% 44

메인 클래스 수정	서브 클래스 수정	기초 수정	
10 ⊕	10 ⊕	24 ＝	44

개별 스킬	LV	LV수정+기본%	비 고
손 감 각			
메 카 닉※			전문: 메카닉
폭 발 물※			전문: 메카닉
의 료※			전문: 메딕
통 신※			전문: 오퍼레이터
조 종			

리워드 포인트 Reward Point

상한치: 4   현재치:

소비 포인트	효 과
1포인트	사용 완료한 자신의 클래스 아츠 1개를 재사용 가능
2포인트	자신의 클래스 아츠와 공용 클래스 아츠 중에서 임의로 선택한 클래스 아츠를 즉시 사용 가능
3포인트	모든 클래스 아츠 중에서 임의로 선택한 클래스 아츠를 즉시 사용 가능

내구력 (근력+체격)×3 [42]

대미지 기록란:

페널티 기록란:

경험점

누계	미사용

코브라
AGE 연령 31~40세

「메인 이벤트다. 마지막은 이녀석으로 결착을 내보자고.」

스트리트 갱으로서 거친 소년기를 보내고, 달리 갈 곳도 없어서 육군에 입대했지만, 군대의 계급주의에 익숙해지지 못하고 사건을 일으켜 제대하여 비교적 자유로운 용병이 되었습니다.

그 후, 군대만큼 부자유스럽지도 않고 훨씬 수익이 높다는 점에 매력을 느껴 건독의 세계에 발을 들이게 되었습니다.

병사로서 총기 사용도 특기라 할 수 있지만, 가장 신뢰하는 것은 스트리트 갱 시절부터 파트너로서 항상 손에 쥐고 있던 나이프 솜씨입니다. 소리 없이 급소를 노리면 일격으로 적을 살해할 수 있는 나이프는, 때로는 무시무시한 흉기가 됩니다.

장거리도 좋고 근거리도 좋습니다. 어떠한 국면에서도 올라운더로서 활약할 수 있습니다.

AKS74-U 어설트 카빈 　라이플

사격 모드	단발／연사		신뢰성	□□[□]

0~5m	6~25m	26~50m	51~200m
지근거리	근거리	중거리	장거리
−30※	−16※	−4	−30
57	71	73(93)	47

관통력	+5	+〈스킬〉LV	2	=	7

비관통D	2D6+2	관통D	3D6+3

사정거리	200m
장 탄 수	30
필요근력	양손:6／한손:8
휴 대 치	2×3
소음레벨	2
가　격	$250[9]
탄창가격	$10[6]
구　경	5.45mm×39
길　이	488/726mm
무　게	2,700g

■〈저격〉−35%[22]
※＝다음 라운드에도 같은 목표를 계속 노릴 경우, 명중률 +15%

AK74의 단축형 카빈. 총신의 단축화로 증가한 발사염(發射炎)을 억누르고자 소염기를 장착했다.

※ ( )는 도트사이트 사용시. [사격집중] 필요.

컴뱃 나이프 　무기전투

사격 모드	—		신뢰성	00 [00]

0m	1~2m	3~4m	5m
지근거리	근거리	중거리	장거리
±0	−10	×	×
95	85	-	-

관통력	+3	+〈스킬〉LV	3	=	6

비관통D	2D6+3	관통D	3D6+5

사정거리	2m
장 탄 수	—
필요근력	한손:3／양손:—
휴 대 치	1×2
소음레벨	5
가　격	$300[5]
탄창가격	—
구　경	—
길　이	300mm
무　게	700g

■대미지 페널티 −1

격투만이 아니라 야외 활동 등에도 활용할 수 있는 대형 나이프.

AKS74-U 어설트 카빈[도트 사이트, 일반탄창 × 2], S&W M29 6.5인치[도트 사이트, 일반탄창 × 3], 컴뱃 나이프, 스로잉 나이프 × 5, 보디 아머 레벨 3A, 헬멧, 탄입대(핸드건, 라이플), 나이프 벨트, 지혈 장비, 군용 소형무전기, 휴대정보단말, 위장복(국지용), 나이트 비전

총액: $5,124

GUNDOG Character Sheet

NAME	**Proof Photograph**
NATIONALITY / **OCCUPATION**	
SEX / **AGE** / **BLOOD TYPE**	
HEIGHT / **WEIGHT**	
COLOR HAIR / **LANGUAGE** 기본 언어／영어 English	
COLOR EYES	
COLOR SKIN	

능력치 Capability Value

능력치	기본	현재
근력 Physical	9	
재주 Dexterity	6	
민첩 Quickness	8	
지력 Intelligence	5	
감각 Sense	7	
매력 Charisma	5	
체격 Constitution	8	
외견 Appearance		

캐릭터 클래스 Class

메인	어설트 Main Class
서브	그래플러 Sub Class

경력 Career

I	스트리트 갱	무기전투
		시가지행동
II	군인(병사)	라이프
		국지행동
III	용병	운동
		국지행동
IV		
V		
BS	격투	
	상황파악	
	감지	

클래스 아츠 Class Arts

- ☐ 슈어 샷(P086)
  효과: 〈사격계〉(〈저격〉)을 제외하고)에 +20%.
- ■ 컴뱃 센스(P086)
  효과: 〈상황파악〉에서 [이니셔티브]를 확인할 수 있다. 방어구의 〈상황파악〉 수정을 10% 경감.
- ☐ 스페이스 퍼셉션(P086)
  효과: 〈상황파악〉에 +20%
- ☐ 거합술(P088)
  효과: 가장 먼저 행동한다. [드로우]의 페널티를 받지 않는다. [격투]에만 적용.
- ■ 마스터즈/컴뱃 나이프(P088)
  효과: 컴뱃 나이프의 대미지 다이스에 +1D6.
- ☐
  효과:
- ☐
  효과:
- ☐
  효과:

스킬 Skill

사격계 기초수정(근력+재주+지력+감각) 기본%

메인 클래스 수정	서브 클래스 수정	기초 수정	기본%
30 ⊕	10 ⊕	27 =	67

개별 스킬	LV	LV수정+기본%	비 고
핸 드 건	2	87	방어구 착용: -10
라 이 플	2	87	방어구 착용: -10
S M G			방어구 착용: -10
중 화 기			방어구 착용: -10
저 격			방어구 착용: -10

격투계 기초수정(근력 × 3 + 민첩) 기본%

메인 클래스 수정	서브 클래스 수정	기초 수정	기본%
20 ⊕	20 ⊕	35 =	75

개별 스킬	LV	LV수정+기본%	비 고
격 투	1	85	방어구 착용: -10
무 기 전 투	3	105	방어구 착용: -10
투 척			방어구 착용: -10
강 인 함			

운동계 기초수정(민첩 × 3 + 근력) 기본%

메인 클래스 수정	서브 클래스 수정	기초 수정	기본%
15 ⊕	15 ⊕	33 =	63

개별 스킬	LV	LV수정+기본%	비 고
운 동	1	73	방어구 착용: -10
시가지행동	1	73	
국지행동	2	83	위장복 착용: +10

지각계 기초수정(감각 × 3 + 지력) 기본%

메인 클래스 수정	서브 클래스 수정	기초 수정	기본%
10 ⊕	15 ⊕	26 =	51

개별 스킬	LV	LV수정+기본%	비 고
상 황 파 악	1	61	
감 지	1	61	
정 신 력			

교섭계 기초수정(매력 × 3 + 지력) 기본%

메인 클래스 수정	서브 클래스 수정	기초 수정	기본%
10 ⊕	10 ⊕	20 =	40

개별 스킬	LV	LV수정+기본%	비 고
교 섭 술			
심 리 학			
조 달			

교양계 기초수정(지력 × 3 + 매력) 기본%

메인 클래스 수정	서브 클래스 수정	기초 수정	기본%
10 ⊕	10 ⊕	20 =	40

개별 스킬	LV	LV수정+기본%	비 고
전 술			
정보처리※			전문: 오퍼레이터
서 바 이 벌			
지 식			
언 어			
예 술			

기술계 기초수정(재주 × 3 + 지력) 기본%

메인 클래스 수정	서브 클래스 수정	기초 수정	기본%
10 ⊕	10 ⊕	23 =	43

개별 스킬	LV	LV수정+기본%	비 고
손 감 각			
메 카 닉			전문: 메카닉
폭 발 물 ※			전문: 메카닉
의 료 ※			전문: 메딕
통 신 ※			전문: 오퍼레이터
조 종			

리워드 포인트 Reward Point

상한치:	4	현재치:

소비 포인트	효 과
1포인트	사용 완료한 자신의 클래스 아츠 1개를 재사용 가능
2포인트	자신의 클래스 아츠와 공용 클래스 아츠 중에서 임의로 선택한 클래스 아츠를 즉시 사용 가능
3포인트	모든 클래스 아츠 중에서 임의로 선택한 클래스 아츠를 즉시 사용 가능

이동력 민첩+〈운동〉LV 9

신중한 이동	일반 이동	전력 이동
5 m	9 m	38 m

내구력 (근력+체격)×3 51

대미지 기록란:

페널티 기록란:

경험점

누계	미사용

바이퍼

FN P90[소음기(단), 일반탄창 × 2], FN 파이브세븐[레이저 사이트, 소음기(단), 일반탄창 × 3], 보디 아머 레벨 2, 헤드 프로텍터, 탄입대(핸드건), 지혈 장비, 서바이벌 장비, 군용 소형무전기, 휴대정보단말, 위장복(국지용), 암시 쌍안경, 나이트 비전, 락 픽

총액: $8,655

FN P90 — SMG

사격 모드	단발／연사		신뢰성	00 [99]

	0～5m 지근거리	6～25m 근거리	26～50m 중거리	51～200m 장거리
	−20	−2	−2	−44
	77	95	85(105)	43

관통력	+4	+〈스킬〉LV	3	=	7

비관통D	1D6+1	관통D	2D6+3

사정거리 200m
장탄수 50
필요근력 양손:4／한손:5
휴 대 치 2×3(+1×1)
소음레벨 3(4)
가 격 $2,350[14]
탄창가격 $20[14]
구 경 5.7mm×28
길 이 500mm
무 게 2,800g

■탄창 교환: [아이템 사용] 2회
■도트사이트(1×1) 표준장비
■이 탄창(1×2)은 탄입대에 들어가지 않는다.

권총탄과 라이플탄의 중간인 5.7mm × 28탄이라는 특수한 탄약을 사용한다. 탄창도 독특한데, 50발을 장전할 수 있는 탄창을 총의 위쪽에 장착한다.

※ ( )는 도트사이트 사용시: [사격집중] 필요.
※소음기 사용시: 명중률과〈저격〉−10%. 소음 레벨 +1

FN 파이브세븐 — 핸드건

사격 모드	단발		신뢰성	00 [99]

	0～5m 지근거리	6～25m 근거리	26～50m 중거리	51～200m 장거리
	±0	±0	−40	×
	77	77	27	-

관통력	+3	+〈스킬〉LV	1	=	4

비관통D	1D6	관통D	2D6+2

사정거리 50m
장탄수 20
필요근력 양손:5／한손:6
휴 대 치 1×2
소음레벨 4(5)
가 격 $750[10]
탄창가격 $10[10]
구 경 5.77mmx28
길 이 208mm
무 게 744g

P90과 같은 5.7mm × 28탄을 사용하는 특수한 권총

※소음기 사용시: 명중률과〈저격〉 −10%. 소음 레벨 +1

「목표 제거 완료. A지점 안전 확보. 전진하라.」

고아였던 탓에 스트리트 키드로서 소매치기나 도둑질 등의 절도를 반복하며 살아왔습니다.

어느 날, 소매치기를 눈치 챈 용병에게 타고난 민첩함과 운동신경을 인정받아 용병부대의 척후로서 활약하게 되었지만, 머잖아 훨씬 수입이 좋은 건독으로 전직했습니다.

사기지 뿐만 아니라 국지에서도 높은 은밀 능력을 갖췄으며, 자신의 몸을 스스로 지킬 수 있는 전투능력을 겸비하고 있습니다. 팀보다 앞서가서 위험의 유무를 찾아내는 데 이만한 인물은 없습니다.

돌입 시에도 별동대로서 행동해 적에게 들키지 않고 잠입하여 인질을 확보하거나 후방에서 적을 교란하는 등의 행동도 가능합니다.

GUNDOG Character Sheet

NAME PLAYER:

NAME	
NATIONALITY	
OCCUPATION	
SEX	
AGE	
BLOOD TYPE	
HEIGHT	
WEIGHT	
COLOR HAIR	
COLOR EYES	
COLOR SKIN	
LANGUAGE	기본 언어/영어 English

Proof Photograph

능력치 Capability Value

	기본	현재
근력 Physical	6	
재주 Dexterity	7	
민첩 Quickness	8	
지력 Intelligence	6	
감각 Sense	8	
매력 Charisma	5	
체격 Constitution	7	
외견 Appearance		

캐릭터 클래스 Class

메인	스카우트 Main Class
서브	어설트 Sub Class

경력 Career

Ⅰ	범죄자	시가지행동
		손감각
Ⅱ	용병	SMG
		국지행동
Ⅲ		
Ⅳ		
Ⅴ		
BS	SMG	
	운동	
	서바이벌	

클래스 아츠 Class Arts

☐ 어큐트 센스(P090)
효과: 〈감지〉에 +20%.

☐ 님블 핑거(P090)
효과: 〈서바이벌〉〈손감각〉의 달성치에 +7.
20 이상이라면 크리티컬.

☐ 페더 풋(P090)
효과: 〈운동계〉의 달성치에 +7.
20 이상이라면 크리티컬.

☐ 슈어 샷(P086)
효과: 〈사격계〉(〈저격〉)을 제외하고)에 +20%.

☐ 슈어 샷(P086)
효과: 〈사격계〉(〈저격〉)을 제외하고)에 +20%.

☐
효과:

☐
효과:

☐
효과:

이동력 민첩+〈운동〉LV: 9

신중한 이동	일반 이동	전력 이동
5 m	9 m	38 m

스킬 Skill

사격계 기초수정(근력+재주+지력+감각)

메인 클래스 수정	서브 클래스 수정	기초 수정	기본%
10 ⊕	20 ⊕	27 ⊜	57

개별 스킬	LV	LV수정+기본%	비 고
핸드건	1	67	
라이플			
SMG	3	87	
중화기			
저격			

격투계 기초수정(근력 × 3 + 민첩)

메인 클래스 수정	서브 클래스 수정	기초 수정	기본%
10 ⊕	15 ⊕	26 ⊜	51

개별 스킬	LV	LV수정+기본%	비 고
격투			
무기전투			
투척			
강인함			

운동계 기초수정(민첩 × 3 + 근력)

메인 클래스 수정	서브 클래스 수정	기초 수정	기본%
25 ⊕	15 ⊕	30 ⊜	70

개별 스킬	LV	LV수정+기본%	비 고
운동	1	80	
시가지행동	2	90	
국지행동	2	90	위장복 착용: +10

지각계 기초수정(감각 × 3 + 지력)

메인 클래스 수정	서브 클래스 수정	기초 수정	기본%
20 ⊕	10 ⊕	30 ⊜	60

개별 스킬	LV	LV수정+기본%	비 고
상황파악			
감지	1	70	
정신력			

교섭계 기초수정(매력 × 3 + 지력)

메인 클래스 수정	서브 클래스 수정	기초 수정	기본%
10 ⊕	10 ⊕	21 ⊜	41

개별 스킬	LV	LV수정+기본%	비 고
교섭술			
심리학			
조달			

교양계 기초수정(지력 × 3 + 매력)

메인 클래스 수정	서브 클래스 수정	기초 수정	기본%
15 ⊕	10 ⊕	27 ⊜	48

개별 스킬	LV	LV수정+기본%	비 고
전술			
정보처리※			전문: 오퍼레이터
서바이벌	1	58	장비: +10
지식			
언어			
예술			

기술계 기초수정(재주 × 3 + 지력)

메인 클래스 수정	서브 클래스 수정	기초 수정	기본%
15 ⊕	10 ⊕	23 ⊜	52

개별 스킬	LV	LV수정+기본%	비 고
손감각	1	62	
메카닉※			전문: 메카닉
폭발물※			전문: 메카닉
의료※			전문: 메딕
통신※			전문: 오퍼레이터
조종			

내구력 (근력+체격)×3: 39

대미지 기록란:

페널티 기록란:

리워드 포인트 Reward Point

상한치: 4 현재치:

소비 포인트	효과
1포인트	사용 완료한 자신의 클래스 아츠 1개를 재사용 가능
2포인트	자신의 클래스 아츠와 공용 클래스 아츠 중에서 임의로 선택한 클래스 아츠를 즉시 사용 가능
3포인트	모든 클래스 아츠 중에서 임의로 선택한 클래스 아츠를 즉시 사용 가능

경험점

누계		미사용	

팬텀
AGE 연령 24~30세

H&K MP5SD6[레이저 사이트, 일반탄창 × 3], 글록 26[레이저 사이트, 소음기(단), 일반탄창 × 2], 최루가스 수류탄, 섬광수류탄, M18 폭연 수류탄, 보디 아머 레벨 2, 탄입대(핸드건, SMG), 수류탄 파우치, 지혈 장비, 서바이벌 장비, 군용 소형무전기, 휴대정보단말, 위장복(시가지용), 가스마스크, 나이트 비전, 폭약 × 2, 기폭장치 장비 × 2, 문 폭파 장비, 락 픽, 공구 세트

총액: $7,289

「전부 설치 완료. 폭파와 동시에 돌입해.」

원래 도둑이었던 별난 경력의 소유자입니다. 당국에 체포되었지만, 운동능력과 뛰어난 손재주를 인정받아 정보기관에 침입, 폭파하는 파괴공작을 담당하는 공작원으로서 활동하다가 건독에게 스카우트 되었습니다.

은밀행동이나 자물쇠 따기를 이용해 목적지에 침투하기, 폭발물의 설치나 해제, 배전반이나 차량을 다루는 능력과 같이 은밀 임무에 필요한 능력을 갖추고 있으며, 전반적으로 실력이 뛰어납니다. 이러한 능력에 힘입어 도시부에서의 잠입 및 공작활동에서는 타의 추종을 불허합니다.

전투에서도 서투르지는 않지만, 가능한 한 교전 상황은 피하고, 아무도 모르게 침입하여 누구도 알지 못하게 탈출하는 스타일임을 유념해야 합니다.

H&K MP5SD6 — SMG

사격 모드	단발／점사／연사	신뢰성	□[99]

0~5m	6~25m	26~50m	51~200m
지근거리	근거리	중거리	장거리
−25	−7	−7	−49
63	81	71	29

관통력	+1	+ 〈스킬〉 LV	3	=	4

비관통D	1D6+2	관통D	2D6+4

사정거리 100m
장탄 수 30
필요근력 양손:4／한손:5
휴대 치 2×3
소음레벨 5
가 격 $2,200[12]
탄창 가격 $6[6]
구 경 9mm×19
길 이 610/750mm
무 게 3,570g

■ 아음속탄(Subsonic Bullet) 사용 불가. 이 총은 자체적인 구조로 아음속탄을 발사할 수 있다.

MP5에 소음기를 내장한 SMG. 특수한 구조로 인해 발사되는 탄환은 아음속이 되어 소음 효과가 높다. 수축식 개머리판 타입.

글록 26 — 핸드건

사격 모드	단발	신뢰성	00[99]

0~5m	6~25m	26~50m	51~200m
지근거리	근거리	중거리	장거리
−2	−2	−45	×
56	56	3	-

관통력	+1	+ 〈스킬〉 LV	0	=	1

비관통D	1D6+1	관통D	2D6+3

사정거리 50m
장탄 수 12
필요근력 양손:4／한손:5
휴대 치 1×1
소음레벨 4
가 격 $460[6]
탄창 가격 $3[6]
구 경 9mm×19
길 이 160mm
무 게 560g

글록 17의 슬라이드와 그립이 각각 축소된 소형 권총.

※소음기 사용시 : 명중률과 〈저격〉 −10%. 소음 레벨 +1

GUNDOG Character Sheet

NAME

NATIONALITY

OCCUPATION

SEX **AGE** **BLOOD TYPE**

HEIGHT **WEIGHT**

COLOR HAIR

LANGUAGE
기본 언어／영어 English

COLOR EYES

COLOR SKIN

Proof Photograph

능력치 Capability Value

	기본	현재
근력 Physical	6	
재주 Dexterity	7	
민첩 Quickness	7	
지력 Intelligence	8	
감각 Sense	7	
매력 Charisma	5	
체격 Constitution	7	
외견 Appearance		

캐릭터 클래스 Class

메인	스카우트 Main Class
서브	메카닉 Sub Class

경력 Career

I	범죄자	시가지행동
		시가지행동
II	공작원	손감각
		폭발물
III		
IV		
V		
BS	SMG	
	SMG	
	SMG	

클래스 아츠 Class Arts

☐ 아크로바틱 피트(P090)
효과: 〈운동계〉에 +20%.

☐ 페더 풋(P090)
효과: 〈운동계〉의 달성치에 +7.
20 이상이라면 크리티컬.

☐ 식스 센스(P090)
효과: 〈감지〉의 달성치에 +7. 20 이상이라면 크리티컬.

☐ 데프트 핑거(P091)
효과: 〈메카닉〉〈폭발물〉에 +20%.

☐ 룰 오브 섬(P091)
효과: 〈메카닉〉〈폭발물〉의 달성치에 +7.
20이상이라면 크리티컬.

☐
효과:

☐
효과:

☐
효과:

이동력 민첩+〈운동〉LV 9

신중한 이동	일반 이동	전력 이동
5 m	9 m	38 m

스킬 Skill

사격계 기초수정(근력+재주+지력+감각) 기본%

메인 클래스 수정		서브 클래스 수정		기초 수정		48
10	⊕	10	⊕	28	⊜	

개별 스킬	LV	LV수정＋기본%	비 고
핸 드 건			
라 이 플			
S M G	3	78	
중 화 기			
저 격			

격투계 기초수정(근력 × 3 + 민첩) 기본%

메인 클래스 수정		서브 클래스 수정		기초 수정		45
10	⊕	10	⊕	25	⊜	

개별 스킬	LV	LV수정＋기본%	비 고
격 투			
무 기 전 투			
투 척			
강 인 함			

운동계 기초수정(민첩 × 3 + 근력) 기본%

메인 클래스 수정		서브 클래스 수정		기초 수정		62
25	⊕	10	⊕	27	⊜	

개별 스킬	LV	LV수정＋기본%	비 고
운 동	1	72	
시가지행동	3	92	위장복 착용: +10
국지행동			

지각계 기초수정(감각 × 3 + 지력) 기본%

메인 클래스 수정		서브 클래스 수정		기초 수정		64
20	⊕	15	⊕	29	⊜	

개별 스킬	LV	LV수정＋기본%	비 고
상 황 파 악			
감 지	1	74	
정 신 력			

내구력 (근력 + 체격)×3 39

대미지 기록란:

페널티 기록란:

교섭계 기초수정(매력 × 3 + 지력) 기본%

메인 클래스 수정		서브 클래스 수정		기초 수정		43
10	⊕	10	⊕	23	⊜	

개별 스킬	LV	LV수정＋기본%	비 고
교 섭 술			
심 리 학			
조 달			

교양계 기초수정(지력 × 3 + 매력) 기본%

메인 클래스 수정		서브 클래스 수정		기초 수정		59
15	⊕	15	⊕	29	⊜	

개별 스킬	LV	LV수정＋기본%	비 고
전 술			
정보처리※			전문: 오퍼레이터
서 바 이 벌			
지 식			장비: +10
언 어			
예 술			

기술계 기초수정(재주 × 3 + 지력) 기본%

메인 클래스 수정		서브 클래스 수정		기초 수정		64
15	⊕	20	⊕	29	⊜	

개별 스킬	LV	LV수정＋기본%	비 고
손 감 각	1	74	
메 카 닉※	1	74	전문: 메카닉
폭 발 물※	2	84	전문: 메카닉
의 료※			전문: 메딕
통 신※			전문: 오퍼레이터
조 종			

리워드 포인트 Reward Point

상한치:	4	현재치:	

소비포인트	효 과
1포인트	사용 완료한 자신의 클래스 아츠 1개를 재사용 가능
2포인트	자신의 클래스 아츠와 공용 클래스 아츠 중에서 임의로 선택한 클래스 아츠를 즉시 사용 가능
3포인트	모든 클래스 아츠 중에서 임의로 선택한 클래스 아츠를 즉시 사용 가능

경험점

누계		미사용	

스파이더
AGE 연령 31~40세

H&K MP5KA4[레이저 사이트, 일반탄창 × 3], 보디 아머 레벨 2, 탄입대(SMG), 지혈 장비, 군용 소형무전기, 위성통신기, 휴대정보단말, GSP 수신기, 고성능 랩톱, 위장복(시가지용), 전파탐지기, 도청 장비, 발신기 장비, 몰래 카메라, 노이즈 발생기, 재머, 공구 세트, 전자기기용 장비

총액: $9,897

「그건 내 비장의 물건이다. 함부로 다루지 말라고!」

컴퓨터 시큐리티나 하이테크 전자기기의 기술자로서 일해왔지만, 하이테크 병기의 운용 등으로 종종 군에 협력했기 때문에 그 실력을 인정한 건독에게 헤드헌팅 되었습니다.

또한, 취미로 기계를 만지던 실력도 점점 좋아져서 전문가 뺨칠 정도이기 때문에 팀의 장비를 점검하거나 개조까지도 관여하고 있습니다. 차량 운용으로도 팀을 도울 수 있습니다.

전문 영역은 어디까지나 후방지원이며, 전선에서의 직접 전투에는 어울리지 않지만, 적은 인수로 팀을 꾸릴 때 다양한 전문분야를 맡을 수 있으므로 함께하면 마음이 든든합니다. 또한 국면에 따른 세세한 서포트는 멤버들에게 있어 무척 듬직할 것입니다.

H&K MP5KA4 　　　　SMG

사격 모드	단발／점사／연사		신뢰성	□[99]

0~5m	6~25m	26~50m	51~200m
지근거리	근거리	중거리	장거리
-5	-2	-37	X
75	78	33	-

관통력	+1	+ 〈스킬〉 LV	2	=	3

비관통D	1D6+1	관통D	2D6+3

사정거리 50m
장탄수 15
필요근력 양손:4／한손:5
휴대 대치 2×2
소음레벨 3
가　격 $1200[11]
탄창가격 $4[6]
구　경 9mm×19
길　이 325mm
무　게 2,000g

M5 계열에서 가장 작은 타입. 눈에 띄는 것을 피해야 하는 보디가드 같은 이들이 사용하기에 적합하다.

GUNDOG Character Sheet

NAME			Proof Photograph	능력치 Capability Value		

Capability Value (능력치)

		기본	현재
근력 Physical		6	
재주 Dexterity		9	
민첩 Quickness		5	
지력 Intelligence		9	
감각 Sense		6	
매력 Charisma		5	
체격 Constitution		7	
외견 Appearance			

Character info fields

NAME	
NATIONALITY	OCCUPATION
SEX	AGE	BLOOD TYPE
HEIGHT	WEIGHT
COLOR HAIR	LANGUAGE 기본 언어／영어 English
COLOR EYES	
COLOR SKIN	

캐릭터 클래스 Class

메인	오퍼레이터	Main Class
서브	메카닉	Sub Class

경력 Career

I	프로그래머	조달
		정보처리
II	메카닉	메카닉
		조종
III	메카닉	메카닉
		조종
IV		
V		
B S	SMG	
	SMG	
	지식	

클래스 아츠 Class Arts

- ☐ 일렉트로닉스(P092)
  효과: 〈통신〉에 +20%.
- ☐ 플로우 디텍션(P092)
  효과: 임의의 스킬에 -20%.
- ☐ 컴퓨터 브레인(P092)
  효과: 〈정보처리〉의 달성치에 +7.
  20이상이라면 크리티컬.
- ☐ 커스터마이즈(P091)
  효과: 달성치에 +3.
- ☐ 데프트 핑거(P091)
  효과: 〈메카닉〉〈폭발물〉에 +20%.
- ☐ 효과:
- ☐ 효과:
- ☐ 효과:

이동력 민첩+〈운동〉LV 5

신중한 이동	일반 이동	전력 이동
3 m	5 m	30 m

스킬 Skill

사격계 기초수정(근력+재주+지력+감각) 기본% 50

메인 클래스 수정	서브 클래스 수정	기초 수정	
10 ⊕	10 ⊕	30 ⊜	50

개별 스킬	LV	LV수정+기본%	비 고
핸 드 건			
라 이 플			
S M G	2	70	
중 화 기			
저 격			

격투계 기초수정(근력 × 3 + 민첩) 기본% 43

메인 클래스 수정	서브 클래스 수정	기초 수정	
10 ⊕	10 ⊕	23 ⊜	43

개별 스킬	LV	LV수정+기본%	비 고
격 투			
무기전투			
투 척			
강 인 함			

운동계 기초수정(민첩 × 3 + 근력) 기본% 41

메인 클래스 수정	서브 클래스 수정	기초 수정	
10 ⊕	10 ⊕	21 ⊜	41

개별 스킬	LV	LV수정+기본%	비 고
운 동			
시가지행동			위장복 착용: +10
국지행동			

지각계 기초수정(감각 × 3 + 지력) 기본% 52

메인 클래스 수정	서브 클래스 수정	기초 수정	
10 ⊕	15 ⊕	27 ⊜	52

개별 스킬	LV	LV수정+기본%	비 고
상황파악			
감 지			
정신력			

내구력 (근력+체격)×3 39

대미지 기록란:

페널티 기록란:

교섭계 기초수정(매력 × 3 + 지력) 기본% 49

메인 클래스 수정	서브 클래스 수정	기초 수정	
15 ⊕	10 ⊕	24 ⊜	49

개별 스킬	LV	LV수정+기본%	비 고
교 섭 술			
심 리 학			
조 달	1	59	

교양계 기초수정(지력 × 3 + 매력) 기본% 77

메인 클래스 수정	서브 클래스 수정	기초 수정	
30 ⊕	15 ⊕	32 ⊜	77

개별 스킬	LV	LV수정+기본%	비 고
전 술			
정보처리 ※	3	107	랩톱: +10 전문: 오퍼레이터
서바이벌			
지 식	1	87	
언 어			
예 술			

기술계 기초수정(재주 × 3 + 지력) 기본% 76

메인 클래스 수정	서브 클래스 수정	기초 수정	
20 ⊕	20 ⊕	36 ⊜	76

개별 스킬	LV	LV수정+기본%	비 고
손 감 각			
메 카 닉 ※	2	96	전문: 메카닉
폭 발 물 ※	1	86	전문: 메카닉
의 료 ※			전문: 메딕
통 신 ※	2	96	전문: 오퍼레이터
조 종	2	96	

리워드 포인트 Reward Point

상한치: 4   현재치:

소비포인트	효 과
1포인트	사용 완료한 자신의 클래스 아츠 1개를 재사용 가능
2포인트	자신의 클래스 아츠와 공용 클래스 아츠 중에서 임의로 선택한 클래스 아츠를 즉시 사용 가능
3포인트	모든 클래스 아츠 중에서 임의로 선택한 클래스 아츠를 즉시 사용 가능

경험점

누계		미사용	

암리타

AGE 연령 24~30세

『힘 내! 이딴 상처 아무 것도 아니야!』

의학부를 우수한 성적으로 졸업하고 순조롭게 국가시험을 통과하여 의사로서 날개를 펼치려던 때, 분쟁지대의 비참한 상황을 알게 되어 도움이 되고 싶다며 입대를 결의하고, 위생병이 되었습니다. 하지만 결과적으로 국가의 의지에 휘둘리는 것에 질려서 건독으로 전직합니다.

높은 수준의 의료기술은 다른 멤버에게 있어 무엇보다도 든든합니다. 또한 분쟁지대 등에서는 커뮤니케이션 능력과 의료기술로 지역 주민의 신뢰나 협력을 얻을 수도 있습니다.

충분하고 넘칠 정도의 전투능력을 갖추고 있지만, 치료할 사람이 상처를 입어서야 아무짝에도 쓸모없습니다. 되도록 후방에서 지원한다는 점을 염두에 둬야 합니다.

SIG SG551-2 어설트 카빈　라이플

사격 모드	단발／점사／연사		신뢰성	00[99]
0~5m 지근거리	**6~25m** 근대거리	**26~50m** 중거리	**51~200m** 장거리	
−30※	−15※	−2	−25	
49	64	67	44	

관통력	+5	+〈스킬〉LV	2	=	7

비관통D	2D6+3	관통D	3D6+4

사정거리　270m
장탄수　30
필요근력　양손:6／한손: -
휴대치　2×3
소음레벨　2
가격　$1,500[8]
탄창가격　$10[6]
구경　5.56mm×45
길이　600/830mm
무게　3,450g

■〈저격〉−30%[19]
■※=다음 라운드에도 같은 목표를 계속 노릴 경우, 명중률 +15%

SG550을 단축한 형태의 카빈총으로. 일부 특수부대에서도 사용한다.

H&K USP45 컴팩트　핸드건

사격 모드	단발		신뢰성	00[99]
0~5m 지근거리	**6~25m** 근대거리	**26~50m** 중거리	**51~200m** 장거리	
−2	−2	−42	×	
67	67	17	-	

관통력	±0	+〈스킬〉LV	1	=	1

비관통D	2D6−1	관통D	3D6

사정거리　50m
장탄수　8
필요근력　양손:4／한손:5
휴대치　1×1
소음레벨　4
가격　$690[6]
탄창가격　$2[6]
구경　.45ACP
길이　180mm
무게　730g

USP를 소형화한 권총. 이것은 탄약으로 .45ACP탄을 사용한 버전

SIG SG551-2 어설트 카빈[레이저 사이트, 일반탄창 × 2], H&K USP45 컴팩트[레이저 사이트, 일반탄창 × 2], 보디 아머 레벨 3A, 헬멧, 탄입대(핸드건, 라이플), 의료 장비, 지혈 장비 × 3, 군용 소형무전기, 휴대정보단말, 위장복(국지용), 나이트 비전

총액: $6,425

NAME

NATIONALITY	OCCUPATION
SEX	AGE	BLOOD TYPE
HEIGHT	WEIGHT
COLOR HAIR	LANGUAGE 기본 언어／영어 English
COLOR EYES	
COLOR SKIN	

Proof Photograph

능력치 Capability Value

	기본	현재
근력 Physical	6	
재주 Dexterity	8	
민첩 Quickness	5	
지력 Intelligence	8	
감각 Sense	7	
매력 Charisma	6	
체격 Constitution	6	
외견 Appearance		

캐릭터 클래스　Class

메인	메딕	Main Class
서브	어설트	Sub Class

경력　Career

I	의사	심리학
		의료
II	군인(병사)	라이플
		국지행동
III		
IV		
V		
BS	시가지행동	
	심리학	
	의료	

클래스 아츠　Class Arts

- ☐ 아스클레피오스(P093)
  효과: 〈의료〉의 달성치에 +7. 20 이상이라면 크리티컬.
- ☐ 섬즈 업(P093)
  효과: 사용 완료한 클래스 아츠 1개를 사용 가능하게 한다.
- ☐ 리바이브(P093)
  효과: [의료행동]으로, [치사판정]을 다시 하게 한다.
- ☐ 슈어 샷(P086)
  효과: 〈사격계〉〈저격〉을 제외하고에 +20%.
- ☐ 나인 라이브스(P086)
  효과: [관통D]를 [비관통D]로 변경한다.
- ☐
  효과:
- ☐
  효과:
- ☐
  효과:

이동력　민첩+〈운동〉LV　5

신중한 이동	일반 이동	전력 이동
3 m	5 m	30 m

스킬　Skill

사격계　기초수정(근력+재주+지력+감각)　기본% 59

메인 클래스 수정		서브 클래스 수정		기초 수정	
10	⊕	20	⊕	29	=

개별 스킬	LV	LV수정+기본%	비 고
핸 드 건	1	69	방어구 착용: -10
라 이 플	2	79	방어구 착용: -10
S M G			방어구 착용: -10
중 화 기			방어구 착용: -10
저 격			방어구 착용: -10

격투계　기초수정(근력 × 3 + 민첩)　기본% 48

메인 클래스 수정		서브 클래스 수정		기초 수정	
10	⊕	15	⊕	23	=

개별 스킬	LV	LV수정+기본%	비 고
격 투			방어구 착용: -10
무 기 전 투			방어구 착용: -10
투 척			방어구 착용: -10
강 인 함			

운동계　기본수정(민첩 × 3 + 근력)　기본% 46

메인 클래스 수정		서브 클래스 수정		기초 수정	
10	⊕	15	⊕	21	=

개별 스킬	LV	LV수정+기본%	비 고
운 동			방어구 착용: -10
시가지행동	1	56	
국지행동	1	56	위장복 착용: +10

지각계　기본수정(감각 × 3 + 지력)　기본% 49

메인 클래스 수정		서브 클래스 수정		기초 수정	
10	⊕	10	⊕	29	=

개별 스킬	LV	LV수정+기본%	비 고
상 황 파 악			방어구 착용: -10
감 지			
정 신 력			

교섭계　기초수정(매력 × 3 + 지력)　기본% 56

메인 클래스 수정		서브 클래스 수정		기초 수정	
20	⊕	10	⊕	26	=

개별 스킬	LV	LV수정+기본%	비 고
교 섭 술	1	66	
심 리 학	2	76	
조 달			

교양계　기초수정(지력 × 3 + 매력)　기본% 55

메인 클래스 수정		서브 클래스 수정		기초 수정	
15	⊕	10	⊕	30	=

개별 스킬	LV	LV수정+기본%	비 고
전 술			
정보처리 ※			전문: 오퍼레이터
서 바 이 벌			
지 식			
언 어	1	65	
예 술			

기술계　기본수정(재주 × 3 + 지력)　기본% 72

메인 클래스 수정		서브 클래스 수정		기초 수정	
30	⊕	10	⊕	32	=

개별 스킬	LV	LV수정+기본%	비 고
손 감 각			
메 카 닉 ※			전문: 메카닉
폭 발 물 ※			전문: 메카닉
의 료 ※	3	102	전문: 메딕
통 신 ※			전문: 오퍼레이터
조 종			

리워드 포인트　Reward Point

상한치:	4	현재치:

소비포인트	효 과
1포인트	사용 완료한 자신의 클래스 아츠 1개를 재사용 가능
2포인트	자신의 클래스 아츠와 공용 클래스 아츠 중에서 임의로 선택한 클래스 아츠를 즉시 사용 가능
3포인트	모든 클래스 아츠 중에서 임의로 선택한 클래스 아츠를 즉시 사용 가능

내구력

(근력 + 체격) × 3

36

대미지 기록란:

페널티 기록란:

경험점

누계	미사용

올 셋업

처음 준비할 것

올 셋업으로 PC를 제작할 때, 복사한 캐릭터 시트(P260과 커버 뒷면)와 필기도구를 준비합시다.

PC제작의 순서에 따라 실제로 캐릭터 시트에 수치나 문자를 적어가는 것이 PC제작을 이해하기에 가장 빠른 길입니다.

① 메인 클래스 결정

캐릭터 클래스는 해당 PC가 게임에서 무엇을 할 수 있는지를 나타냅니다.

그리고 해당 PC가 가능한 것 중에서도 특히 잘하는 것을 나타내는 캐릭터 클래스를 메인 클래스라고 부릅니다.

다음과 같은 순서로 메인 클래스를 결정하기 바랍니다.

1) 메인 클래스를 적어 넣는다

PL은 P086~P093에서 소개하고 있는 8개의 캐릭터 클래스 중에서 하나를 골라 캐릭터 클래스에서 메인이라고 쓰인 부분의 빈칸(그림1-A)에 적어 넣습니다.

2) 메인 클래스 수정을 적어 넣는다

선택한 캐릭터 클래스에서 「메인 클래스로 선택한 경우」의 표를 참조합니다. 여기에 적힌 클래스 수정을 메인 클래스 수정이라고 쓰인 빈칸(그림1-B)에, 각 스킬 분야에 대응하도록 적어 넣습니다.

예) 어설트를 선택했을 경우, 「사격계: 30, 격투계: 15, 운동계: 20, 지각계: 10, 교섭계: 10, 교양계: 10, 기술계: 10」으로 쓰여 있으니, 해당 숫자를 각각 적어 넣습니다.

3) 습득한 스킬을 적어 넣는다

같은 표의 「습득 스킬」 칸에 쓰인 내용에 따라 스킬을 습득합니다.

또한 「〈사격계〉③」과 같은 표기는, 캐릭터 시트의 〈사격계〉 칸에 포함된 스킬 중에서 원하는 것을 3레벨 분만큼 습득할 수 있다는 뜻입니다. 스킬 하나를 3레벨로 습득해도 좋고, 2레벨 스킬과 1레벨 스킬을 하나씩, 또는 1레벨 스킬 3개를 습득해도 좋습니다.

단, 올 셋업의 순서 전반에서 스킬 레벨은 3레벨 상한을 두고 있으니 주의하시기 바랍니다. 습득할 스킬을 결정하였다면, 각 스킬칸의 「LV」라고 쓰인 빈칸(그림1-C 참조)에 습득한 스킬 레벨을 적어 넣습니다.

예) 어설트를 선택했을 경우, 「〈사격계〉③(〈저격〉을 제외)」이라고 쓰여 있습니다. 여기서는 〈라이플〉 2레벨과 〈SMG〉 1레벨을 습득했다고 했기에, 해당 수치를 적어 넣습니다.

이것으로 메인 클래스 결정을 종료합니다.

② 서브 클래스 결정

서브 클래스는 PC가 메인 클래스만큼은 아니지만 잘하는 분야를 나타냅니다. 메인 클래스와 같은 클래스를 선택할 수도 있습니다.

다음과 같은 순서로 서브 클래스를 결정하기 바랍니다.

1) 서브 클래스를 적어 넣는다

「① 메인 클래스 결정」처럼, P086~P093에서 소개하고 있는 8개의 캐릭터 클래스 중에서 하나를 골라, 캐릭터 클래스에서 서브라고

PC제작 순서 ① ~ ② / 그림1

쓰인 부분의 빈칸(그림1-A)에 적어 넣습니다.

2) 서브 클래스 수정을 적어 넣는다

「서브 클래스로 선택한 경우」의 표를 참조합니다. 여기에 적힌 클래스 수정을 서브 클래스라고 쓰인 빈칸(그림1-B 참조)에, 각 스킬 분야에 대응하도록 적어 넣습니다.

3) 습득한 스킬을 적어 넣는다

습득 스킬 칸에 쓰인 내용에 따라 스킬을 습득합니다. 습득할 스킬을 결정하였다면, 각 스킬칸의 「LV」라고 쓰인 빈칸(그림1-C 참조)에 습득한 스킬을 적어 넣습니다. 이 때, 이미

습득한 스킬을 중복 선택하여 레벨을 올릴 수도 있습니다.

예) 어설트를 선택했을 경우, 「〈사격계〉③ (〈저격〉을 제외)」이라고 쓰여 있습니다. 여기서는 〈핸드건〉 1레벨과 〈SMG〉 1레벨을 습득했다고 한다면, 이미 〈SMG〉 1레벨을 습득하고 있으므로 합하여 2레벨이라고 고쳐 적습니다.

이것으로 서브 클래스 결정을 종료합니다.

P094 「③ 능력치 & 연령 결정」 에서 계속됩니다 .

캐릭터 클래스 페이지 읽는 법

P086 ~ P093에 걸쳐 실려 있는 캐릭터 클래스 페이지의 읽는 법을 설명하겠습니다.

캐릭터 클래스는, 해당 PC가 게임 중에서 무엇을 할 수 있는지에 관한 지침이기도 합니다. 각 페이지를 잘 읽고 캐릭터의 특성을 잡으시기 바랍니다.

①클래스 이름

해당 페이지에서 설명하고 있는 캐릭터 클래스의 이름입니다. 이 이름을 캐릭터 시트에서 대응하는 칸에 적어 넣습니다.

②클래스 설명

해당 캐릭터 클래스가 어떠한 클래스인지에 관하여 설명하고 있습니다. 캐릭터 클래스를 선택할 때 참조하시기 바랍니다.

③클래스별 중요한 능력치

해당 캐릭터 클래스에서 높으면 좋은 능력치가 쓰여 있습니다. 능력치 결정에 참고하시기 바랍니다.

④클래스별 중요한 스킬

해당 캐릭터 클래스가 게임 내에서 자주 사용할 스킬이 쓰여 있습니다. 스킬 습득에 참고하시기 바랍니다.

⑤클래스 보너스

해당 캐릭터 클래스를 선택했을 때 얻을 수 있는 클래스 수정과 습득 스킬이 쓰여 있습니다. 메인 클래스와 서브 클래스 중 어느 쪽으로 선택했는가에 따라 얻을 수 있는 클래스 보너스가 달라집니다.

⑥클래스 아츠

해당 캐릭터 클래스에서 준비한 특수 기능 8개가 쓰여 있습니다. 메인 클래스와 서브 클래스 중 어느 쪽으로 선택했는가에 따라 얻을 수 있는 클래스 아츠의 개수가 달라집니다.

083

클래스 전문 스킬

해당하는 캐릭터 클래스를 선택하지 않아도, 스킬 습득 자체는 가능합니다.

〈SMG〉

SMG는 「서브머신건(Submachine gun)」의 줄임말입니다.

스킬

스킬 분야

『GDR』에는 30개의 스킬이 있으며, 7개의 스킬 분야로 분류합니다.

스킬 분야에는 각 분야에 속하는 개별 스킬이 있습니다. 실제 행위판정에서는 이 개별 스킬을 사용합니다.

클래스 전문 스킬

클래스 이름 옆에 「전문: ○○」라고 쓰인 스킬은, 해당 캐릭터 클래스의 전문 스킬입니다. 해당 캐릭터 클래스를 선택하지 않은 캐릭터는 스킬 성공률에 -50%의 수정을 받습니다.

〈사격계〉

〈사격계〉의 스킬에서 중요한 능력치는 【근력】【재주】【지력】【감각】입니다.

어설트나 스나이퍼는 〈사격계〉에 큰 클래스 수정을 얻습니다.

〈핸드건〉
핸드건(권총)을 사용한 사격을 판정하는 스킬입니다.

〈SMG〉
서브머신건(단기관총)을 사용한 사격을 판정하는 스킬입니다.

〈라이플〉
어설트 라이플(돌격기관총), 스나이퍼 라이플(저격총), 샷건(산탄총)을 사용한 사격을 판정하는 스킬입니다.

〈중화기〉
분대지원화기나 그레네이드 런쳐(유탄발사기), 머신건(기관총)이나 안티 머터리얼 라이플(대물 라이플)등을 사용한 사격을 판정하는 스킬입니다.

〈저격〉
초장거리에 있는 목표를 사격하거나, 신중하고 정확함을 요구하는 사격을 판정하는 스킬입니다.

〈격투계〉

〈격투계〉의 스킬에서 중요한 능력치는 【근력】과 【민첩】입니다. 특히 【근력】이 중요합니다.

그래플러나 어설트는 〈격투계〉에 클래스 수정을 크게 얻습니다.

〈격투〉
펀치나 킥 등의 타격, 던지기, 조르기나 관절기 등 무기를 사용하지 않고 맨손으로 싸울 때 판정하는 스킬입니다.

〈무기전투〉
나이프나 석궁, 톤파 등 총기 이외의 무기를 사용한 전투를 판정하는 스킬입니다.

〈투척〉
돌이나 스로잉 나이프, 수류탄과 같이 물건을 정확하게 던지는 행위가 중요한 요소로 작용하는 공격을 판정하는 스킬입니다. 단, 수류탄은 〈폭발물〉로도 판정할 수 있습니다.

〈강인함〉
육체의 튼튼함, 단련의 정도를 나타냅니다. 힘의 강력함이 중요한 요소로 작용하는 판정이나 육체적 쇼크, 병이나 독에 저항하는 판정에 사용합니다.

〈운동계〉

〈운동계〉의 스킬에서 중요한 능력치는 【민첩】과 【근력】입니다. 특히 【민첩】이 중요합니다.

스카우트나 그래플러는 〈운동계〉에 클래스 수정을 크게 얻습니다.

〈운동〉
점프, 암벽 등반, 낙하산 강하, 라펠링(로프 강하) 등, 몸 전체를 사용한 행동을 판정하는 스킬입니다. 또한, 이동 속도에서 관계가 있습니다.

〈시가지행동〉
건물 안이나 길거리 등의 시가지에서 엄폐하거나 조용히 걷기, 물건을 감추는 등의 이른바 「은밀행동」을 판정하는 스킬입니다.

〈국지행동〉
산이나 사막, 정글 등의 야외에서 엄폐하거나 조용히 걷기, 물건을 감추는 등의 이른바 「은밀행동」을 판정하는 스킬입니다.

〈지각계〉

〈지각계〉의 스킬에서 중요한 능력치는 【감각】과 【지력】입니다. 특히 【감각】이 중요합니다.

스카우트나 메카닉은 〈지각계〉에 클래스 수정을 크게 얻습니다.

〈상황파악〉
실내에 돌입할 때 적이나 인질의 위치를 한순간에 파악하거나, 적이 매복하고 있었을 때 잽싸게 반응하는 등, 순간적인 판단이 중요한 순간에 상황을 파악할 수 있는가를 판정하는 스킬입니다.

〈감지〉
소리를 듣거나 숨은 적을 발견하는 등, 시각, 청각, 미각, 촉각, 후각의 오감을 이용해 뭔가에 눈치챌 수 있는가를 판정하는 스킬입니다.

〈정신력〉

냉정함을 유지할 수 있는가, 정신적 충격이나 고문에 견뎌낼 수 있는지 등등, 정신적인 강함을 중요하게 여기는 판정에서는 이 스킬을 사용합니다.

〈교섭계〉

〈교섭계〉의 스킬에서 중요한 능력치는 【매력】과 【지력】입니다. 특히 【매력】이 중요합니다.

커맨더나 메딕은 〈교섭계〉에 클래스 수정을 크게 얻습니다.

〈교섭술〉

우호적인 인물에서 위압적인 인물까지, 대인교섭에 관한 테크닉을 나타낸 스킬입니다. 설득이나 말 돌리기, 심문 등을 판정할 때 사용합니다.

〈심리학〉

사람의 마음이 어떻게 움직이는지에 관한 지식을 나타낸 스킬입니다. 사람의 마음을 가라앉히거나, 감정을 읽거나, 행동을 예측하고 거짓말을 간파하는 등 판정할 때 사용합니다.

〈조달〉

인맥의 넓이, 상거래 지식이나 테크닉을 나타낸 스킬입니다. 물자 조달이나 정보 수집, 도움이 될 사람을 찾는 등의 판정에 사용합니다.

〈교양계〉

〈교양계〉의 스킬에서 중요한 능력치는 【지력】과 【매력】입니다. 특히 【지력】이 중요합니다.

오퍼레이터나 커맨더는 〈교양계〉에 클래스 수정을 크게 얻습니다.

〈전술〉

적 부대의 행동을 예측하거나 작전을 입안하는 능력이나, 부대의 지휘능력을 나타낸 스킬입니다. 또한 전투시에 얼마나 빨리 행동할 수 있는가를 알 수 있는 지침이 되기도 합니다.

〈정보처리〉※전문: 오퍼레이터

컴퓨터 관련 기술이나 지식 외에도 문자 그대로 정보를 처리하는 능력을 나타낸 스킬입니다. 해킹과 그에 관한 보안 구조, 소프트웨어의 프로그래밍, 대형 데이터베이스의 제작 및 검색 등의 판정에 사용합니다.

〈서바이벌〉

정글이나 사막 등의 가혹한 상황에서 생존하는 테크닉이나 지식을 나타낸 스킬입니다. 또한, 발자국을 추적하거나 주변 지형 파악, 지도나 해도를 읽어내는 능력 등을 나타냅니다.

〈지식〉

일반교양이나 각종 학문에 얼마나 지식을 가지고 있는가를 나타낸 스킬입니다. 유명한 인물이나 사건, 역사, 진귀한 생물의 생태 등 「무엇을 알고 있는가」에 관한 판정 전반에 사용합니다.

〈언어〉

각국 국어의 회화와 읽고 쓰기에 얼마나 정통하는지를 나타내는 스킬입니다. 얼마나 많은 외국어를 읽고 쓰고 듣고 말할 수 있는가를 알 수 있는 지침이 되기도 합니다. 또한, 언어가 통하지 않는 경우에서 바디랭귀지로 간단한 의사소통을 나눌 수 있습니다.

〈예술〉

갬블, 연기, 악기 연주 등, 다른 스킬에는 별 도움 안 되는 기술 전반을 가리킵니다. 1레벨을 습득할 때마다 카테고리를 1개 선택합니다. 선택하지 않은 카테고리의 성공확률에는 -20%의 수정을 받습니다.

〈기술계〉

〈기술계〉의 스킬에서 중요한 능력치는 【재주】와 【지력】입니다. 특히 【재주】가 중요합니다.

메카닉이나 메딕은 〈기술계〉에 클래스 수정을 크게 얻습니다.

〈손감각〉

손끝이 얼마나 예민한가를 나타내는 스킬입니다. 열쇠 따기나 소매치기, 물품 위조, 기계적 함정의 설치 및 해제 등은 이 스킬로 판정합니다.

〈메카닉〉※전문: 메카닉

차량이나 기계를 정비, 수리, 개조하는 기술이나 지식을 나타내는 스킬입니다. 부서진 총기나 장비를 수리하거나 대규모의 기계를 사용한 함정을 설치하거나 해제하는 판정에도 사용합니다.

〈폭발물〉※전문: 메카닉

폭발물의 설치나 해제 등, 폭발물에 관한 기술과 지식을 나타내는 스킬입니다. 수류탄의 투척 판정에도 사용할 수 있습니다.

〈의료〉※전문: 메딕

인체의 구조, 독, 병, 바이러스 등에 관한 의학 지식이나 응급처치 기술을 나타내는 스킬입니다. 전투로 받은 대미지를 회복하거나 부상의 영향을 경감하는 판정에 사용합니다.

〈통신〉※전문: 오퍼레이터

통신기를 시작으로 하이테크 기기, 전자기기에 관한 기술과 지식을 나타내는 스킬입니다. 무선감청이나 암호화 기술, 통신감청으로 상대의 위치를 특정하는 등의 판정에 사용합니다. 또한 도청이나 몰래카메라 등의 감시장비를 설치, 운용, 발견하는 판정에도 사용합니다.

〈조종〉※특수

승용차에서 바이크, 보트, 헬리콥터 등의 차량 전반을 조종하는 기술을 나타내는 스킬입니다. 〈조종〉은 클래스 전문 스킬은 아니지만, 메카닉 이외의 클래스에서는 특수한 차량의 조종이 어려워집니다.

〈예술〉

기본적으로 〈예술〉은 다른 스킬의 대용으로는 사용할 수 없습니다. 단, 플레이어가 그럴싸한 이유를 붙였고 GM이 그것을 받아들였거나, 또는 사용 방법이 재미있어서 주변의 호응이 좋은 경우, GM의 판단으로 사용을 허가할 수 있습니다.

지나치게 편리하다고 여긴다면, 전투나 TRS등에서는 달성치에 스킬 레벨을 더하지 않는다고 하셔도 좋습니다.

아무쪼록, 말을 잘하는 플레이어가 어떤 상황에서든 〈예술〉로 다른 스킬을 대용하지 않게 하시길 바랍니다.

〈예술〉의 카테고리

예를 들어, 2레벨이라면 「연기」와 「가창력」과 같이 2개의 카테고리를 선택할 수 있습니다. 카테고리의 범위는 가능한 한 좁혀 주시기 바랍니다. 「악기연주」라면 악기를 지정하는 등의 방식입니다.

또한, 선택하지 않은 카테고리라도 판정 자체는 가능합니다.

〈손감각〉과 변장

구판에서는 〈손감각〉으로 변장 등이 가능했지만, 『GDR』에서 변장은 〈예술〉 카테고리의 하나로서 다루는 편이 좋습니다.

〈조종〉

차량에는 일반차량과 상급차량, 특수차량이라는 3개의 카테고리가 있습니다.

상급차량과 특수차량은 조종하는데 특수한 기술이 필요한 차량으로, 메카닉 클래스를 선택하지 않은 캐릭터는 성공확률에 -20%(특수차량은 -50%)의 수정을 받습니다.

일반차량은 메카닉이 아니더라도 별다른 수정을 받지 않습니다.

어설트 ASSAULT

총기 사용에 능숙하며, 근거리~장거리까지 대응 가능한 균형 잡힌 클래스입니다. 이 클래스를 메인이나 서브로 선택하면, 전투에서 활약할 수 있습니다. 격투나 은밀행동도 무난하게 해냅니다.

●중요 능력치

【근력】,【민첩】,【감각】

●중요 스킬

〈사격계〉,〈상황파악〉

●메인 클래스로 선택했을 경우

스킬 분야	사격계	격투계	운동계	지각계	교섭계	교양계	기술계
클래스 수정	30	20	15	10	10	10	10
습득 스킬	〈사격계〉③(〈저격〉을 제외)						

●서브 클래스로 선택했을 경우

스킬 분야	사격계	격투계	운동계	지각계	교섭계	교양계	기술계
클래스 수정	20	15	15	10	10	10	10
습득 스킬	〈사격계〉②(〈저격〉을 제외)						

클래스 아츠 | 어설트①

건 액션
활극

타이밍	행동체크
대상	자신
지속시간	순간

일반적인 [행동]에 추가로 1회만 [사격]을 할 수 있다. 1회의 [행동체크]에 한 번만 사용할 수 있다.

클래스 아츠 | 어설트②

퀵 드로우
속사

타이밍	전술체크
대상	자신
지속시간	1라운드

가장 빠른 [이니셔티브]에 행동할 수 있다. 같은 효과를 여러 캐릭터가 사용할 경우, 해당 캐릭터는 [이니셔티브] 순서대로 행동한다. 이 라운드의 [행동체크]에서는 반드시 [사격]을 해야 한다. 이 때 [드로우]의 마이너스 수정을 받지 않는다.

클래스 아츠 | 어설트③

컴뱃 센스
전투감각

타이밍	—
대상	자신
지속시간	항상

[전술체크]에서 [이니셔티브] 확인 시에, 〈전술〉 대신 〈상황파악〉의 성공률을 사용할 수 있다. 또한 방어구에 의한 〈상황파악〉의 마이너스 수정을 10% 낮출 수 있다.

클래스 아츠 | 어설트④

컴뱃 무브
전투 동작

타이밍	—
대상	자신
지속시간	항상

[행동체크]에서 추가로 1회(합계 2회)의 [간이행동]을 할 수 있다.

클래스 아츠 | 어설트⑤

슈어 샷
정확한 사격

타이밍	굴림 전
대상	자신
지속시간	1라운드

〈사격계〉(〈저격〉을 제외하고)의 성공률에 +20%.

클래스 아츠 | 어설트⑥

스페이스 퍼셉션
공간 파악

타이밍	언제나
대상	자신
지속시간	1라운드

〈상황파악〉의 성공률에 +20%

클래스 아츠 | 어설트⑦

나인 라이브스
위기 회피

타이밍	대미지 굴림 전
대상	자신
지속시간	순간

자신이 받은 공격이 [관통D]가 되었을 때, 해당 공격을 [비관통D]로 변경할 수 있다.

클래스 아츠 | 어설트⑧

페이틀 샷
치명적 일격

타이밍	굴림 후
대상	자신
지속시간	순간

〈사격계〉(〈저격〉을 제외하고)의 달성치에 +7. 달성치가 20 이상이면 크리티컬이 된다.

라이플을 사용한 장거리 사격에 능한 클래스입니다. 개중에서도 초장거리에서 쏘는 저격은 적에게 큰 위협이 될 것입니다. 또한 가혹한 환경을 이겨내는 정신력과 우수한 은밀 기술을 가지고 있습니다.

●중요 능력치

【민첩】, 【지력】, 【감각】

●중요 스킬

〈라이플〉, 〈저격〉, 〈시가지행동〉, 〈국지행동〉, 〈정신력〉

●메인 클래스로 선택했을 경우

스킬 분야	사격계	격투계	운동계	지각계	교섭계	교양계	기술계
클래스 수정	30	10	20	15	10	10	10
습득 스킬	〈저격〉1 / 〈사격계〉① / 〈시가지행동〉 또는 〈국지행동〉1						

●서브 클래스로 선택했을 경우

스킬 분야	사격계	격투계	운동계	지각계	교섭계	교양계	기술계
클래스 수정	20	10	15	15	10	10	10
습득 스킬	〈저격〉1 / 〈사격계〉①						

클래스 아츠 / 스나이퍼①

샤프 슈터
사격의 고수
- 타이밍: 굴림 전
- 대상: 자신
- 지속시간: 1라운드

〈라이플〉〈저격〉의 성공률에 +20%. 단, 《슈어 샷》의 효과와 겹치지 않는다.

클래스 아츠 / 스나이퍼②

시리어스 운즈
중상
- 타이밍: 대미지 굴림 후
- 대상: 개체
- 지속시간: 순간

대상이 받는 대미지 페널티 표의 2D9에 -5의 수정을 가한다. 자신이 가진 〈라이플〉〈저격〉 중 하나를 사용한 공격에만 유효.

클래스 아츠 / 스나이퍼③

스톤 콜드
냉철
- 타이밍: 굴림 후
- 대상: 자신
- 지속시간: 순간

〈정신력〉의 달성치에 +7. 달성치가 20 이상이면 크리티컬이 된다.

클래스 아츠 / 스나이퍼④

트랭퀼리티
냉정침착
- 타이밍: 굴림 전
- 대상: 자신
- 지속시간: 1라운드

〈정신력〉의 성공률에 +20%.

클래스 아츠 / 스나이퍼⑤

핀홀 샷
바늘귀를 지나가는 일격
- 타이밍: 대미지 굴림 후
- 대상: 개체
- 지속시간: 순간

대상이 착용한 방어구 하나의 [방어치]를 0으로 취급한다. 자신이 가진 〈라이플〉〈저격〉 중 하나를 사용한 공격에만 유효.

클래스 아츠 / 스나이퍼⑥

필드 크래프트
은밀행동
- 타이밍: 굴림 전
- 대상: 자신
- 지속시간: 1라운드

〈시가지행동〉〈국지행동〉의 성공률에 +20%.

클래스 아츠 / 스나이퍼⑦

불스 아이
적중
- 타이밍: 굴림 전
- 대상: 자신
- 지속시간: 1라운드

〈저격〉을 사용한 공격 시, [부위 공격]의 수정을 ±0로 할 수 있다.

클래스 아츠 / 스나이퍼⑧

원 샷 원 킬
일발필중
- 타이밍: 굴림 후
- 대상: 자신
- 지속시간: 순간

〈사격계〉〈저격〉의 달성치에 +7. 달성치가 20 이상이면 크리티컬이 된다.

그래플러 GRAPPLER

맨손이나 무기를 사용한 격투에 능한 클래스입니다. 그 위력은 결코 총에 뒤지지 않습니다. 적에게 접근하지 않으면 진가를 발휘할 수 없지만, 조용함이나 높은 은닉성은 그것을 덮고도 남을 큰 이점입니다.

●중요 능력치

【근력】, 【민첩】

●중요 스킬

〈격투계〉

●메인 클래스로 선택했을 경우

스킬 분야	사격계	격투계	운동계	지각계	교섭계	교양계	기술계
클래스 수정	10	30	20	15	10	10	10
습득 스킬	〈격투계〉② / 〈운동〉1						

●서브 클래스로 선택했을 경우

스킬 분야	사격계	격투계	운동계	지각계	교섭계	교양계	기술계
클래스 수정	10	20	15	15	10	10	10
습득 스킬	〈격투계〉②						

클래스 아츠 — 그래플러①

알카난
오의

타이밍	행동체크
대상	자신
지속시간	순간

일반적인 [행동]에 추가로 1회만 [격투]를 할 수 있다. 1회의 [행동체크]에 한 번만 사용할 수 있다.

클래스 아츠 — 그래플러②

거합술
발도

타이밍	전술체크
대상	자신
지속시간	1라운드

가장 빠른 [이니셔티브]에 행동할 수 있다. 같은 효과를 여러 캐릭터가 사용할 경우, 해당 캐릭터는 [이니셔티브] 순서대로 행동한다. 이 라운드의 [행동체크]에서는 반드시 [격투]를 해야 한다. 이 때 [드로우]의 마이너스 수정을 받지 않는다.

클래스 아츠 — 그래플러③

스러스트 앤 패리
격렬한 공방

타이밍	언제나
대상	자신
지속시간	1라운드

다음에 할 [행동]을 잃지 않고 [격투]에 대한 [회피행동]을 할 수 있다. 지속시간 내에 다른 [회피행동]을 하면 [행동]을 잃는다.

클래스 아츠 — 그래플러④

녹 다운
기절타격

타이밍	대미지 굴림 전
대상	개체
지속시간	순간

대미지는 발생하지 않는다. 대상은 〈강인함〉의 성공판정을 한다. 실패하면 [기절], 성공하면 [몽롱함]이 된다. [격투 타입]이 [근접무기]인 공격에만 효과가 있다.

클래스 아츠 — 그래플러⑤

피니시 블로우
마무리 일격

타이밍	굴림 후
대상	자신
지속시간	순간

〈격투계〉(〈강인함〉을 제외하고)의 달성치에 +7. 달성치가 20 이상이면 크리티컬이 된다.

클래스 아츠 — 그래플러⑥

파 시어
간파

타이밍	언제나
대상	자신
지속시간	1라운드

자신을 대상으로 하는 공격의 명중률에 -20%. 추가로 [회피행동]에 +20%

클래스 아츠 — 그래플러⑦

마샬아츠
격투술

타이밍	굴림 전
대상	자신
지속시간	1라운드

〈격투계〉(〈강인함〉을 제외하고)의 성공률에 +20%

클래스 아츠 — 그래플러⑧

마스터즈
달인

타이밍	—
대상	자신
지속시간	항상

습득 시에 〈격투계〉에서 사용하는 무장 1개([격투])의 「타·투·극」은 각각 다른 무장으로 취급)를 지정해야 한다. 해당 무장의 [비관통D] [관통D]에 +1D6 한다. 이 스킬을 중복해 습득했을 때도 같은 무장은 선택할 수 없다.

커맨더

전술 입안이나 지휘, 통제에 능한 클래스입니다. 팀으로 행동할 때, 이 클래스가 있으면 큰 어드밴티지를 가져옵니다. 또한 팀 리더로서 교섭 등에도 적임자입니다.

●중요 능력치

【지력】, 【매력】

●중요 스킬

〈교섭술〉, 〈조달〉, 〈전술〉

●메인 클래스로 선택했을 경우

스킬 분야	사격계	격투계	운동계	지각계	교섭계	교양계	기술계
클래스 수정	25	10	10	10	20	20	10
습득 스킬	〈교섭술〉, 〈조달〉, 〈전술〉						

●서브 클래스로 선택했을 경우

스킬 분야	사격계	격투계	운동계	지각계	교섭계	교양계	기술계
클래스 수정	20	10	10	10	15	15	10
습득 스킬	〈교섭계〉① / 〈교양계〉①						

클래스 아츠 커맨더①
아웃 제너럴
필승전술
타이밍	〈전술〉의 달성치에 +7. 달성치가 20 이상이면 크리티컬이 된다.
굴림 후	
대상	
자신	
지속시간	
순간	

클래스 아츠 커맨더②
어택 포메이션
공격진형
타이밍	팀의 멤버 전원의 명중률에 +10%.
전술체크	
대상	
효과 참조	
지속시간	
1라운드	

클래스 아츠 커맨더③
커버 포메이션
방어진형
타이밍	팀의 멤버 전원에게 가해지는 공격의 명중률에 -10%.
전술체크	
대상	
효과참조	
지속시간	
1라운드	

클래스 아츠 커맨더④
킬링 익스프레션
뇌쇄적 언변
타이밍	〈교섭술〉〈조달〉의 달성치에 +7. 달성치가 20 이상이면 크리티컬이 된다.
굴림 후	
대상	
자신	
지속시간	
순간	

클래스 아츠 커맨더⑤
컨피던스
신용
타이밍	〈교섭술〉〈조달〉의 성공률에 +20%.
굴림 전	
대상	
자신	
지속시간	
1라운드	

클래스 아츠 커맨더⑥
택틱컬 센스
전술안
타이밍	〈전술〉의 성공률에 +20%.
굴림 전	
대상	
자신	
지속시간	
1라운드	

클래스 아츠 커맨더⑦
프론트 액션
신속대응
타이밍	대상의 펌블을 일반적인 실패로 변경한다. 또는, 대상의 크리티컬을 일반적인 성공으로 변경한다(달성치는 [10 + 스킬레벨]로 변경된다).
굴림 후	
대상	
개체(타인)	
지속시간	
순간	

클래스 아츠 커맨더⑧
펩 토크
격려와 질타
타이밍	실패한 성공판정을 재굴림한다. 단, 펌블이면 효과가 없다.
굴림 후	
대상	
개체(타인)	
지속시간	
순간	

SCOUT

스카우트

은밀행동과 상황 탐지능력에 능한 클래스입니다. 적지에 잠입하여 주위 상황을 살피거나 팀을 안전하게 유도합니다. 서바이벌 기술이나 열쇠따기 등 폭넓은 분야에서 활약할 수 있습니다.

●중요 능력치

【민첩】, 【지력】, 【감각】

●중요 스킬

〈운동계〉, 〈감지〉, 〈서바이벌〉, 〈손감각〉

●메인 클래스로 선택했을 경우

스킬 분야	사격계	격투계	운동계	지각계	교섭계	교양계	기술계
클래스 수정	10	10	25	20	10	15	15
습득 스킬	〈운동계〉② / 〈감지〉1						

●서브 클래스로 선택했을 경우

스킬 분야	사격계	격투계	운동계	지각계	교섭계	교양계	기술계
클래스 수정	10	10	20	20	10	10	10
습득 스킬	〈운동계〉① / 〈감지〉1						

클래스 아츠	스카우트①
어큐트 센스	
예민한 감각	
타이밍	〈감지〉의 성공률에 +20%.
굴림 전	
대상	
자신	
지속시간	
1라운드	

클래스 아츠	스카우트②
아크로바틱 피트	
곡예	
타이밍	〈운동계〉의 성공률에 +20%.
굴림 전	
대상	
자신	
지속시간	
1라운드	

클래스 아츠	스카우트③
서바이벌 스킬	
생존술	
타이밍	〈서바이벌〉〈손감각〉의 성공률에 +20%.
굴림 전	
대상	
자신	
지속시간	
1라운드	

클래스 아츠	스카우트④
식스 센스	
제 6감	
타이밍	〈감지〉의 달성치에 +7. 달성치가 20 이상이면 크리티컬이 된다.
굴림 후	
대상	
자신	
지속시간	
순간	

클래스 아츠	스카우트⑤
님블 핑거	
손기술	
타이밍	〈서바이벌〉〈손감각〉의 달성치에 +7. 달성치가 20 이상이면 크리티컬이 된다.
굴림 후	
대상	
자신	
지속시간	
순간	

클래스 아츠	스카우트⑥
페더 풋	
경쾌함	
타이밍	〈운동계〉의 달성치에 +7. 달성치가 20 이상이면 크리티컬이 된다.
굴림 후	
대상	
자신	
지속시간	
순간	

클래스 아츠	스카우트⑦
풋 워크	
발놀림	
타이밍	이동방법에 따른 성공률의 마이너스 수정을 무시할 수 있다.
언제나	
대상	
자신	
지속시간	
1라운드	

클래스 아츠	스카우트⑧
리플렉스	
반사회피	
타이밍	다음에 할 [행동]을 잃지 않고 [회피행동]을 할 수 있다.
언제나	
대상	
자신	
지속시간	
1라운드	

폭발물이나 차량, 기기류를 다루는데 능한 클래스입니다. 탁월한 차량 조종 기술로 팀을 안전하게 운송하는 것은 물론, 장비를 수리하거나 개조하여 팀을 서포트합니다.

●중요 능력치
【재주】,【지력】,【감각】

●중요 스킬
〈상황파악〉,〈메카닉〉,〈폭발물〉,〈조종〉

●메인 클래스로 선택했을 경우

스킬 분야	사격계	격투계	운동계	지각계	교섭계	교양계	기술계
클래스 수정	10	10	10	20	10	15	30
습득 스킬	〈상황파악〉1 / 〈기술계〉②						

●서브 클래스로 선택했을 경우

스킬 분야	사격계	격투계	운동계	지각계	교섭계	교양계	기술계
클래스 수정	10	10	10	15	10	15	20
습득 스킬	〈기술계〉②						

클래스 아츠   메카닉①

앤티도트
저항장비

타이밍	대상이 굴린 판정의 달성치에
굴림 후	-3.
대상	
개체	
지속시간	
순간	

클래스 아츠   메카닉②

커스터마이즈
개조

타이밍	대상이 굴린 판정의 달성치에
굴림 후	+3.
대상	
개체	
지속시간	
순간	

클래스 아츠   메카닉③

이베이시브 액션
회피행동

타이밍	자신이 조종하는 차량과 탑승
언제나	자를 대상으로 한 공격의 명중률에 -20%의 수정을 가한다.
대상	
자신	추가로, 차량의 [회피행동]에
지속시간	+20%,
1라운드	

클래스 아츠   메카닉④

스턴트
기예

타이밍	〈조종〉의 달성치에 +7. 달성
굴림 후	치가 20 이상이면 크리티컬이
대상	된다.
자신	
지속시간	
순간	

클래스 아츠   메카닉⑤

데프트 핑거
섬세한 손끝

타이밍	〈메카닉〉〈폭발물〉의 성공률
굴림 전	에 +20%.
대상	
자신	
지속시간	
1라운드	

클래스 아츠   메카닉⑥

드라이빙 테크닉
조종기술

타이밍	〈조종〉의 성공률에 +20%.
굴림 전	
대상	
자신	
지속시간	
1라운드	

클래스 아츠   메카닉⑦

브릿지 오브 골드
샛길

타이밍	[제한지형]을 [일반지형]으로
굴림 전	취급한다.
대상	
자신	
지속시간	
1라운드	

클래스 아츠   메카닉⑧

룰 오브 섬
경험의 법칙

타이밍	〈메카닉〉〈폭발물〉의 달성치
굴림 후	에 +7. 달성치가 20 이상이면
대상	크리티컬이 된다.
자신	
지속시간	
순간	

메카닉
MECHANIC

컴퓨터를 시작으로 전자기기류의 조작이나 정보처리에 능한 클래스입니다. 하이테크 기기를 사용한 정보수집과 그 정보를 분석하여 나오는 조언 및 풍부한 지식으로 팀을 서포트합니다.

●중요 능력치

【재주】, 【지력】

●중요 스킬

〈정보처리〉, 〈지식〉, 〈통신〉

●메인 클래스로 선택했을 경우

스킬 분야	사격계	격투계	운동계	지각계	교섭계	교양계	기술계
클래스 수정	10	10	10	10	15	30	20
습득 스킬	〈정보처리〉1 / 〈통신〉1 / 〈교양계〉①						

●서브 클래스로 선택했을 경우

스킬 분야	사격계	격투계	운동계	지각계	교섭계	교양계	기술계
클래스 수정	10	10	10	10	10	20	20
습득 스킬	〈정보처리〉1 / 〈통신〉1						

클래스 아츠 — 오퍼레이터①
어드바이스
조언
타이밍	지정한 스킬 하나의 성공률에 +20%
굴림 전	
대상	
개체(타인)	
지속시간	
1라운드	

클래스 아츠 — 오퍼레이터②
워킹 메뉴얼
걸어다니는 설명서
타이밍	모든 스킬 판정을 〈지식〉으로 대신 사용할 수 있다. 단, 달성치에 스킬 레벨을 더할 수는 없다. 대신 사용할 때에는 [전문스킬]의 수정은 받지 않는다.
굴림 전	
대상	
자신	
지속시간	
순간	

클래스 아츠 — 오퍼레이터③
일렉트로닉스
전자공학
타이밍	〈통신〉의 성공률에 +20%.
굴림 전	
대상	
자신	
지속시간	
1라운드	

클래스 아츠 — 오퍼레이터④
컴퓨터 브레인
전산두뇌
타이밍	〈정보처리〉의 달성치에 +7. 달성치가 20 이상이면 크리티컬이 된다.
굴림 후	
대상	
자신	
지속시간	
순간	

클래스 아츠 — 오퍼레이터⑤
테크니컬 위저드
천재 기술자
타이밍	〈통신〉의 달성치에 +7. 달성치가 20 이상이면 크리티컬이 된다.
굴림 후	
대상	
자신	
지속시간	
순간	

클래스 아츠 — 오퍼레이터⑥
파운트 오브 널리지
지식의 샘
타이밍	〈지식〉〈언어〉〈조달〉의 성공률에 +20%.
굴림 전	
대상	
자신	
지속시간	
1라운드	

클래스 아츠 — 오퍼레이터⑦
플로우 디텍션
약점 간파
타이밍	지정한 스킬 하나의 성공률에 -20%.
굴림 전	
대상	
개체	
지속시간	
1라운드	

클래스 아츠 — 오퍼레이터⑧
매스매티컬 브레인
수학적 두뇌
타이밍	〈정보처리〉의 성공률에 +20%.
굴림 전	
대상	
자신	
지속시간	
1라운드	

오퍼레이터

의료기술이나 심리학에 능한 클래스입니다. 부상 치료나 사기 고양 등, 신체와 심리면에서 팀을 서포트할 수 있습니다. 또한, 심리학 지식을 살린 대인 교섭, 심리전에도 능합니다.

●중요 능력치

【재주】, 【지력】, 【매력】

●중요 스킬

〈교섭술〉, 〈의료〉

●메인 클래스로 선택했을 경우

스킬 분야	사격계	격투계	운동계	지각계	교섭계	교양계	기술계
클래스 수정	10	10	10	10	20	15	30
습득 스킬	〈교섭계〉① / 〈교양계〉① / 〈의료〉1						

●서브 클래스로 선택했을 경우

스킬 분야	사격계	격투계	운동계	지각계	교섭계	교양계	기술계
클래스 수정	10	10	10	10	15	15	20
습득 스킬	〈교섭계〉① / 〈의료〉1						

클래스 아츠	메딕①
아스클레피오스	
천재 의사	

타이밍	〈의료〉의 달성치에 +7. 달성치가 20 이상이면 크리티컬이 된다.
굴림 후	
대상	
자신	
지속시간	
순간	

클래스 아츠	메딕②
애널라이즈	
정신분석	

타이밍	〈교섭술〉〈심리학〉의 성공률에 +20%.
굴림 전	
대상	
자신	
지속시간	
1라운드	

클래스 아츠	메딕③
카운터 플롯	
숨겨진 이면	

타이밍	성공한 성공판정을 재굴림한다. 단, 크리티컬이면 효과가 없다.
언제나	
대상	
개체(타인)	
지속시간	
순간	

클래스 아츠	메딕④
섬즈 업	
격려	

타이밍	사용 완료한 클래스 아츠 1개를 사용 가능하게 한다.
언제나	
대상	
개체(타인)	
지속시간	
순간	

클래스 아츠	메딕⑤
퍼스트 에이드	
응급처치	

타이밍	1회의 [행동]으로 2회의 [의료행동]을 한다. 또한, 본래 전투 중에는 할 수 없는 [의료행동]을, 전투 중에 할 수 있다([내구력] 회복은 전투 종료 후에 다시 한다).
행동체크	
대상	
자신	
지속시간	
순간	

클래스 아츠	메딕⑥
프로파일링	
심리분석	

타이밍	〈교섭술〉〈심리학〉의 달성치에 +7. 달성치가 20 이상이면 크리티컬이 된다.
굴림 후	
대상	
자신	
지속시간	
순간	

클래스 아츠	메딕⑦
메디컬 사이언스	
의학	

타이밍	〈의료〉의 성공률에 +20%.
굴림 전	
대상	
자신	
지속시간	
1라운드	

클래스 아츠	메딕⑧
리바이브	
소생술	

타이밍	[의료행동]으로 취급하여 [행동]을 소모한다. [사망] 상태의 대상에게 [치사 판정]을 다시 하게 한다. 성공하면 [기절] 상태에서 소생한다. 단, 대미지 페널티 0 이하 등으로 [치사 판정]을 하지 않고 [사망]한 대상에게는 효과가 없다.
행동체크	
대상	
개체	
지속시간	
순간	

스킬 레벨

해당 스킬의 숙련도를 나타냅니다. 해당 수치가 클 수록 숙련도가 높아집니다.

스킬 레벨의 상한

스킬 레벨의 상한은, 기본적으로 레벨 5까지입니다. 단, 해당 개별 스킬을 작성하는 요인인 능력치(스킬 분야의 기초 수정을 산출하기 위한 능력치) 중 하나라도 「5」미만일 경우, 해당 능력치의 숫자가 스킬 레벨의 상한이 됩니다.

예) 스킬 분야 〈사격계〉(【근력】 7 + 【재주】 7 + 【지력】 5 + 【감각】 3)의 경우, 스킬 분야 〈사격계〉에 속한 개별 스킬의 스킬 레벨 성장 상한은 레벨 3이 됩니다.

③ 능력치 & 연령 결정

능력치는 PC의 정신적, 육체적인 능력을 1에서 10의 수치로 나타낸 것입니다.

연령은 능력치를 감소시킬 수도 있으며, 그와 동시에 「⑤ 경력의 결정」 순서에서 취득할 수 있는 [경력]의 수와도 관계가 있는 중요한 것입니다.

다음 순서에 따라 능력치와 연령을 결정하시기 바랍니다.

1) 초기능력치를 적어 넣는다.

PC는 【근력】【재주】【민첩】【지력】【감각】【매력】의 6개 능력치에 초기치로서 5포인트를 얻습니다.

위에 나열한 6개의 능력치 칸(그림 2-A 참조)의 기본이라고 쓰인 빈칸에 각각 5라고 적으시기 바랍니다. 또한, 이 수치는 다음 순서에서 변하기 때문에 적어 넣을 때에는 고치기 쉽도록 작거나 연하게 기재하거나, 다른 곳에

메모해 놓는 등의 방법을 사용하시면 좋을 것입니다.

2) 능력치에 보너스 포인트를 배분한다

보너스 포인트 10포인트를 6개의 능력치에 자유롭게 배분합니다. 능력치의 상한은 10입니다. 이때, 초기치를 2포인트 빼서 다른 능력치에 1포인트 더할 수 있습니다. 또한, 2개의 능력치에서 각각 1포인트를 빼는 것으로(합계 -2포인트), 다른 능력치에 1포인트를 더할 수 있습니다.

능력치 칸(그림 2-A참조)에 적어 놓은 초기치를, 보너스 포인트를 더한 수치로 고쳐 적으시기 바랍니다.

포인트 분배의 예1) 보너스 포인트 10 포인트를 각각 【근력】에 3포인트, 【재주】에 1포인트, 【민첩】에 2포인트, 【지력】에 1포인트, 【감각】에 3포인트 배분합니다. 여기에 초기치 5포인트를 더한 결과, 【근력】 8, 【재주】 6, 【민첩】 7, 【지력】 6, 【감각】 8, 【매력】 5가 되었습니다.

초기치 변경의 예) 【근력】의 초기치에서 2포인트를 빼서 【지력】의 초기치에 1포인트를 더했습니다. 이것으로 초기치는 【근력】 3, 【지력】 6으로 변경되었습니다.

초기치 변경의 예2) 【지력】과 【매력】에서 각각 1포인트를 빼서, 【근력】에 1포인트를 더했습니다. 이것으로 초기치는 【근력】 6, 【지력】 4, 【매력】 4로 변경되었습니다.

3) 체격을 결정한다

아래의 표를 참조하여 【근력】 능력치를 기반으로 【체격】 능력치를 결정합니다.

결정한 능력치는 능력치 칸(그림 2-A참조)에 있는 【체격】의 빈칸에 적으시기 바랍니다.

【근력】과 【체격】의 상관관계		【체격】에 따른 신장 기준	
【근력】	【체격】의 기준	【체격】	신장 기준
1	1~3	1	~125cm
2	1~4	2	125cm~140cm
3	1~5	3	135cm~150cm
4	2~6	4	145cm~160cm
5	3~7	5	155cm~170cm
6	4~8	6	165cm~180cm
7	5~9	7	175cm~185cm
8	6~10	8	180cm~190cm
9	7~10	9	185cm~195cm
10	8~10	10	195cm~

PC제작 순서 ③ ~ ④ / 그림2

4) 외견을 결정한다

아래의 표를 참조하여 1에서 10 사이에서 【외견】 능력치를 결정합니다. 수치는 플레이어가 자유롭게 고를 수 있습니다.

결정한 능력치를 능력치 칸(그림 2-A참조)에 있는 【외견】의 빈칸에 적어 넣으시기 바랍니다.

【외견】에 따른 겉모습 인상

외견		외견의 기준
1	최악	본 사람은 모두 혐오감을 느낀다.
2	추악	나쁜 특징이 겹쳐서 불쾌감을 준다.
3	나쁜 인상	상대에게 나쁜 인상을 주는 특징이 있다.
4	그럭저럭	딱히 나쁜 인상은 아니지만, 어딘가 시원찮다.
5	평범	이렇다 할 특징이 없는 용모.
6	매력적	눈에 띄는 특징은 없지만, 어딘지 모르게 호감형.
7	멋있다/귀엽다	길거리에서 제법 눈길을 끈다.
8	미형	주조연급 영화 배우나 탤런트.
9	초미형	톱 클래스로 잘생긴 영화배우나 슈퍼 모델
10	절세의 미형	역사에 이름을 남길 정도의 미형.

5) 연령을 결정한다

PC의 연령은 자유롭게 결정해도 좋지만, 「⑤ 경력의 결정」에서 취득할 수 있는 경력의 수와 관계가 있으므로 「연령별 취득표」를 참조하여 결정하시기 바랍니다.

또한, 연령을 41세 이상으로 설정했다면 각 능력치를 대상으로 능력치 감소 굴림을 해야 합니다. 능력치 감소 굴림은 각 능력치마다 1D9를 굴려서 현재 능력치보다 낮은 수가 나오면, 해당 능력치에서 1포인트를 빼는 것을 말합니다.

결정한 연령을 PC의 퍼스널 데이터 칸의 AGE라고 쓰인 곳(그림 2-B 참조)에 적으시기 바랍니다. 또한, 능력치 감소 굴림으로 능력치가 감소했을 경우, 능력치 칸에서 「현재」의 칸(그림 2-A 참조)에 변경된 능력치를 적으시기 바랍니다.

연령별 취득표

연령	감소	경력	BS	RP상한
~16세	없음	0	3	6
17~23세	없음	1	3	5
24~30세	없음	2	3	4
31~40세	없음	3	3	4
41~55세	1회	4	3	3
56세~	2회	5	3	2

※항목 설명

감소: 능력치 감소 굴림. 각 능력치마다 1D9를 굴려서 현재 능력치보다 낮은 수가 나오면 해당 능력치에서 1포인트를 뺀다.

경력: 해당 연령에서 취득 가능한 경력의 개수.

BS: 보너스 스킬. 3레벨 분의 스킬을 자유롭게 습득할 수 있다.

RP상한: 리워드 포인트를 얻을 수 있는 상한치.

6) 기초수정을 계산하여 적어 넣는다

결정된 능력치를 바탕으로 기초 수정을 계산하여 나온 숫자를 기초수정 칸(그림 2-D 참조)에 적으시기 바랍니다.

또한, 스킬 분야마다 기초수정의 계산식은 다음과 같습니다.

기초수정의 계산식(※곱하기를 먼저 계산)
〈사격계〉【근력】+【재주】+【지력】+【감각】
〈격투계〉【근력】×3+【민첩】
〈운동계〉【민첩】×3+【근력】
〈지각계〉【감각】×3+【지력】
〈교섭계〉【매력】×3+【지력】
〈교양계〉【지력】×3+【매력】
〈기술계〉【재주】×3+【지력】
※캐릭터 시트에도 계산식이 쓰여 있습니다.

신장

제시한 【체격】에 따른 신장은 어디까지나 기준치입니다. 지나치게 벗어나지 않는 한, GM은 PL이 기준 범위 이외의 신장으로 설정하는 것을 인정할 수 있습니다.

능력치 설명

【근력】
해당 캐릭터가 힘이 얼마나 강한지, 몸이 얼마나 튼튼한지를 나타냅니다.

【재주】
해당 캐릭터의 손끝이 얼마나 예민한지, 손끝을 마음대로 움직일 수 있는지를 나타냅니다.

【민첩】
해당 캐릭터의 운동신경이 얼마나 좋은지, 몸 전체의 움직임이 얼마나 재빠른지 등을 나타냅니다.

【지력】
해당 캐릭터의 두뇌 회전이 얼마나 빠른지, 지식이 얼마나 풍부한지를 나타냅니다.

【감각】
해당 캐릭터의 감각이 얼마나 예민한지, 반사신경이 얼마나 예민한지를 나타냅니다.

【매력】
해당 캐릭터의 붙임성이 얼마나 좋은지, 다른 사람의 감정을 얼마나 잘 읽어내는지를 나타냅니다.

【체격】
해당 캐릭터의 몸집이 얼마나 큰지를 나타냅니다.

【외견】
해당 캐릭터의 외견이 얼마나 아름다운지를 나타냅니다.

---

④ 기본% 산출

해당 PC가 각 스킬 분야에 관계된 행동을 얼마나 잘 할 수 있는가를 나타내는 수치가 기본%입니다. 다음과 같은 계산식으로 산출합니다.

●기본% 계산식

메인 클래스 수정(그림 2-E참조)
+
서브 클래스 수정(그림 2-E참조)
+
기초 수정(그림 2-D참조)
=
기본%(그림 2-F참조)

스킬의 수치는 기본%에 스킬 레벨에 따른 수정을 더하여 산출합니다.

또한, 습득하지 않은 모든 스킬(스킬 레벨이 쓰여 있지 않은 스킬)은, 각 스킬 분야의 기본%가 스킬의 수치를 대신합니다.

수치 산출이 끝나면, 기본% 칸에 해당 수치를 적어 넣으시기 바랍니다.

예) 〈사격계〉의 메인 클래스 수정은 30, 서브 클래스 수정은 20, 기초 수정은 28입니다. 이것을 전부 더한 수치는 78이 됩니다. 이 수치가 현재 계산하는 〈사격계〉의 기본%입니다.

리워드 포인트 결정

선택 규칙 [미션 로우]를 사용한다면, 「⑤ 경력의 결정」 단계에서 RP상한을 결정합니다. 「연령별 취득표」를 확인하여 PC의 연령에 대응하는 캐릭터 시트 하단에 있는 리워드 포인트 상한치 칸에 적어 넣으시기 바랍니다.

선택 규칙 [미션 로우]의 사용 여부는 GM이 결정합니다.

⑤ 경력의 결정

경력은 해당 PC가 지금까지 살아온 배경을 나타냅니다. 경력을 취득하면 해당 경력에 상응하는 스킬을 얻습니다.

어떠한 PC를 만들고 싶은지를 잘 생각하여 경력을 결정하시기 바랍니다.

연령별 취득표

연령	감소	경력	BS	RP상한
~16세	없음	0	3	6
17~23세	없음	1	3	5
24~30세	없음	2	3	4
31~40세	없음	3	3	4
41~55세	1회	4	3	3
56세~	2회	5	3	2

※항목 설명

감소: 능력치 감소 굴림. 능력치마다 1D9를 굴려서 현재 능력치보다 낮은 수가 나오면 해당 능력치에서 1포인트를 뺀다.

경력: 해당 연령에서 취득 가능한 경력의 개수.
BS: 보너스 스킬. 3레벨 분의 스킬을 자유롭게 습득할 수 있다.
RP상한: 리워드 포인트를 얻을 수 있는 상한치.

1) 경력을 선택한다

「③ 능력치와 연령 결정」 순서에서 결정한 연령에 따라 취득 가능한 경력의 수가 달라집니다.

「연령별 취득표」를 참조하여 취득 가능한 경력의 개수를 확인하시기 바랍니다.

해당 PC가 취득할 수 있는 경력의 개수를 확인하였다면, 다음 페이지의 「취득 가능 경력」에서 해당하는 개수만큼 경력을 취득합니다.

경력은 캐릭터가 어떠한 삶을 살아왔는지를 설정합니다. 경력을 여럿 취득한 경우, 해당 경력에 기반을 둔 캐릭터 배경을 설정하여 GM의 허가를 받으시기 바랍니다.

취득한 경력은 그림 3-A칸에 적어 넣습니다.

2) 경력마다 스킬을 습득한다

각 경력에는 습득 가능한 후보로서 4개의 스킬이 준비되어 있습니다.

취득한 경력마다 4개의 스킬 중에서 2개의 스킬을 습득하시기 바랍니다. 이 때, 같은 스킬을 2개 습득할 수도 있습니다.

또한 앞서 설명한 바와 같이 올 셋업으로 취득 가능한 초기 스킬 레벨의 상한은 3레벨임을 주의하시기 바랍니다.

습득한 스킬은 그림 3-B 칸에 적어 넣습니다. 그리고 그림 3-C칸에도 스킬 레벨을 적으시기 바랍니다.

예) 「군인(병사)」의 경력을 선택했습니다.

취득 가능한 스킬은 「〈사격계〉 ①, 〈격투계〉 ①, 〈시가지행동〉, 〈국지행동〉」입니다.

여기서는 〈사격계〉 ①과 〈국지행동〉을 선택했습니다.

〈사격계〉 ①은 스킬 분야 〈사격계〉 중에서 1레벨의 스킬을 습득할 수 있다는 의미이기에, 〈중화기〉를 1레벨 습득했습니다.

⑥ 보너스 스킬의 습득

모든 PC는 3레벨의 보너스 스킬을 습득할 수 있습니다. 보너스 스킬은, 자유롭게 습득할 수 있습니다. 단, 초기 스킬 레벨의 상한은 3레벨임에 주의하시기 바랍니다.

어떤 스킬을 습득할지 결정하였다면, 습득한 스킬 이름을 그림 3-D 칸에, 스킬 레벨을 그림 3-C칸에 적어 넣으시기 바랍니다.

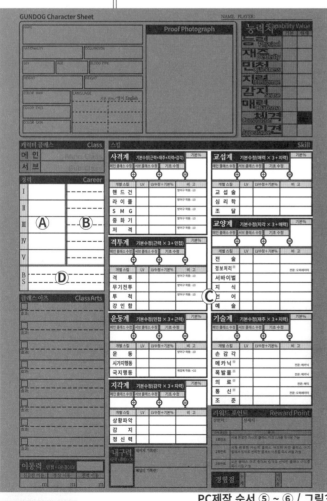

PC제작 순서 ⑤ ~ ⑥ / 그림3

취득 가능 경력

1D9	1D9	경력	습득 스킬(2개 선택. 중복 선택 가능)			
0-4	0	군인(병사)	〈사격계〉①	〈격투계〉①	〈시가지행동〉	〈국지행동〉
	1	군인(사관)	〈사격계〉①	〈상황파악〉	〈교섭계〉①	〈전술〉
	2	군인(저격병)	〈저격〉	〈운동계〉①	〈정신력〉	〈서바이벌〉
	3	군인(공병)	〈사격계〉①	〈강인함〉	〈서바이벌〉	〈기술계〉①
	4	특수부대	〈사격계〉①	〈격투계〉①	〈운동계〉①	〈지각계〉①
	5	용병	〈사격계〉①	〈운동계〉①	〈감지〉	〈조달〉
	6	경찰관	〈핸드건〉	〈격투계〉①	〈감지〉	〈교섭계〉①
	7	교섭인	〈정신력〉	〈교섭계〉①	〈지식〉	〈언어〉
	8	폭발물 처리반	〈정신력〉	〈손감각〉	〈메카닉〉	〈폭발물〉
	9	공작원	〈지각계〉①	〈교섭계〉①	〈교양계〉①	〈기술계〉①
5-7	0	탐정	〈시가지행동〉	〈감지〉	〈교섭계〉①	〈기술계〉①
	1	바운티 헌터	〈사격계〉①	〈격투계〉①	〈시가지행동〉	〈조달〉
	2	보디가드 / 바운서	〈핸드건〉	〈SMG〉	〈격투계〉①	〈지각계〉①
	3	격투가	〈격투계〉①	〈운동〉	〈정신력〉	〈전술〉
	4	운동선수	〈투척〉	〈강인함〉	〈운동계〉①	〈정신력〉
	5	헌터	〈라이플〉	〈저격〉	〈국지행동〉	〈서바이벌〉
	6	드라이버 / 파일럿 / 선원	〈상황파악〉	〈서바이벌〉	〈메카닉〉	〈조종〉
	7	스턴트맨	〈강인함〉	〈운동〉	〈정신력〉	〈조종〉
	8	메카닉	〈조달〉	〈손감각〉	〈메카닉〉	〈조종〉
	9	해커 / 프로그래머	〈조달〉	〈정보처리〉	〈지식〉	〈통신〉
8	0	테러리스트	〈시가지행동〉	〈정신력〉	〈조달〉	〈폭발물〉
	1	게릴라	〈사격계〉①	〈국지행동〉	〈감지〉	〈서바이벌〉
	2	범죄자	〈핸드건〉	〈격투계〉①	〈운동계〉①	〈손감각〉
	3	지능범	〈교섭계〉①	〈정보처리〉	〈지식〉	〈언어〉
	4	스트리트 갱	〈핸드건〉	〈격투계〉①	〈운동〉	〈시가지행동〉
	5	바이크 갱	〈핸드건〉	〈격투계〉①	〈메카닉〉	〈조종〉
	6	갱 / 마피아 / 야쿠자	〈사격계〉①	〈격투계〉①	〈교섭술〉	〈조달〉
	7	창부 / 남창	〈교섭술〉	〈조달〉	〈예술〉	〈손감각〉
	8	폭탄마	〈시가지행동〉	〈조달〉	〈손감각〉	〈폭발물〉
	9	히트맨	〈사격계〉①	〈격투계〉①	〈시가지행동〉	〈조달〉
9	0	의사	〈교섭술〉	〈심리학〉	〈지식〉	〈의료〉
	1	학자	〈교섭계〉①	〈지식〉	〈언어〉	〈예술〉
	2	기자	〈감지〉	〈교섭계〉①	〈지식〉	〈예술〉
	3	요리사	〈격투계〉①	〈교섭술〉	〈예술〉	〈손감각〉
	4	점술사	〈감지〉	〈정신력〉	〈교섭술〉	〈조달〉
	5	작가 / 예술인	〈정신력〉	〈지식〉	〈예술〉	〈손감각〉
	6	배우	〈교섭술〉	〈조달〉	〈지식〉	〈예술〉
	7	사업가 / 상인	〈교섭술〉	〈조달〉	〈지식〉	〈언어〉
	8	종교가	〈강인함〉	〈정신력〉	〈교섭계〉①	〈지식〉
	9	집사 / 메이드	〈감지〉	〈교섭술〉	〈심리학〉	〈예술〉

※①이라는 표기는 해당 스킬 분야에 속하는 스킬 중에서 하나를 선택하여, 1레벨 만큼 스킬을 습득할 수 있다는 뜻입니다. 이미 습득한 스킬 레벨에 더할 수도 있습니다.

※표의 왼쪽에 있는 「1D9」 항목은 경력을 무작위로 결정할 경우에 사용합니다.
1D9를 2회 굴려서 나온 값에 따라 경력을 결정하기 바랍니다. 만약 마음에 들지 않으면 재굴림할 수 있습니다.

⑦ 최종적인 수치 산출

「① 메인 클래스 결정」에서 「⑥ 보너스 스킬 습득」까지 순서대로 끝냈다면, 스킬의 수치를 확정합니다.

스킬의 수치는 다음과 같은 계산식으로 산출합니다.

스킬 수치 계산식

> 스킬의 수치 = (스킬 레벨 × 10) + 기본%

각 스킬마다 수치를 산출하여 해당하는 「LV 수정 + 기본%」칸(그림 4-A 참조)에 적어 넣습니다. 또한 스킬 레벨이 없는 스킬은, 기본%가 스킬의 수치가 됩니다.

예) 〈핸드건〉의 스킬 레벨은 1입니다. 〈핸드건〉이 속한 스킬 분야는 〈사격계〉이니, 〈사격계〉의 기본%를 봅니다. 수치는 77이었습니다.

스킬 레벨은 1이고, 여기에 10을 곱하면 10이 됩니다. 그것을 기본%인 77%에 더한 결과는 87입니다. 이 87이라는 수치를 〈핸드건〉에 대응하는 빈칸에 적어 넣습니다.

⑧ 내구력 결정

[내구력]은 PC가 대미지를 얼마나 견뎌낼 수 있는지를 나타내는 수치입니다. 【근력】과 【체격】 능력치로 산출합니다.

[내구력]이 높으면 높을수록, 해당 PC가 살아남을 확률이 올라갑니다.

[내구력]은 다음과 같은 계산식으로 산출합니다.

내구력 계산식

> [내구력] = (【근력】 + 【체격】) × 3

위와 같은 계산식으로 산출한 수치는 [내구력] 칸(그림 4-B 참조)에 적어 넣습니다.

예) 【근력】 8, 【체격】 8의 능력치입니다. 우선, 【근력】과 【체격】을 더해야 하니 [8+8=16] 입니다. 이 16에 3을 곱하면 결과는 48입니다. 이 48이라는 숫자를 [내구력] 칸에 적어 넣습니다.

⑨ 이동력 결정

[이동력]은 해당 PC가 얼마나 빠르게 이동할 수 있는가를 재는 기준입니다.

『GDR』에서는 [신중한 이동] [일반 이동] [전력 이동]이라는 3종류의 이동방법이 있으며, 각 이동방법으로 이동가능한 거리는 [이동력]을 기준으로 산출합니다.

[이동력]은 다음과 같은 순서로 결정합니다.

1) 이동력을 산출한다

아래와 같은 계산식으로 [이동력]을 산출하여, 해당 수치는 그림 4-C 칸에 적어 넣습니다.

이동력 계산식

> [이동력] = 【민첩】 + 〈운동〉LV

2) 신중한 이동, 일반 이동, 전력 이동 산출

각각 아래와 같은 계산식으로 [이동력]을 산출하여, 그림 4-C 칸에 적어 넣습니다.

신중한 이동 계산식

> [신중한 이동] = [이동력] ÷ 2(소수점 이하 올림)

일반 이동

[이동력] 수치가 그대로 [일반 이동]의 수치입니다.

전력 이동 계산식

> [전력 이동] = [이동력] × 2 + 20

⑩ 클래스 아츠 결정

클래스 아츠란, 캐릭터가 지금까지 쌓아온 경험이나 훈련을 통해 습득한 특수기술입니다.

스킬만으로는 표현할 수 없는 「이때다 싶을 때 발휘하는 집중력」「화재현장의 괴력」과 같은 것을 나타내고 있습니다.

클래스 아츠의 선택에 따라서 같은 캐릭터 클래스에서도 캐릭터마다 각자 다른 개성이나 특기 분야를 표현할 수 있습니다.

클래스 아츠를 중요한 국면에서 적절하게 사용한다면, [미션]의 성공확률이 대폭 올라갈 것입니다.

클래스 아츠의 습득

메인과 서브로 선택한 캐릭터 클래스에 따라 습득 가능한 클래스 아츠가 달라집니다.

다음의 순서에 따라 캐릭터 아츠를 습득하시기 바랍니다.

1) 메인 클래스의 클래스 아츠를 결정한다

「① 메인 클래스 결정」에서 결정한 메인 클래스의 클래스 아츠 중에서 자유롭게 3개를 선택합니다. 특별히 지정하지 않는 한, 같은 클래스 아츠를 여럿 선택할 수도 있습니다.

또한, 메인 클래스의 클래스 아츠가 아니라 공용 클래스 아츠(P101)에서 선택할 수도 있습니다. 공용 클래스 아츠는 모든 클래스가 공통으로 습득할 수 있는 클래스 아츠입니다.

클래스 아츠 3개의 선택이 끝나면, 그림 4-D 칸에 각각 적어 넣으시기 바랍니다. 그 밑의 효과 칸에는 선택한 클래스 아츠의 효과를 알 수 있게끔 간단히 메모하면 됩니다.

2) 서브 클래스의 클래스 아츠를 결정한다.

「② 서브 클래스 결정」에서 결정한 서브 클래스의 클래스 아츠 중에서 자유롭게 2개를 선택할 수 있습니다. 특별히 지정하지 않는 한, 같은 클래스 아츠를 여럿 선택할 수도 있습니다.

또한, 서브 클래스의 클래스 아츠가 아니라 공용 클래스 아츠(P101)에서 선택할 수도 있습니다.

클래스 아츠 2개의 선택이 끝나면, 그림 4-D 칸에 각각 적어 넣으시기 바랍니다. 그 밑의 효과 칸에는 선택한 클래스 아츠의 효과를 알 수 있게끔 간단히 메모하면 됩니다.

이것으로 클래스 아츠 결정이 끝났습니다.

기본적인 규칙

모든 클래스 아츠에 통용되는 기본적인 규칙을 설명합니다.

사용 회수

기본적으로 클래스 아츠는 1회의 [미션]에서 한 번만 사용할 수 있습니다. 사용하면, 캐릭터 시트의 체크박스에 체크해야 합니다.

타이밍 「－」인 클래스 아츠

타이밍이 「－」인 클래스 아츠는 [미션] 중에서는 항상 효과를 발휘하고 있습니다(사용 선언은 필요 없습니다).

체크박스는 항상 체크해 놓습니다.

효과 범위

클래스 아츠에는 정확한 효과범위를 구태여 설정하지 않았습니다. 기본적으로 제한이 없다고 생각하시기 바랍니다.

예를 들어 지구 반대편에 있는 오퍼레이터가 동료에게 《어드바이스》(성공률에 +20%)를 사용한다면, 동료의 머릿속에서는 헤어질 때 오퍼레이터가 남긴 어드바이스가 떠오를지도 모릅니다(실제로 그러한 장면이 없었다고 해도).

GM이나 플레이어는 반대로 그러한 부자연스러움을 묘사로 덧씌우는 과정을 즐겨주시기 바랍니다.

사망한 캐릭터

사망한 캐릭터도 클래스 아츠를 사용할 수 있습니다.

단, 자신에게 효과가 있는 종류는 불가능합니다. 다른 캐릭터에게 효과가 있는 클래스 아츠만 사용할 수 있습니다.

수정의 중복

클래스 아츠로 얻는 수정은 중복됩니다(어떤 스킬의 성공률에 +20%을 하는 클래스 아츠가 2개 사용되었다면 +40%가 됩니다).

단, 같은 이름의 클래스 아츠는 중복해서 사용할 수 없습니다. 어디까지나 서로 다른 클래스 아츠의 효과가 중복될 뿐입니다.

예) 블리츠는 《슈어 샷》을 사용했습니다. 여기서 그는 〈라이플〉에 +20%의 수정을 얻습니다. 그리고 여기서 니들이 《어드바이스》를 사용하여 블리츠의 〈라이플〉에 +20%의 수정을 줍니다.

그 결과, 블리츠는 이번 라운드 동안 〈라이플〉에 +40%의 수정을 얻게 됩니다.

단, 한번 더 《슈어 샷》을 사용하거나 다른 누군가가 《어드바이스》를 사용하더라도 수정이 늘어나지 않습니다.

달성치 상승

달성치 상승 효과를 가진 클래스 아츠의 경우, 같은 종류의 클래스 아츠를 여럿 사용한 것으로 얻은 수정을 전부 더하여, 최종적으로 20을 넘으면 크리티컬이 됩니다.

선언 타이밍

클래스 아츠의 선언을 해야 하니 굴림 전후 등의 타이밍에서는 잠시 끼워 넣는 식으로 합니다.

또한 GM은 플레이어가 게임에 익숙해지지 않은 동안에는 타이밍이 약간 어긋나도 너그럽게 봐주시기 바랍니다. 중요한 장면에서는 "클래스 아츠를 사용합니까?라고 확인해주는 것도 좋습니다.

클래스 아츠의 사용 타이밍

엄밀히 말하면 DR은 동시에 이루어지므로, [전술판정]과 같이 선후수가 명확하지 않는 대항판정(전원이 일제히 판정하여 [달성치]를 발표하는 판정 등)에서는 타이밍이 「굴림 후」인 클래스 아츠의 사용과 효과도 포함하여 일제히 발표하게 합시다 (「《아웃 제너럴》도 사용해서, 달성치는 19입니다.」라고 하듯이).

하지만, 실제로 동시에 발표하기가 불가능하기에 먼저 발표한 사람이 불리할 가능성도 있으며, 상대의 달성치를 듣고 나서 「그러면 《아웃 제너럴》을 사용할게요」「그렇다면 이쪽도 사용합니다」와 같이 클래스 아츠를 「늦게 내기」로 사용하게 될 경우가 많을 것입니다.

따라서, 전원의 [달성치]를 발표한 뒤, 클래스 아츠의 사용을 선언하는(다른 사람의 선언을 받고서 추가로 사용을 선언해도 좋다는) 방식을 추천합니다.

묘사나 롤플레이

『GDR』의 클래스 아츠는 초능력이 아닙니다. 기본적으로 물리법칙을 뒤틀 수 없습니다.

단, 클래스 아츠를 사용하는 장면은 영화나 만화로 치면 해당 캐릭터의 「하이라이트」입니다.

플레이어가 바란다면, 게임 진행을 방해하지 않는 선에서, 자신의 캐릭터가 하는 행동을 멋있게 묘사하거나 롤플레이하게 해주시기 바랍니다. 이때에는 다소 과장된 표현이 들어가도 눈감아 주시기 바랍니다.

또한 GM이 멋있게 묘사해줘도 좋고, 다른 플레이어가 롤플레이 등으로 흥을 돋우는 것도 좋습니다.

물론 항상 묘사나 롤플레이를 할 필요는 없습니다. '단순히 수치를 주고받는 것으로 끝내기는 조금 아쉬우니까' 정도의 선에서 생각하셔도 좋습니다.

클래스 아츠 읽는 법

클래스 아츠의 데이터를 읽는 법에 대해 설명합니다.

클래스 아츠는 특수한 처리방법을 가진 경우가 많습니다. 각각의 데이터를 잘 읽고 효과를 파악하시기 바랍니다.

타이밍

해당 클래스 아츠를 언제 사용할 수 있는지를 나타냅니다. 정해진 타이밍에 사용 선언을 하는 것으로 클래스 아츠가 효과를 발휘합니다.

지정된 타이밍을 놓친 경우(주사위를 굴려 버렸거나, 다음 순서로 넘어갔다거나 등)에는 사용 선언을 할 수 없습니다.

−

[미션] 도중, 항상 효과를 발휘하고 있습니다. 사용을 선언할 필요는 없습니다.

굴림 전

판정이나 표 등으로 주사위를 굴리기 전에 선언할 수 있습니다.

굴림 후

판정이나 표 등으로 주사위를 굴린 후에 선언할 수 있습니다.

대미지 굴림 전

[대미지 굴림]을 굴리기 전에 선언할 수 있습니다.

대미지 굴림 후

[대미지 굴림]을 굴린 후에 선언할 수 있습니다.

전술 체크

[전술 체크] 개시 시에 선언할 수 있습니다.

행동 체크

자신의 [행동 체크] 개시 시에 선언할 수 있습니다. 다른 사람의 [행동 체크]에서는 선언할 수 없습니다.

언제나

언제든지 원할 때 선언할 수 있습니다. 단, 이미 굴린 판정 결과를 변경하는 등의 행위는 불가능합니다(예를 들어 이미 주사위를 굴리고 나서 성공률을 변화하였더라도 판정의 결과를 바꿀 수는 없습니다).

효과 참조

특수하게 처리하는 클래스 아츠입니다. 각 클래스 아츠의 설명을 참조하시기 바랍니다.

대상

해당 클래스 아츠가 누구에게 효과를 주는지를 나타냅니다.

자신

사용자 자신에게 효과를 줍니다.

개체

사용자를 포함한 1인에게 효과를 줍니다.

개체(타인)

사용자를 제외한 1인에게 효과를 줍니다.

전체

해당 장소에 있는 전원에게 효과를 줍니다.

효과 참조

특수하게 처리하는 클래스 아츠입니다. 각 클래스 아츠의 설명을 참조하시기 바랍니다.

지속시간

해당 클래스 아츠의 효과가 얼마나 지속하는지를 나타냅니다.

순간

한번 효과를 발휘하면, 효과는 금방 사라집니다. 단, 발생한 결과는 사라지지 않습니다 (예를 들어 《리바이브》로 소생한 캐릭터가 곧 바로 죽어버리는 것은 아닙니다).

1라운드

해당 라운드의 [종료 체크]까지 효과가 유지됩니다.

항상

항상 효과를 발휘하고 있습니다. 기본적으로는 타이밍이 「−」로 되어 있습니다.

효과 참조

특수하게 처리하는 클래스 아츠입니다. 각 클래스 아츠의 설명을 참조하시기 바랍니다.

공용 클래스 아츠

공용 클래스 아츠는 캐릭터 클래스와 관계 없이 누구라도 습득할 수 있습니다. 클래스의 특징을 나타내는 다른 클래스 아츠와는 달리 대체로 개인의 자질이나 재능을 나타내는 종류입니다.

캐릭터 제작시에 메인 클래스나 서브 클래스로 습득하는 클래스 아츠 대신에 습득할 수도 있으며, 성장할 때 습득할 수도 있습니다

클래스 아츠	공용①
아다만시	
불굴	
타이밍 언제나	[기절] [몽롱함]에서 회복한다. 단, [내구력]이 0일 경우 [기절]에서 회복할 수 없다.
대상 자신	
지속시간 순간	

클래스 아츠	공용②
어프렌티스	
수습생	
타이밍 —	습득할 때 클래스 전문 스킬을 하나 지정한다. 해당 캐릭터 클래스를 선택하지 않았을 때 생기는 -50%의 수정을 -20%로 낮춘다.
대상 자신	
지속시간 항상	

클래스 아츠	공용③
엔돌핀	
뇌내마약	
타이밍 언제나	1[라운드] 동안 [컨디션]에 따른 성공판정의 마이너스 수정을 전부 지운다.
대상 자신	
지속시간 순간	

클래스 아츠	공용④
오프 핸드 트레이닝	
반대손 훈련	
타이밍 —	주로 사용하지 않는 손에 받는 마이너스 수정을 받지 않는다.
대상 자신	
지속시간 항상	

클래스 아츠	공용⑤
캐퍼시티 업	
중량운반	
타이밍 —	[CP틀]을 가로와 세로로 1열씩 확장한다. 중복 습득 불가.
대상 자신	
지속시간 항상	

클래스 아츠	공용⑥
숏 버스트	
메뉴얼 점사	
타이밍 —	사격 모드에 [점사]는 없지만 [연사]가 있는 총으로도 [점사] 혹은 [2점사]가 가능하다. PC가 임의로 결정한다. **2점사 시:** 탄약소비2/대미지 페널티 -2
대상 자신	
지속시간 항상	

클래스 아츠	공용⑦
터프니스	
굳건함	
타이밍 —	[내구력]에 +5.
대상 자신	
지속시간 항상	

클래스 아츠	공용⑧
네트워크	
인맥	
타이밍 언제나	즉시 [커넥션] 1개를 얻는다. 이 [커넥션]은 해당 [미션] 내에서만 유효하다.
대상 자신	
지속시간 효과참조	

클래스 아츠	공용⑨
페이버릿 웨폰	
애용 무기	
타이밍 굴림 후	습득할 때 무장을 하나(격투의 「타·투·극」은 각각 별도의 무장으로 취급) 지정한다. 해당 무장을 사용한 성공판정을 재굴림할 수 있다.
대상 자신	
지속시간 순간	

클래스 아츠	공용⑩
미들 네임	
특기 분야	
타이밍 굴림 전	습득할 때 개별 스킬을 하나 지정한다. 해당 개별 스킬에 +10%의 수정을 얻는다.
대상 자신	
지속시간 1라운드	

핸드건의 [연사] 사격 모드

[연사]을 선택할 수 있는 핸드건은 《숏 버스트》를 사용하여 [점사]로 사격할 수 있습니다.

[점사]를 선택했을 경우, 사격 시에 [연사] 정도의 반동을 받지 않으므로, 특기사항의 「■연사: -10%」는 적용하지 않습니다.

직업 타입

퍼스널 데이터 칸의 「OC-CUPATION」은 직업이라는 의미입니다.

『GDR』에서는 PC가 모두 민간보안기업에 고용된 건독으로서 활동합니다. 때문에 해당 칸에는 「건독」이라고 씁니다. 또한 호평 발매중인 『건독 제로』의 서플리먼트 『바이트 더 불렛』에 건독 이외의 직업 타입이 실려 있습니다.

⑪ 퍼스널 데이터 결정

퍼스널 데이터는 PC의 얼굴이라고 할 수 있습니다. 일부 데이터를 제외하면 이들 데이터가 게임에 미치는 영향은 크지 않으나, 해당 PC에 대한 애착을 더 깊게 하는 데이터임은 분명합니다.

여기에서는 이러한 퍼스널 데이터를 순서에 따라 결정합니다. 우선, 케릭터시트의 퍼스널 데이터 칸에 관하여 설명합니다.

NAME ①

NATIONALITY ②   OCCUPATION ⑬

SEX ③   AGE ④   BLOOD TYPE ⑤

HEIGHT ⑥   WEIGHT ⑦

COLOR HAIR ⑧   LANGUAGE
기본 언어／영어 English

COLOR EYES ⑨   ⑪

COLOR SKIN ⑩

Proof Photograph ⑫

①**NAME**
이름을 적습니다.

②**NATIONALITY**
국적을 적습니다.

③**SEX**
성별을 적습니다.

④**AGE**
나이를 적습니다.

⑤**BLOOD TYPE**
혈액형을 적습니다.

⑥**HEIGHT**
신장을 적습니다.

⑦**WEIGHT**
체중을 적습니다.

⑧**COLOR HAIR**
머리 색을 적습니다.

⑨**COLOR EYES**
눈동자 색을 적습니다.

⑩**COLOR SKIN**
피부색을 적습니다.

⑪**LANGUAGE**
습득한 언어를 적습니다.

⑫**Proof Photograph**
PC의 증명사진(일러스트)을 그리는 칸입니다.

⑬**OCCUPATION**
[직업 타입]을 적습니다.
『GDR』에서는, 「건독」이라고 적습니다.

1) 이름을 적는다

퍼스널 데이터의 NAME 칸에 PL이 생각한 PC의 이름을 적습니다.

현실 세계에서는 출신 국가에 따라, 성별로 인해 이름 표기가 달라지거나 이름을 붙이는 법칙이 있는 등, 여러 경우가 있습니다.

물론 그러한 경우를 따져서 이름을 결정하는 것이 좀 더 「리얼」하지만, 『GDR』은 어디까지나 게임이기에 그렇게까지 현실 세계를 흉내 낼 필요는 없습니다. 어디까지나 분위기가 「그럴싸」하다는 점이 중요합니다.

2) 국적을 적는다

퍼스널 데이터의 NATIONALITY 칸에 PL이 생각한 국적을 적습니다.

국적을 결정할 때 고민이 된다면, 표를 사용하여 결정해도 좋습니다. 1D9를 두 번 굴려서 출신 에어리어를 정하고, 「월드 섹션 (P024~)」의 국가별 리스트에서 정한다면, 비교적 쉽게 결정할 수 있을 것입니다.

1D9	1D9	출신 에어리어
0-7	0-3	북미
	4-7	유럽
	8-9	아시아
8-9	0-3	중남미
	4-6	중동
	7-8	오세아니아
	9	아프리카

3) 성별을 적는다

퍼스널 데이터의 SEX 칸에 PL이 생각한 PC의 성별을 적습니다.

샘플 캐릭터를 사용할 때도 PC의 성별은 자유롭게 결정할 수 있습니다. 샘플 캐릭터의 일러스트는 어디까지나 이미지 일러스트입니다. 물론, 일러스트에 맞춰서 성별을 설정해도 좋습니다.

4) 연령을 적는다

올 셋업으로 PC를 제작했을 경우, 퍼스널 데이터의 AGE 칸에는 이미 연령이 쓰여 있을 것입니다.

파츠 셋업으로 만든 경우에는, 샘플 캐릭터 페이지에서 지정한 연령층 내에서 연령을 정하시기 바랍니다.

예) 선택한 샘플 캐릭터가 블리츠입니다. 지정한 연령층은 [24~30]이므로, 27세로 결정했습니다. AGE에는 27이라고 적습니다.

5) 혈액형을 적는다

퍼스널 데이터의 BLOOD TYPE 칸에 PL이 생각한 PC의 혈액형을 적습니다.

혈액형은 크게 A, O, B AB의 4종류에, Rh±의 2종류를 곱한 8종류로 나뉩니다. 단, Rh-인 혈액형은 드뭅니다. 일반적으로 Rh+에 A, O, B, AB 중 하나가 붙습니다.

기본적으로 게임에 관련이 없는 데이터이지만, 데이터란 궁리하기에 따라 여러 사용법이 있습니다. GM은 수혈이 큰 의미가 있는 시나리오와 같이 혈액형에 연관성을 붙인 시나리오를 만들어봐도 재미있을 것입니다.

6) 신장과 체중을 적는다

PL이 생각한 PC의 신장과 체중을 적어 넣습니다. 퍼스널 데이터의 HEIGHT 칸에 신장, WEIGHT 칸에 체중을 적어 넣습니다.

「【체격】에 따른 신장 기준」 표를 참조하여 신장을 결정합니다. 또한, 체중에 관해서는 결정한 신장을 바탕으로 PL이 결정합니다.

【체격】	신장의 기준
1	~125cm
2	125cm~140cm
3	135cm~150cm
4	145cm~160cm
5	155cm~170cm
6	165cm~180cm
7	175cm~185cm
8	180cm~190cm
9	185cm~195cm
10	195cm~

7) 머리, 눈동자, 피부색을 적는다

PL이 생각한 PC의 머리 색, 눈동자 색, 피부색을 퍼스널 데이터의 COLOR HAIR, COLOR EYES, COLOR SKIN에 적습니다.

머리카락 색에는 금발, 흑발, 플래티넘 블론드, 빨간 머리, 잿빛 등 천연의 머리색부터 염색약을 사용한 파란색이나 보라색, 오렌지 색까지 다양합니다.

눈동자 색은 푸른색, 검은색, 갈색 등이 있습니다. 컬러 콘텍트렌즈를 착용하고 있더라도 본래 눈동자 색을 적어 주십시오.

피부색은 백인이라면 백색, 흑인이라면 검은색, 황인종이면 황색, 그 밖에도 짙은 갈색 등이 있습니다.

8) 언어를 습득한다

PC의 〈언어〉 스킬 레벨을 기반으로 언어를 습득합니다. 건독이 사용하는 공용어로서 처음부터 영어는 「회화, 읽고 쓰기」가 가능하다고 설정합니다. 또한, 영어와는 별개로 해당 PC의 국적을 기반으로 한 모국어도 습득할 수 있습니다.

즉, 〈언어〉 스킬 레벨이 0이더라도 2개 국어를 습득하고 있다는 뜻입니다.

또한 영어가 모국어인 경우, 임의의 언어 1개가 늘어나니 늘어난 만큼 선택하시기 바랍니다.

습득 가능한 언어	
스킬 레벨	습득 가능한 언어
0	영어/모국어
1	영어/모국어/임의의 언어 1개
2	영어/모국어/임의의 언어 2개
3	영어/모국어/임의의 언어 3개
4	영어/모국어/임의의 언어 4개
5	영어/모국어/임의의 언어 5개

모국어나 임의의 언어에 대해서는 「월드 섹션(P024~)」의 국가별 리스트를 참조하시기 바랍니다.

퍼스널 데이터의 LANGUAGE 칸에 습득한 언어를 적어 넣습니다.

9) PC의 일러스트를 그린다

퍼스널 데이터의 Proof Photograph 칸은 PC의 증명사진(일러스트)을 그리는 칸이지만, 반드시 그려 넣으실 필요는 없습니다.

그림에 그다지 조예가 없는 PL이라면 이 칸은 그리 의미가 없다고 느낄지도 모릅니다. 이때, 일러스트 대신 캐릭터의 특징 등을 적는 편이 좋습니다.

체중

신장에 따른 표준체중 기준은 다음과 같습니다. 신장(미터)의 제곱에 각각의 계수를 곱한 것이 체중(킬로그램)입니다.

작은 몸집~큰 몸집은 겉으로 보기에 근육(군살일지도 모르지만……)이 붙은 정도를 나타냅니다.

작은 몸집: 신장 × 신장 × 21
보통: 신장 × 신장 × 22
큰 몸집: 신장 × 신장 × 24

PC의 생활 랭크

기본적으로 PC의 생활 랭크 상한은 B가 좋습니다.

생활 랭크가 나타내는 것

가격이나 데이터가 설정되지 않은 옷이나 음식, 가구와 같은 물품의 랭크를 나타냅니다.

생활 랭크가 높은 PC는 평소 입는 옷도 브랜드 제품이며, 식사도 고급 레스토랑에서 즐길 것입니다.

한편, 생활 랭크가 낮은 PC는 오래 입어서 후줄근한 옷에 식사도 싸구려 레스토랑에서 때울 것입니다.

아이템 구매

아이템 구매에는 [입수 판정]이 필요할 수도 있습니다. 하나하나 판정하면 시간이 많이 걸립니다.

그럴 때에는 다음과 같이 처리할 수도 있습니다.

· [입수치]가 10 이하인 무장이나 아이템은 자유롭게 구매 가능.
· [입수치]가 11 이상인 무장이나 아이템은 민간보안기업을 통한다면 자유롭게 구매 가능. 민간보안기업을 통하지 않을 경우, [입수 판정]을 하여 성공하면 구매 가능.

또한 GM이 컨벤션과 같이 시간 제한이 엄격한 세션에서 샘플 캐릭터를 사용한다면, 추가 장비 구매를 허락하지 않아도 됩니다.

지금보다 높은 랭크의 물품

자신보다 높은 생활 랭크인 가게에서 식사를 하고 싶다. 생활 랭크 이상의 물건을 사고 싶다. PC가 이러한 희망사항을 밝힐 경우도 있습니다.

그 경우, GM은 PC가 희망하는 가게의 생활 랭크에 해당하는 [유지 코스트]에서 PC의 생활 랭크에 해당하는 [유지 코스트]를 뺀 금액의 10%를 내는 것으로 희망을 이뤄줄 수도 있습니다.

랭크의 차가 클 수록, 내야 할 금액이 늘어납니다.

10) 초기재산을 결정한다

PC가 초기제작 시점에서 소지한 재산을 초기재산이라고 부릅니다. 여기서는 순서대로 초기재산을 결정합니다. 우선은 초기재산에 관한 용어를 설명합니다.

다음의 용어 설명을 읽은 뒤, 순서에 따라 초기재산을 결정하시기 바랍니다.

초기저축액

게임 개시 시점에서 소지하고 있는 금액입니다.

생활 랭크

해당 PC의 생활 수준을 나타냅니다.

5단계의 랭크로 설정되어 있으며, A가 가장 높고 E가 가장 낮은 생활 수준입니다 (A>B>C>D>E).

생활 랭크는 게임 중의 잡다한 물건 구매로 일일이 돈을 내지 않아도 되게끔 설정합니다. 생활 랭크가 낮으면 구매 가능한 물건은 그리 고급스럽지 않을 것이고, 높으면 맞춤 양복에서 고급 액세서리까지 마음대로 구할 수 있습니다.

단, PC가 구매하길 원하는 물품이 해당 생활 랭크에서 구매 가능한가는 GM이 정합니다.

유지 코스트

생활 랭크를 유지하려면 유지비가 필요합니다. 생활 랭크에 맞춰서 사전에 설정된 [유지 코스트]를 내지 않으면, 해당 생활 수준을 유지할 수 없습니다. [유지 코스트]는 게임 개시 시점에 내게 되지만, 해당 PC를 사용한 첫 게임일 경우에는 낼 필요가 없습니다.

재산 보너스

PC가 취득한 경력과 〈조달〉 스킬 레벨에 따라 얻을 수 있는 초기 재산의 보너스입니다.

1. 생활 랭크를 결정한다.

우선, 아래의 표를 참조하여 PC의 생활 랭크를 선택하시기 바랍니다. 선택한 생활 랭크에 따라 초기 저축액을 얻습니다.

생활 랭크 일람			
생활 랭크	초기 저축액	유지 코스트	설명
A	$500,000	$4,500	부호. 성공한 사업가나 범죄조직의 간부
B	$250,000	$1,500	유복. 회사 임원이나 유능한 회사원
C	$100,000	$700	중류. 일반 회사원
D	$5,000	$200	하층. 사회적 지위가 낮은 계층.
E	$1,000	$0	빈곤. 난민이나 슬럼 주민.

2. 재산 보너스를 결정한다.

이미 취득한 경력과 〈조달〉 스킬 레벨을 기반으로 재산 보너스를 결정합니다.

재산 보너스 계산식

(경력의 수 + 〈조달〉 LV) × $5,000

예) 2개의 경력을 취득하고 있지만 〈조달〉 스킬 레벨이 없으므로 [2+0]으로, 2가 됩니다. 여기에 $5,000을 곱한 결과가 재산 보너스이기에. 이 경우 $10,000을 취득하게 됩니다.

3. 초기재산을 결정합니다.

초기저축액과 재산 보너스를 합한 금액이 해당 PC의 초기 재산입니다.

초기재산 계산식

[초기저축액] + [재산 보너스]

11) 장비를 구매한다

초기재산을 사용해 장비를 구매합니다.

구매 가능한 장비는 「데이터 섹션」에 실려 있습니다.

파츠 셋업으로 만들었다면, 우선 초기재산에서 「소지 아이템」 칸에 쓰여 있는 [총액]만큼의 금액을 빼야 합니다.

구매한 아이템은 캐릭터 시트 우측에 적어넣습니다.

집이나 차량 등, 아이템 중에는 [유지 코스트]가 발생하는 유지 아이템이 있습니다.

[유지 코스트]는 해당 합계액을 게임 개시 시점에 내야만 합니다. [유지 코스트]를 내지 않았다면, 해당 아이템을 잃게 됩니다.

12) 커넥션 취득

PC가 가진 [커넥션]을 취득합니다. [커넥션]은 【매력】과 같은 숫자만큼만 취득할 수 있습니다.

아래에 설명하는 제한에 따라 P224~225에 실린 [커넥션] 중에서 임의로 취득하시기 바랍니다. 같은 명칭의 [커넥션]을 여럿 취득할 수도 있습니다.

또한, [월드 섹션]에 실려 있는 NPC를 [커넥션]으로 선택할 수도 있습니다. 단, NPC를 [커넥션]으로 선택할 때에는, 반드시 GM의 허가가 필요합니다.

[커넥션]은 유지 아이템과 똑같이 관리합니다. 시나리오 개시 시점에서 [유지 코스트]를 내지 않았다면, 해당 [커넥션]을 잃게 됩니다.

1. 경력에 따른 취득

선택한 경력 하나마다 [커넥션]을 하나 취득합니다.

2. 〈조달〉에 따른 취득

〈조달〉 스킬 레벨과 같은 수의 [커넥션]을 취득합니다.

아이템 시트 적는 법

무장이나 방어구 등의 아이템을 관리하는 시트입니다. P261과 커버 뒷면에 실려 있습니다.

① 무장 데이터

PC가 주로 사용하는 무장 데이터를 적어 넣는 칸입니다.

② 방어구 데이터

PC가 주로 장착하는 방어구 데이터를 적어 넣는 칸입니다.

③ 아이템

PC가 소지한 아이템을 관리하는 칸입니다.

아이템 이름과 휴대치, 해당 아이템을 어디에 보관하는지 등을 적습니다.

PC가 해당 아이템을 항상 가지고 다니지 않는다면, 어디에 보관하고 있는지를 나타내기 위해 보관한 유지 아이템의 번호(1~16) 등을 보관장소 칸에 적어 넣습니다.

④ CP 관리표

해당 PC가 가지고 다니는 무장이나 아이템을 관리하는 표입니다. 작성 방법에 대해서는 P122를 참조하시기 바랍니다.

· 백팩 내용물

PC가 백팩을 사용할 때, 해당 내용물을 관리하는 별도의 CP관리표입니다.

⑤ 유지 아이템

집이나 차량, [커넥션] 등의 [유지 코스트]가 필요한 유지 아이템을 관리하는 칸입니다. PC의 생활 랭크도 이곳에 적습니다. [유지 코스트]의 합계를 계산하여 적어둡니다.

⑥ 소지금

PC가 현재 가지고 있는 금액입니다.

⑦ 저금

어딘가에 맡겨두거나 감춰둔 금액을 적습니다.

⑧ 메모

PC에 관한 사항이나 게임 중에 신경이 쓰인 부분 등, 자유롭게 사용할 수 있는 메모칸입니다.

아이템 관리

유지 코스트를 내지 못한 아이템은 잃어버리지만, 거기에 보관하고 있던 아이템은 잃어버리지 않습니다.

단, 잃어버린 유지 아이템 말고는 보관할 유지 아이템이 없다면, (보관한 아이템도) 유지 아이템과 동시에 잃어버립니다.

부동산 유지 아이템에 아이템을 보관하는 경우, 그 수는 무제한입니다.

차량 유지 아이템에 아이템을 보관하는 경우, 보관 가능한 개수는 각 차량의 적재량에 따라 달라집니다.

또한, 차량 유지 아이템에 보관하는 경우에는 도난에 주의하시기 바랍니다. 해당 차량을 도난 등의 사고로 잃어버린다면, 보관하던 아이템도 동시에 잃어버립니다.

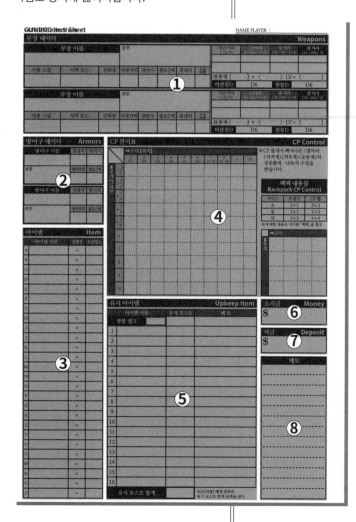

PC 제작 순서

1 메인 클래스 결정(P082)
- 1) 메인 클래스를 적어 넣는다
- 2) 메인 클래스 수정을 적어 넣는다
- 3) 습득한 스킬을 적어 넣는다

2 서브 클래스 결정(P082)
- 1) 서브 클래스를 적어 넣는다
- 2) 서브 클래스 수정을 적어 넣는다
- 3) 습득한 스킬을 적어 넣는다

3 능력치 & 연령 결정(P094)
- 1) 초기능력치를 적어 넣는다
- 2) 능력치에 보너스 포인트를 배분한다
- 3) 체격을 결정한다
- 4) 외견을 결정한다
- 5) 연령을 결정한다
- 6) 기초수정을 계산하여 적어 넣는다

4 기본% 산출(P095)

5 경력의 결정(P096)
- 1) 경력을 선택한다
- 2) 경력마다 스킬을 습득한다
- ※선택 룰: 리워드 포인트 결정

6 보너스 스킬의 습득(P096)

7 최종적인 수치 산출(P098)

8 내구력 결정(P098)

9 이동력 결정(P098)
- 1) 이동력을 산출한다
- 2) 신중한 이동 산출
- 3) 일반이동 산출
- 4) 전력이동 산출

10 클래스 아츠 결정(P099)
- 1) 메인 클래스의 클래스 아츠를 결정한다
- 2) 서브 클래스의 클래스 아츠를 결정한다

11 퍼스널 데이터 결정(P102)
- 1) 이름을 적는다
- 2) 국적을 적는다.
- 3) 성별을 적는다.
- 4) 연령을 적는다.
- 5) 혈액형을 적는다
- 6) 신장과 체중을 적는다
- 7) 머리, 눈동자, 피부색을 적는다
- 8) 언어를 습득한다
- 9) PC의 일러스트를 그린다
- 10) 초기재산을 결정한다
- 11) 장비를 구매한다
- 12) 커넥션 취득

PC 완성

"Cry 'HAVOC'
and let slip
the dogs of war"

Chapter **3**

RULE SECTION

규칙

규칙Rule이란?

『GDR』은, 규칙에 따라 GM이 준비한 시나리오를 바탕으로 이야기를 만들어가는 게임입니다.

여기서 말하는 시나리오란, 일반적인 영화나 연극의 대본처럼 등장인물의 대사까지 정해진 것은 아닙니다. 『GDR』에서 말하는 시나리오는, 말하자면 이야기의 핵심입니다.

GM은 기승전결, 무대의 지도, 등장인물 등 이야기의 핵심 부분만을 사전에 정해둡니다. PC로서 등장인물 역을 맡는 PL은 GM이 PC에게 던져주는 상황에 즉흥으로 대응하고 행동해 GM과 함께 하나의 이야기를 만들어갑니다. 이때 PC의 행동이 성공하였는지 실패하였는지, 혹은 얼마나 잘해냈는지를 판정하기 위하여 규칙이 존재입니다.

이와 같은 규칙을 사용하여 1회의 시나리오를 플레이하는 것을 『GDR』에서는 [미션]이라고 부릅니다.

「규칙 섹션」에서는 PC가 [미션] 중에 대응할 가능성이 있는 사례를 열거하고, 해당 판정을 위한 규칙에 관하여 해설합니다.

GM의 권한

GM은 『GDR』에서 규칙을 운용합니다.

게임 중에 일어나는 모든 판정은 GM의 판단으로 결정됩니다. 물론, GM은 규칙을 지키며 공평한 판정을 내려야만 합니다.

하지만 GM은 게임을 진행하는 도중 규칙으로는 해석할 수 없는 상황과 만날 수도 있습니다.

그럴 때에는 이미 있는 규칙을 참고하여 GM이 어떻게 판정할지를 결정하시기 바랍니다. 이 또한 GM의 권한 중 하나입니다.

단, 그러한 특수한 판정을 할 때에는 약간이라도 PL측에 유리하게 만들도록 염두에 둔다면, [미션]이 부드럽게 진행될 것입니다.

그리고 PL은 게임 중, GM의 판단에 이의를 제기하면 안 됩니다.

이것은 게임의 진행을 크게 방해할 뿐만 아니라, 다른 PL이 불쾌하게 느낄 가능성이 크기 때문입니다.

만약 GM의 판단에 불만이 있다면, 게임 종료 후에 대화의 시간을 만들어서 게임의 감상이나 게임 중에 일어난 일에 관한 의견 등을 교환하도록 합니다. 이것은 다음에도 『GDR』을 플레이할 때 무척 큰 도움이 될 것입니다.

규칙의 종류

『GDR』에서 사용하는 규칙의 기본은 「성공판정」과 「달성치 판정」입니다.

「성공 판정」은 PC의 행동이 성공했는지 실패했는지를 판정하는 규칙입니다. 「점프한다」「벽을 오른다」「숨는다」「소리를 듣는다」「교섭한다」와 같은 행동의 성패에서 「사격」의 명중 여부까지 모든 판정은 이 성공 판정으로 이루어집니다. 가장 기본적인 규칙이라고 말할 수 있습니다.

한편으로 「달성치 판정」은 PC가 성공한 행위가 얼마나 잘 성공했는지를 판정하는 규칙입니다. 격투나 무기전투, 아니면 사격 시에 위력의 정도를 재기 위하여 사용하기도 합니다.

사용하는 주사위

사용하는 주사위는 「용어해설(P011)」에서도 설명하였다시피, 10면체와 6면체의 2종류를 사용합니다.

10면체는 주로 성공 판정과 달성치 판정에 사용합니다.

한편 6면체는 [대미지 주사위]로서 사용합니다. [대미지 주사위]란, 전투 시에 목표에 가한 대미지를 산출하는 주사위입니다.

[미션] 중에 가장 중요한 것은 10면체를 사용한 성공 판정과 달성치 판정입니다.

물론 [대미지 주사위]도 중요하지만, 대미지를 주기 위한 성공 판정에 성공해야 [대미지 주사위]의 의미가 있습니다.

성공 판정의 주사위 굴림

우선, 기본 규칙이라고 할 수 있는 성공 판정의 주사위 굴림부터 설명하겠습니다.

성공 판정은 D%로 이루어집니다.

D%란, 말하자면 「퍼센테이지 굴림」으로 불리는 주사위 굴림 방식입니다.

수많은 게임에서 이 방식을 채용하고 있기에 이미 아는 분도 많을 것입니다.

또한, D%의 구조는 무척 간단해서 처음 보는 분도 금방 익힐 수 있습니다.

D%에는 10면체 2개(가능하면 서로 색이 다른 편이 좋음)를 사용합니다.

10면체 2개 중 한쪽을 10의 자리로, 다른 한쪽이 1의 단위로 정하고서 굴립니다.

굴린 결과는 01에서 00(100으로 취급합니다)까지의 수치로 나타냅니다. 해당 수치를 1부터 100까지 백분율로 나타내서 성공률 이하가 나오면, 도전한 행동에 성공한 것입니다.

『GDR』에서는 PC가 습득한 각 스킬의 성공률이 성공 판정의 목표치가 됩니다.

실제 판정 시에는 PC가 기존에 습득한 스킬의 성공률에 상황에 따른 수정을 더한 결과 산출한 최종적인 성공률을 목표로 D%를 굴립니다. 성공률 이하의 수치가 나온다면, 해당 행위는 성공한 것입니다.

달성치 판정의 주사위 굴림

달성치 판정은 2D9를 굴려서 판정합니다.

2D9는 10면체 주사위 2개를 굴려서 나온 값을 합한 수치로 산출하는 방식을 말합니다.

2D9에서 주사위를 굴려서 나온 값이 0인 경우에는 그대로 0으로 취급합니다. 다시 말해, 산출한 수치의 합계는 0~18이며, 기대치는 9입니다.

여기서 산출한 수치에 판정에 사용한 스킬의 스킬 레벨을 더하여 나온 결과의 수치가 「달성치」입니다.

달성치가 GM이 지정한 수치 이상이라면, 해당 행위는 성공한 것입니다.

듀얼 롤 시스템

앞서 설명하였듯, 『GDR』에는 「성공 판정」과 「달성치 판정」이라는 2종류의 규칙이 있습니다.

이 2종류의 판정은 대개 한 번의 굴림으로 처리하게 됩니다. 다시 말해, 성공 판정 시에 D%를 굴려서 나온 주사위의 결과를 그대로 달성치 판정에 사용합니다.

『GDR』에서는 이러한 판정 규칙을 「듀얼 롤」시스템이라고 부릅니다. 이후, 본문에서는 DR이라고 표기합니다.

다시 말해, 「DR을 한다」라는 표기가 있다면, 성공 판정과 달성치 판정을 동시에 하라는 의미입니다.

단, 성공 판정에 실패했다면 달성치 판정은 하지 않습니다. 달성치는 0으로 취급합니다.

예) 성공률이 57, 스킬 레벨이 0인 스킬로 DR을 합니다.

우선, 성공 판정으로 D%를 굴립니다. 굴린 결과는 54로 성공입니다.

성공했으니, 동시에 해당 결과를 사용하여 달성치 판정을 합니다. 성공 판정에서 나온 값이 54이므로 이것을 2D9에 맞춰보면 [5+4=9]가 됩니다. 또한, 스킬 레벨은 0이기에 [9+0=9]가 되어 이번DR은 「달성치9의 성공」이 됩니다.

판정의 특수한 결과

크리티컬

성공 판정에서 D%를 굴렸을 때, 「판정에 성공하였고, 추가로 1의 단위가 0」인 경우에는 크리티컬이 됩니다.

크리티컬이란 해당 행동으로 뛰어난 결과를 얻었다는 의미입니다.

크리티컬이 나온 경우, DR에 따른 달성치는 계산하지 않으며, 달성치는 무조건 20이 됩니다. 이 수치에 스킬 레벨을 더할 수 있습니다.

펌블

성공 판정에서 D%를 굴렸을 때 「주사위 굴림 결과가 00」인 경우에는 펌블이 됩니다.

펌블이란, 해당 행동에 무참히 실패했다는 의미입니다.

만약 해당 성공률이 100 이상이었다고 해도 D%를 굴린 결과가 00이었다면 해당 행동은 무참히 실패한 것입니다.

GM은 펌블에 따른 실패에 꼴사나운 묘사를 추가하거나, 모종의 페널티를 줄 수 있습니다.

배어리

성공 판정에서 D%를 굴렸을 때 「주사위 굴림 결과가 01」인 경우에는 배어리가 됩니다.

배어리란, 해당 행동에 간신히 성공했다는 의미입니다.

만약 해당 성공률이 0이하였다고 해도 D%를 굴려서 나온 결과가 01이었다면, 해당 행동은 아슬아슬하게 성공한 것입니다.

배어리가 나왔을 때, DR에 따른 성공률은 평소처럼 계산합니다. 결과가 01이기에 [0+1=1]로, 달성치는 1이 됩니다. 이 수치에 스킬 레벨을 더할 수 있습니다.

크리티컬
성공 판정에 성공하여, 1의 단위가 0.
달성치는 무조건 20. 스킬 레벨 가산 가능.
예) 성공률이 50인 성공 판정이라면, 10, 20, 30, 40, 50이 나왔을 때 크리티컬이 됩니다.
펌블
성공 판정을 굴렸을 때 결과가 00.
배어리
성공 판정을 굴렸을 때 결과가 01. 달성치는 1. 스킬 레벨 가산 가능.

달성치
달성치는 「얼마나 잘해냈는가」의 기준이 됩니다. 달성치가 높으면 높을수록 잘해냈다는 뜻입니다.

109

성공 판정

우선 해당 행위의 성공과 실패 여부만 판정하고 싶을 때 사용합니다.

달성치 판정

행위 자체는 실패하지 않을 정도로 간단하더라도 결과의 좋고 나쁨을 판정하고 싶을 때 사용합니다.

또한, GM은 필요한 달성치를 지정하지 않고 「얼마나 높은 달성치를 내는가」=「얼마나 잘해냈는가」만을 판정할 수도 있습니다.

DR

간단한 성공이나 실패뿐만 아니라 '아슬아슬한 곳까지 근접했지만 아주 조금 부족했다'거나 '도무지 당해낼 수 없었다'와 같이 미묘한 차이를 보여줄 수 있습니다.

대항판정

두 캐릭터가 겨루어서 어느 쪽이 이겼는가를 판정하고 싶을 때 사용합니다.

행위 판정

행위 판정이란?

「점프한다」「벽을 오른다」「숨는다」「소리를 듣는다」「교섭한다」와 같이 PC가 시도한 행동이 성공했는지 실패했는지를 판정하는 규칙을 행위 판정이라고 합니다.

단, 「숨을 쉰다」「밥을 먹는다」 등, 특별히 의식하지 않는 보통의 행동까지 일일이 판정하라는 의미가 아닙니다.

행위 판정은 [미션] 진행 도중, PC가 실패할지도 모르는 상황에 마주쳤을 때 합니다.

예를 들어, 일반 성인 남성이 폭 1미터 정도의 냇물을 뛰어넘는다는 판정을 해봅시다.

이때 이 해당 성인 남성은 어지간하면 아무 문제 없이 냇물을 뛰어넘을 수 있습니다.

이와 같은 상황에서, GM은 일일이 행위 판정을 할 필요가 없습니다.

그렇다면, 어떨 때 행위 판정을 하게 될까.

시냇물의 예를 가지고 생각해 봅시다.

우선, 행위 판정을 하기 위해서는 해당 상황이 PC에게 있어서 어느 정도 어려움을 느끼게 한다는 전제가 필요합니다. 예를 들어, 자신의 체중과 같은 무게의 짐을 지고 있다면, 겨우 폭 1미터의 시냇물이라고 해도 PC는 뛰어넘지 못하고 냇물에 빠질 수도 있습니다.

앞서 말한 성인 남성이 다리에 상처를 입었다면, 상처의 심각함에 따라서는 역시 뛰어넘지 못하고 냇물에 빠질 수도 있습니다.

또한, 폭 3미터가 넘는 냇물이라면 충분한 도움닫기 없이는 뛰어넘기가 쉽지 않을 것입니다. 그리고 폭이 7미터를 넘는다면, 해당 행위는 무모한 도전이라 할 수 있습니다. 전문 육상선수 중에서도 최고로 우수한 선수가 아니라면, 8미터 이상 도약하기란 어려울 것입니다. 멀리뛰기 세계 기록도 9미터에는 미치지 않습니다.

이상과 같이 PC가 해당 행위에 실패할지도 모른다는 상황이 아니라면, GM은 행위 판정을 하지 말아야 합니다.

또한, 「맨손으로 다이아몬드를 부순다」와 같이, 절대 성공할 수 없는 행동에도 행위 판정을 해선 안 됩니다.

매사 세세히 행위 판정을 계속하면, 공연히 시간만 늘어나게 되어 [미션]의 진행을 방해하기 때문입니다.

행위 판정의 종류

행위 판정에는 4가지 종류가 있습니다.
다음의 3개에 대해선 이미 설명하였습니다.

성공 판정

D%로 성공률 이하가 나오면 성공, 나오지 않으면 실패입니다.

달성치 판정

2D9+스킬레벨로 달성치를 산출합니다. 달성치가 GM이 지정한 수치 이상이면 성공, 지정한 수치 미만이면 실패입니다.

DR

성공 판정과 달성치 판정을 동시에 합니다. D%로 성공률 이하가 나왔고, 해당 결과를 2D9로서 달성치를 산출하여 달성치가 GM이 지정한 수치 이상이면 성공입니다.

성공률 이하가 나오거나 달성치가 부족하다면 실패입니다.

그리고 남은 하나가 「대항 판정」입니다.

행위 판정은 자신의 판정만으로 해당 결과를 판명하는 것과 그렇지 않은 것이 있습니다.

앞서 설명한 냇물의 예시는 자신의 판정만으로 결과를 판명하는 전형적인 예입니다. 이것은 성공 판정이나 달성치 판정, DR로 판정하게 됩니다.

그렇다면, 자신의 판정만으로 결과를 판명할 수 없는 경우는 어떤 것일까.

알기 쉬운 예시 중 하나가 「격투전」입니다. 격투전은 자신의 판정만으로는 결과를 구할 수 없습니다.

치고받고 싸울 때, 때리는대로 가만히 맞아주는 상대라면 모를까(그럴 때는 판정도 필요 없겠지만), 일반적으로는 피하거나 맞받아칠 것입니다. 이럴 때는 대항 판정을 합니다.

대항 판정이란 자신과 상대 양쪽이 판정하여 해당 결과를 비교하는 것을 말합니다. 일반적으로 DR을 사용해 대항 판정을 합니다.

우선, 격투전을 벌이는 두 사람은 DR을 굴립니다. 해당 결과를 구해, 판정에 성공하고서 좀 더 높은 달성치를 얻은 쪽이 「공격에 성공한다」 혹은 「회피에 성공한다」가 됩니다.

대항 판정

두 캐릭터가 DR이나 달성치 판정을 해서 높은 달성치를 얻은 쪽의 행위가 성공합니다.

행위 판정의 도전 횟수

앞서 예를 든 「냇물을 뛰어넘는다」는 행동은 실패하면 냇물에 빠지기 때문에 재도전할 수 없으며, 해도 별 의미가 없습니다.

또한, 「격투전」은 공격한 결과가 바로 나오지만, 최종적으로 누군가가 쓰러지거나 도망갈 때까지 판정을 계속하게 됩니다.

「자물쇠 따기」와 같은 행동이라면, 특수한 자물쇠가 아닌 이상 몇 번이고 재도전할 수 있습니다.

이처럼 어떠한 행동을 시도하느냐에 따라서 판정에 실패해도 다시 도전할 수 있는지, 할 수 있다면 몇 번까지 도전할 수 있는지가 달라집니다. GM은 행동의 내용을 고려하여 해당 행위 판정이 재도전 가능한지, 가능하다면 몇 번까지 재도전할 수 있는지를 결정하시기 바랍니다.

또한, 행위 판정을 할 때에는 시간이 걸립니다. 이것도 해당 행동의 내용에 따라 달라집니다.

예를 들어 「냇물을 뛰어넘는다」면, 그렇게 시간이 걸리진 않을 것입니다. 한 번 도약하면, 결과는 금방 나옵니다.

「격투전」에서는 페인트를 걸거나 상대의 움직임을 보면서 공격을 넣기 때문에 냇물 뛰어넘기보다는 결과가 나오는 데 시간이 걸립니다.

「자물쇠 따기」라면, 열쇠구멍에 몇 번이고 바늘 등을 집어넣고 반응을 보면서 구조를 파악해야 하기에 나름의 시간이 걸릴 것입니다.

『GDR』에서는 이상의 사례에 걸리는 시간을 각각 [순간] [라운드] [턴]이라는 단위로 표현합니다. 각각의 정의는 다음과 같습니다.

행위 판정에 걸리는 시간 기준

[순간]: 일순간
[라운드]: 5초
[턴]: 1분(12[라운드])

시간의 기준

GM은 「이 열쇠는 복잡해서 한 번의 행위판정에 2[턴]이 걸린다」와 같은 기준을 사용하여 행위판정에 걸리는 시간을 자유롭게 정할 수 있습니다.

또한, 때에 따라서는 「한 시간이 걸린다」「하루가 걸린다」등, 좀 더 큰 단위를 사용할 수 있습니다.

이러한 시간의 기준은 클래스 아츠의 효과가 계속되는 시간이나 전투 시의 시간 관리 등에도 사용하고 있습니다.

재도전

열쇠따기 등에 몇 번이고 재도전할 수 있다면, 판정하는 의미가 없습니다.

이처럼, 횟수에 제한을 걸거나, 「성공 판정에 성공했지만, 달성치는 부족했다」와 같은 때에는 재도전할 수 있어도 「성공 판정에 실패했다」면 재도전할 수 없다고 정하는 것도 좋습니다.

행위 판정의 순서

행위 판정은 오른쪽 그림의 순서에 따라 진행합니다. 아래는 순서에 관하여 설명합니다.

A. 행위 판정 선언

GM은 행위 판정을 결정합니다.

해당 행위가 지극히 간단하다거나, 절대 성공할 수 없는 행동이라면 행위 판정을 할 필요가 없습니다. 또한, 해당 행위 판정의 실패가 [미션]의 진행을 방해할 가능성이 있다면, 행위 판정을 하지 않는다고 판단할 수도 있습니다.

반대로, 해당 행위 판정 자체는 [미션]에 큰 영향을 주지 않지만, 해당 행위 판정이 성공(혹은 실패)하는 것으로 [미션]의 분위기를 띄울 수 있겠다고 생각하면, GM은 행위 판정을 허가할 수 있습니다.

그리고 PL이 행위 판정을 하고 싶다고 선언할 수는 있지만, 실제 행위 판정을 할지는 GM이 결정해 판단하시기 바랍니다.

또한, 이러한 판단에 PL은 이의를 제기해서는 안 됩니다.

B. 사용하는 스킬의 선언

GM이 행위 판정을 허가했다면, 해당 행위 판정에 사용할 스킬을 결정하여 선언합니다.

해당 행위 판정에 어떤 스킬이 어울리는지는 P084~P085의 「스킬 해설」을 참조하시기 바랍니다.

행위 판정의 순서

A. 행위 판정 선언

B. 사용하는 스킬의 선언

C. 판정 종류 선언

D. 성공률 산출

E. 굴림

F. 성공/실패 판정①

성공, 크리티컬

G. 달성치 선언

H. 성공/실패 판정②

성 공　　　　**실 패**

GUNDOG REVISED

선수와 후수

대항판정에서, 먼저 행동을 선언한 측을 「선수」라고 부릅니다. 또한, 선수의 행동에 대응하는 측을 「후수」라고 부릅니다.

달성치 판정을 사용한 대항판정

대항판정을 했을 때, 서로 달성치가 같다면, 달성치 판정(2D9를 굴려서 달성치에 스킬 레벨을 더함)을 합니다. 산출한 수치를 비교하여, 높은 쪽이 해당 대항판정에 성공합니다. 이것을 어느 한 쪽이 이길 때까지 계속 굴립니다.

달성치 판정에서의 수정

「성공 판정에+○%」「성공률에-○%」와 같은 수정은, 달성치 판정에서 「○에서 10의 단위」를 수정치로 치환할 수 있습니다.

+20%라면 +2, -30%라면 -3이 됩니다.

DR과 성공 판정

DR이란, 성공 판정과 달성치 판정의 순서를 동시에 한다는 의미입니다.

따라서 클래스 아츠 등에서 「성공 판정」에 어떠한 수정이 붙은 경우, DR의 「D. 성공률 산출」 순서에서도 해당 수정을 적용합니다.

PL은 사용하고 싶은 스킬을 선언할 수는 있지만, 여기서도 사용할 스킬을 결정하는 것은 어디까지나 GM입니다.

C. 판정 종류 선언

GM은 사용하는 스킬을 선언했다면, 행위 판정의 종류를 결정하고 선언해야 합니다.

행위 판정은 성공 판정, DR, 달성치 판정, 대항 판정의 4종류가 있습니다.

대항 판정에는 「DR을 사용한 대항 판정」과 「달성치 판정을 사용한 대항 판정」의 2종류가 있습니다. 「H. 성공/실패 판정②」에서는 각각의 판정 순서에 따릅니다.

DR, 달성치 판정의 경우 GM은 성공하는 데 필요한 목표 달성치를 선언합니다.

행위 판정의 종류
행동 판정/DR/달성치 판정/대항 판정

D. 성공률 산출

달성치 판정의 경우에는 「G. 달성치 선언」으로 넘어갑니다.

성공 판정 혹은 DR의 경우, 사용하는 스킬, 판정방법이 결정되었다면 판정에 사용할 성공률을 산출합니다.

성공률의 기초가 되는 것은 사용하는 스킬의 성공률입니다. 해당 행동의 난이도나 PC가 처한 상황에 따른 수정을 더하여 최종적인 성공률을 산출합니다.

성공률 수정 기준은 다음과 같습니다.

성공률 수정
간단: +20% **험난:** -40%
보통: ±0% **무모:** -60%
곤란: -20% **상황에 따른 수정:** -20 ~ -60%

그리고 이 시점에서 다음의 2개 옵션을 선택할 수도 있습니다.

[집중한다]
해당 행동에 걸리는 시간을 2배로 늘리는 대신, 성공률에 +20% 수정을 얻습니다.

단, 한창 총격전이 벌어지는 중이나, 괴물에게 쫓기는 등, 마음을 가라앉히고 작업할 수 없는 상황에서는 선택할 수 없습니다.

[무리한다]
성공률에 -10% 수정을 받는 대신, 다음 순서에서 산출할 달성치에 +1을 합니다. 전투에서는 선택할 수 없습니다.

E. 굴림

성공률이 확정되었다면 PL은 해당 성공률을 목표로 성공 판정을 합니다.

PL은 D%를 굴립니다.

F. 성공/실패 판정①

D%의 결과, 주사위 결과가 성공률 이하라면 해당 행동은 성공합니다. 반대로, 성공률보다 높으면, 행동은 실패합니다.

결과가 01이라면, 해당 행동은 배어리가 되며, 성공률이 0이나 마이너스라도 성공합니다.

결과가 00이라면, 해당 행동은 펌블이 되며, 성공률이 100%를 넘더라도 실패합니다.

해당 행동에 성공하였고, 굴린 주사위에서 1의 단위가 0이라면, 해당 행동은 크리티컬이 되며, 뛰어난 결과를 얻습니다.

성공 판정은 여기서 순서를 종료합니다.

G. 달성치 선언

DR 혹은 대항 판정의 경우, 「F. 성공/실패 판정①」에서 성공한 뒤에는 달성치를 산출해야 합니다.

성공 판정의 D% 결과를 2D9에 대조하여 달성치를 산출하시기 바랍니다.

달성치 판정의 경우에는 2D9를 굴려서 달성치를 산출하시기 바랍니다.

이렇게 산출한 달성치에 사용한 스킬의 스킬 레벨을 더하여 최종 달성치를 산출합니다. 「F. 성공/실패 판정①」이 크리티컬이었다면, 달성치는 D%의 결과와는 관계없이 20이 됩니다. 여기에 사용한 스킬의 스킬레벨을 더하여 최종적인 달성치를 산출합니다.

최종 달성치가 산출되었다면, PL은 해당 달성치를 선언합니다.

H. 성공/실패 판정②

DR, 달성치 판정의 경우, 「G. 달성치 선언」에서 선언한 달성치를 「C. 판정 종류 선언」에서 GM이 선언한 목표 달성치와 비교합니다. 그 결과, 목표 달성치 이상이라면, 해당 행동은 성공합니다.

대항 판정의 경우, 「G. 달성치 선언」에서 선언한 달성치를 저항하는 목표의 달성치와 비교합니다. 그 결과, 목표의 달성치를 초과한다면, 해당 행동은 성공합니다.

달성치가 같다면, 선수 측(먼저 행동선언을 한 측)이 판정에 성공합니다. 선수나 후수가 애매한 경우, 어느 한쪽이 성공할 때까지 같은 스킬을 사용한 달성치 판정을 반복합니다.

단, 양쪽의 달성치가 0(성공 판정에 실패)인 경우에는, 둘 다 실패합니다.

행위 판정: 보충

성공률 수정

이 기준은, PC의 능력을 기준으로 결정합니다. PC는 각각의 전문분야는 물론, 그 외의 부분에서(특히 훈련을 받지 않은 사람과 비교해서) 뛰어난 능력을 가지고 있습니다. 따라서 PC에게 「보통」인 행동도 일반인에게는 「곤란」한 행동이 됩니다.

GM은 수정을 결정할 때 PC, 즉 건독과 같은 전문가의 기준을 기반으로 결정하시기 바랍니다.

또한, 「간단」「무모」와 같은 예시는 어디까지나 기준이기 때문에, 필요하다면 +40%나 -80%와 같은 수정을 가할 수 있습니다.

상황에 따른 수정

발밑이 불안정하다, 안개가 껴 있다, 다쳤다 등과 같이 행동 자체의 어려움과는 별개로 주변 상황이나 PC자신의 상태 등에 따라 수정에 영향을 주는 요소를 나타냅니다.

[집중한다]

평소보다 시간을 들여서 해당 행위에 성공하기 쉽도록 차분하게 몰두하는 것을 나타냅니다.

[무리한다]

평소에는 쓰지 않는 고도의 기술을 사용하는 것으로, 실수할 가능성이 높아지지만 성공하면 훨씬 좋은 결과를 얻을 수 있는 것을 나타냅니다.

달성치 선언

『GDR』에 익숙해지고 DR에 익숙해진다면, 원래라면 성공 판정으로 끝낼 장면에서 DR로 달성치를 산출해도 좋을 것입니다.

이때, 달성치는 「해당 행위를 얼마나 잘했는가」를 나타냅니다. GM은 다음의 기준을 참고하여 해당 상황을 묘사하시기 바랍니다. 단, 매번 묘사를 하다 보면 게임의 흐름이 방해받으니 주의합시다.

달성치	성공의 정도
1~3	아슬아슬. 간신히 성공.
4~9	좋지도, 나쁘지도 않다.
10~14	잘해냈다.
15~19	멋지게 성공.
20~24	모두의 찬사를 받는다.
25~	전설이 될……지도 모른다.

용도별 규칙

『GDR』에는 해당 상황에 맞춰서 다양한 규칙을 준비하고 있습니다. 여기서는 해당 용도별로 나뉜 규칙에 대하여 각각 해설합니다.

타깃 레인지 시스템(P114)

『GDR』의 규칙 중에서도 눈에 띄는 특징적인 규칙을 해설합니다.

중량관리 규칙(P122)

PC의 장비품을 관리하는 규칙을 해설합니다.

이동 규칙(P124)

PC의 이동에는 [에어리어 맵] [포인트 맵] [제너럴 맵]이라는 3종류를 사용하는 규칙이 있으며, 각각의 규칙을 해설합니다.

전투 규칙(P134)

『GDR』의 기본이 되는 전투의 순서나 용어 등을 해설합니다.

사격 규칙(P142)

『GDR』의 근간이라 할 수 있는 사격 규칙을 해설합니다.

격투 규칙(P154)

격투전을 해결하는 규칙을 해설합니다.

폭발물 규칙(P162)

폭발물의 설치나 취급법에 관한 규칙을 해설합니다.

체이스 규칙(P164)

캐릭터의 도주나 추격, 카 체이스 등을 해결하는 규칙을 해설합니다.

정보 수집 규칙(P176)

해당 [미션]에 관한 정보를 PC가 입수하기 위한 규칙을 해설합니다.

특수한 규칙(P178)

낙하 대미지, 치사 판정 등, 특수한 규칙을 해설합니다.

애프터 미션(P192)

PC의 성장에 관한 규칙을 해설합니다.

여가 규칙(P193)

PC가 [미션] 사이에 하는 행동에 관한 규칙을 해설합니다.

GUNDOG REVISED

TRS

TRS는 실패하면 모든 것이 끝나버리는 상황이기에, 무척이나 분위기가 고조됩니다. 하지만 지금까지 임무를 모두 순조롭게 해나가고 있었는데, TRS에 실패하여 임무가 실패한다는 것을 받아들일 수 없는 PL도 많을 것입니다.

기본적으로, TRS에 실패하면 상황이 악화하지만 어떻게든 나아간다는 정도로 정하시는 편이 무난합니다. [카운트 업] 방식으로 시간이 걸릴수록 상황이 악화한다는 것도 재미있을 것입니다.

그리고 가끔은 [미션]의 성공/실패를 정하는, 문자 그대로 주사위를 쥔 손에 땀이 차게 만드는 TRS를 준비해 봅시다.

마커

마커로 사용할 물건은 구별만 가능하다면 어떤 것이든 좋습니다.

색이 서로 다른 보드게임 말이라든가 납작한 유리구슬 등을 마커로 사용하면, 좀 더 알기 쉽게 게임을 진행할 수 있습니다. 게임말이나 납작한 유리구슬 등은 보드게임 전문점에서 구매할 수 있습니다.

TR시트의 특기사항 칸

TR시트의 [특기사항] 칸에는 TRS의 종류(팀 참가, 독립형 등)나 판정자의 도중 교대 가능 여부, [페널티]([레인지4]에서 실패하면 대미지를 받는다 등)를 적어 넣으면 좋습니다.

타깃 레인지 시스템

타깃 레인지 시스템(TRS)는 손에 땀을 쥐게 하는 카 체이스, 까딱 잘못하면 수많은 목숨을 잃어버릴지도 모르는 폭탄 해제, 자칫하면 인질의 목숨을 빼앗을지도 모르는 일발필중의 저격, 범인과의 숨 막히는 교섭 등, 갖가지 극적인 장면을 재현하기 위한 규칙입니다.

TRS에서는 타깃 레인지 시트(이후, TR시트)라는 특수한 시트를 사용합니다. P263에 있으니 복사해서 사용하시기 바랍니다.

우선, TR시트의 읽는 법을 설명합니다.

타깃 레인지 시트 읽는 법

①타게팅 트랙
캐릭터를 표시하는 마커를 놓습니다. 이곳의 칸을 보드게임처럼 나아가며 TRS의 진행 정도를 나타냅니다. 또한, 각각의 칸을 [트랙]이라고 부릅니다.

②레인지
TRS에서는 행동이 성공할 때까지의 과정을 5단계로 나누어서 각 단계를 [레인지]라고 부릅니다. [레인지]에는 각각 대응하는 타게팅 트랙, 사용 스킬, 수정치, 내용이 있습니다.
타게팅 트랙: [레인지]와 점선으로 연결된 열이 해당 [레인지]에 대응하는 타게팅 트랙입니다.
사용 스킬: [레인지]마다 어떤 스킬을 사용하여 판정하는지 적어 넣습니다.
수정치: 사용 스킬로 지정한 스킬을 사용하는 판정에 더해지는 수정을 적어 넣습니다.
내용: 해당 [레인지]가 행동 도중에 어느 단계에 있는지를 적어 넣습니다. 또한, 특별한 수정 등이 있다면 이곳에 적어 넣습니다.

③리미트
해당 행동에 걸리는 시간을 재기 위한 마커를 놓습니다.

④판정 수정
TRS에서는 판정을 반복할 때마다 성공률에 수정을 더합니다. 해당 수정치를 관리하기 쉽도록 마커를 놔서 관리합니다.

⑤마커 진행표
[레인지]마다 지정된 사용 스킬과 수정치를 기반으로 DR을 굴려서 산출한 달성치에 따라, 마커가 얼마나 [트랙]을 나아가는지 참조하기 위한 표입니다.

⑥타깃
해당 TRS로 하려는 행동의 최종목적을 적어 넣습니다.

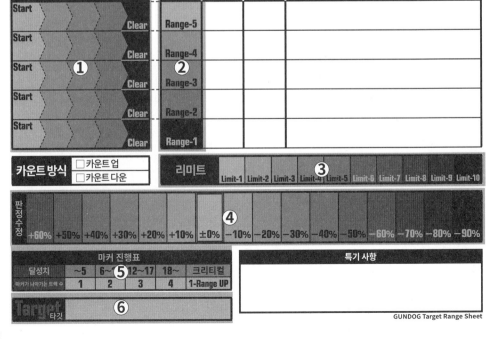

레인지	사용 스킬	수정치	내 용
Range-5			
Range-4			
Range-3			
Range-2			
Range-1			

타게팅 트랙 — Start / Clear (×5)

카운트 방식 ☐ 카운트 업 ☐ 카운트 다운

리미트 | Limit-1 | Limit-2 | Limit-3 | Limit-4 | Limit-5 | Limit-6 | Limit-7 | Limit-8 | Limit-9 | Limit-10 |

판정수정 | +60% | +50% | +40% | +30% | +20% | +10% | ±0% | −10% | −20% | −30% | −40% | −50% | −60% | −70% | −80% | −90% |

마커 진행표

달성치	~5	6~11	12~17	18~	크리티컬
마커가 나아가는 트랙 수	1	2	3	4	1-Range UP

Target 타깃

특기 사항

GUNDOG Target Range Sheet

어떨 때 사용하는가?

TRS는 [미션]에 극적인 전개를 가져오지만, 한 번의 행동을 판정하는 데 나름 시간이 걸립니다.

중요하지 않은 판정에서 사용하면 [미션]의 템포가 나빠지고, 막상 중요한 판정에서 TR 시트를 꺼내더라도 「또?」라는 느낌으로 긴장감이 떨어지고 맙니다.

GM은 해당 행동이 [미션]을 좌우하는 중요한 장면일 때에만 사용하는 편이 좋습니다. TRS는 1회의 [미션]에서 대체로 1~2회 정도가 적당합니다.

타깃 레인지 시트 제작

TRS에서 행동을 해결하려면 우선 TR시트를 제작해야 합니다. GM은 다음의 순서로 TR 시트를 제작하기 바랍니다.

①타깃을 결정한다

TRS를 사용하여 어떤 행동을 해결할 것인지를 정합니다. 예를 들면 「인질을 놓아주도록 설득한다」 등입니다. 결정했다면 TR시트의 타깃 칸에 적어 넣습니다.

②레인지를 결정한다

해당 타깃을 달성할 때까지의 순서를 5개 [레인지]로 나눕니다. 인질 해방을 위한 교섭이라면, [진정시킨다] [대화를 유도한다] [믿게 한다] [설득한다] [놓아주게 한다]와 같이, 조금씩 성공을 향하아가는 순서로 만듭니다.

순서를 나누었다면, 해당 내용을 각 [레인지]의 내용 칸에 적어 넣습니다. 약간의 설명을 곁들여 넣으면 분위기가 살 것입니다.

③사용 스킬과 수정치 결정

각 레인지의 내용에 따라 판단하여, [레인지]마다 어떤 스킬을 사용해 판정할지를 결정합니다. 추가로 해당 내용의 어려움을 고려하여 성공률에 더하는 수정을 결정합니다.

결정했다면, 각 [레인지]에 대응하는 사용 스킬과 수정치를 각 칸에 적어 넣습니다.

그리고 사용 스킬은 여러 개를 지정할 수 있습니다.

수정치 기준

-60%: 거의 불가능 -40%: 상당히 어렵다
-20%: 어렵다 ±0%: 일반적

④리미트 결정

타깃을 달성할 때까지 시간제한이 있는지, 있다면 어느 정도인지를 결정합니다. 또한, [리미트]의 카운트 방법을 결정합니다.

시간제한

5리미트: 상당히 서둘러야 한다.
10리미트: 제법 여유가 있다,
없음: 시간제한이 없다.

카운트 방식

카운트 업: [리미트]1부터 시작해서 [리미트]2, 3과 같이 진행합니다.
카운트 다운: 시간제한 [리미트]부터 시작해, [리미트]1을 향해 진행합니다.

TRS의 순서

실제로 어떻게 TRS를 사용하여 행동을 해설하면 좋은지, 해당 흐름을 설명합니다.

①TRS 사용을 선언한다

GM은 TRS 사용을 선언하고 TR시트를 준비합니다. 결정해둔 카운트 방식도 선언하고, 거기에 맞춰서 [리미트] 칸에서 해당하는 칸에 마커를 놓습니다.

②참가 가능한 캐릭터의 선언

해당 TRS에 누가 참가할 수 있는지 선언합니다. 참가하는 캐릭터는 자신을 나타내는 마커를 [레인지]5에 대응하는 「Start」라고 쓰인 [트랙]에 놓습니다.

③DR을 굴린다

참가하는 캐릭터는 현재 자신의 마커가 놓인 [트랙]에 대응한 [레인지]의 사용스킬과 수정치(만약 내용에 특별한 수정치가 지정되어 있다면, 그것도 더합니다)를 사용하여 DR을 굴립니다.

또한, 자신의 마커를 판정 수정 칸의 해당 수정치가 적힌 칸에도 놓습니다.

DR은 〈상황파악〉의 성공률이 높은 순서(같은 수치라면 스킬 레벨이 높은 순으로, 스킬 레벨도 같다면 1D9를 굴려서 높은 순서)대로 한 명씩 굴립니다. 다른 캐릭터의 DR 결과를 보기 위해 순서를 늦출 수 있습니다.

성공 판정에 성공

달성치를 산출하여 마커 진행표에 따라 마커를 움직입니다.

실패

마커를 움직일 수 없습니다.

크리티컬

마커를 그대로 바로 아래에 있는 [트랙]으로 옮깁니다.

펌블

마커를 해당 [레인지]에 대응하는 「Start」의 [트랙]으로 되돌립니다. 현재 「Start」에 있다면, 아무런 영향도 없습니다.

수정치

정말로 간단한 내용이라면, +의 수정치를 설정해도 괜찮지만, 좀 더 어려울 것 같은 내용은 없는지 생각해 보는 편이 스릴 있는 TRS가 될 것입니다.

시간제한

[리미트]3이나 [리미트]7과 같은 시간제한을 설정할 수 있습니다. 또한, PC가 잘 처신했을 때 등에는 보너스로 시간제한을 늘려주는 것도 좋습니다.

카운트 방식

[카운트 업]의 장점은, 시간제한을 알 수 없다는 점입니다. 언제 GM이 종료를 선언할지 모른다는 상황은 압박감으로 다가옵니다. 만일 시간제한을 초과한다고 해도 PL에게 들키지 않는다는 메리트 역시 있습니다.

[카운트 다운]은 시간제한을 확실히 알 수 있지만, 반대로 점점 시간제한에 쫓기고 있다는 강한 압박감을 느낄 것입니다.

GM은 각각의 특징과 해당 TR시트의 타깃을 고려하여 적당히 맞은 카운트 방식을 선택하시기 바랍니다.

참가 가능한 캐릭터

가능한 많은 PC가 참가하는 편이 분위기를 띄울 수 있습니다.

하지만 마른침을 삼키며 동료 한 명이 작업하는 모습을 지켜보고, 판정 결과에 일희일비하는 것도 제법 재미있습니다.

마커의 초기배치

기본적으로는 [레인지]5의 「Start」에 놓지만, GM은 앞서가고 있다는 등 상황에 따라서는 그 이외의 [트랙]에 배치하도록 지정할 수 있습니다.

순서를 늦춘다

DR의 순서는 [리미트]의 2회째 이후의 DR에서도 늦추거나 원래 순서로 되돌리기를 자유롭게 변경할 수 있습니다. 1회째의 DR에서 먼저 상대에게 판정하게 하고, 2회째에는 평소처럼 자신이 먼저 판정할 수도 있습니다.

115

[무리한다]

TRS에서 [무리한다]에 따른 성공률의 수정은, 해당 [리미트]의 판정 전반에 영향을 줍니다. 즉, 판정수정 마커를 이동할 필요가 있다는 뜻입니다.

단, 달성치 수정은 선언한 DR에만 적용합니다.

예) 〈저격〉의 [성공률]이 100%인 듀라한은, 처음 DR에서 [무리한다]로 -10%의 수정을 받고, 달성치를 +1합니다. 판정수정 마커를 「-10%」칸까지 이동합니다. 이것으로 성공률은 90%가 되었습니다. 판정은 성공하였고, 달성치에 +1의 수정을 받습니다.

이어서 2회째 DR을 할 수 있습니다. 같은 [리미트]에서 2회째의 판정이기에, 「-10%」에 놓인 수정판정 마커를 1칸 더 움직여서 「-20%」으로 이동합니다. 이것으로 성공률은 80%가 되었습니다. 단, 이번 DR에서는 [달성치]의 수정을 얻을 수 없습니다.

⑥다시 DR을 굴린다

PL은 DR의 성공 판정에 성공하여도 다시 판정할 권리를 포기하면서, 해당 [리미트]에서는 더 판정하지 않는다고 선택할 수 있습니다.

리미트와 라운드

PL이 규칙에 익숙하지 않다면, [행동 체크]가 개시했을 때 즉시 TRS판정을 하는 편이 부드럽게 진행됩니다.

단, 타깃을 달성해도 해당 결과가 나타나는 시점은 해당 캐릭터의 [이니셔티브]입니다.

TRS와 클래스 아츠

TRS에서 클래스 아츠는 무척 유용합니다. 실제로 클래스 아츠를 구사하여 비로소 타깃을 클리어하는 정도가 각 클래스의 전문성을 발휘하는 좋은 밸런스라고 합니다.

마커를 움직인다

DR로 산출한 달성치를 TR시트의 마커 진행표와 대조하여 지정된 수만큼 마커를 움직입니다.

또한, 지정된 트랙 수 이내라면, 움직이는 트랙 수는 자유롭게 조절할 수 있습니다.

마커를 움직이는 법

[레인지]마다 「Start」에서 「Clear」로 향하게끔 왼쪽에서 오른쪽으로 움직입니다.

「Clear」에 도착한 시점에서 해당 [레인지]의 내용을 달성한 것이며, 마커를 다음 [레인지]의 「Start」로 이동합니다. 「Clear」에 도착한 시점에, 아직 움직일 수 있는 트랙 수가 남아있다고 해도, 그것을 모두 잃습니다.

타깃의 달성

[레인지]1의 「Clear」에 도착한 캐릭터는 설정한 타깃을 달성합니다.

④성공한 캐릭터 확인

DR에서 성공 판정에 성공한 캐릭터는 나아간 트랙 수에 관계 없이 다시 DR을 굴립니다.

실패한 캐릭터는 해당 [리미트]를 종료합니다. 판정수정 칸에 놓인 자신의 마커를 일단 제거합니다.

⑤판정수정 확인

다시 DR을 굴리는 캐릭터는 판정수정 칸에 놓인 자신의 마커를 마이너스 수정이 늘어나는 방향으로 1칸 움직입니다. 즉, DR을 굴릴 때마다 -10의 수정을 받게 됩니다.

또한, [레인지]가 변한 캐릭터는 대응하는 수정치를 확인하시기 바랍니다. 이전의 [레인지]와 수정치가 변하지 않았다면, 그 칸 그대로 놔둘 수 있습니다. 변했을 경우에는 차이만큼 마커를 움직이거나(마이너스 수정치가 늘었을 경우), 되돌립니다(마이너스 수정치가 줄었을 경우).

⑥다시 DR을 굴린다

참가한 캐릭터 전원이 DR에서 성공 판정에 실패하여 누구도 다시 DR을 굴릴 수 없을 때까지, ③~⑥의 순서를 반복합니다.

모든 캐릭터가 다시 DR을 굴릴 수 없게 되면, ⑦을 진행합니다.

⑦리미트 카운트

[리미트] 칸의 마커를 카운트 방식에 따라 이동하시기 바랍니다.

[리미트]가 시간제한으로 설정된 칸([카운트 업]이라면 시간제한으로 설정한 칸, [카운트 다운]이라면 [리미트]1)에서 이동해야만 할 때, 아직 [레인지]1의 「Clear」에 도달하지 못한 캐릭터는 타입 업이 되어 타깃을 달성할 수 없습니다.

새로운 리미트의 개시

참가하는 캐릭터는 [레인지]에 대응한 수정치가 쓰인 판정수정 칸에 마커를 놓습니다. 판정수정은 [리미트]마다 리셋됩니다.

그리고 ③에서 ⑦까지를 반복합니다.

리미트의 시간 단위

TRS에서 사용하는 [리미트]는 명확하게 어느 정도의 시간이 걸리는지 정하지 않았습니다. 타깃 내용에 따라 천차만별입니다.

100미터를 달려서 누가 먼저 골에 다다르는가를 다루는 TRS라면, 각 [리미트]는 0.X초~0.Y초의 시간을 나타낼 것이며, 적국으로 이주하여 국가기밀에 접촉 가능한 지위까지 오르는 내용의 TRS라면 [리미트]는 그야말로 「연」 단위로 나타내야 할 것입니다.

GM은 타깃을 고려하여 어느 정도의 시간단위를 표현할지 결정하시기 바랍니다.

리미트와 라운드

아군이 적의 발을 묶고 있는 사이에 입구의 자물쇠를 여는 등, [리미트]와 [전투 라운드]를 조합하여 다른 캐릭터와 연계하는 것을 표현할 수 있습니다.

[전투 라운드] 중의 TRS는 [스킬 사용]의 [행동]으로 취급합니다. 단, DR의 성공 판정에 실패하여 [리미트]가 이동할 때까지를 1회의 [행동]으로 취급합니다.

또한, [전투 라운드] 중에 TRS를 한 캐릭터는 [이니셔티브]를 확인할 때, 〈전술〉이 아닌 〈상황파악〉의 성공률을 사용합니다.

그리고 이때 [리미트]는 5초를 나타내기에, 시간이 걸리는 타깃은 설정하지 않는 편이 좋습니다.

리미트와 클래스 아츠

TRS에서 지속시간이 [라운드]로 지정된 클래스 아츠를 사용한다면, 해당 TRS의 [리미트] 단위에 상관 없이(설령 「연」이라도), 같은 [리미트] 수만큼 효과가 이어집니다.

TRS의 실제 처리 예시

샘플 캐릭터 「오거」가 P250에 실린 샘플 TR시트 「폭탄 해제」([리미트5, 카운트 다운])에 도전하는 예시를 바탕으로, 실제 TRS가 어떻게 처리되는지를 설명합니다.

그리고 오거는 일체의 페널티를 받지 않는다고 가정합니다.

① 준비(마커 배치): 그림A

우선, 마커를 「타겟팅 트랙」「리미트」「판정수정」의 3군데 칸에 놓으면서 시작합니다.

하나는 자신을 나타내는 마커로서 [레인지]5의 「Start」에, [리미트]는 [카운트 다운]의 5이기에 다른 하나를 리미트 칸의 5에. 마지막 하나는 판정수정 칸의 「±0%」에 각각 배치합니다.

② TRS판정 개시: 그림B

[레인지]5의 사용 스킬은 〈폭발물〉입니다. 오거는 〈폭발물〉의 성공률을 기반으로 DR을 굴립니다.

1회째의 DR을 굴린 결과, 43이 나왔습니다. 오거의 〈폭발물〉 성공률은 91%(LV3)이기에 [4+3+3=10], 달성치 10의 성공입니다.

다음으로, 이 달성치를 「마커 진행표」에 대조합니다. 대조한 결과, 마커를 움직이는 [트랙] 수는 2입니다. [레인지]5의 「Start」에 놓인 마커를 오른쪽으로 2칸 움직입니다.

그리고 1회째의 DR을 끝냈으니 판정수정의 「±0%」에 놓은 마커를 「-10%」로 옮깁니다.

TRS에서는 DR이 성공하는 한, [리미트]가 변하지 않기에 [리미트]5에 놓은 마커는 그대로 둡니다.

③ 계속 DR을 굴린다: 그림C

1회째의 DR이 성공했으니, 이어서 2회째 DR을 굴립니다. 회수를 더해갈수록 판정수정에 마이너스가 붙기 때문에, ②에서 움직인 판정수정 칸을 확인합니다.

현재 판정수정은 「-10%」이니, 오거는 2회째 DR에서 성공률 81%에 도전합니다.

DR을 굴린 결과는 02, 달성치 5로 성공입니다. 마커 진행표에 대조한 결과 [트랙]을 1 움직입니다.

2회째의 DR에서도 성공하였기에, 판정수정은 오른쪽으로 1칸 움직여 「-20%」이 됩니다.

오거는 성공률 71%인 3회째의 DR에 도전합니다.

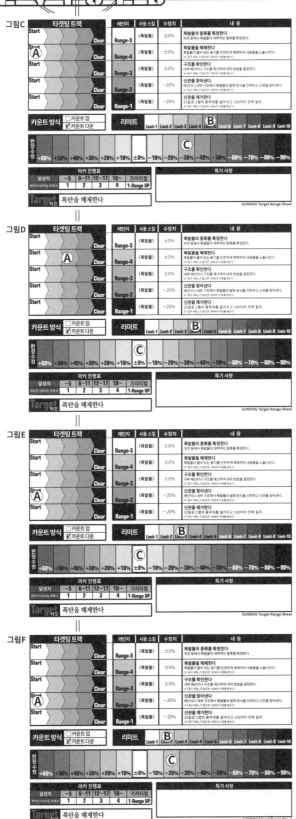

굴린 결과는 55, 달성치 13으로 성공입니다. 마커 진행표에 대조한 결과, [트랙]을 3칸 움직일 수 있지만, 각 레인지의 「Clear」에 도착한 시점에서 마커 진행을 강제적으로 멈추고, 다음 [레인지]의 「Start」로 옮겨갑니다. 이 경우에도 마커는 [레인지]4의 「Start」로 이동하고, 판정수정을 「-30%」로 움직이는 것으로 3회째의 DR이 종료합니다.

④ 또다시 DR을 굴린다: 그림D

3회째 DR도 성공했으니 이어서 계속 DR을 굴려서 성공하면 마커를 움직일 수 있습니다. [레인지]4 이후에는 공구 세트를 소지하지 않았다면 성공률에 -20%의 수정을 받지만, 오거는 공구 세트를 가지고 있습니다.

오거는 성공률 61%로 4회째 DR에 도전합니다.

결과는 07, 달성치 10으로 성공입니다. 마커 진행표에 대조한 결과, [트랙]을 2칸 움직일 수 있으니 마커를 오른쪽으로 2칸 움직입니다. 판정수정은 추가로 1칸 움직여서 「-40%」입니다.

계속 성공했으니 성공률 51%로 5회째의 DR에 도전합니다.

결과는 62, 다시 말해 실패입니다.

[트랙]에 놓은 마커의 위치는 그대로 유지하고, [리미트] 마커를 [리미트]4로 옮깁니다. 또한, 판정수정의 마커를 「±0%」로 되돌립니다.

이것으로 [리미트]5에서 시작한 오거의 도전은 종료되었습니다.

⑤ 리미트4에서 DR개시: 그림E

새로운 [리미트]로 옮겼으니 판정수정은 「±0%」이 되었습니다.

오거의 1회째 DR은 성공률 91%로 도전할 수 있습니다.

결과는 23, 달성치 8로 성공입니다. 마커 진행표에 대조한 결과, [트랙]을 2칸 움직일 수 있으니 마커를 오른쪽으로 2칸 움직입니다.

[레인지]4의 「Clear」에 도달했기에 마커는 [레인지]3의 「Start」로 이동합니다.

지금까지와 마찬가지로, 1회째의 DR이 끝나며 판정수정 마커는 「-10%」로 이동합니다.

2회째 DR은 성공률 81%입니다.

결과는 11, 달성치 5로 성공입니다. 마커 진행표와 대조한 결과, [트랙]을 1칸 움직일 수 있으니 마커를 오른쪽으로 1칸 움직입니다. 판정수정 마커는 「-20%」로 이동합니다.

이어지는 3회째 DR은 성공률 71%입니다.

결과는 66, 달성치 15로 성공입니다. 마커 진행표에 대조한 결과, [트랙]을 3칸 움직일 수 있으니 마커를 오른쪽으로 3칸 움직입니

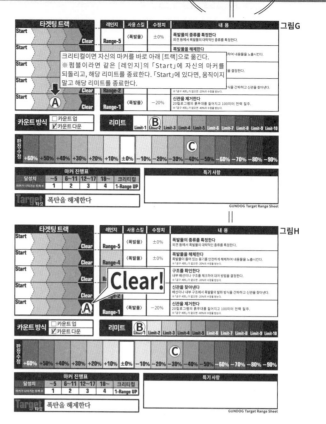

다. 판정수정 마커는 「-30%」로 이동합니다.

[레인지]3의 「Clear」에 도달했기에 마커는 [레인지]2의 「Start」로 이동합니다.

계속되는 4회째 DR은 성공률 61%입니다.

결과는 72, 실패입니다. 각 마커를 움직이고 [리미트4]에 시작한 오거의 도전은 종료되었습니다.

⑥ 리미트 3에서 DR개시: 그림F

[리미트]3에서 DR을 개시합니다.

현재 [트랙]에 놓인 마커는 [레인지]2에 있습니다. [레인지]2의 수정치 칸을 확인하니 -20%라고 쓰여 있습니다. 이것은, [레인지]2에서는 항상 성공률에 -20%의 수정을 받는다는 뜻입니다. 판정수정 마커를 「-20%」로 옮깁니다.

따라서 오거의 1회째 DR은 성공률 71%에서 도전하게 되었습니다.

결과는 89, 실패입니다. 유감스럽게도 [리미트]3에서 시작한 오거의 도전은 1회째의 DR에서 끝나고 말았습니다.

마커를 [리미트]2로 움직이고 종료합니다.

⑦ 리미트 2에서 DR개시: 그림G

[리미트]2에서 DR을 개시합니다.

상황은 ⑥과 달라지지 않았기에 오거의 1회째 DR은 성공률 71%에서 도전합니다.

결과는 35, 달성치 11로 성공합니다. 마커 진행표에 대조한 결과, [트랙]을 2칸 움직일 수 있으니 마커를 오른쪽으로 2칸 움직입니다. 판정수정 마커는 「-30%」로 이동합니다.

2회째 DR은 성공률 61%입니다.

결과는 40, 크리티컬로 성공했습니다. TRS에서 크리티컬이 발생하면 [트랙] 마커가 즉시 바로 아래 [트랙]으로 이동합니다. 판정수정 마커는 「-40%」로 이동합니다.

크리티컬 효과로 자신의 마커는 [레인지]1로 단번에 내려갑니다.

이어지는 3회째 DR은 성공률 51%입니다.

결과는 77, 실패입니다. [레인지]1에 도착했지만, [리미트]2에서 시작한 도전은 종료합니다.

⑧ 라스트 찬스! 리미트 1에서 DR개시: 그림H

[리미트]1에서 DR을 개시합니다.

이 리미트에서 [레인지]1의 「Clear」에 도착하지 않으면, 폭탄 해제는 실패하여 지정된 만큼 대미지를 받게 됩니다.

자, 마지막 도전입니다. 남은 [트랙]은 2개. 즉, 달성치 6이상으로 성공하면 이 [리미트]에서 폭탄을 해제할 수 있습니다.

[레인지]1의 수정치도 [레인지]2와 똑같이 「-20%」이기에 판정수정의 「-20%」에 마커를 놓습니다.

라스트 리미트, 오거의 1회째 DR은, 성공률 71%입니다.

그리고 굴린 결과는 01, 달성치는 4로 성공입니다. 마커 진행표에 대조한 결과, [트랙]을 1칸 움직일 수 있으니 마커를 오른쪽으로 1칸 움직입니다. 판정수정 마커는 「-30%」로 이동합니다.

판정 결과는 「Clear」에 한발 부족했습니다. 2회째의 DR에 모든 것을 맡길 수밖에 없습니다. 성공만 한다면, 클리어입니다. 진정한 의미의 라스트 찬스.

그 2회째 DR은, 성공률 61%입니다.

굴린 결과는 11, 해냈습니다. 성공입니다!

달성치는 5이지만, 남은 [트랙]은 1이기에 [레인지]1을 「Clear」할 수 있었습니다.

이렇게, 오거는 어떻게든 무사히 폭탄 해제 TRS에 성공했습니다.

DR을 굴리는 순서

예를 들어, A, B라는 두 캐릭터가 TRS에 참가한다고 합시다.

① 〈상황 파악〉의 성공률이 높은 A가 우선 DR을 굴려 마커를 움직입니다.

② 다음으로 B가 DR을 굴려 마커를 움직입니다.

③①에서 성공했다면, A가 2회째 DR을 굴려서 마커를 움직입니다.

④②에서 성공했다면, B가 2회째 DR을 굴려서 마커를 움직입니다.

이것을 전원이 실패할 때까지 계속합니다.

TR시트

TR시트는 B4 사이즈로 확대 복사하여 사용하면 좋습니다.

또한, PC전원이 참가하는 TR시트는, A3 사이즈(탁자 넓이에 여유가 있다면) 정도로 확대하면 사용하기 편할 것입니다.

팀 참가 TRS

테이블에 크게 복사한 TR 시트를 펼쳐 일종의 미니 게임과 같은 분위기로 즐기는 것도 좋습니다.

보스를 쓰러뜨렸지만, 자폭 버튼이 눌러버려서 기지가 붕괴를 시작한다. "완전히 무너지기 전에 탈출해야 해!"같은(건독스러운지는 차치하고) 고정 클리셰같은 상황도 TRS에 녹여내는 것으로 제법 괜찮은 그림을 그릴 수 있습니다(보스 전투가 끝난 뒤까지도 지도를 펼쳐 찔끔찔끔 진행하면 흥이 깨질까요?).

판정자의 도중 교체

독립형 팀 참가 TRS에서 「대표자」를 채용했을 때와 같이 「⑥다시 DR을 굴린다」 순서에서 판정자를 도중에 교체해도 괜찮을 것입니다. 이 경우, 수차례 DR을 굴려서 나온 판정수정은 그대로 이어집니다.

GM은 상황에 따라 판정자의 도중 교체를 불가능(일단 [리미트]가 종료한다)으로 할 수 있습니다.

TRS를 활용하면 영화나 소설, 만화 등에 등장하는 다양한 상황을 재현할 수 있습니다. 다만 개중에는 기본 규칙만으로 처리할 수 없거나 표현할 수 없는 상황도 나올 것입니다.

여기에서는 TRS의 특별한 규칙과 몇 가지 예시를 들고 있습니다. 오리지널 TR 시트를 만들 때 참고하시기 바랍니다.

또한 여기서 언급된 베리에이션은 대부분 지금까지 공개한 『건독』의 시나리오에서 추출했습니다.

자작 TRS에 참고가 되니, 기회가 있으면 읽어보시기 바랍니다.

또한, P248에 샘플 TR 시트가 실려 있으니 참고하시기 바랍니다.

독립된 규칙이 준비된 것

저격

기다려왔던 순간의 찬스를 붙잡는 일격필살의 장거리 사격, 일순간의 틈도 허락하지 않는 스나이퍼 대결. 이러한 상황을 재현하기 위해 『GDR』는 TRS를 사용한 [저격] 규칙을 준비하고 있습니다.

자세한 내용은 P152를 참조하시기 바랍니다.

체이스

긴장감 넘치는 자동차 추격전과 총격전, 복잡하게 얽힌 길거리로 도주하는 범인의 추적, 방해가 들어오는 자동차 경주. 이러한 상황을 재현하기 위해 『GDR』는 TRS를 사용한 [체이스] 규칙을 준비하고 있습니다.

자세한 내용은 P164를 참조하시기 바랍니다.

팀 참가 TRS

GM이 TRS에 참여할 수 있는 캐릭터를 선언하는 순서가 있는 것에서도 알 수 있듯, TRS는 반드시 한명에게만 집중하지는 않습니다.

확실히, 특정 클래스의 클래스 전문 스킬이 중요해지는 TRS는 안정적으로 활약할 장소를 제공하는 데 적합합니다.

그러나 모두가 당사자인, PL 모두가 참여할 수 있는 TRS는 분위기를 더욱 크게 띄워 세션에 일조할 것입니다. 또한 캐릭터가 협력하여 좀 더 효율적으로 TRS를 클리어할 수 있기 때문에 「팀으로 움직이고 있다는 실감」 「서포트의 고마움」을 느끼는 것으로 연대감이 태어날 것입니다.

여기에서는 여러 캐릭터가 참가하는 TRS의 베리에이션을 소개합니다.

독립형

기본적으로 일반 TRS와 같습니다. 전원이 동시에 판정하여 개별 마커를 움직입니다. 클리어할 수 있는 캐릭터도 있겠지만 클리어할 수 없는 캐릭터도 있습니다.

예) 기지를 향해 포화를 뚫고 나오면서 안전한 루트를 찾아 팀 전원이 달려간다.

그러나 일부 [레인지]에서는 「대표자」만 판정하는 것으로, 같은 [레인지]에 있는 전원의 마커를 움직이게 할 수도 있습니다.

예) 안전한 루트를 찾는 [레인지]의 〈서바이벌〉은 대표자가 판정할 수 있다.

분담형

타깃을 몇 가지 작업([레인지])으로 나눠서 각 [레인지]를 각각 다른 캐릭터가 담당하고, 동시에 판정을 진행합니다.

모든 [레인지]를 클리어하면 타깃을 달성합니다. 또는 클리어한 [레인지]가 많을수록 상황이 호전된다(반드시 모든 [레인지]를 클리어할 필요는 없다)는 방법도 있습니다.

예) 「무기를 대량으로 조달한다」는 타깃을 「무기를 사들인다/수송 수단을 확보한다/보관 장소를 찾는다」는 세가지 [레인지]로 나누어 각각 다른 캐릭터가 담당합니다. 모든 [레인지]를 클리어하면 목표를 달성할 수 있습니다.

분담형에서는 [레인지]마다 다양한 스킬을 넣어 둬서, 캐릭터에게 활약할 장소를 골고루 제공할 수 있습니다. 또한 담당한 [레인지]를 이미 클리어했다면 다른 [레인지]를 도와줄 수도 있습니다.

이외에도 어려운 [레인지]는 두 명이 맡거나, 간단한 [레인지]는 혼자서 괜찮다고 판단할 수 있는 부분도 재미있고, 캐릭터의 인원 수보다 [레인지]의 수가 많으면 어떤 순서로 클리어해 나가는지, 우선순위를 어떻게 잡을지 등으로 궁리할 수도 있습니다.

원호와 방해

지정한 스킬의 성공 판정에 성공하면 다른 캐릭터의 판정수정에 수정을 더할 수 있습니다. [원호]나 [방해] 성공 판정에는 해당 [레인지]의 수정치를 적용합니다.

단, [원호]나 [방해]를 한 캐릭터는 자신의 마커를 움직일 수 없으며, 다시 DR을 굴릴 권리도 없습니다.

스킬은 [레인지]와 타깃의 내용에 따라 GM이 결정하지만, PL이 제안해도 좋습니다.

원호

지정한 스킬의 성공 판정에 성공하면 다른 캐릭터의 판정수정에 +20%의 수정을 더합니다. 크리티컬이라면 +40%, 펌블이면 -20%의 수정입니다.

예) 원호사격으로 아군의 이동을 돕는다(〈사격계〉), 행군할 때에 효율이 좋은 경로를 지시한다(〈서바이벌〉).

방해

원호의 반대입니다. 지정한 스킬의 성공 판정에 성공하면 다른 캐릭터는 판정수정에 -20%의 수정을 받습니다. 크리티컬이라면 -40%, 펌블이라면 +20%입니다.

예) 해킹에 대항하는 대 해커 프로그램(성능에 따라), 교섭 시에 옆에서 끼어들어 상대방 논리의 모순점을 지적한다(〈지식〉)

페널티

[레인지]마다 DR로 성공 판정에 실패했을 때의 [페널티]를 정할 수 있습니다.

예) 대미지를 받는다. 「Start」로 돌아간다. [리미트]가 하나 더 진행된다. 이후 판정에 마이너스 수정을 받는다.

위치관계

[레인지]나 [트랙]을 거리의 기준으로 삼을 수 있습니다.

예를 들어, 일반적인 [체이스]에서는 다음과 같이 총기의 거리와 대응시킵니다. 이렇게 하여 TRS와 전투를 연결할 수 있습니다.

거리의 예
같은 [트랙]: [지근거리]
같은 [레인지]의 다른 [트랙]: [근거리]
1[레인지] 차이: [중거리]
2[레인지] 차이: [장거리]
3~4[레인지] 차이: 사격불가

또한 전투 이외에도 「같은 [레인지]에 있는 캐릭터만 원호할 수 있다」(비교적 먼 거리를 다룰 때). 「마이너스 수정을 받고, 같은 [트랙]에 있는 캐릭터의 마커를 함께 움직인다」(짙어지고 이동하는 이미지)등 추상적인 거리를 결정하는 것으로 TRS를 사용해 다양한 상황을 표현할 수 있습니다.

그리고 다른 캐릭터를 돕기 위해 다시 판정할 수 있는 권리를 포기하고 같은 [레인지]에 굳이 멈춘다거나, 지나치게 앞서가면 위험에 노출된다는 등, 단순한 주사위 놀이가 아니라 상황 판단력을 요구하는 게임성을 담아낼 수 있습니다.

구간을 끊는다

성공 여부를 단번에 결정하는 것이 아니라 시나리오에 걸쳐 서서히 진행하고 싶은 TRS도 있을 것입니다.

예) 인질로 잡힌 동료가 고문을 당해 비밀을 토하기 전에 구출할 수 있는가. 다른 캐릭터와의 인간관계를 복구한다.

이 경우 정해둔 구간마다 1[리미트] 씩 TRS를 해결해 나갑니다.

예) 게임 내에서 하루가 지날 때마다, 건물의 한 층을 지날 때마다, 다른 TRS에서 1[리미트]를 지날 때마다, 얼굴을 마주 볼 때마다, 마음을 움직일 롤플레이를 했을 때마다.

네거티브 롤(NR)

캐릭터에게 있어 「클리어하고 싶지 않은」 TRS, 다시 말해 불리한 상황을 표현하고 싶을 때 사용합니다. 「NR」이라고 표기할 때도 있습니다.

예) 병의 진행. 정신이나 육체의 피로 진행. 적 조직이 은신처를 알아낸다.

「100」에서 [레인지]에 지정된 스킬의 성공률을 뺀 수치가 NR의 성공률입니다. 지정 스킬의 성공률이 100%를 넘어서 NR성공률이 마이너스가 되어도, 「배터리」 규칙으로 01은 자동 성공이 된다는 것을 잊지 마시기 바랍니다. 또한, 2D9라면 스킬 레벨을 「뺀」 수치가 달성치가 됩니다.

또한, 다시 판정할 수 있는 권리를 포기할 수도 없습니다. 계속 성공하는 한 DR을 굴릴 수밖에 없습니다.

네거티브 롤 정리
성공률= 100 - 지정 스킬의 성공률
스킬 레벨=달성치의 마이너스 수정
계속 성공하는 한 DR을 굴려야만 한다.

예) GM은 바이러스에 침식당하는 TSR를 준비했습니다. 이 TRS는 시나리오 도중 GM이 지시했을 때 NR을 굴립니다.

GM이 지정한 스킬은 〈강인함〉입니다. 〈강인함〉은 스킬 레벨이 1이고 성공률이 72%여서 [100-72]로 성공률은 28%가 됩니다.

이 성공률을 기반으로 일반 TRS와 같이 DR을 굴립니다. 첫 DR의 결과는 24입니다. [2+4]에서 스킬 레벨인 1을 뺀 결과, 달성치는 5가 되기에 [트랙] 하나를 진행합니다.

이어서 2회째의 판정이니 -10%로 DR을 굴립니다. 결과는 실패입니다.

GM은, 다음에 지시할 때 재개하겠다고 선언하고 일단 TRS를 종료했습니다.

[페널티]

여기서 중요한 점은, DR의 성공 판정에 「실패」하지 않는 한, 이 [페널티]는 발생하지 않는다는 것입니다. 즉, 성공하는 동안 다시 판정할 수 있는 권리를 포기(P116 「⑥ 다시 DR을 굴린다」참조)하여 [페널티]를 피할 수 있습니다.

[페널티]를 설정하여 신중함이 필요한 작업임을 나타낼 수 있습니다(중요 거점에 몰래 숨어드는 경우, 매우 정교한 폭탄을 해체하기 등).

구간을 끊는다.

시나리오 전체에 시간제한을 붙이고 싶을 때 유용한 방법입니다.

영화 등에서 주인공과 적의 행동 등을, 장면의 전환을 사용해 교대로 비추면서 긴박감을 부채질하는 방식을 떠올리시기 바랍니다.

NR의 수정

다시 말해, NR에서 《어드바이스》등의 클래스 수정을 받는 클래스 아츠는 실질적으로 마이너스 수정이, 《프로디텍션》과 같이 마이너스 수정을 받는 클래스 아츠는 실질적으로 플러스 수정이 됩니다. 이것은 수정을 주는 아이템이나 [원호] [방해] 등도 같습니다.

121

CP

　Carry Point(캐리 포인트)의 약칭입니다. 아이템의 휴대치를 나타내는 단위로 사용합니다.

VCP

　Vehicle Carry Point(비클 캐리 포인트)의 약칭입니다. 차량의 적재량을 나타내는 단위로 사용합니다. 1VCP는 5×10CP에 해당합니다.

중량 관리 규칙

CP관리표로 아이템을 관리한다

　『GDR』에는 장비할 수 있거나 들고 다닐 수 있는 모든 아이템에 휴대치를 설정했습니다. 휴대치는 CP라고 하여 해당 아이템의 중량과 크기를 뜻하는 단위로 표기합니다. CP는 α×β라는 형식으로 표현되며, α는 아이템의 무게, β는 아이템의 크기를 뜻합니다.

　이러한 아이템은 아이템 시트(P261, 커버 뒷면)의 「CP관리표」로 관리합니다.

휴대치의 형태

　휴대치의 형태는 α×β로 나타냅니다.

　이것은 반드시 α×β의 장방형이 되어야 함을 의미합니다. 면적이 같다고 해서 U자나 L자로 변형해 CP관리표에 적어 넣을 수 없습니다. 면적이 같은 경우에도 α와 β의 수치를 서로 바꿀 수 없습니다.

　그러면, 【근력】 7, 【체격】 7인 PC를 예시로, 아이템 관리를 설명합니다.

1. CP틀 작성

　【근력】과 【체격】 수치를 기반으로 CP관리표에 CP틀을 그려 넣습니다(그림 참조).

　【근력】 7, 【체격】 7이니 표의 눈금에 있는 ( )의 숫자에 대응하여 실선을 긋습니다. 이것이 해당 캐릭터의 CP틀입니다. 이 캐릭터는 4×7의 CP틀을 가집니다.

　그리고 CP틀을 오른쪽으로 1열 벗어날 때마다 〈사격계〉〈격투계〉(〈강인함을 제외하고〉)〈운동계〉의 스킬 성공률에 -10%의 수정을 받습니다.

　또한, 아래로 1열 벗어날 때마다 똑같이 -10%의 수정을 받습니다. 이 수정은 중복됩니다.

2. 아이템 이름을 적어 넣는다

　해당 캐릭터가 가진 아이템을 아이템 칸에 적어 넣습니다. 해당 아이템의 휴대치도 잊지 않고 적어 넣습니다.

　여기서는 다음과 같은 5개 아이템을 장비했다고 가정합니다.

A. M16A4 어설트 라이플　　2×5CP
B. 콜트 M1911A1　　　　　　1×2CP
C. 탄입대(라이플)　　　　　　1×2CP
D. 섬광수류탄　　　　　　　　1×1CP
E. 백팩(중)　　　　　　　　　2×3CP

3. CP관리표에 휴대치를 적어 넣는다

　아이템을 다 적어 넣었다면, 해당 아이템의 휴대치를 CP관리표에 적어 넣습니다.

　M16A4 어설트 라이플은 2×5CP이기에 세로로 2칸, 가로로 5칸입니다. 이처럼 CP관리표에 틀을 그려 넣습니다. 그려 넣을 때에는 가로세로를 회전할 수 없습니다.

　이처럼 CP관리표에 모든 아이템을 휴대치에 따라 그려 넣습니다.

　이때 아이템 이름을 적어 넣은 아이템 칸의 알파벳을 CP관리표에 적어 넣으면, 알아보기 쉬울 것입니다.

4. 마이너스 수정을 적어 넣는다

　CP틀에서 휴대치가 1열 벗어날 때마다 〈사격계〉〈격투계〉〈운동계〉의 스킬 성공률에 -10%의 수정을 받습니다. 따라서 벗어난 만큼의 마이너스 수정을 CP관리표에 적어 넣습니다.

　그리고 캐릭터가 가질 수 있는 아이템의 한계는 자신의 CP틀에서 가로 2열, 세로 2열 벗어나는 사이즈입니다.

이동속도 저하(선택 규칙)

　GM은, 무거운 짐을 짊어지고 있는데도 같은 속도로 이동하는 것이 이상하다고 여긴다면, 다음과 같은 규칙을 사용할 수 있습니다.

　휴대치가 CP틀에서 합계 2열이 벗어나면, [전력이동]으로 이동할 수 있는 거리는 1/2이 됩니다.

　합계 4열을 벗어나면, [전력이동]을 선택할 수 없습니다.

　간이 중량 규칙을 사용한다면, 각각 [무수정 중량]을 10포인트 웃돌 때, 20포인트 웃돌 때가 됩니다.

　이 선택 규칙을 사용할 때, 방어구에 따른 이동력 수정(「바디 아머 레벨3」의 [전력이동]의 이동 거리 -10m」등)은 1/2이 되기 전에 적용합니다.

간이 중량 규칙

　CP관리표에 일일이 적어 넣지 않고 캐릭터가 들 수 있는 아이템을 관리하는 규칙입니다.

　우선, CP관리표에서 [무수정 중량]과 [한계 중량]을 각각 산출합니다.

　【근력】7, 【체격】7인 캐릭터라면, 세로4칸 × 가로7칸이기에 [무수정 중량]은 [4×7=28]로 28CP가 됩니다.

　또한, 캐릭터가 들 수 있는 아이템의 한계는 위의 예시에서 가로로 2칸, 세로로 2칸 확장한 범위가 되기에, 세로6칸 × 가로9칸이 됩니다. 즉, [한계 중량]은 [6×9=54]로 54CP가 됩니다.

　PC는 이 [무수정 중량] 28CP에서 5CP를 웃돌 때마다 〈사격계〉〈격투계〉〈운동계〉의 스킬 성공률에 -10%의 수정을 받습니다.

　[한계 중량] 54CP를 넘는 아이템은 소지할 수 없습니다.

차량에 짐을 싣는다

　차량에 짐을 실을 때에도 기본적으로는 같습니다.

　P262의 「차량 시트」에 실린 CP관리표와 아이템 칸을 사용하여, 캐릭터 시트와 똑같이 관리하시기 바랍니다.

　단, 차량은 해당 적재량이 0.5VCP부터 다양합니다. 1VCP는 5×10CP에 해당하니, 한 장의 차량 시트에는 적재량이 2VCP인 차량까지만 관리할 수 있습니다.

　2VCP를 넘는 차량의 적재물을 관리할 때, 차량 시트를 여러장 사용하거나, 앞에서 설명한 「간이 중량 규칙」을 사용하시기 바랍니다.

　단, 해당 판단은 GM이 합니다.

무수정 중량
　간이 중량 규칙을 기반으로 해당 캐릭터가 수정을 받지 않고 가질 수 있는 아이템 휴대치의 총계입니다.

한계 중량
　간이 중량 규칙을 기반으로 해당 캐릭터가 가질 수 있는 아이템 휴대치의 총계입니다. 이 수치를 웃도는 휴대치를 가진 아이템은 장비할 수 없습니다. GM은, 중량 제한이 다소 엄격하다 싶으면 무리해서 [한계 중량] 규칙을 사용할 필요는 없습니다. 하지만 가로 1열, 세로 1열마다 -10%의 수정을 받는다는 규칙은 변경하지 않아야 합니다.

차량 시트

차량과 이동 규칙

여기서 소개하는 규칙은 어디까지나 PC가 자기 발로 이동할 때를 상정했습니다.

또한, 차량에 타서 이동할 때에는 훨씬 큰 스케일의 맵을 준비하거나, TRS로 해결하는 편이 좋습니다.

이동에 걸리는 시간은 각 차량의 속도를 참고하여 산출하시기 바랍니다.

칸을 셀 때의 주의점

이동할 때는 기점이 되는 칸을 세지 않습니다. 4미터를 이동할 수 있다면, 현재 캐릭터가 있는 칸에서 2칸 앞까지 이동할 수 있습니다.

사격 등에서 목표까지의 거리를 잴 때도, 현재 캐릭터가 있는 칸은 세지 않습니다. 2칸 앞에 목표가 있다면, 거리는 4미터입니다.

하지만 그레네이드나 수류탄과 같이 일정 범위를 확인할 때에는 「중심범위 칸」 자체를 범위의 일부로서 계산합니다. 예를 들어, 「반경 2미터」라고 할 때에는 1칸만 포함됩니다. 「반경 4미터」라면 중심점의 상하좌우 칸을 말합니다(대각선에 접한 칸은 포함되지 않습니다).

범위가 2로 나누어 떨어지지 않고 나머지가 생길 때에는, 올림으로 처리합니다. 만약 「반경 5미터」라면 중심점에서 「3칸(중심점 포함)」이내가 범위에 포함됩니다.

이동거리나 사정거리, 범위 등이 2로 나누어 떨어지지 않고 나머지가 생길 때에는 올림으로 처리합니다. 만약 「5미터」라면 「3칸」까지가 됩니다.

캐릭터의 방향

전투시 「포인트 맵」에서는 간편한 처리를 위해 기본적으로 캐릭터의 방향은 생각하지 않습니다. (장애물로 막혀있지 않다면) 항상 전방위를 볼 수 있으며, 경계하고 있는 셈입니다.

전투시 이외에는 캐릭터가 주의를 기울이는 방향을 한정해도 상관없습니다.

이동 규칙

이동의 종류

『GDR』에는 다음과 같이 3종류의 지도를 사용한 이동을 기본으로 삼습니다.

[포인트 맵]을 사용한 이동(P126)
[에어리어 맵]을 사용한 이동(P128)
[제너럴 맵]을 사용한 이동(P131)

우선은, 각 지도에 관해 간단히 설명하겠습니다.

포인트 맵

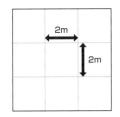

한 칸의 한 변을 2미터로 지정하여 전투 등에서 사용하는 지도가 [포인트 맵]입니다.

[포인트 맵]은 [미션]의 목적인 건물이나 부지의 지도이며, 「적 아지트 주변을 탐색한다」「적 아지트에 침입한다」「실제로 전투를 한다」와 같은 행동에 사용하는 맵이라고 생각하면 됩니다.

규칙의 설명에서 「칸」이라는 단어가 나온다면, 기본적으로 [포인트 맵]의 기준인 「2미터×2미터」의 칸을 나타냅니다.

건물이나 목표지역의 사이즈가 조금 크거나 작다면, 한 변을 1~4미터 정도로 생각해서 제작해도 좋습니다.

단, 한 변이 1미터나 4미터인 맵을 사용할 때는, 축척 차이에 주의하시기 바랍니다.

만약 축척이 1미터일 때의 「빠져나가기」는 인접한 칸을 포함하게 됩니다.

에어리어 맵

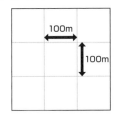

한 칸의 한 변을 100미터로 지정한 광역지도를 [에어리어 맵]이라고 부릅니다.

기본적으로 [미션]의 목적지인 [포인트 맵]에 도착할 때까지 사용하는 지도입니다. 섬 하나라든가 정글을 행군하는 등, 넓은 범위를 이동할 때 사용합니다.

한 칸 한 칸을 이동하는 것이 아니라, 몇개의 칸을 묶어놓은 [에어리어]를 이동합니다.

목적지에 도착하기 전에 PC에게 긴장감을 가져오거나, 어떠한 이벤트를 일으키고 싶을 때 사용하면 좋습니다.

제너럴 맵

GM이 [포인트 맵]이나 [에어리어 캡]을 만들기 힘들거나, 간단하게 『GDR』을 즐기고 싶을 때 사용합니다.

[제너럴 맵]은 장소와 장소를 연결하거나 위치관계를 개념적으로 포착하기 위한 보조 역할을 합니다.

[미션]에서 행동할 수 있는 장소를 사전에 [제너럴 맵]으로 지정하는 것으로 PC가 이동 가능한 장소를 제한하고, 비교적 간단하게 시나리오를 제작할 수 있습니다.

어떤 의미에서는 [에어리어 맵]을 확장한 지도라고 볼 수도 있습니다.

단, [포인트 맵]이나 [에어리어 맵]과 같이 PC에게 확실하게 잡힌 이미지를 전달하긴 어렵습니다.

GM의 아이디어에 따라서는 [포인트 맵]이나 [에어리어 맵]을 조합하여 시나리오를 제작할 수도 있습니다.

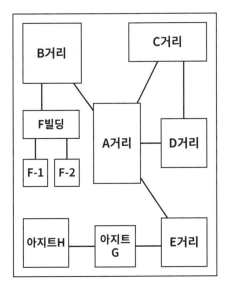

공통 규칙

이동 방법에 따른 수정

PC는 [신중한 이동] [일반 이동] [전력 이동] 중에서 하나의 이동 방법을 지정해 이동합니다. 각 이동 방법에는 다음과 같은 차이가 있습니다.

[이동력] = 【민첩】 + 〈운동〉 스킬 레벨

[신중한 이동] ([이동력] ÷ 2, 소수점 올림)m

신중하게 이동하고 싶을 때 선택하는 이동 방법입니다. 주변을 충분히 경계하면서 언제라도 사격 등의 행동이 가능합니다.

이동 속도는 느려지지만, 주변을 경계하며 가능한 한 조용하게 이동할 수 있기에 〈상황파악〉〈감지〉의 성공 판정에 +20%의 수정을 받습니다.

[일반 이동] ([이동력])m

경계하면서도 신속하게 행동하는 이동방법입니다.

[신중한 이동]보다도 이동 속도가 오르기 때문에 이동과 동시에 하는 행동에 영향을 줍니다. 모든 성공 판정에 -20%의 수정이 더해집니다. 단, 〈상황파악〉〈감지〉의 성공 판정 수정은 ±0%입니다.

[전력 이동] ([이동력] × 2 + 20)m

이동에만 전념하는 이동 방법입니다. [일반 이동]보다도 긴 거리를 이동할 수 있습니다.

전력으로 이동하기 때문에 모든 성공 판정에는 -60%, 〈상황파악〉〈감지〉의 성공 판정에 -40%의 수정이 더해집니다.

그리고 전력 이동을 하는 캐릭터를 공격 목표로 삼는다면, 명중률에 -20%의 수정을 받습니다. 이동속도가 빨라서 공격목표로서 적합하지 않기 때문입니다.

사용하는 맵에 따른 이동 방법 수정

사용 맵	수정 등	PC의 이동방법		
		신중한 이동	일반 이동	전력 이동
공통	성공 판정 수정	±0%	-20%	-60%
	〈상황파악〉〈감지〉의 수정	+20%	±0%	-40%
	적의 명중률 수정	—	—	-20%
포인트 맵	PC의 이동 속도(평지/도로/시가지 등)	캐릭터 시트의 이동속도에 변화 없음		
	PC의 이동 속도(삼림/습지/산/설원 등)	캐릭터 시트의 이동속도는 1/2		
에어리어 맵	1시간 동안 진행할 거리(평지/도로/시가지 등)	2km	4km	6km
	1시간 동안 진행할 거리(삼림/습지/산/설원 등)	1km	2km	3km
	1에어리어의 이동 시간(평지/도로/시가지 등)	30 분	15 분	10 분
	1에어리어의 이동 시간(삼림/습지/산/설원 등)	60 분	30 분	20 분

소음 레벨에 따른 〈감지〉의 수정

총성 때문에 주변에 있는 캐릭터에게 들킬 때도 있습니다. 반대로, PC가 가까이서 울린 총성을 듣게 될 수도 있습니다.

이러한 상황에서 캐릭터가 눈치챘는지를 판정할 때는 〈감지〉DR을 굴립니다.

그리고 무장의 [소음 레벨]에 따라 소리의 크기가 변합니다. 아래의 표를 참고하여 판정하시기 바랍니다. 총성 이외의 비명이나 물건 소리를 들었는지를 판정한다면, 적당히 GM이 수정을 정하시기 바랍니다.

또한, 사막과 같은 개활지에서는 소리가 잘 전달되며 울울창창한 숲에서는 잘 전해지지 않습니다. 격한 비나 바람 등도 소리의 전달을 방해합니다. 크게 틀어둔 TV나 라디오, 스터디움의 함성 등은 다른 소리를 쉽게 먹어 치웁니다. 이처럼 GM은 주변 상황에 따라 〈감지〉에 수정을 더할 수 있습니다.

소리가 들린 방향 특정

〈감지〉DR로 달성치가 5 이상 나오면, 어느 방향에서 소리가 들렸는지를 특정할 수 있습니다.

단, 소음기가 달린 총기의 총성은, 달성치 10 이상이 아니라면 소리가 난 방향을 특정할 수 없습니다.

〈상황 파악〉 〈감지〉의 수정

어디까지나 「성공 판정」의 수정이기 때문에 [이니셔티브]를 결정할 때의 성공률에는 영향을 주지 않습니다(기습이 되었는가의 「성공 판정」에는 영향을 줍니다).

또한, 이동하지 않고 귀를 기울이는 상황이라면, [신중한 이동]과 똑같이 +20%의 수정을 받아도 좋습니다([집중하다]의 수정을 받고 있는 것으로 생각하시기 바랍니다).

소음과 소음 레벨

총성 이외의 소리는 GM이 적당히 판단하여 [소음 레벨]에 맞추기 바랍니다. 다음과 같은 방침으로 판단하면 좋습니다.

소음 레벨3: 달리는 발소리, 문을 난폭하게 열거나 닫음, 고함.

소음 레벨4: 평범하게 걷는 발소리, 문을 열거나 닫음, 평범한 대화.

소음 레벨5: 작은 발소리, 문을 조용히 열거나 닫음, 작은 목소리.

이 외에도, 같은 방인지 옆방인지, 문이나 벽의 재질 등에 따라 수정을 정하시기 바랍니다.

소음기(서프레서)

총구에 부착하여 총구에서 분사되는 가스로 생기는 공기진동을 약하게 만들어 총성을 억제합니다. 또한, 발사광을 줄일 수도 있습니다.

일반적으로 라이플 등에 붙일 때에는 소음 효과보다는 소리의 지향성을 약하게 하여 어디서 쐈는지를 모르게 만드는 효과를 기대하며 사용합니다.

소음 레벨에 따른 〈감지〉의 수정

소음 레벨	총기의 종류	총성에 눈치챌 가능성							
		제너럴	같은 실내	같은 층	다른 층		건물 밖		
		에어리어			같은 에어리어			인접 에어리어	2 에어리어 앞
		포인트	지근거리(0~5)	근거리(6~25)	중거리(26~50)	장거리(51~200)	201~500	501~1000	1001~1500
5	무음	-20%	×	×	×	×	×	×	×
4	핸드건	○	+20%	±0%	-20%	-40%	×	×	×
3	SMG	○	○	+20%	±0%	-20%	-40%	×	×
2	어설트 라이플/샷 건	○	○	○	+20%	±0%	-20%	-40%	×
1	스나이퍼 라이플/중화기	○	○	○	○	+20%	±0%	-20%	-40%

※○=판정이 필요 없이 눈치챔. ×=판정 불가
※제너럴/에어리어/포인트의 항목은, 각 맵을 사용할 때의 거리 기준입니다.

허리보다 높은 장애물

2미터를 넘는 높이의 장애물을 뛰어넘을 때, GM은 해당 행동이 불가능하다고 할 수 있습니다. 기어오른다고 하면 다른 판정이 필요할 것입니다.

참고로, 현재 높이 뛰기 세계 기록이 2미터 45센티미터입니다.

폭이 넓은 장애물

도랑, 구덩이 등도 장애물로서 취급합니다. 한걸음에 건널 정도라면 별 영향이 없지만, 어느 정도 폭이 있다면 「허리보다 높은 장애물」로 취급합니다.

울타리와 같이 높이와 폭을 갖추었다면, 「허리보다 낮은 장애물」은 「허리보다 높은 장애물」로 취급합니다. 본래 「허리보다 높은 장애물」이라면, 이동을 정지합니다.

돌파

빠져나가기에 실패했다면, 그대로 밀고 들어가 강제로 돌파할 수도 있습니다. 〈강인함〉 대항판정을 굴려서 성공하면 이동을 계속합니다(방해하는 측은 [넘어짐]이 됩니다). 실패한다면, [넘어짐]이 되어 이동을 정지합니다.

장애물 돌파

위와 같은 돌파는 장애물을 대상으로 사용할 수 있습니다. 〈강인함〉 성공 판정이 되는데, 장애물의 중량이나 얼마나 잘 고정되어 있는가를 기준으로 마이너스 수정을 더하시기 바랍니다.

성공한다면 이동을 계속할 수 있지만, 실패하면 이동을 정지합니다. 펌블이라면 [넘어짐]이 됩니다.

1칸에 들어가는 캐릭터

1칸에는 2명의 캐릭터만 들어가게 합니다. 축척이 다르다면, 1평방미터당 1인으로 하시기 바랍니다. 단, 특별한 예로서 「1미터×1미터」의 칸에도 2명까지 들어가게 합니다.

포인트 맵

[포인트 맵]은, 목적한 건물이나 부지의 지도이며, 「적 아지트 주변을 탐색한다」「적 아지트에 침입한다」「실제 전투를 한다」와 같은 행동은 모두 이 지도 위에서 이루어집니다.

이동방법에 따른 이동 거리

캐릭터는 [신중한 이동] [일반 이동] [전력 이동]의 3종류에서 이동 방법을 고릅니다.

이동 거리는 캐릭터의 능력마다 달라지기 때문에 각 캐릭터 시트에서 확인하시기 바랍니다. 캐릭터 시트에 적어 놓은 이동 방법에 따른 이동 거리는 1[라운드]에 나아갈 수 있는 거리입니다.

[포인트 맵]상에서는 선택한 이동방법에 따라 정해진 미터만큼 이동할 수 있습니다. 단, 대각선으로는 이동할 수 없습니다.

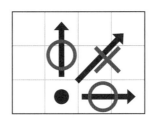

지형에 따른 이동 거리 변화

지형에 따라서는 캐릭터가 나아갈 수 있는 속도가 달라집니다.

평지나 도로, 시가지라면 달라지지 않지만, 삼림이나 습지, 산 등의 험지에서는 캐릭터가 이동 가능한 거리가 1/2이 됩니다.

지형에 따른 이동 거리 변화
평지/도로/시가지 등: 변화 없음
삼림/습지/산/설원 등: 이동 거리 ÷2

이동력이 남았을 때

[포인트 맵]은 기본적으로 1칸이 2미터입니다. 이때, 이동 거리가 2로 나누어지지 않고 나머지가 생길 수 있습니다. 그때는 1칸 더 전진하고 이동을 종료할 수 있습니다.

이것은 이동에 국한되지 않고 사정거리를 측정할 때에도 같습니다.
예) [일반 이동]이 7인 캐릭터는 3칸 이동하면 남은 이동 거리가 1미터 뿐이지만, 4칸까지 전진할 수 있습니다.

장애물

이동경로에 울타리, 나무 상자, 테이블 등의 장애물이 있다면, 다음과 같이 해결합니다.

허리보다 낮은 장애물

별다른 지장 없이 뛰어넘어서 이동합니다.

허리보다 높은 장애물

이동하면서 넘어가려고 한다면, 〈운동〉 성공 판정을 하여 성공하면 장애물을 넘고서 정지합니다. 실패하면 장애물 앞에서 정지합니다. 크리티컬이라면 그대로 이동을 계속합니다. 펌블이라면 [넘어짐]이 됩니다.

빠져나가기

[포인트 맵]에서, 자신의 이동을 방해하려는 상대가 있는 칸에 들어가거나 나오려고 할 때, 해당 상대와 〈운동〉 대항판정을 해야 합니다. 이때, 이동하는 측은 이동방법에 따른 성공 판정의 수정이 적용되지 않습니다.

이동 측이 성공하면 이동을 계속하지만, 실패하면 상대와 같은 칸에서 이동을 종료합니다.

[격투]를 사용하는 이동 방해

준비상태에 있는 [근접 무기]나 [격투 타입]의 사정거리 내에 있는 칸에 다른 캐릭터가 들어가거나 나오려고 할 때, 「빠져나가기」(P126)로 처리하는 대신, 이동 방해를 선언할 수 있습니다([투사 무기]로는 할 수 없습니다). 자세한 내용은 P161을 참조하시기 바랍니다.

이동 방법에 따른 수정

선택한 이동방법에 따라 캐릭터의 성공 판정에 수정이 더해집니다. 단, 〈상황파악〉〈감지〉에는 독자적인 수정이 더해집니다.

또한 [전력 이동] 중인 캐릭터를 대상으로 한 공격의 명중률에는 -20%의 수정을 받습니다.

이러한 수정은 캐릭터의 다음 [이동 선언] 개시 시점까지 유효합니다.

성공 판정의 수정
　[신중한 이동]: ±0%
　[일반 이동]: -20%
　[전력 이동]: -60%
〈상황파악〉〈감지〉 성공 판정의 수정
　[신중한 이동]: +20%
　[일반 이동]: ±0%
　[전력 이동]: -40%
적의 명중률 수정
　[전력 이동]: -20%

문을 여닫는다

캐릭터가 이동하면서 문을 여닫으려고 한다면, 해당 행동의 결과는 선택한 이동방법에 따라 달라집니다.

[신중한 이동]

특별한 문제 없이 문을 여닫고 이동할 수 있습니다.

[일반 이동], [전력 이동]

①이동을 시작하고 문 앞에서 일단 정지합니다. 여기서 문을 여닫을 수 있지만, 문을 여닫으면 해당 시점에서 이동을 종료합니다.

②이동을 시작했을 때 문을 여닫고 이동할 수 있지만, 두 번째 문을 여닫을 수는 없습니다.

문을 걷어차서 연다

〈강인함〉의 성공 판정에 성공한다면, 이동을 종료하는 것이 아니라 앞으로 이동할 수 있습니다. 또한, 이동을 시작했을 때라면 두 번째의 문을 여닫을 수 있습니다. 단, 한 번의 이동에서 걷어차서 열 수 있는 문은 하나뿐입니다.

실패했을 경우, 큰 소리를 내버린 데다가 문도 열지 못한 것입니다. 이동 도중이라면 거기서 이동을 종료합니다. 이동을 시작했을 때라면 문을 열고서 이동할 수 있지만, 이동 거리는 1/2이 됩니다.

이 판정에는 다음과 같은 수정을 받습니다.

당겨서 여는 문: 기본적으로 불가
문의 재질 및 강도: -20%~-40%
샷건 등으로 경첩을 부쉈다: +40%

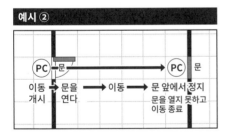

예시 ①

| PC | → | PC | 문 |
| 이동 개시 | → 이동 → | 문 앞에서 정지 문은 열지만, 이동 종료 | |

예시 ②

| PC | 문 | | PC | 문 |
| 이동 개시 | → 문을 연다 | → 이동 → | 문 앞에서 정지 문을 열지 못하고 이동 종료 | |

창문을 깨고 돌입한다

상황에 따라서는 창문으로부터(어쩌면 유리창을 깨고) 돌입하는 캐릭터도 있을 것입니다. 창문의 크기에 따라 처리가 달라집니다.

작은 창문으로 침입한다

머리나 어깨가 겨우 들어갈 정도의 작은 창문으로 침입할 경우, 한 번의 [행동]을 사용하여 사전에 유리를 깨두어야 합니다. 그리고 침입할 때 한 번 더 [행동]이 필요합니다.

또한, 침입 전후에는 이동할 수 없습니다.

큰 창문으로 돌입한다

캐릭터의 몸이 충분히 들어갈 크기라면, 유리창을 깨면서 돌입할 수 있습니다. 단, 선택한 이동방법과 관계없이 유리창을 깨고 돌입한 반대편 칸에 들어간 시점에서 이동을 종료합니다.

수동적인 판정

이동할 때 GM은 캐릭터에 판정을 요구할 수 있습니다. 이와 같은 판정은 캐릭터의 [행동]을 소모하지 않습니다. 판정을 시키는 타이밍은 GM이 판단합니다.

〈감지〉

문 앞을 지나갈 때 대화하는 소리를 듣거나, 계단 앞을 지날 때 올라오는 사람을 눈치채는 등, 캐릭터가 뭔가에 눈치챌 수 있는지를 판정할 때는 이 스킬을 사용합니다.

〈상황파악〉

캐릭터가 문을 열었을 때나 방에 들어갈 때, 순간적으로 상황을 확인할 수 있는지를 판정할 때는 이 스킬을 사용합니다. 성공하면 다음과 같은 정보를 입수합니다.

• 방에 있는 캐릭터의 인수나 무장
• 얼굴 판별 (사진에서 본 인물인지)
• 적아 판별 (적인지 인질인지 등)
• 방의 특징

실패한다면, 보이기 어려운 곳에 있는 캐릭터를 놓치거나 무장/비무장 캐릭터를 판별 못할 수도 있습니다.

〈시가지 행동〉〈국지 행동〉

상대가 눈치채지 못하게 이동할 수 있는지를 판정할 때는 이 스킬을 사용합니다. 이동을 시작했을 때 DR을 굴려서 해당 이동 동안에는 해당 달성치를 적용합니다.

상대가 얼마나 경계하고 있는가를 나타낸 [경계도]에 따라, 상대의 대응이 달라집니다.

무경계: 방심하고 있는 정도에 따라 +20% ~ +40%의 수정을 받습니다. 성공 판정에 성공한다면, 상대는 눈치채지 못합니다. 실패한다면 상대는 〈감지〉성공 판정에 성공해야 눈치챕니다.

경계: 성공 판정에 성공한다면 상대는 눈치채지 못합니다. 실패한다면 상대는 〈감지〉성공 판정에 성공해야 눈치챕니다.

엄중: 상대의 〈감지〉와 대항판정을 합니다. 성공하면 상대는 눈치채지 못합니다. 실패하면 눈치챕니다.

단, 눈치를 챈다 하여도 경계도에 따라 반응도 달라질 것입니다. 대체로 〈감지〉달성치가 5~9라면 다소 경계, 10 이상이라면 확실하게 경계하고 있는 상황으로 취급하시기 바랍니다.

문을 여닫는다

「여닫기」는 하나의 동작으로 칩니다. 즉, 「닫혀 있는 문을 열고 다시 닫는다」「열린 문을 닫고서 다시 연다」를 말합니다 (물론, 연다/닫는다 시점에서 멈추어도 상관없습니다).

협력하여 돌입

캐릭터가 큰 창문으로 돌입하고 싶을 때, 동료와의 연계를 생각해야 합니다.

다시 말해, 우선 동료 캐릭터가 해당 [라운드]의 [행동]을 사용하여 유리창을 깨주어야 합니다.

이 시점에서 창은 존재하지 않는 것이나 마찬가지이기에 돌입하는 캐릭터는 선택한 이동 방법의 이동 거리를 잃지 않고 이동할 수 있습니다. 물론, 돌입한 시점에서 이동을 종료하지도 않습니다.

단, 창턱이 허리보다 높이 있다면, 「허리보다 높은 장애물」이 되므로 주의하시기 바랍니다.

또한, 창문을 깬다는 말은 해당 시점에 큰 파열음이 울려 퍼진다는 뜻임을, GM도 PL도 잊지 말아야 합니다.

유리로 인한 대미지

캐릭터가 유리를 깰 때, 어떠한 도구(의자, 총대 등도 상관없습니다)가 있고 [행동]을 소모한다면, 대미지를 받지 않습니다.

도구가 없거나 [행동]을 소모하지 않고 유리를 깰(몸으로 들이받을) 경우, 대미지를 받을 가능성이 있습니다.

〈강인함〉성공 판정을 굴려서 크리티컬이라면 대미지 없음, 성공한다면 1D6, 실패한다면 2D6, 펌블이라면 3D6의 대미지를 받습니다.

상대의 [경계도]

평범하게 생활하고 있다면 「무경계」입니다.

일부러 망을 보고 있다면 「경계」입니다.

누군가 침입하리라 감지하고 있거나, 상당히 경비가 엄한 시설의 보초라면 「엄중」입니다.

에어리어 맵

한 변의 길이

물론 한 변의 길이가 50미터나 200미터인 [에어리어 맵]을 만들 수도 있습니다. 비교적 안전한 장소는 한 변이 길고, 위험한 장소는 한 변을 짧게 만드는 등의 궁리를 해볼 수 있습니다.

이동에 걸리는 시간은 100미터를 기준으로 산출합니다.

GM은 [에어리어 맵] 상에 있는 한 변을 100미터로 삼는 칸 여러 개로 하나의 에어리어를 만듭니다.

해당 에어리어에서 지도를 몇 부분으로 구분하고, 캐릭터는 해당 에어리어를 이동하면서 나아가게 됩니다.

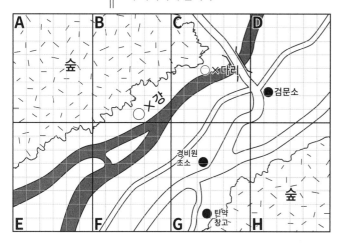

소형 에어리어

큰 강이나 도로, 혹은 시설의 부지 등으로 구분해도 좋습니다.

소형 에어리어 제작으로 루트 선택의 폭이 넓어집니다.

[에어리어 맵]과 총성

[에어리어 맵]에서 총성을 눈치채는지에 관한 판정을 할 경우, 대각선에 있는 에어리어도 「인접 에어리어」로서 취급하시기 바랍니다. 즉, 중심 에어리어의 주변 8개 에어리어가 전부 「인접 에어리어」가 됩니다.

에어리어를 어떤 크기로 구분하는지, 어떻게 구분할지는 GM의 자유이지만, 하나의 에어리어를 제작할 때 5×5칸~8×8칸(사방 500~800미터)을 기준으로 삼으면 좋습니다.

또한, 하나의 에어리어를 강이나 큰 도로 등을 이용해 「소형 에어리어」로 구분할 수도 있습니다.

이동 방법에 따른 이동 거리

캐릭터는 [신중한 이동] [일반이동] [전력이동]의 3종류 중에서 선택합니다.

이동방법마다 1시간에 나아갈 수 있는 거리가 정해져 있습니다. [에어리어 맵]에서는 캐릭터의 능력과 관계없이 이동 거리가 정해집니다.

1시간 동안 나아가는 거리
[신중한 이동]: 2km
[일반 이동]: 4km
[전력 이동]: 6km

에어리어가 사방 500~800미터일 때, 하나의 에어리어를 이동하는 데 걸리는 시간 기준은 다음과 같습니다.

단, 대각선 방향의 에어리어로는 이동할 수 없습니다.

에어리어를 이동할 때 걸리는 시간
[신중한 이동]: 30분
[일반 이동]: 15분
[전력 이동]: 10분

지형에 따른 이동 거리의 변화

캐릭터의 이동 속도는 지형에 따라서 달라집니다.

평지나 도로, 시가지에서는 달라지지 않지만, 삼림이나 습지, 산 등의 험지에서는 에어리어 하나를 이동하는 시간이 2배가 됩니다.

지형에 따른 이동 시간의 변화
평지/도로/시가지 등: 변화 없음
삼림/습지/산/설원 등: 시간 × 2

이동 방법에 따른 수정

선택한 이동 방법에 따라 캐릭터의 성공 판정에 수정이 더해집니다. 단, 〈상황파악〉〈감지〉에는 독자적인 수정이 더해집니다.

이러한 수정은 에어리어 내에서 전투가 일어나는 등, 에어리어 이동 이외의 장면이 될 때까지 유효합니다.

성공 판정 수정
[신중한 이동]: ±0%
[일반 이동]: -20%
[전력 이동]: -60%

〈상황파악〉〈감지〉 성공 판정의 수정
[신중한 이동]: +20%
[일반 이동]: ±0%
[전력 이동]: -40%

수동적인 판정

에어리어를 이동할 때 GM은 캐릭터에 판정을 요구할 수 있습니다.

〈운동〉

정글 등과 같이 장애물이 많은 지형에서 [전력 이동]을 선택했을 때, 무언가에 걸려 넘어지거나 나뭇가지에 상처를 입지 않았는지를 판정할 수도 있습니다. 이 판정에는 이동방법에 따른 수정을 적용하지 않습니다.

실패하면 [내구력]에 1D6의 대미지를 받습니다. 펌블이라면, 발을 삐거나 하여 [중상] -10%를 받습니다.

〈강인함〉

사막이나 산악지대와 같이 가혹한 지형에서 [전력 이동]을 선택했을 때, 체력을 지나치게 소모하였는지를 판정할 수도 있습니다. 이 판정에는 이동방법에 따른 수정을 적용하지 않습니다.

실패하면 [내구력]에 1D6의 대미지를 받습니다. 펌블이라면, 몸을 다치거나 하여 [중상] -10%를 받습니다.

〈서바이벌〉

부정확한 지도밖에 없거나, 헤매기 쉬운 지형을 이동할 때, 판정할 수도 있습니다. 실패하면 헤매게 되어 시간이 2배가 걸립니다.

펌블이라면 완전히 길을 잃게 되어 다음 이동목표 에어리어를 랜덤으로 결정해야만 합니다. 그다음 판정에 성공한다면, 헤매고 있다는 사실을 깨닫고 평소대로 이동 목표 에어리어를 결정할 수 있습니다.

그 밖에도 발자국이나 동물의 흔적을 탐색하거나 추적하기, 식료품 확보, 안전한 캠프 설치 장소를 찾는 등, 야외활동에서 중요한 판정에 사용할 수 있습니다.

에어리어 내에서의 이벤트

[에어리어 맵]은 기본적으로 목적지까지 가는 맵이라고 생각합시다.

해당 목적지까지 캐릭터가 이동할 때, 전혀 위험할 것이 없다면 GM은 [에어리어 맵]을 사용하지 말아야 합니다.

그 같은 경우, 캐릭터가 목적지에 도착할 때까지 얼마나 시간이 걸렸는가를 전하기만 해도 됩니다.

다시 말해, GM이 [에어리어 맵]을 제시한다는 말은 그곳에 위험 요소가 있다고 PL에게 전하는 것이나 마찬가지입니다.

이러한 위험은 환경이나 동물과 같은 자연의 위협일 수도 있고, 적의 순찰 부대일지도 모릅니다. GM은 에어리어 내에서 일어날 수 있는 그러한 위험을, 이벤트로서 준비합니다. 얼마간의 예를 정리했으니 참고하시기 바랍니다.

조우

가장 일반적인 이벤트입니다. 적의 순찰 부대, 인근 주민과 같은 NPC와 조우합니다. 때로는 위험한 동물 등과 마주칠지도 모릅니다.

전투가 되면 총성 등으로 주변의 적을 불러들일지도 모릅니다. 또한, 적의가 없는 NPC라면, 교섭 결과에 따라 무언가 유리한 정보를 얻을지도 모릅니다.

때로는 NPC가 PC처럼 돌아다니고 있어도 재미있을 것입니다.

포인트 맵

군사 캠프나 작은 마을 등, 목적지가 아니더라도 [포인트 맵]이 준비된 장소가 있어도 괜찮을 것입니다.

지형

바닥 없는 늪, 헤매기 쉬운 정글, 다른 에어리어의 상황을 살필 수 있게 시야가 확 트인 언덕 등, 독특한 지형입니다.

단서

찾고 있는 인물에 관한 단서가 될 발자국, 추적하는 팀의 캠프 흔적 등, 다음 이동 목표를 정할 때 도움이 될 정보를 얻습니다.

캠프

장거리 행군 등에서는 언제 어디서 쉬는가도 중요합니다. 또한, 식료품 확보 역시 중요합니다.

에어리어 맵에서 이동 순서

[에어리어 맵]에서의 이동은 다음과 같은 순서를 따릅니다.

① [에어리어 맵] 제시

GM은 [에어리어 맵]을 제시하고 캐릭터가 현재 어느 에어리어의 어느 지점에 있는지를 설명합니다.

② 이동 방법과 목적지 에어리어 선언

캐릭터는 제시된 [에어리어 맵]을 확인하고, 이동방법과 다음에 이동할 에어리어를 선언합니다.

일반 이동 방법이 아닌, [선행 정찰] [포인트 맨]을 선언할 수도 있습니다.

[선행 정찰]

팀을 선행 부대와 후발 부대로 나눕니다. 선행 부대만 ③-1 순서를 진행하고, 다음 이동 목표인 에어리어로 이동합니다. 이벤트가 발생하면 그대로 해결합니다.

후발 부대는 그 뒤에 이동 목표인 에어리어로 이동합니다. 이때, 〈시가지/국지 행동〉에 +40%의 수정을 받습니다.

단, 부대의 이동이 2회가 되기 때문에 이동 시간도 2회분의 시간이 걸립니다.

그리고 후발 부대의 이동과 동시에 선행부대가 다음 이동 목표 에어리어로 이동하는 것으로 효율화를 꾀할 수도 있지만, 그럴 경우 후발 부대의 수정은 +20%가 됩니다.

[포인트맨]

부대를 나누지 않고 팀보다 앞서가는 포인트맨(프론트맨)이 안전을 확인하면서, 팀 전체가 한 번에 이동합니다. 포인트맨은 여럿이어도 좋습니다.

이동에 걸리는 시간은 그대로입니다.

포인트맨 이외의 캐릭터는 〈감지〉에 -20%의 수정을 받는 대신, 〈시가지/국지 행동〉에 +20%의 수정을 받습니다.

③-1 DR

이동한 캐릭터 전원은 〈감지〉, 〈시가지/국지 행동〉DR을 굴립니다. 전원의 DR 결과를 확인하고 팀 전체의 달성치를 결정합니다.

전원의 달성치(성공 판정에 실패하면 0)을 합하여 인원수로 나누어 평균치를 산출합니다. 이것이 팀의 달성치가 됩니다.

이 DR은 다음과 같은 수정을 적용받습니다.

시야 수정: 어둠	〈감지〉-30%
시야 수정: 달빛	〈감지〉-20%
시야 수정: 어스름/안개	〈감지〉-10%
지형	〈시가지/국지 행동〉±20%

〈시가지/국지 행동〉

〈시가지 행동〉〈국지 행동〉 중에서 해당 에어리어에 어울리는 쪽의 스킬이라는 의미입니다.

해당 에어리어가 도시나 기지의 부지 내부 등이라면 〈시가지 행동〉, 정글이나 사막과 같은 야외라면 〈국지 행동〉이 됩니다.

선행 정찰

〈감지〉, 〈시가지/국지 행동〉이 높은 캐릭터에게 어울립니다.

선행부대가 에어리어의 위험도를 확인하는 것으로, 때로는 우회 등의 수단을 쓸 수도 있습니다.

선행부대가 발각되거나 이벤트에 휘말리게 되면 고립되기 때문에 이동에 시간이 걸리는 단점이 있습니다.

포인트맨

〈감지〉, 〈시가지/국지 행동〉이 높은 캐릭터에게 어울립니다. 시간 낭비가 없다는 이점이 있지만, 포인트맨의 〈감지〉가 낮으면 적을 발견할 가능성이 낮아집니다.

시야 수정

[에어리어 맵]의 무대가 될 장소에서는 시각뿐만 아니라 청각도 중요합니다. 따라서 시야 수정은 낮게 설정되어 있습니다.

지형

울창한 숲, 복잡한 시가지와 같이 시야가 제한될 지형에서는 〈시가지/국지 행동〉에 +20%의 수정을 받습니다.

반대로 장애물이 없는 개활지나 광장과 같은 지형에서는 -20%의 수정을 받습니다.

③-2 상대측의 DR

시나리오를 제작할 때, 미리 판정해서 달성치를 정해놓으면 진행이 부드러워집니다.

단, 현장에서 주사위를 굴리는 것이 재미있거나 공평하다고 여긴다면, 그렇게 해도 문제없습니다.

그리고 이러한 판정은 상대 측이 해당 에어리어에 머물고 있을 때를 상정하고 있습니다(일정한 위치에서 움직이지 않거나, 맴돌고 있을 때에는 별도로 칩니다).

만약 상대 측도 에어리어 맵 전체를 리얼 타임으로 이동하고 있다면, 이동 방법을 정하여 그에 따른 DR을 굴리는 방법도 좋습니다(다소 번거롭습니다만).

상대의 경계도

인근에 사는 주민처럼 에어리어를 그냥 이동하고만 있다면 「무경계」입니다.

망을 보거나 순찰하는 부대라면 「경계」입니다.

누군가 침입하리라 감지하고 있거나, 상당히 경비가 엄한 시설의 보초라면 「엄중」입니다.

[경계도]: 엄중

어느 한쪽에 +20%라는 말은, 해당 적이 「적을 발견한다」는 것과 「적에게 발견되지 않도록 한다」는 것 중에서 어느 쪽을 우선시하느냐에 따라 달라집니다.

순찰 부대라면 〈감지〉, 침입 부대라면 〈시가지/국지 행동〉에 수정을 얻을 것입니다.

전투가 발생했을 때

[에어리어 맵]에서 이동하는 도중 전투가 발생한다면, 전투는 [포인트 맵]을 사용하지 않고 상대의 거리만을 기록한 추상적 전투로서 다루면 좋습니다.

엄폐물은 복잡하게 얽힌 지형이라면 「항상 가능」으로 해도 좋으며, 전투에서 엄폐물의 양에 따라 특정한 이동 방법으로 이동할 필요가 생길 수 있습니다.

적음: [전력 이동]
보통: [일반 이동]
많음: [신중한 이동]

③-2 상대 측 DR

이동한 에어리어에 캐릭터가 존재한다면, 상대 측도 〈감지〉, 〈시가지/국지 행동〉 DR을 굴립니다. 이 판정에는 ③-1과 같은 수정에 추가로 [경계도]에 따라 수정을 받습니다.

[경계도]와 수정

무경계: 모든 판정에 -20%
경계: 모든 판정에 ±0%
엄중: 어느 한쪽에 +20%

전원의 DR 결과를 확인하여 똑같이 팀 전체의 달성치를 결정합니다.

④ 포착 거리 결정

이동한 에어리어에 캐릭터가 존재한다면, ③-1과 ③-2에서 결정한 양 팀의 〈감지〉 달성치와 〈시가지/국지 행동〉의 달성치를 비교합니다.

각 팀은 자기 팀의 〈감지〉 달성치와 상대 팀의 〈시가지/국지 행동〉 달성치를 비교합니다. 〈감지〉가 같거나 높으면 상대 팀을 발견합니다. 상대의 〈시가지/국지 행동〉의 달성치가 높다면, 상대를 발견할 수 없습니다.

어느 정도의 거리에서 상대를 발견하였는가는 달성치의 차를 아래의 표에 대조하여 결정합니다.

단, 정글과 같이 시야를 방해하는 것이 많은 지형에서는 포착 거리가 1단계 낮아집니다. 반대로 시야가 탁 트인 지형에서는 1단계 멀어집니다(각각 [지근거리] [장거리]까지).

포착 거리표

달성치의 차	포착 거리
±0 ~ +1	지근거리(3m)
+2 ~ +3	근거리(15m)
+4 ~ +6	중거리(35m)
+7 ~	장거리(125m)

⑤ 조우 후의 처리

좀 더 먼 포착거리에서 상대방을 눈치챈 측은, 아래의 행동 중에서 하나를 선택합니다.

선제공격
포착 거리에서 [기습](P137)할 수 있습니다.
접근
상대와의 거리를 포착 거리에서 임의의 거리까지 줄일 수 있습니다. 단, 상대의 포착 거리까지 접근하면 즉시 전투에 들어갑니다.
이탈
상대와의 거리를 포착 거리에서 임의의 거리까지 벌릴 수 있습니다. 그 후, [기습]할 수 있습니다.
조우 회피
조우를 회피하게끔 이동합니다. 전투는 발생하지 않습니다.

양측의 포착거리가 같다면, 즉시 전투에 들어갑니다. 해당 시점이 [지근거리]였다면, 양측은 예상할 수 없는 조우가 되어 서로 [기습]을 당한 것으로서 처리합니다.

② ~ ⑤를 반복한다

이후, ② ~ ⑤를 반복하면서 목적지까지 이동합니다.

예) 팀과 함께 정글에 있는 바이퍼는 [선행 정찰]을 합니다. 선발부대는 바이퍼뿐입니다. 이동 방법은 [신중한 이동]을 선택합니다. 바이퍼는 〈감지〉([신중한 이동]으로 +20%)와 〈국지 행동〉의 DR을 굴립니다. 결과는 〈감지〉가 13, 〈국지 행동〉이 10입니다. 한 명뿐이므로 이것이 팀 전체의 달성치가 됩니다.

GM은 시나리오를 보고 이 에어리어에는 순찰 부대와의 조우 이벤트가 있음을 확인합니다. 시나리오 제작시에 이미 DR을 굴려 놓았으므로 달성치를 확인합니다. 〈감지〉가 11, 〈국지 행동〉이 7이었습니다.

우선 GM은 바이퍼가 어느 거리에서 부대를 발견하는지 확인합니다. 바이퍼의 〈감지〉 달성치는 13, 부대의 〈국지 행동〉 달성치는 7입니다. 해당 차는 +6입니다. 「포착 거리표」를 확인하니 [중거리]입니다. 하지만 시야를 가리는 것이 많은 정글이므로 1단계 가까운 [근거리]가 됩니다.

똑같이 부대가 바이퍼를 발견하는 거리를 구합니다. 달성치는 +1입니다. [지근거리]에서 발견할 수 있습니다. GM은 바이퍼에게 「근거리에서 순찰 부대를 발견했다. 당신은 아직 발각되지 않은 모양이다」라고 전합니다.

바이퍼는 적의 수가 많음을 확인하고 조우 후의 처리에서 「조우 회피」를 선택합니다. 부대를 지나가게 두고 안전을 확인한 바이퍼는 후발부대를 부릅니다. 이것으로 후발부대는 〈국지 행동〉에 +40%의 수정을 받습니다.

만약 「접근」을 선택했다면 거리를 1단계 줄여서 [지근거리]가 된 시점에서 부대 측도 바이퍼를 발견하고 전투가 벌어졌을 것입니다.

거리를 랜덤으로 결정한다

「포착 거리표」에는 포착 거리마다 고정된 미터 수가 있지만, 랜덤으로 결정하고 싶을 때에는 아래의 표에서 1D9를 굴려 결정하시기 바랍니다.

랜덤 거리 결정표

1D9	지근거리	근거리	중거리	장거리
0	0m	6m	26m	51m
1~2	1m	10m	35m	90m
3~6	3m	15m	40m	125m
7~8	4m	20m	45m	165m
9	5m	25m	50m	200m

제너럴 맵

GM은 무대가 되는 건물이나 장소로부터 몇 개의 에어리어를 추출합니다.

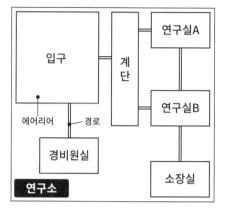

그리고 오고 갈 수 있는 에어리어를 각각 선 (경로)으로 연결해 하나의 맵으로 만듭니다.

에어리어는 무대 속에서 게임적인 의미를 가진 장소만을 추출합니다.

예로 제시한 연구소의 경우, 그 외에도 화장 실이나 비품창고, 복도, 다른 연구실 등이 있 을 것입니다. 하지만 게임적인 의미가 없는 장소를, 다시 말해 이벤트가 발생하지 않는 장소를 에어리어로 설정할 필요가 없습니다.

감각적으로는 [에어리어 맵]에 가깝지만 크 기나 거리라는 개념을 추상적으로 다루고, 에 어리어로서 설정한 장소 이외에는 명확하게 정할 필요가 없습니다. 그 때문에 다양한 규 모의 무대를 같은 스케일로 간단하게 다룰 수 있습니다.

호화 여객선, 고층 빌딩, 연구소, 원자력 발 전소 등, [포인트 맵]으로 나타내기에는 너무 넓고, [에어리어 맵]으로 하기에는 많이 좁은 경우나 세세한 디테일이 불명확한 무대를 표 현하고 싶을 때 가장 어울립니다.

이동 방법에 따른 이동 거리

경로를 사용하여 연결한 에어리어 사이를 이동할 수 있습니다. 에어리어 사이를 오갈 때 필요한 이동 방법은, GM이 [제너럴 맵] 제 작시에 설정합니다.

실제 거리를 상상하면서, [일반 이동]으로 1 에어리어 이동할 수 있다는 식으로 정해둡니 다. [전력 이동]이라면 2에어리어를 이동할 수 있다는 등으로 정해도 좋습니다.

거리 전체와 같이 [제너럴 맵]이 광범위를 가리킬 때에는 이동 방법을 선택할 필요가 없 다고 정해도 좋습니다(이동 방법에 따른 수정 은 없습니다). 시간 경과를 기록할 필요가 있 다면, 1에어리어를 이동하는데 1시간이 지난 다는 식으로 정해둡니다.

이동 방법에 따른 수정

선택한 이동 방법에 따라 캐릭터의 성공 판 정에 수정이 더해집니다. 단, 〈상황파악〉〈감 지〉에는 독자적인 수정이 더해집니다.

이러한 수정은 에어리어 내에서 전투가 일 어나는 등, 에어리어 이동 이외의 장면이 될 때까지 유효합니다.

성공 판정 수정

[신중한 이동]: ±0%
[일반 이동]: -20%
[전력 이동]: -60%

〈상황파악〉〈감지〉 성공 판정의 수정

[신중한 이동]: +20%
[일반 이동]: ±0%
[전력 이동]: -40%

[제너럴 맵]의 이점

[제너럴 맵]을 사용하면 어떠한 이점이 있는 가를 설명합니다.

상세한 맵을 준비할 필요가 없다

[포인트 맵]을 사용한 이동과 전투 규칙은 『GDR』의 매력 중 하나이지만, 매번 맵을 준 비하기란 어렵습니다. 「시나리오는 만들었지 만 맵을 만들 수 없어……」라면서 한탄하신 분도 많을 것입니다.

또한, 낯선 장소 혹은 원자력 발전소나 댐과 같은 기밀성이 높은 건물은 자료가 적어서 맵 을 준비하기 어렵습니다(꼭 그런 곳에 재미있 는 시나리오 거리가 있곤 하지요……).

하지만 평면도를 구할 수 없거나 세세한 부 분까지는 알 수 없는 장소라도 시나리오상 필 요한 장소를 에어리어로 추출하는 것만으로 [제너럴 맵]을 만들 수 있습니다.

부드러운 [미션] 전개가 가능하다

[제너럴 맵]에서는 에어리어에서 설정하지 않은 장소에는 이동할 수 없습니다. 어떤 의 미에서는 「존재하지 않는」 상태가 됩니다.

이렇게 하는 것으로 PL에게 명확한 선택지 를 제시할 수 있으며, 예정에 없는 루트를 가 게 되어 갈팡질팡하지도 않을 것입니다.

예상외의 사태에 대응할 수 있다

[미션]이 생각지도 못한 방향으로 전개되어 예정하지 않은 장소에서 전투가 벌어질 수도 있습니다. 그러한 경우에도 [제너럴 맵]이라 면 비교적 쉽게 즉시 대응할 수 있습니다.

에어리어 추출과 경로

영화에서는 주인공이 이동하는 동안 카메라 가 실시간으로 계속 돌아가지는 않습니다. 전 투 등의 액션 장면, 중요한 인물의 등장 장면,

에어리어의 추출과 경로

낯선 건물, 내부를 자세히 알 수 없는 건물 등의 에어리 어를 추출하거나 경로를 그 릴 때에는 영화나 소설, 만화 책에서 얻은 이미지 및 지식 이 유효합니다.

그러한 작품에서 나온 장 소를 이어보면 세부 디테일 이 없어도 PL은 「그럴싸하 다」고 느낄 것입니다.

예를 들어, 환기 덕트를 통 해 시설 내로 이동하는 장면 은 영화에서도 자주 나옵니 다. 실제로 덕트가 어떻게 되 어 있는지는 모르더라도, 그 러한 장면을 만들고 싶다면 어느 에어리어에서 다른 에 어리어로 이동 가능한 덕트 (경로)를 설정하는 것으로 재 현할 수 있습니다.

이벤트가 없는 에어리어

앞서 [제너럴 맵]에서 게임적인 의미를 가지지 않는(이벤트가 일어나지 않는) 에어리어는 필요가 없다고 써 놓았지만, 일부러 아무 이벤트도 없는 에어리어를 만드는 테크닉도 있습니다.

예를 들면, 제한된 시간 내에 수많은 방 중에서 특정한 물건이 있는 방을 찾아야만 하는 [미션]의 [제너럴 맵]이라면, 「꽝」으로서 「아무것도 없는 방」 에어리어를 설정할 필요가 있습니다.

이 경우, 「아무것도 없다」는 자체로 「이벤트」가 됩니다.

[제너럴 맵]의 응용

정보를 얻는 것으로 처음에는 그려져 있지 않던 범인 집단의 아지트가 출현합니다. 이러한 방식으로 [미션]을 진행하는 과정을 눈으로 보여줄 수 있다면 PL은 기뻐할 것입니다.

또한, 에어리어는 출현했지만 어디서 이어지는지 경로가 없다면, PL은 경로를 출현시키기 위한 조건을 충족하지 않았음을 알게 되기에 다음에 무엇을 해야 좋은지를 파악하기 쉬워집니다.

전장으로서의 [제너럴 맵]

[제너럴 맵] 전체를 전장으로 설정할 수 있습니다. 해당 에어리어에서 공격할 수 있는 에어리어, 에어리어 사이의 거리, 은폐는 가능한지, 이동에 얼마나 걸리는지, 같은 에어리어 내에서 적과의 거리 등을 에어리어마다 정해둡니다.

초고층 빌딩, 유원지, 쇼핑몰 등을 종횡무진하며 사용하는 총격전을 즐겨주시기 바랍니다.

그리고 P133에서 소개하는 샘플도 전장으로 사용한 것입니다. 오리지널 맵을 만들 때 참고하시기 바랍니다.

스토리에서 중요한 장면에만 카메라가 돌아가며, 그것을 연결하는 것으로 성립합니다.

[제너럴 맵]의 생각방식도 이와 같습니다. 장면(에어리어)을 경로로 연결하여 맵을 완성하고 있습니다.

에어리어 설정의 요령

에어리어를 세세하게 설정할수록, PL의 긴박감은 높아집니다. 또한, 루트를 여럿 준비하여 선택하게 하면 재미있을 것입니다.

물론 그렇게 중요하지 않은 장소나 간단히 이동시키고 싶을 뿐이라면 복잡한 [제너럴 맵]을 만들 필요가 없습니다. 그리고 기본적으로 경로에서는 이벤트가 일어나지 않습니다. 복도 등에서 이벤트가 일어난다면 「복도」라는 에어리어를 만들어야 합니다.

그 외에도 어떠한 정보(숨겨진 방에 관한 정보 등)를 얻어서 감춰진 에어리어가 나타나는 기믹도 재미있을 것입니다.

경로 설정의 요령

루트의 선택폭을 넓히기 위해 특정 에어리어에서만 갈 수 있는 에어리어, 여러 에어리어와 연결된 에어리어 등을 설정하듯이 경로를 그려도 좋습니다. 예로 든 연구소에는 「계단」을 통하지 않으면 연구실로 갈 수 없게 되어 있습니다. 이것은 이 연구소가 2층 건물임을 나타냅니다.

또한, 어떠한 아이템이나 정보(열쇠나 비밀번호 등)을 얻음으로써 숨겨진 경로가 나타나는 것도 재미있을 것입니다.

에어리어 내의 이벤트

「에어리어/경로 설정의 요령」에서도 설명하였듯, [제너럴 맵]은 「장면과 장면의 연결」을 맵으로 나타낸 것이기에, 각 에어리어에는 전투나 액션 장면, 스토리에서 중요한 장면을 할당합니다.

예시를 몇 개 들어봅시다.

전투

에어리어를 하나의 방이나 구역 등으로 설정하고, 전투를 벌입니다. 설정에 맞춘 「포인트 맵」을 준비해도 좋고, 대강의 상대거리를 상정하여 [에어리어 맵]의 사이드바(P130)에서 해설한 추상 전투로 해결해도 좋습니다.

NPC

포로로 잡힌 동료나 중요한 정보를 가진 NPC등과 만납니다.

방해

키 카드나 비밀번호가 필요한 문, 교묘하게 감추어진 문 등, 에어리어 사이의 이동을 방해하는 것입니다.

트랩

경보기나 동작탐지기, 폭발물 등 캐릭터에게 해를 끼치는 것입니다.

단서

새로운 에어리어가 출현하거나, 경로를 연결하는 정보나 아이템을 입수할 수 있습니다.

[제너럴 맵]의 응용

[제너럴 맵]을 시나리오의 일부로 이용할 수도 있습니다.

예로, 어느 거리를 무대로 유괴범 그룹에게서 의뢰인을 지키는 시나리오를 들어봅시다.

우선 거리 전체를 [제너럴 맵]으로 상정하고

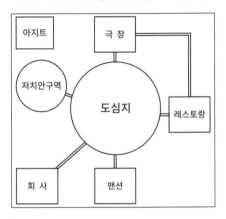

시설이나 장소 등을 에어리어로 추출합니다.

이번에는 의뢰인이 사는 맨션, 매일 출근하는 회사, 자주 가는 레스토랑이나 극장, 범죄자가 숨어있는 저치안구역 등을 에어리어로 설정합니다.

에어리어에는 「유괴범 그룹에 관한 정보를 입수할 수 있음」 「중요한 NPC와 만남」 「전투에 휘말림」 등의 이벤트를 설정합니다.

에어리어 사이를 이동하는데 걸리는 시간을 [정보 수집](P174)에 걸리는 시간과 대응시킨다면, 시간 경과에 맞춰서 이벤트가 변화할 수 있고, [제너럴 맵] 상을 이동하면서 보드게임 감각으로 [미션]을 진행할 수 있습니다.

또한, 거리 전체가 맵이 되었기 때문에 PL에게도 어디에 갈 수 있는지 일목요연하고, GM에게도 예정 외의 행동이 튀어나올 가능성을 줄일 수 있습니다.

그리고 유괴범 집단의 정보를 모으기 위해 거리의 각지를 이동하며 [정보 수집]을 하는 PC, 항상 경호대상과 함께 행동하며 경호하는 PC, 경호대상의 주택에서 부재중 집을 지키는 PC등 개별적으로 행동하는 PC의 위치관계도 맵 한 장으로 간단하게 관리할 수 있습니다.

샘플 제너럴 맵

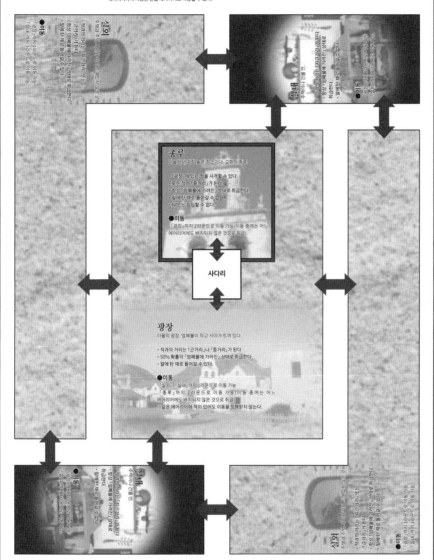

링컨 마을

거리
적과의 거리는 에어리어 별 제한 내에서, 행동선언 시에 원하는 거리를 선언할 수 있다.

에어리어 이동
에어리어마다 지정된 인접 에어리어로 이동할 수 있다.

단, 「광장」을 제외하고, 이동 전 에어리어에 적이 있다면 〈운동〉 (말에 타고 있다면 〈승마〉) [대항 판정]에 승리해야만 이동할 수 있다.

〈광장 ⇔ 종루〉를 제외한 이동은 1라운드를 사용하기 때문에 공격 등의 행동을 할 수 없다. 단, 무기를 바꾸거나 탄약 장전 등은 1라운드에서 가능한 범주라면 가능하다(이동이 방해되었을 때에도). [성공 판정]이 필요하다면, [전력 이동] 중인 것으로 취급한다(-60%의 수정)

종루
마을에서 가장 높은 장소이다. 교회의 종루.

• 「광장」에 있는 적을 사격할 수 있다.
• 「모든 적이 「중거리」가 된다.
• 항상 「엄폐물에 가려진」 상태로 취급한다.
• 말에 탄 채로 들어갈 수 없다.
• NPC는 침입할 수 없다.

●이동
「광장」까지 2라운드로 이동 가능 (이동 중에는 어느 에어리어에도 배치되지 않은 것으로 취급).

사다리

광장
마을의 광장. 엄폐물이 적고 시야가 트여 있다.

• 적과의 거리는 「근거리」나 「중거리」가 된다
• 50% 확률의 「엄폐물에 가려진」 상태로 취급한다.
• 말에 탄 채로 들어갈 수 있다.

●이동
「실외」,「실내」까지 1라운드로 이동 가능
「종루」까지 2라운드로 이동 가능 (이동 중에는 어느 에어리어에도 배치되지 않은 것으로 취급)
같은 에어리어에 적이 있어도 이동을 방해받지 않는다.

위에 실린 맵은 행사에서 실제로 사용했던 맵입니다. 『건독』의 서부극 서플리먼트인 『스탬피드!!』 세션에서 사용한 것으로, 『GDR』과는 다소 적합하지 않은 부분도 있지만, [제너럴 맵]의 개념을 설명하기 적당해서 실었습니다.

마을로 몰려드는 30명 가까운 도적과 4인의 총잡이가 맞서 싸운다는 클라이맥스 장면을 해결하기 위해 사용했습니다.

실제로 마을의 [포인트 맵]을 준비하여, 30명 가까운 도적을 일일이 움직이면서 전투를 벌이기란, 확실히 말해서 상당히 어렵습니다. 하지만 [제너럴 맵]을 사용하면, 마을 전체를 에어리어로 나누어서 에어리어마다 특징이나 경로를 궁리하는 것으로 세세한 지도를 준비하지 않아도 간단히 전투의 무대가 됩니다. 또한, 이동 관리도 에어리어를 이동하는 것 뿐이니 훨씬 쉽습니다.

에어리어
격투가 특기인 캐릭터에게 어울리는 「실내」. 핸드건이 특기인 캐릭터에게 어울리는 「실외」. 라이플이 특기인 캐릭터에게 어울리는 「광장」과 「종루」.

캐릭터의 특기분야에 맞춰서 선택하도록 4종류 6개 에어리어로 나누었습니다.

경로
광장은 어떤 에어리어에서도 이동할 수 있습니다. 그 때문에 격전지가 될 것입니다.

종루는 광장을 통해서만 갈 수 있습니다. 게다가 시간이 걸립니다.

실내와 실외는 각각 2개씩 있지만, 실외에서 실외, 실내에서 실내로는 직접 이동할 수 없습니다.

에어리어 내의 이벤트
여기서는 전투에만 사용했기 때문에 이벤트라기보다는 전투 상황을 규정하였습니다.

적과의 거리, 엄폐물의 유무, 말을 타고 들어갈 수 있는지에 관하여 각 에어리어에 차이가 있습니다.

종루는 그림을 멋지게 넣었습니다. 한번 들어앉으면 유리하지만, 저격을 당할 위험도 있습니다.

자작 [제너럴 맵]
디테일은 규칙 설명 때에 이야기하였듯 간단한 그림만으로도 충분합니다. 에어리어나 경로 숫자가 너무 많고 연결 상태가 복잡한 형태는 피합시다.

손으로 그려도 좋지만, 스프레드시트 프로그램이나 사진을 이용한다면 훨씬 보기 좋은 맵을 만들 수 있습니다.

GUNDOG REVISED

전투 규칙

연사

『GDR』에서 연사는 「노리는 장소에 5발의 탄환을 쏜다」는 사격 방법입니다.

방아쇠를 당긴 채로 탄환을 흩뿌리는 사격 방법은 「제압 사격」에서 다루고 있습니다.

CQB(Close Quaters Battle)

실내, 항공기내 등에서 2미터 정도까지 근거리에 걸친 전투 테크닉을 가리킵니다. 특수부대에서는 필수 테크닉이라고 할 수 있습니다.

총구를 쉽게 돌리기 어려운 총기

어설트 라이플 등 전장이 긴 총기는 좁은 장소에서는 다루기 어렵고 가까운 위치에 있는 적이 움직일 때는 조준을 맞추는 데 시간이 걸립니다. 명중 수정에서 크게 마이너스를 받는 것으로 표현하고 있습니다.

거리 단위

거리 단위의 기준은 어디까지나 게임을 기준으로서 생각하시기 바랍니다.

실제로는 [근거리]의 끝인 25미터와 [중거리]의 시작인 26미터의 차이는 고작 1미터 뿐입니다.

손을 뻗으면 닿는 거리고, 그렇게 명중률에 큰 차이가 나는지는 알 수 없습니다.

이러한 거리 설정은, 게임을 원활하게 진행하기 위함임을 사전에 양해해주시기 바랍니다.

거리

『GDR』에는 사격 거리 단위와 격투의 거리단위가 있습니다. 같은 [지근거리] [근거리] [중거리] [장거리] [초장거리]를 사용하는데, 특별한 언급이 없다면 사격의 거리단위를 나타냅니다.

전투란?

『GDR』에서 「전투」의 중심은 총격전입니다. 현대 총기를 사용한 다양한 총격전을 재현하기 위해 이 『GDR』이 만들어졌다고 해도 과언이 아닐 것입니다.

그렇게 만들어진 것이 이 전투 규칙입니다. 어설트 라이플, 스나이퍼 라이플, SMG, 샷건, 분대 지원화기, 로켓 런처, 그레네이드 런처 등 여러 총기를 다루고 있습니다.

이러한 총기를 손에 쥐고, 마음껏 총격전을 즐기시기 바랍니다.

또한, 「전투」는 총격전뿐만 아닙니다. 배후에서 들키지 않게 다가가서 나이프를 번뜩거리는 나이프 어택이나, 정면에서 치고받으며 상대를 때려눕히는 격투전 역시 규칙으로 확실하게 지원하고 있습니다.

여기서부터는 드디어 룰북의 진짜 핵심이라 할 수 있는 「전투 규칙」에 관하여 해설하겠습니다. 규칙을 잘 읽고 이해한 뒤, 즐겁게 플레이하시기 바랍니다.

전투 규칙의 종류

전투 규칙은 크게 「사격 규칙」과 「격투 규칙」의 2종류로 나뉩니다. 그중에서도 「사격 규칙」은 『GDR』의 핵심이나 다름없는 규칙입니다.

모든 전투 규칙은 하나의 순서 속에서 처리하지만, 「사격 규칙」은 그 속에서도 사격방법이나 총의 종류에 따라 몇몇 규칙으로 구분합니다.

사격 규칙

단발 사격
목표에게 1발씩 발사하는 사격 방법입니다.
점사 사격
목표에게 3발씩 발사하는 사격 방법입니다.
연사 사격
목표에게 5발씩 발사하는 사격 방법입니다
제압 사격
일정 범위에 다수의 탄환을 발사하는 사격 방법입니다. 목표의 행동을 견제하는 의미도 있습니다.
샷건
산탄으로 탄환을 분포하는 샷건 규칙입니다.
그레네이드
유탄을 사용한 그레네이드 런처의 사격 방법과 수류탄 규칙입니다.

격투 규칙

맨손을 사용한 격투, 무기를 사용한 전투, 투척을 사용한 전투를 지원합니다.

전투의 거리

위에서 설명한 2개의 전투 규칙 모두 전투 시에서의 거리가 중요합니다.

『GDR』에서는 거리를 크게 5개 단위로 분류합니다.

5개 단위와 해당 거리의 기준은 다음의 표를 참조하시기 바랍니다.

전투 거리의 기준

거리 단위	상정 상황	거리 기준
지근거리	격투전	0~5m
근거리	CQB	6~25m
중거리	시가지전	26~50m
장거리	야외전	51~200m
초장거리	저격	201m이상

[지근거리](0~5미터)
핸드건이 강점을 가지는 거리입니다. 라이플 등 총구를 쉽게 돌릴 수 없는 총기는 명중률이 떨어집니다.

또한, 이 범위에 적이 있을 때에만 격투를 걸 수 있습니다.

[근거리](6~25미터)
핸드건이나 SMG가 강점을 가지는 거리입니다. 마찬가지로, 라이플 등 총구를 쉽게 돌릴 수 없는 총기는 명중률이 떨어집니다.

[중거리](26~50미터)
어설트 라이플이나 스나이퍼 라이플이 가장 강점을 가지는 거리입니다.

[장거리](51~200미터)
이 거리까지 탄환이 닿지 않는 총기도 있습니다. 이 거리까지 명중시키기 위해서는 뛰어난 기술을 필요로 합니다.

[초장거리](201~)
201미터 이상 떨어진 목표를 노릴 때는 모두 이 거리로 생각합니다.

[저격](P152), [초장거리 사격](P153)을 참조하시기 바랍니다.

전투의 진행

전투 라운드 순서

전투 라운드 순서

『GDR』의 전투는 [전투 라운드]를 반복하면서 해결하도록 진행합니다.

[전투 라운드]에는 4단계의 체크가 있으며, 각 체크를 순서대로 해결해가면, 1[라운드]가 종료합니다.

그리고 [전투 라운드]는 오른쪽의 플로 차트 순서대로 해결하게 됩니다.

페널티 체크

마이너스 수정이나 [출혈] 등, 전투 중에 받은 페널티를 확인하고 해결하는 체크입니다.

전투가 개시된 단계에서는 어지간한 일이 없이는 체크 내용에 걸릴 부분이 없지만, 전투 전에 대미지를 받았을 가능성도 있으니 순서에 따라 확인하시기 바랍니다.

[페널티 체크]는 다음의 순서로 진행합니다.

① 치사 판정

[내구력]이 -1이하라면 [치사 판정]을 하여 해당 캐릭터가 [사망]하였는지를 확인합니다.

치사 판정

[내구력]의 마이너스만큼을 목표 달성치로 삼아 달성치 판정을 합니다. 실패하면 캐릭터는 [사망] [컨디션]이 됩니다.

성공하면 다시 대미지를 받거나 용태가 악화되기 전까지는 다시 [치사 판정]을 할 필요가 없습니다.

예) [페널티 체크] 시점에서 [내구력]이 -5였기 때문에 [치사 판정]을 합니다. 이때 [내구력]은 -5이기에 달성치 판정으로 5 이상이 나와야 합니다. 2D9를 굴린 결과는 6입니다. 어떻게든 [사망]하지 않고 끝났습니다. 만약, 2D9 결과가 4 이하였다면 [사망]했을 것입니다.

NPC의 치사 판정

GM이 일일이 NPC의 치사 판정을 하기가 번거롭다고 느낀다면, NPC에 관해서는 [치사 판정]을 생략해도 좋습니다.

이때, [내구력]이 마이너스가 된 시점에서 [사망]으로 취급합니다.

②회복 판정

캐릭터는 받은 대미지나 상황에 따라 상태가 변화합니다. 『GDR』에서는 해당 상태를 [컨디션]이라고 부릅니다.

[회복 판정]은 캐릭터가 [컨디션]에서 회복할 수 있는가를 보는 판정입니다.

[회복 판정] 외의 수단으로 회복하는 [컨디션]도 있으니 주의하시기 바랍니다.

[컨디션]의 종류와 각 회복방법에 관해서는 다음을 참조하시기 바랍니다.

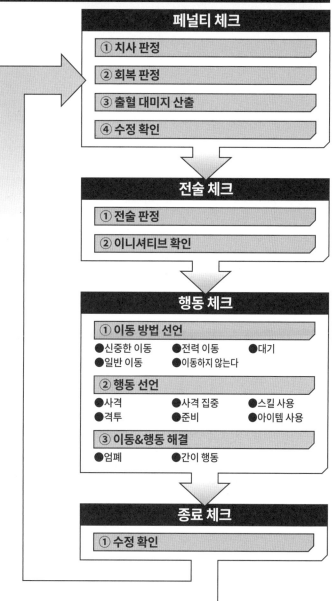

전투 라운드 순서

페널티 체크
- ① 치사 판정
- ② 회복 판정
- ③ 출혈 대미지 산출
- ④ 수정 확인

전술 체크
- ① 전술 판정
- ② 이니셔티브 확인

행동 체크
- ① 이동 방법 선언
  - ●신중한 이동
  - ●전력 이동
  - ●대기
  - ●일반 이동
  - ●이동하지 않는다
- ② 행동 선언
  - ●사격
  - ●사격 집중
  - ●스킬 사용
  - ●격투
  - ●준비
  - ●아이템 사용
- ③ 이동&행동 해결
  - ●엄폐
  - ●간이 행동

종료 체크
- ① 수정 확인

용태가 악화하다

설령 대미지를 받지 않아도 강한 충격을 받거나 치료를 받지 못한 채로 장시간 방치되면 용태가 악화됩니다.

용태가 얼마나 악화됐는지는 GM이 판단하시기 바랍니다.

[출혈]

『GDR』에서 [출혈]은 단순히 피가 흐르는 것이 아닌, 두꺼운 혈관에서 생긴 출혈과 같이 상당히 심각한 상태를 나타냅니다. 5초마다 [내구력]을 잃기 때문에 설령 1D6의 [출혈]이라도 신속하게 치료가 필요한 상태입니다.

성공 판정의 마이너스 수정

[쇼크] [경상] [중상] 등의 [컨디션]은 성공 판정에 마이너스를 더하지만, 전투시의 이니셔티브 확인과 같이 「성공률 그 자체」를 참조할 때에는 마이너스 수정을 적용하지 않습니다.

어디까지나 성공 판정에만 영향을 줍니다.

컨디션에 따른 영향

[경상] [중상] [쇼크]의 페널티는 [몽롱함 판정] [회복 판정] [전술 판정]에도 영향을 줍니다.

컨디션

[컨디션]에 따른 성공 판정의 수정이 여럿이라면, 최대치만 적용합니다. 수정을 합치지 않습니다.

[사망]

[사망]한 캐릭터는 어떤 행동도 할 수 없습니다(일부 클래스 아츠는 제외).

회복 방법: [사망]한 캐릭터를 회복할 수단은 없습니다.

[기절]

[내구력]이 0 이하가 되거나, 대미지 페널티 표에서 지정하거나, 클래스 아츠의 효과 등으로 캐릭터는 [기절]할 수 있습니다.

[기절]한 캐릭터는 [넘어짐]이 되어, 회복하지 않는 한 아무것도 할 수 없습니다.

회복 방법: 내구력이 0 이하라면 [회복판정]을 할 수 없습니다([의료 행동]에 성공해도). [내구력]이 1 이상이라면, 30분마다 〈강인함〉 성공 판정을 하여 성공하면 눈을 뜨고 [몽롱함]이 됩니다.

[몽롱함]

대미지로 인하여 의식이 가물가물한 상태입니다. [몽롱함] 상태의 캐릭터는 [회복 판정] 외에 아무것도 할 수 없습니다.

회복 방법: [회복 판정]으로 〈강인함〉 성공 판정을 합니다. 성공하면 회복합니다.

[착란]

공포나 스트레스로 정신에 이상이 생긴 상태입니다. [착란] 상태의 캐릭터는 [회복 판정] 외에 아무것도 할 수 없습니다.

회복 방법: [회복 판정]으로 〈정신력〉 성공 판정을 합니다. 성공하면 회복합니다.

[출혈]

육체적인 손상으로 격렬한 출혈이 생긴 상태입니다. [라운드]마다 지정한 만큼 [내구력]이 감소합니다. [출혈] 대미지는 받을 때마다 축적됩니다.

회복 방법: [의료 행동]이나 아이템으로 회복할 수 있습니다.

[넘어짐]

넘어지거나 엎어진 상태입니다. [신중한 이동]의 1/2거리만큼 이동할 수 있고, 이동과 [행동]을 함께 할 수 없습니다. 상대도 [넘어짐] 상태가 아닌 이상, [격투]에 -20%의 수정을 받습니다.

[지근거리]와 [근거리]에서 공격받는다면, 상대는 명중률에 +20%를 받습니다. [장거리] 이상에서 공격받는다면, 엄폐 상태로 취급합니다.

회복 방법: [행동 체크]에서 [간이 행동]의 [자세 변경]을 하면 회복합니다.

[불안정]

균형이 무너진 상태입니다. 다음 [라운드]의 [이니셔티브]가 맨 마지막이 됩니다. 또한, [전술 판정]의 효과를 받을 수 없습니다.

같은 상황의 캐릭터가 여럿이라면, 본래 [이니셔티브] 순서대로 행동합니다.

회복 방법: 다음 [라운드]의 [전술 체크] 종료 시에 자동으로 회복합니다.

[쇼크]

육체적, 정신적인 충격으로 신체에 가벼운 악영향이 생긴 상태입니다.

회복 방법: 다음 성공 판정이 끝났을 때나 다음 자신의 [행동 체크] 종료 시에 자동으로 회복합니다.

[경상]

대미지로 신체에 악영향이 생긴 상태입니다. 해당 캐릭터가 하는 성공 판정에 지정한 만큼 마이너스를 받습니다.

회복 방법: 자신의 다음 [행동 체크] 종료 시에 자동으로 회복합니다.

[중상]

대미지로 신체에 중대한 악영향이 생긴 상태입니다. 해당 캐릭터가 하는 성공판정에 지정한 만큼 마이너스를 받습니다.

회복 방법: [의료 행동]이나 아이템, [여가 규칙]의 여가 행동으로 화복할 수 있습니다.

몽롱함 판정

대미지 페널티 표에서 [몽롱함 판정]을 지시할 수도 있습니다. [몽롱함 판정]은 〈강인함〉 DR을 굴립니다.

달성치가 지정한 숫자 이상: 페널티 없음
달성치가 지정한 숫자 미만: [몽롱함]
성공 판정에 실패: [몽롱함] + [넘어짐]
펌블: [기절]

③ 출혈 대미지 산출

캐릭터가 [출혈]의 [컨디션]이라면, 이 타이밍에서 대미지를 받습니다.

캐릭터가 받고 있는 [출혈]에서 지정한 만큼 D6을 굴려서 대미지를 산출합니다.

이 단계에서 [내구력]이 0이하가 되면, 해당 캐릭터는 [기절]합니다. 단, [내구력]이 -1 이하가 되어도 [치사 판정]을 하는 때는 다음 [라운드]의 [페널티 체크]입니다.

④ 수정 확인

PL은 캐릭터의 [컨디션], 시야 수정, 주변 상황에 따른 것 등, 지금 [라운드]에 걸친 모든 수정을 확인합니다.

전술 체크

이 [라운드]에서 [행동 체크]의 해결 순서를 결정하는 체크입니다. 이 순서 자체를 [이니셔티브]라고 부릅니다.

[전술 체크]의 순서는 다음과 같습니다.

① 전술 판정

전투에 참가하는 집단의 [리더] 중 한 사람이라도 원한다면 [전술 판정]을 하여 〈전술〉 대항 판정을 합니다.

성공한 [리더]의 팀

전원 상대 팀 전원보다 먼저 [행동 체크]를 해결합니다. 팀 내의 [이니셔티브]는 [리더]가 자유롭게 결정해도 좋습니다.

실패한 [리더]의 팀

「② 이니셔티브 확인」에서 정해진 순서대로 [행동 체크]를 해결합니다.

펌블이 나온 [리더]의 팀

전원 다른 팀 전원이 끝난 뒤에 [전술 체크]를 해결합니다. 그때 [이니셔티브]는 다음의 「② 이니셔티브 확인」에서 정해진 순서가 됩니다.

양측 달성치가 0

성공 판정에 실패하거나 리더가 없는 팀은 달성치가 0입니다. 양측의 달성치가 0이라면, 「② 이니셔티브 확인」에서 평소대로 [이니셔티브]를 결정합니다.

[리더]

[리더]는 [미션]에 참가하는 PC 중에서 선출합니다. 선출하지 않을 수도 있지만, 상대 집단이 [전술 체크]를 걸어온다면, 달성치 0으로 취급합니다.

그리고 [미션] 중에서 어떠한 이유로 [리더]가 팀의 행동에서 제외될 때도 있을 것입니다. 그때에는 대리 [리더]를 임명할 수 있습니다.

팀 내의 서열

사전에 팀 내에서 대리 [리더]를 맡을 순서를 정해두면 [미션]이 원활하게 진행될 것입니다.

단, 임의로 불러 모은 PC로 [미션]에 도전할 수도 있습니다. 그때 즉시 팀 내의 서열을 만들지 여부는 PC의 체면과 PL의 롤플레이에 달렸습니다.

전투 중의 [리더] 교대

사전에 대리 [리더]를 결정한 상태에서, [리더]의 행동불능이 확실시되었다면, 즉시 대리 [리더]에게 지휘권이 위탁되어도 좋습니다.

단, 다른 캐릭터가 [리더]의 행동불능을 확인할 수 없다면(떨어진 장소나 사각지대에서 행동불능이 되었다면), 즉시 대리 리더에게

지휘권이 넘어가는 것은 부자연스럽습니다. GM이 캐릭터의 상황을 파악했다고 생각할 때까지는 [리더]는 부재중으로 취급합니다.

지휘 범위

[전술 판정]을 하기 위해서는 「전황을 파악할 수 있다」「멤버와 연락할 수 있다」는 상태가 필요합니다. 예를 들어, 완전히 가려졌다거나, 입이 틀어막히고 몸을 움직일 수 없는 상태 등에서는 [전술 판정]을 할 수 없습니다. 떨어진 장소에 있어도 영상 등을 통하여 전황을 파악할 수 있다면 [전술 판정]을 할 수 있으나, 정보량에 따라 -20%~-40%의 수정을 받습니다.

무선 등의 음성만을 사용한 지휘는 돌입 전에 현장의 상태를 세세하게 전달받고 시간을 들여 의사소통을 할 수 있는 상태에만 가능하도록 제한해야 합니다. 그때에도 정보량에 따라 -20%~-40%의 수정을 받습니다. 2 [라운드]부터는 멤버로부터 정확한 정보를 일일이 무선으로 보고받지 않는 한, 지휘할 수 없습니다.

또한, 어떠한 이유로 [리더]의 지휘에 따를 생각이 없는 멤버는 [전술 판정]의 대상에서 제외됩니다.

② 이니셔티브 확인

[이니셔티브]는, 캐릭터의 〈전술〉 성공률에 따라 정해집니다.

〈전술〉 성공률이 높은 캐릭터부터 [행동 체크]를 해결합니다.

〈전술〉 성공률이 같다면, 스킬 레벨이 높은 쪽부터 행동을 해결합니다.

그래도 같다면, 1D9를 굴려서 높은 결과를 얻은 쪽부터 행동합니다.

기습

매복하는 적을 눈치채지 못하고 공격받는 등, [기습]을 받았을 때 [기습]받은 측은 〈상황 파악〉의 성공 판정을 합니다.

실패: 전혀 반응을 못 하고 이 [라운드]에는 [회피 행동]을 포함한 어떠한 행동도 할 수 없습니다.

성공: [이니셔티브]는 마지막이 되지만(여럿이라면 그중에서 본래의 [이니셔티브] 순서대로 행동), [행동 체크]의 순서가 돌아옵니다. 또한, [회피 행동]을 할 수 있습니다.

크리티컬: 평소의 [이니셔티브]로 행동할 수 있습니다.

펌블: 실패와 같은 상태가 되면서, [착란] [컨디션]이 됩니다.

맞닥뜨림

만나자마자 또는 양측이 전혀 예상치 못한 상황에서 마주쳤다면, 〈전술〉이 아닌 〈상황 파악〉의 성공률이 높은 순서대로 [이니셔티브]를 결정해도 좋습니다.

팀이 3개 이상일 때의 [전술 판정]

3개 이상의 팀이 [전술 판정]을 할 때는 달성치가 가장 높은 팀을 최초로, 다음으로 달성치가 높은 팀이 그 뒤로, 이상과 같은 순서로 행동합니다.

가장 달성치가 낮다면(혹은 달성치 0인 팀이 여럿이라면), 해당 팀의 멤버는 평소 [이니셔티브]대로 행동해야만 합니다.

기습과 맞닥뜨림

[기습]이 발생했다면, 기습 당한 측은 [전술 판정]을 할 수 없습니다(달성치는 0입니다).

맞닥뜨리게 되었다면, 양측 모두 [전술 판정]을 할 수 없습니다.

팀을 나눈다

[미션] 중에서 팀을 2개 이상으로 나눌 때가 생기면, 각각의 팀에게 [리더]를 설정해도 좋습니다.

NPC 집단의 리더

NPC 집단의 리더가 사망하거나 전선을 이탈했다면, GM은 사전에 설정하지 않은 한 대리 리더를 세우지 않는 편이 좋습니다.

이니셔티브 확인

기본이 되는 부분은 어디까지나 「성공률」입니다. DR을 굴려서 나온 달성치 비교가 아닙니다.

ACTION TRPG GUNDOG REVISED GUN ACTION TRPG GUNDOG REVISED GUN ACTION TRPG ...

[행동 체크]의 순서

다시 말해, 가장 [이니셔티브]가 빠른 캐릭터가 ①~③의 순서를 해결하면, 다음으로 [이니셔티브]가 빠른 캐릭터가 ①~③의 순서를 해결한다는 뜻입니다.

끼어들기

이미 굴린 뒤라거나, 이미 해결한 [행동]에 끼어들 수는 없습니다.

트리거 설정

대기를 선언할 때, 「이 칸에 누군가 들어오면 쏩니다」 「적이 총을 잡으면 쏩니다」와 같이, 대기 해제 조건(트리거)을 설정할 수 있습니다. 트리거로는 「사람」 「장소」 「동작」 등을 특정할 필요가 있습니다.

GM은 해당 트리거가 타당하며, 실제로 트리거대로 조건이 갖춰졌을 때 「끼어들기」를 하게 된다면, 〈상황 파악〉의 판정에 +20%의 수정을 더해주시기 바랍니다.

단, 트리거를 지정했을 때, 트리거의 조건을 만족하지 않는 「끼어들기」를 한다면, 〈상황 파악〉의 판정에 -20%의 수정을 받습니다.

2연발

탄을 2발만 장전할 수 있기에, 두 발 쓰면, 다음 탄을 장전하기 전까지는 쏠 수 없습니다.

레버 액션

이 책에 실린 총기에는 없습니다.

단발 장전식

탄을 1발만 장전할 수 있기에, 다음 탄을 장전하기 전까지는 쏠 수 없습니다.

이동 선언

이동을 선언하고 실제로는 이동하지 않을 수도 있습니다. 단, 이동방법에 따른 수정은 반드시 받습니다.

행동 취소

선언한 행동을 변경할 수는 없지만, 취소할 수는 있습니다.

행동 체크

캐릭터의 이동이나 행동을 결정하고 처리하는 체크입니다.

[행동 체크]는 각 캐릭터의 [이니셔티브] 순으로 해결합니다.

[행동 체크]의 순서는 다음과 같습니다.

① 이동 선언

캐릭터의 이동 방법을 선언합니다. 이동 규칙도 참조하시기 바랍니다.

또한, 이 시점에서 이전 [라운드]의 이동 방법에 따른 수정이 사라집니다.

[신중한 이동]([이동력] ÷ 2, 소수점 올림)m
모든 성공 판정의 수정: ±0%
〈상황파악〉〈감지〉의 수정: +20%

[일반 이동]([이동력])m
모든 성공 판정의 수정: -20%
〈상황파악〉〈감지〉의 수정: ±0%

[전력 이동]([이동력] × 2 + 20)m
모든 성공 판정의 수정: -60%
〈상황파악〉〈감지〉의 수정: -20%
적의 명중률에 대한 수정: -20%

이동하지 않는다
해당 장소에서 이동하지 않는다.

대기
자신의 [행동 체크]를 자신이 원하는 [이니셔티브]까지 보류합니다. 행동하고 싶은 [이니셔티브]가 왔다면 [대기] 해제를 선언하고 [행동 체크]를 처음부터 해결합니다.

[라운드]를 넘기며 [대기]를 계속할 수는 있지만, [대기]를 해제한 [라운드]에서는 더는 [행동 체크]를 할 수 없습니다.

끼어들기: [대기] 중에서는 다른 캐릭터가 이동하는 도중이나 [행동]을 선언한 직후 등에 「끼어드는」 형태로 [행동 체크]를 할 수도 있습니다. 단, 〈상황 파악〉 성공 판정에 성공해야만 합니다. 실패하면 끼어들 수 없습니다.

그리고 GM은 번잡하다고 생각된다면, 「끼어들기」 사용을 허가하지 않을 수 있습니다.

② 행동 선언

캐릭터의 [행동]을 선언합니다.

한 번의 [행동 체크]에서 할 수 있는 [행동]은 기본적으로 하나 뿐입니다.

다음 중에서 [행동]을 하나 선택합니다.

사격
손에 들고 있는(준비 상태에 있는) 총기로 사격합니다.

사격을 선택하면, 무기마다 설정된 사격 모드를 기반으로 사격 방법을 선택하시기 바랍니다.

1라운드에 3회 사격 가능한 사격 방법
단발/더블 액션: 1발씩 발사
점사: 3발씩 발사
연사: 5발씩 발사

1라운드에 2회 사격 가능한 사격 방법
싱글 액션/ 펌프 액션/ 레버 액션/
2연발: 1발씩 발사

1라운드에 1회 사격 가능한 사격 방법
볼트 액션/단발 장전식: 1발씩 발사
제압 사격: 10발 이상 발사

또한, 여러 번 사격 가능한 사격 방법은 여러 목표를 대상으로 사격할 수 있습니다. 「사격 횟수」와 「사격하는 목표」를 선언하시기 바랍니다.

단, 여러 번 혹은 여러 목표를 노린 사격은, 해당 횟수와 목표 수에 따라 각각 마이너스 수정을 받습니다.

※ 사격 규칙에 관해서는 P142부터 상세하게 해설합니다.

격투

손에 쥐고 있는(준비 상태에 있는) 무기나 맨손으로 공격합니다.

다음 중에서 하나를 선택합니다.

격투
「타」 「투」 「극」 3종류의 공격방법이 있습니다. 그중에서 하나를 선택합니다.

무기 전투
나이프, 칼, 활과 같은 무기 종류를 사용해 공격합니다.

투척
스로잉 나이프 등을 던져서 공격합니다.

사격 집중

목표를 겨냥해 사격의 명중률을 높입니다. 2회까지 가능합니다.

사격의 명중률에 +10%의 수정을 얻습니다. 반드시 목표를 하나 지정하시기 바랍니다. 그 이외의 목표를 사격해도 수정은 얻을 수 없습니다.

단, [사격]을 할 때까지 이동한다, 대미지를 받는다, [회피 행동]을 한다, 다른 목표에 [사격 집중]을 하는 등, 겨냥하려는 움직임을 방해받는다면, 그때까지 누적한 수정을 전부 잃습니다.

스코프 사용
스코프나 도트 사이트를 장비한 총기라면 [사격 집중]으로 데이터에 실린 만큼 수정을 받습니다(카드의 데이터에는 [사격 집중]으로 받는 +10% 수정이 이미 가산되어 있습니다).

준비

무기나 아이템을 사용 가능한 상태로 만드는 행동입니다. 반대로, 손에 들고 있는 장비나 아이템을 집어넣을 수도 있습니다.

무장이나, 전원을 넣거나 스위치를 눌러야 하는 아이템 등을 준비 상태로 만들 수 있습니다.

스킬 사용

〈의료〉로 [출혈]을 치료하거나 〈교섭술〉로 항복을 권유하는 등, 전투 중에 스킬을 사용한 특수한 행동을 하고 싶을 때 선언하는 행동입니다.

선언한 행동이 가능한지는 GM이 판단합니다.

아이템 사용

준비 상태에 있는(전원이나 스위치를 누른) 아이템을 사용하는 [행동]입니다.

선언한 행동이 가능한지는 GM이 판단합니다. 그리고 아이템별로 세세한 규칙에 관해서는 각 데이터를 참조하시기 바랍니다.

탄창 교환

사용하고 있는 총기의 탄창을 예비 탄창으로 교환합니다. 총에 따라서는 여러번의 [아이템 사용]이 필요할 수도 있습니다.

③ 이동&행동의 해결 ※간이 행동 가능

순서 ①~②에서 선언한 이동방법과 [행동]을 기반으로 실제 이동과 [행동]을 해결합니다. 어느 쪽을 먼저 해도 상관없으며, 이동 도중에 [행동]을 해결해도 좋습니다.

또한, 이동과 [행동]을 해결하는 도중 1회의 [간이 행동]을 할 수 있습니다.

엄폐   상대의 명중률에 -20%

이동 종료한 위치에서 몸의 반 정도를 감출 수 있는 물건(엄폐물)이 있다면 「엄폐를 한다」고 선언할 수 있습니다. 적의 사격 명중률에 -20%의 수정을 더합니다. 완전 엄폐도 가능합니다.

엄폐에 관해서는 P146을 참조하시기 바랍니다.

간이 행동

「5초 이내로 간단히 가능」하다고 판단할 수 있는 「간단한 행동」입니다. 일부를 제외하면 [간이 행동]으로 행위 판정은 하지 않습니다. [간이 행동]의 내용은 PL이 자유롭게 선언할 수 있지만, 선언 내용이 타당한지는 GM이 판단합니다.

또한, [행동] 대신에 [간이 행동]을 할 수도 있습니다(간이 행동을 2회 할 수 있습니다).

다음은 [간이 행동]의 예시입니다.

무기, 아이템을 그 자리에 떨어뜨린다

현재 자신이 가진 무기, 아이템을 그 자리에 떨어뜨립니다. SMG나 라이플은 슬링(어깨 멜빵)이 붙어 있어서 손을 놓아도 지면에 떨어지지 않습니다.

물건을 줍는다

한 손 크기의 가벼운 물건을 줍습니다.

아이템을 준비한다

예비 탄창 등, 전원이나 스위치를 누를 필요가 없는, 한 손 크기의 아이템을 준비상태로 만들 수 있습니다.

또한, 이미 준비상태인 아이템의 전원이나 스위치를 ON/OFF할 수 있습니다.

말한다

한두 마디 정도의 문장을 말할 수 있습니다. 무선을 통할 수도 있습니다. 일방통행으로, 대화는 할 수 없습니다.

핸드 사인을 보낸다   〈상황파악〉+20%

핸드 사인과 부호로 동료에게 적의 위치나 인수 등의 정보를 전할 수 있습니다. 수동적 판정(P127)에서 〈상황파악〉성공 판정에 +20%의 수정을 받습니다.

주변을 살핀다   행위 판정 가능

돌입 시의 수동적인 판정(P127)을 다시 할 수 있습니다. 이 [간이 행동]은 특별히 행위 판정이 가능합니다.

자세 변경   성공 판정 -20%

[넘어짐] 상태에서 일어나거나, 서 있는 상태에서 [넘어짐] 상태가 됩니다(엎드립니다). 이번 [행동 체크]에서는 성공 판정에 -20%의 수정을 받습니다. 또한, 이동 거리는 1/2이 됩니다.

때린다   [회복 판정] +20%

[몽롱함]이나 [착란] 상태의 캐릭터를 때려서 제정신으로 돌아오게 합니다. 해당 캐릭터는 [회복 판정]에 +20%의 수정을 받습니다.

종료 체크

[라운드]를 종료하기 위한 처리를 하는 체크입니다.

전원의 [행동 체크]가 해결되었다면 해당 [라운드]는 종료합니다.

[종료 체크]의 순서는 다음과 같습니다.

① 수정 확인

지속시간이 [라운드]인 클래스 아츠에 따른 수정, [불안정] [쇼크]등의 [컨디션]은 이 시점에서 회복합니다.

또한, [의료 행동]의 판정도 이 타이밍에서 합니다.

[스킬 사용]

때로는 한 번의 [스킬 사용]으로 작업이 끝나지 않을 수도 있습니다.

예를 들면, 복잡한 기계를 수리하는데 「3회의 성공이 필요」와 같이 설정할 수도 있습니다.

[스킬 사용]과 [아이템 사용]

「카메라로 예술적인 전장 사진을 찍는다」라는 행동은 [스킬 사용](예술)과 [아이템 사용] 양쪽이 필요(2[라운드] 걸림)하다고 생각하겠지만, 이럴 때에는 [스킬 사용]만으로도 괜찮습니다.

이것은 [의료 장비]를 사용한 〈의료〉 등에도 마찬가지입니다.

상황 파악

캐릭터가 문을 열었을 때나 방에 들어갈 때, 순간적으로 상황을 확인할 수 있는지를 판정할 때는 이 스킬을 사용합니다. 성공하면 다음과 같은 정보를 입수합니다.

- 방에 있는 캐릭터의 인수나 무장
- 얼굴 판별(사진에서 본 인물인지)
- 적아 판별(적인지 인질인지 등)
- 방의 특징

실패한다면, 보이기 어려운 곳에 있는 캐릭터를 놓치거나 무장/비무장 캐릭터를 판별 못 할 수도 있습니다.

〈상황 파악〉에 성공한 멤버는 [간이 행동]을 사용해 뒤따르는 멤버에게 핸드 사인이나 무선으로 적의 위치를 간략히 전할 수 있습니다.

이렇게 하여 뒤따르는 멤버는 〈상황 파악〉에 +20%의 수정을 얻습니다.

이동 도중의 [행동]

이동 전이나 이동 후뿐만이 아닌, 이동 「도중」에 [행동]을 해결할 수도 있습니다.

예를 들면, 이동 도중에 사격하고, 그 뒤에 남은 이동을 계속할 수도 있습니다.

무장 카드

카드의 확대 복사
무장 카드와 방어구 카드는 A4사이즈로 확대 복사하면, 시판 카드 슬리브에 잘 맞게끔 만들어져 있습니다.

지속 목표
다음과 같은 조건에서도 지속 목표 수정을 얻을 수 있습니다.
- 이전 [라운드]에서 [사격 집중]한 목표를 사격할 때.
- 같은 [행동 체크]에서 《건 액션》등을 사용하여 동일 목표를 2회 사격했을 때

다음과 같은 경우에는 수정을 얻을 수 없습니다.
- 여러 목표에게 사격할 때. 「이전 [라운드]에 여러 목표를 사격했을 때」, 「해당 [라운드]에 여러 목표를 사격했을 때」 양쪽 모두 해당합니다.

장탄수
총기를 구매한 시점에서, 장탄수만큼의 탄약이 장전된 것으로 취급합니다.

총격전의 주역은 물론 PC이지만, 그 손발이 되는 무장도 또 하나의 주역이나 부를 수 있습니다. 『GDR』에서는 PC가 [미션]에서 총격전에 사용하게 될 모든 무장을 카드로 만들어 두었습니다. 덕분에 데이터를 시트에 옮겨 적을 수고를 크게 덜고, 좀 더 빠르게 [미션]을 즐길 수 있습니다.

실제 [미션]에서 총격전을 할 때, 이 무장 카드를 손에 들고 PC를 활약하게 합니다. 전투 규칙의 세세한 설명에 들어가기 전에, 우선은 무장 카드에 관하여 해설합니다.

실려 있는 무장 데이터를 읽는 법

① 명칭
이 무장의 명칭입니다.

② 사용 스킬
이 무장을 사용할 때, 판정에 사용하는 스킬입니다.

③ 외견
이 무장의 외견입니다.

④ 사격 모드
사격 모드에 따라 1 [라운드]에 발사 가능한

횟수가 달라집니다. 다음 중 하나 혹은 여럿이 쓰여 있습니다.
단발/점사/연사/
펌프 액션/레버 액션/ 볼트 액션/
단발 장전식/2연발/
더블 액션/싱글 액션

⑤신뢰성
이 무장을 사용한 성공 판정에서 펌블이 나올 확률을 나타냅니다.

신뢰성은 「α[β]」형식으로 나타내며, β는 사막이나 정글 등의 가혹한 환경에서 사용할 때의 수치입니다.

99: 99 이상의 결과가 펌블
00: 00의 결과가 펌블
□: [미션] 중에 1회, 펌블을 그냥 실패로 변경할 수 있다.
□□: [미션] 중에 2회, 펌블을 그냥 실패로 변경할 수 있다.
※□에 체크해서 관리하시기 바랍니다. 체크는 [디브리핑]에서 사라집니다.

⑥ 거리별 명중 수정
[지근거리] [근거리] [중거리] [장거리]의 4종류로 나뉘며, 사격 시의 목표와의 거리에 따라서 수정이 달라집니다. 수정이 적힌 아래의 빈칸에는 판정에 사용하는 스킬의 성공률에 위의 수정을 더한 것을 미리 적어 넣어두면 편리합니다. 엑세서리 등으로 수정될 경우에는 괄호를 써두면 알아보기 쉬울 것입니다.
지속 목표([지근거리] [근거리]에 ※): 어설트 라이플 등의 대형 총기는, 총구를 쉽게 돌리기 어려워서 [지근거리]와 [근거리]의 마이너스 수정이 크지만, 이어지는 [라운드]에서 같은 목표를 계속 사격할 때에는 명중률에 +10% ~ +20%가 됩니다(플러스 수정이 되진 않습니다).

단, 자신이나 목표가 [일반 이동]이나 [전력 이동]을 선택하면 지속이 끊어지며 이 수정을 얻을 수 없습니다.

⑦ 관통력
방어구를 얼마나 쉽게 관통하는가를 나타내는 수치입니다. 빈칸에는 사용 스킬 레벨을 더한 수치를 미리 적어 넣어두면 편리합니다.

⑧비관통D/관통D
총기가 주는 대미지입니다. 무장에 따라 특수한 표기도 있습니다. 상세는 각 무장 카드를 확인하시기 바랍니다.
비관통D: [관통력+달성치]가 방어구의 [장갑치]미만일 때 주는 대미지입니다.
관통D: [관통력+달성치]가 무장의 [장갑치] 이상일 때 주는 대미지입니다.

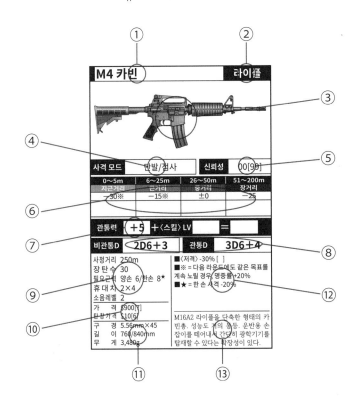

① M4 카빈
② 라이플
④ 사격 모드 단발/점사   ⑤ 신뢰성 00[99]

0~5m	6~25m	26~50m	51~200m
지근거리	근거리	중거리	장거리
-30※	-15※	±0	-25

⑥

⑦ 관통력 (+5) +〈스킬〉LV ___ = ___

⑧ 비관통D 2D6+3   관통D 3D6+4

사정거리 250m
장 탄 수 30
필요근력 양손 6/한손 8★
휴 대 치 2×4
소음레벨 2
가 격 $900[7]
탄창가격 $10[6]
구 경 5.56mm×45
길 이 760/840mm
무 게 3,480g

⑨ ⑩ ⑪

■〈저격〉-30%[ ]
■※ =다음 라운드에도 같은 목표를 계속 노릴 경우 명중률 +20%
■★ = 한 손 사격 -20%

⑫

M16A2 라이플을 단축한 형태의 카빈총. 성능도 거의 동등. 운반용 손잡이를 떼어내서 간단히 광학기기를 탑재할 수 있다는 확장성이 있다.

⑬

⑨사정거리/장탄수/필요근력/휴대치/소음 레벨

사정거리: 이 무장이 효과를 발휘하는 거리입니다. [초장거리](201미터 이상)에 있는 목표를 공격할 때에는 「[저격]」(P152), 「[초장거리 사격]」(P153) 규칙을 사용합니다.

장탄수: 장전할 수 있는 탄약의 최대치입니다. 2개 이상 쓰여 있는 것은 2종류 이상의 탄창이 준비된 것이니 어느 한쪽을 고릅니다.

필요 근력: 사용할 때 필요한 【근력】 수치입니다. 【근력】이 이 수치보다 1 부족할 때마다 명중률에 -10%가 됩니다. 「양손」은 양손, 「한손」은 한 손으로 사용할 때의 수치입니다.

휴대치: α × β로 표기되며, α는 무게, β는 크기를 나타냅니다. 캐릭터 시트에서 장비품을 관리할 때 사용하는 수치입니다.

소음 레벨: 이 무장으로 공격할 때 나는 소리의 크기를 나타냅니다. 수치가 작을수록 큰 소리가 납니다.

⑩ 가격/탄창 가격

가격: 이 무장의 표준 입수 가격입니다. [ ]안의 수치는 입수치입니다.

탄창 가격: 장탄 수만큼 탄약을 장탄한 상태의 탄창 가격입니다. [ ]안은 입수치입니다.

⑪구경/길이/무게

구경: 이 무장에서 사용하는 탄약 종류입니다.

길이: 이 무장의 길이입니다.

무게: 이 무장의 무게입니다.

⑫ 특기 사항

이 무장의 특기 사항이 실려 있습니다.

내장/표준 장비: 무장에 액세서리가 세트로 되어 있는 것입니다. 「내장」이라면 휴대치는 무장에 포함되어 있습니다. 떼어낼 수 없습니다. 「표준 장비」라면, 휴대치는 무장 본체와 별도 취급으로, ( )로 구분하고 있습니다. CP틀에 규칙대로 그려야 하지만, 떼어내서 교환할 수도 있습니다.

액세서리의 수정: 내장, 표준 장비의 차이에 상관 없이 액세서리 수정은 카드의 데이터에 반영되지 않았습니다.

⑬무장의 설명

이 무장에 관하여 간단히 설명합니다.

입수치

[입수 판정](P196)을 참조하시기 바랍니다.

액세서리와 고글의 겸용

레이저 사이트, 도트 사이트, 스코프의 효과는 중복하지 않습니다. 여럿을 장착할 수는 있지만, 그중 하나의 효과만을 얻습니다.

또한, 스코프나 레이저 사이트는 나이트 비전이나 녹트 비전과 겸용할 수 없습니다. 예외는 「녹트 비전 + 적외선 레이저 사이트」뿐입니다.

연사: -○%

해당하는 사격 모드로 사격했을 때, 지정한 만큼의 명중 수정을 받습니다.

〈저격〉 ±○%

[저격](P152)과 〈저격〉에 의한 [초장거리 사격](P153)에 적용합니다. 〈저격〉 판정에 항상 수정이 있지는 않습니다.

방어구 카드

PC의 목숨을 지키는 최후의 요새입니다. 가벼운 것에서 무거운 것까지 각종 물품을 갖추고 있습니다.

실려 있는 방어구 데이터를 읽는 법

① **명칭**

이 방어구의 명칭입니다.

② **외견**

이 방어구의 외견입니다.

③ **장갑치**

[관통 판정]에서 사용하는 [장갑치]입니다.

④ **방어치**

쓰여 있는 수치만큼 대미지가 감소합니다.

⑤ **장비 부위**

머리/몸/전신 중 하나가 쓰여 있습니다. 하나의 부위에는 하나의 방어구만 장비할 수 있습니다.

⑥ **필요 근력/휴대치/가격/중량**

필요 근력: 사용할 때 필요한 【근력】 수치입니다. 【근력】이 이 수치보다 1 부족할 때마다 〈사격계〉〈격투계〉〈운동계〉의 성공률에 -10%가 됩니다.

휴대치: 이 방어구의 휴대치입니다. ( )로 구분된 경우, 착용했을 때 휴대치를 CP틀에 그려 넣을 필요가 없습니다. 장비하지 않고 들고 있다면 CP틀에 그려 넣습니다.

가격: 이 방어구의 가격입니다. [ ] 안은 입수치입니다.

무게: 이 방어구의 무게입니다.

⑦ **특기 사항**

이 방어구의 특기 사항이 쓰여 있습니다.

⑧ **방어구 설명**

이 방어구에 관하여 간단하게 설명합니다.

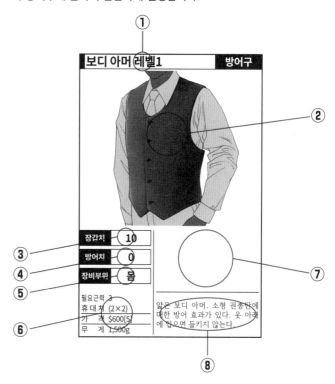

보디 아머 레벨1 — 방어구

장갑치	10
방어치	0
장비부위	몸

필요근력 3
휴대치 ( )(2×2)
가격 $600[5]
무게 1,500g

얇은 보디 아머. 소형 권총탄에 대한 방어 효과가 있다. 옷 아래에 입으면 들키지 않는다.

사격 규칙

사격의 순서는 다음과 같습니다.

이 순서가 모든 사격의 기본이 됩니다. 제대로 읽고 규칙을 파악하시기 바랍니다.

이 순서만 이해한다면, 사격 규칙을 대체로 이해한 셈입니다.

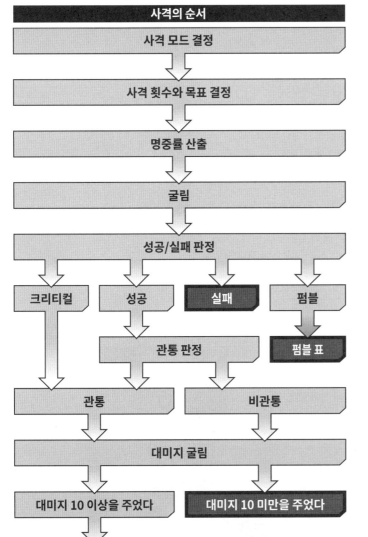

사격의 순서

```
사격 모드 결정
      ↓
사격 횟수와 목표 결정
      ↓
   명중률 산출
      ↓
     굴림
      ↓
  성공/실패 판정
  ↓    ↓    ↓    ↓
크리티컬 성공 실패 펌블
            ↓        ↓
       관통 판정   펌블 표
       ↓     ↓
     관통    비관통
       ↓     ↓
      대미지 굴림
      ↓        ↓
대미지 10 이상을 주었다   대미지 10 미만을 주었다
      ↓
 대미지 페널티 표
```

▨ ...플로 차트의 종점

사격 모드 결정

무장 카드에 쓰여 있는 사격 모드 중에서 어떤 모드를 사용할지 선택합니다.

사격 모드가 여럿이면 그중 하나를 고릅니다.

사격 횟수와 목표 결정

사격할 횟수와 사격할 목표의 수를 결정합니다.

1[라운드]에 사격 가능한 횟수는 사격 모드에 따라 정해집니다.

사격 모드별 최대 사격 횟수

사격 모드	최대 사격 횟수	탄약 소비
단발 장전식	1회	1발
2연발	2회	1발
단발	3회	1발
더블 액션	3회	1발
싱글 액션	2회	1발
점사	3회	3발
연사	3회	5발
볼트 액션	1회	1발
펌프 액션	2회	1발
레버 액션	2회	1발
제압사격(특수)	1회	10~50발

여러 차례 사격할 수 있다는 말은 최대 해당 횟수만큼, 여러 목표를 사격할 수 있음을 뜻합니다.

예를 들어 위의 표에서 [단발]은 1라운드에 3회까지 사격할 수 있습니다. 즉, 3개의 목표에 1회씩 사격할 수도 있고, 하나의 목표에 3회 사격할 수도 있습니다.

물론 하나의 목표에 한 번만 사격할 수도 있습니다.

한 명의 적에게 모든 탄환을 쏟아 부어 쓰러뜨리는가, 탄환을 뿌려서 최대한 많은 적에게 부상을 입히는가, 탄약을 절약하기 위해 한 발씩 확실하게 쏠 것인가. 상황에 따라서 가장 적절하다고 생각하는 조합을 선택하시기 바랍니다.

사격 수정표에서 수정을 계산하기

사격 횟수와 목표를 정했다면, 오른쪽 페이지에 실려 있는 사격 수정표에서 수정을 계산하시기 바랍니다.

사격 수정 표

사격 모드	목표 수	1사 [1]	2사 [1]	2사 [2]	3사 [1]	3사 [2]	3사 [3]	대미지 보너스
단발 더블액션 (탄약 소비: 1)	1목표	±0%	±0%	±0%	±0%	±0%	±0%	●1목표에 대미지 굴림은 한 번 ●1목표에 1사 명중시: 보너스 없음 ●1목표에 2사 명중시: 대미지 +1D6 ●1목표에 3사 명중시: 대미지 +2D6
	2목표		-10%	-10%	-10%	-10%	-10%	
	3목표				-20%	-20%	-20%	
싱글 액션 펌프 액션 레버 액션 2연발 (탄약 소비: 1)	1목표	±0%	±0%	±0%				●1목표에 대미지 굴림은 한 번 ●1목표에 1사 명중시: 보너스 없음 ●1목표에 2사 명중시: 대미지 +1D6
	2목표		-10%	-10%				
볼트 액션 단발 장전식 (탄약 소비: 1)	1목표	±0%						●보너스 없음

사격 모드	목표 수	1사 [1]	2사 [1]	2사 [2]	3사 [1]	3사 [2]	3사 [3]	대미지 보너스
점사 (탄약 소비: 3)	1목표	+10%	+10%	±0%	+10%	±0%	-10%	●1목표에 대미지 굴림은 한 번 ●1목표에 1사 명중시: 보너스 없음 ●1목표에 2사 명중시: 대미지 +1D6 ●1목표에 3사 명중시: 대미지 +2D6 ●대미지 페널티 표의 2D9에 -3의 수정
	2목표		±0%	-10%	±0%	-10%	-20%	
	3목표				-10%	-20%	-30%	

사격 모드	목표 수	1사 [1]	2사 [1]	2사 [2]	3사 [1]	3사 [2]	3사 [3]	대미지 보너스
연사 (탄약 소비: 5)	1목표	±0%	±0%	-10%	±0%	-10%	-20%	●1목표에 대미지 굴림은 한 번 ●1목표에 1사 명중시: 대미지 +1D6 ●1목표에 2사 명중시: 대미지 +2D6 ●1목표에 3사 명중시: 대미지 +3D6 ●대미지 페널티 표의 2D9에 -3의 수정
	2목표		-10%	-20%	-10%	-20%	-30%	
	3목표				-20%	-30%	-40%	

사격 수정표 읽는 법

사격 모드 열에는 사격 모드의 명칭이 쓰여 있습니다.

목표수 열에는 목표의 수가 쓰여 있습니다. 「1목표」는 목표가 하나, 「3목표」라면 3개의 서로 다른 목표를 노린다는 뜻입니다.

「1사」~「3사」 표시는 사격 횟수를 나타냅니다. 「1사」는 1회 사격한다는 뜻입니다.

또한, 「2사」와 「3사」에는 탄환 그림에 숫자가 쓰인 열이 있습니다. 이것은 몇 번째의 사격인가를 나타냅니다.

목표수의 행과 사격 횟수의 열이 만나는 칸에 쓰여 있는 수치가 해당 사격의 수정입니다.

예) 2개의 목표에 [단발]로 사격합니다. 단발은 1[라운드]에 3회 사격할 수 있습니다. 첫 번째 목표에 2회, 두 번째 목표에 1회로 총 3회의 사격을 합니다.

사격 성공 판정에 수정을 확인하기 위하여 사격 수정표의 「단발」칸을 봅니다.

목표 2개를 노리기에 「2목표」행을 봅니다. 또한, 3회 사격을 하니 「3사」열을 봅니다. 「1」 -10% 「2」 -10% 「3」 -10%라고 쓰여 있으니, 첫 번째 사격에 -10%, 두 번째 사격에 -10%, 세 번째 사격에 -10%의 수정을 받게 됨을 알 수 있습니다.

시야 수정

시야 수정은 사격 뿐만 아니라 시각과 연계한 그 밖의 행동 전반에 영향을 줍니다. 단, 청각이나 후각 등의 다른 감각 역시 중요한 〈감지〉라면 수정을 반으로 줄여도 좋습니다.

엄폐

『GDR』의 총격전에 회피란 존재하지 않습니다. 즉, 사격을 명중시킨다면 거의 확실하게 목표에게 대미지를 줄 수 있습니다.

총격전에서 살아남기 위해서 필요한 것은 얼마나 상대보다 빨리 사격하는가, 얼마나 상대에게 있어 맞추기 어려운 포지션을 확보하느냐는 점입니다.

그것을 위해서도 엄폐는 매우 중요합니다. 잊지 않고 선언합시다.

GM은 PL이 게임에 익숙해지지 않은 동안에는 「엄폐 안해도 괜찮겠어?」라고 확인하는 편이 좋습니다.

방어구의 부위 공격

[부위 공격](P178)을 선언하지 않는 한, 사격은 모두 「몸」에 명중합니다. 이때 유효한 것은 「몸」에 장비한 방어구의 [장갑치]나 [방어치]뿐입니다.

최종적인 [관통력]

무장 카드의 「관통력」 칸에는 무장의 [관통력]에 사용 스킬 레벨을 더한 수치를 적어넣도록 만들어져 있습니다.

DR에서 굴린 2D9에 이 수치를 더하면 금방 「최종적인 [관통력]」이 나옵니다.

단, 「최종적인 [관통력] = 달성치」가 아니니 주의하시기 바랍니다.

《페이틀 샷》과 같은 클래스 아츠는 「달성치에 +7, 20 이상이라면 크리티컬」이라는 효과가 있지만, 「최종적인 [관통력] +7이 20 이상」이어도 조건을 만족할 수 없습니다. 조건을 만족하는 것은 무장의 달성치를 더하기 전의 달성치가 20 이상이 되었을 때 뿐입니다.

명중률 산출

이 순서에서는 다양한 수정을 더한 최종 명중률을 산출합니다.

명중률이란, 총격전이나 격투전 등의 전투 DR에 사용하는 성공률을 뜻합니다. 명중률의 기본은 무장 카드의 「사용 스킬」에서 지정한 스킬의 성공률입니다.

명중률에는 목표수와 사격 횟수에 따른 수정(사격 수정표를 참조) 외에도 다양한 수정이 더해집니다.

아래가 해당 수정입니다.

사격 시의 수정

무장의 거리별 명중 수정	다양함
시야 수정: 어둠	-60%
시야 수정: 달빛	-40%
시야 수정: 어스름/안개 등	-20%
목표가 엄폐하는 중	-20%
[격투 타입] [근접 무기]로 공격받는 중	-20%
[컨디션]에 따른 수정	다양함
목표가 멈춰 서 있다	+20%

여기서 소개하는 것은 일부 예시입니다. 그 외에도 GM이 필요하다고 판단한다면 해당 상황에 어울리는 수정을 더할 수 있습니다.

무장의 거리별 명중 수정

무장 카드를 참조하시기 바랍니다.

시야 수정

광량 부족이나 지나친 광량, 안개 등으로 시야가 좋지 않은 상태에서 받는 수정입니다.

엄폐

엄폐에 관해서는 P146을 참조하시기 바랍니다. GM은 사선(탄환이나 화살이 지나는 길)을 어떠한 장애물이 가리고 있다고 판단했을 때, 엄폐 효과를 적용할 수 있습니다.

목표가 멈춰 서 있다

단순히 이동하지 않는 상태가 아니라, 공격을 눈치채지 못하고 회피 행동과 같은 행동도 할 수 없는 상대에게, 시간을 들여서 겨냥하고 있는 상황에만 적용합니다. 전투 중에는 기본적으로 경계 상태이므로 적용할 수 없습니다.

굴림

최종적인 명중률이 산출되었다면, 드디어 사격 DR을 굴립니다. 결정한 사격 횟수만큼 DR을 굴리시기 바랍니다.

그리고 각 DR에 관하여 「성공/실패 판정」과 「관통 판정」을 합니다.

① 성공/실패 판정

DR 판정 결과에는 크리티컬, 성공, 실패, 펌블의 4개 가능성이 있습니다.

각 판정 결과에 관해 해설합니다.

크리티컬

사격이 효과적으로 성공했습니다. 또한, 해당 사격은 [관통]으로 취급합니다.

성공

사격은 성공하였습니다. 이어서 [관통 판정]을 하시기 바랍니다.

실패

문자 그대로, 사격은 실패했습니다.

펌블

사격은 실패했습니다. 그것도 해당 행위로 인하여 중대한 문제가 발생할 가능성이 있습니다. 「사격 펌블 표」에서 2D9를 굴려서 결과에 대응하는 칸에 쓰인 대로 따라야 합니다.

사격 횟수가 2회 이상이라면, 펌블이 나온 시점에서 사격 펌블표를 적용합니다. 결과에 따라서는 남은 횟수의 사격을 할 수 없을지도 모릅니다.

※펌블이 되는 주사위 결과는 무장에 따라 다릅니다. 무장 카드의 「신뢰성」 항목을 참조하시기 바랍니다.

탄약 소비

1회의 사격마다 사격 모드에서 정해진 수의 탄약을 소비합니다. 탄약이 0이 되면 더는 사격할 수 없습니다.

총에는 장탄수와 같은 수의 탄약이 들어간 탄창이 삽입되어 있습니다. 0이 되었을 때, 탄창교환을 하여 예비 탄창으로 교체하는 것으로 장탄수만큼 탄약을 보충합니다.

② 관통 판정

사격에 성공했다면 [관통 판정]을 합니다. [관통 판정]은 성공한 공격이 목표가 입고 있는 방어구를 뚫고 유효 대미지를 주었는지를 정하는 판정입니다.

[관통 판정]의 순서는 다음과 같습니다.

1. 무장의 [관통력]을 확인한다.

무장 카드의 「관통력」 칸에 쓰여 있는 수치를 확인하기 바랍니다. 해당 수치가 해당 무장의 [관통력]입니다.

2. 최종적인 [관통력]을 산출한다

①에서 확인한 무장의 [관통력]에 DR 달성치를 더합니다. 해당 결과가 해당 사격의 최종적인 [관통력]이 됩니다.

3. [관통력]과 [장갑치]를 비교한다.

최종적으로 산출한 [관통력]을 목표의 [장갑치]와 비교합니다.

수치가 [장갑치] 미만이라면 [비관통]입니다. 수치가 [장갑치] 이상이라면 [관통]입니다.

대미지 굴림

[대미지 주사위]를 굴려서 사격이 주는 대미지를 결정합니다. 이것을 [대미지 굴림]이라고 부릅니다.

[관통]인 사격은 [관통D], [비관통]인 사격은 [비관통D] 대미지를 줍니다. [대미지 주사위]는 각 무장 카드의 [비관통D] [관통D] 칸에 쓰여 있습니다.

[대미지 굴림]은 목표 하나마다 다음과 같은 순서로 합니다.

1. 명중 횟수를 확인한다
해당 목표에 사격이 몇 발 명중했는지를 확인합니다.

2. 대미지 보너스를 확인한다
명중한 횟수와 크리티컬 횟수에 따른 [대미지 보너스]를 확인하고 [대미지 주사위]의 수를 결정합니다.

3. 대미지 굴림을 한다
결정한 [대미지 주사위]의 수를 기반으로 [대미지 굴림]을 합니다.

4. 대미지를 준다
[대미지 굴림] 결과 산출한 대미지에서 목표의 방어구가 가진 [방어치]를 뺀 수치가 목표에게 주는 대미지입니다. 목표는 대미지를 [내구력]에서 뺍니다.

5. 10 이상의 대미지를 주었다면?
4.에서 10 이상의 대미지를 주었다면, 대미지 페널티 표로 진행합니다.

대미지 보너스

사격이 하나의 목표에 2발 이상 명중해도 [대미지 굴림]은 1회만 굴립니다.

단, 명중 횟수에 따라 [대미지 굴림]에 보너스가 가산됩니다. 이것을 [대미지 보너스]라고 부릅니다.

[대미지 보너스]는 사격 모드마다 다르며, 각 사격 수정표의 [대미지 보너스] 칸에 쓰여

있습니다.

[관통D]와 [비관통D]의 혼재
같은 목표에 사격하여 [관통]과 [비관통]이 같이 나왔을 때, [관통]을 우선하여 [관통D]를 기준으로 [대미지 보너스]를 정합니다.

크리티컬
크리티컬로 명중하면 +1D6의 [대미지 보너스]가 가산됩니다. 크리티컬을 여러 번 냈다면, 이 보너스는 누적됩니다.

대미지 페널티 표(P258)

[대미지 굴림] 결과, 목표에 10 이상의 대미지를 주었다면 해당 목표는 [사격 대미지 페널티 표]의 효과를 받습니다.

대미지 페널티 표 적용은 한 번의 [대미지 굴림]에 한 번뿐입니다. 여러 번 명중했다고 해서 대미지 페널티 표를 명중한 횟수만큼 적용할 수 없습니다.

대미지 페널티 표에 따라서 캐릭터가 추가로 대미지나 그 밖의 페널티를 받았다면, 캐릭터 시트의 메모 등에 해당 대미지 페널티를 적어 넣고 관리하시기 바랍니다.

[컨디션] 중 대부분은 대미지 페널티 표에 따라 받게 됩니다.

사격 대미지 페널티 표

2D9	결과 ※[비관통D] 시에는 2D9 결과에 +5의 수정
18 이상	불행 중 다행으로, 별다른 페널티는 없다.
17	충격으로 무기를 떨어뜨린다. 여럿이면 무작위로 고른다.
16	충격으로 멍해진다. [불안정]
15	충격으로 비틀거린다. [쇼크] -10%
14	충격으로 크게 자세가 무너진다. [쇼크] -20%
13	[추가D] 1D6/[경상] -10%
12	[추가D] 1D6/[경상] -20%
11	[추가D] 2D6/[경상] -20%
10	[추가D] 2D6/[경상] -20%/ [몽롱함 판정] 4
9	[추가D] 2D6/[경상] -20%/ [몽롱함 판정] 6
8	[추가D] 2D6/[경상] -20%/ [몽롱함 판정] 8
7	[추가D] 2D6/[경상] -20%/ [몽롱함 판정] 10
6	[추가D] 2D6/[경상] -20%/ [몽롱함 판정] 11
5	[추가D] 2D6/[출혈] 1D6/[중상] -20%/ [몽롱함 판정] 11
4	[추가D] 3D6/[출혈] 1D6/[중상] -20%/ [몽롱함 판정] 12
3	[추가D] 3D6/[출혈] 2D6/[중상] -30%/ [몽롱함 판정] 13
2	[추가D] 3D6/[출혈] 2D6/[중상] -30%/ [몽롱함 판정] 14
1	[추가D] 4D6/[출혈] 2D6/[중상] -40%/ [몽롱함 판정] 15
0 이하	급소를 꿰뚫는 일격. 대상은 [사망].

관통과 비관통
관통이라고 해도 목표의 방어구를 꿰뚫었다는 뜻이지 목표 자체를 관통했다는 뜻은 아님에 주의하시기 바랍니다.

또한, 여기서 말하는 「장갑을 꿰뚫었다」에는 장갑의 틈새를 파고들어 목표에 닿았다는 의미도 포함합니다.

바꿔 말하면 관통과 비관통은 위력이 센 사격과 약한 사격이라고 할 수 있습니다.

[대미지 굴림]
[대미지 굴림] 결과가 0 혹은 마이너스라면, 대미지를 줄 수 없습니다.

대미지 페널티 표
2D9는 공격측이 굴립니다. 단, GM은 PC가 받은 대미지의 대미지 페널티 표는 PL이 굴리게 해도 상관없습니다.

범용 대미지 페널티 표
폭발물, 낙하 등의 전용 대미지 페널티 표가 없는 것에 관해서는 범용 대미지 페널티 표를 사용하시기 바랍니다.

대미지 페널티 표의 결과 적용 순서
대미지 페널티 표를 굴려서 나온 결과는 쓰여 있는 순서 그대로 해결합니다.

「[추가D] 2D6/ [경상] -10%/ [몽롱함 판정] 10」이라면 [몽롱함 판정]에는 [경상]의 수정을 적용합니다.

단발(세미오토) 사격

방아쇠를 1회 당겨서 탄약 1발을 발사하는 기능 구조가 들어간 총기는 [단발]이라는 사격 모드를 가집니다.

이 [단발] 사격 모드를 선택한 사격을 단발 사격이라고 부릅니다.

1회 사격으로 소비하는 탄약은 1발
단발로 사격할 때, 사격 횟수 1회마다 탄약을 1발 소비할 뿐이므로 탄약 소비를 줄일 수 있습니다.

명중률 수정
1목표라면 사격 횟수가 늘어나도 마이너스 수정은 없습니다. 또한, 여러 목표를 선택했을 때의 마이너스 수정도 비교적 가볍습니다.

같은 순서에서 해결 가능한 사격 모드
다음의 사격 모드는 사격 회수 제한 외에는 단발 사격 규칙과 순서의 차이가 없습니다.

더블 액션/싱글 액션/
펌프 액션/레버 액션/
2연발/볼트 액션/단발 장전식

점사 사격

연속으로 발사한 탄환 3발이 노린 지점에 약간 흩어져서 탄착합니다. 따라서 겨냥이 다소 부정확해도 어느 1발은 명중할 가능성이 있습니다. 이것이 명중률 수정이 있는 이유입니다.

또한, 여러 탄환이 명중하는 경우도 잦기에, 목표에게 가할 수 있는 손해도 커집니다. 이것을 대미지 페널티 표의 수정이라는 형태로 나타냅니다.

하지만 탄환 3발을 발사하고서 다음 사격을 개시할 때까지 시간차나 반동이 커지므로 사격 횟수가 늘어나면 마이너스 수정도 커집니다.

연사 사격

『GDR』에서 연사 사격은 「노린 장소에 탄환 5발을 쏘아 넣는」 사격 방법입니다.

방아쇠를 계속 당겨서 탄환을 뿌려대는 사격 방법은 [제압 사격]에서 다루고 있습니다.

1사째의 수정이 없는 이유는, 반동은 크지만 5발의 탄환을 뿌려대서 생기는 명중률 상승과 상쇄되기 때문입니다.

하지만 탄환 5발을 발사하고서 다음 사격을 개시할 때의 시간차나 반동이 커지므로 사격 횟수가 늘어나면 마이너스 수정도 커집니다.

엄폐 방향

어느 방향으로 엄폐하는지는 엄폐물의 형태에 따라 달라집니다.

전방향을 감싸는 벽이면 모든 방향에서 엄폐할 수 있으며, 큰 나무는 한 방향만 엄폐할 수 있으며 나머지 3방향에서는 그대로 보일 것입니다. 최종 판단은 GM이 합니다.

엄격하고 세밀하게 사선을 긋고 싶다면, 각 칸의 중심부분을 연결하여 엄폐물을 가로지르는지 판단할 수도 있습니다.

점사 사격

방아쇠를 1회 당겨서 자동으로 3발의 탄약을 발사하는 기능 구조가 들어간 총기는 [점사]라는 사격 모드를 가집니다.

이 [점사] 사격 모드를 선택한 사격을 점사 사격이라고 부릅니다.

점사 사격의 순서는 기본적으로 단발 사격과 같습니다.

단발 사격과는 다음의 3가지가 다릅니다. 각각에 관해 해설하겠습니다.

1회의 사격으로 소비하는 탄약은 3발

해당 기능 구조상, 점사 사격을 할 때 탄약을 3발 소비해야 합니다.

탄약이 2발 이하밖에 남지 않았다면, 점사 사격을 할 수 없습니다. 이때에는 단발 사격을 하시기 바랍니다.

명중률 수정

1사 째는 단발보다도 맞추기 쉽습니다. 단, 사격 횟수나 목표가 늘어났을 때의 마이너스 수정은 커집니다.

대미지 보너스

대미지 페널티 표에서 2D9를 굴릴 때 -3 수정을 받습니다. 단, 여러 번 명중해도 -3의 수정은 변하지 않습니다.

연사 사격

방아쇠를 당기고 있으면 탄창에 담긴 탄약이 없어질 때까지 연속해서 발사하는 기능 구조가 들어간 총기는 [연사]라는 사격 모드를 가집니다.

이 [연사] 사격 모드를 선택한 사격을 연사 사격이라고 부릅니다.

연사 사격의 순서는 기본적으로 단발 사격과 같습니다.

단발 사격과는 다음의 3가지가 다릅니다. 각각에 관해 해설하겠습니다.

1회의 사격으로 소비하는 탄약은 5발

실제 연사 사격은 방아쇠를 계속 당기고 있으면 탄창이 빌 때까지 연속으로 탄약을 소비합니다. 『GDR』에서는 게임의 규칙에 따라 1회 연사 사격은 5발의 탄약을 소비한다고 정의하였습니다.

탄약이 4발 이하밖에 남지 않았다면, 연사 사격을 할 수 없습니다. 이때에는 단발이나 점사 사격을 하시기 바랍니다.

명중률 수정

1사째는 단발과 같지만, 사격 횟수나 목표가 늘어났을 때의 마이너스 수정이 비약적으로 커집니다.

대미지 보너스

자동으로 +1D6의 [대미지 보너스]를 얻습니다. 이것에 추가로 여러 차례 명중하면 단발 사격처럼 [대미지 보너스]가 추가됩니다.

또한, 점사 사격과 같이 대미지 페널티 표에서 2D9를 굴릴 때 -3 수정이 있습니다.

엄폐 관련 규칙

「엄폐를 하고 있다」는 상태는 몸의 절반 정도를 엄폐물에 감추고 있는 상태를 말합니다(우반신, 하반신 등). 감춘 부분은 [부위 공격](P178)으로도 노릴 수 없습니다. 감출 수 있는 부분은 엄폐물의 크기나 형태에 따라 다르지만, 공격에 사용하는 부분은 노출하고 있다고 생각하시기 바랍니다(사격에 사용하는 자주 쓰는 팔 등).

공격자의 관점에서 사선(탄환이나 화살이 지나는 길)이 엄폐물을 가로지르지 않는 한, 엄폐에 의한 수정은 받지 않습니다. 엄폐를 선언할 때에는 어느 방향을 향해 엄폐할지를 선언하시기 바랍니다. 어느 방향에서 엄폐가 되었는지는 GM이 판단합니다.

머리만 내놓는다

적극적으로 행동하지 않고 전투의 상황만을 확인하려고 한다면, 엄폐물에서 머리만 내놓는다고 해도 상관없습니다(이 상태에서 가능한 [행동]은 GM이 판단합니다).

이 캐릭터를 공격하려면, [부위 공격: 급소]로 머리를 노려야만 합니다.

완전 엄폐

전신을 엄폐물로 감추는 것도 가능합니다. 이것을 「완전 엄폐」라고 부릅니다. 일반적으로 공격 목표가 되지는 않지만, 엄폐물 너머의 상황을 알 수 없으며, 자신도 엄폐물 너머로 공격할 수 없습니다.

[간이 행동]의 [자세 변경]으로 일반적인 엄폐를 할 수 있습니다([넘어짐]에서 회복하면서 일반적인 엄폐로 돌아갈 수도 있습니다).

샷건

샷건은 쇼트셸이라고 불리는 작은 구체 탄환(산탄)을 채운 탄약을 사용합니다. 발사하면 산탄이 흩어지면서 대미지를 줍니다.

샷건의 사격 모드는 [단발]이나 [펌프 액션]이므로 사격 순서로 보면 단발 사격과 같습니다.

단, 목표뿐만 아니라 주위에도 피해를 줍니다. 효과 범위는 사격 거리에 따라 달라집니다.

그리고 샷건은 사격 거리에 따라 [관통력]이나 대미지가 변하므로 주의하시기 바랍니다.

현실에서 산탄은 원추형으로 퍼지면서 해당 범위 전체에 대미지를 주지만, 간편하게 처리하기 위해 목표의 주변만 영향을 주는 것으로 합니다.

샷건의 효과 범위

효과 범위 전체에 1회만 사격 DR을 굴려서 결과를 적용합니다.

단, [대미지 굴림]은 각각 따로 굴립니다.

맵에서의 효과 범위는 목표가 있는 칸도 범위에 포함하여 세어야 한다는 점에 주의하시기 바랍니다.

지근거리

목표에만 명중합니다. 단, [관통력]이나 [대미지 주사위]가 늘어납니다.

근거리

목표를 기준으로 직경 2미터의 원형(맵에서는 목표가 있는 칸).

중거리

목표를 기준으로 직경 4미터의 원형(맵에서는 목표가 있는 칸 + 상하좌우 칸). 단, [관통력]이나 [대미지 주사위]가 감소합니다.

한 손 사격/ 양손 사격

한 손 사격

총기를 한 손으로 들고 사격할 때는 총기에 설정된 한 손용 필요 근력을 확인하고 캐릭터의 【근력】 수치와 비교하여 필요 근력이 1 부족할 때마다 명중률에 -10%의 수정을 받습니다.

또한, 잘 쓰지 않는 손(반대손)으로 사격할 때는 자동으로 명중률에 -20%의 수정을 받습니다.

그리고 2 × 3CP의 총기까지는 한 손으로 들고 사격해도 페널티를 받지 않지만, 2 × 4CP의 총기를 한 손으로 사격할 때에는 반드시 -20%의 수정을 받습니다. 2 × 5CP 이상의 총기는 한 손으로 사격할 수 없습니다.

한 손 사격시의 수정
필요 근력에 【근력】이 부족하다:
1 부족할 때마다 -10%
잘 쓰는 손으로 무기를 들고 사격: ±0%
반대손으로 무기를 들고 사격:
-20%(《오프 핸드 트레이닝》을 가지고 있으면 ±0%)
2 × 4CP의 총기: -20%

양손 사격

양손에 하나씩 무기를 들고, 한 번의 [행동]에서 각각의 무기로 사격할 수도 있습니다. 양손으로 사격할 때는 1회의 [행동]에 한쪽 손마다 사격 모드에 따른 횟수를 사격할 수 있습니다.

각 사격은 개별적으로 해결합니다. 오른손의 사격을 대미지 굴림까지(대미지 페널티 표를 포함) 해결했다면, 왼손의 사격을 판정합니다. 사격 횟수나 목표 숫자는 합쳐서 계산하지 않으며, 대미지 굴림도 각 사격을 따로 굴립니다.

또한 자동으로 한 손 사격이 되므로 필요 근력이나 한 손으로 들 수 있는 휴대치 제한은 똑같이 적용합니다.

양손 사격은 다음과 같은 수정을 양손에 따로따로 더합니다.

양손 사격시의 수정
필요 근력에 【근력】이 부족하다:
1 부족할 때마다 -10%
잘 쓰는 손으로 무기를 들고 사격: -20%
반대손으로 무기를 들고 사격:
-40%(《오프 핸드 트레이닝》을 가지고 있으면 -20%)
2 × 4CP의 총기: -20%

양손 사격시의 특기 사항

[양손 사격] 시에는 레이저 사이트나 도트 사이트, 스코프 등의 액세서리로 받는 명중 수정은 무효가 됩니다. [사격 집중]이나 지속 목표 역시 무효입니다.

탄창 교환은, 1회의 [아이템 사용]으로는 하나의 총기밖에 할 수 없으니 2회의 [아이템 사용]이 필요합니다.

샷건의 효과 범위

표준적인 1변 2미터의 칸이라면 아래와 같습니다.

★= 목표

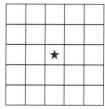

[지근거리]:
목표만

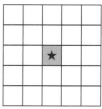

[근거리]:
목표와 목표가 있는 칸

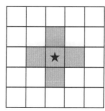

[중거리]:
목표+목표와 같은 칸+상하좌우에 접한 칸

목표가 있는 칸 자체가 2미터 사방이므로, 직경 2미터의 원형 범위는 칸 안에 딱 맞게 들어갑니다. 직경 4미터의 원형이라면, 거기서 상하좌우로 1칸씩 넓어집니다.

잘 쓰는 손

특별히 PL이 신청하지 않는 한, 캐릭터는 오른손잡이입니다. 왼손잡이 캐릭터를 롤플레이하고 싶다면, 캐릭터 제작 시에 GM에게 신청해야만 합니다.

GM은 미션 중에 갑자기 「내 캐릭터는 원래 왼손잡이였다」고 말하는 PL의 신청을 인정할 필요는 없습니다.

그레네이드

[드로우]

수류탄을 [드로우]할 수는 없습니다.

목표가 가려져 있다

목표 칸이 장애물로 가려져 있을 때의 수정입니다. 반쯤 가려져 있으면 -20%입니다.

그레네이드는 곡선을 그리며 목표에 도착하므로, 보이지 않는 칸을 목표로 삼을 수도 있지만, -40%의 수정을 받습니다.

그레네이드(유탄)는 일직선으로 날아가 목표에 명중해 대미지를 주는 무장이 아닙니다. 목표 지점에 날려 보낸 그레네이드가 폭발하면서 주변에 피해를 주는 무장입니다. 그리고 수류탄은 핸드 그레네이드라고도 불리므로 그레네이드의 일종입니다. 다음으로 그레네이드에 의한 공격 순서를 해설합니다.

행동 선언

그레네이드 런처나 수류탄 사용을 선언합니다. 그레네이드 런처라면〈중화기〉스킬을 사용하여 사격합니다.

또한, 수류탄은〈폭발물〉이나〈투척〉스킬을 사용하여 판정합니다.

그레네이드의 순서

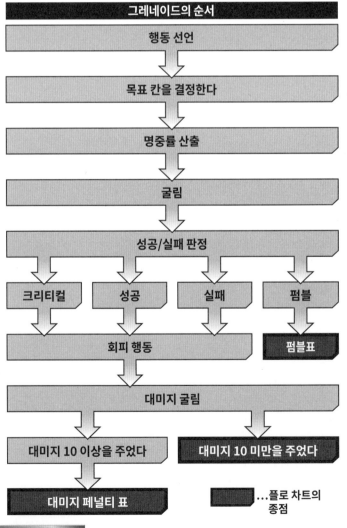

- 행동 선언
- 목표 칸을 결정한다
- 명중률 산출
- 굴림
- 성공/실패 판정
  - 크리티컬
  - 성공
  - 실패
  - 펌블
- 회피 행동
- 펌블표
- 대미지 굴림
  - 대미지 10 이상을 주었다
  - 대미지 10 미만을 주었다
- 대미지 페널티 표

⬛ ...플로 차트의 종점

목표 칸을 결정한다

목표 칸을 결정합니다. 사용한 무장 데이터를 확인하여 가장 효과가 있다고 생각하는 칸을 지정합니다.

지정한 칸이 효과를 주는 범위의 중심점입니다. 아래 그림을 참조하시기 바랍니다.

그레네이드 효과범위&오차도
※효과 범위는「중심반경 5m/유효반경 10m」인 그레네이드를 예시로 삼았음

안전권
0,1
9
2
8
중심점
3
7
4
5,6
유효반경
중심반경
2m

●오차 결정
1D9를 굴려서 나온 결과에 대응한 칸이 새로운 중심점이다.

판정에 실패했을 때

1D9를 굴리고「그레네이드 효과 범위&오차도」를 참조하여, 굴린 결과에 대응한 칸이 새로운 중심점이 됩니다.

명중률 산출

그레네이드 판정은 목표의 상태에 따른 수정(엄폐나 [넘어짐], 이동 방법에 따른 수정)을 받지 않습니다(목표가「칸」이기 때문입니다).

그레네이드 런처는 사격 모드에 따른 수정을 받습니다.

상황에 따라 다음의 수정을 받습니다.

그레네이드 수정

시야 수정: 어둠	-60%
시야 수정: 달빛	-30 ~ -40%
시야 수정: 어스름/안개	-20%
[격투 타입] [근접 무기]로 공격받는 중	-20%
[컨디션]에 따른 수정	다양함
목표가 가려져 있다	-20% ~ -40%

굴림

최종 명중률을 산출하였다면 DR을 굴립니다.

① 성공/실패 판정

크리티컬

그레네이드를 노린 장소에 최고의 타이밍으로 던졌습니다. 달성치를 산출합니다.

성공

그레네이드를 노린 장소에 던졌습니다. 달성치를 확인하시기 바랍니다.

실패

엉뚱한 곳에 던집니다. 「그레네이드 효과 범위&오차도」에서 빗나간 착탄 위치가 어디인지 확인합니다.

1D9를 굴린 결과에 대응한 칸이 새로운 중심점이 됩니다. 그리고 착탄 위치는 자신을 향했을 때 바로 앞이나 안쪽으로 빗나가기 쉽게 되어 있습니다(안쪽에 0과1, 바로 앞에 5와6이 있습니다).

새로운 중심점을 기반으로 효과가 미치는 범위를 확인하고 새로운 [중심반경]과 [유효반경]에 포함되는 캐릭터가 있는지를 봅니다.

포함된 캐릭터가 있다면, 적아를 구분하지 않고 해당 캐릭터는 [회피행동]을 할지를 결정해야 합니다.

또한, 이미 실패했으므로 이때의 대항 판정에 사용하는 달성치는 0이 됩니다.

펌블

실패와 같이 처리하지만, 대미지나 효과를 결정할 때 범위 내의 캐릭터는 [안전권]에 한 단계 가까이 있는 것으로 취급합니다.

추가로 「사격 펌블 표」(그레네이드 런처 사용시)나 「투척 펌블 표」(〈투척〉〈폭발물〉)에서 2D9를 굴려서 결과에 대응한 칸에 쓰인 대로 따릅니다. 단, 아군이나 자신에게 명중한다고 쓰여 있을 때에는 다시 굴리시기 바랍니다.

2회 이상 사격할 때에는 펌블이 나온 시점에서 사격 펌블 표를 적용합니다. 결과에 따라서는 남은 사격이 불가능할 수도 있습니다.

② 회피 행동

그레네이드의 [중심반경]과 [유효반경]에 포함된 캐릭터는 [회피 행동]을 합니다.

[회피 행동]을 하면 다음번 [행동 체크]에서는 [행동]을 할 수 없습니다(이동과 [간이 행동]은 가능합니다). 그 대신, 다음번 [행동 체크]까지는 몇 번이고 [회피 행동]을 할 수 있습니다. 회피에 전념하고 있는 상태라고 생각하시기 바랍니다.

〈운동〉이나 〈상황파악〉으로 공격 측의 DR 달성치와 대항판정을 합니다.

[회피 행동] 판정에는 다음의 수정을 받습니다.

[회피 행동]의 수정

무장의 [중심반경]만큼 좁은 장소	-10% ~ -20%
이동 방법에 따른 수정	전력+20%
엄폐하고 있음	+20%
[넘어짐] 상태	-20%
[컨디션]에 따른 수정	다양함

이동 방법에 따른 수정

이동 방법에 따른 성공 판정의 수정은 [회피 행동]에 적용하지 않지만, [전력 이동]을 하고 있다면 +20%의 수정을 받습니다.

엄폐에서 완전 엄폐로 이행

중심범위 방향을 향해 이미 엄폐를 하고 있다면, [회피 행동]을 선언하여 〈상황파악〉 +20%의 성공 판정에 성공하면, 자동으로 완전 엄폐를 합니다. 대미지는 받지 않습니다. 〈상황파악〉 성공 판정에 실패하여도 일반적인 [회피 행동]을 할 수 있습니다.

무장의 [중심반경]만큼 좁은 장소

무장마다 설정된 [중심반경]을 기준으로, 방의 반 이상이 들어간다면 -10%, 완전히 들어간다면 -20%를 적용합니다.

대항 판정의 결과에 따라 아래와 같은 효과를 받습니다.

성공(달성치를 웃돌았다)

[안전권]에 한 단계 가까이 있는 것으로 취급하여 대미지나 효과를 결정합니다.

[중심반경]에 있었다면 [유효반경]에 있는 것으로 치며, [유효반경]에 있었다면 [안전권]에 있는 것으로 취급한다는 뜻입니다. 실제 맵 상에서 이동하는 것이 아닙니다.

실패(달성치를 웃돌지 못했다)

회피에 실패했습니다. 평소대로 대미지나 효과를 받습니다.

대미지 굴림

그레네이드의 대미지는 [중심반경] [유효반경] [안전권] 중에서 어디에 있는가로 정합니다.

그레네이드의 범위와 대미지

[중심반경]: [관통D] 혹은 센 효과를 받습니다.
[유효반경]: [비관통D] 혹은 약한 효과를 받습니다.
[안전권]: 대미지나 효과를 받지 않습니다.

무장 카드나 규칙에서 지정한 [대미지 주사위]를 사용하여 [대미지 굴림]을 합니다.

대미지가 없이 특수한 효과를 줄 때에는 지정한대로 해결합니다.

대미지 페널티

10 이상의 대미지를 주었다면 「범용 대미지 페널티 표」를 굴립니다.

그레네이드의 목표

그레네이드의 목표는 어디까지나 「칸」이지 「캐릭터」가 아닙니다. 따라서 《파 시어》 등의 「자신을 목표로 하는 공격의 명중률」에 영향을 주는 클래스 아츠의 효과를 받지 않습니다.

빗나간 착탄점

빗나간 착탄점이 벽 등으로 가려져 있다면, 그 직전에서 멈춘 것으로 처리하여 그곳을 새로운 중심점으로 삼습니다.

새로운 중심점은 가능한 한전후/좌우의 위치관계가 빗나간 착탄점과 가깝도록 만드시기 바랍니다.

열린 구멍으로 그레네이드 쏴 넣기

창문 등의 열린 구멍을 통하여 그레네이드를 쏴 넣을 수 있습니다. 열린 구멍의 크기에 따라 -20%~-40%의 수정을 받습니다.

성공 판정에 실패한다면 열린 구멍으로 들어가지 못한 것입니다. 착탄 오차를 알아볼 때에는 목표 칸이 아닌 열린 구멍의 직전 칸을 중심점으로 빗나간 지점을 만드시기 바랍니다. 그때 방 안쪽의 빗나간 지점은 벽으로 막혀 있습니다(위의 항목을 참조하시기 바랍니다).

엎드린다

GM은 [회피행동]으로 「엎드리기」가 가능하다고 할 수 있습니다. [넘어짐] 상태가 되지만 [회피 행동]에 +20%의 수정을 얻습니다([넘어짐]에 의한 -20%의 수정은 받지 않습니다).

단, 다시 [회피행동]을 할 때에는 [넘어짐]에 따른 -20%의 수정을 받습니다(+20% 수정은 받을 수 없으며, 다시 엎드릴 수도 없습니다).

엎드렸어도 다음번 [행동 체크]에서 [간이 행동]을 할 수 있습니다.

149

[제압 사격]의 목표

　[제압 사격]의 목표는 어디까지나「칸」이지「캐릭터」가 아닙니다. 따라서 《파 시어》 등의「자신을 목표로 하는 공격의 명중률」에 영향을 주는 클래스 아츠의 효과를 받지 않습니다.

제압 사격

　맹렬한 연사를 퍼부어서 적이「고개도 못 들게」(행동할 수 없게 붙잡아두는)하거나, 특정한 범위에 진입할 수 없게끔 사격하는 방법을 [제압 사격]이라고 부릅니다.

　[제압 사격]은 10발 이상의 장탄수를 가지고 있으며, [단발] [2점사] [점사] [연사] 중 어느 하나의 사격 모드를 가진 무장으로만 가능합니다.

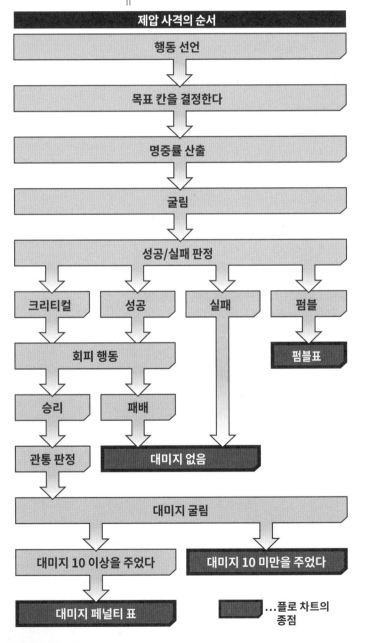

제압 사격의 순서

- 행동 선언
- 목표 칸을 결정한다
- 명중률 산출
- 굴림
- 성공/실패 판정
  - 크리티컬
  - 성공
  - 실패
  - 펌블 → 펌블표
- 회피 행동
  - 승리
  - 패배 → 대미지 없음
- 관통 판정
- 대미지 굴림
  - 대미지 10 이상을 주었다 → 대미지 페널티 표
  - 대미지 10 미만을 주었다

⬛ ...플로 차트의 종점

목표 칸을 결정한다

　[제압 사격]은 캐릭터를 직접 목표로 삼지 않습니다. 대신에 이어진 1~5칸을 목표로 지정합니다.

　단, 목표가 1칸 늘어날 때마다 모든 칸의 명중률에 -10%의 수정을 받습니다.

선택 가능한 예

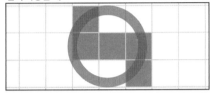

선택 불가능한 예

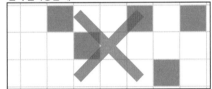

발사 수를 결정한다

　[제압 사격]에 사용하는 무장의 [사격 모드]에 따라 발사 수의 상한이 정해집니다.

[사격 모드]에 따른 발사 수 상한
[단발] [2점사]: 10발
[점사]: 15발
[연사]: 50발

　위의 상한을 기준으로 10~50발의 범위에서 발사 수를 결정합니다.

　여러 칸을 목표로 했다면 발사 수를 칸마다 설정합니다. 단, 하나의 칸에는 최소 10발을 할당해야만 합니다.

명중률 산출

　명중률은 1칸마다 산출합니다. 노린 칸과의 거리를 확인하여 해당 거리의 명중률이 기본 수치가 됩니다. 추가로「해당 칸에 발사하는 수」를 플러스 수정으로 더합니다.

　단, 목표의 상태에 따른 수정(엄폐나 [넘어짐], 이동 방법에 따른)은 받지 않습니다(어디까지나「칸」이 목표이기 때문입니다).

　상황에 따라 다음의 수정을 더합니다.

제압 사격의 수정	
발사 수(칸마다)	1발마다 +1%
시야 수정: 어둠	-60%
시야 수정: 달빛	-30 ~ -40%
시야 수정: 어스름/안개	-20%
[격투 타입] [근접 무기]로 공격받는 중	-20%
[컨디션]에 따른 수정	다양함
목표 칸이 1칸	각 칸에 ±0%
목표 칸이 2칸	각 칸에 -10%
목표 칸이 3칸	각 칸에 -20%
목표 칸이 4칸	각 칸에 -30%
목표 칸이 5칸	각 칸에 -40%
목표가 가려져 있다	-20%

굴림

최종 명중률을 산출하면 1칸마다 DR을 굴립니다. 그리고 해당 칸에 발사 수 10발마다 DR을 한 번 굴립니다. 모든 달성치를 메모합니다. 그것이 해당 칸의 [제압 사격] 달성치입니다.

그리고 [제압 사격]의 효과는 상대의 다음번 [행동 체크]의 [이동 선언] 개시 시까지 이어집니다.

① 성공/실패 판정

크리티컬

[제압 사격]은 효과적으로 성공합니다. 항상 [관통]으로 취급합니다. 달성치를 산출합니다.

성공

[제압 사격]은 성공합니다. 달성치를 산출합니다.

실패

[제압 사격]은 실패합니다. 효과가 없습니다.

펌블

[제압 사격]은 실패합니다. 거기에 해당 행위로 중대한 문제가 생길 가능성이 있습니다. 「사격 펌블 표」에서 2D9를 굴려서 결과에 대응한 칸에 쓰인 대로 따릅니다. DR을 두 번 이상 굴렸다면 펌블이 나온 시점에서 사격 펌블 표를 적용합니다. 결과에 따라서는 남은 사격이 불가능할 수도 있습니다.

탄약 소비

1칸의 판정이 끝날 때마다 해당 칸에 할당한 탄약을 소비합니다.

만약, 펌블 등으로 도중에 DR을 굴릴 수 없게 되어도 당초에 할당한 만큼 반드시 탄약을 소비합니다.

② 회피 행동

목표 칸에 있거나 목표 칸에 진입한 캐릭터는 [회피 행동]을 합니다. 단, 다음번 [행동 체크]에서는 [행동]을 할 수 없습니다. 그 대신, 다음번 [행동 체크]까지는 몇 번이고 [회피 행동]을 할 수 있습니다. 회피에 전념하고 있는 상태라고 생각하시기 바랍니다.

〈운동〉이나 〈상황파악〉으로 공격 측의 DR 달성치와 대항판정을 해서 성공하면, 일체의 대미지를 받지 않습니다(DR을 여러 차례 굴렸다면, 회피 측은 한 번만 DR을 굴려서 해당 달성치를 각각의 달성치와 비교합니다). 그리고 [회피 행동] 판정에는 다음의 수정을 받습니다.

[회피 행동]의 수정	
이동 방법에 따른 수정	전력+20%
엄폐하고 있음	+20%
[넘어짐] 상태	-20%
[컨디션]에 따른 수정	다양함

이동 방법에 따른 수정

이동 방법에 따른 성공 판정의 수정은 [회피 행동]에 적용하지 않지만, [전력 이동]을 하고 있다면 +20%의 수정을 받습니다.

엄폐에서 완전 엄폐로 이행

중심점 방향에 대해 이미 엄폐를 하고 있다면, [회피 행동]을 선언하여 〈상황파악〉 +20%의 성공 판정에 성공하면, 자동으로 완전 엄폐를 합니다. 대미지는 받지 않습니다. 〈상황파악〉 성공 판정에 실패하여도 일반적인 [회피 행동]을 할 수 있습니다.

③ 관통 판정

[제압 사격]을 받은 캐릭터가 [회피 행동]에 실패하거나 [회피 행동]을 하지 않으면 [관통 판정]을 합니다.

이미 산출한 달성치에 무장의 [관통력]을 더하여 최종 [관통력]을 산출합니다.

최종 [관통력]이 목표의 방어구 [장갑치] 이상이라면 [관통], 미만이라면 [비관통]입니다.

대미지 굴림

관통 판정으로 결정한 [대미지 주사위]를 사용하여 [대미지 굴림]을 합니다. 사격 순서대로 해결하시기 바랍니다.

[제압 사격]의 대미지에는 자동으로 +1D6의 [대미지 보너스]를 더합니다. 추가로 2회 이상 명중했다면 1회마다 +1D6을 추가합니다. 크리티컬에 따른 보너스도 평소대로 더합니다.

대미지 페널티

10 이상의 대미지를 주었다면 「사격 대미지 페널티 표」를 굴립니다. 대미지 페널티 표에서 2D9를 굴릴 때 -3 수정을 받습니다.

그리고 여러 번 명중해도 대미지 페널티는 한 번만 굴립니다.

발사 수

[제압 사격]은 10발 발사할 때마다 DR을 한번 굴립니다. 쉽게 기억하기 위해서라도 발사 수나 칸마다 할당을 10 단위로 정해두면 좋습니다.

목표가 가려져 있다

목표 칸이 장애물로 가려져 있을 때의 수정입니다. 반쯤 가려져 있으면 -20%입니다.

칸에 기록하기

[제압 사격]의 목표가 된 칸에는 달성치와 최종적인 [관통력]을 메모해주면 알아보기 쉬울 것입니다.

예를 들어, 달성치가 13과 10으로 무장의 [관통력]이 +9라면 칸의 구석에 「13(22), 10(19)」등으로 적어 넣습니다.

여러 번의 [제압사격]

한 칸에 20발 이상의 발사 수를 할당하여 DR을 여러 차례 굴렸을 때에도 [회피 행동]은 한 번만 DR을 굴립니다.

달성치를 비교하여 회피 측 DR 이상의 [제압사격]만을 명중한 것으로 취급합니다.

이동 중인 적의 끼어들기

이동 중에 적이 끼어들기 (P138)로 [회피 행동]을 했을 때, 성공/실패에 상관없이 이동은 그대로 계속합니다. 단, 대미지 페널티 표 등으로 [기절] [몽롱함] 등의 행동 불능이 될 [컨디션]을 받았다면 그대로 멈춥니다.

또한, [넘어짐]이나 [부위 공격] 등으로 이동 속도가 저하되었다면 그대로 적용합니다. 해당 이동으로 이미 적용 후의 이동속도만큼 이동하였다면, 그 이상 이동할 수 없습니다.

엎드린다

GM이 인정한다면 [제압 사격]에서도 「엎드리기」를 하여 +20%의 수정을 받을 수가 있습니다.

자세한 내용은 P149의 사이드 바를 참조하시기 바랍니다.

151

저격

『GDR』에서 [저격]이란 기본적으로 [장거리]보다 먼 [초장거리](201미터~)에서, 시간을 들인 사격을 뜻합니다.

또한 [장거리] 이내의 사격에서도 GM이 시나리오상 극적으로 전개하고 싶다고 생각한 사격은 [저격]으로 취급합니다.

저격의 조건

[저격]을 하기 위해서는 다음과 같은 조건을 만족해야 합니다.

이 조건을 만족하였는지, [저격]이 가능한지는 GM이 판단하시기 바랍니다.

① 자신을 위험에 노출하면 안 된다

항상 총격에 노출된 상황에서는 [저격]이 불가능합니다. 침착하게 저격에 전념할 수 있는 상황이어야만 합니다.

② [저격] 능력을 가진 총기를 사용한다

무장 카드에 「■〈저격〉+n%」라고 쓰여 있는 총기로만 [저격]을 할 수 있습니다.

③ 사정거리 내에 있다

목표가 무기마다 정해진 사정거리 내에 있어야 합니다.

④ 사격 모드와 사격 횟수

[저격]으로 사용할 수 있는 사격 모드는 [단발]과 [볼트 액션]뿐입니다.

항상 「1목표에 1사」로 취급합니다.

저격의 수정

[저격]에는 상황에 따라 다음의 수정을 더합니다. 각 수정은 적용하는 [레인지]가 다르므로 주의하시기 바랍니다.

그리고 GM은 그외의 수정을 적당히 더할 수 있습니다.

총기에 따른 수정([레인지] 3~1)

무장 카드에 쓰여 있는 〈저격〉의 수정입니다. [ ]안에는 〈저격〉 성공률에 수정을 더한 수치를 계산해 적어 넣으면 편리합니다.

거리에 따른 수정([레인지] 3~1)

저격 목표까지의 거리에 따른 수정입니다.
~400m: ±0%
401~600m: -10%
601~800m: -20%
801~1,000m: -30%
1001~1,500m: -40%
1501~2,000m: -50%

상황에 따른 수정([레인지] 5~1)

기상 조건이나 주변 상황, 그 밖의 다른 조건에 따른 수정입니다.
약한 바람, 가랑비, 불쾌한 장소 등: -20%
강한 바람, 장대비, 너무나 불쾌한 장소 등: -40%

목표의 상황에 따른 수정([레인지] 2~1)

저격 목표의 상황에 따른 수정입니다.
신중한 이동: -10%
일반 이동: -20%
전력 이동: -30%
주행 중인 차량에 탑승: -40%
일부만 보인다(엄폐): -20%

부위 공격에 따른 수정([레인지] 2~1)

[부위 공격] 시의 수정입니다. [부위 공격]의 효과는 P178의 규칙을 따릅니다. 도중에 공격하는 부위를 변경하려면, [리미트]를 진행하여 마커를 [레인지2]의 「Start」로 되돌립니다.
부위 공격: -20%
특별히 작은 목표: -40%~

스포터(관측수)

스포터는 [저격]의 TRS에서 [원호(P121)]를 할 수 있습니다. [원호]에 사용하는 스킬은 [레인지]마다 다릅니다.
[레인지]5: 〈정신력〉
[레인지]3: 〈저격〉〈정보처리〉
[레인지]2: 〈저격〉

타깃 레인지 시트 「저격」

[저격]은 TRS를 사용하여 해결합니다.

여기서 범용적인 [저격]용 TR시트의 내용을 설명합니다.

실제 TR시트는 P250에 있습니다.

[레인지] 5 　　　　기회를 기다린다

사용 스킬: 〈정신력〉　　수정치: ±0%
내용: 환경이나 상황에 좌우되지 않으며 평정을 유지한 채로 냉정하게 저격 기회를 기다린다.
※스포터는 〈정신력〉으로 [원호] 가능.
※수정: 상황

[레인지] 4 　　　　사격 자세 확립

사용 스킬: 〈저격〉　　수정치: ±0%
내용: 상황에 맞춰서 정확한 사격 자세를 잡고 총과 몸을 일체화하여 편하게 고정한다.
※수정: 상황

TR시트 「저격」

실제 TR시트에서는 수정치가 빈칸입니다. 상황에 맞춰서 수정치를 적어 넣으시기 바랍니다.

「※수정」은 이 [레인지]에서 적용되는 「저격의 수정」입니다.

저격의 리미트

[저격]은 강력합니다. 시간이 걸리지만 [타깃]을 달성하기만 하면 반드시 [크리티컬]이 나옵니다.

타깃이 건물에 들어가거나, 인파에 섞이는 등의 상황을 설정하여 얼만가의 시간 제한을 붙여야 합니다.

스포터(관측수)

저격수의 옆에 붙어서 무선으로 응답하거나 저격하는 동안 주위를 경계하면서 저격수가 저격에 집중하도록 돕는 역할을 맡습니다.

또한, 풍력계나 쌍안경, 레이저 거리 측정기 등을 사용하여 오차 수정을 돕습니다.

단발과 볼트 액션

구조상 차이점으로 명중률은 볼트 액션 쪽이 우수합니다.

단, 1발 사격할 때마다 수동으로 탄피 제거와 장전을 하는 볼트 액션보다는 가스 압력으로 탄피 배출과 장전을 자동으로 하는 셀프 로딩식 단발 쪽의 연사 성능이 압도적으로 높습니다.

무장에 따른 명중 수정

무장에 따라서는 비고 칸에 「■〈저격〉±○%」라고 쓰여 있기도 합니다.

이 수정은 [저격]과 〈저격〉에 따른 [초장거리 사격]에만 적용합니다.

[저격]으로 [부위 공격]

[부위 공격: 급소] [부위 공격: 팔] [부위 공격: 다리] 모두 -20%의 수정을 받습니다.

「특별히 작은 목표」는 와인 병이나 귀걸이 등, 사이즈에 따라 GM이 수정을 결정합니다.

[레인지]3　　오차 수정

사용 스킬: 〈저격〉　**수정치**: ±0%
내용: 표적과의 거리, 바람, 날씨, 습도에 따라 발생하는 오차를 계산하고 조준을 조정한다.
※스포터는 〈저격〉〈정보 처리〉로 [원호] 가능.
※수정: 총기, 거리, 상황

[레인지]2　　최종 조준

사용 스킬: 〈저격〉　**수정치**: ±0%
내용: 표적의 움직임을 예측하고 조준 안에 표적을 포착한다.
※스포터는 〈저격〉으로 [원호] 가능.
※수정: 총기, 거리, 상황, 목표, 부위 공격

[레인지]1　　B-R-A-S-S(브라스)

사용 스킬: 〈저격〉　**수정치**: ±0%
내용: 크게 숨을 마시고, 천천히 뱉은 뒤에 숨을 멈춘다(Breath). 긴장을 풀면서(Relax), 조준하고(Aim), 방아쇠를 아슬아슬한 지점까지 당기고(Slack), 조준이 잡힌 순간 방아쇠를 완전히 당긴다(Squeeze).
※수정: 총기, 거리, 상황, 목표, 부위 공격

TRS 후의 처리

[관통 판정]과 [대미지 굴림]

　TRS를 클리어하면 [저격]이 명중합니다. 탄약을 1발 소비하시기 바랍니다.
　[저격]에 따른 사격은 자동으로 크리티컬로 취급합니다. 따라서 자동으로 [관통]하여 [대미지 굴림]에는 +1D6의 [대미지 보너스]가 붙습니다.
　목표가 노린 부위에 방어구를 착용하고 다면, [방어치]는 유효합니다.

초장거리 사격

　[초장거리 사격]은 [초장거리](201미터~)에 있는 목표를 사격할 때 사용하는 규칙입니다.
〈저격〉으로 [초장거리 사격]
　무장 카드에 쓰여 있는 사용 스킬 대신, 〈저격〉을 사용할 수 있습니다. 「저격의 조건」(P152)을 만족해야 하지만, 사격 모드가 [단발]이라면 「1목표에 2사」까지 가능합니다.
　무장 카드의 「■〈저격〉+n%」 수정을 받고 추가로 +1D6의 [대미지 보너스]를 얻습니다.

초장거리 사격의 순서

　[초장거리 사격]은 기본적으로 일반적인 사격 규칙에 따라 해결합니다. 사용 스킬은 무장 카드 그대로입니다.

[저격]으로 즉사

　GM은 목표가 그렇게 중요하지 않은 NPC 였거나 [미션] 진행상 그러는 편이 더 낫다면, [저격]이 성공하면 목표가 즉사하게 하여도 좋습니다.
　그때에는 [부위 공격: 급소]의 수정으로 -20%를 더해도 좋습니다.

다시 [저격]을 한다

　[저격]에 성공한 후, 다시 같은 목표를 노릴 수도 있습니다. [리미트]를 진행한 후, 사격 모드마다 정해진 [레인지]의 「Start」에서 TRS를 재개합니다.
[단발]: [레인지] 1
[볼트 액션]: [레인지] 2

다른 목표에 [저격]을 한다

　한번 [저격]에 성공한 후, 이어서 다른 목표를 [저격]할 수 있습니다.
　새로운 목표가 이전 목표의 바로 옆에 서 있는 등, 상당히 가까운 곳에 있다면 [레인지]3 부터 TRS를 재개합니다. 추가로 [레인지]3의 수정치에 +20%를 합니다.
　새로운 목표가 떨어져 있다면 [레인지]5부터 TRS를 재개하는데, [레인지]5~3의 수정치에 +20%를 합니다.
　어느 경우라도 [리미트]는 진행합니다.

[저격]이 빗나가다

　[레인지]1에서 펌블이 나왔다면, 잘못된 타이밍에 방아쇠를 당기게 되어 「사격했지만 빗나가고 말았다」가 됩니다. 탄약을 1발 소비합니다.

[초장거리 사격]의 수정

　목표와의 거리에 따른 수정입니다. 무장 카드의 [장거리] 명중률에 추가로 아래의 수정을 받습니다.
201~400m: -20%
401~600m: -40%
601~800m: -60%
801~1,000m: -80%

● [초장거리 사격]의 제한

　[사격]을 하기 전에 반드시 [사격 집중]의 [행동]이 필요합니다. [사격 집중]후에 [행동]으로 [사격]하므로, 기본적으로 2[라운드]에 한 번만 사격할 수 있습니다. [사격 집중]에 따른 수정(스코프 포함)은 평소대로 받습니다.

[저격]과 [초장거리 사격]

　TR시트를 준비하지 않았거나 일반적인 전투와 병행하여 초장거리 사격을 할 때 등에는 이 [초장거리 사격] 규칙을 사용해도 좋습니다.

소음기

　소음기는 [저격]의 성공률에 영향을 줍니다. 「무기에 의한 수정」-10%([레인지]3~1에 적용)로 취급하시기 바랍니다.
　단, [초장거리 사격]에 관해서는 [장거리]의 명중률(이미 소음기에 따른 수정을 받은)을 기준으로 하기에 추가로 수정을 더할 필요는 없습니다.

[초장거리 사격]

　일반적인 [초장거리 사격]의 명중률은 일반적인 [장거리]의 명중률에 [초장거리 사격]의 수정을 받은 것입니다.
　또한, 반드시 1회 이상의 [사격 집중](플러스 수정은 평소대로 받습니다)이 필요합니다.

〈저격〉으로 [초장거리 사격]

　〈저격〉으로 [초장거리 사격]을 할 때 스코프의 수정은 〈저격〉의 수정에만 사용합니다. 스코프의 거리별 명중수정은 적용하지 않습니다.
　그리고 스코프의 〈저격〉 수정에는 [사격 집중]에 따른 10%의 보너스가 포함되지 않습니다.
　따라서 〈저격〉으로 [초장거리 사격]을 할 때의 명중률 계산은 다음과 같습니다.

- 〈저격〉 성공률 + 총기에서 [장거리의 거리별 명중수정 + [초장거리 사격] 수정 + 총기 본체와 스코프의 〈저격〉 수정 + [사격 집중]의 수정 (10~20%) + 그 밖의 상황이나 아이템, 클래스 아츠의 수정.

격투에서 거리

격투에서 거리는 다음과 같습니다. 사격과는 거리 단위가 다르므로 주의하시기 바랍니다.

지근거리: 0m(같은 칸)
근거리: 1~2m(1칸 앞)
중거리: 3~4m(2칸 앞)
장거리: 5m(3칸 앞)

※ [투사 무기]는 사격의 거리를 따릅니다.

격투 규칙

주먹이나 발차기를 사용한 타격, 상대를 던지거나 태클로 쓰러뜨리기, 관절 꺾기, 칼로 베기, 봉으로 때리는 등 자신의 육체를 사용한 전투를 [격투]라고 부릅니다.

[격투]의 순서는 다음과 같습니다.

격투 방법 결정

[격투]에는 〈격투〉〈무기 전투〉〈투척〉 스킬을 사용한 [격투방법](P156)이 있습니다.

이 중에서 [격투 방법] 하나를 선택합니다.

목표를 결정한다

격투의 공격 횟수는 한 번 뿐입니다. 무장마다 설정된 사정거리 내에 있는 목표를 선택합니다.

명중률 산출

결정한 공격방법을 기반으로 필요한 수정을 모두 더하여 명중률을 산출합니다.

격투 시의 수정

격투 시의 수정	
시야 수정: 어둠	-40%(-60%)
시야 수정: 달빛	-20%(-40%)
시야 수정: 어스름/안개 등	-10%(-20%)
목표가 엄폐하고 있음 ([투사 무기]에만)	-20%
무장의 거리별 명중수정	다양함
[컨디션]에 따른 수정	다양함
목표가 멈춰 서 있음	+20%

※( ) 안은 [투사무기] 사용시

시야 수정

[격투 타입], [근접 무기]는 사격보다도 가까운 거리에서 전투를 벌이기 때문에 시야 불량에 따른 수정이 낮습니다.

엄폐

[투사 무기] 이외의 [격투]에서 엄폐는 명중 수정에 영향을 주지 않습니다.

무장의 거리별 명중수정

무장 카드를 참조하시기 바랍니다. 격투의 거리는 사격의 거리 단위와는 다릅니다([투사 무기] 제외).

목표가 멈춰 서 있다

단순히 이동하지 않는 상태가 아니라, 공격을 눈치채지 못하고 회피 행동과 같은 행동도 할 수 없는 상대에게, 허를 찔러 공격할 수 있는 상황에만 적용합니다. 기본적으로 경계 상태에 들어간 전투 중에는 적용할 수 없습니다.

굴림

최종적인 명중률을 산출하였다면 격투 DR을 굴립니다.

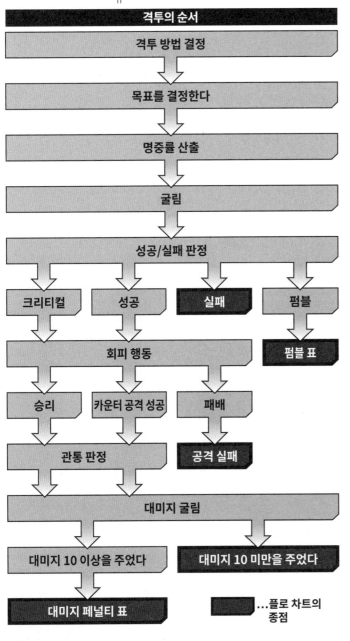

격투의 순서

격투 방법 결정 → 목표를 결정한다 → 명중률 산출 → 굴림 → 성공/실패 판정 → 크리티컬 / 성공 / 실패 / 펌블

펌블 → 펌블표

크리티컬 · 성공 → 회피 행동 → 승리 / 카운터 공격 성공 / 패배

패배 → 공격 실패

승리 · 카운터 공격 성공 → 관통 판정 → 대미지 굴림

대미지 굴림 → 대미지 10 이상을 주었다 / 대미지 10 미만을 주었다

대미지 10 이상을 주었다 → 대미지 페널티 표

...플로 차트의 종점

① 성공/실패 판정

크리티컬

격투는 효과적으로 성공합니다. ([격투:투·극]을 제외하고) 항상 [관통]으로 취급합니다. 달성치를 산출합니다.

성공

격투는 성공합니다. 달성치를 산출합니다.

실패

격투는 실패합니다. 격투 순서는 여기서 종료합니다([카운터 공격]도 발생하지 않습니다).

펌블

격투는 실패합니다. 추가로 해당 행위 때문에 중대한 문제가 생길 가능성이 있습니다. 「격투 펌블 표」에서 2D9를 굴려서 결과에 대응한 칸에 쓰인 대로 따르시기 바랍니다.

② 회피 행동

[격투 타입]과 [근접 무기]의 목표가 된 캐릭터는 격투를 회피하기 위하여 [회피 행동]을 합니다.

단, [회피 행동]을 하면 다음번 [행동 체크]에서는 [행동]을 할 수 없습니다. 그 대신, 다음번 [행동 체크]까지는 몇 번이고 [회피 행동]을 할 수 있습니다. 회피에 전념하고 있는 상태라고 생각하시기 바랍니다.

〈격투〉 또는 〈무기 전투〉(준비 상태의 근접 무기가 있다면)로 격투의 달성치와 대항판정을 해서 성공하면, 일체의 대미지를 받지 않습니다.

회피 행동의 수정

이동방법에 따른 수정	없음
[격투 타입]을 〈무기 전투〉로 회피	+20%
[근접 무기]를 〈격투〉로 회피	-20%
[넘어짐] 상태	-20%
[컨디션]에 따른 수정	다양함

이동 방법에 따른 수정

이동 방법에 따른 성공 판정의 수정은 [회피 행동]에 적용하지 않습니다.

카운터 공격

[격투 타입], [근접 무기]를 사용한 격투의 목표가 되었다면, [회피 행동]으로 [카운터 공격]을 할 수 있습니다.

1. 카운터 공격을 선언한다

[카운터 공격]을 선언하고 어떤 격투 방법을 사용하는지도 결정합니다. 상대가 사정거리 안에 있어야만 합니다. 또한, [투사 무기]로는 [카운터 공격]을 할 수 없습니다.

2. 명중률 산출

격투 방법에 따라 정한 스킬 성공율에 다음의 수정을 더하여 [카운터 공격]의 명중률을 산출합니다. [카운터 공격]은 반드시 -20%의 수정을 받습니다.

또한, [카운터 공격]에서는 자신의 이동 방법에 따른 수정을 받습니다.

카운터 공격의 수정

카운터 공격(기본)	-20%
[격투 타입]을 〈무기 전투〉로 카운터	+20%
[근접 무기]를 〈격투〉로 카운터	-20%
시야 수정: 어둠	-40%
시야 수정: 달빛	-20%
시야 수정: 어스름/안개	-10%
[컨디션]에 따른 수정	다양함

3. 굴림

산출한 명중률을 기반으로 상대의 격투 달성치에 대항판정을 합니다.

승리하면 [카운터 공격]은 성공합니다. 카운터 측의 공격이 역으로 명중하고, 카운터 측이 이후의 순서를 합니다. 크리티컬이라면 자동으로 [관통]하고 +1D6의 [대미지 보너스]를 받습니다.

③ 관통 판정

격투의 대상이 된 캐릭터가 [회피 행동]으로 패배하거나 [회피 행동]을 하지 않은 경우, 혹은 [카운터 공격]이 성공한 경우에는 [관통 판정]을 합니다. 단, [격투: 투] [격투: 극]은 [관통 판정]을 하지 않습니다. 이미 산출해놓은 달성치에 무장의 [관통력]을 더하여 최종적인 [관통력]을 산출합니다. 최종적인 [관통력]이 목표가 걸친 방어구의 [장갑치] 이상이라면 [관통], 미만이라면 [비관통]입니다.

대미지 굴림

무장 카드에서 지정한 [대미지 주사위]를 사용하여 [대미지 굴림]을 합니다.

대미지 뿐만 아니라 특수한 효과를 부여한다면 지정한 대로 해결합니다.

그리고 대미지가 발생하는 격투 방법에서 크리티컬로 명중하였다면 +1D6의 [대미지 보너스]를 더합니다.

대미지 페널티

10 이상의 대미지를 주었다면 「격투 대미지 페널티 표」를 굴립니다.

격투 중의 엄폐

엄폐에 따른 명중률 수정은 기본적으로 [사격]과 일부 [격투]([투사 무기])만 받습니다.

단, 상대가 엄폐하고 있다면 [부위 공격]([P178])으로 공격할 수 있는 부위는 노출된 부분 뿐입니다.

크로스 카운터

[카운터 공격]을 했을 때, 공격 측과 카운터 측의 달성치가 똑같다면 [크로스 카운터]가 됩니다.

각각 [격투 방법]에 따른 대미지를 서로에게 줍니다.

격투에서 [회피 행동]

「칸」을 목표로 삼는 그레네이드나 [제압 사격]과 캐릭터를 목표로 삼는 [격투]에는 같은 [회피 행동]이라고 해도 세세한 차이가 있으니 주의하시기 바랍니다.

[격투]에서는 [전력 이동]하여도 [회피 행동]에 플러스 수정은 없습니다(심지어 [카운터 공격]에서는 이동 방법에 따라서는 마이너스 수정을 받습니다).

[투사 무기]의 [회피 행동]

[투사 무기](〈무기 전투〉〈투척〉모두)는 사격이나 마찬가지라고 생각하므로 [회피 행동]을 할 수 없습니다.

[격투]로 이동 방해

준비 상태에 있는 [근접 무기]나 [격투 타입]의 사정거리 내에 있는 칸에 다른 캐릭터가 들어가거나 나오려고 할 때는 「빠져나가기」(P126)를 처리하는 대신 이동 방해를 선언할 수 있습니다([투사 무기로는 할 수 없습니다).

상세한 내용은 P161을 참조하시기 바랍니다.

격투 방법

여기서는 각 격투 방법에 관하여 상세한 설명과 예시를 듭니다.

〈격투〉

맨손 전투 전반을 포함합니다.
〈격투〉의 성공률이 높을수록 [대미지 주사위]에 부여하는 효과가 커집니다. 또한 〈격투〉 스킬 레벨을 대미지에 더할 수 있습니다.
〈격투〉로 공격할 때는 아래에 준비된 3개의 [격투 타입]에서 하나를 선택해서 공격합니다. 각 공격 방법에 따라 부여되는 효과가 달라집니다.
또한 [격투 타입]마다 목표에게 주는 대미지가 달라집니다. 아래의 「격투 타입에 따른 대미지」 표를 참조하시기 바랍니다.

[격투: 타]

주먹이나 발차기 등의 타격계 공격 방법입니다. 선택하기 위해서는 최소 한쪽 손이나 한쪽 다리를 사용할 수 있는 상태여야 합니다.
특징은 [내구력]을 줄이는 직접적인 대미지가 크고 [관통 판정]을 합니다. 방어구의 [방어치]는 유효합니다.

[격투: 투]

태클, 유도나 프로레슬링의 던지기 등, 던지기 계열의 공격 방법입니다. 선택하기 위해서는 반드시 양손이 비어있어야 합니다. 또한 [넘어짐] 상태의 목표에는 사용할 수 없습니다.
성공하면 목표는 [넘어짐]이 됩니다. 또한 [관통 판정]은 없이 항상 [비관통D]를 줍니다. 방어구의 [방어치]는 무효입니다.
추가로 〈격투〉의 성공이 50%이상이라면, [몽롱함 판정]을 시킬 수도 있습니다. 필요한 달성치는 공격측의 [격투] 달성치입니다.

[격투: 극]

관절기나 조르기 등, 서브미션 계열의 공격 방법입니다. 선택하기 위해서는 최소 한쪽 손이 비어있어야만 하는데, 한 손만으로는 -20%의 수정을 받습니다.
[내구력]을 줄이는 직접적인 대미지는 없지만, 다양한 [컨디션]을 줄 수 있습니다. 또한 탈출할 때까지 적을 구속하고 계속해서 대미지를 줄 수 있습니다.
[격투: 극]으로 주는 대미지는 특수하므로 P158에서 상세하게 설명하고 있습니다. 방어구의 [방어치]는 무효입니다.

〈무기 전투〉

어떠한 무기를 사용하여 공격합니다. 사용하는 무기는 크게 두 종류로 나뉩니다.
[관통 판정]을 합니다. 대미지는 무장마다 정해져 있지만 〈무기 전투〉 스킬 레벨을 대미지에 더합니다.

[근접 무기]

칼이나 나이프, 곤봉 등 공격 범위가 짧은 무기를 말합니다.

[투사무기〈무기전투〉]

활이나 크로스 보우, 슬링 등 공격 범위가 긴 무기를 말합니다.

〈투척〉

목표에게 물체를 던져서 공격합니다.

[투사 무기 〈투척〉]

돌이나 스로잉 나이프 등, 공격 범위가 긴 무기를 말합니다.

격투 타입에 따른 대미지						
격투 타입	대미지 종류	〈격투〉 성공률에 따른 대미지와 효과			관통 판정	방어치
		1~49%	50~99%	100% 이상		
[격투: 타]	비관통D	1D6+〈격투LV〉	2D6+〈격투LV〉	2D6+〈격투LV〉	있음	유효
	관통D	2D6+〈격투LV〉	3D6+〈격투LV〉	3D6+〈격투LV〉		
	추가 효과	없음	없음	[쇼크]-10%		
[격투: 투]	비관통D	1D6+〈격투LV〉	1D6+〈격투LV〉	2D6+〈격투LV〉	없음	무효
	추가 효과	[넘어짐]	[넘어짐]+[몽롱함 판정※] ※=공격측의 달성치	[넘어짐]+[몽롱함 판정※] ※=공격측의 달성치		
[격투: 극]	특수	특수	특수	특수	없음	무효

[격투: 타]

[격투: 타]의 예시

샘플 캐릭터 「코브라」의 데이터로 [격투: 타]를 상세하게 설명하겠습니다.

1. [격투: 타]의 대미지 확인

코브라의 〈격투〉는 LV1에 85%입니다. 「격투 타입에 따른 대미지」표와 대조하면 [격투: 타]의 대미지는 [비관통D]가 [2D6+1]이며 [관통D]가 [3D6+1]입니다.

2. DR

코브라는 [격투: 타]로 공격을 선언한 다음, 명중률을 산출합니다.

상대와의 거리는 [근거리], 〈격투〉 수치는 85%(LV1)입니다. 여기서는 이미 증감된 수정은 없는 것으로 치고 진행합니다.

명중률이 85%(LV1)로 DR을 굴린 결과는 79입니다. 달성치 17의 성공입니다.

3. 회피행동

상대는 다음의 3가지 행동 중 하나를 선택할 수 있습니다.

「1. 그대로 공격을 받는다」「2. [회피 행동]을 한다」「3. [카운터 공격]을 한다」입니다.

상대는 코브라의 달성치를 보고 도무지 상대할 수 없다고 느낍니다. [회피 행동]을 하여 [행동]을 할 수 없게 되는 것은 싫으므로 일부러 공격을 받습니다.

4. [관통 판정]

코브라의 공격은 성공하였습니다. [격투: 타]는 [관통 공격]을 해야 합니다. [격투: 타]의 관통력은 ±0이므로 달성치 17에 더하여도 [관통력]은 변하지 않습니다. 최종적인 [관통력]은 17입니다. [관통력] 17이 상대의 [장갑치] 이상이라면 [관통D] 대미지를 줍니다.

상대의 방어구는 [바디 아머 레벨2]입니다. [장갑치]는 12이고, 코브라의 공격은 [관통D]가 됩니다.

5. [대미지 굴림]

코브라의 [격투: 타]에 따른 [관통D]는 [3D6+1]입니다. [대미지 굴림] 결과 7이 나왔습니다. 상대의 [방어치]는 0이므로 7 대미지를 줍니다. 대미지를 10 이상 주었다면 격투 대미지 페널티 표를 굴렸겠지만, 여기서 [코브라]의 행동은 종료합니다.

[격투: 투]

[격투: 투]의 예시

샘플 캐릭터 「고스트」의 데이터로 [격투: 투]를 상세하게 설명하겠습니다.

1. [격투: 투]의 대미지 확인

고스트의 〈격투〉는 LV3에 99%입니다. 「격투 타입에 따른 대미지」표와 대조하면 [격투: 투]의 대미지는 [비관통D] 뿐이며 [1D6+3], 추가효과는 「[넘어짐]+[몽롱함 판정]」입니다.

2. DR

고스트는 [격투: 투]로 공격을 선언한 다음, 명중률을 산출합니다.

상대와의 거리는 [지근거리], 〈격투〉 수치는 99%(LV1)입니다. 여기서는 이미 증감된 수정은 없는 것으로 치고 진행합니다.

명중률이 89%(LV3)로 DR을 굴린 결과는 74입니다. 달성치 14의 성공입니다.

3. 회피행동

상대는 다음의 3가지 행동 중 하나를 선택할 수 있습니다.

「1. 그대로 공격을 받는다」「2. [회피 행동]을 한다」「3. [카운터 공격]을 한다」입니다.

상대는 고스트의 달성치를 확인하고는 [회피 행동]을 합니다.

여기서 상대는 다음번 [행동]을 잃습니다.

상대는 고스트의 달성치 14를 목표로 DR을 굴렸으나 실패하였습니다.

4. [관통 판정]

고스트의 공격은 성공하였습니다. 하지만 [격투: 투]는 [관통 공격]을 할 수 없습니다.

5. [대미지 굴림]

고스트의 [격투: 투]에 따른 [비관통D]는 [1D6+3]입니다. [대미지 굴림] 결과 5가 나왔습니다. [격투: 투]는 상대의 [방어치]를 무효로 만드므로 그대로 상대에게 5 대미지를 줍니다.

또한, 추가 효과로 상대는 자동으로 [넘어짐]이 되어 [몽롱함 판정]을 해야만 합니다.

이 [몽롱함 판정]의 목표는 고스트의 달성치인 14입니다. 상대가 〈강인함〉 DR을 굴린 결과, 달성치 6으로 성공입니다. 상대는 몽롱함 판정에 실패하였으므로 [몽롱함] 컨디션이 됩니다.

[격투: 타]

[격투: 타]는 주먹이든 발차기든 효과가 변하지 않습니다. 따라서 어느 한쪽을 사용할 수 없더라도 특별한 수정은 받지 않습니다.

[격투: 타]의 포인트

- 대미지는 〈격투〉의 성공률로 정한다.
- 성공률이 100% 이상이라면, 추가효과로 [쇼크] -10%.
- [관통 판정]이 있다.
- 대미지에서 방어구의 [방어치]를 뺀다.

[격투: 투]의 포인트

- 대미지는 〈격투〉의 성공률로 정한다.
- 공격에 성공하면 [넘어짐], 성공률이 50% 이상이라면, 추가 효과로 [몽롱함 판정].
- [관통 판정]이 없다.
- 대미지에서 방어구의 [방어치]를 빼지 않는다.

지속 효과

지속 효과는 주지 않을 수도 있습니다.

일단 제압하고만 싶거나 심각한 대미지를 주고 싶지 않을 때와 같이 상황에 맞춰서 지속 효과를 줄 것인지 선택하시기 바랍니다.

[마운트]의 이점

일단 적의 자유를 빼앗고 싶을 때에 편리합니다.

또한 [구속] 중에는 다른 [행동]을 할 수 있기 때문에 (다른 베리에이션에서는 [격투: 극]만 가능합니다) 때려눕히거나 나이프로 찌르거나 약품을 마시게 하는 등 다양한 상황에 대응할 수 있습니다.

그리고, 서 있는 채라면 [구속]한 그대로 [신중한 이동]으로 이동할 수 있습니다.

[격투: 극]의 포인트

- 4종류의 베리에이션이 있다.
- [내구력]에 주는 직접적인 대미지가 없다
- [관통 판정]이 없다.
- 저항 판정에 계속 승리하는 한, 목표를 [구속]할 수 있다.

[격투: 극]

[격투: 극]의 베리에이션

[격투: 극]에는 4 종류의 베리에이션이 설정되어 있습니다.

베리에이션의 해설

효과: 공격이 명중한 시점에서 주어지는 효과.

지속 효과: 목표를 [구속]하는 상태에서 [격투: 극]을 성공하면 줄 수 있는 효과.

[초크](명중 수정 -40%)

경동맥과 기관을 압박해 의식을 잃게 합니다.

효과: 대상은 [구속]됩니다. 추가로 명중시의 달성치를 목표로 [몽롱함 판정]을 합니다.

지속효과: 공격자는 〈격투〉DR을 굴립니다. 대상은 해당 달성치를 목표로 [몽롱함 판정]을 합니다. 이미 [몽롱함] 상태에서 추가로 [몽롱함]을 받으면 [기절]합니다.

[암 록](명중 수정 -20%)

한쪽 팔의 관절을 꺾어서 페널티를 줍니다.

효과: 대상은 [구속]됩니다. 추가로 〈강인함〉-20%로 성공 판정을 하여 실패하면 꺾인 쪽의 손에 들고 있던 물건을 떨어뜨립니다.

지속 효과: [중상] -20%(해당 팔을 사용하는 행동에만). 이 수정은 중첩됩니다. -40%가 되면 팔이 부러져서 완전히 사용할 수 없습니다. 또한, 위의 〈강인함〉 판정을 다시 합니다.

[레그 록](명중 수정 -20%)

한쪽 다리의 관절을 꺾어서 페널티를 줍니다.

효과: 대상은 [구속]됩니다. 추가로 [넘어짐]이 됩니다.

지속 효과: [중상] -20%(해당 다리를 사용하는 행동에만). 이 수정은 중첩됩니다. -40%가 되면 다리가 부러져 완전히 사용할 수 없습니다. 또한, 이동 거리가 1/2이 됩니다.

[마운트](명중 수정 ±0%)

상대를 짓눌러 움직임을 봉합니다.

효과: 대상은 [구속]됩니다. 추가로 공격자는 임의로 [넘어짐]을 줄 수도 있습니다.

지속 효과: 원하는 [행동]을 합니다. [행동]의 성공/실패에 관계없이 상대는 [구속]된 상태입니다.

[격투: 극]의 특수한 컨디션

[구속]

양측 거리는 「0미터」가 됩니다. [구속] 당하는 자는 어떠한 [행동]이나 이동을 할 수 없습니다. 또한 [구속]하는 쪽도 [격투: 극] 이외의 [행동]을 할 수 없습니다. [신중한 이동]으로

함께 이동할 수 있습니다.

회복 방법: [페널티 체크]에 〈격투〉나 〈강인함〉으로 공격자의 〈격투〉와 대항 판정을 하여 승리하면 해제할 수 있습니다.

자발적인 [구속]의 해제: [구속]하는 쪽은 언제나 자발적으로 [구속]을 해제할 수 있습니다.

굳히기

[넘어짐] 중인 상대에게 [격투: 극]을 걸거나 [넘어짐] 상태의 상대를 공격자가 계속 [구속]하기 위하여 공격자 자신도 [넘어짐] 상태가 됩니다. 이 상태를 [굳히기]라고 부릅니다.

[굳히기]상태일 때, [격투: 극]의 명중률 및 [구속]에서 탈출하기 위한 대항판정에서 공격자는 +20%의 수정을 받습니다. 단, 양측 모두 이동할 수 없습니다.

[격투: 극]의 예시

샘플 캐릭터 「코브라」의 데이터로 [격투: 극]을 상세하게 설명하겠습니다.

1. [격투: 극]의 베리에이션 확인

코브라는 [마운트]를 선언합니다.

2. DR

코브라는 [격투: 극], [마운트]로 공격을 선언한 다음, 명중률을 산출합니다.

상대와의 거리는 [지근거리], 〈격투〉 수치는 85%(LV1)입니다. [마운트]를 선언하였기에 명중률은 그대로 85%입니다. 여기서는 이미 증감된 수정은 없는 것으로 치고 진행합니다. 그리고 [초크]라면 45%, [암 록] [레그록]이라면 명중률은 65%입니다.

명중률이 85%(LV1)로 DR을 굴린 결과는 74입니다. 달성치 12의 성공입니다.

3. 회피행동

상대는 다음의 3가지 행동 중 하나를 선택할 수 있습니다.

「1. 그대로 공격을 받는다」「2. [회피 행동]을 한다」「3. 카운터 공격]을 한다」입니다.

상대는 [회피 행동]을 합니다.

여기서 상대는 다음번 [행동]을 잃습니다.

상대는 코브라의 달성치 12를 목표로 DR을 굴렸으나 실패하였습니다.

4. [관통 판정]

코브라의 공격은 성공하였습니다. 하지만 [격투: 극]은 [관통 공격]을 할 수 없습니다.

5. [대미지 굴림]

[격투: 극]에 따른 효과를 확인합니다. [마운트]의 효과는 「대상은 [구속]된다. 추가로 공격자는 임의로 [넘어짐]을 줄 수도 있다」입니다. 코브라는 [넘어짐]을 주기로 합니다.

[구속]은 [페널티 체크]에서 대항 판정을 하여 승리하지 않는 한 탈출할 수 없습니다.

[구속]하는 동안은 지속 효과로 나이프를 꺼내 들어 공격할 수도 있습니다.

[근접 무기]

[근접 무기]의 대미지

[근접 무기]는 대미지에 〈무기 전투〉 스킬 레벨을 더합니다.

[근접 무기]의 예시

샘플 캐릭터 「코브라」의 데이터로 [근접 무기]를 상세하게 설명하겠습니다.

1. [근접 무기]의 대미지 확인

코브라의 〈근접 무기〉는 LV3이므로, 「컴뱃 나이프」 사용 시의 대미지는 [비관통D]가 [1D6+3]이고 [관통D]가 [2D6+5]입니다. 추가로 코브라는 《마스터즈》로 「컴뱃 나이프」를 지정했으므로 각 대미지에 +1D6을 합니다. 따라서 [비관통D]가 [2D6+3]이고 [관통D]가 [3D6+5]입니다.

2. DR

코브라는 [근접 무기]로 공격을 선언한 다음, 명중률을 산출합니다.

상대와의 거리는 [지근거리], 〈근접 전투〉 수치는 105%(LV3)입니다. 여기서는 이미 증감된 수정은 없는 것으로 치고 진행합니다.

명중률 105%(LV3)로 DR을 굴린 결과는 65입니다. 달성치 14의 성공입니다.

3. 회피행동

상대는 3가지 중 하나를 선택할 수 있습니다. 「1. 그대로 공격을 받는다」 「2. [회피 행동]을 한다」 「3. [카운터 공격]을 한다」입니다.

상대는 [회피 행동]을 합니다.

여기서 상대는 다음번 [행동]을 잃습니다.

상대는 코브라의 달성치 14를 목표로 DR을 굴렸으나 실패하였습니다.

4. [관통 판정]

코브라의 공격은 성공하였습니다. [근접 무기]는 [관통 공격]을 하므로 달성치 14에 무장의 [관통력] +3을 더한 17이 최종적인 관통력입니다. 상대의 장갑치와 비교하여 [관통력] 17이 상대의 장갑치 이상이라면 [관통D] 대미지를 줍니다.

상대의 방어구는 [보디 아머 레벨2]입니다. [장갑치]는 12이고, 코브라의 공격은 [관통D]가 됩니다.

5. [대미지 굴림]

[관통D]는 [3D6+5]입니다. [대미지 굴림] 결과 14가 나왔습니다. 상대의 [방어치]는 0이므로 10 이상의 대미지를 주었습니다. 추가로 격투 대미지 페널티 표를 굴려서 해당 결과를 상대에게 적용합니다.

[투사 무기]

[투사 무기]는 [투사 무기〈투척〉]과 [투사 무기〈무기 전투〉]의 두 종류가 있습니다. 공격 순서는 대체로 같습니다.

[투사 무기]의 대미지

[투사 무기〈투척〉]은 대미지에 〈투척〉 스킬 레벨을 더합니다.

[투사 무기〈무기 전투〉]는 총기와 같이 대미지가 고정되어 있습니다.

[투사 무기]의 예시

샘플 캐릭터 「코브라」의 데이터로 [투사 무기]를 상세하게 설명하겠습니다.

1. [투사 무기]의 대미지 확인

[투사 무기〈투척〉]은 대미지에 〈투척〉 스킬 레벨을 더하지만, 코브라의 〈투척〉 LV는 0이므로 「스로잉 나이프」 사용시의 대미지는 무장 카드대로 [비관통D]가 [1D6]이고 [관통D]가 [2D6+1]입니다.

2. DR

코브라는 [투사 무기]로 공격을 선언한 다음, 명중률을 산출합니다.

상대와의 거리는 [지근거리], 〈투척〉 수치는 75%(LV0)입니다. 여기서는 이미 증감된 수정은 없는 것으로 치고 진행합니다.

명중률 75%(LV0)로 DR을 굴린 결과는 65입니다. 달성치 11의 성공입니다.

3. 회피행동

기본적으로 [투사 무기]에는 [회피 행동] [카운터 공격]을 할 수 없습니다.

4. [관통 판정]

코브라의 공격은 성공하였습니다. [투사 무기]는 [관통 공격]을 하므로 달성치 11에 무장의 [관통력] +2을 더한 13이 최종적인 관통력입니다. 상대의 장갑치와 비교하여 [관통력] 13이 상대의 장갑치 이상이라면 [관통D] 대미지를 줍니다.

상대의 방어구는 [보디 아머 레벨2]입니다. [장갑치]는 12이고, 코브라의 공격은 [관통D]가 됩니다.

5. [대미지 굴림]

[관통D]는 [2D6+1]입니다. [대미지 굴림] 결과 9가 나왔습니다. 상대의 [방어치]는 0이므로 9점의 대미지를 주었습니다. 대미지 페널티 표는 굴리지 않습니다.

대미지 페널티 [-○]

무장 카드에는 「대미지 페널티 -1」과 같이 쓰여 있는 경우가 있습니다.

이것은 해당 무기는 둔기가 아니라 날카로운 날을 가지고 있음을 나타냅니다.

그 결과, 대미지 페널티 표의 2D9 결과에서 지정한 수치를 뺄 수 있습니다.

[근접 무기]의 포인트
• 대미지는 사용하는 무장에 의존한다. 단, 대미지에 스킬 레벨을 더한다.
• [관통 판정]이 있다.
• 대미지에서 방어구의 [방어치]를 뺀다.

[투사 무기〈무기 전투〉]

여기에 해당하는 무장은 『GDR』 룰북에는 실리지 않았습니다. 이후 추가 데이터 등에서 추가할 예정입니다.

[투사 무기]의 포인트
• 대미지는 사용하는 무장에 의존한다. 단, [투사 무기〈투척〉]의 스킬 레벨은 대미지에 더한다.
• [회피 행동]을 할 수 없다.
• [관통 판정]이 있다.
• 대미지에서 방어구의 [방어치]를 뺀다.
• 대미지는 사용하는 무장에 의존한다. 단, 대미지에 스킬 레벨을 더한다.

격투의 특수 규칙

격투 중의 공격

바로 눈앞에서 적이 공격하고 있는 상황에서는 사격하기가 무척 어렵습니다.

지난번 자신의 [행동 체크] 종료 후부터 현재의 [행동 체크] 사이에, [격투 타입]이나 [근접 무기]로 공격을 받은 캐릭터는 해당 [행동 체크]에서 [사격]을 하면, -20%의 수정을 받습니다.

이 수정은 격투를 걸어오는 상대를 노릴 때에도, 다른 적을 노릴 때에도 변하지 않습니다.

그리고 [투사 무기]로 공격받을 때는 이 수정을 받지 않습니다.

격투 중인 목표를 사격하기

격투 중인 캐릭터는 위치를 빈번하게 바꾸거나 격렬하게 움직이기 때문에 사격으로 노리기는 대단히 어렵습니다.

다른 캐릭터와 격투의 [지근거리](0미터)에서 싸우고 있거나 [구속]하고 있는(당하고 있는) 캐릭터를 사격할 때에는 명중률에 -20%의 수정을 받습니다. 이것은 「엄폐하고 있는」 수정으로 취급합니다(수정은 중첩되지 않습니다).

추가로 「부수고 싶지 않은 엄폐물」(P179) 규칙이 적용되어 적아를 구분하지 않고, 목표가 아니라 목표와 격투 중인 캐릭터에 명중할 가능성이 있습니다.

힘 조절

[투사 무기〈무기 전투〉]와 [투사 무기〈투척〉]을 제외한 [격투]에서는 죽이고 싶지 않은 상대에게 마지막 일격을 가하지 않도록 힘을 조절하여 공격할 수 있습니다. 이것을 [힘 조절]이라고 부릅니다.

예를 들면, 명치에 펀치, 손날로 뒷목치기, 칼등이나 나이프의 손잡이 등으로 공격하는 것입니다.

실제로 이러한 방법을 사용해 상대를 쉽게 기절시킬 수 있을지는 미묘하지만, 엔터테인먼트 작품에서는 자주 있는 일입니다.

그리고 어떻게든 상대의 [내구력]을 딱 0이 되도록 맞춰도, 상대가 [출혈] 상태라면 해당 대미지 때문에 [사망]할 가능성이 있습니다. 급히 치료해야 합니다.

[힘 조절]을 할 때는 명중률에 -20%의 수정을 받습니다. 그 대신 해당 공격으로는 상대의 [내구력]이 마이너스가 되지 않습니다(최저 0입니다).

격투 중인 목표를 사격하기
격투의 [근거리](1~2m, 1칸 앞)에서 싸우고 있더라도 공격자가 봤을 때 목표와 격투를 하는 상대가 사선에 겹쳐 있다면, 똑같이 엄폐하는 것으로 취급해도 좋습니다.

또한, 원한다면 일체의 대미지를 주지 않을 수도 있습니다. 그 경우, 일단 대미지를 산출합니다. 대미지가 상대의 [내구력] 이상이라면, 상대는 [기절]합니다. 단, 실제 [내구력]이 줄어들지는 않습니다.

한 손 공격

근접 무기나 투척 무기를 한 손으로 들고 공격한다면, 무기에 설정된 한 손용 필요 근력을 적용합니다. 【근력】이 1 부족한 때마다 명중률에 -10%의 수정을 받습니다.

또한, 잘 쓰지 않는 손(반대손)으로 공격한다면, 자동으로 명중률에 -20%의 수정을 받습니다. 만약 팔 등을 다쳐서 반대손으로 펀치를 날릴 때라도 이 수정을 받습니다.

그리고 한 손으로 들고 공격할 수 있는 근접 무기, 투사 무기의 휴대치 한계는 1×5CP입니다.

[한 손 공격] 수정
잘 쓰는 손으로 격투: ±0%
반대손으로 격투: -20%(《오프 핸드 트레이닝》을 가지고 있으면 ±0%)

양손 공격

양손에 하나씩 근접 무기나 투척 무기를 들고 1회의 [행동]으로 각각 공격할 수도 있습니다(맨손으로 좌우 펀치를 날리거나 두 명의 적을 공격할 수도 있습니다). 단, 양손을 사용한 1 [라운드]에 2회 공격은 [격투 타입] 중에서도 [격투: 타] 뿐입니다.

또한, 자동으로 [한 손 공격]이 되므로 필요 근력이나 한 손으로 들 수 있는 휴대치 제한을 똑같이 적용합니다.

[양손 공격]에는 다음과 같이 각 팔의 격투에 수정을 받습니다.

[양손 공격] 수정
잘 쓰는 손으로 공격: -20%
반대손으로 공격: -40%(《오프 핸드 트레이닝》을 가지고 있으면 -20%)

[양손 공격]으로 같은 목표에게 격투를 2회 사용한다면, 한 번의 [회피 행동]으로 2회의 공격을 회피할 수 있습니다.

[양손 공격]에 대한 [회피 행동]
[양손 공격]으로 1명의 상대에게 2회 공격

을 받는 캐릭터는, 공격 측이 2회 공격의 달성치를 산출한 뒤에 [회피 행동]을 할 것인지 판단합니다.

공격 측의 달성치를 목표치로 하여 1회만 [회피 행동]을 합니다. [회피 행동]을 할 때는 한 번만 DR을 굴립니다. 달성치를 공격 측의 각 달성치와 비교하여 승리와 패배를 결정합니다(한쪽만 승리할 수도 있습니다).

예) 공격 측은 [격투: 타]로 한 명에게 2회 공격합니다. 명중 판정에서 산출한 달성치는 14와 6입니다. [회피 행동]은 달성치 9로 성공합니다. 달성치 14의 공격은 명중하고 달성치 6의 공격은 회피하였습니다.

[카운터 공격]도 같은 순서로 진행합니다.

입을 막는다

은밀 행동 중이거나 주변에 적의 동료가 있을 경우, 격투 중에 상대가 목소리를 내지 못하게 만들고 싶을 때도 있을 것입니다.

[격투: 극]의 [초크]로 [구속]하고 있는 동안에는 목을 조르고 있기 때문에 목표는 목소리를 낼 수 없습니다.

또한 [격투: 극]의 [마운트]로도 [구속]하고 있는 동안 한손을 사용하여 입을 막을 수 있습니다.

격투 방법과 클래스 아츠

《페이버릿 웨폰》이나 《마스터즈》와 같은 클래스 아츠는 하나의 「무장」을 지정하도록 지시하고 있습니다.

격투 방법을 이 「무장」으로 지정할 수도 있지만, [격투: 타] [격투: 투] [격투: 극]은 각각 별개의 「무장」으로 취급합니다.

단, [격투: 극]은 [대미지 주사위]가 없으므로 《마스터즈》로 지정할 이점은(현재로써는) 없습니다.

그리고 〈무기 전투〉나 〈투척〉 등의 무장을 사용하는 격투 방법은 평소대로 해당 무장을 지정하시기 바랍니다.

격투와 회피 행동

격투에서 [회피 행동]으로 생길 수 있는 혼란스러운 상황을 상정하여 각각 설명합니다.

① 양손 공격

[격투: 타]나 [근접 무기]의 [양손 공격]으로, 한 명의 캐릭터가 1 [라운드] 동안 2회 공격을 받는 상황입니다.

[양손 공격]은 1회의 [행동]입니다. 바꿔 말하자면 1 [라운드]에 2회 공격할 수 있는 [행동]이라는 뜻입니다.

[회피 행동]은 하나의 [행동]에 대해 선언할 수 있으므로, 이 공격에 대해 한 번의 [회피 행동]으로 대응할 수 있습니다.

② 클래스 아츠로 공격

《알카난》의 효과로 한 명의 캐릭터가 1 [라운드] 동안 2회 공격을 받는 상황입니다.

《알카난》의 효과는 「일반 [행동]에 추가로 1회만 [격투]를 할 수 있다」이므로, 이 상황은 ①과는 다릅니다. 1 [라운드]에 2회의 [행동]으로 공격을 받는 것입니다.

각 [격투]에 대해 [회피 행동]을 하게 된다면, 개별로 DR을 굴려야 합니다.

③ 2명 이상에게 공격받을 때

2명 이상의 상대에게서 각각 공격을 받는 상황입니다.

공격하는 사람 수가 다를 뿐, ②와 같습니다.

[격투]를 사용한 이동 방해

준비상태에 있는 [근접 무기]나 [격투 타입]의 사정거리 내에 있는 칸에 다른 캐릭터가 들어가거나 나오려고 할 때, 「빠져나가기」(P126)로 처리하는 대신, 이동 방해를 선언할 수 있습니다([투사 무기]로는 할 수 없습니다).

이동 방해는 [회피 행동]([카운터 공격]의 일종)으로 취급합니다. 다음번 [행동 체크]에서 [행동]을 할 수 없습니다.

방해 측은 [카운터 공격]과 같은 수정으로 DR을 굴립니다. 실패하면 이동 측은 이동을 계속합니다.

성공하면 이동 측은 〈운동〉 DR을 굴립니다. 이동 방법에 따른 성공 판정의 수정은 적용하지 않습니다. 그리고 이것은 [회피 행동]이 아닙니다.

방해 측의 달성치와 이동 측의 달성치로 대항판정을 합니다. 이동 측이 먼저 굴립니다.

방해 측이 승리하면 이동 측은 해당 칸에서 이동을 종료합니다. 추가로 [격투]가 명중한 것으로 취급하여 대미지를 받습니다. 대항 판정의 달성치를 사용하여 [관통 판정]이나 [대미지 굴림]을 해결하시기 바랍니다.

ACTION TRPG GUNDOG REVISED GUN ACTION TRPG GUNDOG REVISED GUN ACTION TRPG GUNDOG REVISED GUN ACTION TRPG

대규모 폭파

다리를 무너뜨리거나 빌딩을 붕괴시킬 정도의 대규모 폭파는 일반 규칙보다도 TRS를 사용하여 극적으로 해결하는 편이 좋습니다.

기폭장치 장비

어디까지나 폭파하는 횟수당 1개입니다. 사용하는 「폭약」의 개수와는 관계없습니다.

단, 동시에 2군데를 폭파하는 등의 상황이라면 2개가 필요합니다.

H빔 폭파

가교나 건축물에 사용하는 「H빔」을 폭파하려면 「단면적(H를 형성하는 봉 3개의 단면적 합계치입니다)÷60개」의 폭약이 필요합니다.

폭발물 규칙

폭약을 시작으로 폭발물의 취급 또는 설치된 폭발물의 해제에 관련한 규칙입니다.

폭파

폭약은 문을 폭파하여 동료가 방 안으로 돌입할 수 있게 돕거나, 벽에 구멍을 뚫거나, 방해물을 제거하거나, 차량을 파괴하는 등 [미션]의 다양한 국면에서 도움이 됩니다.

여기서는 그러한 폭약을 사용한 폭파에 관하여 설명합니다.

폭파에 필요한 것

폭약

아이템 「폭약」이 필요합니다. 폭파하고 싶은 대상에 맞춰 사용 개수를 맞춰야 합니다.

기폭장치 장비

아이템 「폭약」은 아무리 충격을 가해도 폭발하지 않습니다. 또한, 불을 붙여도 그저 타기만 할 뿐 폭발하진 않습니다.

그 때문에 1회의 폭파에 1개의 「기폭장치 장비」가 필요합니다.

문 폭파 장비

폭약의 양을 조절하여 확실하게 문만 폭파할 수 있는 장비입니다. 〈폭발물〉 스킬 레벨이 2 이상이라면 판정할 필요 없습니다(P196 「취급 난이도」 참조)

필요한 폭약의 수

폭파의 위력은 아이템 「폭약」의 개수로 잽니다.

다음으로, 폭파할 대상마다 필요한 「폭약」 개수를 설명합니다.

개수별 기준

기본적으로는 폭약 1개로 대부분의 물체는 폭파할 수 있습니다. 완전히 산산조각이 나진 않지만, 사용할 수 없게 만들 수는 있습니다.

단, 수리 혹은 데이터 수복을 완전히 불가능하게 만들고 싶을 때는 아래에서 제시하는 개수의 폭약을 사용합니다.

그리고 문이나 경첩 등, 구조상 취약한 부분이 있을 때의 개수입니다. 슬라이드 식의 문 등에는 다음 항목인 「벽에 구멍을 뚫는다」를 참조하시기 바랍니다.

폭약 1개

목제 문, 무장, 랩톱 컴퓨터, 소형 전자기기

폭약 2개

두꺼운 목제 문, 머신건 등의 대형 무장, 데스크톱 컴퓨터, 전자기기

폭약 3개

철제문, 차량 탑재 화기, 슈퍼컴퓨터 유닛 1개, 대형 복사•복합기

벽에 구멍을 뚫는다

10센티미터 두께의 벽에 직경 1미터의 구정을 뚫을 때에 필요한 폭약의 개수를 소재별로 설명합니다. 포함되지 않은 소재는 GM이 가장 가깝다고 여기는 것에서 판단하시기 바랍니다.

또한 ( )안의 수치를 추가하는 것으로 폭파할 수 있는 두께를 +10센티미터 늘리거나 구멍의 직경을 +1미터 늘릴 수 있습니다.

나무, 흙: 2개(2개)
돌: 3개(2개)
콘크리트: 5개(3개)
철근 콘크리트: 8개(4개)
철: 25개(14개)
장갑판 35개(15개)

기둥, 막대 형태의 물체를 절단

나무나 기둥, 케이블 등을 절단하거나 부러뜨리는 데 필요한 폭약의 개수를 소재와 직경별로 설명합니다. 포함되지 않은 소재는 GM이 가장 가깝다고 여기는 것에서 판단하시기 바랍니다.

또한 ( )안의 개수를 추가하는 것으로 폭파할 수 있는 직경을 배로 늘릴 수 있습니다.

나무, 흙(20센티미터): 1개(1개)
돌(10센티미터): 2개(2개)
콘크리트(10센티미터): 3개(2개)
철근 콘크리트(10센티미터): 4개(2개)
철(2센티미터): 3개(2개)

폭파의 순서

설치에는 폭약 1개마다 20분이 걸립니다. 10분으로 끝낼 수도 있으나, 필요한 폭약의 수가 2배로 늘어납니다.

추가로 준비에 2배의 시간을 들이면 〈폭발물〉의 성공 판정에 +20%의 수정을 받습니다 ([집중한다] 효과입니다).

준비가 끝나면 폭발시키는 순간에 〈폭발물〉DR을 굴리고 판정 결과를 확인하시기 바랍니다.

크리티컬

대미지를 산출할 때 +1D6의 [대미지 보너스]를 받습니다.

성공

폭약 개수에 맞춘 소재를 문제없이 폭파합니다.

실패

완전히 파괴할 수 없었습니다. 나무가 부러지는 방향을 틀렸다거나, 구멍의 직경이 작습니다.

펌블

치명적인 실수를 저질렀습니다. 필요 이상으로 대규모 파괴를 일으키거나 폭약이 발화하지 않습니다.

타이머를 사용한 기폭

타이머를 사용하여 일정 시간이 지나 기폭하도록 설정했다면, 타이머를 세팅한 시점에 〈폭발물〉DR을 굴립니다.

기폭하면 자동으로 해당 달성치를 적용합니다.

폭약의 대미지

폭약은 캐릭터에게 폭풍으로 대미지를 줍니다. 폭약의 대미지는 그레네이드(P148)와 똑같이 처리합니다.

[회피 행동]에 성공하면 대미지는 1/2이 됩니다. 필요한 달성치는 폭파했을 때의 〈폭발물〉 달성치입니다.

효과 범위: 중심 반경5m/유효 반경 10m
[비관통D]: 1D6+10　　**[관통D]:** 3D6+20

위의 데이터는 폭약 1개분입니다. 폭약 1개를 추가할 때마다 다음과 같이 수정을 줍니다.
효과 범위: 중심 반경+1m/유효 반경 +2m
[비관통D]: 1D6　　　**[관통D]:** 3D6
※1D6 × 폭약 개수 +10, 3D6 × 폭약 개수 + 20으로 계산합니다.

차량에 주는 대미지

차량의 경우, 폭풍으로 받는 대미지는 1/2이 됩니다. 단, 차량 자체에 폭약이 설치되었다면 그대로 대미지를 받습니다. 또한, 장갑이 적은 장소(바로 밑이라든가)에 설치했을 때에는 [방어치]를 무시합니다.

그리고 차량이 폭약으로 대미지를 받았을 때, 탑승자가 받는 대미지는 차량이 받는 대미지의 1/2입니다.

폭파의 특수 규칙

문을 폭파하면서 돌입

방으로 돌입할 때 문을 폭파하여 동료가 문을 열지 않아도 됩니다.

문을 폭파할 때, 이미 전투에 들어가 있다면 [행동]을 소모합니다. 전투 개시 전이라면, 최초 [라운드]의 [이니셔티브]가 제일 끝이 됩니다([전술 판정]의 대상이 아닙니다).

만약, 해당 돌입으로 [기습] 판정이 발생하는 상황이라면, 〈상황 파악〉에 -10%의 수정을 받습니다.

폭약을 발견한다

설치된 폭탄을 눈치채는지는 [은닉 판정](P185)으로 해결합니다. 〈감지〉 대신에 〈폭발물〉로 판정할 수도 있습니다.

또한, 폭발물의 개수가 늘어날수록 발견하기 쉬워지므로 주의하시기 바랍니다(5개의 폭약을 설치했다면 「5 × 5CP」 아이템 하나로 취급합니다).

부비트랩

폭약을 자신의 눈으로 보면서 기폭시키는 것이 아닌, 건물 통로나 정글의 길목 등에 함정을 설치하여 와이어에 걸린 순간 기폭하게끔 설정할 수 있습니다.

그 경우에는 설치할 때 〈폭발물〉DR을 굴리지만, -20%의 수정을 받습니다. 기폭했다면 해당 달성치를 사용합니다.

부비트랩은 위에 있는 「폭약을 발견한다」 규칙에 따라 사전에 발견될 가능성이 있습니다.

폭탄 해제

타이머를 세팅한 폭약이나 부비트랩으로 설치한 폭약을 기폭시키지 않으며 안전하게 해제하는 규칙입니다.

해제 순서

해제에는 기폭장치 장비 1개마다 20분이 걸립니다. 추가로 준비에 2배의 시간을 들이면 〈폭발물〉의 성공 판정에 +20%의 수정을 받습니다([집중한다] 효과입니다).

〈폭발물〉DR을 굴려서 판정 결과를 확인하시기 바랍니다.

성공 판정에 성공했다

달성치가 설치한 측의 달성치를 초과하면 무사히 해제합니다. 초과하지 못하였다면 해제할 수 없지만 재도전할 수 있습니다.

성공 판정에 실패했다

해제할 수 없습니다. 재도전할 수 없습니다.

펌블

치명적인 실수를 범하여 폭발물을 기폭시킵니다.

펌블의 결과

상황에 따라서는 불완전한 폭파로 만드는 것보다는 전혀 발화하지 않은 쪽이 PC에게 유리할 때도 있습니다.

예를 들면, 어느 시설에 잠입하기 위해 문을 폭파할 때, 불완전한 폭발로 문이 열리지 않으면 상대는 틀림없이 경계할 것입니다. 단, 전혀 발화하지 않았다면 상대가 눈치채지 않습니다.

이러한 이유로 일부러 GM이 펌블 결과를 선택할 수 있도록 했습니다.

폭탄 해제

GM은 달성치가 부족할 뿐인데도 기폭하거나, 복잡하고 해제가 어려워 판정에 마이너스 수정을 주는 폭발물을 설정해도 상관없지만, 그런 특수한 폭발물은 TRS를 사용한 폭탄 해제로 다루는 편이 좋습니다.

샘플 TR시트(P248)도 참고하시기 바랍니다.

차량의 명칭

어디까지나 게임 내에서 카테고리를 나타냅니다. 실제 메이커 이름 등은 자유롭게 결정해도 좋습니다.

차량 이외의 [체이스]

[체이스]는 차량뿐만 아니라 인간의 추격적 재현에도 사용할 수 있습니다.

예를 들면, 도주한 범인을 쫓아 수많은 인파를 헤쳐나가는 추격전이나 정글 등지에서 적군 부대를 추적하는 등입니다.

인간끼리 [체이스]

인간끼리 하는 [체이스]에서는 [사용 스킬]을 〈운동〉으로 하는 편이 좋습니다.

또한, [조작성]이나 [일반 스피드] [제한 스피드]는 없습니다.

인간과 차량의 [체이스]

양측의 속도 차가 너무 크기 때문에 기본적으로는 판정할 필요 없이 차량측이 승리합니다. 차량의 속도가 비교적 느리거나, 도로가 사람으로 넘치는 등, 특수한 상황에서야 비로소 단거리 [체이스]가 가능한 정도입니다.

이 때, 캐릭터의 [사이즈]는 SS, [조작성]은 ±0%. [일반 스피드]는 -6, [제한 스피드]는 -8로 취급합니다.

체이스 규칙

체이스란?

액션 영화에는 자동차나 바이크, 헬리콥터(『GDR』에서는 이들을 차량으로 총칭합니다) 등을 이용한 손에 땀을 쥐는 박력 넘치는 액션 장면을 빼놓을 수 없습니다.

상대보다도 먼저 골에 도착할 수 있을까. 추격해오는 순찰차를 따돌리고 도망칠 수 있을까. 조금만 생각해도 다양한 추격전을 떠올릴 수 있습니다.

또한, 정해진 시간에 지정한 장소까지 물건을 가져갈 수 있는가, 이처럼 시간이 제한된 레이스나 카 액션 등도 흔히 볼 수 있습니다.

이제부터 설명하는 [체이스] 규칙은 『GDR』에서 그러한 추격 장면이나 액션 장면을 재현하기 위한 규칙입니다.

차량 카드 읽는 법

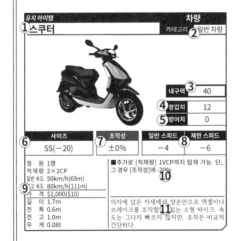

차량 카드는 P209부터 참조하시기 바랍니다.

① **명칭**: 이 차량의 명칭입니다.

② **카테고리**: 이 차량의 카테고리입니다.

③ **내구력**: 이 차량의 [내구력]입니다. 0이 되면 이 차량은 주행 불능 혹은 항행 불능이 됩니다.

④ **장갑치**: 이 차량을 공격할 때, 방어구와 똑같이 [관통 판정]에 사용합니다.

⑤ **방어치**: 방어구와 같이 쓰여 있는 수치만큼 차량에 가해진 대미지가 감소합니다.

⑥ **사이즈**: 이 차량의 크기를 5단계로 나타냅니다.「SS → S → M → L → LL」의 순서로 커집니다.

⑦ **조작성**: 이 차량의 조종하기 쉬운 정도, 민첩하게 움직일 수 있는 정도를 나타냅니다. 기본적으로 이 차량을 조종할 때의 모든 〈조종〉 판정에 수정으로써 적용합니다.

⑧ **일반 스피드/제한 스피드**: TRS(혹은 속도에 관계된 〈조종〉 판정)에서 달성치의 수정이 됩니다. 각각 [일반 지형]과 [제한 지형]에서 적용합니다.

⑨ **데이터**: 이 차량의 상세한 수치입니다.

• **정원**: 이 차량의 좌석 수입니다.

• **적재량**: 이 차량에 실을 수 있는 짐의 양입니다.

• **일반 속도**: 이 차량이 조종 등으로 수정을 받지 않는 속도입니다. ( )안은 1 [라운드](5초)동안 나아갈 수 있는 거리입니다.

• **최고 속도**: 이 차량이 낼 수 있는 최고 속도입니다. ( )안은 1 [라운드](5초)동안 나아갈 수 있는 거리입니다.

• **가격**: 이 차량의 가격입니다. ( )안은 차량의 [유지 코스트](가격의 1%)입니다.

• **길이**: 이 차량의 길이입니다.

• **전폭**: 이 차량의 폭입니다.

• **전고**: 이 차량의 높이입니다.

• **무게**: 이 차량의 건조 중량입니다.

⑩ **특기 사항**: 이 차량의 특별한 규칙입니다.

⑪ **차량 설명**: 이 차량의 설명입니다.

카테고리

일반 차량, 상급 차량, 특수 차량의 3종류입니다. 캐릭터 클래스를 메카닉으로 선택하지 않으면, 관계된 성공 판정에서 상급 차량은 -20%, 특수 차량은 -50%의 수정을 받습니다.

적재량

「1VCP」: 【체격】 5이상인 인간 1명과 해당 캐릭터의 장비, 혹은 「5×10CP」까지의 짐.

「0.5VCP」: 【체격】 4이하인 인간 1명과 해당 캐릭터의 장비, 혹은 「5×5CP」까지의 짐.

특기 사항

무장 설치대: 차량에 화기를 설치하기 위한 전용 거치대입니다. 설정된 VCP만큼의 무장 1개를 설치할 수 있습니다. 무장 설치대는 「삼각대」(P179, 218)로 취급합니다.

오프로드 대응: 이 차량은 [제한 지형]에서도 [일반 스피드]를 적용할 수 있습니다. [제한 지형]에 따른 [레인지]의 [수정치]를 무시할 수는 없습니다.

[체이스]의 TRS

[체이스]는 TRS를 사용해 해결합니다.
TR시트의 항목은 다음과 같이 결정합니다.

타깃

상황에 맞춰 쉽게 알 수 있는 목적을 설정하는 편이 좋습니다.

리미트

신속하게 치료가 필요한 사람을 병원까지 운반할 때나, 시간 안에 목적지까지 도착해야만 할 때와 같이 시간제한이 있을 때 이외에는 카운트할 필요가 없습니다.

단, 가능하다면 어떠한 이유를 설정하여 [리미트]를 카운트하는 편이 분위기를 띄울 수 있습니다. 시간 안에 도망치지 못하면 포위당한다는 등의 설정입니다.

명확하게 제한 시간을 알고 있다면 [카운트다운], 정확하게는 모른다면 [카운트 업]의 카운트 방식을 사용합니다.

레인지

[체이스]의 스타트 지점에서 골 지점까지의 경로를 5단계로 나누어서 각 [레인지]에 대응합니다.

사용 스킬

일반적으로는 〈조종〉이지만, 인간끼리의 [체이스]라면 〈운동〉이 적당합니다.

또한, 예정 루트가 공사 중이기에 우회 경로를 찾아낼 수 있는가(〈서바이벌〉), 상태가 나빠진 엔진을 잽싸게 수리할 수 있는가(〈메카닉〉) 등의 상황을 섞어 넣는 것으로 다양한 변화를 꾀할 수 있으며, 사용하는 스킬 종류도 늘어나서 긴장감을 자아냅니다.

수정치

제한 지형(아래 참조): -20%
장애물(정체, 인파 등): -20%
시야 수정(어둠): -60%
시야 수정(달빛): -40%
시야 수정(어스름/안개 등): -20%
기타, 기후나 주변 상황: -10% ~
※이들 수정치는 어디까지나 TRS([차량 배치 체크])에서만 적용합니다.

내용

잘 뚫려 있는 직선 도로 등지인가, 정체 중인 번화가의 도로 등지인가, 해당 [레인지]가 어떠한 상황인지를 적어 넣습니다.

또한, 해당 [레인지]가 [일반 지형]과 [제한 지형] 중 어느 것인지, [사이즈]는 얼마만큼인지도 이곳에 적어 넣습니다.

그 후 해당 상황에 따라 [레인지]마다 특수한 규칙을 추가할 수도 있습니다. 예를 들면, 인파로 넘쳐나는 도로에서는 사격이 빗나갈 때마다 일정 확률로 일반 시민이 유탄에 의해 피해를 받을 수도 있습니다.

일반 지형과 제한 지형

GM은 [체이스]용 TR시트를 제작할 때 각 [레인지]가 [일반 지형]인지, [제한 지형]인지를 설정하시기 바랍니다.
[제한 지형]으로 지정한 [레인지]의 [수정치]에는 -20%의 수정을 더합니다.

일반 지형

차량을 조종할 때, 특별한 방해요소가 없는 지형이나 상태를 나타냅니다.
지상: 잘 정비된 도로
공중: 약한 바람이 부는 정도의 평온한 하늘
해상: 작은 파도가 일렁이는 정도의 평온한 바다.

제한 지형

차량을 조종할 때 방해가 되는 어떠한 요소가 있는 지형이나 상태를 나타냅니다.
지상: 비포장도로, 눈, 암석투성이나 사막 등, 일반적인 차량으로는 주행이 어려운 지형.
공중: 세찬 바람이 부는 하늘.
해상: 높은 파도, 빠른 조류 등 거친 바다.

위와 같이 지상을 달리는 차량, 해상을 나아가는 차량, 하늘을 나는 차량마다 [일반 지형]과 [제한 지형]이 다릅니다.
GM은 해당 [체이스]에 참가할 가능성이 있는 차량의 종류에 따라 [일반 지형]인지 [제한 지형]인지를 결정하시기 바랍니다.

사이즈

GM은 [레인지]마다 [사이즈]를 설정할 수 있습니다. [사이즈] 역시 지상, 해상, 하늘이 각자 다릅니다.
SS: 인도나 골목길
S: 일방통행 등의 좁은 도로
M: 일반 도로. 암초가 많은 해역.
L: 메인스트리트. 강. 마천루의 하늘.
LL: 평원. 바다. 교외의 하늘.

차량 [사이즈]와 [레인지]의 [사이즈]를 비교하여 차량이 1단계 크다면 해당 [레인지]에서는 [조작성]에 -20%의 수정을 받습니다.
2단계 이상 크다면, 해당 차량은 해당 [레인지]에 진입할 수 없습니다.

시야 수정

시야 수정 중에서 광량 부족에 따른 수정은 가로등이나 헤드라이트가 있다면 1/2이 됩니다.

[레인지]별 특수한 규칙

본문 중을 예로 들면, 「사격이 빗나가면 50% 확률로 지나가던 사람이 맞는다」와 같이 적어둡니다.
지금까지 발표한 시나리오에서도 그 외의 여러 특수 규칙이 등장합니다.
[레인지]마다 특수한 규칙을 설정하여 독창적이고 긴장감 넘치는 [체이스]를 만드시기 바랍니다.

[일반 지형]과 [제한 지형]

시야 확보가 어렵거나 장애물이 있는 등의 요소는 TR시트에서 수정치로 설정되어 있으므로, [일반 지형]과 [제한 지형]을 설정할 때에는 영향을 받지 않습니다.

[일반 스피드]와 [제한 스피드]

[일반 스피드]와 [제한 스피드]는 지상을 달리는 차량을 기본으로 설정하였습니다. 이는 『GDR』에서 운용할 기회가 가장 많은 종류이기 때문입니다.
그 때문에 헬리콥터 등에는 극단적인 수치가 설정되어 있습니다. [체이스]에 이런 차량만 등장한다면, 실제 사용시에는 양쪽의 수정 차이를 적용해도 좋습니다.
예를 들면 「헬리콥터」와 「운송용 헬리콥터」의 [일반 스피드]는 각각 「+8」과 「+10」이지만, 이 두 종류의 차량만이 있다면 헬리콥터는 「±0%」 운송용 헬리콥터는 「+2」로 취급해도 좋습니다.

체이스의 순서

체이스와 리미트

[체이스]의 순서는 전부를 합하여 1[리미트]로 취급합니다. 클래스 아츠의 효과 시간 등은 이것에 따라주시기 바랍니다.

조종자와 탑승자

조종자란 해당 차량을 조종하는(〈조종〉 판정을 하는) 캐릭터입니다.

탑승자는 조종자를 포함하여 해당 차량에 타고 있는 캐릭터 전원입니다.

[체이스]의 기본은 TRS입니다. 기본적으로는 TRS의 순서에 따라 진행합니다. 하지만 동시에 전투를 진행하고 있다면 전투의 순서를 내포합니다.

[체이스]의 순서는 다음과 같습니다.

차량 조종 체크

① 스핀 회복 판정

차량이 [스핀] 상태라면, 조종자는 [회복 판정]을 합니다.

스핀

차량을 제어하지 못하는 상태입니다.

[조종 타입]은 자동으로 [스핀아웃]을 선택합니다.

회복 방법: [회복 판정]으로 〈조종〉 성공 판정을 합니다. 성공하면 회복합니다.

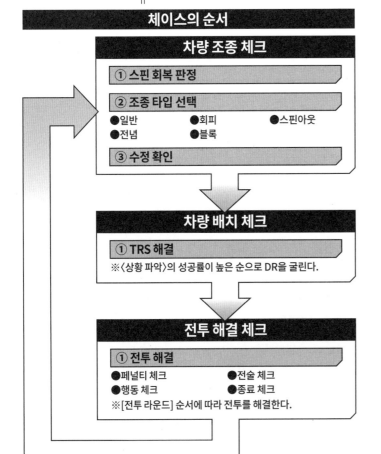

체이스의 순서

차량 조종 체크
- ① 스핀 회복 판정
- ② 조종 타입 선택
  - ●일반　●회피　●스핀아웃
  - ●전념　●블록
- ③ 수정 확인

차량 배치 체크
- ① TRS 해결
- ※〈상황 파악〉의 성공률이 높은 순으로 DR을 굴린다.

전투 해결 체크
- ① 전투 해결
  - ●페널티 체크　●전술 체크
  - ●행동 체크　●종료 체크
- ※[전투 라운드] 순서에 따라 전투를 해결한다.

② 조종 타입 선택

조종자는 [조종 타입]을 선택합니다. ( )안은 [체이스] 중 모든 〈조종〉 성공 판정에 받는 수정입니다.

일반(±0%)

차량을 조종하면서 전투나 그 밖의 행동을 합니다.

조종자는 [전투 해결 체크]에서 [행동]을 할 수 있습니다.

전념(+20%)

차량의 조종에 전념합니다.

[차량 배치 체크]에서 최초 〈조종〉 DR에 실패했어도 1 [트랙]만 마커를 진행할 수 있습니다.

조종자는 [전투 해결 체크]에서 [어택]이외의 [행동]을 할 수 없습니다.

회피(±0%)

지그재그로 조종하거나 속도를 올리고 낮추면서 공격을 받기 어렵게 합니다.

[전투 해결 체크]에서 해당 차량이나 탑승자를 목표로 한 공격은 명중률에 -20%의 수정을 받습니다. 단, 해당 차량의 탑승자가 하는 [행동]에도 -20%의 수정을 받습니다.

조종자는 [전투 해결 체크]에서 [어택]이외의 [행동]을 할 수 없습니다.

블록(+20%)

상대의 앞에서 속도를 늦추거나 진로를 방해하면서 추월을 저지합니다.

[차량 배치 체크]에서 다른 차량이 앞의 [트랙]으로 나아가지 못하게 방해합니다.

조종자는 [전투 해결 체크]에서 [어택]이외의 [행동]을 할 수 없습니다.

스핀아웃(-20%)

차량을 제어하지 못하는 상태입니다.

[차량 배치 체크]를 잃습니다(TRS에서 DR을 굴릴 수 없습니다). 또한, 탑승자도 [전투 해결 체크]에서 [행동]이나 [회피 행동]을 할 수 없습니다.

③ 수정 확인

탑승자는 시야 수정, 주변 상황 등 이어지는 [차량 배치 체크]에서 적용할 모든 수정을 확인합니다.

차량 배치 체크

① TRS 해결

일반적인 「TRS 순서」에 따라 DR을 굴려서 마커를 진행합니다.

DR을 굴리는 순서

DR은 〈상황 파악〉의 성공률이 높은 순서대로 한 번씩 굴립니다.

대체로 상대의 마커 이동 결과를 보고서 굴리는 편이 유리하기에, 기본적으로는 〈상황 파악〉이 높은 캐릭터는 임의의 순서까지 행동 순서를 늦춰도 좋습니다.

단, [조종 타입]으로 [블록]을 선택한 캐릭터는 반드시 제일 처음 DR을 굴립니다. 여럿이라면 그중에서 〈상황 파악〉의 성공률이 높은 순서대로 굴립니다.

DR 달성치는 [일반 지형]에서 [일반 스피드]를, [제한 지형]이라면 [제한 스피드]에 더한다는 점을 잊지 마시기 바랍니다.

다시 DR을 굴린다

각 캐릭터가 한 번씩 판정을 끝내고 마커를 움직였다면, 성공하여 다시 DR을 굴리는 캐릭터만(같은 [리미트]에서의 반복 판정에 따른 판정 수정 -10%를 더하여) 다시 한 번씩 DR을 굴립니다. 이것을 전원이 실패하여 누구도 DR을 굴릴 수 없을 때까지 계속합니다.

블록

[블록]을 하는 차량은 DR에 성공하여도 [트랙]을 나아갈 수 없습니다. 또한, 해당 [리미트]에서는 계속해서 판정할 수도 없습니다. 다시 말해, DR은 처음 한 번만 굴립니다.

블록의 효과

다른 차량이 [블록]을 하는 차량보다 앞선 [트랙]으로 나아가기 위해서는 해당 DR에서 [블록]하는 차량의 달성치보다 높은 달성치를 내야만 합니다.

같거나 낮다면 [블록]하는 차량과 같은 [트랙]에서 마커를 멈추어야 합니다.

만약 멈추더라도 DR에는 성공했으므로 다시 DR을 굴릴 수 있지만, 앞선 [트랙]으로 나아가려면 역시 DR로 [블록]하는 차량의 달성치보다 높은 달성치를 내야만 합니다.

그리고 추월해도 상관 없는 차량은 임의로 [블록] 대상에서 제외할 수 있습니다.

무리한다

급하게 속도를 올리거나 퀵턴을 하는 등, 특수한 행동은 [무리한다]로 표현합니다.

다시 말해 성공률에 -10%의 수정을 받으면

서 달성치에 +2의 수정을 받습니다.

크리티컬과 펌블

크리티컬과 펌블은 기본적으로 일반 TRS와 같지만, [체이스]의 독자적인 효과가 있습니다.

크리티컬

마커를 그대로 바로 아래 [트랙](다음 [레인지]에서 똑같이 나아간 [트랙])으로 이동합니다.

도중에 좀 더 높은 달성치로 [블록]을 하고 있는 차량이 있어도 무시합니다.

펌블

마커를 해당 [레인지]의 「Start」 [트랙]으로 이동합니다.

추가로 [스핀] 상태가 됩니다.

비행하는 차량

헬리콥터와 같이 비행하는 차량은 지상에서 얼마나 높이 날고 있는가를 나타내는 [고도]를 결정합니다. 초기 배치 시의 고도는 조종자가 자유롭게 결정할 수 있습니다.

[고도]는 지상과의 거리에 따라 다음의 6가지로 나뉩니다.

조종자는 [트랙]을 하나 나아가는 대신 [고도]를 하나 올리거나 내릴 수 있습니다.

[고도] 0: [지근거리](지상에서 0~5m)
[고도] 1: [근거리](지상에서 6~25m)
[고도] 2: [중거리](지상에서 26~50m)
[고도] 3: [장거리](지상에서 51~200m)
[고도] 4: [초장거리](지상에서 201m 이상)
[고도] 5: 시야 바깥. [체이스]에서 제외

전투 해결 체크

[차량 배치 체크]에서 누구도 DR을 굴릴 수 없게 되어 최종적으로 해당 마커의 위치를 결정했다면 [전투 해결 체크]로 들어갑니다.

반드시 모든 [체이스]에서 전투가 일어나는 않지만, 탑승자가(전투 이외의) 어떠한 [행동]을 해결할 때도 [전투 해결 체크]에서 판정합니다.

[체이스]의 전투도 기본적으로 일반적인 「전투 라운드 흐름」에 따라 해결합니다.

단, 다음과 같은 특수한 규칙을 적용합니다.

거리

[체이스]에서 각 차량 사이의 거리는 [트랙]과 [레인지] 차이로 판단합니다.

거리는 [지근거리] [근거리]와 같은 카테고리로만 나타내며, 정확히 몇 미터인지는 산출하지 않습니다. 따라서 그레네이드 등 일정 범위에 영향을 주는 무장으로도 기본적으로

[전념]의 이점

「〈조종〉 DR에 실패해도 1 [트랙]만큼은 마커를 진행할 수 있다」는 이점은, 해당 [리미트]에서 처음 굴리는 DR에만 유효합니다. 2회째 이후에서는 적용하지 않습니다. 해당 [리미트]에서 한 번이라도 DR에 성공했다면, 실패해도 마커를 진행할 수 없습니다. 하나의 [리미트]에서 한 번도 DR에 성공하지 못하더라도 1 [트랙]만큼은 나아갈 수 있다는 뜻입니다.

마커 움직이기

[체이스]에서도 마커가 나아가는 [트랙] 수는 달성치에서 산출한 [트랙] 수 이하라면 자유롭게 조절할 수 있습니다.

또한, 일반적인 「Clear」와는 반대로 「Start」를 향해 마커를 움직일 수 있습니다. 「Start」에서 이전 [레인지]의 「Clear」로 이동할 수 있습니다.

행동 순서를 늦춘다

기본적으로는 상대의 움직임을 보고서 DR을 굴리는 편이 유리하지만, [레인지1]의 「Clear」가 가까운 상황이라면 남이 더 빨리 [TRS]를 클리어하지 않도록 먼저 DR을 굴리는 편이 유리합니다.

그리고 행동 순서는 해당 [리미트]에서 2회째 이후의 DR에서도 자유롭게 늦추거나 본래 순서로 되돌릴 수 있습니다.

첫 번째의 판정에서 먼저 상대가 판정하게 두고서, 2회째에서는 평소대로 자신이 먼저 판정할 수 있습니다.

[체이스]의 거리

차량 사이의 거리를 결정하는 규칙은, 짧은 거리에서 서로를 시야에 둔 상태로 공격하거나 추월하는 추격 장면을 염두에 두고 있습니다.

격렬한 전투를 일으키기 싫을 때, 혹은 훨씬 긴 거리를 달려가는 서바이벌 레이스 등, GM은 상황에 따라 자유롭게 이 기준을 변경해도 좋습니다.

[일반/제한 스피드]

해당 [레인지]가 [일반 지형]이라면 [일반 스피드]를, [제한 지형]이라면 [제한 스피드]를 적용합니다.

탑승자에게 공격

운전석의 조종자나 조수석의 탑승자는 해당 차량과 같은 위치에 있거나 앞선 위치에 있는 차량에서만 공격할 수 있습니다.

반대로 뒷좌석 탑승자는 해당 차량과 같은 위치에 있거나 후방에 있는 차량에서만 공격할 수 있습니다(뒷좌석 중앙에 앉아있다면 별개입니다만).

하지만 위 같은 경우에도 몸을 차량 바깥으로 내밀어서 공격하고 있는 탑승자가 있다면, 어떤 위치에서도 공격할 수 있을 것입니다.

이처럼 GM은 탑승자의 상태, 차량의 위치 관계나 차량의 현재 상태 등을 보면서 어떤 탑승자를 공격할 수 있는지 적당히 판단하시기 바랍니다.

귀찮거나 판단하기 어렵다면, 모든 탑승자를 공격할 수 있다고 정해도 좋습니다.

어택

어택은 하는 쪽도, 당하는 쪽도 대미지를 받습니다.

거기에다가 하는 쪽이 대항 판정에 패배하여 큰 대미지를 받아 [스핀] 상태가 될 가능성도 있는 양날의 검입니다.

차량 내에서 사용 가능한 무기

일반적인 세단을 시작으로 일반 차량 내에서 사용 가능한 무기는 크기(α×β로 나타내는 휴대치에서 β수치가 3 이하여야 합니다. 단, 차량에서 몸을 내밀고 있다면 크기 4까지 인정해도 좋습니다.

짐칸 등 넓은 공간에 타고 있다면, 이러한 제한은 받지 않습니다. GM이 적절하게 판단하시기 바랍니다.

는 차량 1대에만 영향을 줍니다.

[체이스]의 거리

같은 [트랙]: [지근거리]
같은 [레인지]의 다른 [트랙]: [근거리]
1 [레인지] 차이: [중거리]
2 [레인지] 차이: [장거리]

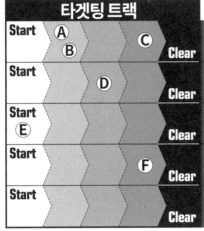

타겟팅 트랙

Start A B C Clear
Start D Clear
Start E Clear
Start F Clear
Start Clear

3~4 [레인지] 차이: 사격 불가
예) A에서 보면 B는 [지근거리], C는 [근거리], D는 [중거리], E는 [장거리], F는 「사격 불가」입니다.

[체이스]에서 [초장거리]

원한다면 GM은 3~4 [레인지] 차이가 있는 거리를 다음과 같이 다룰 수 있습니다(P153 [초장거리 사격] 참조).
3 [레인지] 차이: [초장거리](201~400m)
4 [레인지] 차이: [초장거리](401~600m)
하지만 상당히 시야가 트인 장소가 아닌 한, 일반 [체이스]에서 [초장거리]는 다루지 않는 편이 좋습니다.

비행하는 차량

비행하는 차량과의 거리를 정할 때에는, 위의 [트랙]과 [레인지] 차이로 정하는 거리와, [고도]로 정하는 지상과의 거리 중에서 큰 쪽을 적용합니다.

예) 위의 그림에서 B가 [고도] 2를 비행하고 있다면, [지근거리]가 아닌 [중거리]로 취급합니다.

조종자의 행동

차량의 조종자는 [조종 타입]으로 [일반]을 선택하지 않는 한, [전투 해결 체크]에서 [행동]을 할 수 없습니다.

단, [전념] [회피] [블록]을 선택하였어도 예외적으로 [어택]은 할 수 있습니다.

[일반]을 선택하였다면 자신의 [이니셔티브]에서 [행동]할 수 있습니다. 단, 이 [행동]은 한 손으로 하는 행동에만 한하며, 성공률에 -20%의 수정을 받습니다.

어택

조종자만이 가능한 공격방법입니다. 같은 [레인지]의 같은 [트랙]([지근거리])에 있는 차량만 공격할 수 있습니다.

자신의 차량을 상대의 차량과 충돌시켜서 대미지를 주거나 제어를 잃게 할 수 있습니다.

목표 차량의 조종자와 〈조종〉 [대항 판정]을 합니다. 차량의 [사이즈] 칸에 쓰인 수정과 [일반/제한 스피드]를 적용합니다.

승리나 패배에 따라 각각 상대의 차량에 주는 대미지가 변합니다(공격하는 쪽도 대미지를 받습니다).

[어택]으로 상대 차량에 주는 대미지

승리: [내구력]의 1/5 + [스핀 판정] -20%
패배: [내구력]의 1/10 + [스핀 판정] +20%
※ [내구력]은 대미지를 받기 전의 본래 수치
※ 승리측이 받는 대미지는 [비관통D], 패배한 쪽이 받는 대미지는 [관통D]로 취급.
※ 크리티컬이라면 대미지 + 1D6. [관통D]로 취급.

명중률 수정

일반 전투 규칙의 수정 외에도 다음과 같은 수정을 받습니다.

대상 차량의 [사이즈](-20%~+20%)

SS: -20%	M: ±0%	LL: +20%
S: -10%	L: +10%	

탑승자에게 공격

[체이스] 중 공격은 기본적으로 차량에 명중합니다. 하지만 GM이 인정한다면 -20%의 수정을 받으면서 탑승자를 공격할 수 있습니다.

이 경우, 위의 「대상 차량의 [사이즈]」에 따른 수정은 적용하지 않습니다.

그리고 차체 등으로 탑승자의 몸이 대체로 감춰지기 때문에 「엄폐하는」 상황이 되어 -20%의 수정을 추가로 받습니다. 이 엄폐에 따른 수정으로 공격이 빗나간다면 차량에 명중한 것으로 취급해도 상관없습니다(P179 「부수고 싶지 않은 엄폐물」 참조).

또한, 바이크나 트럭의 짐칸과 같이 대상의 몸이 거의 노출된다면 엄폐는 할 수 없습니다.

창문 너머로 공격

창문(윈도우)이 닫혀 있는 상태에서 탑승자를 노린다면, 해당 재질에 따라 다음의 영향을 받습니다.

그리고 창문이 닫혀 있는 상태에서 차량 내부로부터 외부를 공격할 때에도 같은 영향을 받습니다.

「과관통」(P180)도 함께 참조하시기 바랍니다.

일반 창문/[장갑치] 4

최종적인 [관통력]이 9 이상이라면 창문을 관통하여 목표에 명중합니다.

목표에 대한 [관통 판정]에서는 최종적인 [관통력]에서 -5를 적용하여 사용합니다.

한번 공격이 명중하면([관통]하지 않아도) 윈도우가 깨지며 효과를 잃습니다. 단, 「단발로 3사」 등의 사격을 할 때도 1사만이 아닌 3사까지 판정이 종료한 시점에서 깨지는 것으로 취급합니다.

방탄유리/[장갑치] 12

최종적인 [관통력]이 17 이상이라면 창문을 관통하여 목표에 명중합니다.

목표에 대한 [관통 판정]에서는 최종적인 [관통력]에서 -5를 적용하여 사용합니다.

방탄유리는 기본적으로 깨지지 않습니다.

일반적인 창문은 개머리판 등으로 안전하게 두들겨 부술 수 있습니다. 물론 차내에서 평범하게 윈도우를 내릴 수도 있습니다. 이러한 행위는 한 번의 [행동]을 소모해야 합니다.

그리고 운전석에 윈도우를 내리는 스위치가 있다면, 운전수가 한 번의 [행동]을 소모하여 윈도우를 내리게 해도 좋습니다.

차량에 주는 대미지

대인 무장으로 차량을 공격한다면 유효한 대미지를 주기가 어렵습니다. 특기 사항에 「■대차량」 표기가 있는 무장을 제외하고, 다음과 같은 수정을 받습니다.

총기

[대미지 주사위]에 다음의 수정을 받습니다.
[비관통D]: -3D6   [관통D]: -2D6
※ 주사위 수가 0이하라면 대미지 없음.

그레네이드 류

[효과 반경]으로는 대미지를 받지 않으며, [중심 반경]에서만 [비관통D]를 받습니다.

샷건(산탄)

[지근거리]에서만 유효하며, 대미지는 [중거리]를 사용합니다.

맨손을 사용한 [격투]

[격투: 타] 이외의 [격투 타입]은 무효입니다.

[격투: 타]도 [방어치]를 뺀 뒤의 대미지가 1/4이 됩니다.

무기를 사용한 [격투]

[방어치]를 뺀 뒤의 대미지가 1/4이 됩니다.

크래시

차량의 [내구력]이 0이 되었다면, 해당 차량은 주행 혹은 항행 능력을 잃습니다. 조종자는 즉시 〈조종〉 성공 판정을 합니다.

성공하면 [체이스]에서 제외되는 것으로 끝나지만, 실패한다면 [체이스]에서 제외되는 것은 물론, 장애물에 충돌하거나 전복됩니다.

해당 차량과 탑승자는 아래와 같은 대미지를 받습니다.

[크래시]로 차량이 받는 대미지

「5+[일반/제한 스피드]」D6 + [내구력]의 1/2

[크래시]로 탑승자가 받는 대미지

「5+[일반/제한 스피드]」D6

※ [일반/제한 스피드]가 마이너스라면 0으로 취급.

※ [내구력]은 대미지를 받기 전의 본래 수치.

비행중인 차량의 탑승자는 추가로 낙하(P181) 대미지를 받습니다. 각 [고도]의 범위 평균에서 낙하한 것으로 취급합니다.

차량의 대미지 페널티

차량에 10 이상의 대미지를 주었다면, 캐릭터와 똑같이 추가로 차량 대미지 페널티 표를 굴려서 해당 결과를 차량에 적용합니다.

[스핀 판정]

차량 대미지 페널티 표의 결과에 [스핀 판정]이라고 쓰여 있다면, 즉시 〈조종〉 성공 판정을 합니다.

실패하면 해당 차량은 일시적으로 제어를 잃으며 [스핀] 상태가 됩니다.

만약 펌블이라면 완전히 제어 불능이 되어 [크래시]가 됩니다.

[탑승자D]

무작위로 정한 탑승자 한 명이 지정 대미지를 받습니다. [방어치]는 유효합니다.

이 대미지는 [관통D]로 취급합니다. 대미지를 10점 이상 주었다면, 범용 대미지 페널티 표를 적용합니다.

조종자의 사망/기절

차량 조종자가 죽거나 기절하였다면, 차량은 [크래시](P169)가 됩니다. 조종자가 판정할 수 없으므로 [체이스]에서 제외되면서 추가로 대미지를 받습니다.

단, GM은 조수석(혹은 조종자와 가까운 위치)에 있는 캐릭터에게 어떻게든 옆에서 핸들이나 브레이크를 조작하여 조종자 대신 충돌이나 전복을 피하기 위한 판정을 시킬 수도 있습니다. 다만 이러한 상태에서는 〈조종〉에 -20%의 수정을 받습니다.

대신 판정을 해서 성공한 캐릭터는 차량이 [체이스]에서 제외되지 않도록 할 수도 있습니다. 단, 차량은 제어를 잃은 [스핀] 상태가 됩니다.

차량의 창문

일반적인 자동차의 창문을 기준으로 합니다. 주택의 창문과는 달리 예리한 파편을 남기지 않게끔 부서지면서 깨집니다.

단, 차량 전면 유리는 충돌 시에 튕겨져 나가는 것을 방지하기 위해 강도가 높으며, 거미줄과 같이 금이 가지만 깨지지는 않습니다.

GM은 차량 전면 유리의 [장갑치]를 8로 정해도 좋지만, 그 경우 차량 전면 유리에 공격을 받은 차량의 조종자에게 시야 불량으로 -20%의 수정을 주시기 바랍니다.

방탄 유리

방탄 유리는 편리하지만, 만약의 사고에 휘말렸을 때 부수고 탈출하기가 어렵습니다.

169

옮겨 타기

옮겨 탄 차량이 뒷부분에 짐칸이 있는 타입이거나 오픈카였고, 짐칸이나 좌석에 옮겨 탔다면 「흔들어 떨구기」를 당하지 않습니다.

짐칸이나 좌석에 있는 캐릭터와는 [지근거리]에서 일반적인 전투(-20%의 수정을 받고 「탑승자 노리기」를 할 필요가 없습니다)를 하게 됩니다.

충돌

충돌이란 [어택]과 같이 측면에서 부딪치는 것이 아니라 정면에서 차량이나 캐릭터를 들이 받을 때 적용합니다.

따라서 기본적으로 [체이스] 도중에는 능동적으로 할 수 없습니다. 캐릭터가 차량에 치였을 때 등에 적용하시기 바랍니다.

조종자 교대

조수석(혹은 조종자와 가까운 위치)에 있는 캐릭터라면 조종을 교대할 수 있습니다.

서로 의식이 있는 상태라면 쌍방 모두 1 [라운드]에 걸쳐서 교대할 수 있습니다(양자의 【체격】합계가 15이상이라면〈운동〉판정을 요구해도 좋습니다).

조종자의 의식이 없다면, 조종자를 차량 바깥으로 밀어든가 해서 조종석을 비울 수 있습니다(〈강인함〉-20% 정도의 판정이 적당합니다). 그렇게 할 수 없거나 하고 싶지 않을 때에는 우선〈강인함〉으로 조종자의 몸을 치우고,〈운동〉으로 조종석에 들어 앉는 2회의 판정에 성공해야지 교대할 수 있습니다. 이 판정은 각각 1회의 [행동]입니다.

체이스의 특수 규칙

옮겨 타기

자신이 타고 있는 차량과 같은 [트랙]에 있는 차량으로 옮겨 탈 수 있습니다.

옮겨 타는 캐릭터는〈운동〉DR을 굴려서 판정 결과를 확인합니다.

성공

달성치가 「10 + 대상 차량의 [일반/제한 스피드](마이너스라면 0으로 취급)」이상이라면 옮겨 탈 수 있습니다.

달성치가 부족한 경우는, 옮겨 탈 타이밍을 놓친 것입니다.

실패

성공 판정에 실패하면 옮겨 타지 못하는 것은 물론, 차량에서 굴러떨어지고 맙니다. 「차량에서 굴러떨어짐」을 참조하시기 바랍니다.

펌블

펌블이라면 굴러떨어짐에 따른 대미지에 +1D6을 받으며, 낙법도 할 수 없습니다.

[옮겨 타기]에 성공했다면 대상 차량과 같은 [트랙]에 있는 것으로 취급하여 [차량 배치 체크]에서는 해당 차량과 같이 [트랙]을 이동합니다.

흔들어 떨구기

[옮겨 타기]에 성공하여 차량과 함께 이동하는 동안에는 [차량 조종 체크]의 [수정 확인] 순서에서〈운동〉성공 판정을 합니다. 이 판정은 다음과 같은 수정을 받습니다.

[전투 해결 체크]에서 [행동]하지 않는다: +20%
[조종 타입]이 [회피]: -20%

성공 판정에 성공하면 옮겨 탄 채로 있습니다. 실패하면 차량이 캐릭터를 흔들어서 떨어뜨립니다. 캐릭터는 차량에서 굴러떨어집니다. 펌블이라면 굴러떨어짐에 따른 대미지에 +1D6을 받으며, 낙법도 할 수 없습니다.

전투 해결

전투 해결에서 옮겨 탄 차량과의 거리는 [지근거리]로 취급합니다.

평소대로 [전투 해결 체크]에서 자신의 [이니셔티브]에 [행동]을 합니다. 단, 이 [행동]은 한 손으로 하는 행동에만 한하며, 성공률에 -20%의 수정을 받습니다.

또한, 위의 [흔들어 떨구기]에 +20%의 수정을 받았다면, [행동]을 할 수 없습니다.

차량에서 굴러떨어짐

어떠한 이유로 주행 중인 차량에서 굴러떨어졌다면,「5 + 대상 차량의 [일반/제한 스피드](마이너스라면 0으로 취급)」미터에서 낙하(P181)한 것으로 취급합니다. 비행하는 차량의 탑승자는 추가로 [고도] 범위의 평균 거리를 더합니다.

차량에서 굴러떨어진 캐릭터는 기본적으로 [체이스]에서 탈락하지만, 다른 차량이 굴러떨어진 [트랙]에 정지하여 탑승자가 합계 2번(문을 여닫는다 + 회수)의 [행동]을 소모한다면 회수가 가능하다고 해도 좋습니다.

배 등에서 해상(수면)으로 떨어졌다면, 낙하한 미터 수가 1/2이 됩니다.

충돌

차량이 다른 차량이나 캐릭터에 충돌했다면, 목표와 해당 차량은 대미지를 받습니다.

단, [충돌]을 시도한 차량과 탑승자도 대미지를 받습니다.

[충돌]로 목표가 받는 대미지
「5 + [일반/제한 스피드]」D6 + [내구력]의 1/2

[충돌]로 자신이 받는 대미지
「5 + [일반/제한 스피드]」D6

[충돌]로 탑승자가 받는 대미지
「5 + [일반/제한 스피드]」D6

※ [일반/제한 스피드]가 마이너스라면 0으로 취급.
※ [내구력]은 대미지를 받기 전의 본래 수치.
※ 대미지는 [관통D]로 취급
※ 캐릭터에게 [충돌]했다면 타량과 탑승자는 대미지를 받지 않는다.

[충돌] 목표가 된 차량이 주행중이라면 회피를 시도하거나 반대로 [충돌]을 시도할 수 있습니다.

회피한다면 [회피 행동](다음 항목 참조)이 됩니다. [충돌]을 시도한다면〈조종〉대항판정이 됩니다. 승리한다면 [충돌]을 피하거나 반대로 [충돌]한 것입니다.

캐릭터가 [충돌]의 목표가 되었다면, 차량 측의〈조종〉달성치달성치에 대한〈상황파악〉〈운동〉을 사용한 [회피 행동]으로 취급합니다. 승리한다면 몸을 던져서 [충돌]을 피할 수 있습니다.

차량의 [회피 행동]

차량이 그레네이드로 공격받는 등의 상황에서 [회피 행동]을 한다면〈상황파악〉〈조종〉중 한 가지로 판정합니다. 어느 쪽으로 판정하더라도 [일반/제한 스피드]를 적용합니다.

[회피 행동]을 하면 조종자는 [전투 해결 레크]에서 [행동]을 잃습니다.

[조종 타입]으로 [행동]을 할 수 없더라도 [회피 행동]은 할 수 있습니다([스핀아웃]을 제외하고). 또한, 다음번 [차량 조종 체크]에서 [일반] 이외의 [조종 타입]을 골라도 좋습니다.

차량을 목표로 [부위 공격]

차량을 목표로 하는 [부위 공격](P178)은 [부위 공격: 급소]만이 가능합니다. [부위 공격: 급소]는 차량의 타이어나 엔진 부근 등의 중요한 부분을 노리는 것으로 취급합니다.

[부위 공격: 급소]에서 차량의 [장갑치]는 무효지만 [방어치]는 유효합니다.

또한, 차량을 목표로 하는 [부위 공격]에는 [사이즈]에 따른 수정은 적용하지 않습니다.

[체이스]가 아닐 때의 차량

[체이스] 이외의 상황에서, 예를 들면 [에어리어 맵] 등에서 차량의 이동을 다룰 필요가 생길지도 모릅니다. 그럴 때에는 차량 카드의 일반 속도나 최고 속도 항목을 참조합니다.

하지만 [포인트 맵]에서 다룰 때에는 차량의 이동력이 지나치게 높습니다. 엄밀하게 칸을 이동시키는 것이 아닌, 추상적으로 다루어야 합니다.

그리고 차량에 타지 않은 캐릭터가 주행하는 차량을 공격한다면 [일반/제한 스피드] 1마다 -10%(단, 최저 -20%)의 수정을 받습니다. 또한, [사이즈]에 따른 수정도 적용합니다.

차량의 수리

다음 방법으로 차량을 수리할 수 있습니다. 어느 것도 [체이스] 중에는 할 수 없습니다.

[내구력] 회복

차량의 [내구력]을 회복할 수 있습니다. 쉽게 처리하기 위해 [체이스] 종료 후에 한 번만 수리합니다.

판정 결과를 확인하여 효과를 적용하시기 바랍니다.

크리티컬
[2D6+〈메카닉〉LV]만큼 [내구력]을 회복합니다.

성공
[1D6+〈메카닉〉LV]만큼 [내구력]을 회복합니다.

실패
[내구력]을 회복할 수 없습니다.

펌블
수리 대상은 1D6의 대미지를 받습니다.
[조작성]의 수정을 수리한다

[조작성]의 마이너스 수정을 수리할 수 있습니다. 하나의 수정은 한 번만 수리할 수 있습니다.

판정 결과를 확인하여 효과를 적용하시기 바랍니다.

크리티컬
수정을 -20%만큼 수리합니다.

성공
수정을 -10%만큼 수리합니다.

실패
수정을 수리할 수 없습니다.

펌블
수정에 -10%를 더합니다.

[일반/제한 스피드]의 수정을 수리한다

[일반 스피드] 혹은 [제한 스피드]의 마이너스 수정을 수리할 수 있습니다. 하나의 수정은 한 번만 수리할 수 있습니다.

판정 결과를 확인하여 효과를 적용하시기 바랍니다.

크리티컬
수정을 -2만큼 수리합니다.

성공
수정을 -1만큼 수리합니다.

실패
수정을 수리할 수 없습니다.

펌블
수정에 -1을 더합니다.

[브리핑]에서 수리

[브리핑]에서 [유지 코스트]를 낼 때, 해당 차량의 [유지 코스트]와 같은 금액을 추가로 내서 아래의 효과 중 하나를 얻습니다.
[내구력]: 10 회복
[조작성] 수정: -10%만큼 수리
[일반/제한 스피드] 수정: -1만큼 수리

자신이 수리한다

[여가 슬롯]을 1 소모하여 〈메카닉〉+20%의 성공 판정에 성공한다면, 위의 효과 중 하나를 얻습니다. 실패한다면 수리할 수 없습니다.

펌블이라면 [미션] 중의 펌블과 똑같이 취급합니다.

또한, 결과에 상관없이 해당 차량에 설정된 [유지 코스트]의 1/2을 내야만 합니다.

[제압 사격]

[체이스]에서 [제압 사격]은 칸이 아닌 [트랙]을 목표로 합니다.

단, 여러 [트랙]을 목표로 삼을 수는 없으며, 반드시 하나의 [트랙]만을 목표로 삼습니다.

추가로 해당 [트랙]에 대응하는 [레인지]의 [사이즈]에 따라 아래에 지정한 칸 수를 목표로 삼은 것과 같은 명중률 수정을 받습니다.
SS: 1칸　**S:** 1칸
M: 2칸　**L:** 2칸
LL: 3칸

그리고 발사수를 위의 숫자로 나눈 것이 실제로 해당 [트랙]에서 효과를 가지는 발사수가 됩니다.

같은 [트랙]이더라도 고도가 다르다면 영향을 받지 않습니다. 하나의 고도에 있는 대상만을 목표로 삼을 수 있습니다.

간이 체이스 규칙

TR시트를 준비하지 않았거나 단시간에 [체이스]를 해결하고 싶다면, 이 규칙을 사용하는 것도 좋습니다. 단, 차량이 3대 이상이면 서로의 위치 관계가 이상하게 되는 경우도 있습니다.

[차량 배치 체크]를 TRS가 아닌 대항 판정으로 해결합니다. 각 차량의 조종자는 〈조종〉으로 DR을 굴립니다([조작성]과 [일반/제한 스피드]를 적용합니다).

각 조종자는 자신보다 낮은 달성치의 차량과 1단계 거리를 벌릴/좁힐 수 있습니다(비행중이라면 [고도]도 1단계 변경 가능). 서로 실패했다면(달성치 0), 거리는 변하지 않습니다. 크리티컬이라면 2단계 거리를 변경할 수 있습니다. 펌블이라면 [스핀 판정]이 발생합니다.
거리의 취급: [초장거리][장거리][중거리][근거리][지근거리]의 다섯 단계가 있습니다. [체이스] 발생시의 거리는 GM이 결정합니다.
이탈: [초장거리]에서 1단계 거리를 벌릴 수 있다면 [체이스]에서 이탈합니다. 복잡한 시가지 등이라면 이탈 가능한 거리를 줄여도 상관 없습니다.

[체이스]의 예시

[체이스]의 흐름을 알기 위하여 간단한 운용 예시를 소개합니다. 가능하면 마커나 TR 시트를 준비하여 실제로 마커를 움직이면서 읽으시기 바랍니다.

스파이더의 능력

〈조종〉 2LV, 성공률 96%
〈상황 파악〉 0LV, 성공률 52%

병사 A의 능력

〈조종〉 2LV, 성공률 64%
〈상황 파악〉 0LV, 성공률 44%

체이스의 예시

셋업

블리츠와 스파이더는 분쟁 지대에 남겨진 현지 회사의 사장을 구출하는 미션을 받았습니다. 두 사람은 무사히 타깃을 구출하였고, 그 뒤는 인접국에서 기다리는 의뢰인에게 사장을 인도하면 미션 컴플리트입니다.

하지만, 국경으로 향하는 도중, 운 나쁘게도 순찰 중인 현지 병사에게 발견되었습니다. 여기서 GM은 [체이스] 개시를 선언합니다.

TR시트의 내용(페이지 하단 참조)

이번의 [리미트]는 [카운트 다운] 10으로, [리미트] 1이 종료한 시점에서 국경에 도착하지 않으면, 국경이 봉쇄되어 그대로 끝나버립니다.

추가로 GM은 [리미트] 7, 5, 3에 도달할 때마다 적의 증원이 나타난다고 선언합니다.

양 팀의 차량 및 멤버

건독 팀
차량: 픽업   무장: 없음
탑승자: 스파이더(조종자), 블리츠

현지 병사 팀
차량: 오프로드 4WD   무장: M60E4 머신건
탑승자: 병사A(조종자), 병사B

유지 아이템	차량	
픽업	카테고리	일반 차량

내구력	80
장갑치	15
방어치	3

사이즈	조작성	일반 스피드	제한 스피드
M(±0%)	−10%	−2	−5

정　　　원 4명
적재량 4VCP
일반 속도 60km/h(83m)
최고 속도 150km/h(208m)
가　　　격 $17,000($170)
길　　　이 5.0m
전　　　폭 1.7m
전　　　고 1.7m
무　　　게 1.5t

덮개 없는 짐칸이 있어 화물 운반 등에 쓰이는 소형 트럭.

유지 아이템	차량	
오프로드 4WD	카테고리	일반 차량

내구력	75
장갑치	15
방어치	3

사이즈	조작성	일반 스피드	제한 스피드
M(±0%)	−10%	−1	−

정　　　원 3명
적재량 4VCP
일반 속도 60km/h(83m)
최고 속도 120km/h(166m)
가　　　격 $25,000($250)
길　　　이 4.3m
전　　　폭 1.8m
전　　　고 2.0m
무　　　게 1.0t

■무장 설치대: 2VCP(자체 상부),1CVP(조수석)
※군용 한정
■오프로드 대응

랜드로버를 비롯한, 황무지 주행용 사륜구동차. 군대에서도 널리 이용된다. 군용은 무장 설치대에 무장을 설치할 수 있다.

타겟팅 트랙	레인지	사용 스킬	수정치	내용
Start … Clear	Range-5	〈조종〉	-20%	정글 정글을 빠져나가는 길. 비포장. 곳곳에 진창이 있음. [제한 지형] / [사이즈] M
Start … Clear	Range-4	〈조종〉	-20%	정글 정글을 빠져나가는 길. 비포장. 곳곳에 진창이 있음. [제한 지형] / [사이즈] M
Start … Clear	Range-3	〈조종〉	-20%	평원 딱히 시야를 가리는 것이 없다. 시야가 확 트인 도로. 비포장. [제한 지형] / [사이즈] L
Start … Clear	Range-2	〈조종〉	-20%	다리 국경 가까이에 있는 철제 다리. 잘 포장되어 있으나 폭은 그리 넓지 않다. [일반 지형] / [사이즈] M
Start … Clear	Range-1	〈조종〉	±0%	국경 국경 인근의 도로. 잘 포장되어 있다. [일반지형] / [사이즈] L

카운트 방식	
☐ 카운트 업	
☑ 카운트 다운	

리미트	Limit-1	Limit-2	Limit-3	Limit-4	(B)	Limit-6	Limit-7	Limit-8	Limit-9	Limit-10

판정수정	+60%	+50%	+40%	+30%	+20%	+10%	(C) ±0%	−10%	−20%	−30%	−40%	−50%	−60%	−70%	−80%	−90%

마커 진행표

달성치	~5	6~11	12~17	18~	크리티컬
마커가 나아가는 트랙 수	1	2	3	4	1-Range UP

특기 사항

Target 타깃   국경으로 향해라!

GUNDOG Target Range Sheet

리미트 개시

차량 조종 체크

스파이더는 인질이 다칠 위험성을 줄이기 위하여 [조종 타입]을 [회피](±0%)로 선택합니다.

병사A는 조종에 그리 자신이 없으므로 수정 없는 [전념](+20%)를 선택합니다.

차량 배치 체크

우선 〈상황 파악〉이 높은 스파이더부터 DR을 굴립니다. 성공률 수정은 [회피]로 ±0%, 픽업의 [조작성]으로 -10%. [제한 지형]으로 -20%이니 합계 -30%이며, 최종적인 성공률은 66%입니다.

D% 결과는 19, 달성치 12입니다. [레인지] 5는 [제한 지형]이므로, 여기서 [제한 스피드]를 더합니다. [제한 스피드]는 -5이므로, 최종 달성치는 7입니다. [마커 진행표]를 보면 나아갈 수 있는 [트랙]은 2입니다. 스파이더는 마커를 2칸 옮깁니다.

이어서 병사A가 DR을 굴립니다. 성공률 수정은 [전념]으로 +20%, 오프로드 4WD의 [조작성]으로 -10%, [제한 지형]으로 -20%이니 합계 -10%이며, 최종적인 성공률은 54%입니다.

D% 결과는 12, 달성치 5입니다. 원래는 여기에 [제한 스피드]를 더해야 하지만, 오프로드 4WD는 [■오프로드 대응]이 있으므로 [제한 지형]에서도 [일반 스피드]를 더할 수 있습니다. [일반 스피드]는 -1이므로 최종 달성치는 4입니다. 병사A는 마커를 1칸 옮깁니다.

서로 한 번씩 DR을 굴렸으므로 2회째 판정입니다.

스파이더는 2회째 DR로 -10%의 수정을 받아 성공률은 56%입니다. 달성치는 8로 2 [트랙]을 나아가서 「Clear」에 도착하였으므로 [레인지] 4의 「Start」로 마커를 옮깁니다.

병사A는 성공률 44%인 DR에 실패합니다. [전념]으로 「실패해도 1 [트랙] 나아간다」는 이점은 최초 DR에만 적용하므로 마커를 움직일 수 없습니다.

스파이더는 3회째 DR입니다. 3회째 DR로 -20%의 수정을 받아 성공률은 46%입니다. D%결과는 88로 실패. 전원이 판정할 수 없게 되었으므로 [차량 배치 체크]를 종료합니다.

전투 해결 체크

양측 마커의 차는 1 [레인지]이므로 차량 사이의 거리는 [중거리]입니다.

[전투 해결 체크]는 일반 전투 규칙과 같은 순서로 해결하므로, [이니셔티브]는 〈전술〉

성공률이 높은 순입니다.

양측 모두 [전술 굴림]은 하지 않았기에 「스파이더(77%) → 블리츠(클래스 아츠의 효과로 〈상황 파악〉의 성공률인 57%를 사용) → 병사 A(44%) → 병사B(44%)」 순서입니다.

단, 스파이더와 병사 A는 [조종 타입]으로 [회피]와 [전념]을 선택했기 때문에 [전투 해결 체크]에서는 [어택]이외의 [행동]은 할 수 없습니다. 둘 다 그럴 생각은 없었으므로 행동 순서를 지나칩니다.

블리츠는 M4 카빈으로 쫓아오는 오프로드 4WD를 단발로 3사 쏩니다. 명중률 수정은 [회피]로 -20%, 차량을 노렸으므로 [사이즈] 수정은 들어가지만 오프로드 4WD의 [사이즈]는 M(±0%)이므로 합계 -20%입니다.

3사 모두 명중하여 [관통]합니다. 하지만 「■대차량」이 없는 총기를 사용한 공격은 [비관통]에 -3D6, [관통D]에 -2D6이 되므로 최종적인 [대미지 주사위]는 3D6+4입니다.

[대미지 굴림] 결과는 15점으로, [방어치] 3을 빼고 12점입니다. 10 이상의 대미지를 주었으므로 차량 대미지 페널티 표를 굴립니다. 결과는 14. [스핀 판정]을 시킵니다.

병사A는 [전념] +20, [조작성] -10% 수정을 받아 〈조종〉 성공 판정을 합니다. 결과는 성공. [스핀] 상태를 면합니다.

병사B는 무장 설치대에 설치한 M60을 [연사]로 3사 쏩니다. 명중률은 [회피]로 -20%가 있지만, 불운하게도 1사가 명중해서 [관통]하여 13 대미지입니다. [방어치]를 빼도 10 대미지입니다. 차량 대미지 페널티 표를 굴립니다. 2D9의 결과는 17이지만, [연사]의 [대미지 보너스]에 「대미지 페널티 표의 2D9에 -3의 수정」이 있으므로 결과는 14입니다.

효과는 [스핀 상태]. 스파이더는 〈조종〉으로 성공 판정을 합니다. [회피]와 [조작성] 수정 모두 ±0%이므로 성공률은 96%입니다. 판정은 성공합니다. 차량의 제어를 잃지 않았습니다.

[리미트] 종료

이것으로 모든 순서가 끝났으므로 [리미트]10을 종료합니다. TR시트의 [리미트] 칸에 놓인 마커를 [리미트] 9로 이동합니다.

스파이더의 행동 순서

물론 여기서 스파이더는 행동 순서를 늦출 수도 있습니다.

[전념]의 이점

병사 A가 처음 DR에서 실패하였다면 1 [트랙]만큼은 마커를 진행할 수 있었을 것입니다.

[일반] 이외의 [전투 해결 체크]

[조종 타입]으로 [일반]이 아닌 것을 골랐더라도 같은 [트랙]에 있다면 자신의 [이니셔티브]에서 [어택]을 할 수 있습니다.

스핀 판정

[조작성]과 [조종 타입] 수정은 모든 〈조종〉 판정에 적용됩니다.

단, [제한 지형]에 따른 수정은 TRS에서만, 다시 말해 [차량 배치 체크]에서만 적용합니다.

따라서 [스핀 판정]에는 [제한 지형]에 따른 수정은 적용하지 않습니다.

정보 수집의 묘사

이 규칙에서 정보 수집은 상당히 추상적입니다. 정보 수집에 걸리는 시간에는 연줄에게 연락하기, 실제로 만나서 교섭(혹은 전화 등으로 교섭)하기, 회합 장소로 이동하는 등 모든 과정을 포함하고 있습니다.

기본적으로 GM은 규칙에 따라서 어떠한 정보를 얻을 수 있는지만 전달하면 됩니다.

단, 여유가 있다면 어떤 인물인지, 어떻게 얻어냈는지 등을 묘사해주면 분위기가 한층 살아날 것입니다. [커넥션]을 사용했을 때에도 마찬가지입니다.

시큐리티 레벨

[시큐리티 레벨]에 따른 수정은 어디까지나 기준입니다.

필요하다면 수정이나 기준 달성치, 기준 정보료 등을 GM이 자유롭게 변경할 수 있습니다.

정보 레벨

모든 [키워드]에 5레벨 만큼의 정보를 설정하기란 꽤 어렵습니다.

생각이 나지 않으면 3레벨이나 4레벨까지 설정해두어도 좋습니다. 그럴 때에는 [정보 레벨] 상한을 플레이어에게 알려주는 편이 좋습니다.

정보 수집 규칙

정보 수집이란?

『GDR』의 [미션]은 전투만이 전부가 아닙니다. 건독이 도시나 거리, 마을 등에서 [미션]을 수행하고 또한 몸을 지키기 위해서도 정보를 모아야만 할 때도 있을 것입니다.

또한, 모든 [미션]에서 필요한 모든 정보를 갖춘 채 임무 지역으로 향하지는 않습니다. 이러한 때에는 현지에서 자력으로 정보를 모으는 것 또한 중요합니다.

[정보 수집] 규칙은 이와 같은 장면을 표현하기 위한 규칙입니다.

정보 수집의 횟수

[정보 수집]은 기본적으로 하루에 3회, 아침/점심/저녁에 이루어집니다. 한 번의 [정보 수집]에 걸리는 시간은 대체로 3시간 정도입니다.

단, GM은 해당 [미션]의 상황이나 정보의 중요성 등에 맞추어서 [정보 수집]에 걸리는 시간을 변경해도 좋습니다.

예를 들어, PC에게 [정보 수집]에 사용하는 기간을 1주일 정도 주었다면, 하루 3회로 총합 21회가 아닌, 하루 1회로 총 7회의 [정보 수집]을 하게 한다는 방법도 괜찮습니다.

또한, GM이 허가한다면 [정보 수집] 판정을 하지 않는 PC는 그만큼의 시간을 자유롭게 행동할 수 있습니다.

정보를 구성하는 요소

GM은 시나리오를 제작할 때 해당 시나리오에서 [정보 수집]을 시키고 싶은 정보를 정합니다. 예를 들면 「테러리스트가 있는 장소」나 「5년 전 사건의 진상」 등입니다. 이것을 [키워드]라고 부릅니다. [키워드]는 정보 수집으로 입수 가능한 정보의 내용을 나타내는 말입니다.

GM은 각 [키워드]에 다음과 같은 3가지 요소를 설정합니다.

사용 가능 스킬

기본적으로 [정보 수집]은 〈조달〉DR로 판정합니다. 단, 정보의 내용에 따라서는 다른 스킬로 판정할 수도 있습니다.

예를 들어, 인터넷에서 입수 가능한 정보라면 〈정보 처리〉, 어떤 의사의 행방을 쫓는다면 〈의료〉와 같이 설정해도 좋습니다.

시큐리티 레벨

[키워드]에는 해당 기밀성 및 중요성에 대응하여 5단계로 나뉜 [시큐리티 레벨]을 설정합니다.

각 레벨에는 「수정」「기준 달성치」「기준 정보료」가 설정되어 있습니다.

수정: 정보 수집으로 DR을 굴릴 때, 스킬 성공률에 더하는 수정입니다.

기준 달성치: DR 달성치가 이 수치를 얼마나 웃돌았느냐에 따라 입수 가능한 정보가 달라집니다.

기준 정보료: 정보 입수에 필요한 금액 기준입니다.

시큐리티 레벨

레벨	수정	기준 달성치	기준 정보료	기준
5	-60%	10	$10,000	국가 기밀급 정보
4	-40%	7	$500	중요한 기밀 정보
3	-20%	5	$100	숨겨진 정보
2	±0%	3	$50	모르는 사람이 많은 정보
1	+20%	1	$10	조사하면 알 수 있는 정보

정보 레벨

마지막으로, 해당 [키워드]에 관한 [정보 수집]으로 입수 가능한 정보를 결정합니다.

입수 가능한 정보는 해당 유용성에 따라 5단계로 나뉩니다. 이 단계를 [정보 레벨]이라고 부릅니다.

GM은 다음 표를 참고하여 각 [정보 레벨]에서 입수 가능한 구체적인 정보를 설정합니다.

정보 레벨

레벨	수정치	입수 가능한 정보의 기준
1	±0	최저한의 정보
2	+2	알아 두면 도움되는 정보
3	+4	알아두면 크게 도움되는 정보
4	+7	상황을 유리하게 만들 정보
5	+10	상황을 크게 유리하게 만들 정보

실제 표기

[시큐리티 레벨]에 따라 결정한 [기준 달성치]에 [정보 레벨]에 따라 결정한 수정치를 더한 수치가 해당 [정보 레벨]의 정보 입수에 필요한 달성치입니다.

실제로 시나리오에서 [키워드]를 적어 넣을 때에는 다음과 같은 형식을 사용합니다. 또한, 정보 카드(P266)에 적어서 PC에게 보여준다면 [정보 수집]이 훨씬 원활하게 진행될 것입니다.

키워드:「범인의 아지트」

사용 가능 스킬: 〈조달〉 〈교섭술〉		
시큐리티 레벨: 3(-20%/$100)		
레벨 1	5	아지트가 있는 장소를 알아낸다.
레벨 2	7	적의 수를 알아낸다.
레벨 3	9	적의 무장을 알아낸다.
레벨 4	12	순찰 주기를 알아낸다.
레벨 5	15	기습이 가능한 샛길을 알아낸다.

예) 유괴범의 이름을 밝혀낸 PC는 그들의 아지트를 찾는 [정보 수집]을 생각합니다.

[키워드]는 [범인의 아지트]입니다.

공공연하지는 않지만 그렇게 중요한 기밀은 아니라서 [시큐리티 레벨]은 3입니다.

각 [정보 레벨]에서 어떤 정보를 입수 가능한지 결정하고, 그 뒤에는 해당 레벨의 정보 입수에 필요한 달성치를 계산하면 끝입니다.

[시큐리티 레벨]이 3이므로 기준 달성치는 5입니다. 여기에 각 [정보 레벨]의 수정치를 더합니다. 그 결과, 레벨 1부터 「5, 7, 9, 12, 15」가 됩니다.

정보료

〈조달〉로 [정보 수집] 판정을 한다면, 해당 정보를 입수하기 위하여 기준 정보료와 같은 금액의 정보료를 내야만 합니다.

정보료는 각 [정보 레벨]에 맞춰서 냅니다. 예를 들어, 레벨 4까지 정보를 얻기 위해서는 기본 정보료의 4배(1~4레벨 만큼)를 냅니다. 단, 정보료를 내고 싶지 않거나 낼 수 없다면, 입수 가능한 [정보 레벨]을 임의로 내릴 수 있습니다.

그리고 레벨 4의 정보만을 얻고, 레벨 1이나 레벨 2의 정보를 듣지 않는 것은 불가능합니다. 낮은 레벨의 정보는 자동으로 입수합니다.

단, 이미 얻은 레벨의 정보료는 내지 않아도 좋습니다.
예) 이미 레벨 3까지 정보를 얻은 [키워드](기본 정보료 $100)로 새롭게 레벨 4의 정보를 얻는다면, 정보료는 기본 정보료의 4배($400)가 아닌, 새롭게 입수한 레벨 4의 정보료인 $100만 내도 됩니다.

바터(물물교환)로 정보 수집

-20%의 수정을 받으면, 해당 DR에서는 정보료를 내지 않고 정보를 얻을 수도 있습니다. 이것은 다른 일로 만들어둔 빚을 갚거나 새롭게 빚을 만드는 것 혹은 상대에게 다른 정보를 제공하면서 얻은 정보 등이 됩니다.

정보 수집의 순서

[정보 수집]의 순서는 다음과 같습니다.

① 정보 수집 횟수를 선언
GM은 PL에게 [정보 수집]을 몇 번 할지를 선언합니다.

② [키워드] 제시
GM은 해당 [정보 수집]에서 준비한 [키워드]를 PC에게 제시합니다. 사용 가능한 스킬, [시큐리티 레벨]과 그에 따른 수정, 기준 달성치, 기준 정보료도 제시합니다.

③ [키워드] 선택
각 PC는 어떤 [키워드]를 통하여 [정보 수집]을 할지 선언합니다. 동시에 판정에 사용할 스킬도 선언합니다.

④ DR 성공률 산출
사용할 스킬의 성공률에 [시큐리티 레벨]에 따른 수정, 바터로 정보를 수집할 때 -20%, [커넥션](후술)에 따른 수정 등을 더하여 최종적인 성공률을 산출합니다.

⑤ 주사위 굴림
④에서 산출한 성공률을 기반으로 DR을 굴립니다.

⑥ 결과 판정

성공판정에 성공
달성치를 산출합니다. 그것을 기반으로 GM은 PC가 몇 [정보 레벨]의 정보까지 입수할 수 있는지를 확인합니다.

성공 판정에 실패
정보를 얻을 수 없습니다. [커넥션]을 사용했다면 해당 [커넥션]은 이 [키워드]에 관해서는 사용할 수 없습니다.

펌블
[커넥션]을 사용하였다면, 해당 [커넥션]은 이번 [미션] 중에서는 사용할 수 없습니다.

⑦ 정보 입수와 정보료
GM은 PL에게 PC가 몇 [정보 레벨]의 정보까지 얻었는지 전합니다.

PL은 몇 [정보 레벨]까지 정보를 얻을지 결정하여 그에 상응하는 정보료를 냅니다.

바터로 정보를 수집하였다면 정보료는 발생하지 않습니다.

정보의 표기

[시큐리티 레벨]의 뒤에 붙는 숫자는 수정과 기본 정보료입니다.

[레벨 1~5]는 [정보 레벨], 뒤에 붙는 숫자는 해당 레벨의 정보를 입수할 때 필요한 달성치입니다.

레벨 설정의 요령

시나리오 진행상 반드시 입수해야만 하는 정보는 무조건 넘기거나 [정보 레벨 1]로 설정합니다.

조금은 고생해서 얻길 바란다면, [정보 레벨]은 그대로 1로서, [시큐리티 레벨]을 4 정도로 설정하는 것도 좋습니다.

[정보 레벨]이 높은 정보는 「몰라도 지장은 없지만 알고 있으면 유리한」 정보로 해야 합니다.

원활한 정보 수집

GM은 〈조달〉 성공률이 높은 PC 이외에도 [정보 수집]에 참가할 수 있도록, 다른 사용 가능 스킬을 설정한 여러 [키워드]를 제시하시기 바랍니다.

또한, 각 [키워드]가 연관성을 가지게끔 한 쪽의 정보 수집을 진행하면 다른 정보 수집이 쉬워지도록 만들어도 좋습니다.

예를 들어, [키워드] A로 레벨 3의 정보를 얻으면, [키워드] B의 DR에 +20%의 수정을 주는 것 등입니다.

드라마틱한 정보 수집

필요한 정보가 하나 뿐이며, 그것이 무척 중요한 정보라면 [정보 수집]이 아닌 TRS를 사용하는 편이 분위기를 띄우기에 좋습니다.

[집중한다] [무리한다]

[집중한다] [무리한다] (P113) 규칙은 [정보 수집]에서도 사용할 수 있습니다.

[집중한다]는 [키워드]를 지정해 [정보 수집] 횟수를 2회 사용해서 1회 판정합니다. 판정은 2회째에 합니다.

정보 수집 규칙의 응용

정보 수집 규칙을 응용하여 정보 수집 이외의 행동을 판정할 수도 있습니다.

예를 들어, 어떤 지역을 정찰할 때 해당 지역이 얼마나 경계가 삼엄한지 등을 [시큐리티 레벨]로 나타내서 [정보 수집] 규칙을 사용하면, 정찰 결과 어떠한 정보를 얻는지 간단히 결정할 수 있습니다.

또한, 컴퓨터 시스템을 해킹하는 행동에도 사용할 수 있습니다.

이 방법은 [에어리어 맵]이나 [제너럴 맵]과 상성이 좋으므로 시험해보시기 바랍니다.

그리고 시간이 얼마나 걸리는지, 정보료는 얼마가 드는지, 펌블이 나왔을 때의 영향 등은 GM이 적절하게 결정하시기 바랍니다.

[커넥션]에게 의뢰하기

일부 [커넥션]은 스킬을 가지고 있습니다. 그들에게 해당 스킬을 사용해달라고 할 수도 있습니다.

단, [커넥션]도 한 사람의 인간입니다. 지나치게 무모한 의뢰 등은 받아들이지 않습니다.

[커넥션]에게 보수 주기

위와 같이 [커넥션]을 사용했을 때의 보수에 관해서는 [정보 수집]의 [시큐리티 레벨]이나 [정보 레벨]을 참고하여 GM이 적절하게 결정하시기 바랍니다.

정보 수집의 특수 규칙

돈 뿌리기

[정보 수집] 굴림 전에 [시큐리티 레벨]에 따라 결정한 기본 정보료와 같은 금액을 추가로 내면서 유리한 수정을 받습니다.

기본 정보료와 같은 금액을 추가로 낼 때마다 성공률에 +10%를 받습니다. 이 수정은 최대 +50%까지 받을 수 있습니다.

돈다발로 후려치기

[정보 수집] DR을 굴린 후에, [시큐리티 레벨]에 따라 결정한 [기본 정보료]와 같은 금액을 추가로 내면서 유리한 수정을 받습니다.

기본 정보료와 같은 금액을 추가로 낼 때마다 달성치에 +1을 받습니다. 이 수정은 최대 +5까지 받을 수 있습니다.

주의 끌기

PC가 위의 2개 옵션을 사용했을 때, 너무 화려하게 움직이거나 지나치게 돈을 뿌려댔기 때문에 해당 정보를 알려주고 싶지 않은 "누군가"에게 움직임을 들킬 가능성이 있습니다.

[주의 끌기] 확률은 [돈 뿌리기]에서 +10%의 수정을 얻을 때마다 10%, [돈다발로 후려치기]로 +1의 수정을 얻을 때마다 10%입니다. 각 확률을 합산합니다.

다시 말해, 성공률에 +10%를 하고 달성치에 +2를 했다면, 30%가 됩니다.

주의를 끌었을 때의 페널티

시나리오에서 찾고 있던 상대가 경호원을 늘리거나 부하를 보내는 등, 페널티는 GM이 설정합니다. 생각나지 않는다면 이후에는 해당 [키워드]에 관하여 -20%의 수정을 받는다고 처리해도 좋습니다. 이 수정은 축적됩니다.

커넥션

커넥션이란?

『GDR』의 캐릭터는 상당한 능력을 갖춘 전문가입니다.

하지만 이러한 그들도 혼자서는 할 수 있는 일에 한계가 있습니다. 다양한 일을 처리하기 위하여, 혹은 중요한 정보를 모으기 위해서는 누군가의 도움이 필요합니다.

예를 들어, PC가 일하다가 알게 된 사람들이나, 경력을 쌓아감에 따라 만들어진 인맥 등입니다. 이러한 사람과 사람 사이의 관계는 무엇과도 바꿀 수 없는 귀중한 재산입니다.

[커넥션]은 이러한 「누군가의 도움」「인맥」을 규칙으로 만든 것입니다.

그들은 [정보 수집]에 유리한 수정을 주거나 다양한 편의를 제공하여 임무를 돕습니다.

커넥션 취득

아래에 [커넥션]을 취득하는 4가지 방법이 있습니다. 처음 2개는 캐릭터 제작 순서에 포함되어 있습니다.

기본적으로 이 이외의 방법(예를 들면 돈)으로는 취득할 수 없습니다.

[커넥션] 취득 제한

[커넥션]은 캐릭터의 【매력】과 같은 숫자만큼만 취득할 수 있습니다.

[경력]으로 취득

캐릭터 제작 시에 선택한 [경력] 하나마다 [커넥션] 하나를 취득할 수 있습니다. 이때 해당 [경력]과 관련이 있는 [커넥션]을 취득하는 편이 좋습니다.

〈조달〉로 취득

〈조달〉 1레벨을 습득할 때마다 [커넥션] 1개를 취득할 수 있습니다.

캐릭터 제작 시뿐만 아니라 경험점을 사용해 성장할 때에도 취득할 수 있습니다.

[경험점]으로 취득

경험점 2점을 소비하여 [커넥션] 하나를 취득할 수 있습니다.

[미션]으로 취득

GM은 [미션]의 보수로서 특정 [커넥션]을 취득할 기회를 줄 수 있습니다. 특별히 대단한 성공을 거둔 [미션]의 의뢰인이나 관계자가 적당합니다.

커넥션의 취급

[커넥션]은 유지 아이템으로 취급합니다. 취득한 [커넥션]은 캐릭터 시트의 [유지 아이템] 칸에 적어 넣습니다. [커넥션]에는 보관할 장소가 필요 없습니다.

[브리핑]에서 [유지 코스트]를 내지 않았거나 낼 수 없었다면, 해당 [커넥션]을 잃어버립니다.

커넥션 카드 읽는 법

P224부터 PC가 선택할 수 있는 [커넥션]이 카드 형식으로 실려 있습니다.

각 데이터의 읽는 법은 다음과 같습니다.

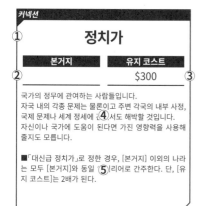

① 명칭: 이 [커넥션]의 이름입니다.
② 본거지: 이 [커넥션]이 활동 거점으로 삼는 국명을 적어 넣습니다.
③ 유지 코스트: 이 [커넥션]의 유지 코스트입니다.
④ 설명: 이 [커넥션]의 설명입니다.
⑤ 효과: 이 [커넥션]의 효과입니다.

커넥션의 설명

커넥션 카드의 설명칸에는 [커넥션]이 정보를 가지고 있는 분야에 관한 대략적인 내용이 실려 있습니다. [정보 수집] 시에 [키워드]와 분야가 서로 어울린다면 +20%의 수정을 받습니다(자세한 내용은 뒤에서 설명).

설명칸에 쓰이지 않았지만, 이 [커넥션]이라면 이러한 정보를 알고 있지 않을까? 싶은 생각이 드는 부분도 있을 것입니다. 이럴 때 수정을 줘도 좋은지는 GM이 판단합니다.

그럴 때, +20%의 수정이 다소 많다고 여긴다면 +10%로 조정해도 좋습니다.

커넥션의 [본거지]

[커넥션]에는 [본거지]를 정해야 합니다. [본거지]는 해당 커넥션이 행동 거점으로 삼는 국가입니다.

P013부터 「월드 섹션」을 보고 에어리어마다 있는 「국가별 리스트」에 실려 있는 나라 중에서 하나를 선택합니다.

또한, 해당 나라가 속한 에어리어(「북미」「아시아」 등)도 중요하니 기억해두기 바랍니다.

단, [커넥션]에 따라서는 특수한 [본거지]를 결정해야 할 때도 있습니다. 이럴 때에는 각 [커넥션]에 쓰여 있는 내용을 우선하시기 바랍니다.

[본거지]에 따른 수정의 변화

[커넥션]을 통한 +20%의 [정보 수집] 수정은 [키워드]의 내용이 [본거지]로 지정한 국가와 관련이 있을 때만 얻을 수 있습니다.

[키워드] 내용이 [본거지]가 아닌 국가와 관련이 있다면, 다음과 같이 수정이 변합니다.
[본거지]가 아닌, 동일 에어리어 내의 국가: +10%
에어리어 외의 국가: 수정 없음.

커넥션을 사용한다

[정보 수집]에서 굴림 전(「정보 수집의 순서」에서 「④ DR 성공률을 산출한다」 부분)에, PL은 [커넥션] 사용을 선언할 수 있습니다.

해당 [커넥션]이라면 조사 대상의 [키워드]에 관해 정보를 가지고 있을 것 같다고 GM이 인정한다면, 성공 판정에 +20%의 수정을 받습니다.

GM이 [커넥션]과 [키워드]가 서로 관련이 없다고 판단했다면, 해당 [커넥션]을 사용할 수 없습니다.

또, 1회의 판정에는 하나의 [커넥션] 밖에 사용할 수 없습니다

[커넥션]을 사용하면 다음과 같은 효과를 얻습니다.

사용 가능 스킬 추가

[키워드]의 [사용 가능 스킬]에 〈교섭술〉을 추가합니다.

[성공 판정]의 수정

[키워드]와 관련이 있는 국가에 따라서 수정이 변화합니다.
[본거지]: +20%
[본거지]가 아닌 동일 에어리어 내의 국가: +10%
에어리어 외의 국가: 수정 없음

[주의 끌기]의 가능성 저하

[돈 뿌리기] [돈다발로 후려치기]를 사용했을 때 발생하는 [주의 끌기] 확률이 절반으로 줄어듭니다.

기타

[커넥션]에 따라서는 특수한 효과를 가졌을 수도 있습니다. 이러한 효과를 사용할 때도 굴림 전에 사용을 선언합니다.

[본거지]

[키워드]와 관련이 있는 국가가 [본거지]로서 지정한 국가와 깊은 관계가 있다면, [본거지]와 속한 에어리어가 다르더라도 [커넥션]으로 +10%의 수정을 받더라도 괜찮을 것입니다.

예를 들어, 교전 상태에 있는 국가끼리는 서로의 군사 관련 정보에 항상 주의를 기울이고 있을 것입니다. 이런 경우, 「같은 에어리어에 속해 있다」로 취급하여, +10%의 수정을 줄 수 있을 것입니다.

관련이 있는 국가

[키워드]에 관련이 있는 국가가 하나 뿐이라고는 할 수 없습니다.

차이니즈 마피아의 간부에 관한 [키워드]라면, 「중국」이 됩니다. [커넥션]의 [본거지]가 [중국]이라면 +20%, 「일본」 등 아시아 에어리어라면 수정치는 +10%입니다.

단, 해당 간부의 활동 주무대가 미국이라면, 「미국」도 「관련이 있는 국가」가 되며, +20%의 수정을 얻습니다. 「북미 에어리어」의 국가라면 +10%의 수정을 얻습니다.

[커넥션]과 [키워드]

[키워드]와 해당 [커넥션] 사이에 관계가 있는지를 확실하게 생각해 둘 필요는 없습니다. 유연한 판단을 발휘해 되도록이면 PC가 수정을 얻을 수 있게 합니다. 단, 너무 말이 안 되는 관련성을 붙이려 든다면 거절하시기 바랍니다.

[커넥션] 설정

취득한 [커넥션]에 이름이나 성별, 나이, PC와의 관계, 성격 등의 설정을 붙여 넣으면 애착이 생길 것입니다.

설정은 [커넥션]을 적어 넣은 유지 아이템 칸의 메모 등에 적어 넣으시면 좋습니다.

특수한 규칙

여기서는 전투 또는 그 이외의 다양한 장면에서 사용하는 특수한 규칙을 해설하고 있습니다.

게임에 익숙하지 않은 동안에는 무리해서 사용할 필요가 없지만, 게임의 폭을 좀 더 넓혀주는 규칙이므로 익숙해진 뒤에 도입해보시기 바랍니다.

방어구의 장비 부위

[부위 공격]으로 공격하는 장소와 방어구의 [장비 부위]는 서로 대응합니다.

[부위 공격]을 선언하지 않는 한, 사격은 모두 「몸」에 명중하게 됩니다. 따라서 「몸」에 장비한 방어구의 [장갑치]나 [방어치]만이 유효합니다.

장비 부위가 「머리」인 헬멧의 [장갑치]나 [방어치]는 [부위 공격]으로 머리를 노렸을 때만 효과가 있습니다.

[부위 공격]과 엄폐

엄폐로 가려져 있는 부위를 노릴 수는 없습니다. 어느 부위가 가려져 있는지는 GM이 상황을 보며 결정합니다.

또한 기본적으로 [부위 공격]과 엄폐의 수정은 「겹치지 않습니다」.

예를 들어 「머리 공격」이 가능하다면, 머리는 엄폐에서 툭 튀어나와 있을 테니 엄폐 효과를 받을 수 없습니다.

GM은 「창틀에서 반쯤 드러난 머리를 쏜다」와 같은 특수한 상황을 다규칙할 때, [부위 공격]과 엄폐의 수정을 겹쳐도 좋지만, 전투 중에는 하지 않는 편이 좋습니다.

어깨끈이나 홀스터

특수한 효과가 없는 것이라면 라이플이나 SMG에는 어깨끈이 딸려 있다고 생각하시기 바랍니다. 또한, 핸드건은 홀스터(형태나 장비하고 있는 부위는 자유)에 들어가 있는 것으로 취급합니다.

특수한 규칙

부위 공격

[사격]이나 [격투]([격투: 극]을 제외한)로는 특수한 부위를 노려서 공격할 수 있습니다. 이것을 [부위 공격]이라고 부릅니다.

[부위 공격] 선언은 [행동 체크]의 [행동 선언] 타이밍에서 합니다.

[부위 공격]을 사용하는 사격은 「1목표」만을 노린 「1사」밖에 쏠 수 없지만, 사격 모드는 자유롭게 고를 수 있습니다.

[부위 공격]으로 노리는 부위는 머리나 심장 등의 「급소」나 「팔」, 「다리」입니다.

각 부위를 노리기 위한 수정이나 [부위 공격]의 영향은 다음과 같습니다. [부위 공격: 팔]이나 [부위 공격: 다리]의 〈강인함〉 성공 판정에는 해당 [부위 공격]으로 동시에 받은 [중상]에 의한 수정은 적용하지 않습니다.

부위 공격: 급소

머리나 심장(동체) 등의 급소를 노려서 목표에게 큰 대미지를 줍니다.

공격 측의 수정
명중률 수정: -40%
대미지: [방어치]를 빼고서 2배
대미지 패널티 표: -5

부위 공격: 팔

손으로 들고 있는 물건을 떨어뜨리거나 팔을 쓰는 움직임을 방해하는 등의 효과를 노린 공격입니다.

공격 측의 수정
명중률 수정: -20%
대미지: [방어치]를 빼고서 1/2
대미지 패널티 표: 굴리지 않는다

공격받는 측의 수정
[중상] -20%(공격받은 팔을 사용하는 행동에만)
〈강인함〉 -20%로 성공 판정: 실패하면 공격받은 팔로 들고 있던 물건을 떨어뜨린다.

부위 공격: 다리

상대의 이동이나 행동을 저지하는 등의 효과를 노린 공격입니다.

공격 측의 수정
명중률 수정: -20%
대미지: [방어치]를 빼고서 1/2
대미지 패널티 표: 굴리지 않는다

공격받는 측의 수정
[중상] -20%(공격받은 다리를 사용하는 행동에만)

〈강인함〉 -20%로 성공 판정: 실패하면 [넘어짐]이 된다.
이동 거리: 1/2

드로우

슬링(어깨끈)으로 메고 있거나 홀스터에 넣어둔 총기, 칼집이나 꺼내기 쉬운 위치에 매어둔 근접 무기나 투사 무기를 빠르게 뽑아서 [사격]이나 [격투]를 하는 행동을 [드로우]라고 부릅니다.

일반적으로 위의 행동을 하기 위해서는 첫 [라운드]에 [준비] [행동]으로 무기를 장비하고, 다음 [라운드]의 [행동]에서 [사격]이나 [격투]를 하는 순서가 필요합니다.

하지만 [드로우]를 하면 위의 두 가지 [행동]을 한 번의 [행동]으로 할 수 있습니다.

단, 무장의 크기(α×β로 나타내는 휴대치 중 β 수치)에 따른 명중률 수정을 받습니다. 그리고 수류탄은 [드로우]할 수 없습니다.

드로우 수정
크기 6 이상: [드로우] 불가
크기 3~5: -40%
크기 2 이하: -20%

총기를 사용한 타격

손에 들고 있는 총기의 개머리판이나 손잡이로 타격할 수도 있습니다.

총기를 사용한 타격은 모두 [격투]로 처리합니다. 격투 방법은 [근접 무기]입니다.

총기의 사이즈나 무게에 관계없이 총기를 사용한 타격은 모두 무장 카드 「임기응변 무기(타격)」로 취급합니다.

총기를 근접 무기로 사용하게끔 쥐거나 사격할 수 있도록 바꿔 쥐기(바꿔 쥐지 않으면 [근접 무기]로 취급합니다) 위해서는 [간이 행동]이 필요합니다.

임기응변 무기

손에 무기가 없는 상황에서 일단 가까이에 있는 물건으로 상대를 공격해야 할 때도 있습니다.

예를 들어, 바닥에 굴러다니는 돌을 주워서 상대에게 던진다거나, 난로의 부지깽이를 곤봉 삼아 상대를 두들겨 패야 할 때입니다.

위와 같은 때, 무장 카드 「임기응변 무기(투척)」과 「임기응변 무기(타격)」 중에서 상황에 맞는 데이터를 사용하여 전투를 처리합니다.

문자 그대로 「임기응변 무기(투척)」은 돌이나 재떨이 등을 던질 때, 「임기응변 무기(타격)」은 부지깽이나 야구 배트 등으로 두들겨 팰 때 사용하시기 바랍니다.

엎드려 쏴

엎드린 상태에서 양 팔꿈치로 상체를 받친 채 하는 사격을 [엎드려 쏴]라고 합니다.

엎드려 쏴의 가장 큰 이점은 자세가 안정되기 때문에 사격의 명중 정도가 향상한다는 점입니다.

또한, 큰 힘이 없는 인간이라도 [엎드려 쏴]를 하여 반동이 큰 총기를 쉽게 다루며, 명중 정도가 향상합니다.

[엎드려 쏴]의 선언

[엎드려 쏴]는 미리 엎드렸거나 [자세 변경] [간이 행동]을 사용하여 엎드려야 합니다.

추가로 엎드려서 사격 자세를 잡는 것도 [행동]으로 취급합니다. 따라서 [엎드려 쏴]는 다음번 자신의 [행동 체크]에서 할 수 있습니다.

그리고 엎드린 상태는 [넘어짐]과 똑같이 취급합니다.

[엎드려 쏴]의 효과

필요 근력 감소

해당 총기의 필요 근력이 1/2로 감소합니다.

휴대치 감소

[엎드려 쏴]를 하는 동안은 아이템의 CP가 [CP틀]에서 빠져나올 때 받는 마이너스 수정을 받지 않습니다.

명중률 수정

[장거리] [초장거리]에 있는 목표를 사격할 때, 명중률에 +10%의 수정을 받습니다.

단, [넘어짐] 상태와 똑같이 취급하기 때문에 [지근거리]와 [근거리]에서 상대에게 공격을 받는다면, 상대는 명중률에 +20%의 수정을 받습니다. [장거리]에서 상대가 공격할 때는 「엄폐하는」 상태가 되어 상대는 명중률에 -20%의 수정을 받습니다.

총기의 필요 근력: 1/2
[CP틀] 오버에 따른 마이너스 수정: 무효
[장거리]와 [초장거리] 명중률: +10%
[컨디션]: [넘어짐]으로 취급

※ [엎드려 쏴]가 유효한 상황

[엎드려 쏴]가 유효한 상황이라는 뜻은 상대에게 들키지 않았거나, 상대와의 거리가 [장거리]일 때뿐입니다.

[지근거리]나 [근거리]에 있는 상대에게 [엎드려 쏴]를 하면, 저를 쏴주십사 하고 몸을 던지는 것이나 마찬가지입니다.

저격이나 기습 등, 전술상 유리한 상황에서만 유효한 방법임을 기억하시기 바랍니다.

양각대(바이포드)

양각대는 엎드려 쏴를 할 때 총기를 안정시켜서 명중 정도를 향상하기 위한 액세서리입니다. 기본적으로 어설트 라이플이나 스나이퍼 라이플, 대구경 기관총 등에 장착하여 사용합니다.

양각대를 [엎드려 쏴]에서 사용하면 [중거리] 명중률에 +10%를 받습니다. 『GDR』에서 데이터로 만들어진 총기 중 몇 가지는 이미 양각대가 내장되어 있습니다.

양각대의 효과

[중거리] 명중률: +10%
※ [엎드려 쏴]에서만 유효

삼각대(트라이포드)

삼각대는 머신건 등을 거점방어용 고정 총기로 사용하기 위한 액세서리입니다.

삼각대는 엎드리거나 한 번의 [행동]을 사용해 준비하지 않아도 [엎드려 쏴]의 효과를 받습니다. 단, 총기 사격 시의 반동을 억제하기 위해 제법 무겁게 만들어졌기에 총기에 부착한 채로 들고 다닐 수는 없습니다.

삼각대를 사용하여 [사격]할 때에는 [근거리] [중거리] [장거리] [초장거리]의 명중률에 +10% 수정을 받습니다.

무장 중에서 「M2 머신건(설치식)」은 이미 삼각대를 내장하고 있습니다. 추가로 데이터도 아래와 같은 효과를 이미 적용하였습니다. 이 무장은 설치 전용이므로 들고 다닐 수가 없습니다.

삼각대의 효과

총기의 필요 근력: 1/2
[CP틀] 오버에 따른 마이너스 수정: 무효
[근거리] [중거리] [장거리] [초장거리]의 명중률: +10%

부수고 싶지 않은 엄폐물

인질이나 값비싼 미술품을 엄폐로 삼은 상대를 공격하는 등, 사격이 빗나가 엄폐물에 명중하는지를 정해야 할 상황도 있습니다.

이럴 때에는 「엄폐에 따른 -20% 수정이 없었으면 명중」하는 사격을 엄폐물에 명중한 것으로 취급합니다.

예) 인질을 방패로 삼은 적에게 명중률 86%로 사격합니다. 엄폐를 하고 있기에 -20%의 수정을 받아 최종적인 명중률은 66%입니다. 만약, 성공 판정 결과가 67~86%라면, 공격은 목표를 빗나가면서 엄폐물인 인질에게 명중합니다.

부수고 싶지 않은 엄폐물

부수고 싶지 않은 엄폐물과 겹치지 않는 부위에 [부위 공격]을 하면 엄폐물이 맞을 걱정은 없습니다.

인질을 방패로 삼은 테러리스트의 머리가 인질과 겹치지 않았다면 [부위 공격: 급소]로 -40% 수정을 받지만, 빗나가더라도(펌블 표의 결과가 아닌 한) 인질이 유탄에 맞지 않습니다.

머리가 인질과 겹쳐져 있을 때에는 엄폐와 똑같이 「-20%의 수정이 없으면 명중([부위공격: 급소]라도 변함 없이)」하는 사격이라면 엄폐물에 명중합니다.

[과관통]

이 규칙은 매번 적용하다 보면 전투가 대단히 번잡해집니다(이미 「거듭되는 과관통」규칙이 번잡합니다).

적의 배후에 인질이 모여 있거나 건물에 흠집을 내지 말라고 분명히 말해두는 등, 관통력이 페널티를 불러어떠한 페널티가 발생할 때에만 사용하시기 바랍니다.

인체를 관통한 탄환이 날아가는 방향은 무작위성이 크게 작용한다고 합니다. 효과가 미칠 대상이 바로 뒤에 있는 대상이라고만 할 수는 없습니다.

과관통(선택 규칙)

관통력이 높은 총기로 공격했을 때, 관통한 공격이 목표의 후방까지 영향을 미칠 가능성을 표현한 선택 규칙입니다.

이 규칙은 [관통력]이 +2 이상인 총기를 대상으로 합니다. 그리고 AP탄을 사용하여 수정을 받은 [관통력]이 +2 이상인 총기에도 적용합니다.

또한, 할로우포인트탄을 사용한 총기나 [투사 무기]에는 이 규칙을 적용하지 않습니다.

최종적인 [관통력]이 목표의 [장갑치]를 5 이상 웃돌았다면, 탄환은 목표를 관통하여 목표의 후방에 있는 대상(사람이나 물건)에 영향을 줄 가능성이 있습니다. 이것을 [과관통]이라고 부릅니다.

목표가 [장갑치]를 가지지 않았다면, 사격할 때의 [관통력]이 10 이상일 때 [과관통]이 발생합니다.

GM은 목표의 후방 상황을 확인하여 효과가 미칠 가능성이 있는 대상이 있다면 대상의 형상이나 크기를 고려하여 효과가 미칠지를 판단합니다. 대상이 여럿이라면, GM이 적당하다고 생각하는 방법으로 무작위 선정합니다.

[과관통]한 탄환이 명중했다면, 대상에게 [비관통D] 대미지를 적용합니다.

거듭되는 [과관통]

탄환의 관통력이 지나치게 강력했을 때, 여러 대상에게 [과관통]의 효과가 미칠 가능성이 있습니다.

[관통력] 수치는 하나의 대상을 관통할 때마다 -5를 받습니다. 그럼에도 [과관통]으로 효과를 받는 대상의 [장갑치]를 5 이상 웃돌았다면, 해당 대상을 관통하여 다음 대상에게 효과를 미칠 수 있습니다.

[과관통] 당한 대상에는 [관통D], 당하지 않은 대상에게는 [비관통D]를 적용합니다.

예) [장갑치]가 10 인 대상에게 최종적인 [관통력]이 25인 사격이 명중합니다.

[관통력]이 목표의 [장갑치]를 5 이상 웃돌았으므로, [과관통]이 발생합니다. GM은 후방에 있는 인질에게 영향을 미치기로 했습니다.

하나의 대상을 관통했기 때문에 [관통력]은 -5를 받아 20이 되었습니다. 인질은 방어구를 착용하지 않았고, [장갑치]는 0입니다. 또 다시 목표의 [장갑치]를 5 이상 웃돌았기 때문에 [과관통]을 일으킵니다 …….

총검(선택 규칙)

「총검」이란 총구 부분에 장착하는 도검을 말합니다.

명중률이 낮고 재장전에서 발사까지 시간이 오래 걸렸을 때, 다시 말해 총의 성능이 낮았던 시대에는 사격과 사격 사이에 적이 돌격해 오는 상황이 잦았습니다.

이러한 적의 돌격에 단독으로 대응하기 위해서 「총검」이 태어났습니다.

현대에서는 총기의 고성능화와 함께 총검을 장착할 전투가 일어날 가능성이 대폭 낮아졌습니다. 하지만 외견상 위압감을 주고, 군사 훈련 시의 사기를 고양하며, 제식의 볼거리 등을 이유로 총검은 실제 전투보다도 이차적 효과를 노리고서 각국 군대에 아직 존재합니다.

게다가 현대의 총검은 편리한 컴뱃 나이프라는 인식이 강해진 모양입니다. 여기서는 「총검」을 게임 내에서 처리하는 방법에 관해 설명합니다.

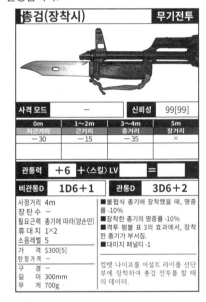

총검(장착시)	무기전투

| 사격 모드 | — | | 신뢰성 | 99[99] |

0m 지근거리	1~2m 근거리	3~4m 중거리	5m 장거리
−30	−15	−35	×

| 관통력 | +6 +〈스킬〉LV | = |

| 비관통D | 1D6+1 | 관통D | 3D6+2 |

사정거리 4m
장탄수 —
필요근력 총기에 따라(양손만)
휴대치 1×2
소음레벨 5
가　격 $300[5]
탄창가격 —
구　경 —
길　이 300mm
무　게 700g

- 불펍식 총기에 장착했을 때, 명중률 -10%
- 장착한 총기의 명중률 -10%
- 격투 펌블 표 3의 효과에서, 장착한 총기가 부서짐.
- 대미지 페널티 -1

컴뱃 나이프를 어설트 라이플 선단부에 장착하여 총검 전투를 할 때의 데이터.

총검의 장착

총검을 총기에 장착하려면 한 번의 [준비]와 두 번의 [아이템 사용], 합계 세 번의 [행동]이 필요합니다. [CP틀]에 적어 넣을 때에는 액세서리(오른쪽)로서 취급합니다.

기본적으로 어설트 라이플에만 총검을 장착할 수 있습니다. 단, 「FN F2000 어설트 라이플」은 장착 불가입니다. 또한, 예외적으로 「드라그노프 스나이퍼 라이플」과 「UZI」에는 장착할 수 있습니다.

그리고 소음기나 「M203 그레네이드 런처」, 「XM-26」등, 총구 부근에 액세서리를 장착했다면, 총검을 장착할 수 없습니다.

총검을 총기에 장착하지 않고서 그냥 사용할 때에는 「컴뱃 나이프」로서 취급합니다. 컴뱃 나이프 카드의 데이터를 참조하시기 바랍니다.

총검을 사용한 전투

총검을 사용한 전투는 [격투]의 [근접 무기]로 취급합니다. 필요 근력은 장착한 무기의 수치에 따르지만, 반드시 양손으로 들어야만 합니다.

총검을 착한 총기를 근접 무기로 사용하게끔 들거나 사격할 수 있게끔 자세를 바꾸기 위해서는(자세를 바꾸지 않는 한 [근접 무기]로 취급합니다) [간이행동]이 필요합니다.

총검의 크리티컬

총검을 사용한 [격투]로 크리티컬이 발생하였다면, 총검은 목표의 몸을 찌르고 있는 상태가 됩니다.

목표가 한 번의 [행동]을 사용하여 자신을 찌르고 있는 총검을 빼지 않는 한, 총검은 찌른 채로 있습니다. 찌른 상태로 사격하면 명중률에 +40%의 수정을 받습니다.

총검으로 공격한 측이 빼내려고 한다면 [간이 행동]으로 충분합니다. 또한 해당 상태에서 사격하면 자동으로 빠집니다.

단, 총검을 찔러 넣은 상태에서는 자신의 움직임에도 제한이 걸리므로, 자신과 찌르고 있는 대상을 [지근거리]와 [근거리]에서 공격하는 상대는 명중률에 +20%의 수정을 받습니다. 추가로 [회피 행동]에도 -20%의 수정을 받습니다.

특수한 수류탄

수류탄 중에는 특수한 효과를 가지는 것이 있습니다. 여기서는 『GDR』에 실려 있는 두 가지 수류탄의 효과에 관하여 해설합니다.

섬광수류탄

섬광수류탄은 강렬한 빛과 큰 소리를 내서 근거리에 있는 대상의 시력과 감각을 빼앗습니다.

통로나 방 등의 닫힌 장소에서 사용하는 것으로 큰 효과를 발휘합니다.

효과 범위: 중심 반경 5m/유효 반경 10m
대상은 〈정신력〉 성공 판정을 합니다.
상태에 따라 다음의 수정을 받습니다.
유효 반경: +20%
좁은 장소(통로, 실내 등): -20%
어두운 장소: -20%

최루가스 수류탄

비살상성으로, 육체적 후유증도 남지 않는 가스를 방출하여 대상의 시력을 빼앗습니다.

가스마스크를 장착하고 있는 대상에게는 효과가 없습니다.

효과 범위: 중심 반경 5m/유효 반경 10m
대상은 〈강인함〉 성공 판정을 합니다.
상태에 따라 다음의 수정을 받습니다.
유효 반경: +20%
좁은 장소(통로, 실내 등): -20%
열린 장소(평원, 길거리 등): +10%

두 수류탄 모두 판정 결과에 따라 다음의 영향을 받습니다.

효과

크리티컬: 재빠르게 방어하여 영향을 받지 않습니다.
성공: [쇼크] -20%
실패: [몽롱함]
펌블: [몽롱함] + [넘어짐]

낙하 대미지

캐릭터가 높은 장고에서 떨어졌을 때 해당 높이에 따라 받는 대미지가 달라집니다. [대미지 주사위]는 낙하 높이 1미터마다 1D6입니다.

단, 캐릭터가 낙하하는 높이에 따라서는 낙법을 사용해 대미지 감소를 시도할 수 있습니다.

낙하한 캐릭터는 〈운동〉DR을 굴려서 달성치가 [낙하한 미터] 이상이라면 제대로 낙법에 성공하여 낙하한 거리를 반으로 줄일 수 있습니다. 물론, 이에 따라 대미지 주사위도 반으로 줄어듭니다.

단, 10미터를 넘는 낙하에서는 낙법을 사용할 수 없습니다. 낙하한 거리에 따른 대미지를 자동으로 받습니다.

낙법은 일일이 선언할 필요가 없습니다. 캐릭터는 자연스럽게 낙법을 사용합니다. 낙법을 사용하지 않는다고 선언할 수도 있습니다.

낙하 대미지 주사위

nD6(n은 떨어지는 높이의 미터)
※ 낙법에 성공하면 높이는 1/2.
※ 항상 [관통D]로 취급.
※ 범용 대미지 페널티 표를 적용한다.

전투 이외의 대미지 페널티

어떠한 이유로 대미지가 발생하였다면, 특별히 명기하지 않는 한 기본적으로 [관통D]로 취급합니다. 대미지 경감 판정 등에 성공하였다면 [비관통D]로 처리해도 좋습니다.

받은 대미지가 10점 이상이라면 범용 대미지 페널티 표를 적용합니다.

단, [출혈]이나 [추가D], 독극물 등의 대미지로는 대미지 페널티가 발생하지 않습니다.

후폭풍

「M72A2 LAW 로켓런처」와 「RPG-7 로켓런처」는 발사 시의 반동을 막기 위해 후방으로 로켓 추진제가 연소하며 발생하는 고온의 가스가 분사됩니다.

이 가스에 휘말리면 큰 대미지를 받기 때문에 차량 내부나 실내, 혹은 후방에 장애물이 있을 때는 사용할 수 없습니다.

또한, 공중을 향해 발사할 때도 가스가 지면이나 수면에 반사하여 자신이 피해를 받게 될 가능성이 있기 때문에 주의해야 합니다.

후폭풍 범위

사수의 후방 30미터, 45도 범위에 있는 캐릭터가 대상이 됩니다.

후폭풍 범위는 사수에게서 6미터 떨어질 때마다 좌우 2미터씩 넓어집니다.

후폭풍 대미지

거리에 따라서 다음과 같이 [대미지 주사위]와 [비관통D] [관통D]가 달라집니다.

0~10미터: 3D6+15, [관통D]

11~30미터: 2D6+8, [비관통D]

※ 범용 대미지 페널티 표를 적용합니다.

후폭풍의 대상이 된 캐릭터는 [회피 행동]을 할 수 있습니다. 단, 대항판정이 아닌 성공 판정입니다.

성공하면 1단계 멀리 떨어져 있는 것으로 취급합니다(11미터 근처에 있으면 대미지가 없습니다).

추가로, 배후 10미터 사이에 벽 등이 있어서 후폭풍을 가리게 된다면, 사수와 같은 칸 및 주변 1칸에 있는 캐릭터는 3D6+15 대미지를 받습니다.

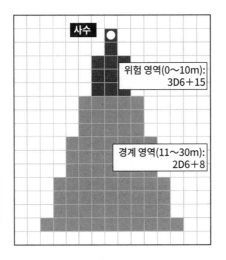

사수

위험 영역(0~10m): 3D6+15

경계 영역(11~30m): 2D6+8

독

건독이 만날 기회는 그리 많지 않겠지만, 세상에는 수많은 독이 있으며 효과도 다양합니다.

시나리오에 빈번하게 등장하진 않겠지만, 필요할 때를 위하여 『GDR』에서 독 대미지를 게임적으로 처리할 때의 기준을 다음과 같이 실어 놓았습니다.

실제 독 데이터를 제작할 때 참고하시기 바랍니다.

투여 수단

효과를 발휘하기 위해 어떠한 형태로 투여하느냐에 따라 종류가 나뉩니다.

경구독

대상이 입으로 섭취하면 효과를 발휘합니다. 비소, 음료수에 섞는 시안화합물(청산가리) 등이 있습니다.

경피독

대상의 피부에 닿으면 효과를 발휘합니다. 가스 형태 혹은 액상 형태입니다.

염증을 일으키는 옻이나 개구리의 독 등이 있습니다.

흡입독

가스 형태이며 호흡기로 흡입하면 효과를 발휘합니다. 가스마스크로 방어할 수 있습니다.

최루가스, 구토가스 등이 있습니다.

주입독

무기나 동물의 이빨 등으로 생긴 상처를 통해 체내에 들어가면 효과를 발휘합니다. 뱀이나 거미의 독 등이 있습니다.

대미지의 종류

독은 다양한 대미지를 줍니다. 하나의 효과만이 아닌, 여러 종류의 대미지가 발생할 수도 있습니다.

대미지 독

일반적인 대미지와 같이 [내구력]을 줄입니다. [출혈]과 같이 취급합니다.

같은 대미지를 계속 주는 것, 1D6씩 대미지가 줄어드는 것 등이 있습니다.

대미지 독의 예

초강력(코브라의 독): 4D6

강력(보통의 독사): 3D6

일반(강한 거미독): 2D6

약함(거미독): 1D6

마비독

몸을 마비시켜 움직일 수 없게 합니다.

증상이 가볍다면 마이너스 수정을 받을 뿐이지만, 증상이 무겁다면 일체 움직일 수 없습니다. 때로는 질식할 수도 있습니다.

컨디션 독

특정 [컨디션]을 줍니다.

염증의 가려움 때문에 〈정신력〉 성공 판정에 실패하면 [쇼크] -10을 받는 가벼운 것부터, [몽롱함]이나 [착란] [기절], 때에 따라서는 [사망]에 이르는 독도 있습니다. 독에 따른 [컨디션]은 일반적인 [회복 판정]으로는 회복할 수 없으며, 치료가 필요한 경우가 많습니다.

효과 시간

모든 독이 투여한 직후에 효과가 나타나지는 않습니다. 또한, 치료받기까지 계속해서 대미지를 줄 수도 있습니다.

즉효성 독

투여한 순간 효과를 발휘합니다.

지효성 독

잠복 기간이 지나면 효과를 발휘합니다.

지속성 독

얼마간 효과를 계속 발휘합니다.

독에 저항하기

〈강인함〉으로 DR을 굴려서 독의 강도(얼마나 강력한 독인지 나타냅니다) 이상의 달성치가 나오면 증상이 가벼워집니다. 달성치가 부족하더라도 성공 판정에 성공한다면 증상은 다소 가벼워집니다.

독은 몸이 건강하다고 해도 완전히 영향을 피할 수 있는 물건이 아니지만, 크리티컬이라면 모종의 행운으로 아무 영향이 없었다고 해도 좋습니다.

펌블이라면, 효과가 훨씬 강력해집니다.

독의 강도

무척 강함: 20
강함: 15
일반: 10
약함: 5

독의 치료

〈의료〉로 [의료 행동]을 하여 DR을 굴린 달성치가 독의 강도 이상이라면, 증상이 호전됩니다.

적절한 혈청이나 해독제 등이 있다면 무조건 성공하거나 플러스 수정이 붙어도 좋을 것입니다.

질병

독과 마찬가지로 세계에는 수많은 질병이 있습니다. '몸이 약한 건독'은 말도 안 되는 농담이겠지만, 언제 어디서 병원균에 접촉할지는 모릅니다. 가혹한 환경에서 지내야만 하는 건독은 항상 이러한 위험에 노출되어 있습니다.

『GDR』에서 질병의 영향을 게임적으로 처리할 때의 기준을 다음과 같이 실어 놓았습니다.

실제 질병 데이터를 제작할 때 참고하시기 바랍니다.

감염에 저항하기

질병에 걸리기 쉬운 상황에서 〈강인함〉 성공 판정을 합니다. 환경이나 어떠한 대처법을 사용하느냐에 따라 플러스나 마이너스 수정을 받아도 좋습니다.

정글 등의 야외 환경에서는 일단 그런 상황을 면하기 위한 〈서바이벌〉 판정을 시키는 것이 좋습니다.

잠복 기간

바이러스에 감염되어도 바로 증상이 나타나지는 않습니다. 며칠에서 몇 주, 때로는 10년 이상이 지나서 증상이 나타날 수도 있습니다.

증상

질병의 증상은 다양합니다. 독과 같이 어떠한 [컨디션]에 대입하는 편이 제일 간단합니다.

질병도 일반적인 [회복 판정]으로는 회복할 수 없는 것이 많습니다.

증상의 진행

질병의 증상은 진행하면서 서서히 악화하는 면이 있습니다. GM은 질병의 진행 속도를 1일, 1주 등으로 정하여 해당 기간이 지나면 〈강인함〉 DR을 굴리게 합니다.

질병의 강도(얼마나 낫기 어려운 질병인가를 나타냅니다)를 독과 마찬가지로 강도를 정하여, DR을 굴려 강도 이상의 달성치가 나오면 질병은 호전됩니다. 실패하면 악화합니다.

질병의 치료

〈의료〉로 [의료 행동]을 하여 DR을 굴린 달성치가 질병의 강도 이상이라면, 증상이 호전됩니다.

적절한 치료약이나 처방법 등을 알고 있다면, 무조건 성공하거나 플러스 수정이 붙어도 좋을 것입니다.

환경

열병을 옮기는 모기가 대량 발생하고 있거나, 상처를 입은 상황에서 유독 가혹한 기후에 놓였을 때 등입니다.

대처법

벌레기피제를 바르거나 주의하라는 권고를 받아들이거나, 제대로 식사와 수면을 취하는 등입니다.

질병

감염 위험이 있는 국가에서 미션을 한다면, 의무적으로 사전에 예방 주사를 맞아야 합니다.

참고로 비용은 회사가 대므로 무료입니다.

〈서바이벌〉

감염원이 가까이 오지 않도록 하거나 위험할 때에는 적절하게 처치한다, 안전한 장소에 캠프를 마련하는 등의 테크닉과 지식을 나타냅니다.

[중상]의 치료

[중상]의 마이너스 수정은 누적되지 않습니다. 가장 높은 마이너스 수정을 적용할 뿐입니다.

이미 치료를 받고 있는 것보다 높은 마이너스 수정의 [중상]을 받는다면, 다시 치료를 시도할 수 있습니다.

[출혈]

『GDR』에서 [출혈]은 단지 피를 흘리는 것이 아닌, 상당히 심각한 상태를 나타냅니다. 5초마다 [내구력]을 잃는 것이니 설령 1D6의 [출혈]이라도 신속한 치료가 필요합니다.

응급처치를 익힌 자

의료 관계자는 물론 건독, 경찰관이나 치안 조직 관계자, 군인 등은 이러한 기초 훈련을 받았다고 취급합니다. PC는 조직에 관계 없이 반드시 훈련을 받았다고 취급합니다.

익히지 않았더라도 의료 관계자의 적절한 지시가 있다면 가능하다고 해도 좋습니다.

메딕의 부재

클래스 전문 스킬로 〈의료〉를 가진 메딕이 없는 상황에서 심각한 [출혈]이 일어나면, 구할 가능성이 줄어듭니다.

일시적인 지혈, 아이템인 지혈 장비, 공용 클래스 아츠인 《어프렌티스》, 〈기술계〉의 기본 %가 높은 캐릭터가 〈의료〉 스킬을 레벨을 올려두는 등의 대처법이 있습니다.

용태의 악화

설령 대미지를 받지 않아도 강한 충격을 받거나 처치를 받지 않은 채로 장시간 방치되면 용태가 악화됩니다. 용태가 얼마나 악화되는지는 GM이 판단합니다.

전투 도중의 [의료 행위]

한 번의 판정에 5초 정도 걸립니다.

지혈 장비의 제한

지혈 장비를 2개 사용하여 2D6의 [출혈]을 막을 수는 없습니다.

[의료 행위]로 [출혈]을 모두 치료한 뒤에 또 [출혈]을 받는다면, 다시 지혈 장비를 사용할 수 있습니다.

의료 행동

캐릭터의 대미지나 부상의 영향 등을 치료하는 행위를 [의료 행동]이라고 부릅니다.

[의료 행동]은 〈의료〉 성공 판정으로 해결합니다.

[의료 행동]을 하기 위한 조건

① 치료자가 응급처치 장비나 의료 장비를 소지하고 있어야 합니다.
② 치료자와 치료 대상자는 접촉한 상태여야 합니다.
③ [의료 행동]을 할 때, 치료자나 치료 대상자가 이동하거나 [행동]하거나 [회피 행동]을 하면 [의료 행동]은 중지됩니다.

전투 중에 할 수 없는 [의료 행동]

많은 기구나 약품을 사용하기 때문에 전투 도중에는 할 수 없는 [의료 행동] 입니다. 대체로 한 번의 판정에 30분 정도가 걸린다고 생각하시기 바랍니다.

[내구력] 회복

[내구력]을 회복할 수 있습니다. 간단히 처리하기 위하여 전투 종료 후에 한 번만 치료가 가능합니다(실패도 횟수로 칩니다).

판정 결과를 확인하여 효과를 적용하시기 바랍니다.

크리티컬
[2D6 + 〈의료〉LV]만큼 [내구력]을 회복합니다.

성공
[1D6 + 〈의료〉LV]만큼 [내구력]을 회복합니다.

실패
[내구력]을 회복할 수 없습니다.

펌블
대상은 1D6의 대미지를 받습니다.

[중상]의 치료

[중상]을 치료할 수 있습니다. 하나의 [중상]은 한 번만 치료할 수 있습니다.

판정 결과를 확인하여 효과를 적용하시기 바랍니다.

크리티컬
[중상]을 -20%만큼 치료합니다.

성공
[중상]을 -10%만큼 치료합니다.

실패
[중상]을 치료할 수 없습니다.

펌블
[중상]에 -10%를 더합니다.

전투 중에 할 수 있는 [의료 행동]

단시간에 처리가 끝나므로 전투 도중에도 [스킬 사용] [행동]으로 할 수 있는 [의료 행동] 입니다.

전투 도중의 [의료 행동]

전투 도중에 [의료 행동]를 하려면 선언한 [라운드]의 [종료 체크]에 〈의료〉 판정을 하여 효과를 적용합니다. 선언부터 [종료 체크]까지 치료자나 치료 대상자가 이동하거나 [행동]하거나 [회피 행동]을 하면 [의료 행동]은 중지됩니다.

[출혈]의 치료

[출혈]을 치료할 수 있습니다. [출혈]은 몇 번이고 치료를 반복할 수 있습니다. 또한, 응급처치를 익히고 있다면 [의료 행동]을 하여 일시적으로 1D6의 [출혈]을 막을 수 있습니다. 판정은 필요 없지만, 치료가 아니므로 [의료 행동]이 중단되면 다시금 [출혈]이 시작됩니다. 이 일시적인 지혈은 한 명만 할 수 있습니다.

판정 결과를 확인하여 효과를 적용하시기 바랍니다.

크리티컬
[출혈]을 2D6 회복합니다.

성공
[출혈]을 1D6 회복합니다.

실패
[출혈]을 회복할 수 없습니다.

펌블
[출혈]에 1D6을 더합니다.

소생 처치

대상의 [내구력]이 마이너스가 되었어도 [치사 판정]을 하지 않을 수 있습니다.

판정 결과를 확인하여 효과를 적용하시기 바랍니다.

크리티컬
[내구력]이 0이 되며 [기절] 상태가 됩니다.

성공
새롭게 대미지를 받거나 상태가 악화할 때까지 [치사 판정]을 할 필요가 없습니다.

실패
평소대로 [치사 판정]을 합니다.

펌블
그 순간 [치사 판정]을 합니다.

[컨디션]의 치료

[몽롱함] [기절]의 컨디션을 받는 캐릭터를 치료할 수 있습니다. 혹은 〈심리학〉으로 [착란]을 치료할 수 있습니다.

판정 결과를 확인하여 효과를 적용하시기 바랍니다.

크리티컬

즉시 [컨디션]에서 회복합니다.

성공

즉시 +20%의 수정을 받고 [회복 판정]을 합니다.

실패

아무 일도 일어나지 않습니다.

펌블

다음번 [회복 판정]에 -20%의 수정을 받습니다.

내구력의 자연 회복

캐릭터의 [내구력]은 하루 동안 아무것도 하지 않고 느긋하게 쉬고 있으면 [1 +〈강인함〉레벨]만큼 회복합니다.

의사의 치료

전투를 하지 않더라도 하루에 한 번은 [의료행동]으로 [내구력]을 회복할 수 있습니다.

일반적인 의사는 〈의료〉 3LV, 성공률 80%로 취급합니다. 요금이 발생한다면 $100로 합니다. 물론, PC가 치료를 해도 좋습니다.

은닉 판정

무장이나 아이템을 숨겨서 가지고 다니거나 어딘가에 숨길 때, 상대가 그것을 눈치챌지 알아보는 판정을 [은닉 판정]이라고 합니다.

숨기는 측은 〈시가지 행동〉 혹은 〈국지 행동〉 DR을 굴립니다.

상대가 얼마나 경계하는가를 나타내는 [경계도]에 따라 상대의 대응이 달라집니다.

경계도

무경계(일반인, 지나가는 사람 등)

성공 판정에 성공하면 상대는 숨긴 것을 눈치채지 못합니다.

실패하면 상대는 〈감지〉 성공 판정에 성공해야 눈치챕니다.

경계(순찰 중인 경찰관, 경비원 등)

상대의 〈감지〉와 대항 판정을 합니다. 승리하면 눈치 채지 못합니다. 패배하면 눈치챕니다.

엄중(검문, 수화물 검사 직원 등)

상대의 〈감지〉(+20%)와 대항판정을 합니다. 승리하면 눈치 채지 못합니다. 패배하면 눈치챕니다.

[은닉 판정]의 수정

숨기는 측의 〈시가지/국지 행동〉 수정

숨길 물건의 휴대치: -[크기 ×10%]

숨길 물건이 [CP틀]에서 빠져나왔다: -20%

무장/아이템별 수정: 각 카드 참조

발견하는 측의 〈감지〉 수정

숨길 물건의 휴대치: +[무게 ×10%]

가벼운 몸수색: +40%

신중한 몸수색: +60%

철저한 몸수색: 자동으로 발견

시야 수정(거리가 멀 때): -20% ~

숨길 물건의 휴대치에 따른 수정

휴대치는 [무게 × 크기] 서식으로 나타냅니다. 총기에 액세서리를 장착했을 때에는 각 수정을 더합니다.

휴대치가 설정되지 않은 물건은 가장 근사치로 보이는 사이즈나 무게의 아이템을 참고하여 GM이 결정합니다.

예) 「글록26」(1×1CP)를 숨기고 나이트 클럽에 들어가려 합니다. 입구 근처에는 검은 옷의 경비가 당신의 모습을 확인합니다. 여기서 [은닉 판정]을 합니다.

숨기는 측은 〈시가지 행동〉 DR을 굴립니다. 수정은 휴대치의 「크기」로 -10% 뿐입니다. 달성치 11로 성공합니다.

검은 옷은 손님이 사단을 일으키지 않도록 지켜보는 직업입니다. [경계도]는 [엄중]입니다. 〈감지〉에 +20%의 수정을 받습니다. 추가로 휴대치의 「무게」로 +10%가 있습니다. 몸수색까지는 하지 않으며, 가게 앞이기 때문에 시야 수정도 없습니다. 수정은 +30%입니다. 굴림 결과, 달성치 8로 성공합니다. 서로 성공하지만, 달성치는 숨기는 측이 높았으므로 글록26을 숨긴 채로 클럽에 들어갑니다.

【체격】과 【외견】(선택 규칙)

높고 낮음에 관계 없이 극단적인 【체격】과 【외견】 수치는 다양한 영향을 미칩니다.

은밀 행동의 수정

GM이 〈시가지 행동〉이나 〈국지 행동〉등의 판정에서 「몸의 크기」가 영향을 준다고 판단했다면, 다음을 기준으로 수정을 받습니다.

【체격】1: +20%　　【체격】2: +10%

【체격】9: -10%　　【체격】10: -20%

사격 명중률의 수정

[사격]의 목표가 되었을 때, 다음을 기준으로 명중률에 수정을 받습니다.

【체격】1 혹은 2: -10%

【체격】9 혹은 10: +10%

좁은 장소의 수정

GM은 지하 터널 등의 좁은 장소에서 불편함 없이 행동할 수 있는 【체격】 수치를 설정할 수 있습니다.

[은닉 판정]

어떻게 생각해도 감출 수 없는 것은 판정을 하지 않아도 발견된다고 해도 좋지만, 「수상하지 않게 잘 위장했는가」를 포함한 판정이기 때문에 조금은 봐주시기 바랍니다.

또한, 착용한 방어구에 관해서는 [은닉 판정]이 아닌 각 방어구 카드에 적혀 있는 내용을 참고하여 결정하시기 바랍니다. 입지 않은 듯이 보이는 방어구는 레벨1, 레벨2 뿐입니다.

건독의 무장에 관하여

건독은 임무상 필요하다면 자동화기, 중화기까지 포함해 소지 및 휴대를 허가받고 있습니다. 단, 일반인에게 허용한 범위를 넘는 무장에 관해서는 개인이 아닌 「민간보안기업(PMSC)에 허가를 받았다」는 의미가 강하므로 무장 관리는 PMSC가 하고 있습니다. 개인이 자택까지 들고 갈 수 없습니다.

무장의 제한

『GDR』은 건 액션 RPG이므로 총을 쏠 수 없어야 말이 안 됩니다. 또한, GM으로서도 일일이 [은닉 판정]을 하기란 힘들 것입니다.

기본적으로는 일부러 보여주지 않는 한, 핸드건이라면 자유롭게 들고 다녀도 좋을 것입니다. [은닉 판정]도 보안이 삼엄한 장소에서만 해도 충분합니다.

서브머신건도 차량의 트렁크, 자택, 대여 컨테이너 등에 보관하거나 서류가방(백팩으로 취급합니다) 등에 넣어서 들고 다니는 정도면 그렇게까지 신경 써서 검사할 필요도 없습니다(수상쩍게 보이지 않도록 신중히 행동해야 하지만).

라이플 등은 들고 다니거나 항상 차의 트렁크에 넣어두는 것은 삼가야 합니다(습격 시에 트렁크에 싣는 것은 가능합니다. 들고 좌석에 앉는 것은 추천하지 않습니다).

185

리워드

「reward」로 표기합니다. 보수, 보상, 포상금이라는 의미입니다.

[리워드 포인트] 주는 법

지나치게 포인트를 짜게 줘서 롤플레이 내용에 곤란리를 썩게 만드는 것도, 지나치게 포인트를 후하게 줘서 포인트가 넘쳐나는 것도 생각해볼 문제입니다.

각 PC마다 한번 포인트를 얻은 [신념]이나 [로우] 항목을 체크해두고, 똑같은 항목으로 포인트를 여러 번 받지 않도록 기준을 엄격하게 적용하는 편이 좋습니다.

대략적인 기준으로는 1 [미션]에서 한 사람에 3~4점 정도면 충분합니다.

RP를 주는 조건

[신념]이나 [로우]외에도 GM이 다른 플레이어가 롤플레이나 연출에 크게 감명을 받았을 때나, 분위기를 크게 달아오르게 하는 제안을 했을 때는 GM이 RP를 배포해도 좋습니다.

RP의 특수한 운용 ①

RP를 사용하고 싶으나 롤플레이나 연출에 열중하는 스타일이 아니거나, 시간 제한 등으로 롤플레이나 연출을 여유롭게 할 수 없을 때에는 일정 RP를 가진 상태에서 [미션]을 시작하는 방법도 있습니다. 초기 점수는 화려한 전개를 바란다면 [RP상한] 그대로, 그렇지 않다면 [RP상한]÷2 정도가 적당합니다.

RP의 특수한 운용 ②

GM이 게임에 익숙하지 않고 [신념]이나 [로우]를 운용하기가 부담되거나, RP 배포 점수를 줄이면서도 롤플레이나 연출을 추천하고 싶을 때에는 [신념]이나 [로우]를 설정하지 않고 위의 「RP를 주는 조건」에서 설명한 것과 같은 조건만으로 RP를 배포한다고 정해도 좋습니다.

해당 수치보다 【체격】이 1 클 때마다 〈사격계〉〈격투계〉〈운동계〉〈강인함〉을 제외하고)에 -10%의 수정을 받습니다.

눈에 띄는 외견으로 받는 수정

GM이 인파에 스며든 미행 혹은 상대가 얼굴을 기억하는가와 같이 「눈에 띄는」 것이 영향을 준다고 판단한 상황에서는, 다음을 기준으로 수정을 받습니다.
【체격】9: -10%/+10%
【체격】10: -20%/+20%
【외견】2 혹은 9: -10%/+10%
【외견】1 혹은 10: -20%/+20%
※ 본인이 판정할 때에는 마이너스 수정을, 상대가 판정하면 플러스 수정을 적용합니다.

미션 로우(선택 규칙)

[미션 로우]는 PC가 짊어질 위험을 조금이라도 줄이고 좀 더 화려한 건액션이나 드라마틱한 전개가 되도록 만든다는 의도를 기반으로 고안한 선택 규칙입니다.

게임성을 크게 바꿀 수도 있기에 GM은 이 규칙을 [미션]에서 사용할지를 신중하게 결정하시기 바랍니다.

리워드 포인트

[리워드 포인트](RP)는 [미션 로우]의 축입니다. [리워드 포인트]는 GM이 준비한 조건을 PC가 만족했다고 판단했을 때, 해당PC에게 주는 포인트입니다.

[리워드 포인트]에는 각 PC의 연령대에 따라 상한치가 정해져 있습니다. P095의 「연령별 취득표」에 쓰여 있는 [RP상한] 수치가 [미션] 동안 보유하는 [리워드 포인트]의 상한치입니다. 그리고 한 번의 [미션]에서 얻은 [리워드 포인트]는 해당 [미션] 종료와 함께 사라집니다.

[리워드 포인트]의 상한치

상한치는 「보유할 수 있는 최대치」이므로, 상한치까지 쌓아두더라도 소비한다면 다시 획득할 수 있습니다.

단, [미션 로우]를 사용하고는 싶긴 해도 화려함이 다소 지나치다고 여기는 GM이라면, 「한 번의 [미션]에서 얻는 최대치」로 정해도 좋습니다(한 번 상한치까지 쌓으면 소비해도 포인트를 얻을 수 없습니다).

포인트를 얻는 조건

[리워드 포인트]에 주어진 조건으로는 다음의 두 종류가 있습니다.

[신념]

P222의 [신념]을 기준으로 합니다.

GM이 각 CP의 롤플레이나 행동이 해당 PC가 선택한 [신념]과 맞아 떨어진다고 판단했을 때 [리워드 포인트]를 받습니다.

[신념]은 「자유, 복수, 애정, 집념, 정의, 희망, 도전, 신의, 결백, 도피」라는 열 종류의 키워드로 나타냅니다.

PC는 위의 키워드 중에서 하나를 선택합니다. 이는 문자 그대로 해당 PC가 믿는 것, 혹은 얽매이는 것입니다.

GM은 PC가 이 키워드에 어울리는 훌륭한 롤플레이나 행동을 했다고 판단했을 때 [리워드 포인트]를 1 포인트 주시기 바랍니다.

부차 효과

[신념]에는 「부차 효과」라고 쓰인 칸이 있습니다. 이것은 해당 [신념]을 선택했을 때 받을 수 있는 스킬 보너스입니다.

[여가 규칙](P193)로 받는 보너스와 똑같이 취급합니다.

[로우]

건액션이라고 해도 장르는 다양하게 나뉩니다. 다시 말해, GM이 하고 싶은 건액션 즉, [미션]이 어떠한 것인지를 대략적으로 나타내서 [미션]을 원활하게 진행하기 위한 규칙입니다.

[로우]의 기본적 개념은, [미션] 개시 전에 PC에게 해당 [시나리오]의 추천 행동 규범을 제시함으로써 이번 [미션]이 어떠한 경향을 가지고 있는지에 관한 공감대를 형성하는 것입니다.

단, 이것만으로는 재미가 없으므로 PC가 적극적으로 시나리오에 관여할 장치라는 의미로, 제시한 [로우]에 어울리는 롤플레이나 행동을 한 PC에게 [리워드 포인트]를 주도록 합니다.

다음 페이지에 2종류의 [로우]를 게재했습니다. GM은 둘 중 하나를 사용해도 좋으며, 자작 시나리오에 어울리는 [로우]를 새롭게 제작하여 플레이어에게 제시해도 좋습니다.

[리워드 포인트]로 할 수 있는 것

[리워드 포인트]를 사용하여 다음과 같은 효과를 얻을 수 있습니다.

선언 타이밍은 아무 때나 좋습니다.

사용 포인트	효과
1포인트	사용 완료한 자신의 클래스 아츠 1개를 재사용 가능.
2포인트	자기 클래스의 클래스 아츠와 공용 클래스 아츠 중에서 임의로 선택한 클래스 아츠를 즉시 사용 가능. ※
3포인트	모든 클래스 아츠 중에서 임의로 선택한 클래스 아츠를 즉시 사용 가능. ※

※ 지속 시간이 「항상」이라면 [1라운드]로 변경한다.

Missin Law 미션 로우

교전 규정

하나. 무기를 사용해도 좋을 때는.
주위에 비전투요원이 적고, 부차적 피해가 발생하지 않을 때. 자신의 생명이 위험할 때.

하나. 무기를 사용해도 좋은 장소는.
작전에서 정한 행동 범위. 부주의하게 민간 시설을 공격해선 안 된다.

하나. 무기를 사용해도 좋은 상대는.
작전에서 정한 공격 목표. 비전투원 및 민간인에게 피해를 주려는 자.

하나. 사용할 무기란.
민간 시설에 최대한 피해를 주지 않을 무기. 작전 지역의 법률을 허용하는 한 엄수한다.

하나. 「평화와 안전 유지」, 「인권 보호」
민간인, 민간 시설의 안전을 확보한다. 표로 확대를 용인해선 안 된다.

사용 포인트	효과
1포인트	사용 완료한 자신의 클래스 아츠 1개를 재사용 가능.
2포인트	자기 클래스의 클래스 아츠와 공용 클래스 아츠 중에서 임의로 선택한 클래스 아츠를 즉시 사용 가능. ※
3포인트	모든 클래스 아츠 중에서 임의로 선택한 클래스 아츠를 즉시 사용 가능.

※ 지속 시간이 「항상」이라면 [1라운드]로 변경한다.

Missin Law 미션 로우

경호 경비

하나. 무기를 사용해도 좋을 때는.
경호 또는 경비 대상에게 위험이 가해졌을 때. 자신의 생명이 위험할 때.

하나. 무기를 사용해도 좋은 장소는.
경호 또는 경비 대상을 보호하기 위한에 필요한 행동 범위. 부주의하게 민간 시설을 공격해선 안 된다.

하나. 무기를 사용해도 좋은 상대는.
경호 또는 경비 대상에게 위해를 가하려는 상대. 비전투원 및 민간인에게 피해를 주려는 자.

하나. 사용할 무기란.
민간 시설에 최대한 피해를 주지 않을 무기. 작전 지역의 법률을 허용하는 한 엄수한다.

하나. 「평화와 안전 유지」, 「인권 보호」
경호 또는 경비 대상의 안전을 우선한다. 작전 담당자의 명령을 엄수한다.

사용 포인트	효과
1포인트	사용 완료한 자신의 클래스 아츠 1개를 재사용 가능.
2포인트	자기 클래스의 클래스 아츠와 공용 클래스 아츠 중에서 임의로 선택한 클래스 아츠를 즉시 사용 가능. ※
3포인트	모든 클래스 아츠 중에서 임의로 선택한 클래스 아츠를 즉시 사용 가능.

※ 지속 시간이 「항상」이라면 [1라운드]로 변경한다.

PC 가져오기

같은 PC를 사용하여 몇 번이고 플레이하면 PC는 성장하고 PL은 애착이 생깁니다. 이것은 TRPG의 재미 중 하나입니다.

단, 항상 같이 플레이하는 팀에서 사용하는 것은 좋으나, 컨벤션과 같이 처음 얼굴을 마주하는 세션에서 작성이 끝난 PC를 가져오면 트러블의 원인(다른 PC와 능력 밸런스 차이 등)이 될 때가 있습니다.

GM이 신규 제작한 PC나 샘플 캐릭터를 사용한다고 말했다면, 그것에 따라야 합니다.

자리 순서

정확하게 말하면 전투 시의 이니셔티브 순서대로 앉는 것입니다. 그렇게 하면 전투에서 이니셔티브를 일일이 확인하지 않아도 시계방향으로 해결할 수 있습니다.

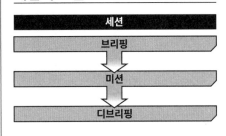

게임의 진행 방법

『GDR』은 다음과 같은 흐름으로 게임을 진행합니다. 여기서는 각 부분에 관하여 순서에 따라 설명합니다.

게임의 흐름

```
세션
 ↓
브리핑
 ↓
미션
 ↓
디브리핑
```

세션

『GDR』을 한 번 플레이하는 것을 세션이라고 부릅니다.

세션은 실제로 플레이하기 전에 준비를 하는 [브리핑], 실제로 게임을 하는 [미션], 플레이 후에 처리를 하는 [디브리핑]의 3개를 포함합니다.

브리핑

[미션]에 들어가기 전에 해둬야 할 몇 가지가 있습니다.

여기서는 각 해당 사항에 관해 해설합니다.

사전 준비

규칙을 이해한다

GM은 [미션]을 막힘 없이 진행하기 위하여 규칙을 잘 이해해야 합니다. 모두 암기할 필요는 없지만, 룰북의 어디에 무엇이 쓰여 있는지를 메모하거나 꼬리표를 달아두는 등, 금방 규칙을 검색할 수 있도록 준비하면 [미션] 진행이 편해집니다.

물론, PL도 규칙을 이해해두어야 합니다. 각 PL이 PC가 사용하는 클래스 아츠나 무장 데이터를 파악해두는 것만으로 [미션] 진행이 정말 수월해집니다.

시나리오를 만든다

GM은 [미션]의 기반이 될 시나리오를 준비합니다.

카드 및 시트류의 준비

GM은 [미션]에 필요한 카드나 시트류를 복사하여 준비합니다.

- 캐릭터 시트(사람수 만큼)
- 각종 카드류(시나리오에 따라)
- TR시트(시나리오에 따라)
- 맵(시나리오에 따라)
- 각종 차트류(책 뒷부분의 차트 모음을 활용하시기 바랍니다)

PL과 협의하기

PL과 연락이 가능하고, 세션까지 시간에 여유가 있다면 사전에 시나리오 경향을 전달하여 어떠한 PL을 만들지 방향성을 정해두면 [미션] 당일에 시간을 절약할 수 있습니다.

당일 준비

PC 제작

PL은 GM과 상담하여 PC를 제작합니다.

이전에 PC를 제작하였고, GM이 해당 PC의 사용을 허가한다면 새롭게 제작할 필요가 없습니다.

또한, 시간과 환경이 허락한다면 전날까지 PC를 제작해두어도 좋습니다.

시간 제한이 엄격한 컨벤션이나 『GDR』에 익숙하지 않은 PL이 참가할 때라면 샘플 캐릭터를 사용하는 편이 좋습니다.

GM은 만들어진 PC를 확인하여 적어 넣지 않은 부분이나 수치 계산상 오차가 있는지, 이번 [미션]에서 이용할 수 있는지를 체크합니다.

자기 소개

GM은 자신의 자기 소개와 함께 각 PL도 자기 소개를 하게 합니다. 이미 낯익은 사람끼리 플레이를 한다면 이 과정은 필요 없습니다.

또한, PC의 이름이나 클래스, 어떠한 PC인지를 소개합니다. 이 때, 설명을 들으면서 PC 관리 시트(P250)에 적어 넣으면 좋습니다.

자리 순서

PC의 〈전술〉 성공률이 높은 순서대로 자리를 바꾸면 [미션] 중의 처리가 비교적 편해집니다. 〈전술〉 성공률이 가장 높은 PC부터 순서대로 GM이 볼 때 시계방향으로 앉으면 편리합니다.

게임적인 준비

PC 성장

미사용 경험점을 가진 PC는 성장을 합니다. GM은 PL에게 성장할지를 확인합니다.

여가

여가 규칙(P193)에 따라서 여가 행동을 선택합니다.

시간 제한이 엄격한 컨벤션이나 이제 막 작성한 PC를 사용할 때는 여가가 발생하지 않는다고 정해도 좋습니다.

유지 코스트 내기

캐릭터 시트를 보고 필요한 액수의 유지 코스트를 냅니다.

시간 제한이 엄격한 컨벤션이나 이제 막 작성한 PC를 사용할 때는 유지 코스트를 내지 않는다고 정해도 좋습니다.

미션

드디어 세션의 본편인 [미션]에 돌입합니다.

PL은 각자의 생각대로 제작한 PC의 활약을 보고자 GM의 [미션] 개시를 기다리고 있을 것입니다.

기승전결

시나리오의 기본 구조는 이야기와 똑같이 「기승전결」로 구성합니다.

『GDR』의 시나리오로 생각할 법한 패턴 중에서, 무난한 예제를 들어보자면 다음과 같습니다.

「기」

시나리오 도입부입니다. 건독인 PC가 의뢰인에게서 의뢰를 받습니다. 여기서 의뢰에 관한 얼마간의 정보를 받습니다.

「승」

PC는 의뢰인에게서 정보를 받은 뒤, 확실하게 임무를 수행하기 위해 더 많은 정보를 얻으려고 움직일지도 모릅니다.

혹은 시간이 없거나 정보가 충분치 않았다면, 현장에 직행할 수밖에 없습니다. 이 단계에서 PC의 판단에 따라 시나리오가 전개됩니다.

「전」

시나리오에 긴박감을 가져옵시다. 이 단계에서, PC가 생각치도 못한 전개를 준비하면 미션의 분위기가 「결」을 향하여 고조될 것입니다.

「결」

드디어 이야기는 클라이맥스를 맞이합니다. 적 조직과 총격전을 할 수도 있고, 적 아지트에서 대탈출하는 이야기일지도 모릅니다. 무엇이 되었든, 이야기는 이 단계에서 막을 내립니다.

「기」 시나리오 도입

시나리오에 따라 다르지만, 우선 PC가 어떻게 이 시나리오에 등장하게 되었는가를 설명합니다.

1) 팀 도입

GM: 한 팀으로 행동하는 여러분은 현재 계약 중인 민간보안기업에서 의뢰를 받고 모여 있습니다.

이미 PC 일행이 하나의 팀이라는 시나리오라면, 이 형태가 됩니다. 또한, 이 시나리오에서 팀을 모을 때도 마찬가지입니다.

아직 GM에 익숙하지 않다면, 팀 도입으로 시작하는 편이 훨씬 낫습니다.

2) 개별 도입

GM: 우선, PC①부터 도입을 개시합니다. PC①은 지금 밀림에 있습니다. 주변에는 우연찮게 같이 임무를 맡게 된 건독 3명이 피곤한 표정으로 앉아 있습니다.

각 PC에게 시나리오에 등장하는 계기를 설명합니다. PC마다 연출이 있으므로 PL의 만족감이 올라가지만, 상급자 GM을 위한 도입 방법입니다.

「승」 시나리오 전개

GM: 그리하여 기업에게서 받은 정보는 전부 전달했습니다. 즉, 이번 임무는 모국의 요인을 경호하는 것입니다. 경호 기간은 3일 후부터 1주일간. 그가 이 나라에 머무는 기간입니다.

PC①: 그러면 2일 동안 우리는 자유 행동?

GM: 그러네요. 정보 수집을 한다면 이번에는 하루에 한번만 합니다. 정보의 키워드는 「모국의 소문」과 「요인의 내방 목적」입니다.

위와 같이 진행하면서 PC는 정보 수집(P174)을 할 수도 있고, 이번 경우에는 요인 경호까지 아무 것도 하지 않으며 기다릴 수도 있습니다.

즉, GM이 우선 해야 할 것은 현재 상황이나 [미션]을 진행하기 위한 정보를 PC에게 전하는 것입니다. 그리고 현재 상황과 얻은 정보를 고려하여 PL이 앞으로 할 행동을 결정하여 GM에게 전합니다. PC의 리액션을 받은 GM은 시나리오를 기반으로 해당 리액션에 관해 무엇이 가능하고 어떻게 해야 좋은지를 제시합니다. 이것을 반복하면서 [미션]을 진행합니다.

「전」 시나리오 도입

GM: 찌푸린 얼굴의 의뢰인이 잠긴 목소리로 PC 여러분께 말합니다. 「자네들은 지금부터 이 마을에 잠입해주게」(라고 말하며 마을의 에어리어 맵을 보여준다)

의뢰인

기본적으로는 소속한 민간 보안기업을 통하여 의뢰를 받습니다. 소속 기업에서의 의뢰라면 PL도 안심할 수 있으며 가장 무난한 방법이므로 추천합니다.

매번 똑같기에 변화가 부족하다고 여기는 GM은 친구와 같은 개인의 의뢰나 우연히 사건에 휘말리는 타입의 시나리오를 만들어봐도 좋습니다.

NPC에 과도하게 몰입하지 않는다

PL 수가 적거나 하면 NPC를 참가시켜 구멍을 메울 수도 있습니다. 그럴 때도 중요한 장면은 PC에게 양보합시다.

또한, 전투나 TRS 등에서는 손이 비어 있는 PL에게 NPC의 주사위를 굴리게 하면 좋습니다.

GM이나 다른 PL의 행동에 과도하게 간섭하지 않는다

그렇다고 자기 멋대로 얼마든지 행동해도 좋다는 뜻이 아닙니다. 데이터 상에서는 다소 불리하더라도 좋아하는 무장을 사용하고 싶은 정도라면 인정해야 합니다.

단, GM이나 다른 PL에게 폐를 끼칠 행동은 삼가야 합니다. 전원이 재미있게 플레이할 수 있도록 다른 사람의 의견에도 제대로 귀를 기울이고, 서로의 의견을 존중하시기 바랍니다.

PC①: 이 마을에 요인이?

GM: 「그렇네. 자네들이 펼치던 경호가 허를 찔리는 바람에 납치당한 요인이 이 마을에 있다네.」

PC②: 이 마을에 관한 정보는?

이후, PC일행은 GM이 연기하는 의뢰인에게서 정보를 얻고, 해당 마을로 이동합니다. 일행은 이동한 곳, 다시 말해 조금 전의 맵에서 행동합니다.

그때 GM은 의뢰인으로서 해당 인물의 주소지나 적의 존재, 대략적인 숫자 등 여러 정보를 전달합니다.

PC 일행은 그러한 정보를 얻고서 에어리어 맵 위에서 이동을 개시합니다.

PC①: 그러면 에어리어A에서 에어리어 B까지 이동합니다.

PC③: 제가 스카우트니까 〈시가지 행동〉을 사용해 선행해서, 에어리어A의 상황을 살펴가며 에어리어B의 경계선까지 가려고 하는데, 괜찮을까요?

GM: 괜찮아요. 이동 방법은?

PC③: 물론, [신중한 이동]으로.

GM: 알겠습니다. 그러면 〈감지〉 DR을 굴리세요. [신중한 이동]이니까 굴림에 +20%가 붙습니다.

PC③: 달성치 11로 성공입니다.

GM: 예. 주변에는 사람의 기척이 전혀 느껴지지 않습니다. 이제 〈시가지 행동〉DR을 하세요. [신중한 이동]이니까 수정은 ±0%입니다.

PC③: OK. 〈시가지 행동〉 스킬은 85%니까 그대로 [성공률]이네. 오, 달성치 18로 성공!

GM: 달성치 18이군요. OK 당신은 누구에게도 들키지 않고 경계선까지 왔습니다. 당신이 주변을 경계하면서 나아간 곳에서는 적의 기척이 전혀 느껴지지 않았어요. 자, 어떻게 합니까?

PC③: 동료들에게 무선으로 상황을 전달해요.

PC①: 안전한 모양이군요. 그러면 우리도 무선으로 정보를 들으며 [일반 이동]으로 PC ③의 흔적을 따라 이동합니다.

GM: 그러면 만약을 위해, 어떤 대열로 이동하는지 알려주겠어요?

이와 같이 이야기를 주고받으며 에어리어 맵을 이동합니다. 또한, 에어리어 맵마다 일어날 이벤트를 준비해두고, 해당 이벤트에 목적지의 정보 등을 끼워 넣으면 단순한 이동으로 끝나지 않고 긴박감 있는 재미난 시나리오로 변할 것입니다.

「결」 클라이맥스

총격전 끝에 PC 일행은 요인을 구출했습니다.

GM: 「고맙네. 한 때는 어떻게 될까 생각했네만, 자네들 덕분에 살았네.」

PC①: 아니, 우리 경호에서 실수가 난 탓이었으니까. 감사할 필요는 없어. 플러스 마이너스 제로일 뿐이니까. 이래서야 프로 실격이군 …….

PC②: PC①은 참 성실하다니까~.

PC①: 어이! 얼버무리지 마!

GM: 예. 그리하여, 이번 임무는 종료했습니다. 수고하셨습니다. 그러면 에필로그에 멋 좀 부려 볼까요.

PC일행이 임무를 수행했느냐의 유무와는 별개로 준비한 시나리오의 클라이맥스가 종료하면 시나리오가 끝납니다.

「임무 완료. 수고하셨습니다.」라고 끝나도 상관 없지만, 그러면 조금 싱겁게 느껴지는 것도 사실입니다.

모처럼이니 시나리오에서 PC와 관계한 인물의 후일담이나 사건으로 인해 무엇이 어떻게 변했는지 등, PL에게 시나리오와 관련 있는 에필로그를 들려주면 좋습니다. 여운이 있을 때 해두는 편이 PL이 느낄 만족감을 높일 수 있습니다.

또한, PC 각자가 개별 도입을 했다면, 각 PC에 관한 에필로그를 준비해도 좋을 것입니다. 이것으로 PL에게 [미션]에 관해 깊은 인상을 남길 수 있습니다.

GM이 주의할 점

GM이 『GDR』을 마스터링할 때, 몇 가지 주의할 점이 있습니다.

NPC에 과도하게 몰입하지 않는다

자신이 만든 NPC에 너무 몰입하는 바람에 PC의 활약할 곳을 빼앗게 되면, 모처럼 시작한 [미션]도 의미가 없습니다. NPC는 적당히 활약하게 합시다.

PC에게는 공평하게

특정 PC만 활약할 장면을 만들기보다는 되도록이면 모든 참가자가 활약할 수 있는 마스터링이 되어야 함을 마음에 새겨두시기 바랍니다.

PL이 주의할 점

PL이 게임에 참가할 때 몇 가지 주의할 점이 있습니다.

GM이나 다른 PL의 행동에 과도하게 간섭하지 않는다

NPC나 다른 PC가 자신의 생각과는 다르게 판정하거나 행동한다고 해서 「그러면 안 돼」 「현실이라면 그렇게 행동하지 않아」와 같이 일일이 과도한 간섭은 하지 말아야 합니다. 당연하지만, 『GDR』은 게임입니다. 재미있게 즐기면 그걸로 충분합니다.

지식 자랑을 하지 않는다

『GDR』은 전문성이 짙은 게임입니다. 전문 지식이 있으면 훨씬 재미있게 플레이할 수 있겠지만, 그것이 「전문 지식이 없다＝플레이를 못한다」는 뜻은 아닙니다. 전문 지식이 없어도 『GDR』을 즐기고 싶은 사람에게, 과도한 지식 주입은 그리 즐겁지 않으며 세션 진행에도 방해가 됩니다. 어떤 장르의 게임에도 적용된다고 생각합니다만, 지식 자랑은 적당히 하는 편이 즐겁게 플레이하는 요령입니다.

디브리핑

[미션] 종료 후에 할 일을 해설합니다. 특히 「감상 및 의견 교환」은 중요합니다. 가능한

한 하는 편이 좋습니다.

애프터 미션

GM은 P192를 참조하여 PL에게 경험점을 배포합니다. PL은 경험점으로 캐릭터를 성장시킬 수 있습니다.

감상 및 의견 교환

시나리오의 내용이나 롤플레이, 인상적인 일, 그밖에 좋았던 점이나 개선하는 편이 좋은 점 등에 관하여 감상이나 의견을 교환합시다.

GM은 이러한 토의에서, 다음 시나리오의 소재를 만들 때 필요한 힌트를 얻을 수도 있습니다.

감상 및 의견 교환
(편집 주) 한국에서는 으레 '후담'이라고 불립니다.

플레이어 지식과 현실성

물론, PL도 다음 미션에서 살릴 교훈을 얻을 것입니다.

지식을 드러내는 것이 나쁜가?

물론, 지식을 드러내는 것 가체가 나쁘다는 말은 아닙니다. 만약 [미션]에 관련이 있는 국제정세 등에 관하여 약간의 지식을 내보이면 현장감이 크게 살아나고, 게임을 통해 그러한 지식을 얻는 것도 좋습니다.

다만, 한창 게임을 하는 도중에 시나리오 설정에 「현실과 다르다」「그렇게 되진 않는다」 등으로 트집을 잡아선 안 되며, 세션 진행에 영향을 초래할 정도로 계속 말해서도 안 됩니다. 또한, 가장 말도 안 되는 행위는 다른 사람과 의견이 다르다고 해서 서로 대립하다 말싸움으로 발전하는 것입니다.

플레이어 지식과 롤플레이

지식을 방패로 특별 대우나 판정의 플러스 수정을 요구하는 것도 좋지 않습니다.

하지만 교섭을 유리하게 이끌어서 플러스 수정을 받는 재치 있는 대사는(때로는 부주의한 발언으로 마이너스 수정을 받을 수 있습니다만) 좋은 롤플레이며 많은 추천을 받는 행동입니다.

한편 「실제 총기는 좀 더 명중하기 쉬워」 「프로에게는 이러저러한 테크닉이 있다고」 등을 말하며 판정에 보너스 수정을 요구하는 행동은 좋지 않다고 여겨지곤 합니다.

「둘 다 똑같지 않은가」하고 생각하는 사람도 있을 것입니다. 확실히, 본질적으로는 별 차이 없을지도 모릅니다.

그렇다면, 롤플레이나 선언의 내용으로는 일체의 수정을 받지 않는다는 방식이 가장 평등할지도 모릅니다. 「그러한 지식이나 테크닉을 포함한 것이 PC가 가진 스킬 성공률이

라고 생각해 주세요」라고 말하는 것도 해결책 중 하나입니다.

하지만, 모처럼 PL이 재미있는 아이디어를 냈는데 그에 부응하고 싶다, 무엇보다 그러면 너무 싱겁다고 여기는 사람도 많을 것입니다. 무척 어려운 문제입니다. 대단히 죄송하지만, 이 자리에서는 「어디에 경계선을 긋는가는 최종적으로 GM이 판단에 맡긴다」고만 말해두겠습니다. 그리고 PL은 해당 판단을 따라 주시길 바랍니다.

현실성＝악?

여기까지 읽고서 「현실성＝나쁜 것」이라고 생각할지도 모릅니다. 현실성은 게임의 몰입감을 높이기 위해 중요한 요소입니다. 지나치게 리얼리티가 없는 설정으로는 PL의 의욕을 고취시킬 수 없습니다(기상천외함을 노린다면 그렇지도 않겠지만).

하지만, 현실성에 얽매이면 TRPG는 지루한 게임이 되고 맙니다.

영화나 소설, 만화 등을 떠올리시기 바랍니다. 재미있는 스토리를 위해 조금이라면 리얼리티를 무시하거나 사실을 각색해 더하고 있을 것입니다. 도가 지나치지만 않다면, 어지간히 깐깐한 사람이 아닌 한 불만을 표할 사람은 없을 것입니다.

GM은 [브리핑]에서 이번 [미션]에서 얼마나 「현실스러움」을 바라는지, 그러한 분위기를 PL에게 전해야 합니다. 「헐리웃 영화같은 느낌으로」「완전 현실성을 중시합니다!」와 같이 전하면 좋습니다. 단, 너무 극단적이면 PL이 모이지 않을 가능성도 있으니, 그 부분은 잘 참고 조절하시기 바랍니다. PL도 자신이 바라는 분위기를 전하고 서로 잘 타협하는 것이 최고이지만, 최종적 판단은 호스트 역할인 GM이 내리시기 바랍니다.

N ACTION TRPG GUNDOG REVISED GUN ACTION TRPG: GUNDOG REVISED GUN ACTION TRPG: GUNDOG REVISED GUN ACTION TRPG

목표의 발표

GM은 [브리핑] 혹은 [미션]에서 임무를 설명할 때, 메인 오브젝트와 서브 오브젝트(일부만이라도 가능)를 PL에게 공개해도 좋습니다.

그렇게 하여 PL은 의뢰인(엄밀히는 GM)이 바라는 일의 방향성을 알 수 있으며, 경험점을 많이 얻기 위해 움직일 수도 있기에 원활한 게임 진행을 기대할 수 있습니다.

서브 오브젝트

서브 오브젝트는 무리해서 설정할 필요가 없지만, PL의 의욕을 고취시키며 GM이 바라는 방향성을 제시하기 편리하므로 될 수 있는 한 넣어 놓는 편이 좋습니다.

퍼스널 오브젝트

각 PC에게 개별 목표로서 서브 오브젝트(퍼스널 오브젝트)를 제시해도 재미있을 것입니다.

예를 들어, 전화에 휘말린 지인을 찾아내거나, 적 부대에 있는 원수를 쓰러뜨리는 등이 있습니다.

때로는 배타적인 목적(누군가가 달성하면 다른 누구는 달성할 수 없는)으로 만드는 것도 긴장감이 있어 좋을지도 모르지만, PL끼리 싸우지 않도록 세심한 주의가 필요합니다.

애프터 미션

[미션]이 종료한 뒤의 [디브리핑]과, 다음 [미션] 시작 전의 [브리핑] 사이에는 몇 가지 해야 할 일이 있습니다.

여기서는 바로 그 해야 할 일을 설명합니다.

캐릭터의 성장

경험점

[미션]이 종료하면 [미션]에 참가한 PC는 경험점을 받습니다.

경험점이란 PC가 해당 [미션]에서 얻은 경험이나 교훈 등을 수치로 나타낸 것입니다.

PC는 경험점을 사용하여 좀 더 유능하게 성장합니다.

GM은 [디브리핑]에서 각 PC에게 다음의 방침에 따라 경험점을 줍니다.

경험점의 방침

GM은 다음의 방침에 따라 경험점을 설정합니다. 설정한 내용을 기반으로 각 PC는 경험점을 받습니다. 받은 경험점은 캐릭터 시트에 있는 경험점 칸의 「누계」라고 쓰여 있는 칸과 「미사용」이라고 쓰인 칸에 적어 넣습니다. 이미 숫자가 쓰여 있다면 가산합니다.

1. 메인 오브젝트(2점)

[미션]의 대목표(가장 중요한 목표)를 메인 오브젝트라고 부릅니다. 하나의 [미션]마다 하나만 설정할 수 있습니다.

메인 오브젝트를 달성했다면, 각 PC는 2점씩 경험점을 받습니다. 메인 오브젝트의 일부만 달성했다면, 1점의 경험점만 받습니다. 달성할 수 없었다면 경험점을 받을 수 없습니다.

예) 메인 오브젝트는 「인질을 무사히 해방한다」였습니다. 인질을 상처 없이 해방할 수 있었다면 경험점은 2점이지만, 상처를 입었다면 1점으로, 사망했다면 0점입니다.

2. 서브 오브젝트(1점)

[미션]의 소목표(부차적인 목표)를 서브 오브젝트라고 부릅니다. 이것은 반드시 달성할 필요는 없는 목표입니다. 하나의 [미션]마다 1~3개 설정하면 좋습니다.

서브 오브젝트를 달성했다면, 각 PC는 1점씩 경험점을 받습니다. 서브 오브젝트의 일부만 달성했다면, 경험점을 받을 수 없습니다.

예) 서브 오브젝트는 「테러리스트 전원을 무력화한다」입니다. 전원 무력화할 수 있다면 경험점은 1점이지만, 한 명이라도 도망갔다면 경험점을 받을 수 없습니다.

3. 생환(1점)

[미션]이 어떤 결과를 맞이하였더라도 PC는 무언가 경험을 쌓았습니다. [미션] 종료시에 살아 남은 PC는 무조건 경험점 1점을 받습니다.

4. 기타(1점)

특별히 눈부신 활약을 한 PC에게는, GM이 임의로 경험점 1점을 줘도 좋습니다. 단, 어디까지나 임의의 보너스입니다. [미션]마다 반드시 줄 필요는 없습니다.

성장시킨다

PL은 경험점을 사용하여 PC를 성장시킬 수 있습니다. 능력치, 스킬, 클래스 아츠, 커넥션의 4 종류를 성장시킬 수 있습니다. PL은 [디브리핑] 및 [브리핑]에서 다음의 방침에 따라 PC를 성장시키시기 바랍니다.

사용한 경험점은 「미사용」 칸에서 사용한 만큼 뺍니다. 「누계」 칸은 지금까지 얻은 경험점의 총량이므로 그대로 둡니다.

능력치(5점 사용)

능력치를 1점 상승시킵니다. 상승시킨 능력치는 「현재」 칸에 적어 넣습니다.

능력치 상한은 10입니다.

스킬([상승 후의 레벨]점 사용)

스킬 레벨을 1레벨 상승시킵니다.

스킬 레벨의 상한은 5입니다. 단, 개별 스킬의 기초 수정을 계산하기 위한 능력치 중에 「5」 미만인 능력치가 있다면 해당 숫자가 스킬 레벨의 상한입니다.

클래스 아츠(3점 사용)

자신의 메인 클래스나 서브 클래스의 클래스 아츠, 혹은 공용 클래스 아츠에서 선택한 클래스 아츠 하나를 습득합니다.

특별히 지정하지 않는 한, 같은 클래스 아츠를 여럿 습득할 수도 있습니다.

커넥션(2점 사용)

[커넥션]을 하나 취득합니다.

[커넥션]은 【매력】과 같은 수만큼 취득할 수 있습니다.

여가 규칙

『GDR』의 [미션]에는 위험이 넘치는 임무에 임하는 PC의 모습이 그려집니다.

하지만 그들이 항상 그러한 위험 속에 몸을 두고 있지는 않습니다. 임무와 임무 사이에 몸을 단련하거나 여행을 떠나는 등의 개인적인 행동을 하기 마련입니다.

이 규칙은 [미션]과 [미션] 사이에 있는 여가에서 PC가 그러한 개인적인 행동을 할 때, 귀찮은 시간 계산 없이 재현하는 규칙입니다.

여가 규칙을 사용하면 보수로 얻은 돈을 사용할 곳이 생기며, PC의 강화를 꾀할 수 있습니다.

여가 규칙은 [브리핑]의 일부로 취급합니다.

컨벤션 등의 여가 규칙

시간 제한이 엄격한 컨벤션에서 하는 세션이나 갓 제작한 PC를 사용하는 세션에서는 여가 규칙을 사용할 수 없다고 정해도 좋습니다.

물론, GM이 전면적으로 여가 규칙을 사용하지 않는다고 해도 상관 없습니다.

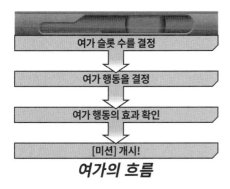

여가의 흐름

여가 슬롯 수를 결정 → 여가 행동을 결정 → 여가 행동의 효과 확인 → [미션] 개시!

여가 슬롯 수를 결정

여가가 실제로 며칠인지는 그때그때 상황에 따라 달라집니다. 거기에 날짜를 엄밀하게 정해서 관리하려면 상당히 수고가 듭니다.

그래서 여가 규칙에서는 여가 일수를 엄밀하게 정하는 것이 아닌, 여가 슬롯 수로 나타냅니다.

모든 PC는 여가에서 3개의 여가 슬롯을 받습니다.

여가 동안 할 행동(여가 행동이라고 부릅니다)에는 각각 필요한 슬롯 수가 정해져 있으므로, PL은 해당 제한 중에서 몇 개의 행동을 조합하여 PC가 어떠한 여가를 보냈는지 결정합니다.

여가 슬롯의 수

여가 슬롯의 수는 1개월에 한 번 비율로 [미션]으로 취급할 중요한 사건이 일어난다는 가정 하에 설정했습니다.

하지만 이 1개월 동안 3슬롯(즉, 1슬롯에 약 10일)이라는 말은 어디까지나 기준에 지나지 않습니다.

같은 멤버로 이야기가 이어지는 [미션]을 플레이할 때에는 시나리오 사이에 시간이 설정되었을 수도 있습니다.

그럴 때, GM은 여가 슬롯 수를 줄이거나 늘릴 수 있습니다.

반대로 일수가 너무 짧거나 길더라도, 여가 슬롯의 수는 항상 3개라고 정할 수도 있습니다.

여가 행동의 선택

여가 행동에는 필요한 여가 슬롯 수와 내야 할 [경비], 그리고 어떠한 게임적 효과를 얻을 수 있을지가 정해져 있습니다.

PL은 PC의 설정이나 능력, 이번 [미션]의 내용이나 지난번 [미션] 결과 등을 고려하여 설정한 여가 슬롯과 소지금이 허용하는 범위 안에서 여가 행동을 선택합니다.

여가 행동 카드 읽는 법

P226부터 PC가 선택할 수 있는 여가 행동을 카드 형식으로 소개하고 있습니다.

각 데이터의 읽는 법은 다음과 같습니다.

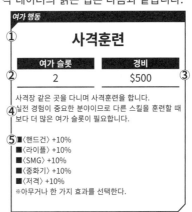

① 여가 행동 **사격훈련**
② 여가 슬롯 2 ③ 경비 $500
④ 사격장 같은 곳을 다니며 사격훈련을 합니다. 실전 경험이 중요한 분야이므로 다른 스킬을 훈련할 때보다 더 많은 여가 슬롯이 필요합니다.
⑤ ■〈핸드건〉+10%
■〈라이플〉+10%
■〈SMG〉+10%
■〈중화기〉+10%
■〈저격〉+10%
※아무거나 한 가지 효과를 선택한다.

자연 치유

캐릭터는 여가 슬롯을 하나도 사용하지 않아도 여가 동안 [내구력]을 [5+〈강인함〉]레벨]점 회복합니다.

① 명칭: 해당 여가의 명칭입니다.
② 필요 슬롯: 해당 여가 행동을 선택할 때 필요한 여가 슬롯의 수입니다.
③ 경비: 해당 여가 행동을 선택할 때 드는 금액입니다.
④ 설명: 해당 여가 행동의 설명입니다.
⑤ 효과: 해당 여가 행동의 효과입니다.

여가 행동을 선택하지 않는다

여가 행동은 선택하면 [비용]으로 돈이 듭니다. [비용]을 낼 수 없다면, 해당 여가 행동을 선택할 수 없습니다.

그리고 여가 행동을 선택하지 않는 것도 자유입니다. 그 경우, 이렇다 할 단점은 없지만, [경비] 「$0」(즉, 무료)로 선택할 수 있는 여가 행동도 있으므로 그쪽을 선택하는 편이 좋습니다.

캐릭터 표현으로 사용하는 [여가 규칙]

여가 행동 선택은 PC를 표현하기 위한 하나의 방법이기도 합니다.

해당 캐릭터가 여가를 어떻게 보냈는지 [브리핑]에서 다른 PL에게 설명하면서 해당 PC가 어떤 성격이며 어떤 설정을 가지고 있는지를 알릴 수 있기 때문입니다. 또한, [미션] 개시 직후의 PC끼리 이야기를 주고받을 소재로도 쓸 수 있습니다.

여가 행동의 효과 확인

각 여가 행동의 효과는 대부분 이어지는 [미션]에서 한 번만, 특정 스킬에 +10%의 보너스를 줍니다.

같은 여가 행동은 여러번 선택할 수도 있지만, 효과를 중복해서 사용할 수는 없습니다. 즉, +10%의 효과를 2회 사용할 수 있어도 한 번의 판정에 두 개를 모두 사용해 +20%를 받을 수는 없습니다.

그리고 일부 판정이 필요한 것도 있습니다. GM은 판정 시에 반드시 확인하시기 바랍니다.

여가 행동의 효과를 관리

여가 행동의 효과는 캐릭터 시트의 개별 스킬에 있는 비고칸에 「+10」 혹은 「○」등으로 적어 놓고, 사용하면 선을 그어 지우는 식으로 관리하면 좋습니다.

그리고 사용하지 않은 효과는 [미션] 종료와 함께 사라지며, 다음 [미션]으로 이어지지 않습니다.

여가 행동의 묘사

시간에 여유가 있다면, 각 PC가 어떠한 여가를 보냈는지 간단히 설명해도 좋을 것입니다. 각 여가 행동에도 대략적인 내용은 쓰여 있지만, 세세한 묘사(실제로 무엇을 했는가, 어디서 했는가 등)는 PL이 자유롭게 정해도 좋습니다.

또한, 약간 어레인지를 해도 좋습니다. 예를 들면 「자신이 자란 고아원에 방문한다」라는 행동을 표현하기 위해 「가족 서비스」를 선택해도 좋습니다. 캐릭터 표현의 일환이므로 너무 이상하지만 않으면 GM은 인정해주시기 바랍니다.

여가 규칙의 예시

GM에게 들은 바로, 여가 슬롯은 일반적인 3개였습니다.

1슬롯 째

우선 지난 [미션]에서 받은 12점의 대미지를 치료하기로 합니다. 「자연 치유」로는 5점밖에 낫지 않으므로 「통원」(1슬롯, $500)을 합니다. 이것으로 대미지는 모두 회복합니다.

2 슬롯 째

남은 2 슬롯은, 지갑이 좀 썰렁해졌으므로 「평범한 일거리」(1 슬롯, $0)를 선택합니다.

그렇게 위험하진 않은 지역에서 경호 임무를 받고 싶다고 하자 GM은 〈사격계〉나 〈격투계〉 스킬을 판정하라고 말합니다. 〈라이플〉로 DR을 굴려 [달성치]는 11. 11 × $200으로 $2,200의 수입을 거둡니다.

3슬롯 째

이것으로 남은 슬롯은 하나 뿐입니다.

한동안 만나지 않은 군대 시절의 친구와 「교제」라도 할까…….

여러모로 고민했지만, 결국 「예술」(1 슬롯, $250)로 클래식 콘서트에 가기로 했습니다.

결산과 효과 확인

이번 여가의 수입은 합계 $1,450($2,200 - $500 - $250)입니다.

「예술」로 얻은 효과는 〈정신력〉〈예술〉에 +10%를 선택했습니다.

이것으로 다음 미션도 만전의 태세로 임할 수 있을 것입니다.

심 리 학			
조 달	1	79	○∅

교양계 기초 수정(지력 × 3 + 매력) 기본%

제 4장
데이터 섹션

Chapter **4**
DATA SECTION

취급 난이도

이를테면 「파이버 스코프」는 「취급 난이도: 〈통신〉 1LV」입니다. 〈통신〉 스킬 레벨이 0이라면 단순히 문 밑으로 집어넣어 방을 훔쳐볼 때조차 판정이 필요하며, 게다가 -10%의 수정을 받습니다. 〈통신〉을 습득하였다면 사각에 적이 있지 않는 한 판정할 필요도 없을 것입니다.

액세서리

접하는 면은 불거져 나오는 부분 없이 완전히 일치해야 합니다.

액세서리를 떼어 놓다

떼고 있는 동안은 변이 서로 접하지 않아도 됩니다. 장착했을 때만 CP틀에서 불거져 나오는 경우, 전투에 들어가기 전에 장착하면 전투 중에만 수정을 받는 데 그칩니다. 단, 돌발 상황에 즉시 대응할 수는 없습니다.

[입수 판정] 제한

또, [입수치]가 11 이상인 무장이나 아이템은 [여가 행동]으로 「거래」를 선택했을 때만 [입수 판정]을 할 수 있습니다.

[입수 판정]에 대한 수정

GM은 해당 지역의 정세나 건독에 대한 감정 등에 따라 적당한 수정을 더할 수 있습니다.

장비 입수 타이밍

민간보안기업을 통해 구매할 때는 판정 없이 입수할 수 있는 것이라면 [미션 중]이라도 구매할 수 있으며, 곧바로 준비된다고 인정해도 됩니다.

아이템 카드 읽는 법

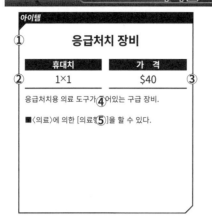

여기에서는 아이템 카드를 읽는 법을 설명합니다. 또한 무장 카드, 방어구 카드 읽는 법은 P140, 차량 카드 읽는 법은 P164를 참조하시기 바랍니다.

①명칭 : 이 아이템의 명칭입니다.
②휴대치 : 이 아이템의 휴대치입니다. ( )로 묶인 경우, 착용하고 있다면 휴대치를 CP틀에 적지 않아도 됩니다. 장비하지 않은 채로 가지고 다닐 때만 CP틀에 적습니다.
※ 유지 아이템은 여기에 가격이 쓰여 있습니다.
③가격 : 이 아이템의 가격입니다.
※ 유지 아이템은 여기에 유지 코스트가 쓰여 있습니다.
④설명 : 이 아이템에 관한 설명입니다.
⑤특기사항 : 이 아이템의 게임적 효과가 쓰여 있습니다. 특수한 특기사항에 관해서는 오른쪽을 참조하시기 바랍니다.

입수치

[입수 판정]을 할 때 사용합니다. 아무것도 쓰여 있지 않은 아이템은 판정 없이 구매할 수 있습니다.

통신 성능

이 통신기를 사용한 통신을 방수할 때 필요한 〈통신〉 달성치입니다. 여기에 통신자의 〈통신〉 스킬 레벨을 더합니다.

취급 난이도

취급에 전문 지식이 필요한 아이템입니다. 지정된 스킬을 해당 레벨 이상으로 습득하지 않은 경우, 1레벨 부족할 때마다 이 아이템을 사용하는 성공판정에 -10%의 수정을 받습니다. 또, 아무리 간단한 행위라도 지정된 스킬로 성공판정을 해야 합니다.

각 사정거리에서의 명중 수정

[ ] 안의 수정은 각각 「지근거리/근거리/중거리/장거리」에 대응합니다.

액세서리 (○)

총기에 장착하는 아이템입니다. 효과를 발휘하려면 CP틀에 적어 넣을 때 장착할 무장의 지정된 한 변과 이 아이템의 한 변이 모두 접해야 합니다.
( ) 안은 액세서리가 접해야 하는 무장의 변을 지정합니다.

입수 판정

무장이나 아이템에는 [입수치]가 설정되어 있을 때가 있습니다. 해당 장비를 구매하려면 [입수 판정]을 해야 합니다.
구매할 아이템을 정했다면 하나마다 〈조달〉 DR을 합니다. 달성치가 [입수치] 이상이라면 구매할 수 있습니다.
이때, 가격만큼의 수수료를 추가로 지급하면 +20%의 수정을 얻을 수 있습니다.
같은 장비를 여러 개 구매할 때도 마찬가지로 판정합니다. 실패하면 더는 같은 장비를 구매할 수 없습니다.
[입수 판정]이 필요한 장비는 GM이 허가한 경우가 아니면 [미션] 중에 구매할 수 없습니다. [브리핑]에서 GM의 확인 하에 판정하시기 바랍니다.

민간보안기업을 통한 구매

건독 캐릭터는 계약주인 민간보안기업을 통해 장비를 구매할 수 있습니다.
이때, [입수치]를 5 뺍니다. 그리고 DR이 아니라 달성치 판정(2D9+〈조달〉LV)에서 [입수치] 이상이 나오면 구매할 수 있습니다.
단, 민간보안기업을 통해 구매한 장비는 원칙상 해당 기업의 관리 하에 놓이며, 해당 기업에서 일할 때 말고는 사용할 수 없습니다. 반출하면 징계 대상이 됩니다. 만에 하나 위법 행위에 사용하면 해고될 수도 있습니다.
따라서 사적으로 사용할 총기는 직접 구매해야 합니다.

등장 무장에 관해

라이플

군대의 표준적인 개인 무장입니다. 권총탄에 비해 훨씬 위력이 높은 탄약을 사용하며, 근거리에서 중거리까지의 거리에서 정밀한 사격을 할 수 있습니다.

5.56mm×45, 7.62mm×51, 5.45mm×39, 7.62mm×39 등이 대표적인 탄약이며, 탄약에 따라 총의 특성이 달라집니다.

크게 어설트 라이플과 스나이퍼 라이플로 나뉩니다. 어설트 라이플은 일반적으로 단발/자동 연사를 선택해서 쏠 수 있고, 스나이퍼 라이플은 장거리까지 정확한 사격을 할 수 있도록 특별히 정밀하게 설계 및 제조됩니다.

또, 샷건은 라이플이 아니지만 『GDR』에서는 같은 카테고리로 간주합니다.

중화기

SAW(분대지원화기), GPMG(다목적 기관총), HMG(중기관총), 대물 라이플, 로켓 런처, 그레네이드 런처 등을 통틀어 하나의 카테고리로 봅니다.

점보다 면, 사람보다 물체를 공격하는 데 적합한 강력한 병기이며, 설치식 무기를 제외하면 기본적으로 개인이 사용할 수 있는 무장입니다.

SMG (서브머신건)

권총 탄약을 사용하며 단발/자동 연사를 할 수 있는 총기입니다.

제2차 세계대전 이후로 군대에서는 쓰이지 않지만, 경찰이나 준 군사기관에서는 계속 사용하고 있습니다. 각국의 대테러 부대에겐 없어서는 안 될 무장입니다.

핸드건

군대에서는 호신용 무장으로 치지만, 경찰이나 대테러 부대에겐 필수무장이며 실내 전투에서 중요시됩니다. 평상복 아래에 숨겨 가지고 다닐 수 있다는 점도 큰 이점입니다.

폭발물

수류탄이나 대인 지뢰 같은 살상용 폭발물과 섬광이나 가스를 터트리는 비살상용 폭발물이 있습니다.

살상용은 적 집단에게 사용하는 반면, 비살상용은 인질 구출 작전 등에서 사용할 때가 많습니다.

무기

총기, 폭발물 이외의 베기, 때리기, 찌르기를 목적으로 하는 날붙이나 둔기 등의 무장입니다. 지근거리에서만 쓸 수 있지만, 공격할 때 소리를 내지 않는다는 큰 이점이 있습니다.

총기 토막 지식

싱글 액션

먼저 엄지로 공이치기를 젖히고 방아쇠를 당겨야 발사할 수 있습니다. 방아쇠가 가벼우므로 명중률은 높지만 오발이 일어나기 쉬운 방식입니다.

더블 액션

방아쇠를 당기기만 해도 공이치기가 젖혀져서 발사할 수 있습니다. 그만큼 방아쇠가 무겁고 명중률도 떨어지지만, 오발이 적은 방식입니다.

볼트 액션

볼트 핸들이라는 레버를 조작해서 탄약을 공급하고 탄피를 배출하는 방식입니다. 연사에는 맞지 않지만, 구조가 단순하여 명중률이 높아 스나이퍼 라이플 등에 채용됩니다.

펌프 액션

포어엔드라고 하는 커버를 후방으로 당겨서 튜브탄창에 장전된 탄약을 공급하고 탄피를 배출하는 방식입니다.

레버 액션

트리거 가드를 조작해서 탄피를 배출함과 동시에 탄약을 장전하는 방식.
※『GDR』룰북에는 이 방식의 총기가 없습니다.

카빈

원래는 말에 탄 상태에서 사격하기 편하도록 고안된, 총신이 짧은 단축형 라이플입니다. 명중률은 떨어지지만 휴대성이 높아서 특수부대나 후방부대 등에서 사용합니다.

불펍

탄창이나 기관부가 방아쇠보다 뒤쪽에 있는 총을 이렇게 부릅니다.

총신의 길이를 유지한 채 전장을 짧게 할 수 있다는 것이 불펍의 이점입니다.

반면, 탄피 배출구가 뺨이 닿는 부분의 반대편에 있으므로, 왼손잡이가 사용할 때는 분해해서 파츠를 재조립해야 합니다.

아음속탄

속도가 음속 이하라서 보통 음속을 넘을 때 발생하는 충격파를 일으키지 않는 탄환입니다. 이로 인해 소음기를 부착할 때 더 큰 소음 효과를 기대할 수 있습니다.

음속

물질(매질) 안에 전달되는 소리의 속도입니다. 물질의 종류나 상태(고체, 액체, 기체), 온도, 기압 등에 따라 속도가 달라집니다.

탄약 구경 표시

5.56mm×45에서 앞쪽의 5.56mm는 탄의 구경을, 뒤쪽의 45는 탄피의 길이를 나타냅니다.

일반적으로 구경, 탄피 길이 모두 숫자가 클수록 탄약의 위력이 높아지는 경향이 있습니다. NATO나 서구권에서는 5.56mm×45, 7.62mm×51을 사용하고, 구소련을 비롯한 옛 동구권에서는 5.45mm×39, 7.62mm×39를 군용 라이플탄으로 사용했습니다.

면 제압

다수의 목표에 대해 거의 동시에 탄환이나 파편을 투사하는 것을 말합니다.

베레타 M92FS 〔핸드건〕

사격 모드	단발		신뢰성	00[99]

0~5m 지근거리	6~25m 근거리	26~50m 중거리	51~200m 장거리
±0	±0	−40	×

관통력	+1 +〈스킬〉LV =
비관통D 1D6+1	관통D 2D6+3

사정거리 50m
장탄수 15
필요근력 양손:5/한손:6
휴대치 1×2
소음레벨 4
가　격 $270[5]
탄창가격 $3[5]
구　경 9mm×19
길　이 217mm
무　게 975g

1985년에 미군에서 제식으로 채용한 M92S의 개량형. 9mm×19탄을 사용하며, 싱글/더블 액션에 대응할 수 있고 다수의 탄창을 갖춘 표준적인 권총.

글록 17 〔핸드건〕

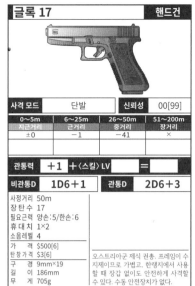

사격 모드	단발		신뢰성	00[99]

0~5m 지근거리	6~25m 근거리	26~50m 중거리	51~200m 장거리
±0	−1	−41	×

관통력	+1 +〈스킬〉LV =
비관통D 1D6+1	관통D 2D6+3

사정거리 50m
장탄수 17
필요근력 양손:5/한손:6
휴대치 1×2
소음레벨 4
가　격 $500[6]
탄창가격 $3[6]
구　경 9mm×19
길　이 186mm
무　게 705g

오스트리아군 제식 권총. 프레임이 수지제이므로 가볍고, 한랭지에서 사용할 때 장갑 없이도 안전하게 사격할 수 있다. 수동 안전장치가 없다.

글록 18C 〔핸드건〕

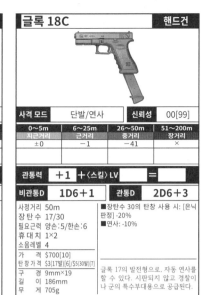

사격 모드	단발/연사		신뢰성	00[99]

0~5m 지근거리	6~25m 근거리	26~50m 중거리	51~200m 장거리
±0	−1	−41	×

관통력	+1 +〈스킬〉LV =
비관통D 1D6+1	관통D 2D6+3

사정거리 50m
장탄수 17/30
필요근력 양손:5/한손:6
휴대치 1×2
소음레벨 4
가　격 $700[10]
탄창가격 $3[17발][6]/$5[30발][7]
구　경 9mm×19
길　이 186mm
무　게 705g

■장탄수 30의 탄창 사용 시: [은닉판정] -20%
■연사: -10%

글록 17의 발전형으로, 자동 연사를 할 수 있다. 시판되지 않고 경찰이나 군의 특수부대용으로 공급된다.

글록 26 〔핸드건〕

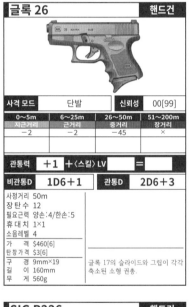

사격 모드	단발		신뢰성	00[99]

0~5m 지근거리	6~25m 근거리	26~50m 중거리	51~200m 장거리
−2	−2	−45	×

관통력	+1 +〈스킬〉LV =
비관통D 1D6+1	관통D 2D6+3

사정거리 50m
장탄수 12
필요근력 양손:4/한손:5
휴대치 1×1
소음레벨 4
가　격 $460[6]
탄창가격 $3[6]
구　경 9mm×19
길　이 160mm
무　게 560g

글록 17의 슬라이드와 그립이 각각 축소된 소형 권총.

FN 하이파워 〔핸드건〕

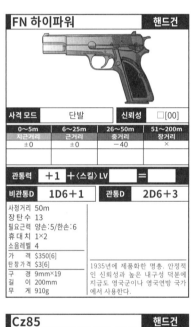

사격 모드	단발		신뢰성	□[00]

0~5m 지근거리	6~25m 근거리	26~50m 중거리	51~200m 장거리
±0	±0	−40	×

관통력	+1 +〈스킬〉LV =
비관통D 1D6+1	관통D 2D6+3

사정거리 50m
장탄수 13
필요근력 양손:5/한손:6
휴대치 1×2
소음레벨 4
가　격 $350[6]
탄창가격 $3[6]
구　경 9mm×19
길　이 200mm
무　게 910g

1935년에 제품화한 명총. 안정적인 신뢰성과 높은 내구성 덕분에 지금도 영국군이나 영국연방 국가에서 사용한다.

H&K USP 〔핸드건〕

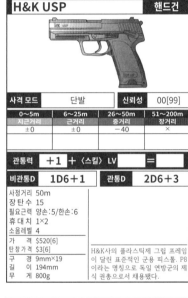

사격 모드	단발		신뢰성	00[99]

0~5m 지근거리	6~25m 근거리	26~50m 중거리	51~200m 장거리
±0	±0	−40	×

관통력	+1 +〈스킬〉LV =
비관통D 1D6+1	관통D 2D6+3

사정거리 50m
장탄수 15
필요근력 양손:5/한손:6
휴대치 1×2
소음레벨 4
가　격 $520[6]
탄창가격 $3[6]
구　경 9mm×19
길　이 194mm
무　게 800g

H&K사의 플라스틱제 그립 프레임이 달린 표준적인 군용 피스톨. P8이라는 명칭으로 독일 연방군의 제식 권총으로서 채용됐다.

SIG P226 〔핸드건〕

사격 모드	단발		신뢰성	00[99]

0~5m 지근거리	6~25m 근거리	26~50m 중거리	51~200m 장거리
±0	±0	−40	×

관통력	+1 +〈스킬〉LV =
비관통D 1D6+1	관통D 2D6+3

사정거리 50m
장탄수 15
필요근력 양손:5/한손:6
휴대치 1×2
소음레벨 4
가　격 $700[6]
탄창가격 $3[6]
구　경 9mm×19
길　이 196mm
무　게 845g

우수한 명중률을 자랑하는 P220의 발전형. 일부 미군이나 FBI 등에서 채용됐다.

Cz85 〔핸드건〕

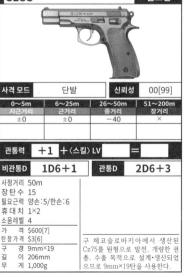

사격 모드	단발		신뢰성	00[99]

0~5m 지근거리	6~25m 근거리	26~50m 중거리	51~200m 장거리
±0	±0	−40	×

관통력	+1 +〈스킬〉LV =
비관통D 1D6+1	관통D 2D6+3

사정거리 50m
장탄수 15
필요근력 양손:5/한손:6
휴대치 1×2
소음레벨 4
가　격 $600[7]
탄창가격 $3[6]
구　경 9mm×19
길　이 206mm
무　게 1,000g

구 체코슬로바키아에서 생산된 Cz75를 원형으로 발전. 개량한 권총. 수출 목적으로 설계·생산되었으므로 9mm×19탄을 사용한다.

그라치(MP443) 〔핸드건〕

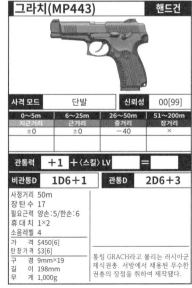

사격 모드	단발		신뢰성	00[99]

0~5m 지근거리	6~25m 근거리	26~50m 중거리	51~200m 장거리
±0	±0	−40	×

관통력	+1 +〈스킬〉LV =
비관통D 1D6+1	관통D 2D6+3

사정거리 50m
장탄수 17
필요근력 양손:5/한손:6
휴대치 1×2
소음레벨 4
가　격 $450[6]
탄창가격 $3[6]
구　경 9mm×19
길　이 198mm
무　게 1,000g

통칭 GRACH라고 불리는 러시아군 제식권총. 서방에서 채용된 무수한 권총의 장점을 취하여 제작됐다.

슈테츠킨(APS) 핸드건

사격 모드	단발/연사	신뢰성	00[99]

0~5m	6~25m	26~50m	51~200m
지근거리	근거리	중거리	장거리
−1	−1	−41	×

관통력	±0	+〈스킬〉LV	=	
비관통D	1D6	관통D	2D6+2	

사정거리 50m
장 탄 수 20
필요근력 양손:5/한손:6
휴 대 치 1×2
소음레벨 4
가　격 $300[9]
탄창가격 $4[9]
구　경 9mm×18
길　이 225mm
무　게 1,030g

■연사: -10%

한때 구소련에서 채용했던, 단발/연사 전환이 가능한 머신 피스톨. 사용하는 9mm×18탄은 서방의 9mm×19탄에 비해 위력이 떨어진다.

토카레프(TT1933) 핸드건

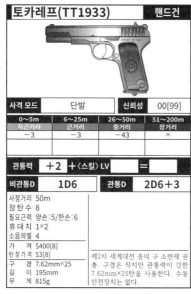

사격 모드	단발	신뢰성	00[99]

0~5m	6~25m	26~50m	51~200m
지근거리	근거리	중거리	장거리
−3	−3	−43	×

관통력	+2	+〈스킬〉LV	=	
비관통D	1D6	관통D	2D6+3	

사정거리 50m
장 탄 수 8
필요근력 양손:5/한손:6
휴 대 치 1×2
소음레벨 4
가　격 $400[8]
탄창가격 $3[8]
구　경 7.62mm×25
길　이 195mm
무　게 815g

제2차 세계대전 중의 구 소련제 권총. 구경은 작지만 관통력이 강한 7.62mm×25탄을 사용한다. 수동 안전장치는 없다.

H&K P46 UCP 핸드건

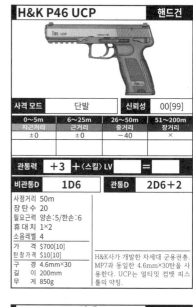

사격 모드	단발	신뢰성	00[99]

0~5m	6~25m	26~50m	51~200m
지근거리	근거리	중거리	장거리
±0	±0	−40	×

관통력	+3	+〈스킬〉LV	=	
비관통D	1D6	관통D	2D6+2	

사정거리 50m
장 탄 수 20
필요근력 양손:5/한손:6
휴 대 치 1×2
소음레벨 4
가　격 $700[10]
탄창가격 $10[10]
구　경 4.6mm×30
길　이 200mm
무　게 850g

H&K사가 개발한 차세대 군용권총. MP7과 동일한 4.6mm×30탄을 사용한다. UCP는 얼티밋 컴뱃 피스톨의 약칭.

H&K Mk.23 SOCOM 피스톨 핸드건

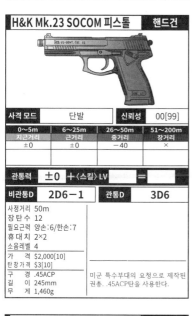

사격 모드	단발	신뢰성	00[99]

0~5m	6~25m	26~50m	51~200m
지근거리	근거리	중거리	장거리
±0	±0	−40	×

관통력	±0	+〈스킬〉LV	=	
비관통D	2D6−1	관통D	3D6	

사정거리 50m
장 탄 수 12
필요근력 양손:6/한손:7
휴 대 치 2×2
소음레벨 4
가　격 $2,000[10]
탄창가격 $3[10]
구　경 .45ACP
길　이 245mm
무　게 1,460g

미군 특수부대의 요청으로 제작된 권총. .45ACP탄을 사용한다.

FN 파이브세븐 핸드건

사격 모드	단발	신뢰성	00[99]

0~5m	6~25m	26~50m	51~200m
지근거리	근거리	중거리	장거리
±0	±0	−40	×

관통력	+3	+〈스킬〉LV	=	
비관통D	1D6	관통D	2D6+2	

사정거리 50m
장 탄 수 20
필요근력 양손:5/한손:6
휴 대 치 1×2
소음레벨 4
가　격 $750[10]
탄창가격 $10[10]
구　경 5.7mm×28
길　이 208mm
무　게 744g

P90과 같은 5.7mm×28탄을 사용하는 특수한 권총.

H&K USP45 컴팩트 핸드건

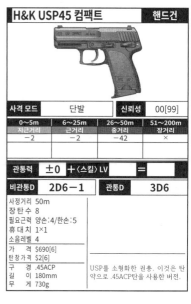

사격 모드	단발	신뢰성	00[99]

0~5m	6~25m	26~50m	51~200m
지근거리	근거리	중거리	장거리
−2	−2	−42	×

관통력	±0	+〈스킬〉LV	=	
비관통D	2D6−1	관통D	3D6	

사정거리 50m
장 탄 수 8
필요근력 양손:4/한손:5
휴 대 치 1×1
소음레벨 4
가　격 $690[6]
탄창가격 $2[6]
구　경 .45ACP
길　이 180mm
무　게 730g

USP를 소형화한 권총. 이것은 탄약으로 .45ACP탄을 사용한 버전.

콜트 M1911A1 핸드건

사격 모드	단발	신뢰성	□[00]

0~5m	6~25m	26~50m	51~200m
지근거리	근거리	중거리	장거리
±0	±0	−40	×

관통력	±0	+〈스킬〉LV	=	
비관통D	2D6−1	관통D	3D6	

사정거리 50m
장 탄 수 7
필요근력 양손:5/한손:6
휴 대 치 1×2
소음레벨 4
가　격 $250[5]
탄창가격 $2[5]
구　경 .45ACP
길　이 216mm
무　게 1,100g

이전의 미군 제식 채용 권총. 콜트 거버먼트의 애칭으로, 지금도 미국인들에게 인기가 좋다.

데저트 이글 .50AE 핸드건

사격 모드	단발	신뢰성	99[98]

0~5m	6~25m	26~50m	51~200m
지근거리	근거리	중거리	장거리
−7	−7	−47	×

관통력	+3	+〈스킬〉LV	=	
비관통D	3D6	관통D	3D6+6	

사정거리 50m
장 탄 수 7
필요근력 양손:7/한손:8*
휴 대 치 2×2
소음레벨 3
가　격 $700[8]
탄창가격 $5[8]
구　경 .50AE
길　이 269mm
무　게 2,053g

■★ = 한손 사격 -20%

.50AE탄을 사용하는 자동권총. 크고 무거우며 쏠 때의 반동도 크다.

콜트 파이슨 6인치 핸드건

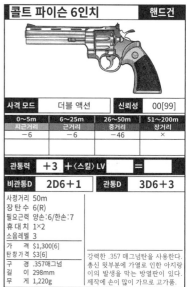

사격 모드	더블 액션	신뢰성	00[99]

0~5m	6~25m	26~50m	51~200m
지근거리	근거리	중거리	장거리
−6	−6	−46	×

관통력	+3	+〈스킬〉LV	=	
비관통D	2D6+1	관통D	3D6+3	

사정거리 50m
장 탄 수 6(R)
필요근력 양손:6/한손:7
휴 대 치 1×2
소음레벨 4
가　격 $1,300[6]
탄창가격 $3[6]
구　경 .357매그넘
길　이 298mm
무　게 1,220g

강력한 .357 매그넘탄을 사용한다. 총신 윗부분에 가열로 인한 아지랑이의 발생을 막는 방열판이 있다. 제작에 손이 많이 가므로 고가품.

S&W M29 6.5인치 | 핸드건

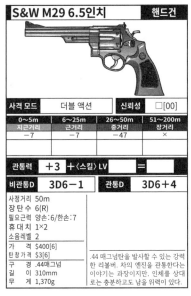

사격 모드	더블 액션	신뢰성	□[00]

0~5m 지근거리	6~25m 근거리	26~50m 중거리	51~200m 장거리
−7	−7	−47	×

관통력	+3	+〈스킬〉LV	=

비관통D	3D6−1	관통D	3D6+4

사정거리 50m
장탄수 6(R)
필요근력 양손:6/한손:7
휴대치 1×2
소음레벨 2
가 격 $400[6]
탄창가격 $3[6]
구 경 .44매그넘
길 이 310mm
무 게 1,370g

.44 매그넘탄을 발사할 수 있는 강력한 리볼버. 차의 엔진을 관통한다는 이야기는 과장이지만, 인체를 상대로는 충분하고도 남을 위력이 있다.

S&W M60 치프 스페셜 | 핸드건

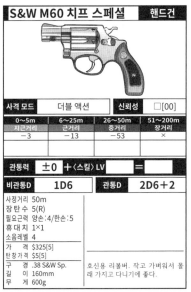

사격 모드	더블 액션	신뢰성	□[00]

0~5m 지근거리	6~25m 근거리	26~50m 중거리	51~200m 장거리
−3	−13	−53	×

관통력	±0	+〈스킬〉LV	=

비관통D	1D6	관통D	2D6+2

사정거리 50m
장탄수 5(R)
필요근력 양손:4/한손:5
휴대치 1×1
소음레벨 4
가 격 $325[5]
탄창가격 $5[5]
구 경 .38 S&W Sp.
길 이 160mm
무 게 600g

호신용 리볼버. 작고 가벼워서 몰래 가지고 다니기에 좋다.

.22LR 컴팩트 리볼버 | 핸드건

사격 모드	싱글 액션	신뢰성	□[00]

0~5m 지근거리	6~25m 근거리	26~50m 중거리	51~200m 장거리
−5	−15	−55	×

관통력	−2	+〈스킬〉LV	=

비관통D	1D6−1	관통D	2D6

사정거리 50m
장탄수 5(R)
필요근력 양손:2/한손:3
휴대치 1×1
소음레벨 4
가 격 $200[6]
탄창가격 $1[6]
구 경 .22LR
길 이 133mm
무 게 140g

■[은닉판정]+10%
■총성의 〈감지〉에 -10%

구경이 작아 큰 효과는 기대할 수 없지만, 소형이고 매우 가벼워서 호신용으로 몰래 가지고 다니기에 좋다.

H&K MP5A4 | SMG

사격 모드	단발/점사/연사	신뢰성	□[99]

0~5m 지근거리	6~25m 근거리	26~50m 중거리	51~200m 장거리
−20	±0	±0	−40

관통력	+2	+〈스킬〉LV	=

비관통D	1D6+2	관통D	2D6+4

사정거리 200m
장탄수 30
필요근력 양손:4/한손:5*
휴대치 2×4
소음레벨 3
가 격 $900[7]
탄창가격 $6[6]
구 경 9mm×19
길 이 675mm
무 게 2,800g

■★ = 한 손 사격 -20%

높은 정밀도를 자랑하지만, 복잡한 구조 탓에 혹독한 환경에서 사용하기에는 부적합하다. 전 세계의 경찰 SWAT 부대나 군의 대테러 부대에서 사용된다.

H&K MP5A5 | SMG

사격 모드	단발/점사/연사	신뢰성	□[99]

0~5m 지근거리	6~25m 근거리	26~50m 중거리	51~200m 장거리
−20	−7	−7	−44

관통력	+2	+〈스킬〉LV	=

비관통D	1D6+2	관통D	2D6+4

사정거리 200m
장탄수 30
필요근력 양손:4/한손:5
휴대치 2×3
소음레벨 3
가 격 $1,200[7]
탄창가격 $6[6]
구 경 9mm×19
길 이 490/660mm
무 게 2,550g

MP5A4의 수축식 개머리판 타입.

H&K MP5SD6 | SMG

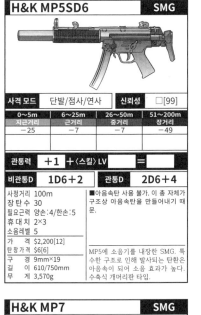

사격 모드	단발/점사/연사	신뢰성	□[99]

0~5m 지근거리	6~25m 근거리	26~50m 중거리	51~200m 장거리
−25	−7	−7	−49

관통력	+1	+〈스킬〉LV	=

비관통D	1D6+2	관통D	2D6+4

사정거리 100m
장탄수 30
필요근력 양손:4/한손:5
휴대치 2×3
소음레벨 5
가 격 $2,200[12]
탄창가격 $6[6]
구 경 9mm×19
길 이 610/750mm
무 게 3,570g

■아음속탄 사용 불가. 이 총 자체가 구조상 아음속탄을 만들어내기 때문.

MP5에 소음기를 내장한 SMG. 특수한 구조로 인해 발사되는 탄환은 아음속이 되어 소음 효과가 높다. 수축식 개머리판 타입.

UZI | SMG

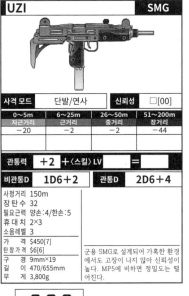

사격 모드	단발/연사	신뢰성	□[00]

0~5m 지근거리	6~25m 근거리	26~50m 중거리	51~200m 장거리
−20	−2	−2	−44

관통력	+2	+〈스킬〉LV	=

비관통D	1D6+2	관통D	2D6+4

사정거리 150m
장탄수 32
필요근력 양손:4/한손:5
휴대치 2×3
소음레벨 3
가 격 $450[7]
탄창가격 $6[6]
구 경 9mm×19
길 이 470/655mm
무 게 3,800g

군용 SMG로 설계되어 가혹한 환경에서도 고장이 나지 않아 신뢰성이 높다. MP5에 비하면 정밀도는 떨어진다.

바이즌2 | SMG

사격 모드	단발/연사	신뢰성	00[99]

0~5m 지근거리	6~25m 근거리	26~50m 중거리	51~200m 장거리
−20	−2	−2	−44

관통력	+2	+〈스킬〉LV	=

비관통D	1D6+2	관통D	2D6+4

사정거리 200m
장탄수 53
필요근력 양손:4/한손:5
휴대치 2×3
소음레벨 3
가 격 $600[10]
탄창가격 $30[10]
구 경 9mm×19
길 이 425/660mm
무 게 2,470g

■탄창 교환: [아이템 사용] 2회
■이 탄창(1×2)은 탄입대에 들어가지 않는다.

러시아 치안 관계자의 무장용으로 설계·생산된 SMG. 9mm×19탄을 사용하는 버전은 수출용으로 생산된 것.

H&K MP7 | SMG

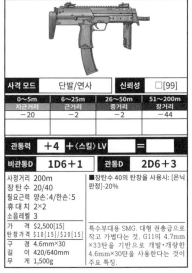

사격 모드	단발/연사	신뢰성	□[99]

0~5m 지근거리	6~25m 근거리	26~50m 중거리	51~200m 장거리
−20	−2	−2	−44

관통력	+4	+〈스킬〉LV	=

비관통D	1D6+1	관통D	2D6+3

사정거리 200m
장탄수 20/40
필요근력 양손:4/한손:5
휴대치 2×2
소음레벨 3
가 격 $2,500[15]
탄창가격 $10[15]/$20[15]
구 경 4.6mm×30
길 이 420/640mm
무 게 1,500g

■장탄수 40의 탄창을 사용시: [은닉판정]-20%

특수부대용 SMG. 대형 권총급으로 작고 가볍다는 것. G11의 4.7mm×33탄을 기반으로 개발·개량한 4.6mm×30탄을 사용한다는 것이 주요 특징.

FN P90　SMG

사격 모드	단발/연사		신뢰성	00[99]
0~5m	6~25m	26~50m	51~200m	
지근거리	근거리	중거리	장거리	
−20	−2	−2	−44	

관통력	+4	+〈스킬〉LV	=	

비관통D	1D6+1	관통D	2D6+3

사정거리 200m
장탄수 50
필요근력 양손:4/한손:5
휴대치 2×3 (+1×1)
소음레벨 3
가　격 $2,350[14]
탄창가격 $20[14]
구　경 5.7mm×28
길　이 500mm
무　게 2,800g

■탄창 교환: [아이템 사용] 2회
■도트 사이트(1×1) 표준 장비
■이 탄창(1×2)은 탄입대에 들어가지 않는다.

권총탄과 라이플탄의 중간인 5.7mm×28탄이라는 특수한 탄약을 사용한다. 탄도도 독특한데, 50발을 장전할 수 있는 탄창을 총의 위쪽에 장착한다.

H&K UMP45　SMG

사격 모드	단발/연사		신뢰성	00[99]
0~5m	6~25m	26~50m	51~200m	
지근거리	근거리	중거리	장거리	
−22	−4	−2	−46	

관통력	+1	+〈스킬〉LV	=	

비관통D	2D6	관통D	3D6+1

사정거리 200m
장탄수 25
필요근력 양손:5/한손:6
휴대치 2×3
소음레벨 3
가　격 $1,700[10]
탄창가격 $6[9]
구　경 .45ACP
길　이 450/690mm
무　게 2,270g

MP5 시리즈보다 더 단순한 메커니즘으로 제작되었으며, 제품 대부분에 수지를 잔뜩 사용했다. 구경이 크고 가벼워서 반동은 강하다.

H&K MP5KA4　SMG

사격 모드	단발/점사/연사		신뢰성	□[99]
0~5m	6~25m	26~50m	51~200m	
지근거리	근거리	중거리	장거리	
−5	−4	−37	×	

관통력	+1	+〈스킬〉LV	=	

비관통D	1D6+1	관통D	2D6+3

사정거리 50m
장탄수 15
필요근력 양손:4/한손:5
휴대치 2×2
소음레벨 3
가　격 $1,200[11]
탄창가격 $4[6]
구　경 9mm×19
길　이 325mm
무　게 2,000g

MP5 계열에서 가장 작은 타입. 눈에 띄는 것을 피해야 하는 보디가드 같은 이들이 사용하기에 적합하다.

B&T MP9　SMG

사격 모드	단발/연사		신뢰성	00[99]
0~5m	6~25m	26~50m	51~200m	
지근거리	근거리	중거리	장거리	
−5	−2	−37	×	

관통력	+1	+〈스킬〉LV	=	

비관통D	1D6+1	관통D	2D6+3

사정거리 50m
장탄수 15/30
필요근력 양손:4/한손:5
휴대치 2×2
소음레벨 3
가　격 $900[11]
탄창가격 $4[15발]/$6[30발]
구　경 9mm×19
길　이 280mm
무　게 1,300g

■장탄수 30의 탄창 사용시: [은닉 판정]-20%

슈타이어 만리허 AG사가 MP5에 대항하여 설계하고 제작했지만, 현재는 스위스 B&T사에 권리를 매각하여 MP9으로 판매하고 있다.

키파리스　SMG

사격 모드	단발/연사		신뢰성	00[99]
0~5m	6~25m	26~50m	51~200m	
지근거리	근거리	중거리	장거리	
−5	±0	−35	×	

관통력	+1	+〈스킬〉LV	=	

비관통D	1D6	관통D	2D6+2

사정거리 50m
장탄수 30
필요근력 양손:4/한손:5
휴대치 2×2
소음레벨 3
가　격 $500[11]
탄창가격 $6[6]
구　경 9mm×18PM
길　이 317/590mm
무　게 1,570g

러시아 내무청의 요청으로 메탈리스트 엔터프라이즈사가 대조직범죄 부대용으로 개발한 SMG. 9mm x 18탄을 강화한 탄약을 사용

잉그램 M11A1　SMG

사격 모드	단발/연사		신뢰성	00[99]
0~5m	6~25m	26~50m	51~200m	
지근거리	근거리	중거리	장거리	
−5	±0	−35	×	

관통력	±0	+〈스킬〉LV	=	

비관통D	1D6	관통D	2D6+2

사정거리 50m
장탄수 32
필요근력 양손:5/한손:6
휴대치 2×2
소음레벨 3
가　격 $200[7]
탄창가격 $6[6]
구　경 9mm×17
길　이 248/460mm
무　게 1,590g

대형 권총급 크기의 소형 서브머신건. 자동 연사 시의 발사 속도가 매우 빨라서 제어하기 어렵다.

Vz61 스콜피온　SMG

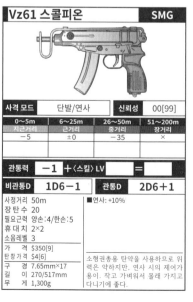

사격 모드	단발/연사		신뢰성	00[99]
0~5m	6~25m	26~50m	51~200m	
지근거리	근거리	중거리	장거리	
−5	±0	−35	×	

관통력	−1	+〈스킬〉LV	=	

비관통D	1D6−1	관통D	2D6+1

사정거리 50m
장탄수 20
필요근력 양손:4/한손:5
휴대치 2×2
소음레벨 3
가　격 $350[9]
탄창가격 $4[6]
구　경 7.65mm×17
길　이 270/517mm
무　게 1,300g

■연사:+10%

소형권총용 탄약을 사용하므로 위력은 약하지만, 연사 시의 제어가 용이. 작고 가벼워서 몰래 가지고 다니기에 좋다.

사냥용 엽총　라이플

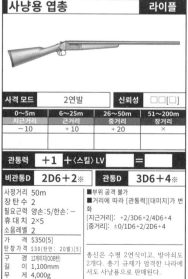

사격 모드	2연발		신뢰성	□□[□]
0~5m	6~25m	26~50m	51~200m	
지근거리	근거리	중거리	장거리	
−10	+10	+20	×	

관통력	+1	+〈스킬〉LV	=	

비관통D	2D6+2※	관통D	3D6+4※

사정거리 50m
장탄수 2
필요근력 양손:5/한손:−
휴대치 2×5
소음레벨 3
가　격 $350[5]
탄창가격 $30[탄:판매 20발][5]
구　경 12게이지(OOB탄)
길　이 1,100mm
무　게 4,000g

■부위 공격 불가
■거리에 따라 [관통력][대미지]가 변화
[지근거리]: +2/3D6+2/4D6+4
[중거리]: ±0/1D6+2/2D6+4

총신은 수평 2연식이고, 방아쇠도 2개다. 총기 규제가 엄격한 나라에서도 사냥용으로 판매된다.

모스버그 M590 샷건　라이플

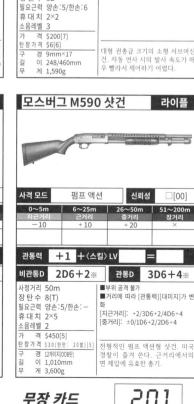

사격 모드	펌프 액션		신뢰성	□[00]
0~5m	6~25m	26~50m	51~200m	
지근거리	근거리	중거리	장거리	
−10	+10	+20	×	

관통력	+1	+〈스킬〉LV	=	

비관통D	2D6+2※	관통D	3D6+4※

사정거리 50m
장탄수 8(T)
필요근력 양손:5/한손:−
휴대치 2×5
소음레벨 3
가　격 $450[5]
탄창가격 $30[탄:판매 20발][5]
구　경 12게이지(OOB탄)
길　이 1,010mm
무　게 3,600g

■부위 공격 불가
■거리에 따라 [관통력][대미지]가 변화
[지근거리]: +2/3D6+2/4D6+4
[중거리]: ±0/1D6+2/2D6+4

전형적인 펌프 액션형 샷건. 미국 경찰이 즐겨 쓴다. 근거리에서의 면 제압에 유효한 총기.

SPAS12 세미 오토매틱 샷건 — 라이플

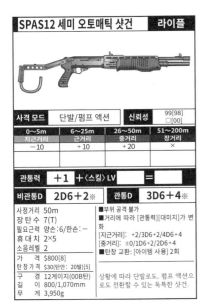

사격 모드	단발/펌프 액션	신뢰성	99[98] □[00]

0~5m 지근거리	6~25m 근거리	26~50m 중거리	51~200m 장거리
−10	+10	+20	×

관통력 +1 +〈스킬〉LV [ ] = [ ]

비관통D 2D6+2※ / 관통D 3D6+4※

사정거리 50m
장 탄 수 7(T)
필요근력 양손:6/한손:−
휴 대 치 2×5
소음레벨 2
가　　격 $800[8]
탄창가격 $30(탄만: 20발)[5]
구　　경 12게이지(00B탄)
길　　이 800/1,070mm
무　　게 3,950g

■부위 공격 불가
■거리에 따라 [관통력][대미지]가 변화
[지근거리]: +2/3D6+2/4D6+4
[중거리]: ±0/1D6+2/2D6+4
■탄창 교환: [아이템 사용] 2회

상황에 따라 단발로도, 펌프 액션으로도 전환할 수 있는 독특한 샷건.

베네리 M4S90 M1014 — 라이플

사격 모드	단발	신뢰성	00[00]

0~5m 지근거리	6~25m 근거리	26~50m 중거리	51~200m 장거리
−10	+10	+20	×

관통력 +1 +〈스킬〉LV [ ] = [ ]

비관통D 2D6+2※ / 관통D 3D6+4※

사정거리 50m
장 탄 수 7(T)
필요근력 양손:6/한손:−
휴 대 치 2×5
소음레벨 2
가　　격 $900[8]
탄창가격 $30(탄만: 20발)[5]
구　　경 12게이지(00B탄)
길　　이 886/1,011mm
무　　게 3,830g

■부위 공격 불가
■거리에 따라 [관통력][대미지]가 변화
[지근거리]: +2/3D6+2/4D6+4
[중거리]: ±0/1D6+2/2D6+4

미 해병대가 채용한, 신뢰성 높은 단발 샷건. 피카티니 레일을 표준 장비로 갖추고 있다.

XM-26 LSS — 라이플

사격 모드	볼트 액션	신뢰성	00[99]

0~5m 지근거리	6~25m 근거리	26~50m 중거리	51~200m 장거리
−15	+5	+15	×

관통력 ±0 +〈스킬〉LV [ ] = [ ]

비관통D 2D6+1※ / 관통D 3D6+3※

사정거리 50m
장 탄 수 5
필요근력 총에 따라(양손:6/한손:8)
휴 대 치 1×2(단독사용시: 2×3)
소음레벨 2
가　　격 $800[9]
탄창가격 $20[7]
구　　경 12게이지(00B탄)
길　　이 420mm(단독사용시: 610mm)
무　　게 1,020g(단독사용시: 1,900g)

■부위 공격 불가
■거리에 따라 [관통력][대미지]가 변화
[지근거리]: +1/3D6+1/4D6+3
[중거리]: -1/1D6+1/2D6+3
■M4/M16계열만 장착 가능
■액세서리(아래)

M16/M4 계열의 총신 아래에 장착할 수 있는 경량형 샷건. 피스톨 그립 및 개머리판을 장착해서 독립된 무기로 사용할 수도 있다.

라이플 슬러그탄 — 라이플

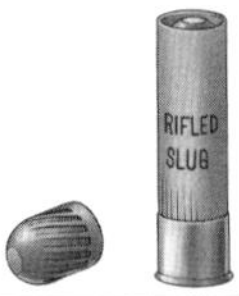

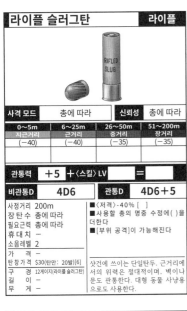

사격 모드	총에 따라	신뢰성	총에 따라

0~5m 지근거리	6~25m 근거리	26~50m 중거리	51~200m 장거리
(−40)	(−40)	(−35)	(−35)

관통력 +5 +〈스킬〉LV [ ] = [ ]

비관통D 4D6 / 관통D 4D6+5

사정거리 200m
장 탄 수 총에 따라
필요근력 총에 따라
휴 대 치 −
소음레벨 2
가　　격 −
탄창가격 $30(탄만: 20발)[6]
구　　경 12게이지(라이플 슬러그탄)
길　　이 −
무　　게 −

■〈저격〉-40% [ ]
■사용할 총의 명중 수정에( )을 더한다
■[부위 공격]이 가능해진다

샷건에 쓰이는 단일탄두. 근거리에서의 위력은 절대적이며, 벽이나 문도 관통한다. 대형 동물 사냥용으로도 사용한다.

고무탄(쇼트쉘 버전) — 라이플

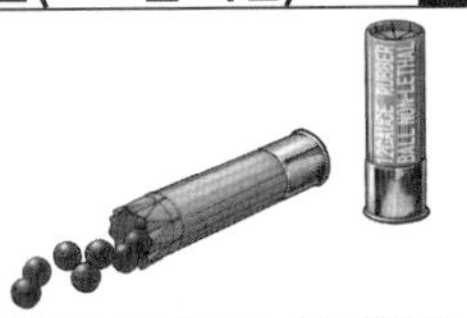

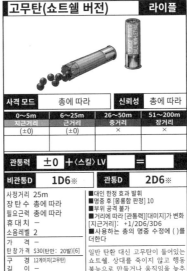

사격 모드	총에 따라	신뢰성	총에 따라

0~5m 지근거리	6~25m 근거리	26~50m 중거리	51~200m 장거리
(±0)	(±0)	×	×

관통력 ±0 +〈스킬〉LV [ ] = [ ]

비관통D 1D6※ / 관통D 2D6※

사정거리 25m
장 탄 수 총에 따라
필요근력 총에 따라
휴 대 치 −
소음레벨 2
가　　격 −
탄창가격 $30(탄만: 20발)[6]
구　　경 12게이지(고무탄)
길　　이 −
무　　게 −

■대인 한정 효과 발휘
■명중 후 [몽롱함 판정] 10
■부위 공격 불가
■거리에 따라 [관통력][대미지]가 변화
[지근거리]: +1/2D6/3D6
■사용하는 총의 명중 수정에 ( )를 더한다

일반 탄환 대신 고무탄이 들어있는 쇼트쉘. 상대를 죽이지 않고 행동불능으로 만들거나 움직임을 늦추기 위해 사용한다.

AK74 어설트 라이플 — 라이플

사격 모드	단발/연사	신뢰성	□□[□]

0~5m 지근거리	6~25m 근거리	26~50m 중거리	51~200m 장거리
−40※	−21※	−2	−23

관통력 +5 +〈스킬〉LV [ ] = [ ]

비관통D 2D6+2 / 관통D 3D6+3

사정거리 250m
장 탄 수 30
필요근력 양손:6/한손:−
휴 대 치 2×5
소음레벨 2
가　　격 $250[6]
탄창가격 $10[6]
구　　경 5.45mm×39
길　　이 940mm
무　　게 3,420g

■〈저격〉-25% [ ]
■※ = 다음 라운드에도 같은 목표를 계속 노릴 경우, 명중률 +20%

AK47의발전형. 5.45mm×39탄으로 변경했다. 구경에 작아진 데다가 독특한 총구 부분의 머즐 브레이크로 인해 반동을 경감한다.

AKS74-U 어설트 카빈 — 라이플

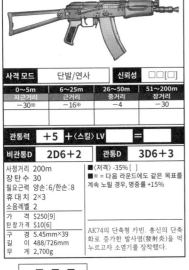

사격 모드	단발/연사	신뢰성	□□[□]

0~5m 지근거리	6~25m 근거리	26~50m 중거리	51~200m 장거리
−30※	−16※	−4	−30

관통력 +5 +〈스킬〉LV [ ] = [ ]

비관통D 2D6+2 / 관통D 3D6+3

사정거리 200m
장 탄 수 30
필요근력 양손:6/한손:8
휴 대 치 2×3
소음레벨 2
가　　격 $250[9]
탄창가격 $10[6]
구　　경 5.45mm×39
길　　이 488/726mm
무　　게 2,700g

■〈저격〉-35% [ ]
■※ = 다음 라운드에도 같은 목표를 계속 노릴 경우, 명중률 +15%

AK74의 단축형 카빈. 총신의 단축화로 증가한 발사염(發射炎)을 억누르고자 소염기를 장착했다.

AN-94 어설트 라이플 — 라이플

사격 모드	단발/2점사/연사	신뢰성	00[99]

0~5m 지근거리	6~25m 근거리	26~50m 중거리	51~200m 장거리
−40※	−21※	−4	−25

관통력 +5 +〈스킬〉LV [ ] = [ ]

비관통D 2D6+2 / 관통D 3D6+3

사정거리 400m
장 탄 수 30
필요근력 양손:6/한손:8★
휴 대 치 2×4
소음레벨 2
가　　격 $1,500[13]
탄창가격 $10[6]
구　　경 5.45mm×39
길　　이 782/943mm
무　　게 3,850g

■〈저격〉-25% [ ]
■※ = 다음 라운드에도 같은 목표를 계속 노릴 경우, 명중률 +20%
■BBSP([연사] 시 +5%)
■★ = 한손 사격 -20%
■2점사 시: 탄약소비2/대미지 페널티 -2

러시아군 제식으로 채용된 어설트 라이플. 자동 연사 시의 집탄 효과를 높이는 블로우백 시프티드 펄스 시스템(Blowback Shifted Pulse System)을 탑재.

89식 소총 — 라이플

사격 모드	단발/점사/연사	신뢰성	00[99]

0~5m 지근거리	6~25m 근거리	26~50m 중거리	51~200m 장거리
−40※	−21※	−2	−22

관통력 +5 +〈스킬〉LV [ ] = [ ]

비관통D 2D6+3 / 관통D 3D6+4

사정거리 300m
장 탄 수 30
필요근력 양손:6/한손:−
휴 대 치 2×5
소음레벨 2
가　　격 $2,500[15]
탄창가격 $10[6]
구　　경 5.56mm×45
길　　이 916mm
무　　게 3,500g

■〈저격〉-20% [ ]
■※ = 다음 라운드에도 같은 목표를 계속 노릴 경우, 명중률 +20%
■양각대 내장

호와 공업이 라이선스 생산을 한 적이 있는 AR18의 시스템을 참조하여, 구식화한 64식 소총의 후계 모델로 개발한 소총. 5.56mm×45탄을 사용한다.

FA MAS G2 어설트 라이플 　라이플

사격 모드	단발/점사/연사		신뢰성	00[99]

0~5m	6~25m	26~50m	51~200m
지근거리	근거리	중거리	장거리
−30※	−17※	−3	−22

관통력 　+5　+ 〈스킬〉LV　=

비관통D	2D6+3	관통D	3D6+4

사정거리　300m
장탄수　30
필요근력　양손:6/한손:8*
휴대치　2×4
소음레벨　2
가　격　$1,400[12]
탄창가격　$10[6]
구　경　5.56mm×45
길　이　760mm
무　게　3,800g

- ■〈저격〉-25% [ ]
- ※ = 다음 라운드에도 같은 목표를 계속 노릴 경우, 명중률 +15%
- ■양각대 내장

불펍형 라이플. 1979년에 프랑스군이 제식 채용한 FA MAS F1의 수출 버전으로, M16 시리즈의 30연 탄창을 사용할 수 있다.

FN F2000 어설트 라이플 　라이플

사격 모드	단발/연사		신뢰성	00[99]

0~5m	6~25m	26~50m	51~200m
지근거리	근거리	중거리	장거리
−30※	−16※	−2	−21

관통력 　+5　+ 〈스킬〉LV　=

비관통D	2D6+3	관통D	3D6+4

사정거리　300m
장탄수　30
필요근력　양손:6/한손:8*
휴대치　2×4(+1×1)
소음레벨　2
가　격　$2,500[15]
탄창가격　$10[6]
구　경　5.56mm×45
길　이　694mm
무　게　3,500g

- ■〈저격〉-25% [ ]
- ※ = 다음 라운드에도 같은 목표를 계속 노릴 경우, 명중률 +15%
- ■스코프 LV1 내장
- ■★ = 한 손 사격 -20%

FN사가 개발한 불펍식 어설트 라이플. 탄피 배출 방식이 독특해서 파츠를 재조립하지 않고도 오른손잡이, 왼손잡이 모두에게 대응 가능.

H&K G36 어설트 라이플 　라이플

사격 모드	단발/2점사/연사		신뢰성	00[00]

0~5m	6~25m	26~50m	51~200m
지근거리	근거리	중거리	장거리
−40※	−20※	−2	−22

관통력 　+5　+ 〈스킬〉LV　=

비관통D	2D6+3	관통D	3D6+4

사정거리　300m
장탄수　30
필요근력　양손:6/한손:8*
휴대치　2×4
소음레벨　2
가　격　$1,100[8]
탄창가격　$10[6]
구　경　5.56mm×45
길　이　750/998mm
무　게　3,600g

- ■〈저격〉-20% [ ]
- ※ = 다음 라운드에도 같은 목표를 계속 노릴 경우, 명중률 +20%
- ■스코프 LV1(1×1) 표준 장비
- ■2점사 시: 탄약소비2/대미지 페널티-2
- ■★ = 한 손 사격 -20%

가벼운 무게, 싼 가격, 고성능이 세일즈 포인트인 독일 육군 제식 채용 어설트 라이플. 데이터는 도트 사이트가 표준 장비가 아닌 수출용 버전.

H&K G36K 어설트 카빈 　라이플

사격 모드	단발/2점사/연사		신뢰성	00[00]

0~5m	6~25m	26~50m	51~200m
지근거리	근거리	중거리	장거리
−30※	−15※	−2	−27

관통력 　+5　+ 〈스킬〉LV　=

비관통D	2D6+3	관통D	3D6+4

사정거리　250m
장탄수　30
필요근력　양손: 6/한손: 8
휴대치　2×3(+1×1)
소음레벨　2
가　격　$1,200[8]
탄창가격　$10[6]
구　경　5.56mm×45
길　이　610/860mm
무　게　3,300g

- ■〈저격〉-30% [ ]
- ※ = 다음 라운드에도 같은 목표를 계속 노릴 경우, 명중률 +15%
- ■스코프 LV1(1×1) 표준 장비
- ■2점사 시: 탄약소비2/대미지 페널티-2

독일의 대테러 특수부대 "GSG-9"의 "길이가 짧은 어설트 라이플"이라는 요청에 따라 개발된 라이플.

M16A4 어설트 라이플 　라이플

사격 모드	단발/연사		신뢰성	00[99]

0~5m	6~25m	26~50m	51~200m
지근거리	근거리	중거리	장거리
−40※	−21※	−2	−22

관통력 　+5　+ 〈스킬〉LV　=

비관통D	2D6+3	관통D	3D6+4

사정거리　300m
장탄수　30
필요근력　양손:6/한손:−
휴대치　2×5
소음레벨　2
가　격　$800[6]
탄창가격　$10[6]
구　경　5.56mm×45
길　이　1,000mm
무　게　3,500g

- ■〈저격〉-30% [ ]
- ※ = 다음 라운드에도 같은 목표를 계속 노릴 경우, 명중률 +20%

1982년에 미군에서 제식 채용한. 5.56mm 구경 중에서는 가장 일반적인 라이플. M16 계열의 탄창이 NATO 표준형이 됐다.

M4 카빈 　라이플

사격 모드	단발/점사		신뢰성	00[99]

0~5m	6~25m	26~50m	51~200m
지근거리	근거리	중거리	장거리
−30※	−15※	±0	−25

관통력 　+5　+ 〈스킬〉LV　=

비관통D	2D6+3	관통D	3D6+4

사정거리　250m
장탄수　30
필요근력　양손:6/한손:8*
휴대치　2×4
소음레벨　2
가　격　$900[7]
탄창가격　$10[6]
구　경　5.56mm×45
길　이　760/840mm
무　게　3,480g

- ■〈저격〉-30% [ ]
- ※ = 다음 라운드에도 같은 목표를 계속 노릴 경우, 명중률 +15%
- ■★ = 한 손 사격 -20%

M16A2 라이플을 단축한 형태의 카빈총. 성능도 거의 동등. 운반용도 손잡이를 떼어내고 간단히 광학기기를 탑재할 수 있다는 확장성이 있다.

SIG SG550-2 어설트 라이플 　라이플

사격 모드	단발/점사/연사		신뢰성	00[99]

0~5m	6~25m	26~50m	51~200m
지근거리	근거리	중거리	장거리
−40※	−20※	−1	−20

관통력 　+5　+ 〈스킬〉LV　=

비관통D	2D6+3	관통D	3D6+4

사정거리　300m
장탄수　30
필요근력　양손:6/한손:8*
휴대치　2×4
소음레벨　2
가　격　$1,300[8]
탄창가격　$10[6]
구　경　5.56mm×45
길　이　770/1,000mm
무　게　4,050g

- ■〈저격〉-20% [ ]
- ※ = 다음 라운드에도 같은 목표를 계속 노릴 경우, 명중률 +20%
- ■★ = 한 손 사격 -20%
- ■양각대 내장

1984년에 스위스 군이 제식 채용한. 5.56mm 구경 중에서는 가장 정밀도가 높다는 라이플.

SIG SG551-2 어설트 카빈 　라이플

사격 모드	단발/점사/연사		신뢰성	00[99]

0~5m	6~25m	26~50m	51~200m
지근거리	근거리	중거리	장거리
−30※	−15※	−2	−25

관통력 　+5　+ 〈스킬〉LV　=

비관통D	2D6+3	관통D	3D6+4

사정거리　270m
장탄수　30
필요근력　양손:6/한손:8
휴대치　2×3
소음레벨　2
가　격　$1,500[8]
탄창가격　$10[6]
구　경　5.56mm×45
길　이　600/830mm
무　게　3,450g

- ■〈저격〉-30% [ ]
- ※ = 다음 라운드에도 같은 목표를 계속 노릴 경우, 명중률 +15%

SG550을 단축한 형태의 카빈총으로. 일부 특수부대에서도 사용한다.

갈릴 ARM 어설트 라이플 　라이플

사격 모드	단발/연사		신뢰성	□[00]

0~5m	6~25m	26~50m	51~200m
지근거리	근거리	중거리	장거리
−40※	−21※	−3	−25

관통력 　+5　+ 〈스킬〉LV　=

비관통D	2D6+3	관통D	3D6+4

사정거리　300m
장탄수　35
필요근력　양손:6/한손:8*
휴대치　2×4
소음레벨　2
가　격　$1,000[8]
탄창가격　$12[6]
구　경　5.56mm×45
길　이　750/990mm
무　게　4,625g

- ■〈저격〉-20% [ ]
- ※ = 다음 라운드에도 같은 목표를 계속 노릴 경우, 명중률 +20%
- ■병따개, 와이어 커터 있음
- ■★ = 한손 사격 -20%
- ■양각대 내장

이스라엘이 AK47을 복제해서 개량한 어설트 라이플. 5.56mm 구경 라이플 중에서는 비교적 무거운 총. 병따개와 와이어 커터가 있다.

슈타이어 AUG A3 어설트 라이플 — 라이플

사격 모드	단발/연사	신뢰성	00[99]

0~5m 지근거리	6~25m 근거리	26~50m 중거리	51~200m 장거리
−30	−17※	−3	−22

관통력	+5	+〈스킬〉LV	=	
비관통D	2D6+3	관통D	3D6+4	

사정거리 300m
장탄수 30
필요근력 양손:6/한손:8*
휴대치 2×4(+1×1)
소음레벨 2
가 격 $1,200[8]
탄창가격 $10[6]
구 경 5.56mm×45
길 이 750mm
무 게 3,980g

■〈저격〉-25%[ ]
■※ = 다음 라운드에도 같은 목표를
계속 노릴 경우, 명중률 +15%
■스코프 LV1(1×1) 표준 장비
■★ = 한 손 사격 -20%

오스트리아제 불펍형 라이플. 스코프 표준 장비. 분해가 간단하며, 외장만이 아니라 내부에도 수지 부품을 잔뜩 사용했다.

AK103 어설트 라이플 — 라이플

사격 모드	단발/연사	신뢰성	□□[□]

0~5m 지근거리	6~25m 근거리	26~50m 중거리	51~200m 장거리
−44※	−23※	−5	−26

관통력	+6	+〈스킬〉LV	=	
비관통D	2D6+5	관통D	3D6+6	

사정거리 300m
장탄수 30
필요근력 양손:6/한손:8*
휴대치 2×4
소음레벨 2
가 격 $900[9]
탄창가격 $10[6]
구 경 7.62mm×39
길 이 700/943mm
무 게 3,550g

■〈저격〉-15%[ ]
■※ = 다음 라운드에도 같은 목표를
계속 노릴 경우, 명중률 +20%
■★ = 한 손 사격 -20%

종래의 AK 시리즈를 발전시킨 어설트 라이플. 데이터는 7.62mm×39탄을 사용하는 버전. 수지제 개머리판이라 운반이 용이.

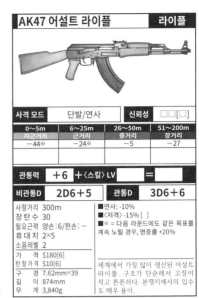

AK47 어설트 라이플 — 라이플

사격 모드	단발/연사	신뢰성	□□[□]

0~5m 지근거리	6~25m 근거리	26~50m 중거리	51~200m 장거리
−44※	−24※	−5	−27

관통력	+6	+〈스킬〉LV	=	
비관통D	2D6+5	관통D	3D6+6	

사정거리 300m
장탄수 30
필요근력 양손:6/한손:8*
휴대치 2×5
소음레벨 2
가 격 $180[6]
탄창가격 $10[6]
구 경 7.62mm×39
길 이 874mm
무 게 3,840g

■연사: -10%
■〈저격〉-15%[ ]
■※ = 다음 라운드에도 같은 목표를
계속 노릴 경우, 명중률 +20%

세계에서 가장 많이 생산된 어설트 라이플. 구조가 단순해서 고장이 적고 튼튼하다. 분쟁지에서의 입수도 매우 용이.

AK47S 어설트 라이플 — 라이플

사격 모드	단발/연사	신뢰성	□□[□]

0~5m 지근거리	6~25m 근거리	26~50m 중거리	51~200m 장거리
−44※	−24※	−5	−29

관통력	+6	+〈스킬〉LV	=	
비관통D	2D6+5	관통D	3D6+6	

사정거리 300m
장탄수 30
필요근력 양손:6/한손:8*
휴대치 2×4
소음레벨 2
가 격 $220[9]
탄창가격 $10[6]
구 경 7.62mm×39
길 이 642/800mm
무 게 3,580g

■연사: -10%
■〈저격〉-15%[ ]
■※ = 다음 라운드에도 같은 목표를
계속 노릴 경우, 명중률 +20%
■★ = 한 손 사격 -20%

AK47의 접이식 개머리판 타입. 다른 어설트 카빈과 달리 총신 길이는 단축하지 않았다.

FN FAL 어설트 라이플 — 라이플

사격 모드	단발/연사	신뢰성	□[00]

0~5m 지근거리	6~25m 근거리	26~50m 중거리	51~200m 장거리
−45※	−25※	−25	−25

관통력	+7	+〈스킬〉LV	=	
비관통D	2D6+6	관통D	3D6+7	

사정거리 400m
장탄수 20
필요근력 양손:6/한손:—
휴대치 2×5
소음레벨 2
가 격 $1,100[8]
탄창가격 $10[6]
구 경 7.62mm×51
길 이 1,060mm
무 게 4,250g

■연사: -10%
■〈저격〉-10%[ ]
■※ = 다음 라운드에도 같은 목표를
계속 노릴 경우, 명중률 +20%

공작 정밀도가 높고 신뢰성이 우수하여 많은 나라에서 제식 채용된 라이플. 리시버를 절삭가공 방식으로 만들어서 내구성이 높고 튼튼하다.

H&K G3A3 어설트 라이플 — 라이플

사격 모드	단발/연사	신뢰성	00[99]

0~5m 지근거리	6~25m 근거리	26~50m 중거리	51~200m 장거리
−45※	−24※	−3	−23

관통력	+7	+〈스킬〉LV	=	
비관통D	2D6+6	관통D	3D6+7	

사정거리 400m
장탄수 20
필요근력 양손:6/한손:—
휴대치 2×5
소음레벨 2
가 격 $1,100[8]
탄창가격 $10[6]
구 경 7.62mm×51
길 이 1,025mm
무 게 4,410g

■연사: -10%
■〈저격〉-10%[ ]
■※ = 다음 라운드에도 같은 목표를
계속 노릴 경우, 명중률 +20%

많은 나라에서 제식 채용된, 강력한 7.62mm×51탄을 사용하는 라이플. 프레스 가공을 주로 사용하는 설계로 인해 싼 값에 양산됐다.

M14 오토매틱 라이플 — 라이플

사격 모드	단발/연사	신뢰성	□[00]

0~5m 지근거리	6~25m 근거리	26~50m 중거리	51~200m 장거리
−45※	−25※	−5	−25

관통력	+7	+〈스킬〉LV	=	
비관통D	2D6+6	관통D	3D6+7	

사정거리 500m
장탄수 20
필요근력 양손:6/한손:—
휴대치 2×5
소음레벨 2
가 격 $580[7]
탄창가격 $10[6]
구 경 7.62mm×51
길 이 1,124mm
무 게 4,450g

■연사: -10%
■〈저격〉-10%[ ]
■※ = 다음 라운드에도 같은 목표를
계속 노릴 경우, 명중률 +20%

베트남 전쟁 전반의 미군 제식 라이플. 7.62mm×51탄을 고전적인 곡선형 총대에서 발사하므로 자동 연사 시의 제어가 매우 힘들다.

M24 스나이퍼 라이플 — 라이플

사격 모드	볼트 액션	신뢰성	□[99]

0~5m 지근거리	6~25m 근거리	26~50m 중거리	51~200m 장거리
−50※	−25※	−5	−15

관통력	+8	+〈스킬〉LV	=	
비관통D	2D6+7	관통D	3D6+8	

사정거리 800m
장탄수 6(T)
필요근력 양손:6/한손:—
휴대치 3×5(+1×3)
소음레벨 1
가 격 $6,000[10]
탄창가격 $20[탄만: 20발][6]
구 경 7.62mm×51
길 이 1,092mm
무 게 5,490g

■〈저격〉+20%[ ]
■※ = 다음 라운드에도 같은 목표를
계속 노릴 경우, 명중률 +20%
■스코프 LV3(1×3) 표준 장비

레밍턴 사의 M700 라이플을 기반으로 제조된 스나이퍼 라이플. 일본의 자위대에서도 사용한다.

H&K PSG1 스나이퍼 라이플 — 라이플

사격 모드	단발	신뢰성	□[98]

0~5m 지근거리	6~25m 근거리	26~50m 중거리	51~200m 장거리
−50※	−30	−10	−20

관통력	+8	+〈스킬〉LV	=	
비관통D	2D6+7	관통D	3D6+8	

사정거리 700m
장탄수 5
필요근력 양손:6/한손:—
휴대치 3×6(+1×2)
소음레벨 1
가 격 $7,250[12]
탄창가격 $5[7]
구 경 7.62mm×51
길 이 1,206mm
무 게 8,100g

■〈저격〉+10%[ ]
■※ = 다음 라운드에도 같은 목표를
계속 노릴 경우, 명중률 +20%
■스코프 LV2(1×2) 표준 장비

G3 시리즈를 강화 및 개량하여 스나이퍼 라이플로 만들었다. 세미 오토라서 명중률은 같은 구경의 볼트 액션보다도 떨어진다.

L96A1 스나이퍼 라이플 　라이플

사격 모드	볼트 액션	신뢰성	□[□]

0~5m 지근거리	6~25m 근거리	26~50m 중거리	51~200m 장거리
−50※	−25※	−5	−15

관통력	+8	+〈스킬〉LV	=	

비관통D	2D6+7	관통D	3D6+8

사정거리 800m
장 탄 수 10
필요근력 양손:6/한손:−
휴 대 치 3×5(+1×2)
소음레벨 1
가　격 $5,000[12]
탄창 가격 $10[8]
구　경 7.62mm×51
길　이 1,158mm
무　게 6,500g

- 〈저격〉+20% [ ]
- ※ = 다음 라운드에도 같은 목표를 계속 노릴 경우, 명중률 +20%
- 스코프 LV2(1×2) 표준 장비

애큐러시 인터내셔널 사의 영국 육군 제식 채용 스나이퍼 라이플. 예상 외의 사태에 대비하여 아이언 사이트를 장비하고 있다.

M40A3 스나이퍼 라이플 　라이플

사격 모드	볼트 액션	신뢰성	□[00]

0~5m 지근거리	6~25m 근거리	26~50m 중거리	51~200m 장거리
−50※	−25※	−5	−15

관통력	+8	+〈스킬〉LV	=	

비관통D	2D6+7	관통D	3D6+8

사정거리 800m
장 탄 수 4(T)
필요근력 양손:6/한손:−
휴 대 치 3×5(+1×3)
소음레벨 1
가　격 $3,000[14]
탄창 가격 $20[탄창: 20발][6]
구　경 7.62mm×51
길　이 1,117mm
무　게 6,570g

- 〈저격〉+20% [ ]
- ※ = 다음 라운드에도 같은 목표를 계속 노릴 경우, 명중률 +20%
- 스코프 LV3(1×3) 표준 장비

레밍턴 M700 라이플을 기반으로 미 해병대가 독자적인 개량을 한 스나이퍼 라이플이므로 해병대 내부에서밖에 입수할 수 없다.

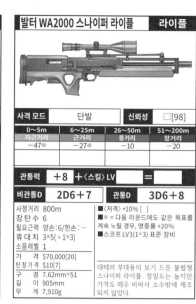

발터 WA2000 스나이퍼 라이플 　라이플

사격 모드	단발	신뢰성	□[98]

0~5m 지근거리	6~25m 근거리	26~50m 중거리	51~200m 장거리
−47※	−27※	−10	−20

관통력	+8	+〈스킬〉LV	=	

비관통D	2D6+7	관통D	3D6+8

사정거리 800m
장 탄 수 6
필요근력 양손:6/한손:−
휴 대 치 3×5(+1×3)
소음레벨 1
가　격 $70,000[20]
탄창 가격 $10[7]
구　경 7.62mm×51
길　이 905mm
무　게 7,910g

- 〈저격〉+10% [ ]
- ※ = 다음 라운드에도 같은 목표를 계속 노릴 경우, 명중률 +20%
- 스코프 LV3(1×3) 표준 장비

대테러 부대용의 보기 드문 불펍형 스나이퍼 라이플. 정밀도는 높지만 가격도 매우 비싸서 소수밖에 제조되지 않았다.

드라그노프 스나이퍼 라이플 　라이플

사격 모드	단발	신뢰성	□[00]

0~5m 지근거리	6~25m 근거리	26~50m 중거리	51~200m 장거리
−50※	−28※	−20	−20

관통력	+8	+〈스킬〉LV	=	

비관통D	2D6+8	관통D	3D6+9

사정거리 600m
장 탄 수 10
필요근력 양손:6/한손:−
휴 대 치 2×6(+1×2)
소음레벨 1
가　격 $2,000[12]
탄창 가격 $8[6]
구　경 7.62mm×54R
길　이 1,217mm
무　게 4,310g

- 〈저격〉±0% [ ]
- ※ = 다음 라운드에도 같은 목표를 계속 노릴 경우, 명중률 +20%
- 스코프 LV2(1×2) 표준 장비

구 동구권의 세미 오토식 스나이퍼 라이플. 가볍다는 것이 특징이지만, 강력한 7.62mm×54탄을 사용하므로 반동이 심하다.

콜트 M635 　라이플

사격 모드	단발/연사	신뢰성	00[99]

0~5m 지근거리	6~25m 근거리	26~50m 중거리	51~200m 장거리
−20	±0	−20	−40

관통력	+2	+〈스킬〉LV	=	

비관통D	1D6+2	관통D	2D6+4

사정거리 200m
장 탄 수 32
필요근력 양손:5/한손:6*
휴 대 치 2×4
소음레벨 3
가　격 $900[9]
탄창 가격 $6[6]
구　경 9mm×19
길　이 650/730mm
무　게 2,590g

- ★ = 한손 사격 -20%

미군 제식 어설트 라이플 M16의 발전형으로서. 9mm×19탄을 사용하는 SMG. 미국내의 지방 경찰 등도 채용하고 있다.

바렛트 M82A1M 안티 머터리얼 라이플 　중화기

사격 모드	단발	신뢰성	00[99]

0~5m 지근거리	6~25m 근거리	26~50m 중거리	51~200m 장거리
−60※	−40※	−30	−20

관통력	+12	+〈스킬〉LV	=	

비관통D	3D6+15	관통D	5D6+30

사정거리 2,000m
장 탄 수 10
필요근력 양손:14/한손:−
휴 대 치 5×7(+1×3)
소음레벨 1
가　격 $7,200[15]
탄창 가격 $30[9]
구　경 12.7mm×99
길　이 1,447mm
무　게 12,900g

- 〈저격〉+10% [ ]
- ※ = 다음 라운드에도 같은 목표를 계속 노릴 경우, 명중률 +10%
- 스코프 LV3(1×3), 양각대 내장
- 대차량

12.7mm×99탄을 사용하는 세미 오토 대물 라이플. 장갑차에 맞지 않은 차량, 대기 중인 비행기. 일반 가정의 벽, 방탄 유리 등에 유효.

M2 머신건 　중화기

사격 모드	연사	신뢰성	99[98]

0~5m 지근거리	6~25m 근거리	26~50m 중거리	51~200m 장거리
−50※	−40※	−20	−10

관통력	+12	+〈스킬〉LV	=	

비관통D	3D6+15	관통D	5D6+30

사정거리 1,000m
장 탄 수 100(B)
필요근력 양손:6/한손:−
휴 대 치 2VCP
소음레벨 1
가　격 $14,000[14]
탄창 가격 $60[벨트 탄: 100발][14]
구　경 12.7mm×99
길　이 1,635mm
무　게 72,000g

- 연사:-10%
- ※ = 다음 라운드에도 같은 목표를 계속 노릴 경우, 명중률 +10%
- 삼각대 내장
- 대차량

각국에서 사용하는 걸작 중기관총. 군용 헬기나 차에 장착하거나 진지에 놓는 것이 보통. 개인이 들고 운반하는 것은 불가능.

FN 미니미 머신건 　중화기

사격 모드	연사	신뢰성	00[99]

0~5m 지근거리	6~25m 근거리	26~50m 중거리	51~200m 장거리
−50※	−30※	±0	−20

관통력	+5	+〈스킬〉LV	=	

비관통D	2D6+3	관통D	3D6+4

사정거리 400m
장 탄 수 200(B)
필요근력 양손:8/한손:−
휴 대 치 3×5
소음레벨 1
가　격 $4,500[12]
탄창 가격 $40[벨트 탄: 200발][9]
구　경 5.56mm×45
길　이 1,040mm
무　게 6,850g

- ※ = 다음 라운드에도 같은 목표를 계속 노릴 경우, 명중률 +20%
- 탄창교환: [아이템 사용] 2회
- 양각대 내장

소형경량 5.56mm×45탄을 사용하는 우수한 분대지원화기. 벨트 급탄 외에 NATO규격의 M16용 탄창도 사용할 수 있는 점이 특징.

FN MAG 머신건 　중화기

사격 모드	연사	신뢰성	00[99]

0~5m 지근거리	6~25m 근거리	26~50m 중거리	51~200m 장거리
−55※	−35※	−5	−25

관통력	+7	+〈스킬〉LV	=	

비관통D	2D6+6	관통D	3D6+7

사정거리 400m
장 탄 수 100(B)
필요근력 양손:10/한손:−
휴 대 치 4×6
소음레벨 1
가　격 $6,000[13]
탄창 가격 $40[벨트 탄: 100발][9]
구　경 7.62mm×51
길　이 1,250mm
무　게 10,150g

- 연사: -10%
- ※ = 다음 라운드에도 같은 목표를 계속 노릴 경우, 명중률 +10%
- 탄창교환: [아이템 사용] 2회
- 양각대 내장

M60보다 설계된지 오래 되었음에도 미군이 M60의 후계로 채용한 범용 기관총. 신뢰성, 조작성이 우수하여 NATO 각국에서 채용됐다.

M60E4 머신건 — 중화기

사격 모드	연사		신뢰성	99[98]

0~5m	6~25m	26~50m	51~200m
지근거리	근거리	중거리	장거리
−55※	−36※	−7	−28

관통력	+7	+〈스킬〉LV		=	

비관통D	2D6+6	관통D	3D6+7

사정거리 400m
장 탄 수 100(B)
필요근력 양손:9/한손:−
휴 대 치 4×5
소음레벨 1
가　격 $5,500[12]
탄창가격 $40(벨트 탄: 100발)[9]
구　경 7.62mm×51
길　이 958mm
무　게 10,200g

- 연사: −10%
- ※ = 다음 라운드에도 같은 목표를 계속 노릴 경우, 명중률 +10%
- 탄창교환: [아이템 사용] 2회
- 양각대 내장

일찍이 미군 제식으로 채용된 다목적 기관총. 구조적 결함으로 인해 현재는 일부 특수부대가 사용하는 개량형 이외에는 사용되지 않는다.

PK 머신건 — 중화기

사격 모드	연사		신뢰성	00[99]

0~5m	6~25m	26~50m	51~200m
지근거리	근거리	중거리	장거리
−55※	−35※	−5	−25

관통력	+8	+〈스킬〉LV		=	

비관통D	2D6+8	관통D	3D6+9

사정거리 400m
장 탄 수 100(B)
필요근력 양손:9/한손:−
휴 대 치 4×5
소음레벨 1
가　격 $5,800[13]
탄창가격 $40(벨트 탄: 100발)[9]
구　경 7.62mm×54R
길　이 1,160mm
무　게 9,000g

- 연사: −10%
- ※ = 다음 라운드에도 같은 목표를 계속 노릴 경우, 명중률 +10%
- 탄창교환: [아이템 사용] 2회
- 양각대 내장

구 소련제의 신뢰성 높은 다목적 기관총. 7.62mm×54R탄을 사용한다. M60이나 MAG에 비해 탄약의 위력이 강하다.

M72A2 LAW 로켓 런처 — 중화기

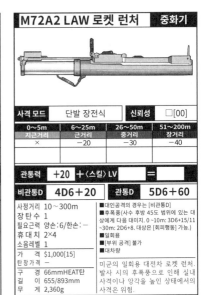

사격 모드	단발 장전식		신뢰성	□[00]

0~5m	6~25m	26~50m	51~200m
지근거리	근거리	중거리	장거리
×	−20	−30	−40

관통력	+20	+〈스킬〉LV		=	

비관통D	4D6+20	관통D	5D6+60

사정거리 10~300m
장 탄 수 1
필요근력 양손:6/한손:−
휴 대 치 2×4
소음레벨 1
가　격 $1,000[15]
탄창가격 −
구　경 66mmHEAT탄
길　이 655/893mm
무　게 2,360g

- 대인공격의 경우는 [비관통D]
- 후폭풍(사수 후방 45도 범위에 있는 대상에게 다음 대미지. 0~10m: 3D6+15/11~30m: 2D6+8. 대상은 [회피행동] 가능.)
- 일회용
- [부위 공격] 불가

미군의 일회용 대전차 로켓 런처. 발사 시의 후폭풍으로 인해 실내 사격이나 암각을 높인 상태에서의 사격은 위험.

RPG-7 로켓 런처 — 중화기

사격 모드	단발 장전식		신뢰성	□[00]

0~5m	6~25m	26~50m	51~200m
지근거리	근거리	중거리	장거리
×	−20	−30	−40

관통력	+20	+〈스킬〉LV		=	

비관통D	4D6+20	관통D	5D6+60

사정거리 10~300m
장 탄 수 1
필요근력 양손:8/한손:−
휴 대 치 3×5
소음레벨 1
가　격 $800[14]
탄창가격 $200(2×4)
구　경 PG-7HEAT탄
길　이 1,040mm
무　게 6,300g

- 대인공격의 경우는 [비관통D]
- 후폭풍(사수 후방 45도 범위에 있는 대상에게 다음 대미지. 0~10m: 3D6+15/11~30m: 2D6+8. 대상은 [회피행동] 가능.)
- 재장전 2라운드
- [부위 공격] 불가
- 대차량

구 소련제 로켓런처. 탄두의 재장전이 가능. 발사 시의 후폭풍으로 인해 실내 사격이나 앙각을 높인 상태에서의 사격은 위험.

BG15 그레네이드 런처 — 중화기

사격 모드	단발 장전식		신뢰성	00[99]

0~5m	6~25m	26~50m	51~200m
지근거리	근거리	중거리	장거리
×	−25	−35	−45

관통력	−	+〈스킬〉LV		=	

비관통D	3D6	관통D	5D6+3

사정거리 300m
장 탄 수 1
필요근력 총에 따라
휴 대 치 1×2
소음레벨 1
가　격 $500[9]
탄창가격 $20(탄만: 1발)
구　경 40mm 그레네이드 탄
길　이 280mm
무　게 845g

- 중심반경 5m: [관통D]/유효반경 10m: [비관통D]
- AK/AN 계열에 장착해서 사용
- [부위 공격] 불가
- 액세서리(아래)

AK/AN 계열에 장착할 수 있는 그레네이드 런처. 장착을 통해 보병의 화력이 대폭 향상된다.

M203 그레네이드 런처 — 중화기

사격 모드	단발 장전식		신뢰성	00[99]

0~5m	6~25m	26~50m	51~200m
지근거리	근거리	중거리	장거리
×	−25	−35	−40

관통력	−	+〈스킬〉LV		=	

비관통D	3D6	관통D	5D6+3

사정거리 300m
장 탄 수 1
필요근력 총에 따라
휴 대 치 2×2
소음레벨 1
가　격 $600[12]
탄창가격 $20(탄만: 1발)
구　경 40mm 그레네이드 탄
길　이 390mm
무　게 1,590g

- 중심반경 5m: [관통D]/유효반경 10m: [비관통D]
- M4/M16 계열에 장착해서 사용
- [부위 공격] 불가
- 액세서리(아래)

M16/M4 계열에 장착할 수 있는 그레네이드 런처. 장착을 통해 보병의 화력이 대폭 향상된다.

M651 최루 그레네이드탄 — 중화기

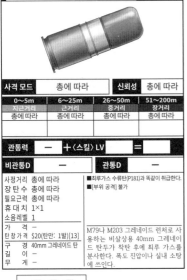

사격 모드	총에 따라		신뢰성	총에 따라

0~5m	6~25m	26~50m	51~200m
지근거리	근거리	중거리	장거리
총에 따라	총에 따라	총에 따라	총에 따라

관통력	−	+〈스킬〉LV		=	

비관통D	−	관통D	−

사정거리 총에 따라
장 탄 수 총에 따라
필요근력 총에 따라
휴 대 치 1×1
소음레벨 1
가　격 −
탄창가격 $20(탄만: 1발)[13]
구　경 40mm 그레네이드 탄
길　이 −
무　게 −

- 최루가스 수류탄(P181)과 똑같이 취급한다.
- [부위 공격] 불가

M79나 M203 그레네이드 런처로 사용하는 비살상용 40mm 그레네이드 탄두가 착탄 후에 최루 가스를 분사한다. 폭도 진압이나 실내 소탕에 쓰인다.

M67 파편수류탄 — 투척

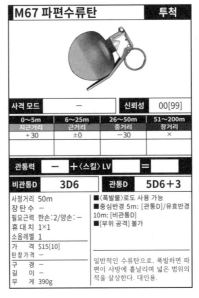

사격 모드	−		신뢰성	00[99]

0~5m	6~25m	26~50m	51~200m
지근거리	근거리	중거리	장거리
+30	±0	−30	×

관통력	−	+〈스킬〉LV		=	

비관통D	3D6	관통D	5D6+3

사정거리 50m
장 탄 수 1
필요근력 한손:2/양손:−
휴 대 치 1×1
소음레벨 1
가　격 $15[10]
탄창가격 −
구　경 −
길　이 −
무　게 390g

- 《폭발물》로도 사용 가능
- 중심반경 5m: [관통D]/유효반경 10m: [비관통D]
- [부위 공격] 불가

일반적인 수류탄으로. 폭발하면 파편이 사방에 흩날리며 넓은 범위의 적을 살상한다. 대인용.

최루가스 수류탄 — 투척

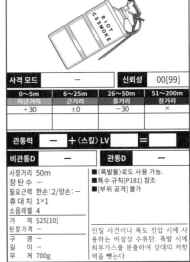

사격 모드	−		신뢰성	00[99]

0~5m	6~25m	26~50m	51~200m
지근거리	근거리	중거리	장거리
+30	±0	−30	×

관통력	−	+〈스킬〉LV		=	

비관통D	−	관통D	−

사정거리 50m
장 탄 수 1
필요근력 한손:2/양손:−
휴 대 치 1×1
소음레벨 4
가　격 $25[10]
탄창가격 −
구　경 −
길　이 −
무　게 700g

- 《폭발물》로도 사용 가능.
- 특수 규칙(P181) 참조
- [부위 공격] 불가

인질 사건이나 폭도 진압 시에 사용하는 비살상 수류탄. 폭발 시에 최루가스를 분출하여 상대의 저항력을 뺏는다.

섬광수류탄 — 투척

사격 모드		신뢰성	00[99]

0~5m 지근거리	6~25m 근거리	26~50m 중거리	51~200m 장거리
+30	±0	−30	×

관통력	−	+〈스킬〉LV	=

비관통D	−	관통D	−

사정거리 50m
장 탄 수 −
필요근력 한손:2/양손:−
휴 대 치 1×1
소음레벨 1
가　격 $40[11]
탄창가격 −
구　경 −
길　이 −
무　게 700g

■〈폭발물〉로도 사용 가능
■특수 규칙(P181) 참조
■[부위 공격] 불가

인질 사건의 돌입 작전 등에 쓰이는 비살상 수류탄. 폭발 시에 강력한 소리와 빛을 내서 상대의 감각을 일시적으로 뺏는다.

M18 폭연수류탄 — 투척

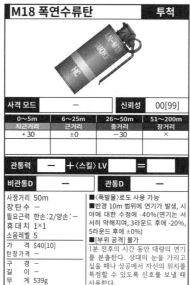

사격 모드		신뢰성	00[99]

0~5m 지근거리	6~25m 근거리	26~50m 중거리	51~200m 장거리
+30	±0	−30	×

관통력	−	+〈스킬〉LV	=

비관통D	−	관통D	−

사정거리 50m
장 탄 수 −
필요근력 한손:2/양손:−
휴 대 치 1×1
소음레벨 5
가　격 $40[10]
탄창가격 −
구　경 −
길　이 −
무　게 539g

■〈폭발물〉로도 사용 가능
■반경 10m 범위에 연기가 발생, 시야에 대한 수정에 −40%(연기는 서서히 약해지며, 3라운드 후에 −20%, 5라운드 후에 ±0%)
■[부위 공격] 불가

1분 전후의 시간 동안 대량의 연기를 분출한다. 상대의 눈을 가리고 싶을 때나 상공에서 자신의 위치를 특정할 수 있도록 신호를 보낼 때 사용한다.

스로잉 나이프 — 투척

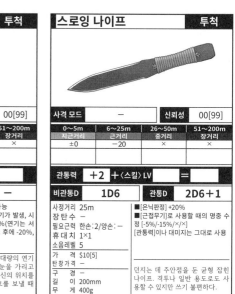

사격 모드		신뢰성	00[99]

0~5m 지근거리	6~25m 근거리	26~50m 중거리	51~200m 장거리
	±0	−20	×

관통력	+2	+〈스킬〉LV	=

비관통D	1D6	관통D	2D6+1

사정거리 25m
장 탄 수 −
필요근력 한손:2/양손:−
휴 대 치 1×1
소음레벨 5
가　격 $10[5]
탄창가격 −
구　경 −
길　이 200mm
무　게 400g

■[은닉판정] +20%
■[근접무기]로 사용할 때의 명중 수정 [−5%/−15%/×/×]
[관통력]이나 대미지는 그대로 사용

던지는 데 주안점을 둔 균형 잡힌 나이프. 격투나 일반 용도로도 사용할 수 있지만 쓰기 불편하다.

임기응변 무기(투척) — 투척

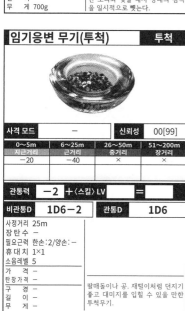

사격 모드	−	신뢰성	00[99]

0~5m 지근거리	6~25m 근거리	26~50m 중거리	51~200m 장거리
−20	−40	×	×

관통력	−2	+〈스킬〉LV	=

비관통D	1D6−2	관통D	1D6

사정거리 25m
장 탄 수 −
필요근력 한손:2/양손:−
휴 대 치 1×1
소음레벨 5
가　격 −
탄창가격 −
구　경 −
길　이 −
무　게 −

팔매돌이나 공, 재떨이처럼 던지기 좋고 대미지를 입힐 수 있을 만한 투척무기.

컴뱃 나이프 — 무기전투

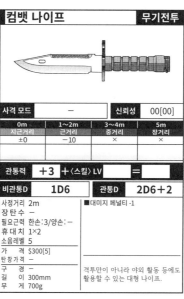

사격 모드	−	신뢰성	00[00]

0m 지근거리	1~2m 근거리	3~4m 중거리	5m 장거리
±0	−10	×	×

관통력	+3	+〈스킬〉LV	=

비관통D	1D6	관통D	2D6+2

사정거리 2m
장 탄 수 −
필요근력 한손:3/양손:−
휴 대 치 1×2
소음레벨 5
가　격 $300[5]
탄창가격 −
구　경 −
길　이 300mm
무　게 700g

■대미지 페널티 −1

격투만이 아니라 야외 활동 등에도 활용할 수 있는 대형 나이프.

일본도 — 무기전투

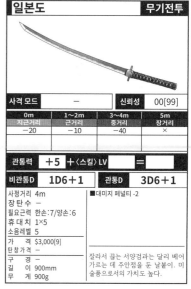

사격 모드	−	신뢰성	00[99]

0m 지근거리	1~2m 근거리	3~4m 중거리	5m 장거리
−20	−10	−40	×

관통력	+5	+〈스킬〉LV	=

비관통D	1D6+1	관통D	3D6+1

사정거리 4m
장 탄 수 −
필요근력 한손:7/양손:6
휴 대 치 1×5
소음레벨 5
가　격 $3,000[9]
탄창가격 −
구　경 −
길　이 900mm
무　게 900g

■대미지 페널티 −2

잘라서 끊는 서양검과는 달리 베어 가르는 데 주안점을 둔 날붙이. 미술품으로서의 가치도 높다.

톤파 — 무기전투

사격 모드	−	신뢰성	00[00]

0m 지근거리	1~2m 근거리	3~4m 중거리	5m 장거리
−10	±0	×	×

관통력	±0	+〈스킬〉LV	=

비관통D	2D6−2	관통D	2D6

사정거리 2m
장 탄 수 −
필요근력 한손:3/양손:−
휴 대 치 1×3
소음레벨 5
가　격 $50[5]
탄창가격 −
구　경 −
길　이 530mm
무　게 700g

손잡이가 달린 곤봉. 날붙이를 방어할 때도 유용하여 공방일체의 무기로서 경찰 조직 등에서도 사용한다.

임기응변 무기(타격) — 무기전투

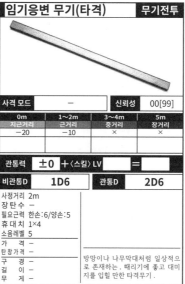

사격 모드	−	신뢰성	00[99]

0m 지근거리	1~2m 근거리	3~4m 중거리	5m 장거리
−20	−10	×	×

관통력	±0	+〈스킬〉LV	=

비관통D	1D6	관통D	2D6

사정거리 2m
장 탄 수 −
필요근력 한손:6/양손:5
휴 대 치 1×4
소음레벨 5
가　격 −
탄창가격 −
구　경 −
길　이 −
무　게 −

방망이나 나무막대처럼 일상적으로 존재하는, 때리기에 좋고 대미지를 입힐 만한 타격무기.

격투/타・투・극 — 격투

[격투: 타]	비관통D	D6+	관통D	D6+

0m 지근거리	1~2m 근거리	3~4m 중거리	5m 장거리
−10	±0	×	×

[격투: 투]	비관통D	D6+		

0m 지근거리	1~2m 근거리	3~4m 중거리	5m 장거리
−10	−30	×	×

[격투: 극]				

0m 지근거리	1~2m 근거리	3~4m 중거리	5m 장거리
±0	−20	×	×

사정거리 2m
장 탄 수 −
필요근력 한손:−/양손:−
휴 대 치 −
소음레벨 5
가　격 −
탄창가격 −
구　경 −
길　이 −
무　게 −

■신뢰성: 00[00]
■[타]의 관통력: ±0[ ]
■공격 성공 시의 효과(P156)
[타] → [쇼크] −10%(100%~)
[투] → [넘어짐], [몽롱함 판정](50%~)
[극] → [구속], 베리에이션에 따라.

주먹이나 발차기에 의한 타격, 태클이나 유도의 던지기, 목 조르기나 관절을 공격하는 몸싸움 등 무기를 사용하지 않고 자신의 신체만으로 공격한다.

보디 아머 레벨1 　　　방어구

장갑치	10
방어치	0
장비부위	몸

필요근력 3
휴대치 (2×2)
가　격 $600[5]
무　게 1,500g

얇은 보디 아머. 소형 권총탄에 대한 방어 효과가 있다. 옷 아래에 입으면 들키지 않는다.

보디 아머 레벨2 　　　방어구

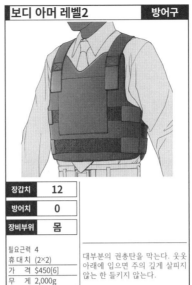

장갑치	12
방어치	0
장비부위	몸

필요근력 4
휴대치 (2×2)
가　격 $450[6]
무　게 2,000g

대부분의 권총탄을 막는다. 웃옷 아래에 입으면 주의 깊게 살피지 않는 한 들키지 않는다.

보디 아머 레벨3A 　　　방어구

장갑치	15
방어치	3
장비부위	몸

필요근력 5
휴대치 (3×2)
가　격 $1,000[8]
무　게 3,000g

■〈사격계〉〈격투계〉〈운동〉의 성공률에 -10%. 단,〈강인함〉은 제외.

얇은 방탄 플레이트를 조합한 보디 아머. 매그넘탄이나 서브머신건의 탄환에 대한 방어 효과가 있다.

보디 아머 레벨3 플레이트 캐리어 　　　방어구

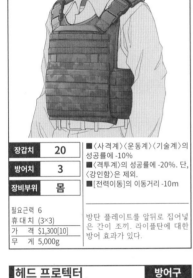

장갑치	20
방어치	3
장비부위	몸

필요근력 6
휴대치 (3×3)
가　격 $1,300[10]
무　게 5,000g

■〈사격계〉〈운동계〉〈기술계〉의 성공률에 -10%
■〈격투계〉의 성공률에 -20%. 단,〈강인함〉은 제외.
■[전력이동]의 이동거리 -10m

방탄 플레이트를 앞뒤로 집어넣은 간이 조끼. 라이플탄에 대한 방어 효과가 있다.

보디 아머 레벨3 　　　방어구

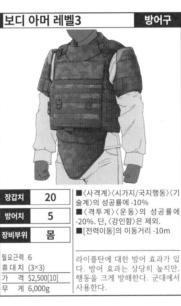

장갑치	20
방어치	5
장비부위	몸

필요근력 6
휴대치 (3×3)
가　격 $2,500[10]
무　게 6,000g

■〈사격계〉〈시가지/국지행동〉〈기술계〉의 성공률에 -10%
■〈격투계〉〈운동〉의 성공률에 -20%. 단,〈강인함〉은 제외.
■[전력이동]의 이동거리 -10m

라이플탄에 대한 방어 효과가 있다. 방어 효과는 상당히 높지만, 행동을 크게 방해한다. 군대에서 사용한다.

풀페이스 　　　방어구

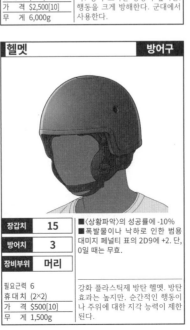

장갑치	10
방어치	0
장비부위	머리

필요근력 2
휴대치 (2×2)
가　격 $200[0]
무　게 1,500g

■〈감지〉의 성공률에 -10%
■폭발물이나 낙하로 인한 범용 대미지 페널티 표의 2D9에 +2. 단, 0일 때는 무효.

바이크용 풀페이스 헬멧. 얼굴을 가리는 용도로 이용되기도 한다. 머리 전체를 보호하지만 지각 능력은 떨어진다.

헤드 프로텍터 　　　방어구

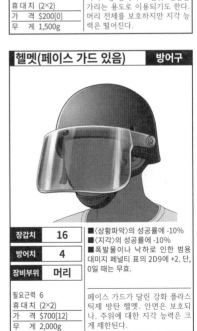

장갑치	12
방어치	0
장비부위	머리

필요근력 2
휴대치 (2×2)
가　격 $100[0]
무　게 600g

■폭발물이나 낙하로 인한 범용 대미지 페널티 표의 2D9에 +1. 단, 0일 때는 무효.

스포츠용 머리 보호장비. 가벼우면서도 충분한 충격 흡수 효과가 있으므로 특수부대에서는 실전에서 사용하기도 한다.

헬멧 　　　방어구

장갑치	15
방어치	3
장비부위	머리

필요근력 6
휴대치 (2×2)
가　격 $500[10]
무　게 1,500g

■〈상황파악〉의 성공률에 -10%
■폭발물이나 낙하로 인한 범용 대미지 페널티 표의 2D9에 +2. 단, 0일 때는 무효.

강화 플라스틱제 방탄 헬멧. 방탄 효과는 높지만, 순간적인 행동이나 주위에 대한 지각 능력이 제한된다.

헬멧(페이스 가드 있음) 　　　방어구

장갑치	16
방어치	4
장비부위	머리

필요근력 6
휴대치 (2×2)
가　격 $700[12]
무　게 2,000g

■〈상황파악〉의 성공률에 -10%
■〈지각〉의 성공률에 -10%
■폭발물이나 낙하로 인한 범용 대미지 페널티 표의 2D9에 +2. 단, 0일 때는 무효.

페이스 가드가 달린 강화 플라스틱제 방탄 헬멧. 안면은 보호되나, 주위에 대한 지각 능력은 크게 제한된다.

스쿠터

유지 아이템	차량
스쿠터	카테고리 일반 차량

내구력	40
장갑치	12
방어치	0

사이즈	조작성	일반 스피드	제한 스피드
SS(−20)	±0%	−4	−6

정 원 1명
적재량 2×2CP
일반 속도 50km/h(69m)
최고 속도 80km/h(111m)
가 격 $1,000($10)
길 이 1.7m
전 폭 0.6m
전 고 1.0m
무 게 0.08t

■추가로 [적재량] 1VCP까지 탑재 가능. 단, 그 경우 [조작성]에 -20%

의자에 앉은 자세에서 양손만으로 액셀이나 브레이크를 조작할 수 있는 소형 바이크. 속도는 그다지 빠르지 않지만, 조작은 비교적 간단하다.

바이크

유지 아이템	차량
바이크	카테고리 일반 차량

내구력	45
장갑치	12
방어치	0

사이즈	조작성	일반 스피드	제한 스피드
SS(−20%)	±0%	±0	−4

정 원 1명
적재량 2×2CP
일반 속도 60km/h(83m)
최고 속도 150km/h(208m)
가 격 $5,000($50)
길 이 2.2m
전 폭 0.8m
전 고 1.0m
무 게 0.15t

■추가로 [적재량] 1VCP까지 탑재 가능. 단, 그 경우 [조작성]에 -20%

노상 주행용 바이크. 좁은 곳에서도 방향을 바꿀 수 있어 노상에서의 기동성이 뛰어나다.

대형 바이크

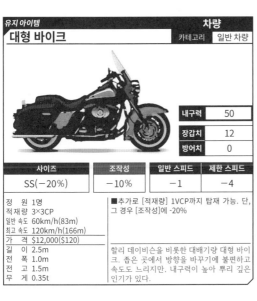

유지 아이템	차량
대형 바이크	카테고리 일반 차량

내구력	50
장갑치	12
방어치	0

사이즈	조작성	일반 스피드	제한 스피드
SS(−20%)	−10%	−1	−4

정 원 1명
적재량 3×3CP
일반 속도 60km/h(83m)
최고 속도 120km/h(166m)
가 격 $12,000($120)
길 이 2.5m
전 폭 1.0m
전 고 1.5m
무 게 0.35t

■추가로 [적재량] 1VCP까지 탑재 가능. 단, 그 경우 [조작성]에 -20%

할리 데이비슨을 비롯한 대배기량 대형 바이크. 좁은 곳에서 방향을 바꾸기에 불편하고 속도도 느리지만, 내구력이 높아 뿌리 깊은 인기가 있다.

레이싱 바이크

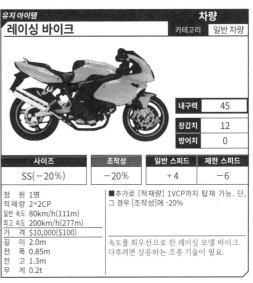

유지 아이템	차량
레이싱 바이크	카테고리 일반 차량

내구력	45
장갑치	12
방어치	0

사이즈	조작성	일반 스피드	제한 스피드
SS(−20%)	−20%	+4	−6

정 원 1명
적재량 2×2CP
일반 속도 80km/h(111m)
최고 속도 200km/h(277m)
가 격 $10,000($100)
길 이 2.0m
전 폭 0.85m
전 고 1.3m
무 게 0.2t

■추가로 [적재량] 1VCP까지 탑재 가능. 단, 그 경우 [조작성]에 -20%

속도를 최우선으로 한 레이싱 모델 바이크. 다루려면 상응하는 조종 기술이 필요.

오프로드 바이크

유지 아이템	차량
오프로드 바이크	카테고리 일반 차량

내구력	40
장갑치	12
방어치	0

사이즈	조작성	일반 스피드	제한 스피드
SS(−20%)	±0%	±0	−

정 원 1명
적재량 2×2CP
일반 속도 60km/h(83m)
최고 속도 150km/h(208m)
가 격 $5,000($50)
길 이 2.2m
전 폭 1.0m
전 고 1.2m
무 게 0.12t

■추가로 [적재량] 1VCP까지 탑재 가능. 단, 그 경우 [조작성]에 -20%
■오프로드 대응

험로 주행에 대응한 오프로드용 바이크. 서스펜션 등이 강화되어 비포장 도로에서도 안정된 주행이 가능하다.

스노모빌

유지 아이템	차량
스노모빌	카테고리 일반 차량

내구력	45
장갑치	12
방어치	0

사이즈	조작성	일반 스피드	제한 스피드
SS(−20%)	±0%	±0	−

정 원 1명
적재량 0.5VCP
일반 속도 60km/h(83m)
최고 속도 100km/h(138m)
가 격 $6,000($60)
길 이 2.8m
전 폭 1.2m
전 고 1.3m
무 게 0.2t

■추가로 [적재량] 1VCP까지 탑재 가능. 단, 그 경우 [조작성]에 -20%
■오프로드 대응(설상 한정)

앞바퀴가 스키, 뒷바퀴가 캐터필러로 된 설상 전용 차량.

유지 아이템 — 콤팩트 카 | 카테고리 | 일반 차량

내구력	65
장갑치	15
방어치	0

사이즈	조작성	일반 스피드	제한 스피드
S(−10%)	±0%	−2	−6

정　원 4명
적재량 0.5VCP
일반 속도 50km/h(69m)
최고 속도 120km/h(166m)
가　격 $9,000($90)
길　이 3.6m
전　폭 1.7m
전　고 1.5m
무　게 1.1t

작아서 좁은 곳에서의 방향 전환이 용이하고, 가격이 적당한 소형차.

유지 아이템 — 세단 | 카테고리 | 일반 차량

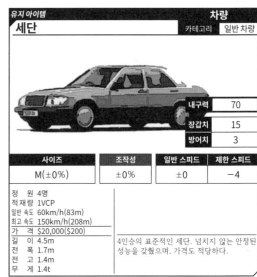

내구력	70
장갑치	15
방어치	3

사이즈	조작성	일반 스피드	제한 스피드
M(±0%)	±0%	±0	−4

정　원 4명
적재량 1VCP
일반 속도 60km/h(83m)
최고 속도 150km/h(208m)
가　격 $20,000($200)
길　이 4.5m
전　폭 1.7m
전　고 1.4m
무　게 1.4t

4인승의 표준적인 세단. 넘치지 않는 안정된 성능을 갖췄으며, 가격도 적당하다.

유지 아이템 — 스포츠카 | 카테고리 | 일반 차량

내구력	65
장갑치	15
방어치	3

사이즈	조작성	일반 스피드	제한 스피드
M(±0%)	−20%	+4	−6

정　원 2명
적재량 0.5VCP
일반 속도 80km/h(111m)
최고 속도 200km/h(277m)
가　격 $40,000($400)
길　이 4.6m
전　폭 1.9m
전　고 1.2m
무　게 1.5t

2인승 스포츠카. 대출력 엔진을 탑재하여 노상에서는 타의 추종을 불허하는 성능을 발휘하지만, 취급에는 조종 기술이 필요. 또, 적재량이 적다.

유지 아이템 — 경찰차 | 카테고리 | 일반 차량

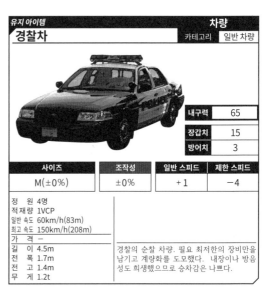

내구력	65
장갑치	15
방어치	3

사이즈	조작성	일반 스피드	제한 스피드
M(±0%)	±0%	+1	−4

정　원 4명
적재량 1VCP
일반 속도 60km/h(83m)
최고 속도 150km/h(208m)
가　격 −
길　이 4.5m
전　폭 1.7m
전　고 1.4m
무　게 1.2t

경찰의 순찰 차량. 필요 최저한의 장비만을 남기고 계량화를 도모했다. 내장이나 방음성도 희생했으므로 승차감은 나쁘다.

유지 아이템 — 웨건 | 카테고리 | 일반 차량

내구력	75
장갑치	15
방어치	5

사이즈	조작성	일반 스피드	제한 스피드
M(±0%)	−10%	±0	−4

정　원 4명
적재량 2VCP
일반 속도 60km/h(83m)
최고 속도 150km/h(208m)
가　격 $22,000($220)
길　이 4.7m
전　폭 1.7m
전　고 1.5m
무　게 1.5t

4인승 투어링 웨건. 세단과 거의 동등한 성능이지만, 화물 적재 공간이 큰 만큼 적재량이 늘었다.

유지 아이템 — 원박스 밴 | 카테고리 | 일반 차량

내구력	80
장갑치	15
방어치	5

사이즈	조작성	일반 스피드	제한 스피드
M(±0%)	−10%	−2	−6

정　원 2명
적재량 6VCP
일반 속도 50km/h(69m)
최고 속도 140km/h(194m)
가　격 $30,000($300)
길　이 5.0m
전　폭 1.7m
전　고 2.0m
무　게 1.8t

화물 적재 공간이 넓은 원박스 타입 밴. 사람이든 화물이든 다양한 용도로 화물 적재 공간을 이용할 수 있다. 세단이나 웨건에 비해 주행 성능은 약간 떨어진다.

픽업

		카테고리	일반 차량

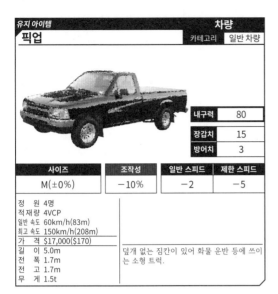

내구력	80
장갑치	15
방어치	3

사이즈	조작성	일반 스피드	제한 스피드
M(±0%)	−10%	−2	−5

정　원 4명
적재량 4VCP
일반 속도 60km/h(83m)
최고 속도 150km/h(208m)
가　격 $17,000($170)
길　이 5.0m
전　폭 1.7m
전　고 1.7m
무　게 1.5t

덮개 없는 짐칸이 있어 화물 운반 등에 쓰이는 소형 트럭.

트럭

유지 아이템 　　　　　　　　　　　 차량

		카테고리	일반 차량

내구력	90
장갑치	15
방어치	5

사이즈	조작성	일반 스피드	제한 스피드
L(+10%)	−20%	−4	−7

정　원 2명
적재량 12VCP
일반 속도 50km/h(69m)
최고 속도 95km/h(131m)
가　격 $35,000($350)
길　이 6.0m
전　폭 2.0m
전　고 2.7m
무　게 4.0t

주행 성능은 떨어지지만 12VCP의 적재량을 자랑하는 중형 트럭. 대량의 화물을 효율 좋게 수송할 수 있다.

소형 4WD

유지 아이템 　　　　　　　　　　　 차량

		카테고리	일반 차량

내구력	65
장갑치	15
방어치	3

사이즈	조작성	일반 스피드	제한 스피드
S(−10%)	±0%	−1	

정　원 2명
적재량 2VCP
일반 속도 60km/h(83m)
최고 속도 130km/h(180m)
가　격 $12,000($120)
길　이 3.7m
전　폭 1.6m
전　고 1.8m
무　게 1.0t

■무장 설치대: 2VCP(짐받이) ※군용 한정
■오프로드 대응

지프를 비롯한, 우수한 험로 주파성을 갖춘 소형 사륜구동차. 기동성이 좋다.
적재량은 그리 많지 않지만 군용은 무장 설치대에 무장을 설치할 수 있다.

오프로드 4WD

유지 아이템 　　　　　　　　　　　 차량

		카테고리	일반 차량

내구력	75
장갑치	15
방어치	3

사이즈	조작성	일반 스피드	제한 스피드
M(±0%)	−10%	−1	−

정　원 3명
적재량 4VCP
일반 속도 60km/h(83m)
최고 속도 120km/h(166m)
가　격 $25,000($250)
길　이 4.3m
전　폭 1.8m
전　고 2.0m
무　게 1.0t

■무장 설치대: 2VCP(자체 상부), 1CVP(조수석) ※군용 한정
■오프로드 대응

랜드로버를 비롯한, 황무지 주행용 사륜구동차. 군대에서도 널리 이용된다. 군용은 무장 설치대에 무장을 설치할 수 있다.

HMMWV(험비)

유지 아이템 　　　　　　　　　　　 차량

		카테고리	일반 차량

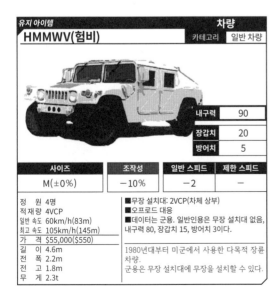

내구력	90
장갑치	20
방어치	5

사이즈	조작성	일반 스피드	제한 스피드
M(±0%)	−10%	−2	−

정　원 4명
적재량 4VCP
일반 속도 60km/h(83m)
최고 속도 105km/h(145m)
가　격 $55,000($550)
길　이 4.6m
전　폭 2.2m
전　고 1.8m
무　게 2.3t

■무장 설치대: 2VCP(차체 상부)
■오프로드 대응
■데이터는 군용. 일반인용은 무장 설치대 없음, 내구력 80, 장갑치 15, 방어치 3이다.

1980년대부터 미군에서 사용한 다목적 장륜차량. 군용은 무장 설치대에 무장을 설치할 수 있다.

장륜장갑차

유지 아이템 　　　　　　　　　　　 차량

		카테고리	특수 차량

내구력	120
장갑치	25
방어치	15

사이즈	조작성	일반 스피드	제한 스피드
L(+10%)	−20%	−2	−6

정　원 3명
적재량 8VCP
일반 속도 60km/h(83m)
최고 속도 100km/h(138m)
가　격 −
길　이 7.9m
전　폭 3.0m
전　고 2.4m
무　게 25.0t

■무장: 12.7mm 기관포(차체 상부, 「M2 머신건(설치식)」의 데이터를 사용)

8륜 구동 경장갑차.
기동성이 우수하여 현 장갑차의 주류다.

유지 아이템

장궤식 장갑차

	차량
카테고리	특수 차량

내구력	120
장갑치	30
방어치	20

사이즈	조작성	일반 스피드	제한 스피드
L(+10%)	−20%	−6	−

정　원 3명
적재량 8VCP
일반 속도 50km/h(69m)
최고 속도 60km/h(83m)
가　격 −
길　이 6.6m
전　폭 3.3m
전　고 2.6m
무　게 29.0t

■무장: 12.7mm 기관포(차체 상부, 「M2 머신건(설치식)」의 데이터를 사용)
■무장: 7.62mm 기관포(차체 전방, 「M60E4 머신건」의 데이터를 사용)
■오프로드 대응

캐터필러로 주행하는 타입의 장갑차. 장륜식 장갑차보다도 험로 주파성이 우수하다.

유지 아이템

헬리콥터

	차량
카테고리	상급 차량

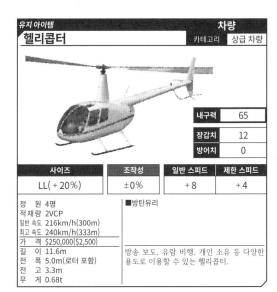

내구력	65
장갑치	12
방어치	0

사이즈	조작성	일반 스피드	제한 스피드
LL(+20%)	±0%	+8	+4

정　원 4명
적재량 2VCP
일반 속도 216km/h(300m)
최고 속도 240km/h(333m)
가　격 $250,000($2,500)
길　이 11.6m
전　폭 5.0m(로터 포함)
전　고 3.3m
무　게 0.68t

■방탄유리

방송 보도, 유람 비행, 개인 소유 등 다양한 용도로 이용할 수 있는 헬리콥터.

유지 아이템

수송용 헬리콥터

	차량
카테고리	특수 차량

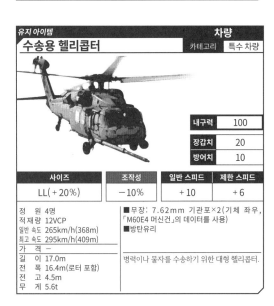

내구력	100
장갑치	20
방어치	10

사이즈	조작성	일반 스피드	제한 스피드
LL(+20%)	−10%	+10	+6

정　원 4명
적재량 12VCP
일반 속도 265km/h(368m)
최고 속도 295km/h(409m)
가　격 −
길　이 17.0m
전　폭 16.4m(로터 포함)
전　고 4.5m
무　게 5.6t

■무장: 7.62mm 기관포×2(기체 좌우, 「M60E4 머신건」의 데이터를 사용)
■방탄유리

병력이나 물자를 수송하기 위한 대형 헬리콥터.

유지 아이템

공기 주입식 보트

	차량
카테고리	일반 차량

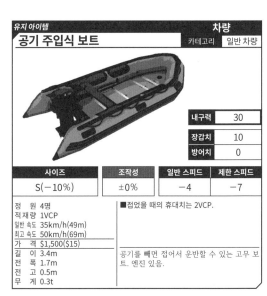

내구력	30
장갑치	10
방어치	0

사이즈	조작성	일반 스피드	제한 스피드
S(−10%)	±0%	−4	−7

정　원 4명
적재량 1VCP
일반 속도 35km/h(49m)
최고 속도 50km/h(69m)
가　격 $1,500($15)
길　이 3.4m
전　폭 1.7m
전　고 0.5m
무　게 0.3t

■접었을 때의 휴대치는 2VCP.

공기를 빼면 접어서 운반할 수 있는 고무 보트. 엔진 있음.

유지 아이템

모터보트

	차량
카테고리	상급 차량

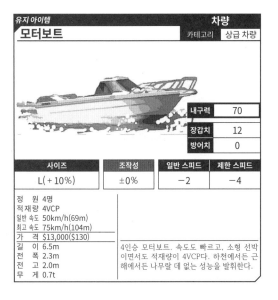

내구력	70
장갑치	12
방어치	0

사이즈	조작성	일반 스피드	제한 스피드
L(+10%)	±0%	−2	−4

정　원 4명
적재량 4VCP
일반 속도 50km/h(69m)
최고 속도 75km/h(104m)
가　격 $13,000($130)
길　이 6.5m
전　폭 2.3m
전　고 2.0m
무　게 0.7t

4인승 모터보트. 속도도 빠르고, 소형 선박이면서도 적재량이 4VCP다. 하천에서든 근해에서든 나무랄 데 없는 성능을 발휘한다.

유지 아이템

대형 모터보트

	차량
카테고리	특수 차량

내구력	250
장갑치	15
방어치	5

사이즈	조작성	일반 스피드	제한 스피드
LL(+20%)	−20%	±0	−2

정　원 5명
적재량 16VCP
일반 속도 60km/h(83m)
최고 속도 95km/h(131m)
가　격 −
길　이 25.0m
전　폭 5.3m
전　고 5.2m
무　게 57.0t

■무장: 12.7mm 기관포(선체 중앙, 「M2 머신건(설치식)」의 데이터를 사용)
■무장: 7.62mm 기관포×2(선체 전방, 「M60E4 머신건」의 데이터를 사용)

군대에서 해상 경비나 선박 임검에 사용하는 고속 모터보트.

차량 카드

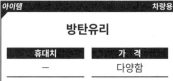

아이템	차량용

방탄유리

휴대치	가 격
—	다양함

차량의 창유리를 모두 방탄유리로 바꾼다. 사격 등이
명중했을 때는 다시 교체해야 한다.
가격은 차량의 [사이즈]에 따라 달라진다.

■차량의 [사이즈]: 가격
SS: $2,000   S: $5,000   M: $6,000
L: $8,000   LL: $10,000

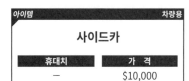

아이템	차량용

튠업

휴대치	가 격
—	$2,000

서스펜션 교환, 얼라이먼트 조정으로 주행 성능을 향
상한다.
단, 유지 비용이 든다.

■[조작성]+10%
■차량의 [유지 코스트]+$100

아이템	차량용

사이드카

휴대치	가 격
—	$10,000

바이크 한쪽에 연결된 바퀴 하나짜리 사이드카.
대형 바이크에만 연결 가능.

■적재량: 1VCP
 (■무장 설치대: 1VCP로도 사용 가능)
■[조작성] -10%
■[일반 스피드][제한 스피드] -1

아이템	차량용

스페어 타이어

휴대치	가 격
다양함	다양함

타이어가 펑크나거나 파열했을 때를 위한 교환용 예비
타이어. 지상 차량만 유효. 휴대치와 가격은 차량의
[사이즈]에 따라 달라진다.

■ 차량 대미지 페널티 표로 인한 [조작성][일반 스피
드][제한 스피드] 수정을 -10% 또는 -1.
■차량의 [사이즈]: 휴대치/가격(바퀴 하나당)
SS: 4×4/$100, S: 5×4/$150
M: 5×4/$250, L: 6×6/$500
LL: 없음

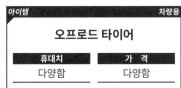

아이템	차량용

오프로드 타이어

휴대치	가 격
다양함	다양함

비포장 도로에서도 주행할 수 있도록 트레드 패턴(홈)
등을 조정한 타이어.
휴대치와 가격은 차량의 [사이즈]에 따라 달라진다.
■모든 타이어를 교체해야 한다.
■오프로드 대응 차량에는 사용할 수 없다.
■[일반 스피드]-1, [제한 스피드]+2
■차량의 [사이즈]: 휴대치/가격(바퀴 하나당)
SS: 4×4/$200, S: 5×4/$300
M: 5×4/$500, L: 6×6/$1,200
LL: 없음

아이템	차량용

타이어 체인

휴대치	가 격
3×3	$100

눈 덮인 길이나 빙판길을 주행할 때 잘 미끄러지지 않
도록 구동륜에 장착하는 수지제 체인.
■오프로드 대응 차량에는 사용할 수 없다.
■눈 덮인 길이나 빙판길에서만 [제한 스피드] +2
■[일반 스피드] -2

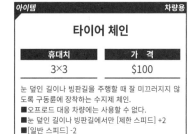

아이템	차량용

방탄 처리 1LV

휴대치	가 격
—	다양함

차량에 장갑판 따위를 붙여 총격 등으로 인한 피해를
줄인다. 단, 주행 성능은 희생된다. 가격은 차량의 [사
이즈]에 따라 달라진다.

■[장갑치]에 +5, [방어치]에 +3
■[조작성] -10%
■[일반 스피드][제한 스피드] -2
■차량의 [사이즈]: 가격
SS: $5,000, S: $10,000, M: $15,000
L: $20,000, LL: $30,000

아이템	차량용

방탄 처리 2LV

휴대치	가 격
—	다양함

차량에 장갑판 따위를 붙여 총격 등으로 인한 피해를
줄인다. 단, 주행 성능은 희생된다.
LV1보다 더 두꺼운 장갑.
가격은 차량의 [사이즈]에 따라 달라진다.

■[장갑치]에 +10, [방어치]에 +5
■[조작성] -20%
■[일반 스피드][제한 스피드] -4
■차량의 [사이즈]: 가격
SS: $10,000, S: $20,000, M: $30,000
L: $40,000, LL: $60,000

아이템	차량용

루프 캐리어

휴대치	가 격
—	$250

차량 지붕에 설치하는 짐칸.
[사이즈]가 S나 M인 차량만 설치 가능.
■적재량: 2VCP
■[일반 스피드] -1, [제한 스피드] -2

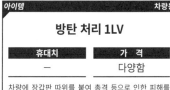

아이템	차량용

무장 설치대

휴대치	가 격
1VCP	$1,000

적재 공간의 일부를 무장 설치대로 바꾼다.
■무장 설치대: 1VCP
■아이템「삼각대」의 효과를 가진다.
■$1,000를 더 지급하면 조종석의 컨트롤러로 사격
가능. 해당 무장의 사용 스킬에〈메카닉〉을 추가한다.
■입수치: 7

아이템	차량용

격납형 무장 설치대

휴대치	가 격
1VCP	$5,000

평소에는 차체에 격납하는 무장 설치대를 설치한다.
조종자가 스위치로 꺼낼 수 있다. 물론 불법.

■무장 설치대: 1VCP
■아이템「삼각대」의 효과를 가진다.
■준비하는 데 [아이템 사용](행동)이 필요.
■$5,000를 더 지급하면 조종석의 컨트롤러로 사격
가능. 해당 무장의 사용 스킬에〈메카닉〉을 추가한다.
■[일반 스피드] -1, [제한 스피드] -1
■입수치: 15

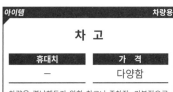

아이템	차량용

차 고

휴대치	가 격
—	다양함

차량을 격납해두기 위한 차고나 주차장. 기본적으로
안전. 유지 아이템으로 간주한다.
이것이 없으면 차량을 도난 당하거나 경찰에게 견인될
가능성이 있다.

■차량의 [사이즈]: 유지 코스트
SS: $50, S: $100, M: $150
L: $500, LL: $1,500

응급처치 장비

휴대치	가 격
1×1	$40

응급처치용 의료 도구가 들어있는 구급 장비.

■〈의료〉에 의한 [의료행동]을 할 수 있다.

의료 장비

휴대치	가 격
2×3	$100

다양한 부상이나 병에 대처할 수 있도록 다양한 의료 도구가 들어있는 의료 장비.

■+10%의 수정을 받고 〈의료〉에 의한 [의료행동]을 할 수 있다.

지혈 장비

휴대치	가 격
1×1	$50

지혈대나 지혈제가 들어있는 지혈용 장비. 교육을 받은 자라면 누구라도 사용할 수 있다.

■〈출혈〉을 1D6 감소할 수 있다. 중복 사용 불가.
■1회용.

진통제

휴대치	가 격
0×0	$300

통증을 경감하는 약. 무침 주사기 포함.

■[경상][중상]의 수정을 10% 경감한다.
■부작용으로 〈지각계〉에 -10%.
■효과는 중복되지 않는다.
■효과는 6시간 지속된다.
■1회용.
■입수치: 15

서바이벌 장비

휴대치	가 격
1×1	$35

정글 같은 극지 환경에서 살아남기 위한 도구가 들어 있는 장비.
내용물은 와이어 톱, 성냥, 초, 재봉도구, 비상용 호각, 낚시도구 등.

■〈서바이벌〉에 +10%의 수정

응급사태 장비

휴대치	가 격
1×1	$100

펜형 신호탄, 소형 발연통, 시그널 미러, 비컨(주위에 전파를 발산하여 위치를 알리는 발신기. 유효 거리 500m) 등으로 구성된 구조 요청 신호 장비.

MRE 레이션

휴대치	가 격
2×1	$5

MRE란 「Meal Ready to Eat(미리 조리된 식량)」의 약칭.
최신 휴대형 전투식량으로 푸드 바, 푸딩형 식량 등 최신 기술로 만든 소형·경량 식량. 영양소가 풍부하다.

■1일분의 영양과 수분을 보급할 수 있다.

야영 세트

휴대치	가 격
2×3	$80

침낭, 조리기구, 그랜드 시트 등으로 구성된 야영용 세트. 쾌적하게 노숙할 수 있다.

군용 소형무전기

휴대치	가 격
(1×1)	$250

군용으로 널리 사용되는 워키토키형 무전기. 헤드셋도 포함된다. 몸에 동여 매면 총을 들고서도 가슴이나 손의 스위치로 회화 가능.
■반경 3km 이내에서의 장거리 통신
[통신성능] 12
■반경 1km 이내에서의 단거리 통신
[통신성능] 14

골전도 무전기

휴대치	가 격
(1×1)	$500

골전도를 이용해서 성대의 진동을 음성 신호로 변환하는 방식의 이어폰 마이크를 사용한 무전기. 소형이라 눈에 잘 띄지 않는다. 소음 속에서도 명료한 수신이 가능하며, 송신할 때도 목소리를 크게 낼 필요가 없다.

■반경 1km 이내에서의 장거리 통신
[통신성능] 10
■반경 500m 이내에서의 단거리 통신
[통신성능] 12
■주의해서 보지 않는 한 무전기를 알아차리려면 〈감지〉 성공판정이 필요.

위성 통신 시스템

휴대치	가 격
3×2	$2,000

특수부대 등에서 사용하는 휴대형 위성 통신 시스템.
보통은 부대 단위로 휴대하며 본부와의 통신에 사용한다.
위성 통신으로 전 세계와 통신할 수 있지만, 사용할 때는 안테나를 펴야 한다.

■[통신성능] 15
■입수치: 15
■취급 난이도: 〈통신〉 3LV

위성 통신기

휴대치	가 격
1×2	$2,000

더 소형화한 휴대형 위성 통신 시스템. 위성 통신으로 전 세계와 통신할 수 있다.
접이식 안테나와 통신기의 세트로 이루어져 있다.

■[통신성능] 12
■입수치: 15
■취급 난이도: 〈통신〉 2LV

아이템

휴대정보단말

휴대치	가 격
0×0	$500

각종 정보의 관리, 화상이나 영상, 음성 재생이 가능. 휴대 전화의 통화 범위 내라면 메일 송수신과 인터넷, 통화도 할 수 있다.

아이템

GPS 수신기

휴대치	가 격
0×0	$500

인공위성의 전파를 이용해 지구상의 어디에 있는지를 정확하게 알아낸다.
위도, 경도, 고도 등도 알아낼 수 있다.

아이템

소형 랩톱

휴대치	가 격
1×1	$2,000

소형 노트북 컴퓨터. 배터리로 야외에서도 사용 가능. 「위성 통신기」와 접속하면 전 세계 어디에서라도 데이터 송수신이나 인터넷 관람이 가능.

아이템

랩톱

휴대치	가 격
2×2	$1,000

노트북 컴퓨터. 배터리로 야외에서도 사용할 수 있다. 「위성 통신기」와 접속하면 전 세계 어디에서라도 데이터 송수신이나 인터넷 관람이 가능.

아이템

고성능 랩톱

휴대치	가 격
3×2	$2,000

고성능 노트북 컴퓨터. 배터리로 야외에서도 사용할 수 있다.
「위성 통신기」와 접속하면 전 세계 어디에서라도 데이터 송수신이나 인터넷 관람이 가능.

■이 아이템을 사용한 〈정보처리〉에 +10%

아이템

위장복

휴대치	가 격
(1×2)	$50

시가지용과 국지용 중에서 선택한다.
군 등에서 사용하는 위장복. 모양은 다양하지만, 크게 시가지용과 국지용으로 나눌 수 있다.

(시가지용)
■〈시가지행동〉에 +10%의 수정.
(국지용)
■〈국지행동〉에 +10%의 수정.

아이템

길리 슈트

휴대치	가 격
(2×2)	$150

저격수가 야외에서 위장용으로 착용하는 위장복.

■〈국지행동〉에 +20%의 수정.
■〈운동〉에 -10%의 수정.
■위장복과 겹쳐 입은 경우는 길리 슈트의 수정만이 적용된다.

아이템

가스마스크

휴대치	가 격
(2×2)	$300

최루가스나 독가스, 분진 따위로부터 눈이나 호흡기관을 지키는 마스크.
음성 증폭 장치 등으로 외부와의 커뮤니케이션은 가능. 급수구도 달려 있다.

■신경 가스를 제외한 가스의 영향을 받지 않는다.
■〈지각계〉(단, 〈정신력〉제외)에 -10%.
■회화는 가능.

아이템

등반용 장비

휴대치	가 격
(3×4)	$2,500

록 클라이밍 용구 한 세트. 자일, 하켄, 카라비너, 하니스 등.

아이템

공정 강하용 장비

휴대치	가 격
(4×4)	$7,500

에어본(공정강하) 작전용 장비 한 세트. 낙하산(예비 포함), 헬멧, 고도계 등. 산소 공급용 에어 유니트와 방한 슈트로 높은 고도에서도 강하 가능.

■[전력이동] 불가.
■〈사격계〉〈격투계〉〈운동계〉〈지각계〉〈강인함〉〈정신력〉제외)에 -30%의 수정.

아이템

잠수용 장비

휴대치	가 격
(4×4)	$5,000

잠수용 장비 한 세트. 장비품은 순환형 산소 공급 시스템, 고글, 다이빙 슈트, 물갈퀴, 심도계 등.

■약 2시간 잠수 가능.
■지상에서는 〈사격계〉〈격투계〉〈운동계〉〈지각계〉(〈강인함〉〈정신력〉제외)에 -30%의 수정.
■수영 시의 이동속도는 [일반이동]과 같음.

아이템

설상용 장비

휴대치	가 격
(3×4)	$3,000

스키 용구 한 세트. 스키판, 스톡, 고글, 방한복 등.

■장비했을 때는 항상 [전력이동]으로 이동하는 것으로 간주하지만, 이동거리는 상황에 따라 달라진다.
■높은 곳에서 낮은 곳으로 설상 이동을 할 때는 [전력이동]과 같은 이동거리.
■평지에서 설상 이동을 할 때는 [일반이동]과 같은 이동거리.
■설상 이외에는 [신중한 이동]과 같은 이동거리.

스코프 LV1

휴대치	가 격
1×1	$500

2~3배 정도의 저배율 스코프. 핸드건이나 SMG, 라이플에 장비한다.

■액세서리(상부)
■각 사정거리에서의 명중 수정
[×/+15%/+20%/+20%]
■[저격]에 +5%의 수정.
■수정을 얻으려면 [사격집중] [행동]이 필요.

스코프 LV2

휴대치	가 격
1×2	$1,000

배율이 4~7배 정도인 스코프. 흔히 스나이퍼 라이플에 장비한다.

■액세서리(상부)
■각 사정거리에서의 명중 수정 [×/×/+25%/+25%]
■[저격]에 +10%의 수정.
■수정을 얻으려면 [사격집중] [행동]이 필요.

스코프 LV3

휴대치	가 격
1×3	$1,500

배율이 8~10배 정도인 스코프. 사정거리가 긴 스나이퍼 라이플에 장비한다.

■액세서리(상부)
■각 사정거리에서의 명중 수정 [×/×/+30%/+30%]
■[저격]에 +15%의 수정.
■수정을 얻으려면 [사격집중] [행동]이 필요.

암시 스코프 LV1

휴대치	가 격
1×2	$1,000

암시 기능이 달린 2~3배 정도의 저배율 스코프. 암시 기능은 스위치로 켜고 끌 수 있다.

■액세서리(상부)
■각 사정거리에서의 명중 수정
[×/+15%/+20%/+20%]
■암시 기능 사용 시에는 광량 부족으로 인한 시야 수정을 -10%로 경감한다.
■[저격]에 +5%의 수정.
■수정을 얻으려면 [사격집중] [행동]이 필요.
■ON/OFF 전환은 [간이행동]

암시 스코프 LV2

휴대치	가 격
1×3	$2,000

배율이 4~7배 정도이고 암시 기능이 있는 스코프. 흔히 스나이퍼 라이플에 장비한다. 암시 기능은 스위치로 켜고 끌 수 있다.

■액세서리(상부)
■각 사정거리에서의 명중 수정 [×/×/+25%/+25%]
■암시 기능 사용 시에는 광량 부족으로 인한 시야 수정을 -10%로 경감한다.
■[저격]에 +10%의 수정.
■수정을 얻으려면 [사격집중] [행동]이 필요.
■ON/OFF 전환은 [간이행동]

암시 스코프 LV3

휴대치	가 격
2×2	$3,000

배율이 8~10배 정도이고 암시 기능이 있는 스코프. 사정거리가 긴 스나이퍼 라이플에 장비한다. 암시 기능은 스위치로 켜고 끌 수 있다.

■액세서리(상부)
■각 사정거리에서의 명중 수정 [×/×/+30%/+30%]
■암시 기능 사용 시에는 광량 부족으로 인한 시야 수정을 -10%로 경감한다.
■[저격]에 +15%의 수정.
■수정을 얻으려면 [사격집중] [행동]이 필요.
■ON/OFF 전환은 [간이행동]

쌍안경

휴대치	가 격
1×1	$600

배율이 8~10배 정도인 쌍안경. 보는 것을 사진이나 동영상으로 내장 메모리에 보존할 수 있다.

암시 쌍안경

휴대치	가 격
1×1	$1,500

배율이 8~10배 정도이고 암시 기능이 있는 쌍안경. 보는 것을 사진이나 동영상으로 내장 메모리에 보존할 수 있다.
암시 기능은 스위치로 켜고 끌 수 있다.

■암시 기능 사용 시에는 광량 부족으로 인한 시야 수정을 -10%로 경감한다.
■ON/OFF 전환은 [간이행동]

나이트 비전

휴대치	가 격
(2×1)	$1,500

외눈 타입의 암시 장치. 헤드기어가 붙어 있으므로 머리에 고정해서 사용할 수도 있다.
영상이 녹색 일색의 단색이므로 색은 식별할 수 없지만, 세부 디테일은 선명.
■광량 부족으로 인한 시야 수정이 일률적으로 -10%가 된다.

녹트 비전

휴대치	가 격
(2×1)	$2,000

열(적외선)을 볼 수 있는 외눈 타입 암시 장치. 헤드기어가 붙어 있으므로 머리에 고정해서 사용할 수도 있다.
영상이 흑백이라 색은 식별할 수 없으며, 세부 디테일도 선명하지 못하다.

■광량 부족으로 인한 시야 수정이 일률적으로 -10%가 된다.
■온도 차로 대략적인 시간 경과를 알 수 있다.
■증기나 불처럼 뜨거운 열을 발하는 것이 있으면 주위를 지각하기 어려워진다(-20~-40%의 수정).

스포터 세트

휴대치	가 격
2×2	$1,000

망원경 일체형의 레이저 거리 측정기와 풍력계 등 스나이퍼를 보조하는 스포터용 세트.

■[저격]에서 스포터를 할 때 +20%의 수정.

레이저 사이트

휴대치	가 격
0×0	$65

착탄점에 붉은 레이저를 비춰 신속하고 용이하게 조준한다. 단, 빛으로 인해 자신의 위치를 들킬 수가 있다.
레이저가 확산하거나 조사점(照射点)을 분간하기 힘든 상황에서는 효과가 없다.
레이저는 스위치로 켜고 끌 수 있다.
■액세서리(-)
■[근거리]까지의 명중률에 +10%. 수정을 받는 데 [사격집중] [행동]은 필요 없다.
■ON/OFF 전환은 [간이행동].
■폭우나 짙은 안개, 청명한 날씨 같은 환경에서는 사용 불가.

적외선 레이저 사이트

휴대치	가 격
1×1	$1,000

적외선 레이저를 사용하는 조준기. 녹트 비전과 함께 사용하면 조사점(照射点)이 보인다. 육안으로는 조사점이나 조사 위치를 확인할 수 없으므로 상대에게 잘 들키지 않는다. 레이저가 확산되는 상황에서는 효과가 없다. 레이저는 스위치로 켜고 끌 수 있다.

■액세서리(-)
■[근거리]까지의 명중률에 +10%. 수정을 받는 데 [사격집중] [행동]은 필요 없지만, 녹트 비전을 장비해야 한다.
■ON/OFF 전환은 [간이행동].
■폭우나 짙은 안개 같은 환경에서는 사용 불가.

도트 사이트

휴대치	가 격
1×1	$100

스코프에 탄환의 착탄점을 붉은 점(도트)으로 표시한다. 스코프를 들여다보기만 해도 직감적으로 조준을 할 수 있다.

■액세서리(상부)
■[근거리]까지의 명중률에 +10%. 수정을 받는 데 [사격집중] [행동]은 필요 없다.
■[사격집중] [행동]을 했다면 [중거리]의 명중률에 +20%(사격집중 효과 포함).
■나이트 비전, 녹트 비전과 병용 가능.

플래시 라이트

휴대치	가 격
1×1	$70

총에 달아서 총을 겨눈 상태에서도 간단히 켜고 끌 수 있는 대광량 라이트. 한손에 들고 일반 라이트처럼 사용할 수도 있다.

■액세서리(하부)
■라이트를 향한 방향에서 [근거리]까지의 광량 부족으로 인한 시야 수정을 받지 않는다.
■라이트 소지자를 노리는 경우, 광량 부족으로 인한 시야 수정을 -10% 경감한다.
■[간이행동]으로 사격 대상(1인인 경우만)의 눈을 부시게 한다. 대상은 〈상황파악〉 성공판정에 실패하면 다음 페널티 체크까지 시각 관련 판정에 -10%.

소음기(단)

휴대치	가 격
1×1	$700

핸드건, SMG용의 총성을 줄이는 장치.
총마다 전용 접속구가 필요하므로, 한 번 장착하면 그 총에만 부착할 수 있다.
■액세서리(오른쪽)
■소음 레벨 +1
■명중률에 -10%
■총성 방향을 감지하기 위해 필요한 〈감지〉의 달성치에 +5.
■리볼버(장탄수에(R) 표시)에는 부착할 수 없다.
■입수치: 12

소음기(장)

휴대치	가 격
1×2	$1,000

라이플(샷건 제외)의 총성을 줄이는 장치.
총마다 전용 접속구가 필요하므로, 한 번 장착하면 그 총에만 부착할 수 있다.

■액세서리(오른쪽)
■소음 레벨 +1
■명중률과 [저격]([레인지] 3~1)에 -10%
■총성 방향을 감지하기 위해 필요한 〈감지〉의 달성치에 +5.
■입수치: 15

그레네이드 어댑터

휴대치	가 격
0×0	$50

M203 그레네이드 런처를 M16/M4 계열 이외의 라이플에 장착할 수 있게 하는 어댑터.

■액세서리(-)

와이어건

휴대치	가 격
2×3	$300

갈고리가 달린 와이어를 사출하는 핸드건. 와이어 카트리지는 교환할 수 있다. 자동 되감기 기능 있음.
■〈사격계〉의 기본%나 〈메카닉〉으로 성공판정을 한다.
■와이어의 길이는 25m, 버틸 수 있는 무게 한계는 150kg.
■카트리지(가격: $100, 휴대치: 1×2) 교환에는 [아이템 사용] 2회 필요.

네트건

휴대치	가 격
2×3	$200

방인(防刃) 효과가 있는 특수 섬유로 만든 그물(네트)을 사출해 상대의 행동을 제한하는 무기.
■10m 이내에서 목표점이 될 마스를 지정한다. 〈사격계〉의 기본%나 〈메카닉〉으로 성공판정을 한다. 실패하면 목표점이 어긋난다. 어긋난 마스는 그레네이드 효과 범위에서 무작위로 결정한다.
■목표 마스에 있는 캐릭터 전원을 포박한다. [회피행동]으로 회피할 수 있다.
■포박되면 모든 [행동]에 -40%. 일반 행동으로 〈운동〉 -20%에 성공하면 탈출할 수 있다.
■카트리지(가격: $100, 휴대치: 1×2) 교환에는 [아이템 사용] 2회 필요.

폭약

휴대치	가 격
1×1	$50

각봉형 플라스틱 폭탄과 신관의 세트. 이것만으로는 기폭하지 못하므로 「기폭장치 장비」가 필요.

■취급 난이도: 〈폭발물〉 1LV
■입수치: 10

기폭장치 장비

휴대치	가 격
1×2	$60

200m 길이의 도화선 코드, 기폭 스위치, 리모컨 기폭 스위치(유효 반경 500m), 탬퍼(반사재), 설치 공구 등으로 이루어진 세트. 폭파 1회로 한 세트를 소비한다.

■폭파 시간은 즉시부터 30분까지 자유롭게 설정할 수 있다.
■취급 난이도: 〈폭발물〉 1LV
■입수치: 10

문 폭파 장비

휴대치	가 격
1×1	$50

소량의 폭약과 도화선 코드, 기폭 스위치 세트. 화약량을 조절했으므로 주위에 피해를 미치지 않고 확실하게 문을 파괴할 수 있다.

■스위치로 기폭할 수 있다.
■취급 난이도: 〈폭발물〉 2LV
■입수치: 10

락 픽

휴대치	가 격
1×1	$100

기계적인 자물쇠를 열 때 필요한 도구 한 세트.

■〈손감각〉으로 열쇠따기를 할 때 가지고 있지 않으면 -20 ~ -40%의 수정.

전파 탐지기

휴대치	가 격
1×1	$150

도청기나 발신기 등 전파를 발하는 것을 탐지하는 장치. 전파를 탐지하면 경고음이 울린다.
■경고음을 통해 방에서 발신원을 찾아내려면 〈통신〉 성공판정이 필요.
■〈통신〉으로 발신원을 발견하는 판정에 +20%의 수정.
■유효 반경 5m(방 하나 정도)

도청 장비

휴대치	가 격
1×1	$500

도청기와 수신기 세트.

■소리를 포착하기 쉽도록 잘 설치하려면 〈통신〉 성공판정이 필요. 실패하면 일부 음성이 불명료해지는 등의 문제가 발생한다.
■도청기는 반경 5m(방 하나 정도)의 소리를 수집 가능.
■수신기는 300m 이내에서 도청기의 전파를 수신해 음성을 들을 수 있다. 24시간 분량의 녹음 기능 있음.
■취급 난이도: 〈통신〉 1LV

발신기 장비

휴대치	가 격
1×1	$500

발신기와 수신기 세트

■들키지 않도록 설치하려면 〈통신〉이나 〈시가지행동〉 성공판정이 필요.
■설치한 발신기의 전파를 수신기로 수신해 위치를 알 수 있다. 수신기의 유효 반경은 3km.
■취급 난이도: 〈통신〉 2LV

몰래카메라 장비

휴대치	가 격
1×1	$500

소형 비디오카메라와 수신기 세트.

■질 좋은 화상을 얻을 수 있도록 잘 설치하려면 〈통신〉 성공판정이 필요. 실패하면 일부 화상의 선명도가 떨어지는 등의 문제가 발생한다.
■설치한 카메라의 영상을 수신기로 수신할 수 있다. 수신기의 유효 반경은 3km. 12시간 분량의 녹화 기능 있음.
■취급 난이도: 〈통신〉 1LV

파이버 스코프

휴대치	가 격
2×2	$4,000

수만 가닥의 광섬유를 묶은 두께 7mm의 케이블(이미지 가이드)을 통해 좁은 장소를 관찰하거나 문 밑에서 방 내부를 관찰할 수 있다. 영상은 소형 모니터로 볼 수 있다. 제자리 조작으로 이미지 가이드 끝부분이 향하는 방향을 바꿀 수 있어서 넓은 범위를 관찰할 수 있다.
■제대로 다루기 위한 판정은 〈통신〉으로 한다. 그냥 보기만 한다면 판정은 필요 없다.
■이미지 가이드의 길이는 5m.
■복잡한 구조의 폭탄 해체 등에 +10~+20%의 수정을 줄 수 있다.
■취급 난이도: 〈통신〉 1LV

건 마이크

휴대치	가 격
2×2	$250

한 방향의 소리를 수집하기 위한 초지향성 마이크. 끝부분을 향한 방향의 소리를 명료하게 확보할 수 있다. 단, 음원과의 사이에 엄폐물이 있다면 소리를 알아듣기 힘들어진다.

■다루기 어려우므로 반드시 〈통신〉 판정이 필요.
■유효 거리 500m
■24시간 분량의 녹음 기능 있음
■취급 난이도: 〈통신〉 2LV

레이저 마이크

휴대치	가 격
3×5	$7,000

레이저를 이용해 유리의 진동을 읽어 실내의 회화를 들을 수 있다. 녹음기기와 세트.

■다루기 어려우므로 반드시 〈통신〉 판정이 필요.
■유효 거리 50m
■커튼이 가리고 있으면 엿듣기 불가
■24시간 분량의 녹음 기능 있음
■취급 난이도: 〈통신〉 3LV
■입수치: 12

콘크리트 마이크

휴대치	가 격
1×1	$300

벽의 진동을 읽어 벽이나 바닥을 통해 회화나 그 밖의 소리를 들을 수 있다. 녹음기기와 세트.
보통은 이어폰으로 직접 듣는다.

■발신기를 사용해서 300m 떨어진 위치에 있는 수신기로 수신할 수도 있다. 24시간 분량의 녹음 기능 있음.
■취급 난이도: 〈통신〉 1LV

노이즈 발생기

휴대치	가 격
1×1	$300

특수한 노이즈를 발생시켜 레이저 마이크나 콘크리트 마이크, 도청기 따위의 도청기기를 무효로 한다.
단, 귀에 거슬리는 소리가 발생하므로 항상 사용하는 것은 불가능.

■반경 5m(방 하나 정도)에 유효.
■노이즈가 발생하는 장소에서 도청을 하려면 설치자가 〈통신〉 -40%로 판정해야 한다. 성공하면 도청할 수 있다.
■취급 난이도: 〈통신〉 1LV(부족한 만큼 상대의 〈통신〉에 대한 보너스가 된다)

재머

휴대치	가 격
1×1	$300

방해전파를 발생시켜 도청기나 발신기, 몰래카메라의 전파를 수신하지 못하게 한다.

■반경 5m(방 하나 정도)에 유효.
■방해 전파가 발생하는 장소에서 도청을 하려면 설치자가 〈통신〉 -40%로 판정해야 한다. 성공하면 도청할 수 있다.
■취급 난이도: 〈통신〉 1LV(부족한 만큼 상대의 〈통신〉에 대한 보너스가 된다)

양각대

휴대치	가 격
1×1	$100

바이포드. 엎드려 쏠 때와 같이 자세를 낮추고 쏠 때 총신을 안정시키기 위한 낮은 2각대. 총신 아래에 장비한다. 평소에는 거추장스럽지 않게 접어둔다.

■액세서리(하부).
■사용할 수 있도록 전개하는 것은 간이행동.
■[엎드려 쏴]로 사용하면 [중거리]에서도 명중률에 +10%.

삼각대

휴대치	가 격
4×4	$200

트라이포드. 앉아서 쏠 때와 같이 자세를 약간 낮추고 쏠 때 총신을 안정시키기 위한 3각대. 총신 아래에 장비한다. 거점 방어용 등의 고정 총기에 사용한다. 운반할 때는 떼서 접어둔다.

■액세서리(하부). 단, 다른 액세서리도 부착 가능. 머신건에만 부착 가능.
■사수가 엎드리지 않아도 [엎드려 쏴]의 효과를 얻을 수 있다.
■[근거리][중거리]의 명중률에 +10%.
■사용할 수 있도록 전개하는 것은 일반행동 2회.

가이거 카운터

휴대치	가 격
1×1	$1,000

주위의 방사능 양을 검사하는 기기.

■인체에 위험한 수준의 방사능을 감지하면 경고음을 울린다.

카메라

휴대치	가 격
1×1	$200

필름식, 디지털식 등의 화상 기록용 카메라. 기록용으로는 충분한 기능을 갖추고 있다.

비디오카메라

휴대치	가 격
1×1	$300

동영상 기록용 비디오카메라.
기록용으로는 충분한 기능을 갖추고 있다.

라이트

휴대치	가 격
1×1	$20

일반적인 조명. 손에 들고 사용하는 회중전등(원하는 방향을 비출 수 있다)이나 몸에 붙이는 타입(몸을 향한 방향밖에 비출 수 없다) 등이 있다.

■라이트를 향한 방향에서 [근거리]까지는 저광량으로 인한 수정을 받지 않는다.
■라이트 소지자를 노리는 경우, 저광량으로 인한 수정이 10% 경감한다.

로프

휴대치	가 격
다양함	다양함

화학섬유를 엮어 만든 매우 튼튼한 로프. 등산이나 수직낙하에도 대응 가능.

■로프의 길이: 휴대치/가격
10m: 1×1/$10
20m: 1×2/$20
30m: 2×2/$30

텐트

휴대치	가 격
다양함	다양함

작게 접을 수 있는 야영용 텐트.

■수용 인원: 휴대치/가격
2~3명: 3×3/$200
4~5명: 3×4/$400
6~7명: 4×4/$600

수갑

휴대치	가 격
1×1	$50

잡은 상대의 양손(발에 채울 때는 양발)에 채워 자유를 빼앗는다. 또, 물체 따위에 채워 도망치지 못하게 하는 것도 가능.
금속제라서 힘으로 끊기는 어렵다.

간이 수갑

휴대치	가 격
0×0	$50

손발을 구속할 때 사용하는 대형 결속 밴드. 대개 나일론제이며, 유명한 브랜드로는 타이랩 등이 있다.
날붙이 따위로 자르기는 쉽지만, 힘으로 끊기는 어렵다.
3개 세트.

브레이커 툴

휴대치	가 격
2×3	$150

문 파괴용 해머나 대형 못뽑이 따위가 들어있다. 돌입작전 등의 상황에서 장해물을 파괴하기 위한 툴.

■장해물 파괴 시 〈강인함〉에 +20%의 수정.

공구 세트

휴대치	가 격
1×1	$50

각종 공구가 든 세트.

■〈메카닉〉이나 〈폭발물〉로 작업할 때 가지고 있지 않으면 -20~-40%의 수정.

전자기기용 장비

휴대치	가 격
1×1	$500

전자기기 수리 등에 사용하는 정밀공구 세트.
■〈통신〉으로 전자기기 수리와 같은 정밀작업을 할 때 가지고 있지 않으면 -20~-40%의 수정.

분장도구 한 세트

휴대치	가 격
2×2	$250

화장품류를 비롯하여 가발이나 가짜 수염처럼 분장에 사용하는 도구 한 세트가 휴대형 케이스에 들어있다. 변장할 때도 유용.

■변장을 할 때 〈예술〉에 +10%의 수정.

아이템

백팩

휴대치	가 격
다양함	다양함

룩색이나 트렁크 같은 휴대형 수납용품 전반.
■사이즈: 휴대치/가격/CP틀
소: 2×2/$30/3×2
중: 2×3/$50/3×3
대: 3×3/$100/4×4
■CP틀이 설정된 아이템을 수납할 수 있다. 단, 백팩은 넣을 수 없다. 중 사이즈와 대 사이즈는 한 번에 하나만 가질 수 있다.
■내용물을 꺼내려면 3라운드가 걸린다.
■등에 짊어지는 타입이라면 양손이 비지만, 내용물을 꺼낼 때 고쳐 메느라 1라운드가 더 걸린다.

아이템

탄입대

휴대치	가 격
다양함	다양함

예비 탄창을 효율 좋게 가지고 다니기 위한 탄입대. 총 종류별로 다른 아이템으로 간주한다.

■용도: 휴대치/가격/수납 수
핸드건: 1×1/$10/2개
SMG: 1×2/$20/3개
라이플: 1×2/$25/2개
■수납 수에 쓰인 개수의 탄창을 넣어둘 수 있다.
■탄입대에 넣은 탄창은 간이행동을 소비하지 않고 꺼낼 수 있다.

아이템

탄약 주머니

휴대치	가 격
1×1	$20

탄창에 들어가지 않는 낱개 탄환(샷건의 탄약이나 볼트 액션 라이플의 탄 따위)을 넣어 두기 위한 주머니.

■탄환만을 20발 수납할 수 있다. 모든 구경에서 겸용할 수 있다.
■주머니에 넣은 탄약은 [간이행동]을 소비하면 꺼낼 수 있다.

아이템

수류탄 파우치

휴대치	가 격
1×2	$20

각종 수류탄 및 40mm 그레네이드탄을 3개 수납할 수 있다.

아이템

나이프 벨트

휴대치	가 격
1×1	$10

스로잉 나이프를 5자루 수납할 수 있다.

■수납한 스로잉 나이프는 [간이 행동]으로 준비할 수 있다.

아이템

은닉용 홀스터

휴대치	가 격
1×1	$50

핸드건을 수납한 상태에서도 옷 위로 모양이 드러나지 않도록 고안한 홀스터.

■[은닉판정]에 +20%.
■[드로우]에 -10%의 수정.

아이템

매거진 클립

휴대치	가 격
0×0	$10

라이플(스나이퍼 라이플 제외) 및 SMG에 장전된 탄창에 탄창을 하나 더 동여 맬 수 있다.

■예비탄창 1개를 [휴대치] 0×0으로 간주하지만, [신뢰성]이 1단계 저하한다.
■장전하지 않은 상태에서는 예비탄창 2개([휴대치] 2×2)로 간주한다.
■간이행동으로 탄창을 교환할 수 있다.
■장탄 수에(T)가 붙은 총기, FN P90, 바이즌2에는 사용 불가.

아이템

벨트 탄약

휴대치	가 격
2×2	다양함

장탄 수에(B) 표기가 있는 총기의 예비탄창. 가격은 무장 카드를 참조.
200발까지 수납할 수 있는 금속제 상자에 들어있다.

아이템

로켓탄

휴대치	가 격
2×4	다양함

PG-7 HEAT탄을 비롯한 로켓 탄두. 가격은 무장 카드를 참조.
전용 수납 주머니에 넣어서 운반.

아이템

일반 탄창

휴대치	가 격
1×1	다양함

매거진이라고도 한다. 총기의 장탄수와 같은 수의 탄약이 들어있는 상자형 기구. 이것을 교체하여 탄약이 떨어진 총기에 탄약을 공급한다. 리볼버의 경우는 스피드로더로 간주한다.

■가격은 무장 카드의 「탄창 가격」을 참조.
■일부 특수한 총은 휴대치가 다를 때가 있다. 각 무장 카드를 참조.
■탄입대에 들어있지 않을 때는 꺼낼 때 [간이행동]을 소비한다.

아이템

할로우포인트탄

휴대치	가 격
—	×2

탄환을 가공해서 명중한 순간 찌부러지며 용이하게 에너지를 전달하도록 고안한 탄약. 살상력은 높지만 관통력이 약하다.
탄창 단위로 구매할 수 있다.

■관통력 -3
■대미지 페널티표의 2D9에 -2 수정.
■가격은 각 무장 카드 「탄창 가격」의 2배.

아이템

AP탄

휴대치	가 격
—	×5

아머 피어싱탄. 철갑탄이라고도 한다. 탄환의 심지에 단단한 금속을 사용해 관통력을 높였지만, 상대의 몸도 관통해버리므로 치명적인 데미지를 입히기 힘들다 탄창 단위로 구매할 수 있다.

■관통력 +3
■대미지 페널티표의 2D9에 +2 수정.
■가격은 각 무장 카드 「탄창 가격」의 5배.

아읍속탄

휴대치	가 격
—	×5

작약량을 줄여 탄속이 음속에 미치지 못하도록 억누름으로써 충격파가 발생하지 않도록 조정한 탄약. 탄창 단위로 구매할 수 있다.

■총성의 〈감지〉에 -20%.
■관통력 -1
■가격은 각 무장 카드 「탄창 가격」의 5배.

매치그레이드탄

휴대치	가 격
—	×10

경기용, 스나이퍼용의 정밀도 높은 탄약.

■[저격] +5%
■가격은 각 무장 카드 「탄창 가격」의 10배.

행글라이더

휴대치	가 격
(5×5)	$5,000

행글라이더 본체와 멜빵으로 구성된 세트.

■1라운드에 100m 나아간다.
■비행 시에 [사격]하려면 〈운동〉[성공판정]에 성공해야 하며, [사격]에도 -20%의 수정.

연립주택

가 격	유지 코스트
—	$500

주거. 건물 하나를 다수의 주거로 나눈 공동주택. 임대.
보안 수준은 낮음.

아파트

가 격	유지 코스트
—	$1,000

주거. 중고층 집합 주택의 한 가구. 임대.
보안 수준은 보통.

단독주택

가 격	유지 코스트
$100,000	$500

주거. 조용한 주택지의 단독주택. 중산층의 꿈.
보안 수준은 보통.

호텔

가 격	유지 코스트
—	$1,200

주거. 호텔의 방 하나를 장기 대여한다. 혹은 호텔을 전전한다.
여차하면 바로 이동할 수 있다. 또, 거처를 특정하기 어렵다.
호텔의 질에 따라 다르지만, 보안 수준은 높음.

고급 아파트

가 격	유지 코스트
$200,000	$700

주거. 고급 아파트의 한 가구. 분양.
호화롭고 쾌적.
보안 수준은 높음.

호화저택

가 격	유지 코스트
$500,000	$1,500

주거. 넓은 정원이 있는 광대한 저택.
호화롭고 쾌적.
보안 수준은 높음.

초호화저택

가 격	유지 코스트
$1,000,000	$4,000

주거. 광대한 부지와 호사스럽기 짝이 없는 저택.
더할 나위 없이 쾌적.
보안 수준은 매우 높음.

별장

가 격	유지 코스트
$100,000	$1,000

주거. 남쪽 섬처럼 기후나 경치가 좋은 곳에 있는 별장. 그다지 크지는 않다.
보안 수준은 보통~높음.

세이프 하우스

가 격	유지 코스트
×2	+ $500

다른 사람의 명의 등으로 소유한 은신처. 일단은 안전.
주거 중 하나를 선택한다.
가격은 2배, 유지 코스트에 $500을 더한다.
보안 수준은 매우 높음

신념

신념 무작위 결정표

1D9	신념
0	자유
1	복수
2	애정
3	집념
4	정의
5	희망
6	도전
7	신의
8	결백
9	도피

선택 규칙인 미션 로우에서 리워드 포인트를 얻을 때의 기준 중 하나가 되는 것이 [신념]입니다.

[신념]은 10종류의 키워드로 나타냅니다. GM은 PL이 이 키워드에 따라 멋진 롤플레이나 행동을 했다고 판단했다면 리워드 포인트를 1포인트 주시기 바랍니다.

「부차효과」는 [여가행동](P193)으로 얻을 수 있는 효과와 같은 것으로 간주하시기 바랍니다.

PC의 신념

자유

당신의 PC는 자신이 바라지 않는 행동을 강요받는 것을 좋아하지 않는다.

■부차효과
〈운동〉〈서바이벌〉〈교섭술〉〈예술〉
[미션] 하나당 1회, 상기 스킬에 +10%의 수정을 받는다.

PC의 신념

복수

당신의 PC는 과거에 일어난 어떤 사건으로 복수심에 사로잡혔다. GM과 상담하여 복수할 대상을 결정한다.

■부차효과
〈강인함〉〈정신력〉〈교섭술〉〈조달〉
[미션] 하나당 1회, 상기 스킬에 +10%의 수정을 받는다.

PC의 신념

애정

당신의 PC는 애정으로 충만하다. 그 애정은 연애일 수도 있고, 우애일 수도 있다. GM과 상담하여 애정의 대상을 결정한다.

■부차효과
〈강인함〉〈심리학〉〈지식〉〈의료〉
[미션] 하나당 1회, 상기 스킬에 +10%의 수정을 받는다.

PC의 신념

집념

당신의 PC는 집착이 강하다. GM과 상담하여 집착하는 대상을 결정한다.

■부차효과
〈강인함〉〈정신력〉〈조달〉〈지식〉
[미션] 하나당 1회, 상기 스킬에 +10%의 수정을 받는다.

PC의 신념

정의

당신의 PC는 자신이 믿는 정의를 위해 행동한다. GM과 상담하여 PC가 믿는 정의에 관해 결정한다.

■부차효과
〈교섭술〉〈지식〉〈예술〉〈의료〉
[미션] 하나당 1회, 상기 스킬에 +10%의 수정을 받는다.

PC의 신념

희망

당신의 PC에겐 마음 속으로 강하게 그리는 꿈이 있다. GM과 상담해서 PC의 꿈에 관해 결정한다.

■부차효과
〈정신력〉〈교섭술〉〈조달〉〈예술〉
[미션] 하나당 1회, 상기 스킬에 +10%의 수정을 받는다.

PC의 신념

도전

당신의 PC는 위험이나 역경에 자진하여 도전한다.

■부차효과
〈강인함〉〈운동〉〈정신력〉〈서바이벌〉
[미션] 하나당 1회, 상기 스킬에 +10%의 수정을 받는다.

PC의 신념

신의

당신의 PC는 의리가 강하고 약속을 중시한다.

■부차효과
〈정신력〉〈심리학〉〈조달〉〈지식〉
[미션] 하나당 1회, 상기 스킬에 +10%의 수정을 받는다.

PC의 신념

결백

당신의 PC는 자신의 결백을 증명하고자 한다. GM과 상담하여 PC가 뒤집어쓴 누명이나 오명의 종류를 결정한다.

■부차효과
〈시가지행동〉〈교섭술〉〈조달〉〈지식〉
[미션] 하나당 1회, 상기 스킬에 +10%의 수정을 받는다.

PC의 신념

도피

당신의 PC는 누군가로부터 도망치고 있다. GM과 상담하여 PC가 무엇에게 쫓기는지를 결정한다.

■부차효과
〈국지행동〉〈운동〉〈서바이벌〉〈손감각〉
[미션] 하나당 1회, 상기 스킬에 +10%의 수정을 받는다.

PC의 특징

PC에게 개성을 부여하기 위한 특징입니다.
각각의 특징에는 장점과 단점이 있습니다. 리
워드 포인트 상한을 감소할 수도 있습니다.
[PC의 특징]을 사용할지는 GM이 결정하시기
바랍니다.
GM이 허가하고 PL이 원한다면 여기에 적힌
특징에서 1개를 선택할 수 있습니다.

PC의 특징
수다쟁이

RP 상한 수정	유지 코스트
±0	—

남과 이야기하는 것을 좋아하고 말솜씨도 좋지만, 수다
에 정신이 팔려 주의력이 산만해질 때가 있다.

■〈감지〉를 사용한 성공판정에 자발적으로 -10%의 수
정을 받을 수 있다.
■〈감지〉에 수정을 받은 횟수만큼 〈교섭술〉판정에
+10%의 수정을 받을 수 있다. 이 +10%의 수정은 임의
의 타이밍에 사용할 수 있지만, 중복되지는 않는다.

PC의 특징
과묵함

RP 상한 수정	유지 코스트
±0	—

말이 없고 감정을 드러내지 않는다. 남과 사귀는 데는 서
툴지만, 어지간한 일로는 동요하지 않는다.

■〈교섭술〉을 사용한 성공판정에 자발적으로 -10%의
수정을 받을 수 있다.
■〈교섭술〉에 수정을 받은 횟수만큼 〈정신력〉판정에
+10%의 수정을 받을 수 있다. 이 +10%의 수정은 임의
의 타이밍에 사용할 수 있지만, 중복되지는 않는다.

PC의 특징
덜렁이

RP 상한 수정	유지 코스트
±0	—

덜렁거리다가 얼빠진 실수를 저질러 문제를 일으키지
만, 왠지 미워할 수 없다.

■무엇이든 성공판정에 성공했을 때 결과를 펌블로 바
꿀 수 있다.
■성공을 펌블로 바꾸면 리워드 포인트를 1포인트 얻
는다.
■이 효과는 [미션] 하나당 1회만 받을 수 있다.

PC의 특징
악운

RP 상한 수정	유지 코스트
-1	—

절망적인 상황에서 대역전을 하거나, 거듭된 우연으로
전화위복을 하는 등 어떤 의미로는 강운의 소유자.

■무엇이든 성공판정(주사위를 굴리는 것 한정)에 펌블
이 나왔을 때 리워드 포인트를 1포인트 소비해서 결과
를 크리티컬로 바꿀 수 있다.
■이 효과는 [미션] 하나당 1회만 받을 수 있다.

PC의 특징
이런 일도 있을 줄 알고!

RP 상한 수정	유지 코스트
-1	—

뛰어난 상황 예측능력이나 주도면밀한 사전 준비 등에
의해 필요한 아이템을 「가지고 있었던」 것으로 할 수
있다.

■입수치가 5 이하인 아이템(무장, 방어구, 차량, 유지
아이템은 불가) 1개를 입수한다.
■상기 효과를 얻으려면 아이템의 휴대치 숫자 중 큰 쪽
(최저 1)만큼의 리워드 포인트를 소비한다.
■이 효과는 [미션] 하나당 1회만 받을 수 있다.
■이 효과로 입수한 아이템은 해당 [미션]이 끝나면 없
어진다.

PC의 특징
투지

RP 상한 수정	유지 코스트
-1	—

역경에 강하고, 불리한 상황일수록 저력을 발휘한다.

■대미지 페널티표의 효과를 받을 때마다 〈강인함〉이
나 〈정신력〉의 성공판정을 해서, 성공하면 리워드 포인
트를 1포인트 얻는다.
■〈강인함〉이나 〈정신력〉의 성공판정에 한 번 실패해버
리면 해당 [미션] 동안 상기 효과를 얻을 수 없게 된다.

PC의 특징
헌신

RP 상한 수정	유지 코스트
-1	—

동료나 친구가 상처입는 것을 못 본 척하지 못하며, 몸
을 던져서라도 지키려고 한다.

■리워드 포인트를 1포인트 소비해서 임의의 캐릭터
(PC, NPC 불문)가 받을 대미지를 자신이 대신 받을 수
있다.
■상기 효과는 [전력이동]으로 도달할 수 있는 범위 내
의 대상에게만 유효. 또한 [전력이동]을 한 것으로 간주
하여 대상이 있는 지점까지 이동하나, 다음 [행동]을 소
비한다.

PC의 특징
플래시백

RP 상한 수정	유지 코스트
±0	—

마약의 영향, 과거의 트라우마 따위가 원인이 되어 갑작
스러운 환각이 덮쳐올 때가 있다.

■GM과 상담해서 플래시백의 원인이 된 사건을 정해
둔다.
■GM이 플래시백의 원인에 관련된다고 판단하는 상황
이 발생한 경우, 또는 성공판정에서 10의 자리와 1의
자리의 수가 똑같은 눈으로 실패한 경우에는 〈정신력〉
성공판정을 해서 실패하면 [착란] 컨디션이 된다.
■상기 성공판정의 결과와 관계없이 리워드 포인트를
1포인트 얻는다.

PC의 특징
재능

RP 상한 수정	유지 코스트
-1	—

특정 분야에 뛰어난 재능을 가지고 있음을 나타낸다.
단, 자신감이 강한 만큼 좌절에는 약하다.

■스킬을 하나 지정한다.
■리워드 포인트를 1포인트 소비해서 지정한 스킬을
사용한 성공판정에 +10%의 수정을 받는다. 이 효과는
중복되지 않는다.
■지정한 스킬에서 펌블이 나온 경우, 그 세션 중에는
지정한 스킬로 크리티컬이 나올 때까지 상기 효과를 사
용할 수 없다.

PC의 특징
병마

RP 상한 수정	유지 코스트
±0	$1,000

병을 앓고 있지만 천재적인 기술을 가지고 있음을 나타
낸다.

■스킬을 하나 지정한다.
■〈사격계〉〈격투계〉〈운동계〉〈기술계〉를 사용한 성공판
정에서 10의 자리와 1의 자리의 수가 똑같은 눈으로 성공
한 경우, 발작을 일으켜 항상 실패한다.
■성공이 실패로 바뀐 횟수만큼 그 [미션]에서 지정한 스
킬을 사용한 행위판정을 다시 굴릴 수 있다.
■유지 코스트를 내지 못하면 [사망]한다.

PC의 특징
병약한 여동생

RP 상한 수정	유지 코스트
±0	$2,000

특별한 병 따위로 인해 고액의 치료비가 필요한 가족,
연인 등이 있음을 나타낸다.

■[미션] 하나당 1회, 행위판정을 다시 굴릴 수 있다.
■[미션] 하나당 1회, 치사 판정을 다시 굴릴 수 있다.
■유지 코스트를 내지 못하면 [여동생]은 사망한다. [매
력]이 2 줄어들고, RP 상한치가 1 줄어든다.

정치가

본거지	유지 코스트
	$300

국가의 정무에 관여하는 사람들입니다.
자국 내의 각종 문제는 물론이고 주변 각국의 내부 사정,
국제 문제나 세계 정세에 관해서도 해박할 것입니다.
자신이나 국가에 도움이 된다면 가진 영향력을 사용해
줄지도 모릅니다.

■「대신급 정치가」로 정한 경우, [본거지] 이외의 나라
는 모두 [본거지]와 동일 에어리어로 간주한다. 단, [유
지 코스트]는 2배가 된다.

군인

커넥션

본거지	유지 코스트
	$100

국가의 군대에 소속된 병사들입니다.
소속된 군이나 계급 등은 마음대로 정할 수 있습니다.
군대 관련의 정보, 군비, 전쟁, 병기 등에 관해 해박할
것입니다.

공작원

커넥션

본거지	유지 코스트
	$100

은밀하게 활동해 첩보활동이나 파괴공작을 하는 사람
들입니다. 주로 정부조직에 소속됩니다.
각국의 첩보조직이나 첩보활동의 대상이 될 만한 국가,
조직에 관해 해박할 것입니다.
단, 매우 입이 무거우며, 특히 자신이 소속한 조직에 불
리한 정보는 누설하지 않습니다.

■[돈 뿌리기][돈다발로 후려치기] 규칙은 사용할 수 없
습니다.

경찰관

커넥션

본거지	유지 코스트
	$100

경찰의 책무를 수행하는 공무원들입니다.
형사, 순찰 경관 모두를 포함합니다.
자신이 담당하는 지역이나 범죄자에 관해 해박할 것입니
다.

■마을 하나를 [본거지]로 설정할 수 있다. 그때의 수정
은 +30%이다. [본거지]가 속한 나라 안은 동일 에어리
어 내(+10%)로 간주한다. 단, 국외에서는 수정을 받을
수 없다.

건독

커넥션

본거지	유지 코스트
	$100

민간보안기업(PMSC)의 사원입니다.
같은 건독이나 테러리스트에 관한 정보에 관해 해박할
것입니다.

용병

커넥션

본거지	유지 코스트
	$100

세계 각국의 전쟁이나 분쟁에 참가해 보수를 받는 사람
들입니다.
사상이나 의분 등으로 인해 보수는 뒷전으로 미루고 분
쟁에 뛰어드는 경우도 있습니다.
같은 용병에 관한 정보나 전쟁, 병기, 분쟁 등에 관해 해
박할 것입니다.

■[본거지] 이외의 나라는 모두 [본거지]와 동일 에어리
어 내인 것으로 간주한다.

테러리스트

커넥션

본거지	유지 코스트
	$100

정치 목적이나 신념, 주의 주장을 위해 파괴활동을 하는
사람들입니다.
사상의 차이에 관계 없이 테러리스트나 테러 조직에 관
해서는 잘 알고 있습니다. 또, 국제 문제나 세계 정세에
관해서도 해박할 것입니다.
단, 잘못 접촉하면 위험한 사태가 일어날 수도 있습니다.

■[본거지] 이외의 나라는 모두 [본거지]와 동일 에어리
어 내인 것으로 간주한다.

정보상

커넥션

본거지	유지 코스트
	$200

정보를 상품으로서 매매하는 사람들입니다. 독자적인
네트워크를 통해 온갖 정보를 수집합니다.
매우 편리한 존재지만, 그들에게는 「누군가가 어떤 정
보를 찾고 있었다」라는 사실도 훌륭한 정보이며 상품입
니다. 접촉할 때는 주의해야 합니다.

■바터(물물교환)로 정보수집 시 수정은 -40%가 된다.
■[정보수집]에서 [주의 끌기] 확률이 절반이 되지 않는다.
■[본거지] 이외의 나라는 모두 [본거지]와 동일 에어리
어 내인 것으로 간주한다.

픽서

커넥션

본거지	유지 코스트
	$250

무기류 이외의 비합법 물품을 매매하는 사람들입니다.
급하게 차량이나 세이프 하우스가 필요한 경우에 도움
이 됩니다.
마약이나 위법 물품에 관한 정보, 해당 물품이 유통되는
흐름에 해박할 것입니다.

■무기류 이외의 위법물품에 관한 [입수판정]에
+20%(또는 [달성치]에 +2)의 수정을 준다. [본거지]와
동일 에어리어 안이라면 +10%/+1.

무기상인

커넥션

본거지	유지 코스트
	$250

합법 또는 불법으로 무기를 매매하는 사람들입니다.
시작 단계의 병기나 최신병기 따위의 정보에 해박할 것입
니다.
무기 유통의 흐름도 파악하고 있습니다.

■무기류의 [입수판정]에 +20%(또는 [달성치]에 +2)
의 수정을 준다. [본거지]와 동일 에어리어 안이라면
+10%/+1.

유명인

커넥션

본거지	유지 코스트
	$500

각 업계에서도 지명도가 높은 배우나 뮤지션, 예술가 등
입니다.
유명인의 화제나 가십, 업계의 화제 등에 해박할 것입니다.

■「세계적인 유명인」으로 정한 경우, [본거지] 이외의
나라는 모두 [본거지]와 동일 에어리어 내인 것으로 간
주한다. 단, [유지 코스트]는 2배가 된다.

아티스트

커넥션

본거지	유지 코스트
	$100

나름대로 이름이 알려진 배우나 뮤지션, 예술가 등입니다.
업계의 화제 등에 해박할 것입니다.

■〈예술〉3LV, [성공률] 80%

커넥션

종교가

본거지	유지 코스트
	$200

크리스트교를 비롯하여 세계 각국에 존재하는 다양한 종교 조직에 속한 성직자, 또는 신흥 종교의 교주 같은 사람입니다.
종교의 교의나 관련 조직, 그 밖의 종교 문제 등에 해박할 것입니다.

■[본거지] 이외의 나라는 모두 [본거지]와 동일 에어리어 내로 간주한다.

커넥션

지식인

본거지	유지 코스트
	$100

대학 교수나 학자, 평론가처럼 전문적 지식이나 높은 교양을 가진 사람들입니다.
어떤 분야가 전문인지도 정하시기 바랍니다. 그 전문 분야에 관해서는 매우 해박할 것입니다.
■〈지식〉 3LV, [성공률] 80%
※GM은 전문 분야에 따라 다른 스킬로 변경해도 무방합니다.
예) 언어학자이므로 〈언어〉로 변경.
■전문 분야에 합치하는 내용에 관한 한 [본거지] 이외의 나라는 모두 [본거지]와 동일 에어리어 내로 간주한다.

커넥션

언론인

본거지	유지 코스트
	$100

신문이나 잡지의 기자, 편집자, 라이터 등 언론 관계자들입니다.
어떤 분야가 전문인지도 정하시기 바랍니다. 그 전문 분야를 비롯한 시사 문제나 국제 정세 등에 해박할 것입니다.

■전문 분야에 합치하는 내용에 관한 한 [본거지] 이외의 나라는 모두 [본거지]와 동일 에어리어 내로 간주한다.

커넥션

탐정

본거지	유지 코스트
	$100

소행 조사나 신변 조사 같은 조사 활동, 민사 사건 등을 다루는 사람들입니다. 기본적으로 면허제입니다. 범죄자에 관한 정보 등에 해박할 것입니다.
적절한 보수를 내면 정보 수집이나 조사를 의뢰할 수도 있습니다.

■PC와는 별개로 [정보수집]을 해준다. 탐정은 항상 〈조달〉(3LV, [성공률] 80%)을 사용한다. 필요한 [정보료]는 의뢰한 PC가 내야 한다. 또한 1회 판정할 때마다 탐정에게 「기준 정보료」와 같은 액수의 보수를 내야 한다.

커넥션

사업가

본거지	유지 코스트
	$100

실업가나 회사 직원, 투자가와 같이 경제 관련 일에 종사하는 사람들입니다.
국제 정세나 주식 시세의 동향, 다루는 품목에 관한 정보에 해박할 것입니다.

■[본거지] 이외의 나라는 모두 [본거지]와 동일 에어리어 내로 간주한다.

커넥션

의사

본거지	유지 코스트
	$100

병사나 부상자의 진찰, 치료가 직업인 사람들입니다.
부상 이유를 추궁 당하거나 신고 당하면 곤란한 경우에 귀중한 존재입니다.
병이나 바이러스, 약품에 해박할 것입니다.

■〈의료〉 3LV, [성공률] 80%
■[의료 행동]을 해준다. 판정 1회마다 $200를 내야 한다.

커넥션

해커

본거지	유지 코스트
	$100

컴퓨터 조작이나 프로그래밍 기술에 능한 사람들입니다.
인터넷상의 정보나 시큐리티 등에 해박할 것입니다.
컴퓨터의 크래킹 같은 것도 의뢰할 수 있습니다.

■〈정보처리〉 3LV, [성공률] 80%
■〈정보처리〉로 판정할 수 있는 경우만 PC와는 별개로 [정보수집]을 해준다. 필요한 [정보료]는 의뢰한 PC가 내야 한다.

커넥션

조종사

본거지	유지 코스트
	$100

레이서나 트랜스포터, 파일럿처럼 탈것의 조종기술에 능한 사람들입니다.
자신이 조종할 수 있는 차량에 관한 정보에 해박할 것입니다.
적절한 보수를 내면 운전사로 고용할 수 있을지도 모릅니다.

■〈조종〉 3LV, [성공률] 80%

커넥션

기술자

본거지	유지 코스트
	$100

전문 기술에 능한 기술자나 기사입니다.
정보기술, 기계공학, 폭발기술, 전자공학 중에서 전문 분야를 선택합니다. 그 분야에 관한 정보에는 해박할 것입니다.
적절한 보수를 내면 전문 분야에 합치하는 작업을 의뢰할 수 있을지도 모릅니다.
■전문 분야에 대응하여 다음 중 한 가지 스킬을 가진다.
•정보기술: 〈정보처리〉 3LV, [성공률] 80%
•기계공학: 〈메카닉〉 3LV, [성공률] 80%
•폭발기술: 〈폭발물〉 3LV, [성공률] 80%
•전자공학: 〈통신〉 3LV, [성공률] 80%

커넥션

갱

본거지	유지 코스트
	$100

범죄조직의 구성원으로서 범죄에 관여하는 사람들입니다.
마피아, 폭력단 같은 범죄조직의 구성원도 포함합니다.
다른 범죄조직이나 위법 물품의 정보에 해박할 것입니다.

커넥션

범죄자

본거지	유지 코스트
	$100

대형 범죄조직에 속하지 않고, 기본적으로 한 명~몇 명의 그룹으로 범죄를 저지르는 사람들입니다.
도둑이나 사기꾼처럼 다양한 전문 분야가 있습니다. 같은 범죄자나 범죄조직의 정보에 해박할 것입니다.
적절한 보수를 내면 전문 분야에 합치하는 작업을 의뢰할 수 있을지도 모릅니다.
■아래의 넷 중 아무거나 한 가지 스킬을 가진다.
•〈시가지행동〉 3LV, [성공률] 80%
•〈교섭술〉 3LV, [성공률] 80%
•〈예술〉 3LV, [성공률] 80%
•〈손감각〉 3LV, [성공률] 80%

커넥션

친구

본거지	유지 코스트
-	+$200

해당 [커넥션]이 참으로 신뢰할 수 있는 벗(또는 가족 등)임을 나타냅니다.
■단독으로는 취득할 수 없다. 취득할 때 이미 취득한 [커넥션]을 지정한다. 지정한 [커넥션]의 [유지 코스트]에 $200을 더하고 아래의 효과를 적용한다.
■[주의 끌기]의 가능성이 20%(반으로 나눈 후에 적용) 줄어든다.
■[커넥션]의 취득 제한([매력]까지)을 계산할 때, 2개로 계산한다.
■이 [커넥션]을 사용한 [정보수집]에 펌블이 난 경우, 반드시 [주의 끌기]가 발생한다.

사격훈련

여가 슬롯	경비
2	$500

사격장 같은 곳을 다니며 사격훈련을 합니다.
실전 경험이 중요한 분야이므로 다른 스킬을 훈련할 때
보다 더 많은 여가 슬롯이 필요합니다.

■〈핸드건〉 +10%
■〈라이플〉 +10%
■〈SMG〉 +10%
■〈중화기〉 +10%
■〈저격〉 +10%
※아무거나 한 가지 효과를 선택한다.

격투훈련

여가 슬롯	경비
1	$500

격투기 도장이나 체육관 같은 곳을 다니며 몸을 단련합
니다.

■〈격투〉 +10%
■〈무기전투〉 +10%
■〈투척〉 +10%
■〈강인함〉 +10%
※아무거나 한 가지 효과를 선택한다.

스킬 훈련

여가 슬롯	경비
1	$250

스킬을 훈련합니다.
〈사격계〉,〈격투계〉, 클래스 전문 스킬 이외의 스킬을
임의로 선택하시기 바랍니다.

■임의의 스킬에 +10%

전문 스킬 훈련

여가 슬롯	경비
2	$500

클래스 전문 스킬로 지정된 스킬을 훈련합니다.
특수한 훈련을 해야 하므로 다른 스킬을 훈련할 때보다
더 많은 여가 슬롯이 필요합니다.
전문 외의 캐릭터 클래스를 가진 PC가 선택할 수도 있
습니다.
■〈정보처리〉 +10%
■〈메카닉〉 +10%
■〈폭발물〉 +10%
■〈의료〉 +10%
■〈통신〉 +10%
※아무거나 한 가지 효과를 선택한다.

무장 정비

여가 슬롯	경비
1	$100

가진 무장을 공들여 정비합니다.
이 [여가행동]을 선택하지 않아도 정비는 일반 절차대
로 하지만, 특별한 효과는 없습니다.

■소지한 무장 1개를 선택한다. 그 무장의 [신뢰성](일
반/국지)을 각각 1단계 상승시킨다.
•98인 경우: 99 •99인 경우: 00
•00인 경우: □ •□와 □□인 경우: 효과 없음

아웃도어

여가 슬롯	경비
1	$300

등산, 록 클라이밍, 스키, 스쿠버 다이빙, 사냥, 낚시 등
을 즐깁니다.

■〈강인함〉 +10%
■〈운동〉 +10%
■〈정신력〉 +10%
■〈서바이벌〉 +10%
※아무거나 2개의 효과를 선택한다.

스포츠

여가 슬롯	경비
1	$250

인도어, 아웃도어를 불문하고 스포츠를 즐깁니다.

■〈강인함〉 +10%
■〈운동〉 +10%
■〈정신력〉 +10%
■〈전술〉 +10%
※아무거나 2개의 효과를 선택한다. 단,〈전술〉을 선택
한 경우는〈전술〉만.

드라이브

여가 슬롯	경비
1	$250

자동차나 바이크, 보트나 크루저, 헬리콥터나 경비행기
같은 탈것을 조종하며 기분전환을 합니다. 해당하는 차
량은 소지하고 있지 않아도 빌릴 수 있지만, [경비]가 2
배가 됩니다.

■〈정신력〉 +10%
■〈서바이벌〉 +10%
■〈조종〉 +10%
※아무거나 2개의 효과를 선택한다.

주말 목수

여가 슬롯	경비
1	$150

간단한 가구나 인테리어를 직접 만드는 것을 즐깁니다.

■〈예술〉 +10%
■〈손감각〉 +10%

예술

여가 슬롯	경비
1	$250

그림이나 도예, 음악이나 영화처럼 직접 활동하는 것부터
감상하는 것에 이르기까지 예술 활동 전반을 즐깁니다.

■〈정신력〉 +10%
■〈지식〉 +10%
■〈예술〉 +10%
※아무거나 2개의 효과를 선택한다.

요리

여가 슬롯	경비
1	$250

직접 요리를 만드는 것을 즐깁니다.

■〈정신력〉 +10%
■〈예술〉 +10%
■〈손감각〉 +10%
※아무거나 2개의 효과를 선택한다.

미식

여가 슬롯	경비
1	$500

1류 레스토랑 같은 유명한 가게에서 고급 와인이나 호
화로운 풀코스를 즐깁니다.

■〈감지〉 +10%
■〈조달〉 +10%
■〈지식〉 +10%

여가 행동

수집

여가 슬롯	경비
1	$1,000

미술품이나 골동품, 그 밖의 수집품을 수집하고 감상합니다.

- ■〈교섭술〉+10%
- ■〈조달〉+10%
- ■〈지식〉+10%
- ■〈예술〉+10%

게임

여가 슬롯	경비
2	$100

체스나 마작, 바둑이나 장기처럼 심리전이나 전술적 요소를 포함하는 게임을 즐깁니다.

- ■〈상황파악〉+10%
- ■〈전술〉+10%
- ■〈심리학〉+10%
- ※아무거나 1개의 효과를 선택한다.

단련

여가 슬롯	경비
1	$0

자택에서 묵묵히 육체를 단련합니다.

- ■〈강인함〉+10%
- ■〈정신력〉+10%
- ※아무거나 1개의 효과를 선택한다.

정신수양

여가 슬롯	경비
1	$250

선도나 다도, 폭포 수행부터 요가, 오리지널 수행까지도 포함하는 정신 단련 행동입니다.

- ■〈강인함〉+10%
- ■〈감지〉+10%
- ■〈정신력〉+10%
- ※아무거나 2개의 효과를 선택한다.

인간 관찰

여가 슬롯	경비
2	$0

그저 길을 걷는 사람들을 바라보며 인간의 직업이나 행동, 복장, 외견 등의 관련성을 알아냅니다.

- ■〈교섭술〉+10%
- ■〈심리학〉+10%
- ※아무거나 1개의 효과를 선택한다.

가벼운 여행

여가 슬롯	경비
1	$500

국내 여행을 비롯한 짧은 일정의 여행 입니다

- ■〈전신력〉+10%
- ■〈조달〉+10%
- ■〈지식〉+10%

여행

여가 슬롯	경비
2	$750

해외 여행을 비롯한 긴 일정의 여행입니다.

- ■〈정신력〉+10%
- ■〈조달〉+10%
- ■〈지식〉+10%
- ■〈언어〉+10%

장기 여행

여가 슬롯	경비
3	$1,500

여러 나라를 돌아다니는 장기 여행에 나섭니다.

- ■〈정신력〉+10%
- ■〈교섭술〉+10%
- ■〈조달〉+10%
- ■〈지식〉+10%
- ■〈언어〉+10%

휴양

여가 슬롯	경비
1	$0

책을 읽거나, 거리에 나가서 쇼핑을 즐기거나, 영화를 보는 등 취미에 몰두하며 느긋하게 지냅니다.

- ■〈지식〉+10%
- ■〈정신력〉+10%
- ※아무거나 1개의 효과를 선택한다.

교제

여가 슬롯	경비
1	$500

친구와 즐거운 시간을 보내거나 거리에 나가 새로운 만남을 찾습니다.

- ■〈정신력〉+10%
- ■〈교섭술〉+10%
- ■〈조달〉+10%

데이트

여가 슬롯	경비
1	$500

연인과 데이트를 하는 등 즐거운 시간을 보냅니다. 연인이 있을 때만 선택할 수 있습니다.

- ■〈정신력〉+10%
- ■〈교섭술〉+10%
- ■〈심리학〉+10%
- ■〈손감각〉+10%
- ※아무거나 3개의 효과를 선택한다.

사교계

여가 슬롯	경비
1	$1,500

호화로운 파티나 축하연에 출석하여 상류 계급과의 교류를 돈독히 합니다.

- ■〈교섭술〉+10%
- ■〈조달〉+10%
- ■〈지식〉+10%
- ■이 [미션] 중에만 사용할 수 있는 [커넥션]을 1개 얻는다.
- ■[생활 랭크]가 B 이상인 경우만 선택 가능.

가족 서비스

여가 슬롯	경비
1	$200

가족에게 돌아가거나 자택에서 가족을 위해 힘씁니다. 가족이 있을 때만 선택할 수 있습니다.

■〈정신력〉+20%

간단한 일거리

여가 슬롯	경비
1	$0

간단한 일을 받습니다.

■일의 내용에 대응하는 스킬 레벨×$200의 수입을 얻는다. 어느 스킬을 사용할지는 일의 내용을 듣고 GM이 결정한다.

평범한 일거리

여가 슬롯	경비
1	$0

그리 어렵지 않은 일을 받습니다.

■일의 내용에 대응하는 스킬로 DR을 해서 [달성치]×$200의 수입을 얻는다. 어느 스킬을 사용할지는 일의 내용을 듣고 GM이 결정한다.
■성공판정에서 펌블이 나온 경우는 무작위로 선택한 [커넥션] 1개를 사용할 수 없게 된다.

어려운 일거리

여가 슬롯	경비
2	$0

실패할 가능성도 있는 어려운 일을 받습니다.

■일의 내용에 대응하는 스킬로 DR을 해서 [달성치]×$300의 수입을 얻는다. 어느 스킬을 사용할지는 일의 내용을 듣고 GM이 결정한다.
■성공판정에 실패하면 무작위로 선택한 [커넥션] 1개를 사용할 수 없게 된다. 펌블이 나온 경우는 그 [커넥션]을 영원히 잃는다.

경영

여가 슬롯	경비
2	$1,000~

개인 상점이나 넷샵 같은 소규모 점포를 경영합니다. 점포 경영을 하고 있는데 이 [여가행동]을 선택하지 못했다면 수입이 이어졌던 것으로 봅니다.
■$1,000의 배수가 되도록 임의의 [경비]를 낸다. $1,000를 낼 때마다 -10%의 수정을 받고 〈교섭술〉〈조달〉〈정보처리〉 중 하나로 DR을 한다.
펌블: [경비]만큼의 금액을 낸다.
실패: [경비]의 절반만큼의 금액을 얻는다.
[달성치] 1~9: [경비]와 같은 금액을 얻는다.
[달성치] 10~16: [경비]의 2배 금액을 얻는다.
[달성치] 17~: [경비]의 3배 금액을 얻는다.

투자

여가 슬롯	경비
1	$1,000~

주식이나 땅, 선물거래 등으로 이익을 얻으려 합니다.
■$1,000의 배수가 되도록 임의의 [경비]를 낸다. $1,000를 낼 때마다 -10%의 수정을 받고 〈조달〉〈정보처리〉〈지식〉 중 하나로 DR을 한다.

펌블: [경비]만큼의 금액을 낸다.
실패: 아무것도 얻지 못한다.
[달성치] 1~6: [경비]의 절반만큼의 금액을 얻는다.
[달성치] 7~11: [경비]와 같은 금액을 얻는다.
[달성치] 12~16: [경비]의 2배 금액을 얻는다.
[달성치] 17~: [경비]의 3배 금액을 얻는다

도박

여가 슬롯	경비
1	$500~

카지노의 슬롯이나 룰렛, 포커, 경마 등의 도박으로 일확천금을 노립니다.
■$500의 배수가 되도록 임의의 [경비]를 낸다. $500를 낼 때마다 -10%의 수정을 받고 〈정신력〉〈심리학〉〈정보처리〉 중 하나로 DR을 한다.
펌블: [경비]만큼의 금액을 낸다.
실패: 아무것도 얻지 못한다.
[달성치] 1~6: [경비]의 절반만큼의 금액을 얻는다.
[달성치] 7~11: [경비]와 같은 금액을 얻는다.
[달성치] 12~16: [경비]의 2배 금액을 얻는다.
[달성치] 17~: [경비]의 3배 금액을 얻는다.

거래

여가 슬롯	경비
1	$500

위법 품목이나 입수 곤란 품목과 같이 보통은 입수할 수 없는 물품을 구매하고자 블랙마켓이나 옥션 등에서 거래를 합니다.
[입수치]가 11 이상인 무장이나 아이템은 「거래」를 선택했을 때만 [입수판정]을 할 수 있습니다.

■[입수치]가 11 이상인 무장이나 아이템의 [입수판정]을 1회 할 수 있습니다.

통원

여가 슬롯	경비
1	$500

병원에 다니며 병이나 상처를 치료합니다.

■[내구력]을 「10+〈강인함〉LV」점 회복.
■[중상]을 10%만큼 치료한다.
■가볍거나 평범한 수준의 병이나 독 따위를 치료한다.

입원

여가 슬롯	경비
2	$1,000

병원에 입원해서 병이나 상처의 회복에 전념합니다.

■[내구력]을 「20+〈강인함〉LV」점 회복.
■[중상]을 20%만큼 치료한다.
■심한 병이나 독 따위를 치료한다.

장기 입원

여가 슬롯	경비
3	$2,000

병원에 장기 입원하여 병이나 상처의 회복에 전념합니다.

■[내구력]을 모두 회복한다.
■[중상]을 모두 치료한다.
■매우 심한 병이나 독 따위를 치료한다.

PC의 치료

여가 슬롯	경비
1	양측이 상담

〈의료〉 스킬 레벨이 최저 1 이상인 PC가 대미지를 입은 PC를 치료합니다.
여가 슬롯은 치료를 하는 쪽과 받는 쪽 모두가 소비해야 합니다.

■[내구력]을 「10+〈강인함〉LV」점 회복.
■[중상]을 10%만큼 치료한다.
■가볍거나 평범한 수준의 병이나 독 따위를 치료한다.

NPC

[미션]에 등장하는 PC 이외의 등장 인물을 NPC(논플레이어 캐릭터)라고 합니다. 의뢰인, 호위할 정치가, 적 테러리스트, 다른 건독, 거리의 일반 시민……. 능력이나 [미션]에서의 중요성 등은 서로 다르지만 그들은 모두 NPC이며, GM이 필요하다고 생각하면 게임 데이터를 가집니다.

하지만 [미션]에 등장하는 NPC 모두를 PC와 같은 규칙으로 작성해서야 GM의 부담이 너무 크고, 갑자기 NPC의 데이터가 필요해졌을 때도 대응할 수 없습니다.

그래서 P231부터 다양한 강함과 능력을 지닌 NPC의 간이 데이터를 준비했습니다. 데이터를 읽는 법은 다음 페이지를 참조하시기 바랍니다.

NPC 자작

하지만 게재된 것 이외의 NPC를 [미션]에 등장시키고 싶을 때도 있을 것입니다. 그래서 NPC 데이터를 작성하는 지침을 설명합니다.

기본적으로 게재한 NPC의 데이터는 이 지침을 따라 만들어졌지만, 이것은 어디까지나 지침입니다. GM은 여기에 얽매이지 않고 자유롭게 NPC 데이터를 작성해도 무방합니다.

NPC 만드는 법

NPC에는 [미션]에서의 중요성을 나타내는 NPC 레벨이 있습니다. 이 NPC 레벨에 따라 능력치에 대한 보너스나 클래스 수정, 습득할 수 있는 스킬이나 클래스 아츠의 수, [내구력]을 산출하는 방법이 정해집니다.

NPC를 만들 때는 우선 NPC 레벨을 정하고, 그 NPC의 이미지를 바탕으로 능력치를 결정하여 기초 수정을 산출합니다. 그리고 NPC 레벨에 따른 클래스 수정과 습득한 스킬에 따른 수정을 더하고, 이미지에 맞는 장비를 가지게 하면 완성입니다.

NPC 레벨1

일반 시민과 같이 전투 훈련을 받지 않은 NPC입니다. 적이 되는 일은 거의 없습니다.
능력치 보너스 포인트: 0~5
클래스 수정: 모두 +10%
스킬: 직업에 관계된 것 2레벨치. 또는 [경력]을 1개 선택.
클래스 아츠: 없음
내구력: [【근력】+【체격】]

NPC 레벨2

다소 전투 훈련을 받은 적이 있는 NPC입니다. 일반적인 '당하는 역할'로는 최적입니다. 여럿이 모여야 비로소 건독에게 위협이 됩니다.
능력치 보너스 포인트: 3~7
클래스 수정: 모두 +10%
스킬: 직업에 관계된 것 5레벨치. 또는 [경력]을 1개 선택+3레벨.
클래스 아츠: 없음
내구력: [【근력】+【체격】]×1.5

NPC 레벨3

실전 경험이 있거나 특정한 전문 분야를 가진 NPC입니다. 작은 집단의 리더, 약간 만만찮은 적으로 적당합니다.
능력치 보너스 포인트: 6~10
클래스 수정: 모두 +20%
스킬: 직업에 관계된 것 5~7레벨치. 또는 [경력]을 1~2개 선택+3레벨.
클래스 아츠: 기본적으로 없음. 특징을 나타내는 공용 클래스 아츠를 가지게 해도 좋습니다.
내구력: [【근력】+【체격】]×2

NPC 레벨4

고도의 전투 훈련을 받고 몇 번인가 수라장도 경험한 NPC, 혹은 고도의 전문 기술을 가진 NPC입니다. 그들과 일전을 벌이는 것은 건독에게도 위험한 일입니다. 중간 보스~최종 보스로 적당합니다.
능력치 보너스 포인트: 6~10
클래스 수정: 캐릭터 클래스를 1개 선택한다. 그리고 모두 +10%
스킬: 직업에 관계된 것 7~9레벨치. 또는 [경력]을 2~3개 선택+3레벨.
클래스 아츠: 특별히 우수한 NPC라면 캐릭터 클래스에 대응하는 것을 1~3개 가지게 해도 좋습니다.
내구력: [【근력】+【체격】]×2

NPC 레벨5

건독과 동등한 능력을 갖추고 있으며, 전문 분야에 관해서는 톱 클래스의 실력을 지닌 NPC입니다. PC만큼이나 중요한 NPC입니다. 여러 [미션]에 관여할 법한 중요 NPC나 최종 보스로 적당합니다.

PC와 같은 방법으로 작성하시기 바랍니다. 필요하다면 성장도 합니다.

NPC 데이터

시나리오에 등장하는 모든 NPC의 데이터를 제작할 필요는 없습니다.

전투나 그 밖의 장면에서 판정을 할 가능성이 있는 NPC만 데이터를 작성하면 됩니다.

판정을 한다고 해도 특정한 스킬밖에 사용하지 않는다면(이를테면 의뢰인과 보수를 교섭하는 경우) 그 스킬의 레벨이나 성공률만 정해두면 충분합니다.

NPC와 클래스 전문 스킬

NPC는 클래스를 가지지 않지만, GM이 필요하다고 생각한다면 클래스 전문 스킬의 수정을 받지 않고 판정할 수 있습니다.

이를테면 헬리콥터 파일럿, 기술자, 공작원 같은 NPC는 〈조종〉이나 〈메카닉〉, 〈통신〉 같은 스킬을 수정 없이 사용할 수 있어도 이상하지 않을 것입니다.

NPC의 정신상태

종교나 사상에 열광적으로 몰두한 경우는 죽음조차 두려워하지 않을 수도 있습니다.

또, 절대로 패배가 용납되지 않는 중요한 전투일 때도 그리 간단히 도주하지 않을 것입니다.

전투 시의 행동

기본적으로 NPC 레벨이 높을수록 효율적인 공격이나 동료와의 컴비네이션을 구사합니다.

NPC 레벨이 1~2인 경우는 [연사]로 사격할 수 있는 총을 가지고 있으면 맞기만 하면 된다는 식으로 [제압사격](그것도 탄환을 모조리 씁니다!)을 남용하는 것이 「그럴 듯」합니다. 자기 앞가림에 바빠서 동료를 도울 여유는 없을 때가 대부분입니다.

NPC 레벨이 3~4라면 동료가 탄창을 교환하는 사이에 원호하거나 동시에 탄약이 바닥나지 않도록 하는 등 동료와의 연계를 중시합니다. 또, 함부로 탄환을 쏘지 않고 효율적으로 적을 쓰러뜨리려고 합니다. 단, NPC 레벨이 3인 경우는 궁지에 몰리면 한계가 드러날 수도 있을 것입니다.

NPC 레벨5라면 규칙을 완전히 구사하여 PC를 몰아넣을 정도로 교활해야 합니다. 클래스 아츠도 소지하고 있으므로 PC에겐 가공할 적이 될 것입니다.

NPC 데이터

여기에 게재한 것은 평균 레벨의 데이터입니다. 스킬 레벨을 올리거나 장비를 추가해서 강화해도 됩니다(약화해도 됩니다).

전문가 NPC

갱이 고용한 운전사, 권위 있는 학자처럼 전투에는 익숙하지 않아도 전문적인 능력을 가진 NPC는 NPC 레벨로는 표현하기 어렵습니다.

그런 NPC는 기본%를 무시하고 「2레벨, 성공률 70%」, 「3레벨, 성공률 80%」 정도로 스킬을 가지게 할 수도 있습니다.

전투시의 반응

NPC가 전투에 말려들었을 때 어떤 반응을 보이는지는 상황에 따라 다릅니다.

하지만 항상 전멸할 때까지 싸우는 것도 이상하고, 어느 정도의 손해를 입어야 도주를 시도할지 판단하기가 어려울 수도 있습니다. 그래서 NPC가 전투에 말려들었을 때 어떻게 행동하는지에 관한 간단한 지침을 제시해 둡니다.

아래에 NPC레벨별로 NPC가 전투에서 도주를 꾀할 만한 상황을 나열했습니다. 그런 상황에 빠졌을 때, 또는 GM이 적당하다고 판단했을 때 NPC는 〈정신력〉으로 성공판정을 합니다. 실패하면 전투에서 도망치려 합니다. 도망칠 수 없다면 항복합니다.

단, 그 집단에 [리더]가 있는 경우, [리더]가 〈전술〉 성공판정에 성공하면 지휘하에 있는 NPC는 판정할 필요 없이 전투를 속행합니다.

각각의 판정에는 GM이 적의 상황이나 머릿수 차이, NPC의 정신상태 등의 상황을 보고 수정을 가할 수 있습니다.

도주 조건

NPC 레벨1

전투에 말려든 시점에서 그 자리에 주저앉거나, 그늘로 달려가거나, 재빨리 도망쳐서 전투에 관여하지 않습니다. 그것이 무리라면 투항합니다.

NPC 레벨2

직무 등의 이유가 있다면 전투에 참가하지만, 가능한 한 피하려고 합니다.

• [내구력]이 절반 이하가 됐다.
• 동료가 전투불능이 됐다.

NPC 레벨3

이유가 있다면 적극적으로 전투에 참가합니다.

• [내구력]이 절반 이하가 됐다.
• [출혈][중상]의 [컨디션]이 됐다.
• 동료의 절반이 전투불능이 됐다.

NPC 레벨4~5

목적을 위해서라면 적극적으로 전투에 참가합니다. 이 레벨의 NPC는 냉정하게 전황을 판단해서 도주하는 것이 현명하다고 판단하면 도주합니다.

판단을 내리기 힘들다면 NPC 레벨3과 같은 조건으로 간주하되 판정에 +20%의 수정을 줍니다.

NPC 데이터 읽는 법

① NPC 명칭: 이 NPC의 명칭입니다.
② NPC 레벨: 이 NPC의 중요성을 1~5의 숫자로 나타냈습니다. 높을수록 강력한 NPC입니다.
③ 해설: 이 NPC의 해설입니다.
④ 내구력: 이 NPC의 [내구력]입니다.
⑤ 능력치: 이 NPC의 능력치입니다.
⑥ 기본%: 이 NPC의 [기본%]입니다.
⑦ 개별 스킬: 습득한 스킬과 해당 레벨, 성공률입니다. 쓰여 있지 않은 것은 [기본%]로 판정합니다. 성공률에는 방어구나 아이템으로 인한 수정은 반영하지 않았습니다.

⑧ 이동력: 이동방법별 이동거리입니다. 방어구 수정은( ) 안에 반영했습니다.
⑨ 전술/상황파악/강인함/정신력: 전투 시에 중요한 스킬의 성공률을 골랐습니다.
⑩ 방어구: 장비한 방어구와 해당 데이터입니다.
⑪ 무장: 장비한 무장과 해당 데이터입니다. 액세서리나 방어구로 인한 수정은 이미 반영했습니다.( )는 [사격집중] 같은 조건이 필요한 경우의 수치입니다.
⑫ 비고: 소지한 아이템, 방어구로 인한 수정이나 기타 특기사항을 정리했습니다.

■병사 [NPC 레벨3]

일반적인 군대의 병사입니다.

내구력 대미지: **28**

페널티:

능력치		기본%	
근력	7	사격	45
재주	6	격투	48
민첩	6	운동	48
지력	6	지각	44
감각	6	교섭	44
매력	6	교양	44
체력	7	기술	44
외견			

개별 스킬

〈핸드건1〉55, 〈라이플2〉65
〈무기전투1〉58
〈시가지 행동1〉58, 〈국지 행동1〉58

이동력 신중 3m / 반 7m / 전력 24(34)m

N P C	
전술 **44**	상황 파악 **34**
강인함 **48**	정신력 **44**
장갑치	**20/15**
방어치	**5/3**

방어구 보디아머 레벨 3/ 헬멧

무기 이름	사격 모드	사정거리m	신뢰성	지근거리	근거리	중거리	장거리	관통	비관통D	관통D	장탄수×예비 탄창	메모
M4 카빈	단발/점사	250	00[99]	35%	50%	55(75)	30	+7	2D6+3	3D6+4	[30]×4	※=지속 목표 +15%
베레타 M92FS	단발	50	00[99]	55	55(25)	—	—	+2	1D6+1	2D6+3	[15]×2	
컴뱃 나이프	—	2	00[00]	38	28	—	—	+4	1D6+1	2D6+3	—	대미지 페널티−1

■방어구 수정: 〈사격계〉〈시가지행동〉〈국지행동〉〈상황파악〉〈기술계〉 -10%, 〈격투계〉〈강인함〉 제외〈운동〉 -20%
■장비: 도트 사이트×2, 군용 소형무전기, 위장복, 나이트 비전

■병사 [NPC 레벨3]

일반적인 군대의 병사입니다

내구력 28
대미지:
패널티:

능력치		기본%		개별 스킬
근력	7	사격	45	〈핸드건1〉55, 〈라이플2〉65
재주	6	격투	48	〈무기전투1〉58
민첩	7	운동	48	〈시가지 행동1〉58, 〈국지 행동1〉58
지력	6	지각	44	
감각	6	교섭	44	
매력	6	교양	44	
체격	7	기술	44	
외견				

이동력 신중 3m 일반 7m 전력 24(34)m

방어구 보디아머 레벨 3/ 헬멧

	N	P	C
전술	44	상황 파악	34
강인함	48	정신력	44
장갑치	20/15		
방어치	5/3		

무기 이름	사격 모드	사정거리m	신뢰성	지근거리	근거리	중거리	장거리	관통	비관통D	관통D	장탄수×예비 탄창	메모
M4 카빈	단발/점사	250	00[99]	35※	50※	55(75)	30	+7	2D6 + 3	3D6 + 4	[30]×4	※ = 지속 목표 + 15%
베레타 M92FS	단발	50	00[99]	55	55	5(25)	—	+2	1D6 + 1	2D6 + 3	[15]×2	
컴뱃 나이프		2	00[00]	38	28	—	—	+4	1D6 + 1	2D6 + 3	—	대미지 패널티 - 1

■방어구 수정: 〈사격계〉〈시가지행동〉〈국지행동〉〈상황파악〉〈기술계〉에 -10%, 〈격투계〉(〈강인함〉 제외)〈운동〉에 -20%
■장비: 도트 사이트×2, 군용 소형무전기, 위장복, 나이트 비전

■병사(건너) [NPC 레벨3]

일반적인 군대의 기관총 사수입니다. 기관총이나 수류탄으로 동료를 지원하는 것이 임무입니다.

내구력 30
대미지:
패널티:

능력치		기본%		개별 스킬
근력	8	사격	46	〈라이플1〉56, 〈중화기2〉66
재주	6	격투	51	〈격투1〉61, 〈투척1〉61
민첩	7	운동	49	〈시가지 행동1〉59, 〈국지 행동1〉59
지력	6	지각	44	
감각	6	교섭	41	
매력	5	교양	43	
체격	7	기술	44	
외견				

이동력 신중 4m 일반 7m 전력 24(34)m

방어구 보디아머 레벨 3/ 헬멧

	N	P	C
전술	43	상황 파악	34
강인함	61	정신력	44
장갑치	20/15		
방어치	5/3		

무기 이름	사격 모드	사정거리m	신뢰성	지근거리	근거리	중거리	장거리	관통	비관통D	관통D	장탄수×예비 탄창	메모
FN 미니미	연사	400	00[99]	16※	36※	56(81)	36(61)	+7	2D6 + 3	3D6 + 4	[200]×1	※ = 지속 목표 + 20%
M67 파편수류탄	—	50	00[99]	71	46	16	—		3D6	5D6 + 3	×3	
베레타 M92FS	단발	50	00[99]	56	56	6(26)	—	+1	1D6 + 1	2D6 + 3	[15]×2	

■방어구 수정: 〈사격계〉〈시가지행동〉〈국지행동〉〈상황파악〉〈기술계〉에 -10%, 〈격투계〉(〈강인함〉 제외)〈운동〉에 -20%
■장비: 스코프 LV2, 도트 사이트×2, 군용 소형무전기, 위장복, 나이트 비전

■병사(스카우트) [NPC 레벨3]

일반적인 군대의 정찰병입니다. 부대에 앞서 상황을 파악하는 것이 임무입니다.

내구력 26
대미지:
패널티:

능력치		기본%		개별 스킬
근력	6	사격	45	〈핸드건1〉55, 〈라이플1〉55
재주	6	격투	46	
민첩	8	운동	50	〈시가지 행동2〉70, 〈국지 행동2〉70
지력	6	지각	47	〈감지1〉57
감각	7	교섭	41	
매력	5	교양	43	〈서바이벌1〉53
체격	7	기술	44	
외견				

이동력 신중 4m 일반 8m 전력 36m

방어구 보디아머 레벨 2/ 헬멧

	N	P	C
전술	43	상황 파악	40
강인함	46	정신력	50
장갑치	12/15		
방어치	0/3		

무기 이름	사격 모드	사정거리m	신뢰성	지근거리	근거리	중거리	장거리	관통	비관통D	관통D	장탄수×예비 탄창	메모
■M4 카빈	단발/점사	250	00[99]	35※	50※	55(75)	30	+6	2D6 + 3	3D6 + 4	[30]×4	※ = 지속 목표 + 15%
■베레타 M92FS	단발	50	00[99]	55	55	15(35)	—	+2	1D6 + 1	2D6 + 3	[15]×2	소음레벨5
■컴뱃 나이프	—	2	00[00]	46	36	—	—	+3	1D6	2D6 + 2	—	대미지 패널티 - 1

■방어구 수정: 〈상황파악〉에 -10%
■장비: 도트 사이트×2, 소음기(단), 군용 소형무전기, 위장복, 나이트 비전

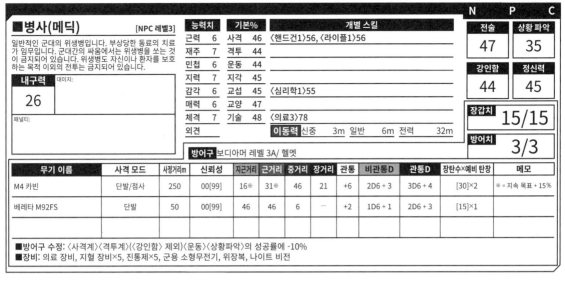

■병사(메딕) [NPC 레벨3]

일반적인 군대의 위생병입니다. 부상당한 동료의 치료가 임무입니다. 군대간의 싸움에서는 위생병을 쏘는 것이 금지되어 있습니다. 위생병도 자신이나 환자를 보호하는 목적 이외의 전투는 금지되어 있습니다.

N	P	C
전술	상황 파악	
47	35	
강인함	정신력	
44	45	
장갑치	15/15	
방어치	3/3	

내구력: 26
대미지:
패널티:

능력치		기본%		개별 스킬
근력	6	사격	46	〈핸드건1〉56, 〈라이플1〉56
재주	7	격투	44	
민첩	6	운동	44	
지력	7	지각	45	
감각	6	교섭	45	〈심리학1〉55
매력	6	교양	47	
체격	7	기술	48	〈의료3〉78
외견		이동력	신중 3m 일반 6m 전력 32m	

방어구 보디아머 레벨 3A/ 헬멧

무기 이름	사격 모드	사정거리m	신뢰성	지근거리	근거리	중거리	장거리	관통	비관통D	관통D	장탄수×예비 탄창	메모
M4 카빈	단발/점사	250	00[99]	16※	31※	46	21	+6	2D6 + 3	3D6 + 4	[30]×2	※ = 지속 목표 + 15%
베레타 M92FS	단발	50	00[99]	46	46	6	—	+2	1D6 + 1	2D6 + 3	[15]×1	

■방어구 수정: 〈사격계〉〈격투계〉(〈강인함〉 제외)〈운동〉〈상황파악〉의 성공률에 -10%
■장비: 의료 장비, 지혈 장비×5, 진통제×5, 군용 소형무전기, 위장복, 나이트 비전

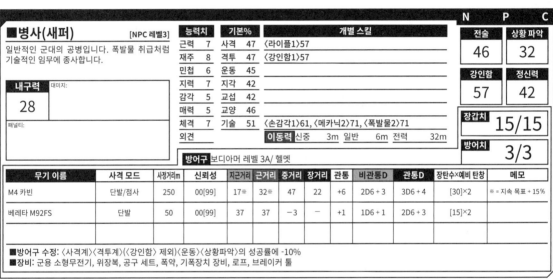

■병사(새퍼) [NPC 레벨3]

일반적인 군대의 공병입니다. 폭발물 취급처럼 기술적인 임무에 종사합니다.

N	P	C
전술	상황 파악	
46	32	
강인함	정신력	
57	42	
장갑치	15/15	
방어치	3/3	

내구력: 28
대미지:
패널티:

능력치		기본%		개별 스킬
근력	7	사격	47	〈라이플1〉57
재주	8	격투	47	〈강인함1〉57
민첩	6	운동	45	
지력	7	지각	42	
감각	6	교섭	42	
매력	5	교양	46	
체격	7	기술	51	〈손감각1〉61, 〈메카닉2〉71, 〈폭발물2〉71
외견		이동력	신중 3m 일반 6m 전력 32m	

방어구 보디아머 레벨 3A/ 헬멧

무기 이름	사격 모드	사정거리m	신뢰성	지근거리	근거리	중거리	장거리	관통	비관통D	관통D	장탄수×예비 탄창	메모
M4 카빈	단발/점사	250	00[99]	17※	32※	47	22	+6	2D6 + 3	3D6 + 4	[30]×2	※ = 지속 목표 + 15%
베레타 M92FS	단발	50	00[99]	37	37	−3	—	+1	1D6 + 1	2D6 + 3	[15]×2	

■방어구 수정: 〈사격계〉〈격투계〉(〈강인함〉 제외)〈운동〉〈상황파악〉의 성공률에 -10%
■장비: 군용 소형무전기, 위장복, 공구 세트, 폭약, 기폭장치 장비, 로프, 브레이커 툴

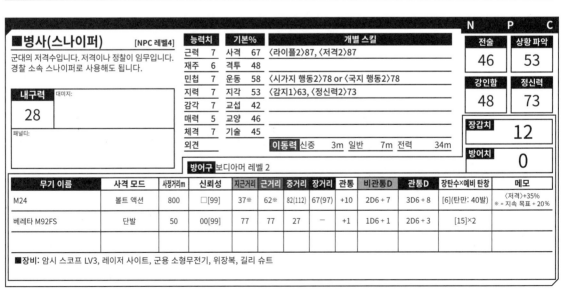

■병사(스나이퍼) [NPC 레벨4]

군대의 저격수입니다. 저격이나 정찰이 임무입니다. 경찰 소속 스나이퍼로 사용해도 됩니다.

N	P	C
전술	상황 파악	
46	53	
강인함	정신력	
48	73	
장갑치	12	
방어치	0	

내구력: 28
대미지:
패널티:

능력치		기본%		개별 스킬
근력	7	사격	67	〈라이플2〉87, 〈저격2〉87
재주	6	격투	48	
민첩	7	운동	58	〈시가지 행동2〉78 or 〈국지 행동2〉78
지력	7	지각	53	〈감지1〉63, 〈정신력2〉73
감각	7	교섭	42	
매력	5	교양	46	
체격	7	기술	45	
외견		이동력	신중 3m 일반 7m 전력 34m	

방어구 보디아머 레벨 2

무기 이름	사격 모드	사정거리m	신뢰성	지근거리	근거리	중거리	장거리	관통	비관통D	관통D	장탄수×예비 탄창	메모
M24	볼트 액션	800	□[99]	37※	62※	82(112)	67(97)	+10	2D6 + 7	3D6 + 8	[6](탄만: 40발)	〈저격〉+35% ※ = 지속 목표 + 20%
베레타 M92FS	단발	50	00[99]	77	77	27	—	+1	1D6 + 1	2D6 + 3	[15]×2	

■장비: 암시 스코프 LV3, 레이저 사이트, 군용 소형무전기, 위장복, 길리 슈트

■병사(리더) [NPC 레벨4]

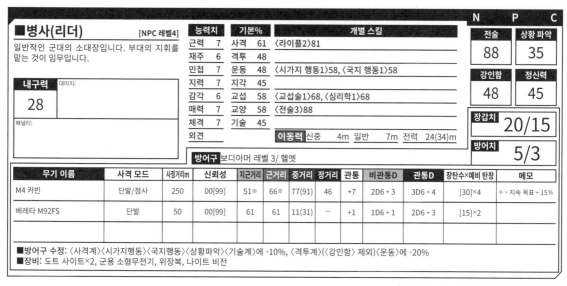

일반적인 군대의 소대장입니다. 부대의 지휘를 맡는 것이 임무입니다.

	N	P	C
전술	88	상황 파악	35
강인함	48	정신력	45
장갑치	20/15		
방어치	5/3		

내구력 대미지: 28
패널티:

능력치		기본%		개별 스킬
근력	7	사격	61	〈라이플2〉81
재주	6	격투	48	
민첩	7	운동	48	〈시가지 행동1〉58, 〈국지 행동1〉58
지력	7	지각	45	
감각	6	교섭	58	〈교섭술1〉68, 〈심리학1〉68
매력	7	교양	58	〈전술3〉88
체격	7	기술	45	
외견				이동력 신중 4m 일반 7m 전력 24(34)m

방어구 보디아머 레벨 3/ 헬멧

무기 이름	사격 모드	사정거리m	신뢰성	지근거리	근거리	중거리	장거리	관통	비관통D	관통D	장탄수×예비 탄창	메모
M4 카빈	단발/점사	250	00[99]	51※	66※	77(91)	46	+7	2D6 + 3	3D6 + 4	[30]×4	※ = 지속 목표 + 15%
베레타 M92FS	단발	50	00[99]	61	61	11(31)	—	+1	1D6 + 1	2D6 + 3	[15]×2	

■**방어구 수정:** 〈사격계〉〈시가지행동〉〈국지행동〉〈상황파악〉〈기술계〉에 -10%, 〈격투계〉(〈강인함〉 제외)〈운동〉에 -20%
■**장비:** 도트 사이트×2, 군용 소형무전기, 위장복, 나이트 비전

■용병 [NPC 레벨3]

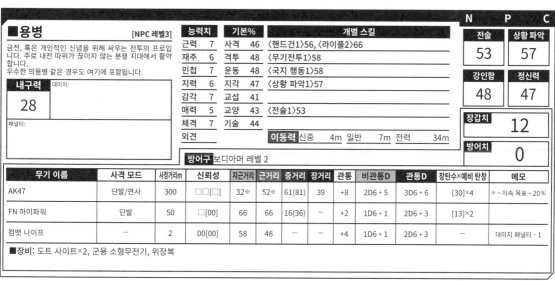

금전, 혹은 개인적인 신념을 위해 싸우는 전투의 프로입니다. 주로 내전 따위가 끊이지 않는 분쟁 지대에서 활약합니다.
우수한 의용병 같은 경우도 여기에 포함됩니다.

	N	P	C
전술	53	상황 파악	57
강인함	48	정신력	47
장갑치	12		
방어치	0		

내구력 대미지: 28
패널티:

능력치		기본%		개별 스킬
근력	7	사격	46	〈핸드건1〉56, 〈라이플2〉66
재주	6	격투	48	〈무기전투1〉58
민첩	7	운동	48	〈국지 행동1〉58
지력	6	지각	47	〈상황 파악1〉57
감각	7	교섭	41	
매력	5	교양	43	〈전술1〉53
체격	7	기술	44	
외견				이동력 신중 4m 일반 7m 전력 34m

방어구 보디아머 레벨 2

무기 이름	사격 모드	사정거리m	신뢰성	지근거리	근거리	중거리	장거리	관통	비관통D	관통D	장탄수×예비 탄창	메모
AK47	단발/연사	300	□□[□]	32※	52※	61(81)	39	+8	2D6 + 5	3D6 + 6	[30]×4	※ = 지속 목표 + 20%
FN 하이파워	단발	50	□[00]	66	66	16(36)	—	+2	1D6 + 1	2D6 + 3	[13]×2	
컴뱃 나이프	—	2	00[00]	58	48	—	—	+4	1D6 + 1	2D6 + 3	—	대미지 패널티 - 1

■**장비:** 도트 사이트×2, 군용 소형무전기, 위장복

■대테러 부대원 [NPC 레벨4]

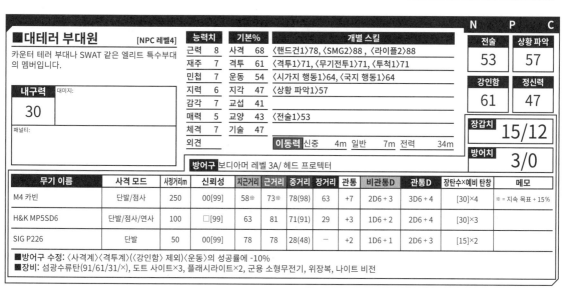

카운터 테러 부대나 SWAT 같은 엘리트 특수부대의 멤버입니다.

	N	P	C
전술	53	상황 파악	57
강인함	61	정신력	47
장갑치	15/12		
방어치	3/0		

내구력 대미지: 30
패널티:

능력치		기본%		개별 스킬
근력	8	사격	68	〈핸드건1〉78, 〈SMG2〉88, 〈라이플2〉88
재주	7	격투	61	〈격투1〉71, 〈무기전투1〉71, 〈투척1〉71
민첩	7	운동	54	〈시가지 행동1〉64, 〈국지 행동1〉64
지력	6	지각	47	〈상황 파악1〉57
감각	7	교섭	41	
매력	5	교양	43	〈전술1〉53
체격	7	기술	47	
외견				이동력 신중 4m 일반 7m 전력 34m

방어구 보디아머 레벨 3A/ 헤드 프로텍터

무기 이름	사격 모드	사정거리m	신뢰성	지근거리	근거리	중거리	장거리	관통	비관통D	관통D	장탄수×예비 탄창	메모
M4 카빈	단발/점사	250	00[99]	58※	73※	78(98)	63	+7	2D6 + 3	3D6 + 4	[30]×4	※ = 지속 목표 + 15%
H&K MP5SD6	단발/점사/연사	100	□[99]	63	81	71(91)	29	+3	1D6 + 2	2D6 + 4	[30]×3	
SIG P226	단발	50	00[99]	78	78	28(48)	—	+2	1D6 + 1	2D6 + 3	[15]×2	

■**방어구 수정:** 〈사격계〉〈격투계〉(〈강인함〉 제외)〈운동〉의 성공률에 -10%
■**장비:** 섬광수류탄(91/61/31/×), 도트 사이트×3, 플래시라이트×2, 군용 소형무전기, 위장복, 나이트 비전

■경찰관 [NPC 레벨2]

도시의 치안을 지키는 경찰관입니다. 범죄 건수의 증가로 인해 만성적인 인원 부족에 빠졌습니다.

내구력 21 (대미지:)
패널티:

능력치		기본%		개별 스킬
근력	7	사격	35	〈핸드건1〉45, 〈라이플1〉45
재주	6	격투	37	〈격투1〉47, 〈무기전투1〉47
민첩	6	운동	35	
지력	6	지각	34	
감각	6	교섭	34	〈교섭술1〉44
매력	6	교양	34	
체격	7	기술	34	
외견				

이동력 신중 3m 일반 6m 전력 32m

방어구 보디 아머 레벨 2

	N	P	C
	전술	상황 파악	
	34	34	
	강인함	정신력	
	37	34	
장갑치		12	
방어치		0	

무기 이름	사격 모드	사정거리m	신뢰성	지근거리	근거리	중거리	장거리	관통	비관통D	관통D	장탄수×예비 탄창	메모
글록 17	단발	50	00[99]	45	44	4	—	+2	1D6＋1	2D6＋3	[17]×2	
모스버그 M590	펌프 액션	50	□[00]	35	55	65	—	+2※	2D6＋2※	3D6＋4※	[8](탄만: 20발)	
경찰봉(톤파)	—	2	00[00]	47	37	—	—	+1	2D6−1	2D6＋1	—	

■장비: 군용 소형무전기, 수갑, 라이트(손에 드는 타입)
※[지근거리]: +3/3D6+2/4D6+4, [중거리]: +1/1D6+2/2D6+4

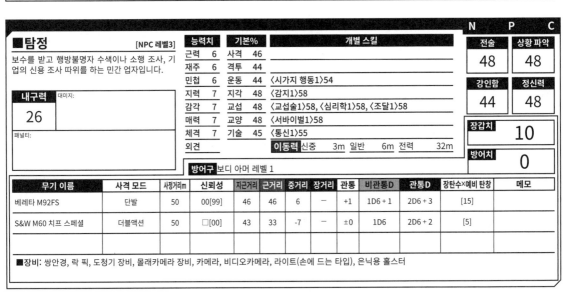

■형사 [NPC 레벨3]

범죄 수사가 주된 임무인 경찰관의 통칭입니다. 거의 사복으로 근무합니다.

내구력 28 (대미지:)
패널티:

능력치		기본%		개별 스킬
근력	7	사격	47	〈핸드건1〉57
재주	6	격투	47	〈격투1〉57, 〈무기전투1〉57
민첩	6	운동	45	〈운동1〉55
지력	7	지각	48	〈감지1〉58
감각	7	교섭	45	〈교섭술1〉55, 〈심리학1〉55
매력	6	교양	47	〈서바이벌1〉57
체격	7	기술	45	
외견				

이동력 신중 3m 일반 6m 전력 32m

방어구 보디 아머 레벨 2

	N	P	C
	전술	상황 파악	
	47	48	
	강인함	정신력	
	47	48	
장갑치		12	
방어치		0	

무기 이름	사격 모드	사정거리m	신뢰성	지근거리	근거리	중거리	장거리	관통	비관통D	관통D	장탄수×예비 탄창	메모
글록 17	단발	50	00[99]	57	56	16	—	+2	1D6＋1	2D6＋3	[17]×1	
경찰봉(톤파)	—	2	00[00]	57	47	—	—	+1	2D6−1	2D6＋1	—	

■장비: 플래시 라이트, 락 픽, 수갑

■탐정 [NPC 레벨3]

보수를 받고 행방불명자 수색이나 소행 조사, 기업의 신용 조사 따위를 하는 민간 업자입니다.

내구력 26 (대미지:)
패널티:

능력치		기본%		개별 스킬
근력	6	사격	46	
재주	6	격투	44	
민첩	6	운동	44	〈시가지 행동1〉54
지력	7	지각	48	〈감지1〉58
감각	7	교섭	48	〈교섭술1〉58, 〈심리학1〉58, 〈조달1〉58
매력	7	교양	48	〈서바이벌1〉58
체격	7	기술	45	〈통신1〉55
외견				

이동력 신중 3m 일반 6m 전력 32m

방어구 보디 아머 레벨 1

	N	P	C
	전술	상황 파악	
	48	48	
	강인함	정신력	
	44	48	
장갑치		10	
방어치		0	

무기 이름	사격 모드	사정거리m	신뢰성	지근거리	근거리	중거리	장거리	관통	비관통D	관통D	장탄수×예비 탄창	메모
베레타 M92FS	단발	50	00[99]	46	46	6	—	+1	1D6＋1	2D6＋3	[15]	
S&W M60 치프 스페셜	더블액션	50	□[00]	43	33	-7	—	±0	1D6	2D6＋2	[5]	

■장비: 쌍안경, 락 픽, 도청기 장비, 몰래카메라 장비, 카메라, 비디오카메라, 라이트(손에 드는 타입), 은닉용 홀스터

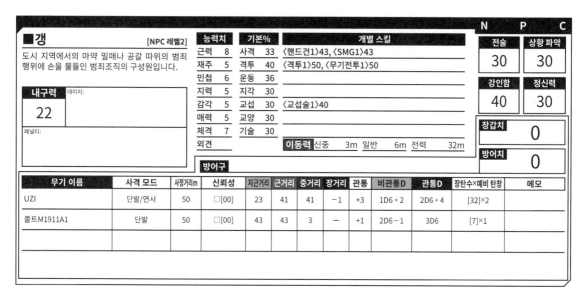

■갱 [NPC 레벨2]

도시 지역에서의 마약 밀매나 공갈 따위의 범죄 행위에 손을 물들인 범죄조직의 구성원입니다.

내구력 대미지:

22

패널티:

능력치		기본%		개별 스킬
근력	8	사격	33	〈핸드건1〉43, 〈SMG1〉43
재주	5	격투	40	〈격투1〉50, 〈무기전투1〉50
민첩	6	운동	36	
지력	5	지각	30	
감각	5	교섭	30	〈교섭술1〉40
매력	5	교양	30	
체격	7	기술	30	
외견				

이동력 신중 3m 일반 6m 전력 32m

방어구

N	P	C
전술		**상황 파악**
30		30
강인함		**정신력**
40		30
장갑치		0
방어치		0

무기 이름	사격 모드	사정거리m	신뢰성	지근거리	근거리	중거리	장거리	관통	비관통D	관통D	장탄수×예비 탄창	메모
UZI	단발/연사	50	□[00]	23	41	41	−1	+3	1D6+2	2D6+4	[32]×2	
콜트M1911A1	단발	50	□[00]	43	43	3	—	+1	2D6−1	3D6	[7]×1	

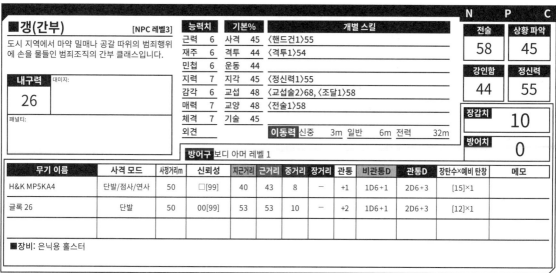

■갱(간부) [NPC 레벨3]

도시 지역에서 마약 밀매나 공갈 따위의 범죄행위에 손을 물들인 범죄조직의 간부 클래스입니다.

내구력 대미지:

26

패널티:

능력치		기본%		개별 스킬
근력	6	사격	45	〈핸드건1〉55
재주	6	격투	44	〈격투1〉54
민첩	6	운동	44	
지력	7	지각	45	〈정신력1〉55
감각	6	교섭	48	〈교섭술2〉68, 〈조달1〉58
매력	7	교양	48	〈전술1〉58
체격	7	기술	45	
외견				

이동력 신중 3m 일반 6m 전력 32m

방어구 보디 아머 레벨 1

N	P	C
전술		**상황 파악**
58		45
강인함		**정신력**
44		55
장갑치		10
방어치		0

무기 이름	사격 모드	사정거리m	신뢰성	지근거리	근거리	중거리	장거리	관통	비관통D	관통D	장탄수×예비 탄창	메모
H&K MP5KA4	단발/점사/연사	50	□[99]	40	43	8	—	+1	1D6+1	2D6+3	[15]×1	
글록 26	단발	50	00[99]	53	53	10	—	+2	1D6+1	2D6+3	[12]×1	

■장비: 은닉용 홀스터

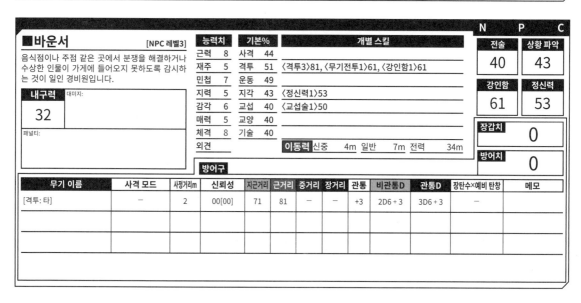

■바운서 [NPC 레벨3]

음식점이나 주점 같은 곳에서 분쟁을 해결하거나 수상한 인물이 가게에 들어오지 못하도록 감시하는 것이 일인 경비원입니다.

내구력 대미지:

32

패널티:

능력치		기본%		개별 스킬
근력	8	사격	44	
재주	5	격투	51	〈격투3〉81, 〈무기전투1〉61, 〈강인함1〉61
민첩	7	운동	49	
지력	5	지각	43	〈정신력1〉53
감각	6	교섭	40	〈교섭술1〉50
매력	5	교양	40	
체격	8	기술	40	
외견				

이동력 신중 4m 일반 7m 전력 34m

방어구

N	P	C
전술		**상황 파악**
40		43
강인함		**정신력**
61		53
장갑치		0
방어치		0

무기 이름	사격 모드	사정거리m	신뢰성	지근거리	근거리	중거리	장거리	관통	비관통D	관통D	장탄수×예비 탄창	메모
[격투: 타]	—	2	00[00]	71	81	—	—	+3	2D6+3	3D6+3	—	

■보디가드 [NPC 레벨3]

요인을 경호하거나 저택의 경비를 맡는 보디가드입니다. 핸드건이나 격투 기술에 능하며, 개인적인 능력도 매우 뛰어납니다.

내구력 28 대미지: 패널티:

능력치		기본%		개별 스킬
근력	7	사격	47	〈핸드건2〉67, 〈SMG1〉57
재주	6	격투	48	〈격투1〉58
민첩	7	운동	48	〈운동1〉58
지력	7	지각	48	〈상황 파악1〉58, 〈감지1〉58
감각	7	교섭	45	
매력	6	교양	47	
체격	7	기술	45	
외견		이동력		신중 4m 일반 8m 전력 36m

방어구 보디 아머 레벨 2

	N	P	C
	전술 47	상황 파악 58	
	강인함 48	정신력 48	

장갑치 12
방어치 0

무기 이름	사격 모드	사정거리m	신뢰성	지근거리	근거리	중거리	장거리	관통	비관통D	관통D	장탄수×예비 탄창	메모
H&K MP5KA4	단발/점사/연사	50	□[99]	62	65	20	—	+2	1D6+1	2D6+3	[15]×1	
SIG P226	단발	50	00[99]	77	77	27	—	+3	1D6+1	2D6+3	[15]×1	
[격투: 타]	—	2	00[00]	48	58	—	—	+1	2D6+1	3D6+1	—	

■**장비**: 레이저 사이트×2, 군용 소형 무전기

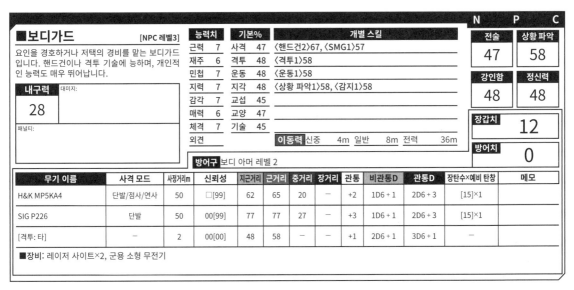

■공작원 [NPC 레벨3]

정부조직, 정보기관의 공작원입니다. 대인, 해킹, 도청 등 다양한 수단으로 정보수집이나 비밀조사를 합니다.

내구력 26 대미지: 패널티:

능력치		기본%		개별 스킬
근력	6	사격	46	
재주	7	격투	43	
민첩	5	운동	41	〈시가지 행동2〉61
지력	7	지각	45	
감각	6	교섭	48	〈교섭술1〉58
매력	7	교양	48	〈정보 처리2〉68
체격	7	기술	48	〈통신2〉68
외견		이동력		신중 3m 일반 5m 전력 30m

방어구

	N	P	C
	전술 48	상황 파악 45	
	강인함 43	정신력 45	

장갑치 0
방어치 0

무기 이름	사격 모드	사정거리m	신뢰성	지근거리	근거리	중거리	장거리	관통	비관통D	관통D	장탄수×예비 탄창	메모
H&K USP45 컴팩트	단발	50	00[99]	44	44	4	—	±0	2D6−1	3D6	[8]×1	

■**장비**: 골전도 무전기, 고성능 랩톱, 쌍안경, 락 픽, 도청 장비, 발신기 장비, 몰래카메라 장비, 노이즈 발생기, 재머, 카메라, 비디오카메라, 전자기기용 장비

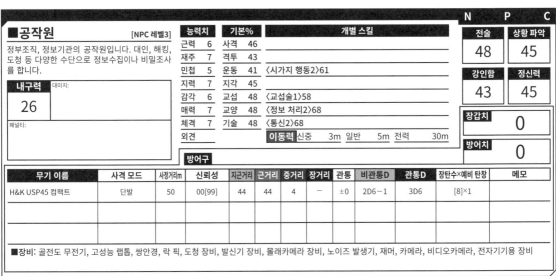

■바운티 헌터 [NPC 레벨3]

도망친 범죄자를 쫓아 체포하는 것이 임무인 베일 에이전트입니다.
개중에는 자칭「현상금 사냥꾼」도 있습니다.

내구력 28 대미지: 패널티:

능력치		기본%		개별 스킬
근력	7	사격	47	〈핸드건1〉57, 〈SMG2〉67
재주	6	격투	48	〈격투1〉58
민첩	7	운동	48	〈시가지 행동1〉58
지력	7	지각	48	〈감지1〉58
감각	7	교섭	45	〈조달1〉55
매력	6	교양	47	〈서바이벌1〉57
체격	7	기술	45	
외견		이동력		신중 4m 일반 7m 전력 34m

방어구 보디 아머 레벨 2

	N	P	C
	전술 47	상황 파악 48	
	강인함 48	정신력 48	

장갑치 12
방어치 0

무기 이름	사격 모드	사정거리m	신뢰성	지근거리	근거리	중거리	장거리	관통	비관통D	관통D	장탄수×예비 탄창	메모
H&K MP5A5	단발/점사/연사	50	□[99]	57	75	65	—	+4	1D6+2	2D6+4	[30]×2	
베레타 M92FS	단발	50	00[99]	67	67	17	—	+2	1D6+1	2D6+3	[15]×2	

■**장비**: 골전도 무전기, 위장복, 레이저 사이트×2, 플래시라이트×2, 네트건, 락 픽, 수갑

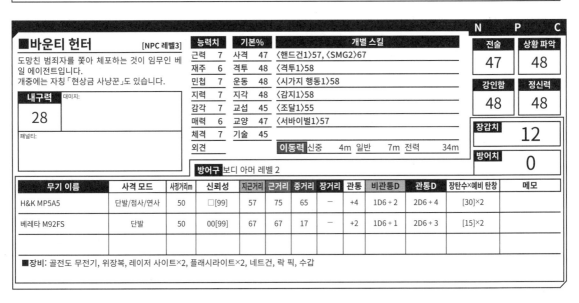

■폭도(무장시민) [NPC 레벨1]

분쟁 지역이나 폭동이 난 도시 지역 등에서 흥분 상태에 빠진 무장시민입니다. 흥분제를 복용했거나 열광한 상태여서 잘 도주하지 않는 경향이 있습니다.

내구력: 12
대미지:
패널티:

능력치		기본%		개별 스킬
근력	6	사격	30	〈라이플1〉40
재주	5	격투	33	〈투척1〉43
민첩	5	운동	31	
지력	5	지각	30	
감각	5	교섭	30	
매력	5	교양	30	
체력	6	기술	30	
외견				

이동력 신중 3m 일반 5m 전력 30m

방어구

	N	P	C
전술	30	상황 파악	30
강인함	33	정신력	30
장갑치	0		
방어치	0		

무기 이름	사격 모드	사정거리m	신뢰성	지근거리	근거리	중거리	장거리	관통	비관통D	관통D	장탄수×예비 탄창	메모
AK47	단발/연사	300	□□[□]	−4※	16※	35	13	+7	2D6+5	3D6+6	[30]	※ = 지속 목표 +20%
돌팔매	−	25	00[99]	23	3	−	−	−4	1D6−1	1D6+1	−	
나무막대	−	2	00[99]	13	3	−	−	±0	2D6−2	2D6	−	

■게릴라 [NPC 레벨2]

분쟁 지역 등에서 야외를 중심으로 활동하는 전투원입니다. 몇 명~수십 명의 그룹을 이루어 파괴 활동이나 전투를 합니다.

내구력: 18
대미지:
패널티:

능력치		기본%		개별 스킬
근력	6	사격	32	〈라이플1〉42
재주	5	격투	34	
민첩	6	운동	34	〈운동1〉44, 〈국지 행동2〉54
지력	5	지각	33	
감각	6	교섭	30	
매력	5	교양	30	〈서바이벌1〉40
체력	6	기술	30	
외견				

이동력 신중 4m 일반 7m 전력 34m

방어구

	N	P	C
전술	30	상황 파악	33
강인함	34	정신력	33
장갑치	0		
방어치	0		

무기 이름	사격 모드	사정거리m	신뢰성	지근거리	근거리	중거리	장거리	관통	비관통D	관통D	장탄수×예비 탄창	메모
AK47	단발/연사	300	□□[□]	−2※	18※	37	15	+7	2D6+5	3D6+6	[30]×2	※ = 지속 목표 +20%
컴뱃 나이프	−	2	00[00]	34	24	−	−	+3	1D6	2D6+2	−	대미지 패널티 −1

■장비: 위장복

■군견 [NPC 레벨4]

전투용으로 훈련된 도베르만입니다. 조련사의 명령에 따라 적을 공격합니다. 부지 내에 풀어 경비를 시킬 수도 있습니다.

내구력: 30
대미지:
패널티:

능력치		기본%		개별 스킬
근력	−	사격	−	
재주	−	격투	45	〈격투3〉75
민첩	−	운동	60	〈운동2〉80, 〈시가지 행동2〉80, 〈국지 행동2〉80
지력	−	지각	40	〈감지4〉80
감각	−	교섭	−	
매력	−	교양	−	
체력	−	기술	−	
외견				

이동력 신중 10m 일반 20m 전력 60m

방어구

	N	P	C
전술	70	상황 파악	40
강인함	60	정신력	40
장갑치	0		
방어치	0		

무기 이름	사격 모드	사정거리m	신뢰성	지근거리	근거리	중거리	장거리	관통	비관통D	관통D	장탄수×예비 탄창	메모
물기	−	−	00[00]	75	55	−	−	−	2D6+3	−	−	[격투 : 극]
덤벼들기	−	−	00[00]	65	45	−	−	−	1D6+3	−	−	[격투 : 투]

■후각이 매우 예민하다. 〈감지〉 성공판정에 성공하면 냄새를 쫓을 수 있다.
■물기는 [격투:극]으로 간주한다. 효과와 지속 효과에 [비관통D]의 대미지를 추가한다.

■테러리스트 [NPC 레벨2]

테러리스트 멤버입니다. 약간의 전투 훈련은 받았으며 장비도 충실하지만, 무기를 그렇게까지 잘 다루지는 못합니다.

내구력 대미지:

21

패널티:

능력치		기본%		개별 스킬
근력	7	사격	34	〈핸드건1〉44, 〈SMG1〉44
재주	6	격투	36	
민첩	5	운동	32	〈시가지 행동1〉42
지력	5	지각	33	〈정신력1〉43
감각	6	교섭	30	〈조달1〉40
매력	5	교양	30	
체격	7	기술	33	
외견				

이동력 신중 3m 일반 5m 전력 30m

방어구 보디 아머 레벨 3A

	N	P	C
	전술	상황 파악	
	30	33	
	강인함	정신력	
	36	33	

장갑치 **15**

방어치 **3**

무기 이름	사격 모드	사정거리m	신뢰성	지근거리	근거리	중거리	장거리	관통	비관통D	관통D	장탄수×예비 탄창	메모
H&K MP5A5	단발/점사/연사	200	□[99]	24	42	32(52)	-10	+3	1D6+2	2D6+4	[30]×2	
베레타 M92FS	단발	50	00[99]	44	44	-6(14)	×	+2	1D6+1	2D6+3	[15]×1	

■방어구 수정: 〈사격계〉〈격투계〉(〈강인함〉 제외)〈운동〉의 성공률에 -10%
■장비: 도트 사이트×2, 군용 소형 무전기

■테러리스트(습격 담당) [NPC 레벨3]

테러리스트 중에서도 거듭 전투 훈련을 받았고 실전 경험도 있는 멤버입니다. 선두에 서서 싸웁니다.

내구력 대미지:

28

패널티:

능력치		기본%		개별 스킬
근력	7	사격	45	〈핸드건1〉55, 〈SMG2〉65
재주	6	격투	48	
민첩	7	운동	48	〈시가지 행동1〉58
지력	6	지각	44	〈정신력1〉54
감각	6	교섭	44	〈조달1〉54
매력	6	교양	44	
체격	7	기술	44	〈폭발물1〉54
외견				

이동력 신중 4m 일반 7m 전력 34m

방어구 보디 아머 레벨 3A

	N	P	C
	전술	상황 파악	
	44	44	
	강인함	정신력	
	48	54	

장갑치 **15**

방어치 **3**

무기 이름	사격 모드	사정거리m	신뢰성	지근거리	근거리	중거리	장거리	관통	비관통D	관통D	장탄수×예비 탄창	메모
H&K MP5A5	단발/점사/연사	200	□[99]	45	63	53(73)	11	+4	1D6+2	2D6+4	[30]×3	
베레타 M92FS	단발	50	00[99]	55	55	5(25)	×	+2	1D6+1	2D6+3	[15]×2	

■방어구 수정: 〈사격계〉〈격투계〉(〈강인함〉 제외)〈운동〉의 성공률에 -10%
■장비: 도트 사이트×2, 군용 소형 무전기, 공구 세트   ■클래스 아츠: 《엔돌핀》

■테러리스트(리더) [NPC 레벨4]

테러리스트 중에서도 작전 리더를 맡는 클래스의 간부나 베테랑 멤버입니다. 작전이나 전투에서는 지휘를 맡습니다.

내구력 대미지:

28

패널티:

능력치		기본%		개별 스킬
근력	7	사격	61	〈핸드건1〉71, 〈SMG2〉81
재주	6	격투	48	
민첩	7	운동	48	〈시가지 행동1〉58
지력	7	지각	45	〈정신력1〉55
감각	6	교섭	58	〈교섭술1〉68, 〈조달1〉68
매력	7	교양	58	〈전술2〉78
체격	7	기술	45	〈폭발물1〉55
외견				

이동력 신중 4m 일반 7m 전력 34m

방어구 보디 아머 레벨 3A

	N	P	C
	전술	상황 파악	
	78	45	
	강인함	정신력	
	48	55	

장갑치 **15**

방어치 **3**

무기 이름	사격 모드	사정거리m	신뢰성	지근거리	근거리	중거리	장거리	관통	비관통D	관통D	장탄수×예비 탄창	메모
H&K MP5A5	단발/점사/연사	200	□[99]	61	79	69(89)	27	+4	1D6+2	2D6+4	[30]×3	
베레타 M92FS	단발	50	00[99]	71	71	21(36)	×	+2	1D6+1	2D6+3	[15]×2	

■방어구 수정: 〈사격계〉〈격투계〉(〈강인함〉 제외)〈운동〉의 성공률에 -10%
■장비: 도트 사이트×2, 군용 소형 무전기, 공구 세트   ■클래스 아츠: 《커버 포메이션》

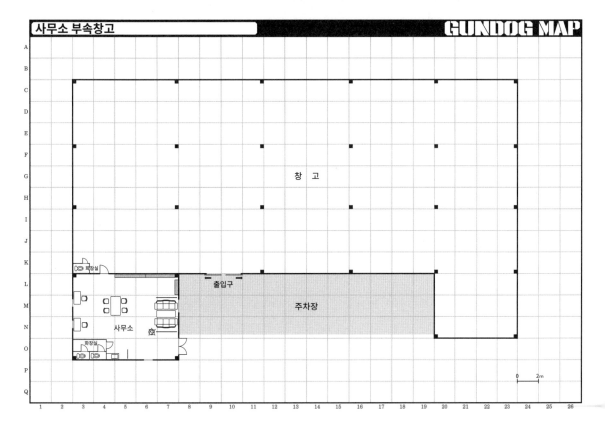

사무소 부속창고

GUNDOG MAP

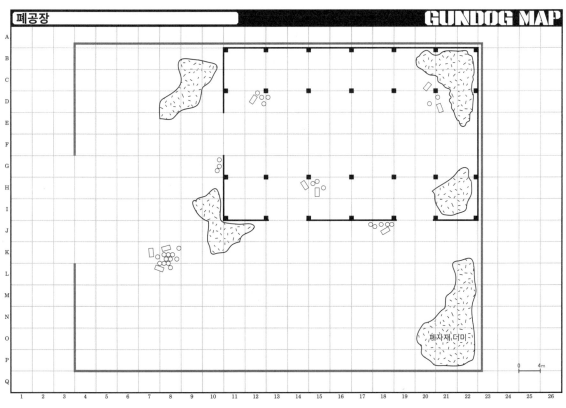

폐공장

GUNDOG MAP

저택 | **GUNDOG MAP**

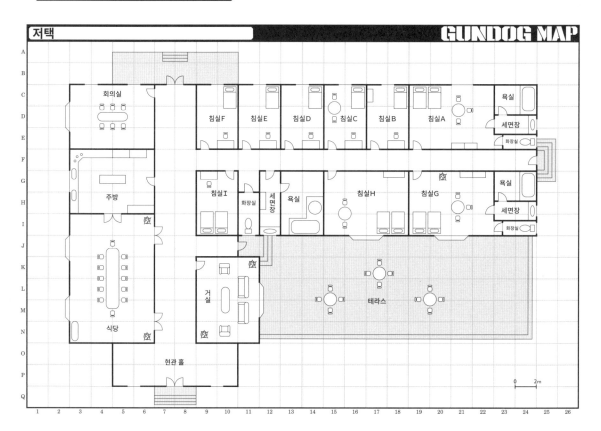

바 | **GUNDOG MAP**

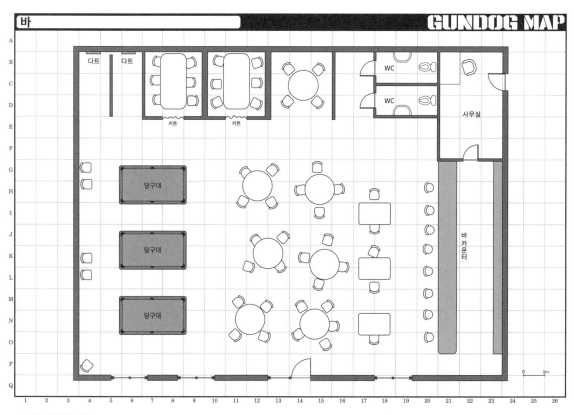

샘플 맵

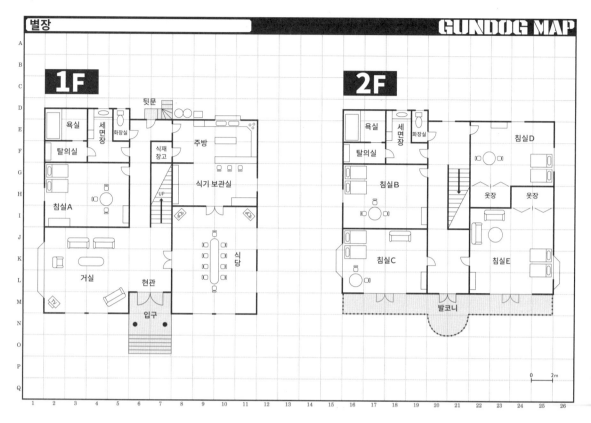

별장 GUNDOG MAP

1F

2F

욕실
세면장
탈의실
화장실
뒷문
주방
식재창고
식기 보관실
UP
침실A
거실
현관
입구
식당

욕실
세면장
탈의실
화장실
침실D
침실B
옷장
옷장
침실C
침실E
발코니

0 2m

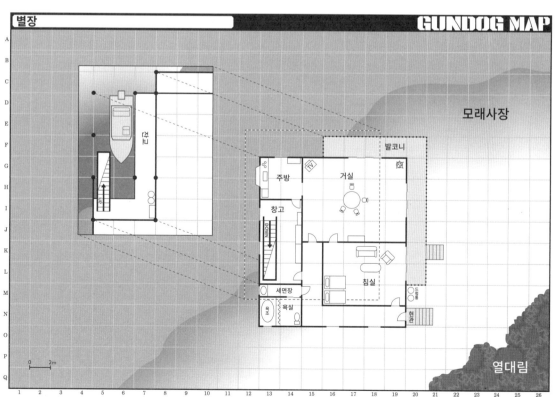

별장 GUNDOG MAP

모래사장
침실
주방
발코니
거실
창고
DOWN
세면장
욕조
욕실
현관
열대림

0 2m

2층 주택 1F

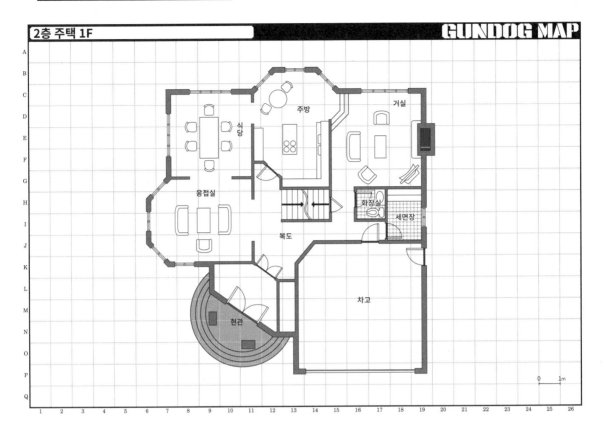

2층 주택 2F

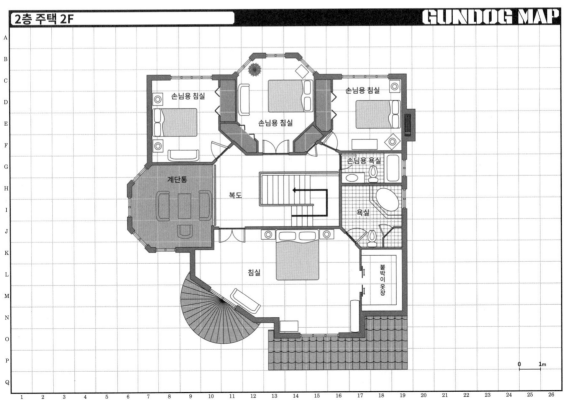

샘플 맵

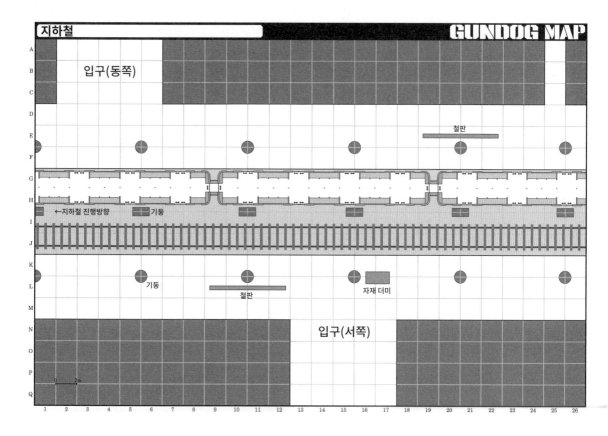

지하철 — GUNDOG MAP

입구(동쪽)

철판

←지하철 진행방향　기둥

기둥
철판
자재 더미

입구(서쪽)

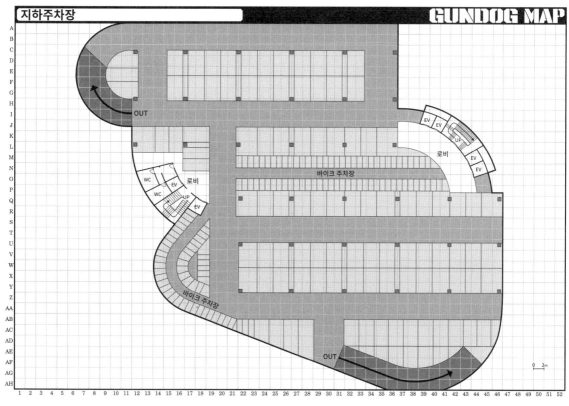

지하주차장 — GUNDOG MAP

OUT

EV EV
UP
로비
EV
EV

WC EV
로비
WC UP
EV

바이크 주차장

바이크 주차장

OUT

GUNDOG MAP

콘서트 홀

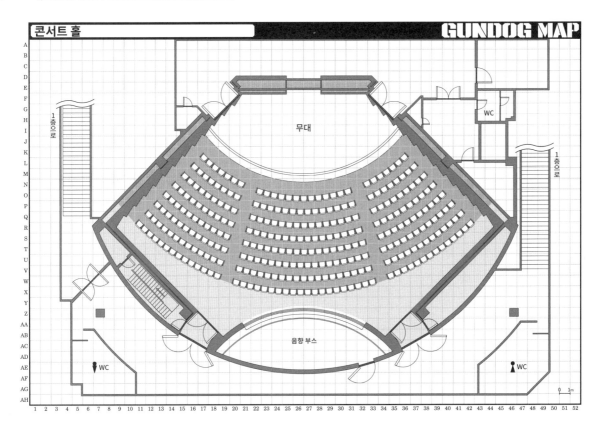

무대

1층이어로

WC

1층이어로

음향 부스

WC

WC

0 1m

여객기

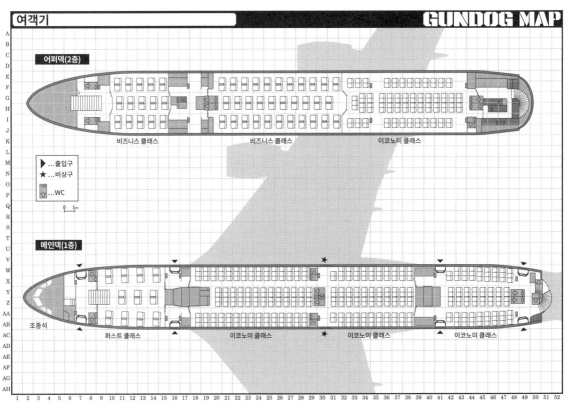

어퍼덱(2층)

비즈니스 클래스   비즈니스 클래스   이코노미 클래스

▶…출입구
★…비상구
☐…WC

0 1m

메인덱(1층)

조종석   퍼스트 클래스   이코노미 클래스   이코노미 클래스   이코노미 클래스

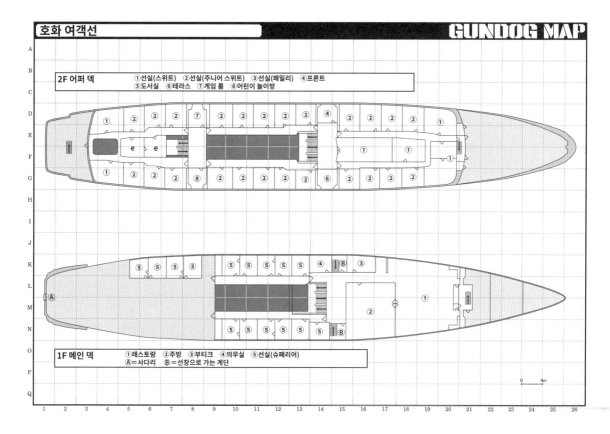

호화 여객선 — GUNDOG MAP

2F 어퍼 덱 ①선실(스위트) ②선실(주니어 스위트) ③선실(패밀리) ④프론트
⑤도서실 ⑥테라스 ⑦게임 룸 ⑧어린이 놀이방

1F 메인 덱 ①레스토랑 ②주방 ③부티크 ④의무실 ⑤선실(슈페리어)
Ⓐ=사다리 Ⓑ=선창으로 가는 계단

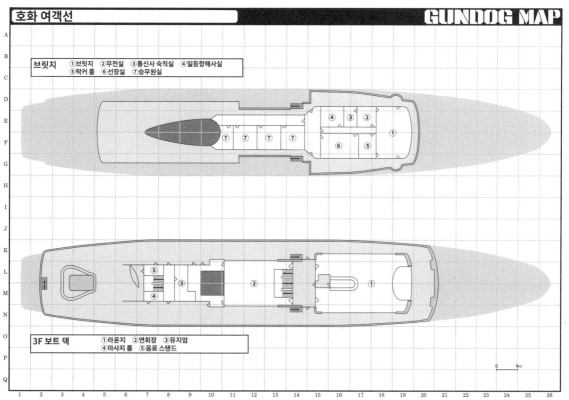

호화 여객선 — GUNDOG MAP

브릿지 ①브릿지 ②무전실 ③통신사 숙직실 ④일등항해사실
⑤락커 룸 ⑥선장실 ⑦승무원실

3F 보트 덱 ①라운지 ②연회장 ③뮤지엄
④마사지 룸 ⑤음료 스탠드

레스토랑(소)

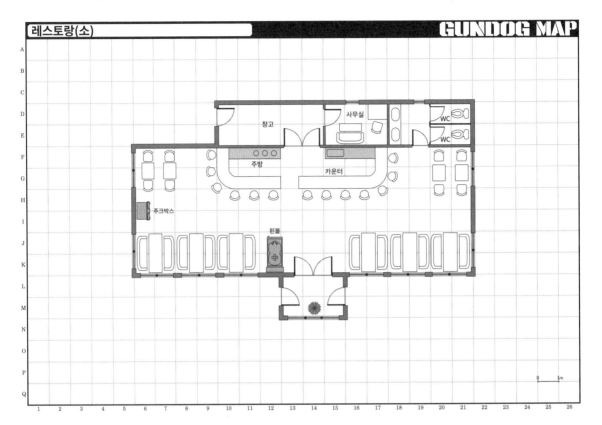

창고　사무실　WC　WC　주방　카운터　주크박스　핀볼

시가지

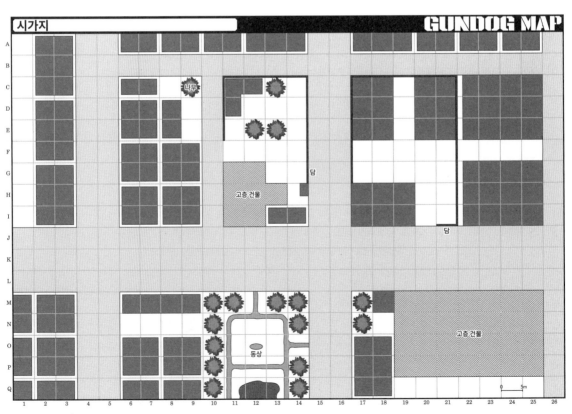

나무　고층 건물　담　담　동상　고층 건물

샘플 맵

PC 제작 순서

1 메인 클래스 결정(P082)
- 1) 메인 클래스를 적어 넣는다
- 2) 메인 클래스 수정을 적어 넣는다
- 3) 습득한 스킬을 적어 넣는다

2 서브 클래스 결정(P082)
- 1) 서브 클래스를 적어 넣는다
- 2) 서브 클래스 수정을 적어 넣는다
- 3) 습득한 스킬을 적어 넣는다

3 능력치 & 연령 결정(P094)
- 1) 초기능력치를 적어 넣는다
- 2) 능력치에 보너스 포인트를 배분한다
- 3) 체격을 결정한다
- 4) 외견을 결정한다
- 5) 연령을 결정한다
- 6) 기초수정을 계산하여 적어 넣는다

4 기본% 산출(P095)

5 경력의 결정(P096)
- 1) 경력을 선택한다
- 2) 경력마다 스킬을 습득한다
- ※선택 룰: 리워드 포인트 결정

6 보너스 스킬의 습득(P096)

7 최종적인 수치 산출(P098)

8 내구력 결정(P098)

9 이동력 결정(P098)
- 1) 이동력을 산출한다
- 2) 신중한 이동 산출
- 3) 일반이동 산출
- 4) 전력이동 산출

10 클래스 아츠 결정(P099)
- 1) 메인 클래스의 클래스 아츠를 결정한다
- 2) 서브 클래스의 클래스 아츠를 결정한다

11 퍼스널 데이터 결정(P102)
- 1) 이름을 적는다
- 2) 국적을 적는다.
- 3) 성별을 적는다.
- 4) 연령을 적는다.
- 5) 혈액형을 적는다
- 6) 신장과 체중을 적는다
- 7) 머리, 눈동자, 피부색을 적는다
- 8) 언어를 습득한다
- 9) PC의 일러스트를 그린다
- 10) 초기재산을 결정한다
- 11) 장비를 구매한다
- 12) 커넥션 취득

PC 완성

【근력】과 【체격】의 상관관계	
【근력】	【체격】의 기준
1	1~3
2	1~4
3	1~5
4	2~6
5	3~7
6	4~8
7	5~9
8	6~10
9	7~10
10	8~10

【체격】에 따른 신장 기준	
【체격】	【신장】의 기준
1	~125cm
2	125cm~140cm
3	135cm~150cm
4	145cm~160cm
5	155cm~170cm
6	165cm~180cm
7	175cm~185cm
8	180cm~190cm
9	185cm~195cm
10	195cm~

1D9	1D9	출신 에어리어
0-7	0-3	북미
	4-7	유럽
	8-9	아시아
8-9	0-3	중남미
	4-6	중동
	7-8	오세아니아
	9	아프리카

습득 가능한 언어	
스킬 레벨	습득 가능한 언어
0	영어/모국어
1	영어/모국어/임의의 언어 1개
2	영어/모국어/임의의 언어 2개
3	영어/모국어/임의의 언어 3개
4	영어/모국어/임의의 언어 4개
5	영어/모국어/임의의 언어 5개

【외견】에 따른 겉모습 인상		
외견		외견의 기준
1	최악	본 사람은 모두 혐오감을 느낀다.
2	추악	나쁜 특징이 겹쳐져서 불쾌감을 준다.
3	나쁜 인상	상대에게 나쁜 인상을 주는 특징이 있다.
4	그럭저럭	딱히 나쁜 인상은 아니지만, 어딘가 시원찮다.
5	평범	이렇다 할 특징이 없는 용모.
6	매력적	눈에 띄는 특징은 없지만, 어딘지 모르게 호감형.
7	멋있다/귀엽다	길거리에서 제법 눈길을 끈다.
8	미형	주조연급 영화 배우나 탤런트.
9	초미형	톱 클래스로 잘생긴 영화배우나 슈퍼 모델
10	절세의 미형	역사에 이름을 남길 정도의 미형.

생활 랭크 일람			
생활 랭크	초기 저축액	유지 코스트	설명
A	$500,000	$4,500	부호. 성공한 사업가나 범죄조직의 간부
B	$250,000	$1,500	유복. 회사 임원이나 유능한 회사원
C	$100,000	$700	중류. 일반 회사원
D	$5,000	$200	하층. 사회적 지위가 낮은 계층.
E	$1,000	$0	빈곤. 난민이나 슬럼 주민.

연령별 취득표				
연령	감소	경력	BS	RP상한
~16세	없음	0	3	6
17~23세	없음	1	3	5
24~30세	없음	2	3	4
31~40세	없음	3	3	4
41~55세	1회	4	3	3
56세~	2회	5	3	2

이동력 계산식

[이동력] = 【민첩】 + 〈운동〉 스킬 레벨

신중한 이동 계산식

[신중한 이동] = [이동력] ÷ 2(소수점 반올림)

일반 이동 산출

[일반 이동] = [이동력]

전력 이동 계산식

[전력 이동] = [이동력] × 2 + 20

기초수정의 계산식(※곱하기를 먼저 계산)
〈사격계〉【근력】+【재주】+【지력】+【감각】
〈격투계〉【근력】×3+【민첩】
〈운동계〉【민첩】×3+【근력】
〈지각계〉【감각】×3+【지력】
〈교섭계〉【매력】×3+【지력】
〈교양계〉【지력】×3+【매력】
〈기술계〉【재주】×3+【지력】

취득 가능 경력

1D9	1D9	경력	습득 스킬(2개 선택. 중복 선택 가능)			
0-4	0	군인(병사)	〈사격계〉①	〈격투계〉①	〈시가지행동〉	〈국지행동〉
	1	군인(사관)	〈사격계〉①	〈상황파악〉	〈교섭계〉①	〈전술〉
	2	군인 (저격병)	〈저격〉	〈운동계〉①	〈정신력〉	〈서바이벌〉
	3	군인(공병)	〈사격계〉①	〈강인함〉	〈서바이벌〉	〈기술계〉①
	4	특수부대	〈사격계〉①	〈격투계〉①	〈운동계〉①	〈지각계〉①
	5	용병	〈사격계〉①	〈운동계〉①	〈감지〉	〈조달〉
	6	경찰관	〈핸드건〉	〈격투계〉①	〈감지〉	〈교섭계〉①
	7	교섭인	〈정신력〉	〈교섭계〉①	〈지식〉	〈언어〉
	8	폭발물 처리반	〈정신력〉	〈손감각〉	〈메카닉〉	〈폭발물〉
	9	공작원	〈지각계〉①	〈교섭계〉①	〈교양계〉①	〈기술계〉①
5-7	0	탐정	〈시가지행동〉	〈감지〉	〈교섭계〉①	〈기술계〉①
	1	바운티 헌터	〈사격계〉①	〈격투계〉①	〈시가지행동〉	〈조달〉
	2	보디가드 / 바운서	〈핸드건〉	〈SMG〉	〈격투계〉①	〈지각계〉①
	3	격투가	〈격투계〉①	〈운동〉	〈정신력〉	〈전술〉
	4	운동선수	〈투척〉	〈강인함〉	〈운동계〉①	〈정신력〉
	5	헌터	〈라이플〉	〈저격〉	〈국지행동〉	〈서바이벌〉
	6	드라이버 / 파일럿 / 선원	〈상황파악〉	〈서바이벌〉	〈메카닉〉	〈조종〉
	7	스턴트맨	〈강인함〉	〈운동〉	〈정신력〉	〈조종〉
	8	메카닉	〈조달〉	〈손감각〉	〈메카닉〉	〈조종〉
	9	해커 / 프로그래머	〈조달〉	〈정보처리〉	〈지식〉	〈통신〉
8	0	테러리스트	〈시가지행동〉	〈정신력〉	〈조달〉	〈폭발물〉
	1	게릴라	〈사격계〉①	〈국지행동〉	〈감지〉	〈서바이벌〉
	2	범죄자	〈핸드건〉	〈격투계〉①	〈운동계〉①	〈손감각〉
	3	지능범	〈교섭계〉①	〈정보처리〉	〈지식〉	〈언어〉
	4	스트리트 갱	〈핸드건〉	〈격투계〉①	〈운동〉	〈시가지행동〉
	5	바이크 갱	〈핸드건〉	〈격투계〉①	〈메카닉〉	〈조종〉
	6	갱 / 마피아 / 야쿠자	〈사격계〉①	〈격투계〉①	〈교섭술〉	〈조달〉
	7	창부 / 남창	〈교섭술〉	〈조달〉	〈예술〉	〈손감각〉
	8	폭탄마	〈시가지행동〉	〈조달〉	〈손감각〉	〈폭발물〉
	9	히트맨	〈사격계〉①	〈격투계〉①	〈시가지행동〉	〈조달〉
9	0	의사	〈교섭술〉	〈심리학〉	〈지식〉	〈의료〉
	1	학자	〈교섭계〉①	〈지식〉	〈언어〉	〈예술〉
	2	기자	〈감지〉	〈교섭계〉①	〈지식〉	〈예술〉
	3	요리사	〈격투계〉①	〈교섭술〉	〈예술〉	〈손감각〉
	4	점술사	〈감지〉	〈정신력〉	〈교섭술〉	〈조달〉
	5	작가 / 예술인	〈정신력〉	〈지식〉	〈예술〉	〈손감각〉
	6	배우	〈교섭술〉	〈조달〉	〈지식〉	〈예술〉
	7	사업가 / 상인	〈교섭술〉	〈조달〉	〈지식〉	〈언어〉
	8	종교가	〈강인함〉	〈정신력〉	〈교섭계〉①	〈지식〉
	9	집사 / 메이드	〈감지〉	〈교섭술〉	〈심리학〉	〈예술〉

※①이라는 표기는 해당 스킬 분야에 속하는 스킬 중에서 하나를 선택하여, 1레벨 만큼 스킬을 습득할 수 있다는 뜻입니다. 이미 습득한 스킬 레벨에 더할 수도 있습니다.

※표의 왼쪽에 있는 「1D9」 항목은 경력을 무작위로 결정할 경우에 사용합니다.
1D9를 2회 굴려서 나온 값에 따라 경력을 결정하시기 바랍니다. 만약 마음에 들지 않으면 재굴림할 수 있습니다.

샘플 TR 시트「폭탄 해체」

타겟팅 트랙	레인지	사용 스킬	수정치	내 용
Start ... Clear	Range-5	〈폭발물〉	±0%	**폭발물의 종류를 특정한다** 외견을 비롯한 특징으로부터 폭발물의 대략적인 종류를 특정한다
Start ... Clear	Range-4	〈폭발물〉	±0%	**폭발물을 해체한다** 폭발물이 든 용기를 안전하게 해체해 내부를 노출시킨다. ※「공구 세트」가 없으면 -20%의 수정을 받는다.
Start ... Clear	Range-3	〈폭발물〉	±0%	**구조를 확인한다** 내부 배선이나 구조를 확인하고 대처법을 결정한다. ※「공구 세트」가 없으면 -20%의 수정을 받는다.
Start ... Clear	Range-2	〈폭발물〉	-20%	**신관을 찾는다** 배선이나 내부 구조에서 폭발물의 착화방식을 확인하고, 신관을 찾는다. ※「공구 세트」가 없으면 -20%의 수정을 받는다.
Start ... Clear	Range-1	〈폭발물〉	-20%	**신관을 제거한다** 신관에 충격을 주지 않도록 신중하게 제거한다. ※「공구 세트」가 없으면 -40%의 수정을 받는다.

카운트 방식	□ 카운트 업 □ 카운트 다운	리미트	Limit-1	Limit-2	Limit-3	Limit-4	Limit-5	Limit-6	Limit-7	Limit-8	Limit-9	Limit-10

판정수정	+60%	+50%	+40%	+30%	+20%	+10%	±0%	−10%	−20%	−30%	−40%	−50%	−60%	−70%	−80%	−90%

마커 진행표

달성치	~5	6~11	12~17	18~	크리티컬
마커가 나아가는 트랙 수	1	2	3	4	1-Range UP

특기 사항

Target 타깃 : 폭탄을 해체한다

GUNDOG Target Range Sheet

샘플 TR 시트「저격」

타겟팅 트랙	레인지	사용 스킬	수정치	내 용
Start ... Clear	Range-5	〈정신력〉		**기회를 기다린다** 환경이나 상황에 흔들리지 않고 평정을 유지하며 냉정하게 저격 기회를 기다린다. ※스포터는 〈정신력〉으로 [원호] 가능. ※수정: 상황
Start ... Clear	Range-4	〈저격〉		**사격자세 확립** 그 자리의 상황에 맞춰 적합한 사격 자세를 잡고, 몸과 총을 일체화하면서 긴장을 풀고 자세를 고정한다. ※수정: 상황
Start ... Clear	Range-3	〈저격〉 〈정보처리〉		**오차 수정** 표적과의 거리, 바람, 날씨, 습도로 인해 생기는 오차를 계산해 조준을 조정한다. ※스포터는 〈저격〉〈정보처리〉로 [원호] 가능. ※수정: 총기, 거리, 상황
Start ... Clear	Range-2	〈저격〉		**최종 조준** 표적의 움직임을 예측해서 조준 안에 표적을 넣는다. ※스포터는 〈저격〉으로 [원호] 가능. ※수정: 총기, 거리, 상황, 목표, 부위 공격
Start ... Clear	Range-1	〈저격〉		**B-R-A-S-S(브라스)** 크게 숨을 들이마시고, 천천히 내쉰 후에 호흡을 멈춘다(Breathe). 긴장을 풀며(Relax) 겨냥하고(Aim) 방아쇠를 아슬아슬한 지점까지 당기고(Slack), 조준이 일치한 방아쇠를 당긴다(Squeeze). ※수정: 총기, 거리, 상황, 목표, 부위 공격

카운트 방식	□ 카운트 업 □ 카운트 다운	리미트	Limit-1	Limit-2	Limit-3	Limit-4	Limit-5	Limit-6	Limit-7	Limit-8	Limit-9	Limit-10

판정수정	+60%	+50%	+40%	+30%	+20%	+10%	±0%	−10%	−20%	−30%	−40%	−50%	−60%	−70%	−80%	−90%

마커 진행표

달성치	~5	6~11	12~17	18~	크리티컬
마커가 나아가는 트랙 수	1	2	3	4	1-Range UP

특기 사항

Target 타깃 : ___m 거리에서 목표의 ___를 저격한다

GUNDOG Target Range Sheet

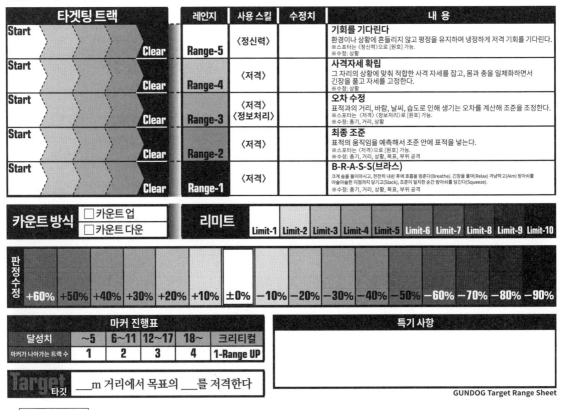

샘플 TR 시트「교섭」

타겟팅 트랙

레인지	사용 스킬	수정치	내용
Range-5	〈조달〉	-20%	**접촉을 꾀한다** 믿을 만한 중개인을 내세워 직접 교섭할 자리를 준비하도록 수배한다.
Range-4	〈심리학〉 〈지식〉	±0%	**호감을 산다** 상대의 주장에 이해와 일정한 동의를 나타낸다.
Range-3	〈교섭술〉	±0%	**설득한다** 정보를 제공하면 교섭 상대의 조직에 이익이 있음을 전한다.
Range-2	〈교섭술〉	-20%	**믿음을 산다** 절대로 남에게 정보를 누설하지 않을 것이라 믿게 한다. ※본심은 그렇게 생각하지 않고, 팀 멤버가 아닌 상대에게 말할 생각이라면 추가로 -20%.
Range-1	〈교섭술〉	-20%	**정보를 듣는다** 다른 조직의 정보를 캐낸다.

카운트 방식 □카운트 업 □카운트 다운

리미트 Limit-1 Limit-2 Limit-3 Limit-4 Limit-5 Limit-6 Limit-7 Limit-8 Limit-9 Limit-10

판정수정 +60% +50% +40% +30% +20% +10% ±0% −10% −20% −30% −40% −50% −60% −70% −80% −90%

마커 진행표

달성치	~5	6~11	12~17	18~	크리티컬
마커가 나아가는 트랙 수	1	2	3	4	1-Range UP

특기 사항

Target 타겟 테러리스트에게서 다른 조직의 정보를 캐낸다.

GUNDOG Target Range Sheet

샘플 TR 시트「탈출」

타겟팅 트랙

레인지	사용 스킬	수정치	내용
Range-5	〈국지 행동〉	±0%	**몸을 숨기며 전진해라!** 몸을 숨기고 추적자를 피하면서 착실하게 국경으로 가라!
Range-4	〈운동〉	-20%	**들켰다!** 적에게 들켰다! 응전해도 증원이 올 뿐이다. 어떻게든 뿌리쳐라! ※〈사격계〉로 [원호] 가능. [연사] 가능 무장만. 장탄수만큼 탄약을 소비. ※성공판정에 실패하면 병사에게 사격을 당한다.
Range-3	〈서바이벌〉	±0%	**유효 루트를 찾아라!** 주위의 정확한 지형을 파악하고, 가장 들킬 가능성이 작고 거리가 짧은 루트를 찾아낸다. ※대표자만 DR을 굴린다.
Range-2	〈전술〉 〈통신〉	-20%	**상대의 허를 찔러라!** 상대의 움직임을 예측해서 허를 찌르는 행동으로 포위를 뚫어라! ※대표자만 DR을 굴린다.
Range-1	〈운동〉	-20%	**국경으로 도망쳐라!** 국경은 코앞이다! 적의 사격에 기 죽지 말고 단숨에 빠져나가라! ※〈사격계〉로 [원호] 가능. [연사] 가능 무장만. 장탄수만큼 탄약을 소비. ※성공판정에 실패하면 병사에게 사격을 당한다.

카운트 방식 □카운트 업 □카운트 다운

리미트 Limit-1 Limit-2 Limit-3 Limit-4 Limit-5 Limit-6 Limit-7 Limit-8 Limit-9 Limit-10

판정수정 +60% +50% +40% +30% +20% +10% ±0% −10% −20% −30% −40% −50% −60% −70% −80% −90%

마커 진행표

달성치	~5	6~11	12~17	18~	크리티컬
마커가 나아가는 트랙 수	1	2	3	4	1-Range UP

특기 사항

Target 타겟 국경에서 탈출한다

GUNDOG Target Range Sheet

GUNDOG REVISED

샘플 TR 시트 「긴급 수술」

타겟팅 트랙

Start		Clear
Start		Clear
Start		Clear
Start		Clear
Start		Clear

레인지	사용 스킬	수정치	내 용
Range-5	〈의료〉 《언어》	±0%	**진찰** 병이나 상처의 상태를 파악하여 수술 방법을 결정한다. ※환자와 말이 상통하지 않는다면 사용 스킬은 〈언어〉, 판정 수정은 -20%. (통역이 있다면 판정 수정만 적용)
Range-4	〈심리학〉	±0%	**환자를 안심시킨다** 살아날 가능성과 수술 절차를 전달하고 환자를 안심시킨다. ※환자와 말이 상통하지 않는다면 사용 스킬은 〈언어〉, 판정 수정은 -20%. (통역이 있다면 판정 수정만 적용)
Range-3	〈의료〉	±0%	**집도 준비** 기구의 준비나 소독, 가능하다면 마취 등의 준비를 한다. ※〈의료〉로 [원호] 가능.
Range-2	〈의료〉	-20%	**집도** 집도 후에 다시 증상이나 상처의 상태를 파악하고, 필요하다면 수술 방식을 재검토한다. ※〈의료〉로 [원호] 가능.
Range-1	〈의료〉	-40%	**수술** 환자의 상태를 계속 확인하면서 필요한 수술을 한다. 수술을 마치면 수술 자국 처리나 감염 예방 조치를 한다. ※〈의료〉로 [원호] 가능.

카운트 방식 □ 카운트 업 □ 카운트 다운

리미트

Limit-1	Limit-2	Limit-3	Limit-4	Limit-5	Limit-6	Limit-7	Limit-8	Limit-9	Limit-10

판정 수정

+60%	+50%	+40%	+30%	+20%	+10%	±0%	−10%	−20%	−30%	−40%	−50%	−60%	−70%	−80%	−90%

마커 진행표

달성치	~5	6~11	12~17	18~	크리티컬
마커가 나아가는 트랙 수	1	2	3	4	1-Range UP

Target 타깃 한시가 급한 환자의 용태를 안정시킨다

특기 사항

GUNDOG Target Range Sheet

샘플 TR 시트 「크래킹」

타겟팅 트랙

Start		Clear
Start		Clear
Start		Clear
Start		Clear
Start		Clear

레인지	사용 스킬	수정치	내 용
Range-5	〈정보처리〉	-20%	**정보를 모은다** 주소, 취약성, 패스워드의 단서 등으로 타깃의 시스템에 침입한다.
Range-4	〈정보처리〉	±0%	**중계점을 경유한다** 흔적을 남겼다가 추척당하면 곤란하므로 보안이 허술한 시스템을 다수 경유한다. ※이 [레인지]를 생략하는 것도 가능. 단, 그 경우 [레인지]1의 판정 수정에 -20%. 추적당할 가능성에 +20%.
Range-3	〈정보처리〉	-20%	**시스템에 침입한다** 보안에 구멍을 뚫거나 패스워드를 해석하여 시스템에 침입한다.
Range-2	〈정보처리〉	±0%	**시스템을 조작한다** 데이터 개찬, 특정 데이터의 발견과 다운로드, 접속기기 조작 등 시스템을 조작하여 목적을 이룬다.
Range-1	〈정보처리〉	±0%	**흔적을 지운다** 조작을 들키지 않게 부정 접속의 흔적을 지운다. ※이 [레인지]를 클리어하지 못해도 시스템 조작 결과는 적용된다. 단, 조작을 들키거나 추적을 당할 가능성이 있다(부족한 트랙 수×10% 정도).

카운트 방식 □ 카운트 업 □ 카운트 다운

리미트

Limit-1	Limit-2	Limit-3	Limit-4	Limit-5	Limit-6	Limit-7	Limit-8	Limit-9	Limit-10

판정 수정

+60%	+50%	+40%	+30%	+20%	+10%	±0%	−10%	−20%	−30%	−40%	−50%	−60%	−70%	−80%	−90%

마커 진행표

달성치	~5	6~11	12~17	18~	크리티컬
마커가 나아가는 트랙 수	1	2	3	4	1-Range UP

Target 타깃 시스템에 침입해서 조작한다

특기 사항

GUNDOG Target Range Sheet

샘플 TR 시트 「차량을 타고 미행」

타겟팅 트랙	레인지	사용 스킬	수정치	내 용
Start　　　　　Clear	Range-5	〈조종〉	±0%	**뒤에 따라붙는다** 의심받지 않도록 뒤에 따라붙어서, 사이에 다른 차를 두고 미행을 개시한다.
Start　　　　　Clear	Range-4	〈조종〉	±0%	**미행을 계속한다** 너무 떨어지거나 다가가지 않고 신중하게 미행을 속행한다.
Start　　　　　Clear	Range-3	〈서바이벌〉	-10%	**루트를 예측한다** 루트를 예측해서 지형이나 샛길을 파악한다. ※〈서바이벌〉로 [원호] 가능.
Start　　　　　Clear	Range-2	〈상황파악〉	±0%	**순간적인 판단** 급회전이나 급발진, 신호가 바뀌는 순간 등 찰나의 판단을 요구하는 상황. ※이 [레인지]에서 펌블이 나면 [스핀 판정](P169)을 한다. [리미트] 최초에 [회복판정]을 해서 성공할 때까지 TRS 판정을 할 수 없다.
Start　　　　　Clear	Range-1	〈조종〉	-20%	**미행을 완료한다** 목적지에 가까워져 경계심이 강해진 대상에게 들키지 않도록 세심히 주의를 기울여 미행을 완료한다.

카운트 방식　□ 카운트 업　□ 카운트 다운

리미트

	Limit-1	Limit-2	Limit-3	Limit-4	Limit-5	Limit-6	Limit-7	Limit-8	Limit-9	Limit-10

판정수정

+60%	+50%	+40%	+30%	+20%	+10%	±0%	−10%	−20%	−30%	−40%	−50%	−60%	−70%	−80%	−90%

마커 진행표

달성치	~5	6~11	12~17	18~	크리티컬
마커가 나아가는 트랙 수	1	2	3	4	1-Range UP

특기 사항

Target 타깃　대상의 목적지를 밝혀낸다

GUNDOG Target Range Sheet

샘플 TR 시트 「고문에 저항하기」

타겟팅 트랙	레인지	사용 스킬	수정치	내 용
Start　　　　　Clear	Range-5	〈교섭술〉 〈정신력〉	-30%	**상대의 심문이 시작됐다!** 우선 가볍게 당신의 개인 정보를 캐내려 든다.
Start　　　　　Clear	Range-4	〈심리학〉 〈정신력〉	-20%	**마음을 뒤흔든다!** 이런저런 방법으로 유도심문을 걸어온다.
Start　　　　　Clear	Range-3	〈격투〉 〈무기전투〉 〈강인함〉	-10%	**폭력을 사용하는 고문에 견뎌라!** 몸 여기저기로 폭행을 당한다. 고통을 견뎌라!
Start　　　　　Clear	Range-2	〈심리학〉 〈정신력〉	±0%	**협박을 이용한 고문에 견뎌라!** 가족, 연인, 친구 등 당신과 관련된 선량한 사람들에게 위해를 가하겠다는 비열한 협박을 당한다. 마음을 굳게 먹어라!
Start　　　　　Clear	Range-1	〈격투〉 〈무기전투〉 〈강인함〉	±0%	**재차 폭력을 사용하는 고문을 당한다! 견뎌내라!** 후유증이 남을 정도로 가혹한 고문을 받는다. 동료는 제때 도우러 올 것인가!

카운트 방식　□ 카운트 업　□ 카운트 다운

리미트

	Limit-1	Limit-2	Limit-3	Limit-4	Limit-5	Limit-6	Limit-7	Limit-8	Limit-9	Limit-10

판정수정

+60%	+50%	+40%	+30%	+20%	+10%	±0%	−10%	−20%	−30%	−40%	−50%	−60%	−70%	−80%	−90%

마커 진행표

달성치	~5	6~11	12~17	18~	크리티컬
마커가 나아가는 트랙 수	1	2	3	4	1-Range UP

특기 사항

※NR(네거티브 롤)로 판정한다.

Target 타깃　정보를 누설하지 않고자 고문에 견딘다

GUNDOG Target Range Sheet

PC 관리 시트

PC 관리 시트란?

오른쪽 페이지에 실린 것이 「PC 관리 시트」입니다. 이 시트에·[미션]에 참가한 PC의 퍼스널 데이터나 게임 데이터를 적어두면 원활하게 [미션]을 진행할 수 있습니다.

[미션]에 꼭 필요한 것은 아니지만, 있으면 여러모로 편리한 시트입니다. 부디 사용하시기 바랍니다.

사용법

플레이어 전원이 PC 제작을 마치면, [브리핑]의 「자기소개」에서 각 플레이어가 자기 PC를 설명하는 것을 들으며 시트에 각종 데이터를 적습니다. 적는 위치는 좌석 순서에 대응하게 하면 참가할 때 편리합니다.

자기소개 때 시트를 채우는 데 필요한 데이터를 설명하게 하면 그 PC의 대략적인 특징은 파악할 수 있을 것입니다.

항목 이외에도 [신념]이나 특이한 특징, 재미있는 캐릭터 설정, 시나리오에서 쓸만한 설정이 있다면 「MEMO」란에 적어둡시다.

또, 시간에 여유가 있다면 같은 내용의 시트를 하나 더 작성해서 한쪽을 GM이 가지고, 나머지 한쪽을 플레이어 전원이 볼 수 있는 곳에 두면 서로 PC의 이름이나 수치를 확인할 수 있어 편리합니다. GM이 가질 것은 GM이 직접 적고, PC에게 넘겨줄 것은 PC 중 한 명이 쓰게 하면 편리합니다.

각 항목 설명

기본적으로 각 항목을 보면 무엇을 쓰는 칸인지 알 수 있으리라 생각합니다만, 실제 [미션]에서 그 항목을 어떻게 사용하는지를 포함하여 각 항목을 설명합니다.

NAME

해당 PC의 이름을 적어 넣습니다.

AGE

해당 PC의 연령을 적어 넣습니다.

SEX

해당 PC의 성별을 적어 넣습니다.

NATIONALITY

해당 PC의 국적을 적어 넣습니다.

CLASS

/ 앞에 메인 클래스를, 뒤에 서브 클래스를 적어 넣습니다.

〈전술〉

해당 PC의 〈전술〉 성공률을 적어 넣습니다. [이니셔티브]를 파악하는 데 사용합니다.

〈상황파악〉

해당 PC의 〈상황파악〉 성공률을 적어 넣습니다.

기습 상황 등에 [이니셔티브]를 파악하는 데 사용합니다.

행동 순서

팀 내에서의 행동 순서를 적어 넣습니다. 팀 내에서의 행동 순서를 아는 경우, 누구의 뒤에 NPC의 [이니셔티브]가 오는지만 확인하면 PC와 NPC 전체의 [이니셔티브]를 파악할 수 있습니다.

/ 위쪽에 〈전술〉을 바탕으로 하는 행동 순서, 아래쪽에 〈상황파악〉을 바탕으로 하는 행동 순서를 적어 넣습니다.

【외견】

해당 PC의 【외견】을 적어 넣습니다. 얼마나 눈에 띄는지, NPC가 누구에게 말을 걸고 누구를 공격할지 등을 정할 때 참고합니다.

【체격】

해당 PC의 【체격】을 적어 넣습니다. 얼마나 눈에 띄는지, NPC가 누구에게 말을 걸고 누구를 공격할지 등을 정할 때 참고합니다.

COLOR

전투나 TRS에서 PC의 위치를 나타낼 때 사용하는 말 등의 색(또는 모양)을 적어 넣습니다.

MEMO

상기 항목 이외에 뭔가 신경 쓰이는 점이 있다면 적어 넣습니다. [리더]나 서열은 여기에 적어두면 좋습니다.

또, [미션]이 개시된 후에도 중요한 아이템을 누가 가지고 있는지를 적어두거나 멋있는 행동을 했을 때 그 사실(경험점이 될 수도 있습니다)을 적어두는 등, 여러모로 이용할 수 있습니다.

PC 관리 시트

Name

AGE	SEX	NATIONALITY

CLASS

〈전술〉	〈상황 파악〉	행동순서
[외견]	[체격]	COLOR	MEMO

Name

AGE	SEX	NATIONALITY

CLASS

〈전술〉	〈상황 파악〉	행동순서
[외견]	[체격]	COLOR	MEMO

Name

AGE	SEX	NATIONALITY

CLASS

〈전술〉	〈상황 파악〉	행동순서
[외견]	[체격]	COLOR	MEMO

Name

AGE	SEX	NATIONALITY

CLASS

〈전술〉	〈상황 파악〉	행동순서
[외견]	[체격]	COLOR	MEMO

Name

AGE	SEX	NATIONALITY

CLASS

〈전술〉	〈상황 파악〉	행동순서
[외견]	[체격]	COLOR	MEMO

Name

AGE	SEX	NATIONALITY

CLASS

〈전술〉	〈상황 파악〉	행동순서
[외견]	[체격]	COLOR	MEMO

전투 라운드 순서

페널티 체크

- ① 치사 판정
- ② 회복 판정
- ③ 출혈 대미지 산출
- ④ 수정 확인

전술 체크

- ① 전술 판정
- ② 이니셔티브 확인

행동 체크

- ① 이동 방법 선언
  - ●신중한 이동
  - ●전력 이동
  - ●대기
  - ●일반 이동
  - ●이동하지 않는다
- ② 행동 선언
  - ●사격
  - ●사격 집중
  - ●스킬 사용
  - ●격투
  - ●준비
  - ●아이템 사용
- ③ 이동&행동 해결
  - ●엄폐
  - ●간이 행동

종료 체크

- ① 수정 확인

캐릭터의 컨디션

[사망]
[치사 판정]에 실패하면 [사망]합니다. [사망]한 캐릭터는 어떤 행동도 할 수 없습니다(일부 클래스 아츠 제외).
회복방법: [사망]해버린 캐릭터를 회복할 수단은 없습니다.

[기절]
캐릭터는 [내구력]이 0 이하가 되거나 대미지 페널티표의 지정 및 클래스 아츠의 효과 등으로 [기절] 할 수 있습니다. [기절]한 캐릭터는 [넘어짐] 컨디션이 되며, 회복하지 않는 한 아무것도 할 수 없습니다
회복방법: [내구력]이 0 이하인 경우는 [회복판정]을 할 수 없습니다([의료행동]에 성공하더라도). [내구력]이 1 이상이라면 30분마다 〈강인함〉 성공판정을 해서 성공하면 눈을 뜨고 [몽롱함] 컨디션이 됩니다.

[몽롱함]
대미지 등으로 인해 의식이 불분명한 상태입니다. [몽롱함] 컨디션이 된 캐릭터는 아무것도 할 수 없습니다.
회복방법: [회복판정]으로 〈강인함〉 성공판정을 합니다. 성공하면 회복합니다.

[착란]
공포나 스트레스로 정신 이상을 일으킨 상태입니다. [착란] 컨디션이 된 캐릭터는 아무것도 할 수 없습니다.
회복방법: 「회복판정」으로 〈정신력〉 성공판정을 합니다. 성공하면 회복합니다.

[출혈]
육체적인 손상으로 인해 피를 흘리는 상태입니다. [라운드]마다 [내구력]을 지정된 만큼 감소합니다. [출혈]의 대미지는 받을 때마다 누적됩니다.
회복방법: [의료행동]이나 아이템으로 회복할 수 있습니다.

[넘어짐]
넘어졌거나 엎드린 상태입니다. [넘어짐] 중에는 [회피행동]에 -20%의 수정을 받습니다.
그리고 [신중한 이동]의 1/2밖에 이동할 수 없으며, 이동과 [행동] 중 어느 한쪽밖에 할 수 없습니다.
또, [지근거리]와 [근거리]에서의 공격은 상대의 명중률에 +20%을 하며, [장거리]나 그보다 먼 상대에 대해서는 "엄폐 중"으로 간주합니다.
회복방법: [행동 체크]로 [간이행동]인 [자세 변경]을 하면 회복합니다. 단, [자세 변경]을 한 [라운드]에는 성공판정에 -20%의 수정을 받습니다. 또, 이동거리가 1/2가 됩니다.

[불안정]
밸런스가 무너진 상태입니다. [이니셔티브]가 가장 마지막이 됩니다. 또, [전술판정]의 효과를 받을 수 없습니다. 같은 상황의 캐릭터가 여럿일 때는 본래의 [이니셔티브] 순서로 행동합니다.
회복방법: [종료 체크]에 자동으로 회복합니다.

[쇼크]
육체적, 정신적인 충격으로 몸에 가벼운 악영향이 나타난 상태입니다. 그 캐릭터가 할 다음 성공판정에 지정된 마이너스 수정을 줍니다.
회복방법: 다음 성공판정이 끝났을 때, 또는 자신의 다음 [행동 체크] 종료 시에 자동으로 회복합니다.

[경상]
대미지로 인해 몸에 상당한 악영향이 나타난 상태입니다. 해당 캐릭터는 성공판정에 지정된 마이너스 수정을 받습니다.
회복방법: 자신의 다음 [행동 체크] 종료 시에 자동으로 회복합니다.

[중상]
대미지로 인해 몸에 심각한 악영향이 나타난 상태입니다. 해당 캐릭터는 성공판정에 지정된 마이너스 수정을 받습니다.
회복방법: [의료행동]이나 아이템, [여가 규칙]의 여가 행동으로 회복할 수 있습니다.

사용하는 맵에 따른 이동 방법 수정

사용 맵	수정 등	PC의 이동방법		
		신중한 이동	일반 이동	전력 이동
공통	성공 판정 수정	±0%	-20%	-60%
	〈상황파악〉〈감지〉의 수정	+20%	±0%	-40%
	적의 명중률 수정	–	–	-20%
포인트 맵	PC의 이동 속도(평지/도로/시가지 등)	캐릭터 시트의 이동속도에 변화 없음		
	PC의 이동 속도(삼림/습지/산/설원 등)	캐릭터 시트의 이동속도는 1/2		
에어리어 맵	1시간 동안 진행할 거리 (평지/도로/시가지 등)	2km	4km	6km
	1시간 동안 진행할 거리 (삼림/습지/산/설원 등)	1km	2km	3km
	1에어리어의 이동 시간 (평지/도로/시가지 등)	30 분	15 분	10 분
	1에어리어의 이동 시간 (삼림/습지/산/설원 등)	60 분	30 분	20 분

사격 시의 수정

무장의 거리별 명중 수정	다양함
시야 수정: 어둠	-60%
시야 수정: 달빛	-40%
시야 수정: 어스름/안개 등	-20%
목표가 엄폐하는 중	-20%
[격투 타입] [근접 무기]로 공격받는 중	-20%
[컨디션]에 따른 수정	다양함

사격 수정 표

사격 모드	목표 수	1사 ①	2사 ①	2사 ②	3사 ①	3사 ②	3사 ③	대미지 보너스
단발 더블액션 (탄약 소비: 1)	1목표	±0%	±0%	±0%	±0%	±0%	±0%	●1목표에 대미지 굴림은 한 번 ●1목표에 1사 명중시: 보너스 없음 ●1목표에 2사 명중시: 대미지 +1D6 ●1목표에 3사 명중시: 대미지 +2D6
	2목표		-10%	-10%	-10%	-10%	-10%	
	3목표				-20%	-20%	-20%	
싱글 액션 펌프 액션 레버 액션 2연발 (탄약 소비: 1)	1목표	±0%	±0%	±0%				●1목표에 대미지 굴림은 한 번 ●1목표에 1사 명중시: 보너스 없음 ●1목표에 2사 명중시: 대미지 +1D6
	2목표		-10%	-10%				
볼트 액션 단발 장전식 (탄약 소비: 1)	1목표	±0%						●보너스 없음

사격 모드	목표 수	1사 ①	2사 ①	2사 ②	3사 ①	3사 ②	3사 ③	대미지 보너스
점사 (탄약 소비: 3)	1목표	+10%	+10%	±0%	+10%	±0%	-10%	●1목표에 대미지 굴림은 한 번 ●1목표에 1사 명중시: 보너스 없음 ●1목표에 2사 명중시: 대미지 +1D6 ●1목표에 3사 명중시: 대미지 +2D6 ●대미지 페널티 표의 2D9에 -3의 수정
	2목표		±0%	-10%	±0%	-10%	-20%	
	3목표				-10%	-20%	-30%	

사격 모드	목표 수	1사 ①	2사 ①	2사 ②	3사 ①	3사 ②	3사 ③	대미지 보너스
연사 (탄약 소비: 5)	1목표	±0%	±0%	-10%	±0%	-10%	-20%	●1목표에 대미지 굴림은 한 번 ●1목표에 1사 명중시: 대미지 +1D6 ●1목표에 2사 명중시: 대미지 +2D6 ●1목표에 3사 명중시: 대미지 +3D6 ●대미지 페널티 표의 2D9에 -3의 수정
	2목표		-10%	-20%	-10%	-20%	-30%	
	3목표				-20%	-30%	-40%	

그레네이드 효과범위&오차도

※효과 범위는 「중심반경 5m/유효반경 10m」인 그레네이드를 예시로 삼았음

안전권 / 유효반경 / 중심점 / 중심반경 / 2m

0,1 / 9 / 2 / 8 / 3 / 7 / 4 / 5,6

●오차 결정
1D9를 굴려서 나온 결과에 대응한 칸이 새로운 중심점이다.

부위 공격

부위 공격 : 급소	공격측의 수정	명중률 수정: -40%
		대미지: [방어치]를 뺀 후에 2배
		대미지 페널티표: -5
부위 공격 : 팔	공격측의 수정	명중률 수정: -20%
		대미지: [방어치]를 뺀 후에 1/2
		대미지 페널티표: 굴림을 하지 않는다
	표적의 수정	[중상] -20% (노려진 팔을 사용하는 행동)
		〈강인함〉 -20%로 성공판정: 실패하면 노려진 팔에 들고 있던 것을 떨어뜨린다.
부위 공격 : 다리	공격측의 수정	명중률 수정: -20%
		대미지: [방어치]를 뺀 후에 1/2
		대미지 페널티표: 굴림을 하지 않는다
	표적의 수정	[중상] -20% (노려진 다리를 사용하는 행동)
		〈강인함〉 -20%로 성공판정: 실패하면 [넘어짐] 컨디션이 된다
		이동거리: 1/2

소음 레벨에 따른 〈감지〉의 수정

소음 레벨	총기의 종류	제너럴 에어리어 포인트 지근거리(0~5)	같은 실내 같은 에어리어 근거리(6~25)	같은 층 중거리(26~50)	다른 층 장거리(51~200)	건물 밖 201~500	건물 밖 인접 에어리어 501~1000	건물 밖 2 에어리어 앞 1001~1500
5	무음	-20%	×	×	×	×	×	×
4	핸드건	○	+20%	±0%	-20%	-40%	×	×
3	SMG	○	○	+20%	±0%	-20%	-40%	×
2	어설트 라이플/샷 건	○	○	○	+20%	±0%	-20%	-40%
1	스나이퍼 라이플/중화기	○	○	○	○	+20%	±0%	-20%

※○=판정이 필요 없이 눈치챔. ×=판정 불가 　　※제너럴/에어리어/포인트의 항목은, 각 맵을 사용할 때의 거리 기준입니다.

사격 대미지 페널티표

2D9	결과 ※[비관통D]일 때는 2D9의 눈에 +5의 수정
18 이상	불행 중 다행. 패널티는 없었다.
17	충격으로 손에 든 무기를 떨어뜨린다. 여럿이라면 무작위로 선택한다.
16	충격으로 멍해진다. [불안정]
15	충격으로 비틀거린다. [쇼크] -10%
14	충격으로 자세가 크게 흐트러진다. [쇼크] -20%
13	[추가D] 1D6 / [경상] -10%
12	[추가D] 1D6 / [경상] -20%
11	[추가D] 2D6 / [경상] -20%
10	[추가D] 2D6 / [경상] -20% / [몽롱함 판정] 4
9	[추가D] 2D6 / [경상] -20% / [몽롱함 판정] 6
8	[추가D] 2D6 / [경상] -20% / [몽롱함 판정] 8
7	[추가D] 2D6 / [경상] -20% / [몽롱함 판정] 10
6	[추가D] 2D6 / [경상] -20% / [몽롱함 판정] 11
5	[추가D] 2D6 / [출혈] 1D6 / [중상] -20% / [몽롱함 판정] 11
4	[추가D] 3D6 / [출혈] 1D6 / [중상] -20% / [몽롱함 판정] 12
3	[추가D] 3D6 / [출혈] 2D6 / [중상] -30% / [몽롱함 판정] 13
2	[추가D] 3D6 / [출혈] 2D6 / [중상] -30% / [몽롱함 판정] 14
1	[추가D] 4D6 / [출혈] 2D6 / [중상] -40% / [몽롱함 판정] 15
0 이하	급소를 꿰뚫는 일격. 대상은 [사망]

격투 대미지 패널티표

2D9	결과 ※[비관통D]일 때는 2D9의 눈에 +5의 수정
18 이상	불행 중 다행. 페널티는 없었다.
17	충격으로 손에 든 무기를 떨어뜨린다. 여럿이라면 무작위로 선택한다.
16	충격으로 멍해진다. [불안정]
15	충격으로 비틀거린다. [쇼크] -10%
14	충격으로 자세가 크게 흐트러진다. [쇼크] -20%
13	[추가D] 1D6 / [경상] -10%
12	[추가D] 1D6 / [경상] -10% / [불안정]
11	[추가D] 1D6 / [경상] -10% / [몽롱함 판정] 6
10	[추가D] 1D6 / [경상] -20% / [몽롱함 판정] 6
9	[추가D] 2D6 / [경상] -20% / [몽롱함 판정] 6
8	[추가D] 2D6 / [경상] -20% / [몽롱함 판정] 8
7	[추가D] 2D6 / [경상] -20% / [몽롱함 판정] 10
6	[추가D] 2D6 / [경상] -20% / [몽롱함 판정] 11
5	[추가D] 2D6 / [중상] -20% / [몽롱함 판정] 12 / [불안정]
4	[추가D] 2D6 / [출혈] 1D6 / [중상] -20% / [몽롱함 판정] 14
3	[추가D] 3D6 / [출혈] 1D6 / [중상] -20% / [몽롱함 판정] 14 / [불안정]
2	[추가D] 3D6 / [출혈] 2D6 / [중상] -30% / [몽롱함 판정] 14
1	[추가D] 4D6 / [출혈] 2D6 / [중상] -40% / [몽롱함 판정] 15
0 이하	급소에 대한 강렬한 일격. 대상은 [사망]

차량 대미지 페널티표

2D9	결과 ※[비관통D]일 때는 2D9의 눈에 +5의 수정
18 이상	불행 중 다행. 페널티는 없었다.
17	차량이 구불구불 달린다. 탑승자 전원은 〈운동〉 성공판정. 실패하면 [불안정]
16	공격이 탑승자에게 맞을 뻔했다. 무작위로 선택한 탑승자 1명에게 [쇼크] -10%
15	공격이 탑승자를 스친다. 무작위로 선택한 탑승자 1명에게 [쇼크] -20%
14	[차량D] 1D6 / [조종판정] -10%
13	[차량D] 1D6 / [조종판정] -20%
12	[차량D] 2D6 / [조종판정] -20%
11	[탑승자D] 2D6 / [조종판정] -20%
10	[차량D] 2D6 / [조종판정] -20% / [스핀 판정]
9	[탑승자D] 2D6 / [조종판정] -20% / [스핀 판정]
8	[차량D] 2D6 / [스피드] -2 / [스핀 판정]
7	[탑승자D] 2D6 / [스피드] -2 / [스핀 판정]
6	[차량D] 3D6 / [조작성] -10% / [스핀 판정]
5	[탑승자D] 3D6 / [조작성] -10% / [스핀 판정]
4	[차량D] 3D6 / [조작성] -20% / [스핀 판정]
3	[탑승자D] 3D6 / [조작성] -20% / [스핀 판정]
2	[차량D] 3D6 / [탑승자D] 3D6 / [조작성] -30% / [스핀 판정]
1	[차량D] 4D6 / [탑승자D] 3D6 / [조작성] -40% / [스핀 판정]
0 이하	[크래시]한다. [체이스]에서 제외

범용 대미지 페널티표

2D9	결과 ※[비관통D]일 때는 2D9의 눈에 +5의 수정
18 이상	불행 중 다행. 페널티는 없었다.
17	충격으로 멍해진다. [불안정]
16	충격으로 비틀거린다. [쇼크] -10%
15	충격으로 자세가 크게 흐트러진다. [쇼크] -20%
14	[경상] -10%
13	[경상] -20%
12	[경상] -20% / [불안정]
11	[경상] -20% / [몽롱함 판정] 6
10	[추가D] 1D6 / [경상] -20% / [몽롱함 판정] 6
9	[추가D] 1D6 / [경상] -30% / [몽롱함 판정] 6
8	[추가D] 1D6 / [경상] -30% / [몽롱함 판정] 8
7	[추가D] 1D6 / [경상] -30% / [몽롱함 판정] 10
6	[추가D] 1D6 / [중상] -20% / [몽롱함 판정] 11
5	[추가D] 2D6 / [중상] -20% / [몽롱함 판정] 12 / [불안정]
4	[추가D] 2D6 / [출혈] 1D6 / [중상] -30% / [몽롱함 판정] 12
3	[추가D] 3D6 / [출혈] 1D6 / [중상] -30% / [몽롱함 판정] 13 / [불안정]
2	[추가D] 3D6 / [출혈] 2D6 / [중상] -30% / [몽롱함 판정] 14
1	[추가D] 4D6 / [출혈] 2D6 / [중상] -40% / [몽롱함 판정] 15
0 이하	치명상을 입었다. 대상은 [사망]

사격 펌블표

2D9	결과
18 이상	불행 중 다행. 페널티는 없었다.
17	탄피를 밟아 자세가 무너진다. [불안정]
16	배출된 탄피가 얼굴에 맞는다. 뜨겁다! [쇼크] -10%
15	배출된 탄피가 옷 안에 들어간다. 뜨겁다! [쇼크] -20%
14	손이 미끄러져 무장을 떨어뜨린다. 슬링(어깨 끈)이 달려 있다면 떨어뜨리지는 않는다.
13	무장을 지면에 떨어뜨린다. 슬링(어깨 끈)이 달려 있다면 끊어진다.
12	무리한 사격 자세 탓에 몸 어딘가의 근육을 다친다. [경상] -10%
11	무리한 사격 자세 탓에 팔을 다친다. [경상] -20%
10	다리가 엉켜 쓰러진다. [넘어짐]
9	작동 불량. [아이템 사용] [행동]으로 수리할 때까지 무장 사용 불가.
8	성가신 작동 불량. [아이템 사용] [행동]을 2회 써서 수리할 때까지 무장 사용 불가.
7	고장. 〈메카닉〉 성공판정에 성공할 때까지 무장 사용 불가.
6	성가신 고장. 〈메카닉〉으로 -20%의 성공판정에 성공할 때까지 무장 사용 불가.
5	복잡한 고장. 30분을 들여 〈메카닉〉 성공판정에 성공할 때까지 무장 사용 불가.
4	완전히 고장. 고칠 수 없다.
3	오발. 사선과 가장 가까운 아군에게 명중. [비관통D]의 대미지를 준다.
2	오발. 사선과 가장 가까운 아군에게 명중. [관통D]의 대미지를 준다.
1	무장이 폭발. 자신에게 [비관통D] 대미지. 무장은 잃는다.
0 이하	무장이 폭발. 자신에게 [관통D] 대미지. 무장은 잃는다.

격투 펌블표

2D9	결과
18 이상	불행 중 다행. 페널티는 없었다.
17	공격을 피하다 자세가 흐트러진다. [불안정]
16	무장을 다루다가 실수했다. 아프다! [쇼크] -10%
15	무장으로 자신을 다치게 했다. 아프다! [쇼크] -20%
14	손이 미끄러져 무장을 떨어뜨린다.
13	무리한 공격 자세 탓에 몸 어딘가의 근육을 다친다. [경상] -10%
12	무리한 공격 자세 탓에 팔(또는 다리)을 다친다. [경상] -20%
11	다리에 쥐가 났다. 2[라운드] 동안 이동거리 1/2
10	다리가 엉켜 쓰러진다. [넘어짐]
9	무장에 위화감이…… [아이템 사용] [행동]으로 조정할 때까지 무장의 명중률에 -20%
8	무장이 덜거덕거린다. 〈손감각〉 성공판정([격투 타입]이라면 〈강인함〉)에 성공할 때까지 무장 사용 불가.
7	무장이 손상된다. 30분을 들여 〈손감각〉 성공판정에 성공할 때까지 무장 사용 불가. [격투 타입]이라면 [중상] -10%
6	무장이 손에서 빠져나가 날아간다. 그레네이드의 오차를 정할 때와 같은 방법으로 떨어지는 마스를 정한다.
5	무장이 망가진다. 고칠 수 없다. [격투 타입]이라면 [중상] -20%
4	머리를 어딘가에 세게 부딪힌다. [몽롱함]
3	손이 미끄러졌다. 가장 가까운 아군(사정거리 내에 없다면 자신)에게 명중. [비관통D] 대미지를 준다.
2	손이 미끄러졌다. 가장 가까운 아군(사정거리 내에 없다면 자신)에게 명중. [관통D] 대미지를 준다.
1	무장이 자신에게 맞는다. 자신에게 [비관통D] 대미지.
0 이하	무장이 자신에게 맞는다. 자신에게 [관통D] 대미지.

투척 펌블표

2D9	결과
18 이상	불행 중 다행. 페널티는 없었다.
17	발이 걸려 자세가 흐트러진다. [불안정]
16	팔꿈치에 위화감이…… 이런! [쇼크] -10%
15	어깨에 위화감이……. 이런! [쇼크] -20%
14	무리한 투척 자세 탓에 몸 어딘가의 근육을 다친다. [경상] -10%
13	무리한 투척 자세 탓에 팔(또는 다리)을 다친다. [경상] -20%
12	다리에 쥐가 났다. 2[라운드] 동안 이동거리 1/2
11	다리가 엉켜 쓰러진다. [넘어짐]
10	무리한 투척 자세 탓에 허리를 다친다. [경상] -30%
9	어깨 근육을 다친다. [행동]을 써서 쉴 때까지 이 팔을 사용한 판정에 -20%
8	어깨 근육을 심하게 다친다. 〈의료〉 성공판정에 성공할 때까지 이 팔을 사용한 판정에 -20%
7	팔꿈치 근육이 찢어진다. [중상] -10%(이 팔을 사용하는 판정만)
6	어깨 근육이 찢어진다. [중상] -20% (이 팔을 사용하는 판정만)
5	머리를 어딘가에 세게 부딪힌다. [몽롱함]
4	폭투. 사선과 가장 가까운 아군에게 명중. [비관통D]의 대미지를 준다. 수류탄이라면 새로운 중심지에서 다시 오차가 발생한다.
3	폭투. 사선과 가장 가까운 아군에게 명중. [관통D]의 대미지를 준다. 수류탄이라면 새로운 중심점에서 다시 오차가 발생한다.
2	손어림이 빗나갔다. 자신에게 명중(수류탄이라면 자신의 발치에 떨어진다). [비관통D]의 대미지를 준다.
1	손어림이 빗나갔다. 자신에게 명중(수류탄이라면 자신이 발치에 떨어진다). [관통D]의 대미지를 준다.
0 이하	기세가 지나친 나머지 넘어져서 머리를 부딪힌다. [기절]

용어 설명

용어	설명
[쇼크]	다음에 할 성공판정에 마이너스 수정.
[불안정]	다음 [라운드]의 [이니셔티브]가 맨 마지막이 된다.
[경상]	다음 [행동 체크] 종료 시가지 마이너스 수정.
[중상]	치료할 때까지 성공판정에 마이너스 수정.
[추가D]	추가로 받는 대미지.
출혈	[페널티 체크]마다 대미지를 받는다.
[몽롱함 판정]	〈강인함〉 DR을 굴린다.
DR 결과	달성치가 지정된 수치 이상: 페널티 없음
	달성치가 지정된 수치 미만: [몽롱함]
	성공판정에 실패: [몽롱함]+[넘어짐]
	펌블: [기절]
[몽롱함]	[회복판정]에 성공할 때까지 아무것도 할 수 없다.
[넘어짐]	[자세 변경]을 할 때까지 [회피판정]에 -20%
[기절]	아무것도 할 수 없다.
[사망]	목숨을 잃었다. 회복할 수단은 없다.
[스핀 판정]	〈조종〉 성공판정을 한다.
판정 결과	성공: 페널티 없음
	실패: [스핀]
	펌블: [크래시]
[차량D]	차량이 추가로 받는 대미지.
[탑승자D]	탑승자 1명(무작위로 결정)이 받는 대미지.
[조종판정]	다음 [행동 체크]까지 〈조종〉에 마이너스 수정.
[스피드]	수리할 때까지 [제한/일반 스피드]에 마이너스 수정.
[조작성]	수리할 때까지 [조작성]에 마이너스 수정.
[크래시]	차량과 탑승자는 대미지를 받는다. P169 참조.

GUNDOG Character Sheet

NAME PLAYER:

NAME

NATIONALITY

OCCUPATION

SEX | AGE | BLOOD TYPE

HEIGHT | WEIGHT

COLOR HAIR

COLOR EYES

COLOR SKIN

LANGUAGE
기본 언어/영어 English

Proof Photograph

능력치 Capability Value

	기본	현재
근력 Physical		
재주 Dexterity		
민첩 Quickness		
지력 Intelligence		
감각 Sense		
매력 Charisma		
체격 Constitution		
외견 Appearance		

캐릭터 클래스 Class

메인	Main Class
서브	Sub Class

경력 Career

I	- - - - - - -
II	- - - - - - -
III	- - - - - - -
IV	- - - - - - -
V	- - - - - - -
B S	- - - - - - -

클래스 아츠 Class Arts

☐
효과:

☐
효과:

☐
효과:

☐
효과:

☐
효과:

☐
효과:

☐
효과:

☐
효과:

이동력 민첩+〈운동〉LV

신중한 이동	일반 이동	전력 이동
m	m	m

스킬 Skill

사격계   기초수정(근력+재주+지력+감각) 기본%

메인 클래스 수정	서브 클래스 수정	기초 수정	
⊕	⊕	⊖	⊜

개별 스킬	LV	LV수정+기본%	비 고
핸 드 건			
라 이 플			
S M G			
중 화 기			
저 격			

격투계   기초수정(근력 × 3 + 민첩) 기본%

메인 클래스 수정	서브 클래스 수정	기초 수정	
⊕	⊕	⊖	⊜

개별 스킬	LV	LV수정+기본%	비 고
격 투			
무기전투			
투 척			
강 인 함			

운동계   기초수정(민첩 × 3 + 근력) 기본%

메인 클래스 수정	서브 클래스 수정	기초 수정	
⊕	⊕	⊖	⊜

개별 스킬	LV	LV수정+기본%	비 고
운 동			
시가지행동			
국지행동			

지각계   기초수정(감각 × 3 + 지력) 기본%

메인 클래스 수정	서브 클래스 수정	기초 수정	
⊕	⊕	⊖	⊜

개별 스킬	LV	LV수정+기본%	비 고
상 황 파 악			
감 지			
정 신 력			

내구력
(근력+체격)×3

대미지 기록란:

페널티 기록란:

교섭계   기초수정(매력 × 3 + 지력) 기본%

메인 클래스 수정	서브 클래스 수정	기초 수정	
⊕	⊕	⊖	⊜

개별 스킬	LV	LV수정+기본%	비 고
교 섭 술			
심 리 학			
조 달			

교양계   기초수정(지력 × 3 + 매력) 기본%

메인 클래스 수정	서브 클래스 수정	기초 수정	
⊕	⊕	⊖	⊜

개별 스킬	LV	LV수정+기본%	비 고
전 술			
정보처리※			전문: 오퍼레이터
서 바 이 벌			
지 식			
언 어			
예 술			

기술계   기초수정(재주 × 3 + 지력) 기본%

메인 클래스 수정	서브 클래스 수정	기초 수정	
⊕	⊕	⊖	⊜

개별 스킬	LV	LV수정+기본%	비 고
손 감 각			
메 카 닉 ※			전문: 메카닉
폭 발 물 ※			전문: 메카닉
의 료 ※			전문: 메딕
통 신 ※			전문: 오퍼레이터
조 종			

리워드 포인트 Reward Point

상한치 : 현재치 :

소비포인트	효 과
1포인트	사용 완료한 자신의 클래스 아츠 1개를 재사용 가능
2포인트	자신의 클래스 아츠와 공용 클래스 아츠 중에서 임의로 선택한 클래스 아츠를 즉시 사용 가능
3포인트	모든 클래스 아츠 중에서 임의로 선택한 클래스 아츠를 즉시 사용 가능

경험점

누계		미사용	

무장 데이터 Weapons

무장 이름			설명:						지근거리 (~5／0)	근거리 (6~25/1~2)	중거리 (26~50/3~4)	장거리 (51~200/5)
사용 스킬	사격 모드	신뢰성	사정거리	장탄수	필요근력	휴대치	소음 레벨					
								관통력 [· · ·] + 〈 · · 〉 LV = [· · ·]				
								비관통D	D6	관통D	D6	

무장 이름			설명:						지근거리 (~5／0)	근거리 (6~25/1~2)	중거리 (26~50/3~4)	장거리 (51~200/5)
사용 스킬	사격 모드	신뢰성	사정거리	장탄수	필요근력	휴대치	소음 레벨					
								관통력 [· · ·] + 〈 · · 〉 LV = [· · ·]				
								비관통D	D6	관통D	D6	

방어구 데이터 Armors

방어구 이름	장갑치	방어치
설명:	장비부위	필요근력

방어구 이름	장갑치	방어치
설명:	장비부위	필요근력

아이템 Item

	아이템 이름	휴대치	보관장소
A		×	
B		×	
C		×	
D		×	
E		×	
F		×	
G		×	
H		×	
I		×	
J		×	
K		×	
L		×	
M		×	
N		×	
O		×	
P		×	
Q		×	
R		×	
S		×	
T		×	
U		×	
V		×	
W		×	
X		×	
Y		×	
Z		×	

CP 관리표 CP Control

➡크기(【체격】)

		1 (1)	2 (2)	3 (3)	4 (4)	5 (5)	6 (6)	7 (7~8)	8 (9~10)	9	10
⬇무게(【근력】)	1 ①										
	2 ②~④										
	3 ⑤~⑥										
	4 ⑦~⑧										
	5 ⑨~⑩										
	6										
	7										
	8										
	9										
	10										

※CP 틀에서 빠져나온 1열마다 〈사격계〉〈격투계〉〈운동계〉의 성공률에 -10%의 수정을 받습니다.

백팩 내용물 Backpack CP Control

사이즈	휴대치	CP 틀
소	2×2	3×2
중	2×3	3×3
대	3×3	4×4

※자세한 내용은 아이템「백팩」을 참조.

⬇무게	➡크기			

유지 아이템 Upkeep Item

	아이템 이름	유지 코스트	메모
	생활 랭크 [ ]		
1			
2			
3			
4			
5			
6			
7			
8			
9			
10			
11			
12			
13			
14			
15			
16			
유지 코스트 합계			※[브리핑] 때에 왼쪽의 유지 코스트 합계 금액을 낸다.

소지금 Money

$

저금 Deposit

$

메모

GUNDOG Vehicle Sheet

차량 데이터 　　　　　　　　　　　　　　　　　　　　　　Vehicle

차량 이름	사이즈	카테고리	정원	적재량
	(· ·)			**cp**
	내구력	장갑치	방어치	조작성	제한 스피드	일반 스피드

PC이름:

무장 데이터 　　　　　　　　　　　　　　　　　　　　　Weapons

무장 이름	설명:		지근거리 (~5/0)	근거리 (6~25/1~2)	중거리 (26~50/3~4)	장거리 (51~200/5)

사용 스킬	사격 모드	신뢰성	사정거리	장탄수	필요근력	휴대치	소음레벨

관통력 [· · ·] + 〈 · · · 〉 LV = [· · ·]
비관통D	D6	관통D	D6

무장 이름	설명:		지근거리 (~5/0)	근거리 (6~25/1~2)	중거리 (26~50/3~4)	장거리 (51~200/5)

사용 스킬	사격 모드	신뢰성	사정거리	장탄수	필요근력	휴대치	소음레벨

관통력 [· · ·] + 〈 · · · 〉 LV = [· · ·]
비관통D	D6	관통D	D6

아이템　Item

	아이템 이름	휴대치
A		×
B		×
C		×
D		×
E		×
F		×
G		×
H		×
I		×
J		×
K		×
L		×
M		×
N		×
O		×
P		×
Q		×
R		×
S		×
T		×
U		×
V		×
W		×
X		×
Y		×
Z		×

CP 관리표　　　　　　CP Control

➡크기 / ⬇무게

	1	2	3	4	5	6	7	8	9	10
1										
2										
3										
4										
5										
6										
7										
8										
9										
10										

● **1VCP**
【체격】5 이상인 사람 한 명과 해당 장비, 혹은 「5×10CP」까지의 짐.

● **0.5VCP**
【체격】4 이하인 사람 한 명과 해당 장비, 혹은 「5×5CP」까지의 짐.

백팩 내용물　Backpack CP Control

사이즈	휴대치	CP 틀
소	2×2	3×2
중	2×3	3×3
대	3×3	4×4

※자세한 내용은 아이템 「백팩」을 참조.

➡크기 / ⬇무게

개조　　　　　　　Conversion

	개조명	유지 코스트	메모
차량 가격			유지 코스트는 차량 가격의 1%
1			
2			
3			
4			
5			
6			
7			
8			
9			
유지 코스트 합계			

※[브리핑] 때에 왼쪽의 유지 코스트 합계 금액을 낸다.

메모

● **차량 사이의 거리**
· 같은 [트랙]: [지근거리]
· 같은 [레인지]의 다른 [트랙]: [근거리]
· 1 [레인지] 차이: [중거리]
· 2 [레인지] 차이: [장거리]
· 3~4 [레인지] 차이: 사격 불가

Target 타겟

타겟팅 트랙

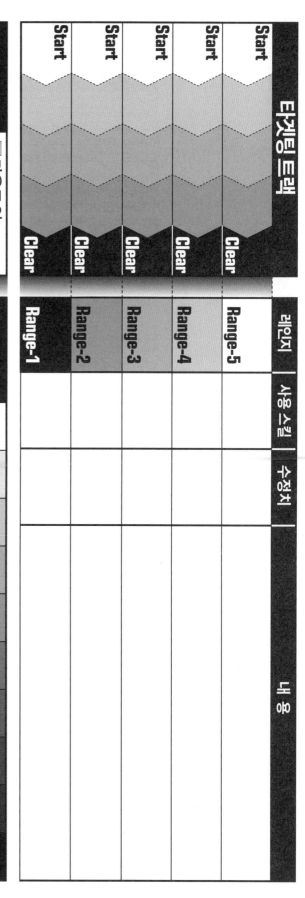

Start → Range-5 → Clear
Start → Range-4 → Clear
Start → Range-3 → Clear
Start → Range-2 → Clear
Start → Range-1 → Clear

레이지	사용 스킬	수정치	내용

카운트 방식

☐ 카운트 업
☐ 카운트 다운

리미트

Limit-1 Limit-2 Limit-3 Limit-4 Limit-5 Limit-6 Limit-7 Limit-8 Limit-9 Limit-10

보정수치

+60% +50% +40% +30% +20% +10% ±0% −10% −20% −30% −40% −50% −60% −70% −80% −90%

마커 진행표

달성치	~5	6~11	12~17	18~	크리티컬
마커가 나아가는 트랙 수	1	2	3	4	1-Range UP

특기 사항

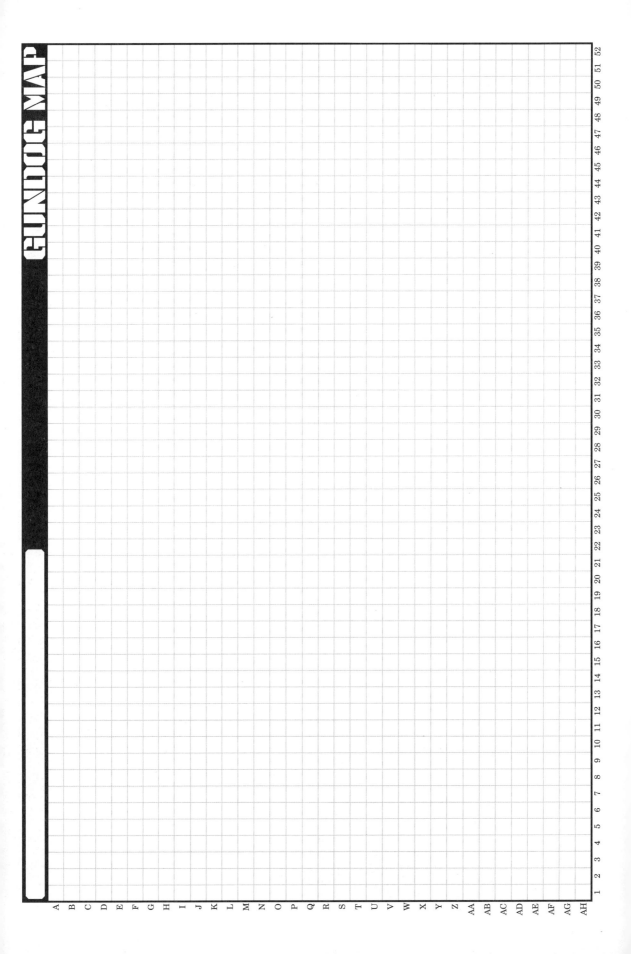

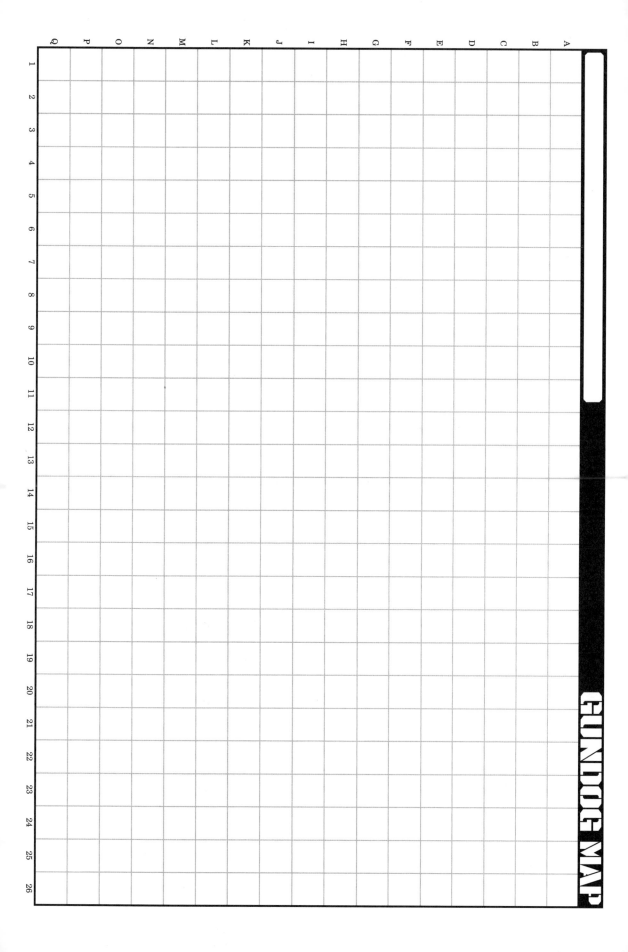

GUNDOG MAP

정보 카드

키워드	
사용 가능 스킬	

시큐리티 레벨		수 정
기준 달성치		
기준 정보료		%

정보 레벨	입수	필요 달성치	특수 규칙
레벨1	☐		돈 뿌리기
레벨2	☐	~	돈다발로 후려치기
레벨3	☐	~	주의 끌기
레벨4	☐	~	집중한다
레벨5	☐	~	무리한다

정보 카드

키워드	
사용 가능 스킬	

시큐리티 레벨		수 정
기준 달성치		
기준 정보료		%

정보 레벨	입수	필요 달성치	특수 규칙
레벨1	☐		돈 뿌리기
레벨2	☐	~	돈다발로 후려치기
레벨3	☐	~	주의 끌기
레벨4	☐	~	집중한다
레벨5	☐	~	무리한다

정보 카드

키워드	
사용 가능 스킬	

시큐리티 레벨		수 정
기준 달성치		
기준 정보료		%

정보 레벨	입수	필요 달성치	특수 규칙
레벨1	☐		돈 뿌리기
레벨2	☐	~	돈다발로 후려치기
레벨3	☐	~	주의 끌기
레벨4	☐	~	집중한다
레벨5	☐	~	무리한다

정보 카드

키워드	
사용 가능 스킬	

시큐리티 레벨		수 정
기준 달성치		
기준 정보료		%

정보 레벨	입수	필요 달성치	특수 규칙
레벨1	☐		돈 뿌리기
레벨2	☐	~	돈다발로 후려치기
레벨3	☐	~	주의 끌기
레벨4	☐	~	집중한다
레벨5	☐	~	무리한다

■ _____ [NPC 레벨]

능력치	기본%	개별 스킬
근력	사격	
재주	격투	
민첩	운동	
지력	지각	
감각	교섭	
매력	교양	
체격	기술	
외견		

내구력 대미지: _____

패널티: _____

이동력 신중 ___ m 일반 ___ m 전력 ___ m

	N	P	C
	전술	상황 파악
	강인함	정신력
	장갑치	
	방어치	

방어구

무기 이름	사격 모드	사정거리m	신뢰성	지근거리	근거리	중거리	장거리	관통	비관통D	관통D	장탄수×예비 탄창	메모

공백 카드

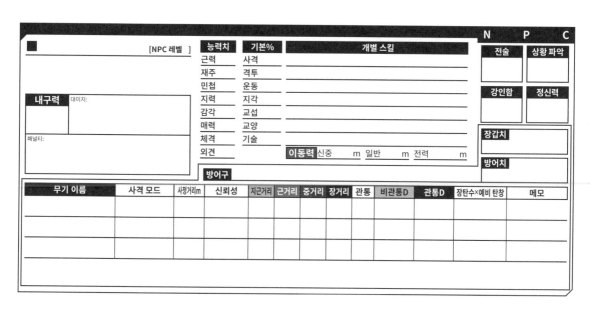

Card 1

	[NPC 레벨]	능력치	기본%	개별 스킬	N	P	C

능력치: 근력 / 재주 / 민첩 / 지력 / 감각 / 매력 / 체격 / 외견
기본%: 사격 / 격투 / 운동 / 지각 / 교섭 / 교양 / 기술

내구력 대미지:
패널티:

이동력 신중 m 일반 m 전력 m

전술 / 상황 파악 / 강인함 / 정신력 / 장갑치 / 방어치

방어구

무기 이름	사격 모드	사정거리m	신뢰성	지근거리	근거리	중거리	장거리	관통	비관통D	관통D	장탄수×예비 탄창	메모

Card 2

	[NPC 레벨]	능력치	기본%	개별 스킬	N	P	C

능력치: 근력 / 재주 / 민첩 / 지력 / 감각 / 매력 / 체격 / 외견
기본%: 사격 / 격투 / 운동 / 지각 / 교섭 / 교양 / 기술

내구력 대미지:
패널티:

이동력 신중 m 일반 m 전력 m

전술 / 상황 파악 / 강인함 / 정신력 / 장갑치 / 방어치

방어구

무기 이름	사격 모드	사정거리m	신뢰성	지근거리	근거리	중거리	장거리	관통	비관통D	관통D	장탄수×예비 탄창	메모

Card 3

	[NPC 레벨]	능력치	기본%	개별 스킬	N	P	C

능력치: 근력 / 재주 / 민첩 / 지력 / 감각 / 매력 / 체격 / 외견
기본%: 사격 / 격투 / 운동 / 지각 / 교섭 / 교양 / 기술

내구력 대미지:
패널티:

이동력 신중 m 일반 m 전력 m

전술 / 상황 파악 / 강인함 / 정신력 / 장갑치 / 방어치

방어구

무기 이름	사격 모드	사정거리m	신뢰성	지근거리	근거리	중거리	장거리	관통	비관통D	관통D	장탄수×예비 탄창	메모

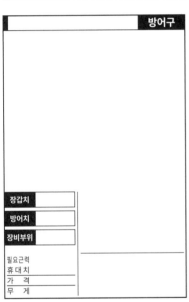
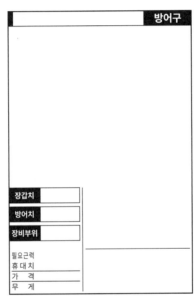
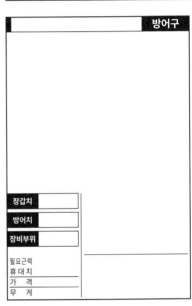
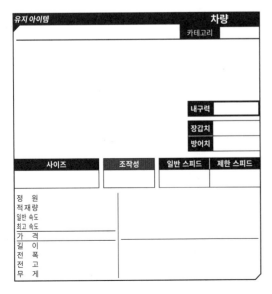

공백 카드

탄창 카드

총기명:	휴대치:
탄종:	장탄수:

탄창 카드

총기명:	휴대치:
탄종:	장탄수:

탄창 카드

총기명:	휴대치:
탄종:	장탄수:

탄창 카드

총기명:	휴대치:
탄종:	장탄수:

탄창 카드

총기명:	휴대치:
탄종:	장탄수:

탄창 카드

총기명:	휴대치:
탄종:	장탄수:

참고 작품/자료

※참고 작품과 참고 자료의 일부를 소개합니다.

참고 작품

MOVIE

『24』
『공각기동대 시리즈』
『긴급 명령』
『네고시에이터』
『데스페라도』
『라이언 일병 구하기』
『로닌』
『리플레이스먼트 킬러』
『블랙 호크 다운』
『비상계엄』
『스나이퍼』
『스나이퍼 2』
『스나이퍼 (반다이 비주얼)』
『승리의 전쟁』
『썸 오브 올 피어스』
『액트 오브 밸러: 최정예 특수부대』
『얼티밋 포스』
『에너미 앳 더 게이트』
『엘 마리아치』
『영웅본색 시리즈』
『원스 어폰 어 타임 인 멕시코』
『이퀼리브리엄』
『저수지의 개들』
『태양의 눈물』
『트리플엑스』
『특수기동대』
『패트리어트 게임』
『풀 메탈 자켓』
『플래툰』
『햄버거 힐』
『S.W.A.T』

GAME

『메탈기어』 시리즈 　　　　　　　코나미
『카운터 스트라이크』 시리즈 　밸브 코퍼레이션
『스프린터 셀』 시리즈 　　　　유비 소프트
『레인보우 식스』 시리즈 　　　유비 소프트
『고스트 리콘』 시리즈 　　　　유비 소프트

COMIC

『공각기동대』 　　　저: 시로 마사무네, 코단샤 / 대원
『런어웨이』 저: 이토 아키히로, 쇼가쿠칸/학산문화사
『마스터 키튼』
　　원저: 카츠시카 호쿠세이/그림: 우라사와 나오키/쇼가쿠칸/대원
『블랙 라군』 　　저: 히로에 레이, 쇼가쿠칸/삼양출판사
『애플시드』 저: 시로 마사무네, 세이신샤/(국내 미발매)
『용오 the Negotiator』
　　작: 마카리 신지/그림: 아카나 슈, 코단샤/학산문화사
『파인애플 ARMY』
　　원저: 쿠도 카즈야/그림: 우라사와 나오키, 쇼가쿠칸/학산문화사

NOVEL

『레인보우 식스』 　　　저: 톰 클랜시 / 노블하우스
『전쟁의 개들 상/하』 　저: 프레데릭 포사이드 / 백양출판사
『탄착점』 　　　　　　　저: 스티븐 헌터 / 시공사
『Remote Control』 외 닉 스톤 시리즈 저: 앤디 맥냅
잭 라이언 시리즈 　　　　저: 톰 클랜시 / 백암 외

참고 자료

BOOK

『GUNS ILLUSTRATED』 　　　　　DBI BOOKS
『[図解] 最新・世界の特殊部隊』 　　　　学研
『GUN』 　　　　　　　　　　　国際出版
『なるほど地図帳 世界2008』 　　　　昭文社
『アームズマガジン』 　　　　　ホビージャパン
『コンバットマガジン』 　ワールドフォトプレス
『世界のSMG [サブマシンガン]』 ワールドフォトプレス
『SAS戦闘員 上・下 最強の対テロ・特殊部隊の極秘記録』
　　著: アンディ マクナブ 訳: 伏見威蕃 早川書房
『ブラヴォー・ツー・ゼロ SAS兵士が語る湾岸戦争の壮絶な記録』
　　著: アンディ マクナブ 訳: 伏見威蕃 早川書房
『コンバット・バイブル 1~4』 著: 上田信 日本出版社
『特殊部隊とは何か』 著: 柿森秀久 青春出版社
『コンバット・バイブルー現代戦闘技術のすべて』
　　著: クリス・マクナブ/ウィル ファウラー 訳: 小林朋則 原書房
『SAS隊員養成マニュアルー訓練・戦闘技術・知能・闘争心』
　　著: クリス マクナブ 訳: 小林朋則 原書房
『標的(ターゲット)は11人ーモサド暗殺チームの記録』
　　著: ジョージ ジョナス 訳: 新庄哲夫 新潮社
『ミステリーが語る銃の世界 小林宏明のGUN講座』
　　著: 小林宏明 エクスナレッジ
『大図解 特殊部隊の装備』
　　著: 坂本明 グリーンアロー出版社
『アメリカの対テロ部隊ーその組織・装備・戦術』
　　著: スティーヴン・F. トマイチク 訳: 小川和久/西恭之 並木書房
『ファイアーパワー』 　　　総監修: 田代泰 同朋舎出版
『サバイバル・バイブル』 　　著: 柘植久慶 原書房
『アンダーグラウンド・ウェポン』
　　著: 床井雅美 日本出版社
『現代軍用ピストル図鑑』 著: 床井雅美 徳間書店
『最新軍用ライフル図鑑』 著: 床井雅美 徳間書店
『最新サブ・マシンガン図鑑』 著: 床井雅美 徳間書店
『現代ピストル図鑑 最新版』 著: 床井雅美 徳間書店
『戦争請負会社』
　　著: P.W. シンガー 訳: 山崎淳 NHK出版
『狙撃手(スナイパー)』
　　著: ピーター ブルックスミス 訳: 森真人 原書房
『暗黒の戦士たち 特殊部隊のすべて』
　　著: マーティン・C・アロステギ 訳: 平賀秀明 朝日新聞社
『アメリカ特殊部隊ー写真・図版で徹底解剖!!作戦・装備・兵器』
　　編: レイ ボンズ 訳: 福井祐輔 東洋書林
『ドキュメント 現代の傭兵たち』
　　著: ロバート・ヤング ペルトン 訳: 角敦子 原書房

DVD

『カウンター・テロリズム 対テロ特殊部隊シリーズ』
　　　　　　　イーストウエスト・ジャパン
『特殊部隊SEALs訓練学校』
　　　　　　　ハピネット・ピクチャーズ
『特別狙撃隊 S.W.A.T ラスベガス編』
　　　　　　　ハピネット・ピクチャーズ
『特別狙撃隊 S.W.A.T ロサンゼルス編』
　　　　　　　ハピネット・ピクチャーズ

제 5장
시나리오 섹션

"Cry 'H...
and let
the dog

**CAUTION!
ONLY GAME MASTER
GM이외의 열람을 금합니다.**

Chapter 5
SCENARIO SECTION

미션: 퍼스트 오퍼레이션

추천 캐릭터

●샘플 캐릭터

블리츠, 듀라한, 퀸비, 코브라, 바이퍼, 암리타

●캐릭터 클래스

기본적으로 전투 중심의 시나리오입니다. 전투 능력이 높은 클래스가 활약할 수 있을 것입니다.

개요

저명한 민간보안기업 베드로 택티컬 솔루션즈(이하 PTS. P020 참조)와 계약한 PC는 브라질 마투그로수 주(州)의 타쿠아리 습지에 있는 훈련 시설에서 훈련을 하며 실력 테스트를 받습니다.

그때 브라질에서 금전 및 수감된 동료의 석방을 요구하는 유괴 사건이 발생하여, PTS는 해당 사건의 해결을 위해 협력해달라는 요청을 받습니다.

경찰과 PTS의 조사로 유괴범이 잠복한 장소는 밝혀냈으나, 교섭이 결렬될 경우에 대비해 돌입 부대를 부근에 배치하게 되었습니다.

PTS의 대표인 마르시오 카를로스는 돌입부대를 편성하고자 PC 일행이 있는 훈련 시설로 직접 선택한 건독들을 소집합니다.

훈련 시설에서 훈련 중이던 PC 일행도 작전에 동행하게 됐습니다.

경찰과 합동작전을 펼쳐 유괴된 인질을 무사히 해방하면 작전은 끝납니다.

미션의 흐름

이 시나리오는 처음으로 『GDR』을 플레이할 때 적합한 튜토리얼 시나리오입니다.

GM은 PL이 기본적인 규칙을 익히게 하면서 시나리오를 진행하시기 바랍니다.

①오프닝
②훈련

PC는 훈련장에서 사격, 격투, 운동 훈련을 한다.

③브리핑

작전 내용의 설명과 작전 시뮬레이션.

④정찰

작전 현장으로 이동.

⑤돌입작전

작전 개시.

⑥엔딩

① 오프닝

PC 일행은 브라질에서 제일 가는 거물 민간보안기업으로 유명한 PTS에 새로 소속될 건독입니다.

마투그로수 주(브라질에서 세 번째로 넓은 주)의 타쿠아리 습지에 있는 훈련 시설에서 실력을 재확인한다는 의미의 훈련을 하고 있습니다.

PC 일행의 담당자는 마틴 존스라는 노병입니다.

PC 일행이 이 훈련소에서 훈련을 시작한 지 벌써 5일이 지났습니다.

GM은 PC 일행이 훈련소에 입소하고 5일 동안 어떻게 지냈는지를 자기소개 대신 연출하게 해도 좋습니다.

오프닝의 무대 밖 상황

PC 일행이 훈련소에 들어갔을 때와 같은 시기에 브라질 경찰의 중진이 PTS에 협력을 요청했습니다. 브라질의 유명한 축구 선수 마우로 파울리스타의 누나, 마리아 파울리스타가 유괴당하는 사건이 발생했으니 수사에 협력해달라는 의뢰입니다.

브라질 경찰은 심하게 부패해서 수사 내용의 누설은 일상다반사, 마피아와의 유착이 없는 경찰이 더 적다고 할 정도입니다.

애초에 경찰관의 급여가 너무 낮은 것이 원인이라고 합니다만, 급여 개정을 했을 때는 이미 늦었습니다. 만연한 부패는 전혀 사라질 기미를 보이지 않습니다.

그런 상황에서 각광을 받은 것이 민간보안기업이었습니다. 신용할 수 있는 민간보안기업에 업무를 위탁해서 일시적인 민간 경찰로 활용하는 것입니다.

이번 사건도 그런 사례의 하나입니다.

PTS 대표 마르시오 카를로스는 전직 경찰관인 데다가 특유의 성실함과 정의를 향한 신념 등으로 경찰의 신뢰도 두터우므로 비슷한 의뢰가 자주 들어옵니다.

② 훈련

PC 일행이 훈련소에 들어오고 엿새째의 아침입니다.

아침을 먹은 PC 일행은 존스의 앞에 정렬합니다.

「어제에 이어 사격, 격투, 운동 훈련을 한다. 기합 단단히 넣어라!」

트레이닝은 사격훈련>격투훈련>운동훈련 순으로 합니다.

각각의 훈련 내용에 관해서는 아래를 참조하시기 바랍니다.

사격훈련

PC 일행은 존스의 독촉을 받으며 선반에 총기가 진열된 슈팅 레인지로 이동합니다.

「핸드건, 서브머신건, 라이플. 우선 사용할 무기를 골라라.」

「사격훈련이다. 슈팅 레인지에 설치된 타깃이 랜덤으로 일어선다. 그걸 겨눠! 그리고 쏴! 근거리, 중거리, 장거리에서 각각 세 번이다! 알았으면 시작해!」

[사격] 규칙(P.142)을 참조하여 [근거리][중거리][장거리]의 세 거리에서 각자 타깃을 향해 사격 훈련을 합니다. 자신이 사용하는 총을 써서 무장 카드에 쓰인 명중률을 이용해 사격하시기 바랍니다.

또, 훈련에서는 [관통판정]을 하지 않습니다. 대신 DR로 얻은 달성치가 득점이 됩니다. 득점이 높을수록 착탄점이 타깃의 중앙에 가깝다고 생각하시기 바랍니다. DR에 실패하면 달성치는 0이므로 득점은 0점입니다.

이것을 세 번 반복해서 각 거리마다 합계 득점을 산출합니다.

PC가 자신이 사용할 총기를 가지고 있지 않다면 아래의 총기를 빌려줍니다.
[근거리]용: 베레타 M92FS
[중거리]용: H&K MP5A4
[장거리]용: M16A4

격투훈련

사격훈련이 끝나면 격투 운동장으로 이동합니다. 레슬링용 매트가 깔린 체육관 같은 시설입니다.

「좋아, 두 명씩 조를 짜라.」

「다 짰나? 좋아, 싸워라! 무기 사용은 금지한다. 죽이지 않을 정도로만 붙어봐.」

PC 일행을 두 명씩 짝지어 대전하게 합니다. [격투] 규칙(P154)을 참조해 진행하시기 바랍니다.

기본적으로는 토너먼트전으로 대전합니다.

시간에 여유가 있다면 전원이 참가하는 난전도 재미있을 것입니다.

아래 승리조건을 달성한 자가 승리하는 것으로 봅니다. 또, 이 훈련으로 받은 대미지는 훈련 종료 후에 회복합니다.
• 상대에게 10점의 대미지를 준다.
• 상대를 [몽롱함]이나 [기절] [컨디션]으로 만든다.

운동훈련

격투 훈련이 끝나면 야외의 어슬레틱 코스로 이동합니다.

「전문 분야가 무엇이든 간에 기본적인 운동 능력은 누구에게나 필요하다! 느림보는 집으로 돌아가!」

P279의 TR 시트 「어슬레틱 코스를 클리어해라!」를 사용해서 운동 훈련을 합니다. TRS 규칙(P114)을 참조하여 진행하시기 바랍니다.

카운트 방식은 [카운트 업]이지만, 훈련이므로 억지로 관리할 필요는 없습니다. 하지만 마냥 질질 끄는 것도 의미가 없습니다. 여기에서는 TRS의 규칙만 이해하면 되므로, PC의 반 이상이 클리어한 시점에서 존스가 종료 선언을 하면 됩니다.

운동 훈련이 끝나면 점심 시간이 됩니다.

훈련의 무대 밖 상황

브라질 경찰과 PTS의 수사가 진행됩니다.

PTS의 전문가가 유괴범과 교섭하면서 그들의 잠복 장소를 특정했습니다.

이후의 대응에 관해 경찰과 PTS가 협의한 결과는 지극히 타당한 것으로, 교섭을 우선하면서도 결렬될 것 같으면 돌입을 감행해서 인질을 구출한다는 내용입니다.

유괴범들의 잠복 장소는 마투그로수 주의 주도(州都) 쿠이아바 근처의 카세레스라는 마을입니다. 카를로스는 이것을 바탕으로 돌입부대와 백업부대를 구성할 건독들을 카세레스와 가까운 타쿠아리 습지의 훈련소에 소집하기로 했습니다.

전 브라질, 혹은 전 세계에서 그들이 훈련소에 모인 것은 바로 PC 일행의 6일째 훈련 날이었습니다.

GM은 PC 중에서 경찰관([본거지] 브라질) [커넥션]을 가진 자가 있으면 「①오프닝」에서 「②훈련」 사이에 이번 유괴 사건에 관한 정보를 제공해도 좋습니다.

총기를 다룰 때 유리한 거리

『GDR』의 총기에는 각각 유리한 거리와 불리한 거리가 있습니다. 사격 훈련에서는 PL이 그 부분의 이미지를 파악하게 합시다.

사격 훈련의 고득점

고득점을 얻은 자에게는 존스가 호화로운 점심을 선사하거나 다음 훈련장에 이동할 때 차에 타게 해주는 등 특전을 주는 것도 괜찮을 것입니다.

운동 훈련의 리미트

TRS 진행 상황에 따라 다르지만, GM은 [리미트] 5 정도에서 끝내는 것이 좋습니다.

③ 브리핑

PC 일행이 훈련소의 식당에서 점심을 먹고 있는데 식당 입구와 연결된 복도 쪽이 소란스러워집니다.

PC 일행이 그쪽을 보면 마침 입구에 마르시오 카를로스가 나타납니다.

카를로스는 여러 명의 사람들과 의견을 교환하면서 지나가고 있습니다.

PC 일행이 점심을 다 먹기를 기다렸다는 듯이 존스가 소집을 겁니다.

「브리핑 룸에 집합한다! 5분 이내에 오지 않으면 어슬레틱 코스 10바퀴!」

PC 일행이 브리핑 룸에 도착하면 이미 모여 있던 카를로스나 존스를 비롯한 십수 명의 사람들이 방 입구의 PC 일행을 주목합니다.

PC 일행을 본 카를로스가 활짝 웃으며 말합니다.

「여어, 자네들 이야기는 존스에게 들었어. 이번 작전에는 자네들도 참가해주길 바라네. 일단 빈 자리에들 앉아주겠나?」

PC 일행이 자리에 앉으면 카를로스를 통해 작전에 관해 설명합니다.

GM은 아래의 설명을 참조하여 [미션]의 정보를 PC에게 전하시기 바랍니다.

▼마우로 파울리스타의 누나, 마리아 파울리스타가 유괴됐다.

마우로 파울리스타란?: 25세, 남성. 스페인의 강호 클럽 팀에서 활약하는 축구 선수입니다. 대표 팀의 포워드로도 활약하고 있습니다. 2014년에 브라질에서 개최된 월드컵 대회의 아르헨티나 전에서 보여준 해트 트릭은 그를 브라질 국내에서 모르는 이가 더 적을 정도의 유명인으로 만들었습니다.

마리아 파울리스타란?: 28세, 여성. 마우로의 친누나입니다. 마우로의 부모와 함께 브라질의 도시 상파울루에 사는 일반인입니다. 남미에서는 유명인의 가족을 유괴해 금전을 요구하는 범죄가 다발하고 있습니다. 이번 사건도 그중 하나입니다.

유괴 목적은?: 이런 유괴 사건이 대개 그렇듯이 금전을 요구하고 있습니다. 요구 금액은 100만 달러입니다. 거기에 더해 이미 수감된 동료의 석방까지 요구하고 있습니다.

범인상과 수는?: 경찰은 단순한 유괴범으로 보고 있습니다. 마리아가 유괴됐을 때 4명이 달려들어 억지로 차에 밀어 넣었다는 목격자의 증언이 있는데, 그것만으로는 유괴 그룹의 수가 최소 4명이라는 것밖에 알 수 없습니다.

▼경찰과 PTS의 수사로 유괴범의 잠복 장소를 확정했다.

잠복 장소는?: 마투그로수 주의 주도(州都) 쿠이아바 근처의 카세레스라는 마을입니다. 그곳의 교외에 있는 2층짜리 단독 주택에 잠복하고 있습니다.

▼현재, PTS에 소속된 교섭 전문가가 유괴범과 교섭 중.

교섭 목표는?: 마우로는 범인의 요구대로 몸값을 지급할 의사가 있습니다. 하지만 또 하나의 요구가 문제입니다. 경찰 측으로서는 수감된 유괴범의 동료를 석방하는 것은 달갑지 않습니다.

유괴범의 동료란?:「제니오」라는 남자입니다. 작년에 우발적인 사건에서 그를 체포했습니다. 실제 연령은 불명이지만 외견은 30세 전후로 보입니다. 다수의 범죄 그룹을 도맡아 관리했던 사내로, 경찰은 그에게서 국내 범죄 그룹의 정보를 캐내느라 필사적입니다.

▼교섭이 잘 되어 인질이 해방되면 문제 없지만, 결렬됐을 때는 돌입 작전으로 전환한다.

돌입 작전의 내용은?: 브리핑 룸에 있는 건독으로 세 개의 팀을 만들며, 각자에게 역할이 주어집니다. 정찰팀 한 부대, 돌입팀 한 부대, 백업팀 한 부대의 편성입니다. 정찰팀이 선행해서 목표 건물의 주위를 색적. 색적 결과를 바탕으로 돌입팀과 백업팀이 이동하고, 백업팀 배치 후에 정찰팀과 돌입팀이 목표 건물에 돌입할 예정입니다.

목표 건물의 겨냥도는?: 건축한 회사에서 설계도를 입수했습니다. P278의 지도를 PC 일행에게 제시하시기 바랍니다.

▼작전의 최우선 사항은 인질 확보.

교전 규정은?: 가옥은 손상되어도 별 문제가 없습니다. 단, 절대로 인질에게 위험이 미치지 않도록 배려해야 하므로 중화기 사용은 금지입니다. 폭발물은 섬광수류탄, 최루가스 수류탄, 문 폭파 장치처럼 피해가 적을 만한 것 말고는 허용하지 않습니다.

유괴범의 생명은?: 포획을 우선하지만 저항하면 사살도 허가합니다. 경찰에서도 허가가 나왔으므로 처벌될 일은 없습니다.

돌발 사태의 대응은?: 통신으로 카를로스에게 확인을 받기 바랍니다. 인질과 대원의 생명에 위험이 미치리라 판단한 경우만 독단을 허가합니다. 단, 내용에 따라서는 조사를 받을 가능성도 있다는 점에 유의하시기 바랍니다.

「작전 개요는 이 정도인데. 질문 있나?」
GM은 PC에게서 질문을 받으시기 바랍니다.
「자. 질문이 없다면 팀을 나눠볼까.」

TRS「작전 시뮬레이션」

PC까지 포함한 전원이 이번 작전에 관한 시뮬레이션을 합니다. 그것을 바탕으로 카를로스가 팀 배치를 결정합니다.

시뮬레이션은 P279의 TR 시트「작전 시뮬레이션」을 사용하여 합니다.

또, 소집된 건독들까지 포함한 전원이 시뮬레이션을 한다는 시추에이션이지만, 실제로 TRS에 도전하는 것은 PC 일행뿐입니다.

상정 조건은「팀 단위로 목표 건물에 돌입」입니다. 훈련소 내에 설치된 시설을 이용하여 인질 구출까지 걸리는 시간을 잽니다.

이 TRS는 [리미트] 5의 [카운트 다운]입니다. [리미트]1이 끝난 시점에서 가장 앞선 PC가「어느 [레인지]를 클리어했는가」에 따라 PC 일행이 맡는 포지션이 결정됩니다.

레인지에 따라 결정되는 포지션

[레인지] 5를 클리어: 백업팀
[레인지] 4~3을 클리어: 정찰팀
[레인지] 2~1을 클리어: 돌입팀

카를로스가 손뼉을 짝 치면서 모두를 향해 말합니다.

「좋아. 이걸로 포지션은 결정됐어. 그럼 경찰들과 함께 마무리를 하자고. 자네들은 장비를 갖추고 내 지시가 있을 때까지 대기하게.」

GM은 이 타이밍에서 PC 일행이 장비를 갖추게 합시다.

장비를 선택할 때는 작전 내용상 높은 은밀성이 요구되므로 큰 소리가 나는 무장의 사용은 피하는 것이 좋다는 등의 조언을 해줍시다.

무장 선택에 시간을 낭비하고 싶지 않다면, GM이 미리 무장을 정해두고 카를로스나 존스를 통해 그것을 장비하라고 지시할 수도 있습니다.

레인지 5를 클리어하지 못하다

PC가 레인지 5를 클리어하지 못한 경우는 존스에게 호된 매도를 당하고 백업팀에 배치됩니다.

④정찰

여기에서는 P278의「제너럴 맵: 정찰」을 사용합니다.

백업팀과 돌입팀은 정찰팀의 뒤를 따라 이동하므로 이 장면에서 중요한 행동을 결정하는 것은 정찰팀의 역할입니다.

또, PC가 정찰팀이 아닐 때에 관한 처리는 이 항목 마지막에 적혀 있습니다.

PC는 돌입팀과 백업팀을 이끌며 에어리어를 선택합니다. 에어리어는「출발지」에서 목적지까지 몇 개의 루트로 연결되어 있으므로, 분기에 다다를 때마다 PC가 선택을 해야 합니다. 루트를 이동할 때마다 아래 이벤트가 발생합니다. GM은 발생한 이벤트를 PC에게 전하시기 바랍니다.

▼루트A

카를로스에게서 통신이 들어옵니다.
「교섭은 순조롭게 "파탄"날 것 같다. 그쪽은 순조롭나? 빨리 목적지에 들어가기를 바라네.」

이 에어리어는 습지의 영향을 많이 받아 땅이 질퍽거립니다.〈운동〉성공판정을 해서 실패하면 발이 묶여 생각했던 것보다 이동에 시간이 걸리고 맙니다. 루트C에서 할〈감지〉성공판정에 -20%의 수정을 받습니다.

▼루트B

카를로스에게서 통신이 들어옵니다.
「교섭은 순조롭게 "파탄"날 것 같다. 빨리 목적지에 들어가주게.」

이 에어리어는 여기저기에 주택도 보이고, 길도 적당히 정비되어 있어서 별일 없이 나아갈 수 있습니다.

▼루트C

다 함께〈감지〉성공판정을 합니다. 아무도 성공하지 못한다면 이 에어리어에서 유괴범 일당 중 한 명과 딱 마주칩니다. 조우 거리는 30m([중거리]) 정도입니다.

무장한 집단을 목격했으므로 유괴범은 경계하며 도망칩니다. 그를 놓쳐버리면 목적지의 유괴범들은 경계에 들어섭니다.

도망치려는 유괴범을 막으려면〈상황파악〉성공판정에 성공해야 합니다.

성공했다면 일반적인 전투 처리를 하며, 발을 묶거나 [구속]하면 유괴범의 도주를 막을 수 있습니다.

▼루트D

근처에 사는 일반인 부자(모녀)와 만납니다. 무장한 집단을 목격한 두 사람은 겁에 질립니다. 누군가가 사정을 설명하기 위한〈교섭술〉또는 진정시키기 위한〈심리학〉성공판

이동 중인 별동대가 이번 사건과 관계가 없는 마피아의 실전부대와 마주쳐버렸는데, 서로 착각하여 그 자리에서 총격전이 벌어지고 말았습니다.

정에 성공하면 두 사람을 진정시켜 목적지의 정보를 얻을 수 있습니다.

얻을 수 있는 정보: 최근 이 근처로서는 드물게도 빈번하게 낯선 사람을 만난다. 몇 번씩 만난 사람도 있는데, 마을에 사는 사람들의 이야기를 종합해보면 십수 명에 달하는 듯하다.

▼루트E
아무 일도 없었습니다.

▼백업 에어리어 A 및 B
카를로스에게서 두 번째 통신이 들어옵니다. 「미안! 경찰의 별동대가 사고를 쳤다. 돌입팀 한 부대는 놈들을 지원해줘! 돌입팀의 빈자리는 (PC 일행의 팀)가 메워주게! 자, 어서 돌입하게. 상대가 눈치채기 전에!」

⑤돌입 작전

드디어 목표 건물에 대한 돌입 작전입니다. P278에 있는 「잠복 장소」[포인트 맵]을 준비합니다. 이제부터는 맵상에서 게임을 진행합니다.

아래에서 돌입 시의 가옥 주위와 각 방의 상황에 관해 설명합니다.

GM은 아래의 설명을 읽고 PC의 행동에 맞춰 실내의 적이 취하는 행동을 바꾸기 바랍니다.

또, 적의 배치를 변경하면 작전의 인상이 달라질 것입니다.

가옥 주변

이 근처의 집은 드문드문 지어졌으므로 집과 집의 거리가 200m 이상 떨어져 있습니다.

어지간한 일이 없는 한 관계없는 집에 피해가 갈 일은 없을 것입니다.

유괴범들이 경계하지 않는 경우, 몰래 걸어 들어가거나 그늘에서 엿보는 정도라면 〈시가지행동〉이나 〈국지행동〉에 +20%의 수정을 받을 수 있습니다.

이미 유괴범들이 경계를 하는 상태라면 위의 수정은 받을 수 없습니다.

또한 교대 요원으로서 자고 있던 두 명의 유괴범이 가옥 주위에서 보초를 서게 됩니다.

가옥

흔한 2층짜리 단독 주택입니다.

모든 창에 커튼을 쳐서 밖에서 안을 볼 수는 없습니다. 물론 모든 창은 잠겨 있습니다.

사실 PC는 반드시 돌입 작전에 참가하게 됩니다. 또, 백업팀은 예정대로 이곳에서 대기합니다.

▼목적지
「⑤돌입작전」으로 넘어갑니다.

PC가 정찰팀이 아닌 경우
NPC 정찰팀이 아래의 순서로 에어리어를 지나갑니다. 그 루트의 이벤트를 PC 일행에게 전하시기 바랍니다.

에어리어를 통과할 때 판정을 해야 하는 경우, 정찰팀이 모든 판정에 성공한 것으로 보고 PC 일행에게 설명하시기 바랍니다.

B > D > 백업 에어리어 B > 목적지

1층

현관 입구
가옥의 정면 현관으로 이어지는 계단입니다.
현관
현관문은 열쇠로 잠겨 있습니다. 유괴범들은 동료임을 확인하지 않는 한 열어주지 않습니다.

그들은 문의 스파이홀로 상대를 확인합니다.

현관에서는 거실과 안쪽으로 통하는 복도, 2층으로 올라가는 계단이 보입니다.

현관문을 열려면 〈손감각〉 성공판정을 해야 합니다. 성공하면 잠긴 문을 열 수 있습니다.

단, 아이템 「락 픽」을 가지고 있지 않다면 성공판정에 -20%의 수정을 받습니다.
거실
TV, 테이블, 소파 네 개가 있는 거실입니다.

이곳에는 두 명의 남자 유괴범이 있습니다.

그들은 현관을 지키는 보초이며, 소파에 앉아 있습니다. 앉아 있는 장소는 GM이 적당히 결정합니다.
식당
중앙에 거대한 테이블이 있어서 여러 명이 밥을 먹을 수 있습니다.

이곳에는 남자 유괴범 두 명, 여자 유괴범 한 명이 있습니다.
식기 보관실
주방과 이어져 있으며, 벽에 설치된 선반에는 많은 식기가 진열되어 있습니다.

주방과 이어진 장소는 카운터 형태이며, 의자가 준비되어 있습니다.
주방
커다란 주방입니다.

냉장고나 식기 세척기처럼 식사를 만들거나 설거지를 할 때 필요한 것들이 모두 모여 있습니다.

이곳에는 남자 유괴범 한 명, 여자 유괴범 한 명이 있습니다.

침실A

평범한 침실입니다. 아무것도 없습니다.

이곳에는 남자 유괴범이 한 명 있습니다. 유괴범은 침대 위에서 자고 있습니다.

욕실, 탈의실, 세면장, 화장실

아무것도 없습니다.

뒷문

남자 유괴범 한 명이 밖에 서 있습니다.

2층

침실B

평범한 침실입니다.

이곳에는 남자 유괴범이 한 명 있습니다. 유괴범은 침대 위에서 자고 있습니다.

침실C

평범한 침실입니다. 아무것도 없습니다.

침실D

평범한 침실입니다. 아무것도 없습니다.

침실E

마리아가 감금된 방입니다. 마리아는 양손과 양발이 묶이고 재갈이 물린 상태로 옷장 앞의 바닥에 앉아 있습니다.

이곳에는 남자가 한 명 있습니다. 이 남자가 유괴범의 리더입니다.

발코니

아무것도 없습니다.

욕실, 탈의실, 세면장, 화장실

아무것도 없습니다.

저격

스나이퍼는 백업 요원으로 저격 위치에 자리를 잡고 대기할 수도 있습니다.

그런 경우, 가옥 주변을 타깃으로 노릴 수 있는 위치는 [제너럴 맵]의 백업 에어리어이므로 저격할 PC는 A나 B 중 한쪽의 백업 에어리어로 이동하시기 바랍니다.

또, 백업 에어리어 A는 가옥 북쪽에서, 백업 에어리어 B는 가옥 남쪽에서 저격 위치를 확보하게 됩니다. 백업 에어리어에서 목적지까지의 거리는 150m([장거리])라고 생각하시기 바랍니다.

저격에 관해서는 P152의 규칙을 참조하시기 바랍니다.

이번 시나리오에서 스나이퍼가 맡을 역할은 도망치는 유괴범의 발을 묶는 것으로 예상됩니다.

적의 움직임

유괴범들은 일단 PC 일행에게 공격을 하지만, 동료가 네 명 이상 무력화되면 당해낼 수 없다고 여겨 리더 말고는 일찌감치 도망치기 시작합니다.

유괴범 리더는 마리아를 인질로 잡고 방패로 삼듯이 이동하면서 마지막 교섭을 계속하려 합니다. 「부수고 싶지 않은 엄폐물」(P179) 규칙을 사용합니다.

PC 일행이 설득을 시도한다면 〈교섭술〉이나 〈심리학〉 DR을 합니다. 달성치 20으로 성공하면 상대를 설득할 수 있습니다. 또, 이 판정에 실패하면 유괴범 리더가 설득을 시도한 상대를 향해 사격을 시도합니다. 전투입니다.

백업팀의 역할

도망친 유괴범은 백업팀이 확보합니다. PC들의 [리더]가 대표로 〈전술〉 DR을 해서 달성치 10 이상으로 성공하면 백업팀에게 적절한 지시를 내려 유괴범을 모두 확보한 것으로 봅니다.

가옥의 방향

가옥의 현관은 남쪽을 향하고 있습니다.

⑥엔딩

무사히 마리아를 구출할 수 있었다면 [미션]은 끝납니다.

카를로스에게 임무 종료 보고를 올리면, 그 다운 밝은 어조로 PC 일행의 공을 칭찬해줄 것입니다.

「역시 대단하군. PTS의 멤버가 되기에 어울리는 활약이었어. 앞으로도 잘 부탁하네.」

이것으로 PC 일행은 새로 PTS의 멤버로서 인정받았습니다.

마지막으로 훈련소에서 PC 일행의 귀환을 기다리던 존스가 그들을 향해 이렇게 말합니다.

「자, 휴식은 끝났다. 예정대로 훈련을 계속한다! 정신 똑바로 차려!」

경험점

아래의 지침을 따라 각 PC에게 경험점을 줍니다.

1. 메인 오브젝트 (완전: 2점/일부: 1점)

완전: 인질이 된 마리아 파울리스타를 "상처 없이" 구출한다.

일부: 인질이 된 마리아 파울리스타를 구출했지만, 그녀가 상처를 입었다.

2. 서브 오브젝트 (1점)

유괴범을 모두 쓰러뜨리거나 구속한다.

3. 생환 (1점)

4. 기타 (1점)

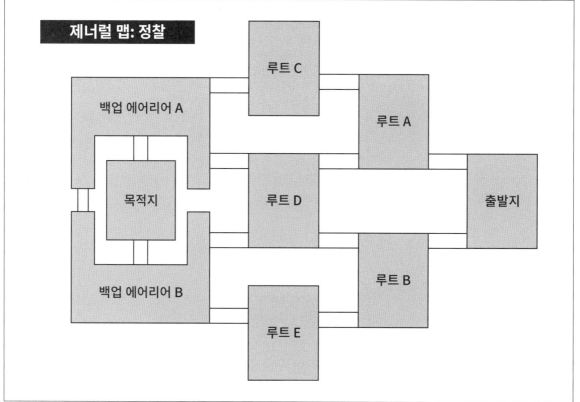

제너럴 맵: 정찰

루트 C

백업 에어리어 A

루트 A

목적지

루트 D

출발지

백업 에어리어 B

루트 B

루트 E

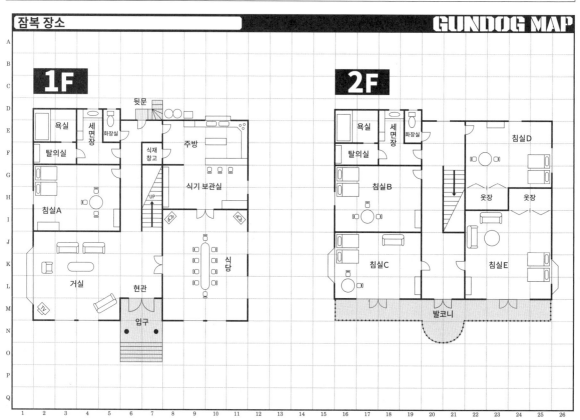

잠복 장소

1F

뒷문

욕실

세면장

화장실

탈의실

식재창고

주방

식기 보관실

UP

침실A

식당

거실

현관

입구

2F

욕실

세면장

화장실

침실D

탈의실

침실B

옷장

옷장

침실C

침실E

발코니

타겟팅 트랙

레인지	사용 스킬	수정치	내 용
Range-5	〈운동〉	+20%	**라펠링(현수하강)** 10m 높이에서 로프를 타고 발차기를 하며 강하한다.
Range-4	〈운동〉 〈국지행동〉	+20%	**모래사장 달리기** 모래사장에서 100m를 전력질주.
Range-3	〈운동〉	±0%	**장애물 달리기** 코스 여기저기에 설치된 2.5m의 장애물을 뛰어넘고 기어오른다.
Range-2	〈운동〉	-20%	**빨리 헤엄치기(100m)** 옷을 입은 채로 50m 근해까지 왕복한다.
Range-1	〈운동〉 〈강인함〉	-20%	**흙부대 옮기기** 20kg의 흙부대를 메고 100m를 전력질주.

(타겟팅 트랙 각 레인지: Start ～ Clear)

카운트 방식 ☑ 카운트 업 / □ 카운트 다운

리미트 Limit-1 | Limit-2 | Limit-3 | Limit-4 | Limit-5 | Limit-6 | Limit-7 | Limit-8 | Limit-9 | Limit-10

판정방식 +60% +50% +40% +30% +20% +10% ±0% -10% -20% -30% -40% -50% -60% -70% -80% -90%

마커 진행표

달성치	~5	6~11	12~17	18~	크리티컬
마커가 나아가는 트랙 수	1	2	3	4	1-Range UP

Target 타깃: 어슬레틱 코스를 클리어해라!

특기 사항

GUNDOG Target Range Sheet

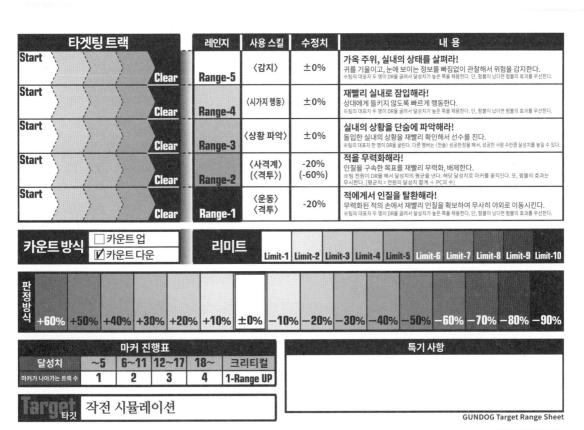

타겟팅 트랙

레인지	사용 스킬	수정치	내 용
Range-5	〈감지〉	±0%	**가옥 주위, 실내의 상태를 살펴라!** 귀를 기울이고, 눈에 보이는 정보를 빠짐없이 관찰해서 위험을 감지한다. ※팀의 대표자 두 명이 DR을 굴려서 달성치가 높은 쪽을 채용한다. 단, 펌블이 났다면 펌블의 효과를 우선한다.
Range-4	〈시가지 행동〉	±0%	**재빨리 실내로 잠입해라!** 상대에게 들키지 않도록 빠르게 행동한다. ※팀의 대표자 두 명이 DR을 굴려서 달성치가 높은 쪽을 채용한다. 단, 펌블이 났다면 펌블의 효과를 우선한다.
Range-3	〈상황 파악〉	±0%	**실내의 상황을 단숨에 파악해라!** 돌입한 실내의 상황을 재빨리 확인해서 선수를 친다. ※팀의 대표자 한 명이 DR을 굴린다. 다른 멤버는 〈전술〉 성공판정을 해서, 성공한 사람 수만큼 달성치를 높일 수 있다.
Range-2	〈사격계〉 (〈격투〉)	-20% (-60%)	**적을 무력화해라!** 인질을 구속한 목표를 재빨리 무력화, 배제한다. ※팀 전원이 DR을 해서 달성치의 평균을 낸다. 해당 달성치로 마커를 움직인다. 또, 펌블의 효과는 무시한다. [평균치 = 전원의 달성치 합계 ÷ PC의 수]
Range-1	〈운동〉 〈격투〉	-20%	**적에게서 인질을 탈환해라!** 무력화된 적의 손에서 재빨리 인질을 확보하여 무사히 야외로 이동시킨다. ※팀의 대표자 두 명이 DR을 굴려서 달성치가 높은 쪽을 채용한다. 단, 펌블이 났다면 펌블의 효과를 우선한다.

(타겟팅 트랙 각 레인지: Start ～ Clear)

카운트 방식 □ 카운트 업 / ☑ 카운트 다운

리미트 Limit-1 | Limit-2 | Limit-3 | Limit-4 | Limit-5 | Limit-6 | Limit-7 | Limit-8 | Limit-9 | Limit-10

판정방식 +60% +50% +40% +30% +20% +10% ±0% -10% -20% -30% -40% -50% -60% -70% -80% -90%

마커 진행표

달성치	~5	6~11	12~17	18~	크리티컬
마커가 나아가는 트랙 수	1	2	3	4	1-Range UP

Target 타깃: 작전 시뮬레이션

특기 사항

GUNDOG Target Range Sheet

■유괴범(여성) [NPC 레벨2]

이 시나리오에 등장한 유괴범 그룹의 여성 멤버입니다.

	N	P	C
	전술	상황 파악	
	34	34	
	강인함	정신력	
	33	34	

내구력 대미지:
18
패널티:

능력치		기본%		개별 스킬
근력	6	사격	34	〈핸드건1〉44, 〈SMG2〉54
재주	6	격투	33	
민첩	5	운동	31	〈운동1〉41
지력	6	지각	34	〈감지1〉44
감각	6	교섭	34	
매력	6	교양	34	
체격	6	기술	34	
외견				

이동력 신중 3m 일반 6m 전력 32m

장갑치 **10**
방어치 **0**

방어구 보디 아머 레벨 1

무기 이름	사격 모드	사정거리m	신뢰성	지근거리	근거리	중거리	장거리	관통	비관통D	관통D	장탄수×예비 탄창	메모
Vz61 스콜피온	단발/연사	50	00[99]	39	44	9	—	+1	1D6-1	2D6+1	[20]×2	■[연사] 시 +10%
글록 26	단발	50	00[99]	42	42	-1	—	+2	1D6+1	2D6+3	[12]×1	

■장비: 군용 소형무전기, 은닉용 홀스터

■유괴범(남성) [NPC 레벨2]

이 시나리오에 등장한 유괴범 그룹의 남성 멤버입니다.

	N	P	C
	전술	상황 파악	
	30	30	
	강인함	정신력	
	40	30	

내구력 대미지:
22
패널티:

능력치		기본%		개별 스킬
근력	8	사격	33	〈핸드건1〉43, 〈SMG2〉53
재주	5	격투	40	〈격투1〉50, 〈무기전투1〉50
민첩	6	운동	36	
지력	5	지각	30	
감각	5	교섭	30	
매력	5	교양	30	
체격	7	기술	30	
외견				

이동력 신중 3m 일반 6m 전력 32m

장갑치 **10**
방어치 **0**

방어구 보디 아머 레벨 1

무기 이름	사격 모드	사정거리m	신뢰성	지근거리	근거리	중거리	장거리	관통	비관통D	관통D	장탄수×예비 탄창	메모
UZI	단발/연사	50	□[00]	23	41	41	—	+4	1D6+2	2D6+4	[32]×2	
콜트M1911A1	단발	50	□[00]	43	43	3	—	+1	2D6-1	3D6	[7]×1	

■장비: 군용 소형무전기, 은닉용 홀스터

■유괴범 리더 [NPC 레벨3]

이 시나리오에 등장한 유괴범 그룹의 [리더]입니다.

	N	P	C
	전술	상황 파악	
	58	45	
	강인함	정신력	
	44	55	

내구력 대미지:
26
패널티:

능력치		기본%		개별 스킬
근력	6	사격	45	〈핸드건1〉55, 〈라이플1〉55
재주	6	격투	44	〈격투1〉54
민첩	6	운동	44	
지력	7	지각	45	〈정신력1〉55
감각	6	교섭	48	〈교섭술2〉68
매력	7	교양	48	〈전술1〉58
체격	7	기술	45	
외견				

이동력 신중 3m 일반 6m 전력 32m

장갑치 **10**
방어치 **0**

방어구 보디 아머 레벨 1

무기 이름	사격 모드	사정거리m	신뢰성	지근거리	근거리	중거리	장거리	관통	비관통D	관통D	장탄수×예비 탄창	메모
SPAS12	단발 (펌프 액션)	50	99[98] □[00]	45	65	75	—	+2	2D6+2※	3D6+4※	[7]	
S&W M29	더블액션	50	□[00]	48	48	8	—	+4	3D6-1	3D6+4	[6]×1	

■장비: 군용 소형무전기, 은닉용 홀스터
※[지근거리]: +3/3D6+2/4D6+4, [중거리]: +1/1D6+2/2D6+4

미션: 디스 이즈 노 드릴

이 시나리오에 관하여

이 시나리오는 초판 『건독』에 실린 튜토리얼 시나리오를 『GDR』용으로 수정한 것입니다.

추천 캐릭터

●샘플 캐릭터

블리츠, 퀸비, 오거, 듀라한

●캐릭터 클래스

기본적으로 전투 중심의 시나리오입니다. 전투 능력이 높은 클래스, 특히 스나이퍼가 활약할 가능성이 클 것입니다.

또, 〈국지 행동〉이 높은 PC가 한 명은 있어야 미션에 성공하기 쉽습니다.

개요

베드로 택티컬 솔루션즈(이하 PTS)에 소속되고자 선발 시험을 거친 PC는 어느 남쪽 섬에서 최종 시험을 받게 되었습니다.

PC 일행은 연이은 사격 능력, 운동 능력 테스트를 완수했지만, 한 통의 전화가 시험을 실전으로 바꿨습니다.

와이즈가 재보험을 청부한 대부호의 딸, 올리비아 세니터를 유괴한 범인이 우연히도 훈련이 이루어지는 섬의 근처에 잠복했다는 것입니다.

우물쭈물하다간 그들이 다시 어딘가로 이동해버릴지도 모릅니다. 그래서 우연히 근처에서 훈련 중이던 PC 일행은 최종 시험 대신 올리비아 구출 임무를 맡았습니다.

과연 PC 일행은 무사히 올리비아를 구출할 수 있을까요?

미션의 흐름

이 시나리오는 처음으로 『GDR』을 플레이할 때 적합한 튜토리얼 시나리오입니다.

GM은 PL이 기본적인 규칙을 익히게 하면서 시나리오를 진행하시기 바랍니다.

①**오프닝**

②**능력 테스트**

사격, 격투, 운동의 각 능력을 시험받는다.

③**브리핑**

올리비아 구출 작전 설명.

④**섬으로 잠입**

섬에 몰래 침입해서 보트 하우스로 간다.

⑤**보트 하우스**

보트 하우스에서 올리비아를 구출한다.

⑥**클라이맥스**

적의 리더와 전투.

⑦**엔딩**

① 오프닝

PC는 PTS와의 계약을 따내고자 에이전트 선발 시험에 참가했습니다.

그리고 각자의 특기 분야에서 다른 참가자를 누르고 몇 회의 테스트를 거쳐 최종 시험까지 남았습니다.

최종 시험을 치는 남쪽 섬에 PC 일행이 도착한 것이 어제입니다.

이 섬은 PTS가 소유한 곳이며, 간단한 훈련 시설을 갖추고 있어서 계약한 건독을 위한 훈련용 섬으로 쓰이고 있습니다.

또, PC는 서로 초면이지만 어제 도착하고서 이야기할 기회도 있었으므로 [미션] 개시 전에 [캐릭터 클래스]나 [경력]을 바탕으로 자기소개를 하게 합시다.

이른 아침부터 움직이기 편한 복장으로 갈아입고 기다리던 PC 일행의 앞에 두 사람의 인물이 나타납니다.

한 명은 놀랍게도 PTS의 대표를 맡은 마르시오 카를로스 본인입니다. 남쪽 섬에 어울리는 화려한 색의 셔츠와 반바지 차림으로, 싱글거리며 PC 일행을 둘러봅니다.

또 한 명은 위장복을 입고 목발을 짚은, 딱 바라진 체격의 중년 남성입니다. 눈빛이 날카롭고, 언짢은 표정으로 값을 매기듯이 PC 일행을 둘러봅니다.

「먼 곳까지 오게 해서 미안하네. 하지만 어떻게 해서든 내 눈으로 직접 자네들의 실력을 봐두고 싶어서 말이야.」

카를로스는 그렇게 말한 후, 옆의 인물을 소개합니다.

「이쪽은 마틴 존스. 우리 회사의 전투 훈련 담당이야. 그도 베테랑 건독이니. 그가 자네들의 실력을 인정해준다면 나도 안심할 수 있겠지.」

소개를 받은 존스는 한걸음 앞으로 나오더니 변함없이 언짢은 표정으로 빠르게 말을 쏟아냅니다.

「확실히 너희는 여러 후보 사이에서 선택되어 여기에 왔다. 하지만 내가 가망 없다고 생각한 녀석은 돌려보내겠다. 이 건에 관해서는 카를로스에게 전면적으로 위임을 받았다. 각오해둬.」

카를로스는 못 말리겠다는 듯이 어깨를 움

능력 테스트

테스트를 시작하기 전에 행위판정의 기본(주사위 굴림 방법, [달성치] 산출법, [성공판정]과 [DR]의 차이 등. P108~113 참조)을 설명합시다.

「사격 테스트」는 그것을 실천하는 것이 목적이지만, 전투 시에는 [달성치]가 방어구를 관통할 수 있는지를 정하는 지침이 된다는 점이나 무기 고유의 [관통력]을 더한다는 점도 가볍게 설명해둡시다.

존스의 심술

테스트에서 [성공판정]에 실패한 PC나 득점이 낮은 PC에게는 존스의 가차없는 매도를 퍼부어줍시다.

단, PC는 신병이 아니며, 제작 시점에서도 톱 레벨의 실력을 가지고 있습니다. PL이 PC들을 약한 존재로 여기지 않도록 적당히 해둡시다.

포상

득점이 가장 높은 PC는 이동 시에 지프에 태워줍니다. 축하합니다.

짝지어

남는 사람이 있다면 다른 조의 승자 중 하나와 대전하게 합니다.

그만, 거기까지!

서로의 〈격투〉 [성공률]이 낮아 승부가 나지 않는다면 그 전투는 중지시켜버립시다. 격투 규칙의 기초를 이해하면 충분합니다. 단, 존스의 비아냥거리는 대사를 잊지 마시길.

운동 능력 테스트

TRS(P114)를 설명하기 위한 테스트입니다.

『GDR』의 중요한 규칙 중 하나이므로 빈틈없이 설명합시

츠리며 PC 일행을 향해 익살을 떨지만, 부정은 하지 않습니다.

「좋다. 우선 너희의 사격 솜씨를 보겠다.」

존스는 카를로스와 함께 지프에 타고 섬의

② 능력 테스트

사격 능력 테스트

숨을 고르는 PC 일행을 흘긋 보며 존스는 각종 총기가 수납된 선반을 꺼냅니다.

「지금부터 사격 테스트를 한다. 슈팅 레인지에 설치된 표적이 랜덤으로 일어선다. 그것을 쏴라. 근거리, 중거리, 장거리에서 각각 세 번씩이다.」

「근거리는 핸드건, 중거리는 서브머신건, 장거리는 라이플로 쏜다. 총이 없는 녀석은 빌려가라!」

각각의 거리에서 소지한 총(없으면 빌립니다)의 [명중률]을 써서 [DR]을 굴립니다. 또, 도트 사이트 등의 사용은 인정되지 않습니다. 사격 모드는 자유지만 대미지는 이번 테스트와 관계 없습니다.

또, 이번에는 [관통 판정]을 하지 않습니다. [DR]로 얻은 [달성치]에 〈핸드건〉 스킬 레벨을 더한 것(무장의 [관통력]은 더하지 않습니다)이 「득점」입니다. 이것이 높을수록 표적의 치명적인 부위에 맞은 것이 됩니다.

또, [성공판정]에 실패하면 표적을 맞히지 못해 득점은 제로입니다.

이것을 세 번 반복하여 각 거리에서 PC마다 합계 득점을 산출하시기 바랍니다.

빌릴 수 있는 총

- 핸드건: 베레타 M92FS
- SMG: H&K MP5A4
- 라이플: M4 카빈

모든 거리에서 사격 능력 테스트가 끝나면 격투 능력 테스트로 넘어갑니다. 존스 일행은 아까처럼 다시 지프에 타고 이동합니다.

「좋아, 즉석 링으로 가자!」

격투 능력 테스트

「항상 총이 곁에 있으리란 법은 없다. 그러니 너희의 격투 기술을 보겠다. 이번에는 무기를 쓰지 않는다. 맨손으로 싸워라.」

PC를 둘씩 짝지어 대전하게 합니다. [격투] (P154) 규칙을 참조해서 어느 한쪽이 10점의

슈팅 레인지로 향합니다.

덧붙여서 PC 일행은 뛰어야 합니다.

「너희는 달려. 이것도 테스트다!」

대미지를 입을 때까지 싸웁니다. 이 대미지는 얼마나 치명적인 부위에 명중했는지를 나타내는 「득점」이므로, 실제로 대미지를 받을 필요는 없습니다.

격투 능력 테스트가 끝나면 이어서 운동 능력 테스트로 넘어갑니다.

「좋아, 특제 어슬레틱 코스로 가자!」

운동 능력 테스트

「전문 분야가 무엇이든 간에 기본적인 운동 능력은 누구에게나 필요하다! 느림보는 엉덩이를 걷어차서 미국으로 돌려보내겠다.」

GM은 TRS(P114) 규칙을 참조해서 누가 가장 먼저 골에 도착했는지를 겨루게 합니다. TR 시트는 P287에 실린 「어슬레틱 코스를 클리어해라!」를 사용합니다. [리미트]는 관리하지 않아도 됩니다.

운동 능력 테스트가 끝나면 휴식 시간입니다.

「좋아, 꼴찌는 뛰어라. 나머지는 지프에 타도 좋다. 식사 시간이다!」

This is no drill

섬의 숙박시설에 돌아가 샤워라도 하고 점심을 먹을까 하던 참에 카를로스의 위성 휴대전화가 울립니다.

통화를 하는 사이에 사람 좋던 카를로스의 얼굴이 점점 험악해집니다.

「알겠습니다. 괜찮습니다. 그들의 실력은 확인했습니다.」

그렇게 말하고 전화를 끊은 카를로스는 존스와 뭔가 이야기를 나눕니다. 잠시 옥신각신한 후, 존스는 카를로스에게 동의합니다.

그리고 존스가 돌아보며 말합니다.

「좋아, 샤워와 식사는 잠시 보류다. 이제부터 최종 시험을 시작한다.」

③ 브리핑

PC는 숙박 시설 내의 회의실에 모입니다.

「바로 본론에 들어가겠다. 어느 와이즈맨이 재보험을 청구한 대부호의 따님이 관광지에서 유괴됐다. 몇 시간 전의 일이다.」

「범인의 도주 경로는 파악하지 못했지만, 조금 전에 위치가 판명됐다. 이 근처에 있는 개인 소유의 섬에 잠복한 것 같다는 연락이 있었지.」

「범인들도 아직 위치를 들켰다고는 생각하지 못하겠지만, 곧바로 이동할지도 몰라. 이 찬스를 놓치고 싶지 않다. 그래서 말인데.」

카를로스는 일단 말을 끊고 PC를 봅니다.

「와이즈맨에게 이렇게 말해줬다네.『마침 잘 됐군요. 솜씨 좋은 건독팀이 여기에 있습니다』라고 말이야.」

빙긋 웃으며 카를로스는 PC의 반응을 봅니다.

「너희의 실력은 아까 확인했다. 뭐, 조금 불안하긴 하지만 못 해낼 일은 아니야. 이번 일을 잘 정리하면 나로서도 카를로스가 너희를 고용하는 데 불만은 없다.」

존스는 그렇게 말하며 화이트 보드에 송신받은 데이터를 프린트한 지도를 펼치기 시작합니다.

「올리비아를 무사히 구출해주기 바라네. 물론 보수는 내지. 갑작스러운 일이라는 것도 고려해서 한 명당 10,000달러 내겠어. 단, 이 일은 강제가 아니야. 거절하고 싶다면 거절해도 돼.」

카를로스는 그렇게 말하며 PC의 반응을 봅니다. PC가 일을 받아들인다면 안심한 모습으로 존스에게 자세한 설명을 하라고 재촉합니다.

플레이어에게 P286의「남쪽 섬」[에어리어 맵]과「보트 하우스」[포인트 맵]을 건네주면서 설명하시기 바랍니다.

「이게 유괴범들이 잠복한 섬의 지도다. 손으로 그려서 세세한 부분이 모호하긴 하지만 충분히 도움이 될 거다. 그리고 이게 놈들이 있는 섬의 보트 하우스다.」

「원래 이 섬은 어느 부자의 사유지인데, 보트 하우스의 관리인인 노부부가 살고 있다고 한다. 지금은 놈들에게 잡혀 있을 가능성이 크다.」

「그리고 이게 이번에 구출해야 하는 목표, 올리비아 세너티의 사진이다. 12세에 건강 상태는 지극히 양호하다.」

「섬까지는 모터보트로 간다. 헬기로는 들킬 테니까. 보트 하우스 반대쪽으로 상륙해서, 그때부터는 도보로 보트 하우스에 가라.」

「구체적인 작전은 너희에게 맡긴다. 우리는 보트를 수배하겠다. 1시간 정도 시간을 주지. 그때까지 작전을 정해둬.」

플레이어에게 건넨 지도를 바탕으로 어떤 루트를 잡을지 정하게 합니다.

루트가 정해졌다면 드디어 보트를 타고 섬에 잠입을 개시합니다.

④ 섬에 잠입

존스는 보트를 몰아 PC를 섬에 데려다 줍니다.

「올리비아를 확보하고 안전을 확인했다면 연락해라. 데리러 가마.」

그렇게 말하고 존스는 돌아갑니다.

[에어리어 맵]상에서의 이동

섬에 상륙한 지점에서 보트 하우스까지 가는 과정은 P124부터의 이동 규칙, P128의 [에어리어 맵] 규칙으로 해결합니다.

아래에 각 에어리어마다 일어나는 이벤트를 기술합니다. 잘 읽고 일어날 이벤트를 파악하시기 바랍니다.

단, 총성 등을 적이 알아차린다면 그들도 경계를 강화하거나 순찰을 시작할 것입니다. GM은 임기응변으로 이벤트의 내용을 변경하시기 바랍니다.

또, PC가 예기치 않은 행동을 할 때도 많을 것입니다. 그럴 때는 당황하지 말고 [미션]이 재미있어지는 방향으로, PC에게 조금 유리하게(너무 유리하면 재미가 없습니다만) 되도록 결정합시다. 재미는 무엇보다도 중요합니다.

에어리어A (상륙 예정 지점)

이벤트는 없습니다.

에어리어B (모래사장)

에어리어D의 보초

쌍안경을 사용해서 다리 쪽을 보면 에어리어D의 다리 앞에 있는 보초를 확인할 수 있습니다. 어깨에 무전기를 차고, 목에 쌍안경을 걸고, 갈릴 ARM을 안고 있습니다. 쌍안경이 없다면 누가 있다는 것은 알 수 있지만 구체적인 정보는 알 수 없습니다.

보초는 다른 에어리어에 있지만, PC가 에어리어를 이동할 때「상대측의 DR」로서〈감지〉(-20%)를 굴릴 수 있습니다.

다.

에어리어의 지형

모래사장은 매우 전망이 좋아서 들키지 않고 이동하기에는 적합하지 않은 지형입니다.

기본적으로 어느 에어리어로 이동하는 경우라도 PC는 시야가 제한된 열대림 안(〈국지행동〉-20%)을 이동하는 것으로 봅니다.

어떤 이유로 인해 모래사장을 이동한다면 장애물이 없는 탁 트인 지형(〈국지행동〉-20%)으로 간주합니다.

에어리어D의 보초

보초는〈국지행동〉굴림을 하지 않습니다. 에어리어에는 없으므로, 에어리어로 이동 후에 에어리어D를 확인하지 않는 한 PC가 보초를 발견할 수는 없습니다.

저격

[저격] 규칙에 관해서는 (P152)를 참조하기 바랍니다.

또, 필요한 TR 시트는 P288에 실려 있습니다.

단, 어떤 상황에서 [저격]을 할 수 있을지는 일정하지 않으므로, 비어있는 부분이 있습니다.

[저격]할 거리나 부위 공격의 가능 여부를 스나이퍼의 플레이어에게 확인하며 [저격] 규칙에 따라 각 [레인지]의 [수정치] 등을 채우기 바랍니다.

즉석에서 대응하기가 불안하다면 [300m 거리에서 표적의 머리를 저격한다](언덕 위에서 보트 하우스에 있는 유괴범의 머리를 쏠 때의 조건입니다)는 내용의 TR 시트를 만들어 두고, 그 조건으로밖에 저격할 수 없다고 해도 무방합니다.

에어리어C의 보초

PC를 알아차렸을 때의 반응은 에어리어A를 참조하기 바랍니다.

PC가 먼저 보초를 발견했다면 보초를 무시하고 에어리어를 향해 열대림을 나아가도 됩니다.

보초를 쓰러뜨려두고 싶다면 100m 거리에서 전투를 시작할지, 아니면 더 거리를 좁힐지를 선택합니다. 거리를 좁힐 때는 다시 [에어리어 맵] 규칙을 사용합니다. 단, 모래사장은 「탁 트인 지형」이므로 〈국지행동〉에 -20%의 수정을 받습니다.

보트 하우스의 구조

보트 하우스는 모래사장에서 2m 정도 높이를 두고 지었으며, 주방과 창고 아래쪽에 보트 하우스에서 직접 내려갈 수 있는 잔교가 있습니다.

즉, 집 아래에는 공간이 있어서 마음대로 왕래할 수 있다는 의미입니다. 반대로 보통 방법으로는 현관 안쪽 통로의 작은 창 등은 들여다볼 수 없습니다.

거실

PC들이 지나치게 신중을 기한 나머지 상황을 살피기만 해서 [미션]이 좀처럼 진행되지 않을 때는 아래의 이벤트를 일으켜 사태를 움직여보시기 바랍니다.

참고로 그들은 스페인어로 이야기합니다.

가장 안쪽에 앉아있던 남자가 일어나서 「잠깐 화장실 좀 다녀올게.」라고 말합니다. 동료들은 「어이, 그 아가씨한테는 손대지 마.」「히히히. 너, 저런 꼬맹이가 취향이냐?」라고 놀립니다.

(화장실=세면장에 올리비아가 있다는 힌트입니다.)

자리에서 일어선 남자는 「헛소리 말고 다음 수나 생각해둬. 사기칠 생각 하지 말고.」라고 말하고 총 없이 화장실에 갑니다.

보초는 PC를 발견하면 무전기로 보트 하우스에 있는 동료에게 연락을 취하고, 그대로 보트 하우스로 갑니다. 그들은 모두 보트 하우스에 모여서 경계를 강화하며 기다립니다.

에어리어C (정글)

순찰

이 에어리어는 2인조 유괴범이 순찰합니다 ([경계도: 경계])

강

강 폭은 5m 정도이며, 유속은 그다지 빠르지 않습니다. 에어리어E로 가려면 강을 건너야 합니다. 건너려면 〈운동〉(+20%)에 성공해야 합니다. 먼저 건넌 누군가가 로프를 연결하면 수정은 +60%가 됩니다.

실패하면 발이 미끄러져 떠내려갑니다. 어떻게든 헤엄쳐서 건너편에 도착하긴 하지만, 소동을 알아차리고 전술한 순찰 담당이 (살아있다면) 상황을 확인하러 옵니다.

에어리어D (다리)

보초

다리 앞에 보초를 서는 유괴범이 있습니다

([경계도: 경계]). 어깨에는 무전기를 차고, 목에 쌍안경을 걸고, 갈릴 ARM 어설트 라이플을 안고 있습니다.

열대림 끝자락에서 다리까지의 거리는 100m입니다. PC가 먼저 적을 발견했다면 포착 거리는 달성치 차이와 관계없이 [장거리] (이번에는 100m)입니다.

에어리어E (언덕)

약간 높은 언덕

높이 5m 정도의 언덕입니다. 여기에서 쌍안경이나 스코프로 보면 보트 하우스의 상황을 볼 수 있습니다. 보트 하우스에서 약 300m 떨어져 있으며, 전망도 좋은 장소입니다. 스나이퍼 PC에겐 절호의 저격 포인트라고 알려줍시다.

에어리어F (보트 하우스)

보트 하우스

보트 하우스 주변까지 접근하면 다음 항목 「보트 하우스」로 이행합니다.

⑤ 보트 하우스

에어리어F의 보트 하우스 근처부터는 P124부터의 이동 규칙, P126의 [포인트 맵] 규칙으로 해결합니다.

전투도 직접 해당 맵에서 합니다.

아래에 각 방별로 그 방에 있는 인물이나 일어날 이벤트를 기술합니다.

보트 하우스 주위

유괴범들은 주의를 기울이고 있지는 않으므로 [경계도: 무경계(+20%)]입니다. 〈시가지행동〉에 성공하면 발소리를 죽여 걷거나 그늘에서 엿보는 정도로는 들키지 않습니다.

해당 판정에 실패하면 비로소 유괴범들이 〈감지〉로 판정하며, 성공하면 PC 일행을 알아차립니다.

현관과 안쪽 통로

아무것도 없습니다.
현관 옆의 드럼통 속은 비었습니다.

침실

커튼이 쳐져 밖에서는 들여다볼 수 없습니다. 침대 옆에 관리인 노부부가 재갈이 물리고 로프에 묶여 쓰러져 있습니다.

거실

유괴범 세 명이 책상 위에 UZI를 놓고 의자에 앉아 TV를 보면서 트럼프를 치고 있습니다. TV에서는 스포츠가 중계되고 있습니다.

테이블 위에는 소형 무전기가 있습니다.

또, [에어리어 맵] 에어리어E의 고지대에서도 소리는 들을 수 없지만 이 상태가 보입니다.

세면장(배스 룸)

로프에 묶이고 재갈이 물린 올리비아가 욕조 안에 쓰러져 있습니다.

올리비아는 구출되어도 바로 마음을 놓치는 못합니다. 「살려줘!」라며 날뛰면서 도망치려고 합니다. 〈교섭술〉(+20%)에 성공하면 반항을 멈추고 얌전해집니다.

달래는 데 시간이 걸리면 수상하게 여긴 유괴범이 상황을 보러 옵니다.

올리비아를 진정시키고 재갈을 풀어주면, 그녀가 작은 소리로 「폭탄이……」라고 말합니다. 로프를 풀면 그 아래에 벨트형 폭탄으로 보이는 것이 감겨 있습니다.

올리비아는 흐느끼며 「억지로 벗기려고 하면 폭발한다고…… 가장 높아 보이는 사람이 멀리서도 폭발시킬 수 있다고 했어.」라고 말합니다.

폭탄을 억지로 벗기려고 하면 폭발할 가능성이 있습니다. 또, 유괴범 보스가 가지고 있는 리모컨으로 폭발시킬 수도 있습니다.

만에 하나 폭발하면 올리비아는 즉사. 주위에 있는 사람들도 3D6+20의 대미지를 받습니다. 또, 폭발음이 섬 전체에 울려 퍼집니다.

폭탄을 안전히 해제하려면 TRS 규칙을 사용합니다. TR 시트는 P288에 실린 「폭탄 해제」를 사용합니다. [리미트]는 7의 [카운트다운]입니다. [리미트]가 0이 되면 폭탄이 폭발합니다.

부엌

아무것도 없습니다.

⑥ 클라이맥스

올리비아를 구출했을 때 리더와 부하 한 명이 돌아옵니다.

[에어리어 맵] 에어리어E의 언덕 위나 보트 하우스 창고의 창으로 남쪽을 본 PC는 〈감지〉(쌍안경이 있으면 +20%, 스코프는 시야가 좁으므로 +10%) 성공판정에 성공하면 이 섬으로 오는 모터보트를 알아차립니다. 보트에 타고 있는 것은 리더와 부하 한 명입니다.

모터보트를 어느 정도 거리에서 눈치채는지는 달성치에 따라 달라집니다.

〈감지〉의 달성치와 포착거리

15~: 1000m에서 눈치챈다
11~14: 800m에서 눈치챈다
6~10: 600m에서 눈치챈다
1~5: 400m에서 눈치챈다
※ 거리는 보트 하우스와의 거리.

아무도 〈감지〉에 성공하지 못했더라도 바다 쪽만 보면, 적의 모습을 볼 수 있습니다.

⑦ 엔딩

올리비아를 구출하고 섬의 안전을 확보했다면 [미션]은 끝납니다. 연락을 하면 헬리콥터가 PC 일행을 맞이하러 옵니다.

훈련용 섬에 돌아가면 카를로스와 존스가 맞이해줍니다.

「멋진 활약이었어. 꼭 우리와 계약해주게.」

카를로스는 만면에 미소를 지으며 PC의 어깨를 두드립니다.

그리고 살짝 미소를 지은 존스가 「처음에는 연약한 치와와나 프라이드만 높은 몰티즈라고 생각했지만, 지금은 당당한 아이리시 세터로 보인다. 건독의 세계에 온 걸 환영한다.」라며 악수를 청합니다.

보수도 개설된 계좌에 무사히 들어왔습니다. PC 일행은 떳떳하게 건독으로서의 첫걸음을 디뎠습니다.

창고

공구나 청소도구, 비치 파라솔이나 접이식 의자, 테이블, 기타 잡다한 물품이 있습니다. 또, 보트 하우스 아래의 잔교로 내려가는 계단이 있습니다.

잔교

보트 하우스 아래에 만든 잔교입니다. 드럼통에는 보트의 연료로 쓸 가솔린이 들어 있습니다.

지금은 보트가 없습니다.

그때의 거리는 200m입니다.

전투

모래사장에 PC가 있다면 유괴범도 200m 거리에서 알아차립니다.

보트는 1라운드에 100m씩 거리를 좁힙니다. 리더는 PC를 알아차린 라운드에 무기를 준비합니다. 부하는 보트 운전에 전념합니다. 제2라운드는 [장거리](100m)에서 리더가 공격합니다. 제3라운드에 보트가 [중거리](50m)에서 접안하고, 리더와 부하가 내려서 보트를 엄폐물로 삼아 엄폐를 합니다. 부하는 무기 준비에 1라운드가 걸립니다.

PC가 보트 하우스 안에 있고 모습을 드러내지 않았다면, 리더와 부하는 보트 하우스의 잔교에 보트를 대고 계단을 올라 거실에 옵니다([경계도: 경계]). 어떠한 이상을 알아차린다면 총을 들고 경계합니다(([경계도: 엄중]).

경험점

아래의 지침을 바탕으로 각 PC에게 경험점을 주기 바랍니다.

1. 메인 오브젝트 (완전: 2점/일부: 1점)
완전: 올리비아 센터를 무사히 구출한다.
일부: 올리비아 센터가 부상을 당하고 말았다. 또는 폭탄을 해제하지 못했다…….

2. 서브 오브젝트 (1점)
유괴범을 전원 쓰러뜨리거나 구속한다.

3. 생환 (1점)

4. 기타 (1점)

왜 보트가 없는가?

유괴범들은 타고 온 보트가 고장 나는 바람에 어쩔 수 없이 이 섬에 들렀습니다.

그리고 운 좋게 보트 하우스에 있던 모터보트를 발견했으므로, 자신들이 타고 온 보트는 리더와 부하 한 명이 근처에 섬이 없는 해상까지 운전한 후에 폭파해서 가라앉혔습니다.

리더는 그대로 조직(남미의 범죄조직입니다)과의 연락 및 몸값 요구 전화를 위해 조금 떨어진 항구도시에 갔습니다.

해상에서의 저격

만약 리더나 운전사를 저격으로 쓰러뜨리면, 보트는 이변을 알아차리고 U턴해서 도망칩니다. 단, 올리비아의 폭탄을 해제하지 않았다면 리모컨으로 폭파할 수 있다는 점을 잊지 말아야 합니다.

또, 리더는 더는 가망이 없다고 여기면 올리비아에게 부착한 폭탄의 리모컨을 누릅니다. 만약 폭발하지 않는다면 할 말을 잃고 투항합니다.

연약한 치와와……

치와와나 몰티즈가 실제로 그런지는 제쳐 두더라도 존스는 그렇게 생각하고 있다는 뜻입니다. 오해하지 마시기 바랍니다.

아이리시 세터

사냥개(건독)로서 1, 2위를 다투는 인기와 능력을 자랑하는 개입니다. 알고 보면 애견가인 존스가 키우는 애견의 견종이기도 합니다.

즉, 존스로서는 최고의 찬사입니다.

남쪽 섬

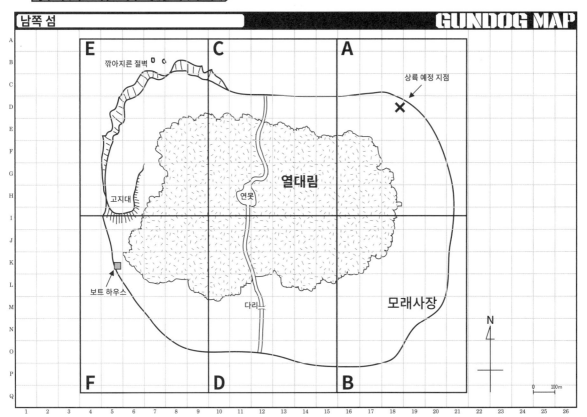

E

C

A

깎아지른 절벽

상륙 예정 지점

X

열대림

연못

고지대

보트 하우스

모래사장

N

다리

F

D

B

0   100m

보트 하우스

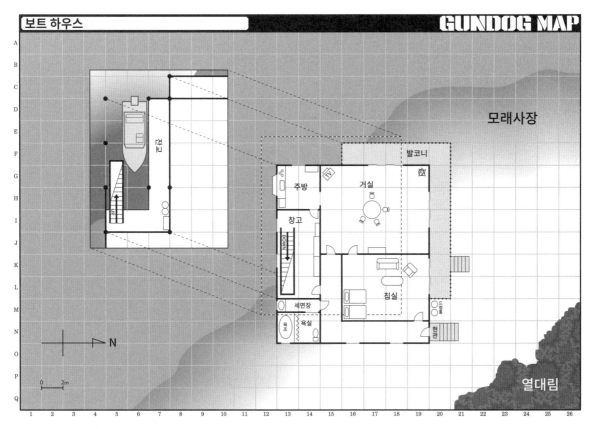

모래사장

갑판

주방

거실

발코니

TV

창고

DOWN

침실

세면장

현관

욕실

욕조

N

0   2m

열대림

타겟팅 트랙 / 레인지 표 (상단)

레인지	사용 스킬	수정치	내 용
Range-5	〈운동〉	+20%	라펠링 (현수하강) 10m 높이에서 로프를 타고 발차기를 하며 강하한다.
Range-4	〈운동〉 〈국지 행동〉	+20%	모래사장 달리기 모래사장에서 100m를 전력질주.
Range-3	〈운동〉	±0%	장애물 달리기 코스 여기저기에 설치된 2.5m의 장애물을 뛰어넘고 기어오른다.
Range-2	〈운동〉	-10%	빨리 헤엄치기(100m) 옷을 입은 채로 50m 근해까지 왕복한다.
Range-1	〈운동〉 〈강인함〉	-10%	흙부대 옮기기 20kg의 흙부대를 메고 100m를 전력질주.

타겟팅 트랙: Start — Clear (×5)

카운트 방식 ☑ 카운트 업 ☐ 카운트 다운

리미트

Limit-1	Limit-2	Limit-3	Limit-4	Limit-5	Limit-6	Limit-7	Limit-8	Limit-9	Limit-10

판정 방식

+60%	+50%	+40%	+30%	+20%	+10%	±0%	−10%	−20%	−30%	−40%	−50%	−60%	−70%	−80%	−90%

마커 진행표

달성치	~5	6~11	12~17	18~	크리티컬
마커가 나아가는 트랙 수	1	2	3	4	1-Range UP

특기 사항

Target 타깃 훈련 코스를 최대한 빨리 클리어해라!

GUNDOG Target Range Sheet

타겟팅 트랙 / 레인지 표 (하단)

레인지	사용 스킬	수정치	내 용
Range-5	〈정신력〉		기회를 기다린다 환경이나 상황에 흔들리지 않고 평정을 유지하며 냉정하게 저격 기회를 기다린다. ※스포터는 〈정신력〉으로 [원호] 가능. ※수정: 상황
Range-4	〈저격〉		사격자세 확립 그 자리의 상황에 맞춰 적합한 사격 자세를 잡고, 몸과 총을 일체화하면서 긴장을 풀고 자세를 고정한다. ※수정: 상황
Range-3	〈저격〉 〈정보처리〉		오차 수정 표적과의 거리, 바람, 날씨, 습도로 인해 생기는 오차를 계산해 조준을 조정한다. ※스포터는 〈저격〉·〈정보처리〉로 [원호] 가능. ※수정: 총기, 거리, 상황
Range-2	〈저격〉		최종 조준 표적의 움직임을 예측해서 조준 안에 표적을 넣는다. ※스포터는 〈저격〉으로 [원호] 가능. ※수정: 총기, 거리, 상황, 목표, 부위 공격
Range-1	〈저격〉		B-R-A-S-S(브라스) 크게 숨을 들이마시고, 천천히 내쉰 후에 호흡을 멈춘다(Breathe). 긴장을 풀고(Relax) 겨냥하고(Aim) 방아쇠를 아슬아슬한 지점까지 당기고(Slack), 조준이 일치한 순간 방아쇠를 당긴다(Squeeze). ※수정: 총기, 거리, 상황, 목표, 부위 공격

타겟팅 트랙: Start — Clear (×5)

카운트 방식 ☐ 카운트 업 ☐ 카운트 다운

리미트

Limit-1	Limit-2	Limit-3	Limit-4	Limit-5	Limit-6	Limit-7	Limit-8	Limit-9	Limit-10

판정 수정

+60%	+50%	+40%	+30%	+20%	+10%	±0%	−10%	−20%	−30%	−40%	−50%	−60%	−70%	−80%	−90%

마커 진행표

달성치	~5	6~11	12~17	18~	크리티컬
마커가 나아가는 트랙 수	1	2	3	4	1-Range UP

특기 사항

Target 타깃 ___m 거리에서 목표의 ___를 저격한다

GUNDOG Target Range Sheet

레인지	사용 스킬	수정치	내용
Range-5	〈폭발물〉	+20%	**폭발물의 종류를 특정한다** 외견을 비롯한 특징으로부터 폭발물의 대략적인 종류를 특정한다
Range-4	〈폭발물〉	±0%	**폭발물을 해체한다** 폭발물이 든 용기를 안전하게 해체해 내부를 노출시킨다. ※「공구 세트」가 없으면 -20%의 수정을 받는다.
Range-3	〈폭발물〉	±0%	**구조를 확인한다** 내부 배선이나 구조를 확인하고 대처법을 결정한다. ※「공구 세트」가 없으면 -20%의 수정을 받는다.
Range-2	〈폭발물〉	-20%	**신관을 찾는다** 배선이나 내부 구조에서 폭발물의 착화방식을 확인하고, 신관을 찾는다. ※「공구 세트」가 없으면 -20%의 수정을 받는다.
Range-1	〈폭발물〉	-20%	**신관을 제거한다** 신관에 충격을 주지 않도록 신중하게 제거한다. ※「공구 세트」가 없으면 -40%의 수정을 받는다.

타겟팅 트랙

Start … Clear (×5)

카운트 방식
- ☐ 카운트 업
- ☑ 카운트 다운

리미트

Limit-1	Limit-2	Limit-3	Limit-4	Limit-5	Limit-6	Limit-7	Limit-8	Limit-9	Limit-10

판정 방식

+60%	+50%	+40%	+30%	+20%	+10%	±0%	−10%	−20%	−30%	−40%	−50%	−60%	−70%	−80%	−90%

마커 진행표

달성치	~5	6~11	12~17	18~	크리티컬
마커가 나아가는 트랙 수	1	2	3	4	1-Range UP

Target 타깃 올리비아에게 부착된 벨트형 폭탄을 해체해라!

특기 사항

GUNDOG Target Range Sheet

유지 아이템 **헬리콥터** | 차량 | 카테고리 | 상급 차량

내구력	65
장갑치	12
방어치	0

사이즈	조작성	일반 스피드	제한 스피드
LL(+20%)	±0%	+8	+4

정 원 4명
적재량 2VCP
일반 속도 216km/h(300m)
최고 속도 240km/h(333m)
가 격 $250,000($2,500)
길 이 11.6m
전 폭 5.0m(로터 포함)
전 고 3.3m
무 게 0.68t

■방탄유리

방송 보도, 유람 비행, 개인 소유 등 다양한 용도로 이용할 수 있는 헬리콥터.

유지 아이템 **모터보트** | 차량 | 카테고리 | 상급 차량

내구력	70
장갑치	12
방어치	0

사이즈	조작성	일반 스피드	제한 스피드
L(+10%)	±0%	−2	−4

정 원 4명
적재량 4VCP
일반 속도 50km/h(69m)
최고 속도 75km/h(104m)
가 격 $13,000($130)
길 이 6.5m
전 폭 2.3m
전 고 2.0m
무 게 0.7t

4인승 모터보트. 속도도 빠르고, 소형 선박이면서도 적재량이 4VCP다. 하천에서든 근해에서든 나무랄 데 없는 성능을 발휘한다.

■유괴범　[NPC 레벨2]

이 시나리오에 등장하는 유괴범 그룹의 멤버입니다. 기본적으로 한 명을 [연사]로 1회 공격합니다.

내구력	대미지:
18	
패널티:	

능력치		기본%		개별 스킬
근력	6	사격	31	〈라이플1〉41, 〈SMG1〉41
재주	5	격투	33	〈격투1〉43
민첩	5	운동	31	〈시가지 행동1〉41
지력	5	지각	30	
감각	5	교섭	30	
매력	5	교양	30	
체격	6	기술	30	(운전사만 : 〈조종2〉60)
외견				

이동력 신중 3m 일반 5m 전력 30m

방어구 보디 아머 레벨 1

N	P	C
전술		**상황 파악**
30		30
강인함		**정신력**
33		30
장갑치		10
방어치		0

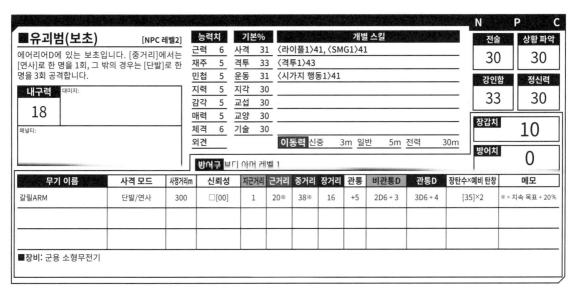

무기 이름	사격 모드	사정거리m	신뢰성	지근거리	근거리	중거리	장거리	관통	비관통D	관통D	장탄수×예비 탄창	메모
UZI	단발/연사	150	□[00]	21	39	39	−3	+2	1D6+2	2D6+4	[32]×2	

■장비: 군용 소형무전기

■유괴범(보초)　[NPC 레벨2]

에어리어D에 있는 보초입니다. [중거리]에서는 [연사]로 한 명을 1회, 그 밖의 경우는 [단발]로 한 명을 3회 공격합니다.

내구력	대미지:
18	
패널티:	

능력치		기본%		개별 스킬
근력	6	사격	31	〈라이플1〉41, 〈SMG1〉41
재주	5	격투	33	〈격투1〉43
민첩	5	운동	31	〈시가지 행동1〉41
지력	5	지각	30	
감각	5	교섭	30	
매력	5	교양	30	
체격	6	기술	30	
외견				

이동력 신중 3m 일반 5m 전력 30m

방어구 보디 아머 레벨 1

N	P	C
전술		**상황 파악**
30		30
강인함		**정신력**
33		30
장갑치		10
방어치		0

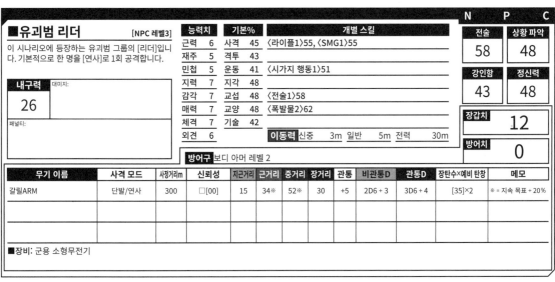

무기 이름	사격 모드	사정거리m	신뢰성	지근거리	근거리	중거리	장거리	관통	비관통D	관통D	장탄수×예비 탄창	메모
갈릴ARM	단발/연사	300	□[00]	1	20※	38※	16	+5	2D6+3	3D6+4	[35]×2	※ = 지속 목표 + 20%

■장비: 군용 소형무전기

■유괴범 리더　[NPC 레벨3]

이 시나리오에 등장하는 유괴범 그룹의 [리더]입니다. 기본적으로 한 명을 [연사]로 1회 공격합니다.

내구력	대미지:
26	
패널티:	

능력치		기본%		개별 스킬
근력	6	사격	45	〈라이플1〉55, 〈SMG1〉55
재주	5	격투	43	
민첩	5	운동	41	〈시가지 행동1〉51
지력	7	지각	48	
감각	7	교섭	48	〈전술1〉58
매력	7	교양	48	〈폭발물2〉62
체격	7	기술	42	
외견	6			

이동력 신중 3m 일반 5m 전력 30m

방어구 보디 아머 레벨 2

N	P	C
전술		**상황 파악**
58		48
강인함		**정신력**
43		48
장갑치		12
방어치		0

무기 이름	사격 모드	사정거리m	신뢰성	지근거리	근거리	중거리	장거리	관통	비관통D	관통D	장탄수×예비 탄창	메모
갈릴ARM	단발/연사	300	□[00]	15	34※	52※	30	+5	2D6+3	3D6+4	[35]×2	※ = 지속 목표 + 20%

■장비: 군용 소형무전기

『건독 제로』에서의 변경점

『건독 제로』에서 『GDR』이 되면서 변경된 점이나 추가된 점에 대해 게재합니다.

제1장 월드 섹션
P001~054: 현재의 세계에 맞춰 일부 가필 수정했습니다.

제2장 플레이어 섹션
P057: 샘플 캐릭터의 소지 아이템에 관해 보충했습니다.
P058~080: 각 샘플 캐릭터의 무장 카드에 명중률을 명시했습니다. 방어구, 아이템 수정을 스킬의 비고란에 명시했습니다.
P086:《퀵 드로우》의 효과를 변경했습니다.
P086:《컴뱃 센스》의 효과를 변경했습니다.
P087:《샤프 슈터》의 효과를 변경했습니다.
P087:《핀 홀 샷》의 효과를 변경했습니다.
P088:《이아이》의 효과를 변경했습니다.
P088:《스러스트 앤 패리》의 효과를 변경했습니다.
P088:《녹 다운》의 타이밍과 효과를 변경했습니다.
P088:《파사이》의 효과를 변경했습니다.
P089:《프론트 액션》의 효과를 변경했습니다.
P090:《리플레이》의 지속시간과 효과를 변경했습니다.
P091:《이베이시브 액션》의 효과를 변경했습니다.
P092:《워킹 메뉴얼》의 효과를 변경했습니다.
P093:《퍼스트 에이드》의 효과를 변경했습니다.
P093:《리라이브》의 효과를 변경했습니다.
P100: 클래스 아츠의 사용 타이밍에 관해 보충했습니다.
P104: [입수 판정] 시의 경감 방법에 관해 보충했습니다.
P105: 「캐릭터 시트(오른쪽)」의 명칭을 변경했습니다.

제3장 규칙 섹션
P112: [무리하기]로 상승하는 달성치를 +1로 변경했습니다.
P124: 사이드 바 「캐릭터의 방향」을 보충했습니다.
P125: 사이드 바 「소리와 소음 레벨」의 설명을 변경했습니다.
P126: 사이드 바 「이동 중에 할 수 없는 행동」, 항목 「이동 중에 할 수 있는 [행동]」을 삭제하고 새로 항목 「빠져나가기」를 추가했습니다.
P127: 항목 「문을 걷어차 연다」에서 「앞으로 당겨 여는 문」의 수정을 「기본적으로 불가」로 했습니다.
P127: 사이드 바 「유리에 의한 대미지」를 보충했습니다.
P129: 「포인트 맵」의 내용을 변경했습니다.
P129: 항목 「③-1DR」의 내용을 변경했습니다.
P129: 사이드 바에 「지형」을 추가했습니다.
P130: 사이드 바 「③-2 상대측의 DR」을 보충했습니다.
P130: 사이드 바에 「전투가 발생한 경우」를 추가했습니다.
P130: 항목 「④포착거리 결정」의 내용을 변경했습니다.
P131: 항목 「이동방법에 따른 이동거리」의 내용을 변경했습니다.
P131: 항목 「이동방법에 따른 수정」의 내용을 변경했습니다.
P132: 항목 「에어리어 내의 이벤트, 전투」의 내용을 변경했습니다.
P136: 사이드 바에 「[출혈]」 성공판정에 대한 마이너스 수정」을 추가했습니다.
P136: 항목 「넘어짐」의 내용을 변경했습니다.
P137: 「기습」에서 〈상황파악〉에 성공했을 때의 설명을 변경했습니다.
P137: 사이드 바에 「셋 이상의 팀이 있을 경우의 [전술 판정]」 「기습과 우연한 만남」을 추가했습니다.
P137: 항목 「지휘 범위」의 내용을 변경했습니다.
P138: [사격집중]을 2회까지 할 수 있게 했습니다.
P139: 항목 「③이동&행동 해결」의 내용을 변경했습니다.
P139: 항목 「엄폐 상대의 명중률에 -20%」의 내용을 변경했습니다.
P139: 항목 「간이행동」의 내용을 변경했습니다.
P139: 항목 「주위를 바라보다」의 내용을 변경했습니다.
P139: 사이드 바에 「이동 도중의 [행동]」을 추가했습니다.
P140: 항목 「계속목표」의 내용을 변경했습니다.
P140: 사이드 바에 「계속목표」를 추가했습니다.
P140: 사이드 바에 「장탄수」를 추가했습니다.
P141: 사이드 바 「액세서리와 고글의 병용」의 내용을 변경했습니다.
P141: 항목 「필요근력」의 내용을 변경했습니다.
P141: 사이드 바에 「연사: -○%」와 「〈저격〉±○%」를 추가했습니다.
P144: 사이드 바에 「시야 수정」을 추가했습니다.
P144: 표 「사격 시의 수정」에 1행을 추가했습니다.
P144: 항목 「엄폐」의 내용을 변경했습니다.
P144: 항목 「목표가 멈춰섰다」를 추가했습니다.

P145: 사이드 바에 「대미지 페널티표의 결과 적용 순서」를 추가했습니다.
P146: 항목 「엄폐에 관한 규칙」의 내용을 변경했습니다.
P146: 사이드 바에 「엄폐 방향」을 추가했습니다.
P147: 항목 「샷건의 효과범위」에서 각 거리의 내용을 변경했습니다.
P147: 사이드 바 「샷건의 효과범위」의 마지막 단락을 변경했습니다.
P147: 항목 「양손 사격」의 내용을 변경했습니다.
P147: 항목 「양손 사격 시의 특기사항」을 추가했습니다.
P148: 표 「그레네이드 수정」에 1행을 추가했습니다.
P148: 사이드 바에 「목표가 숨어 있다」를 추가했습니다.
P149: 그레네이드 판정에 실패했을 때의 처리 및 펌블이 났을 때의 처리를 변경했습니다.
P149: 「회피행동」의 처리를 변경했습니다.
P149: 사이드 바의 내용을 변경했습니다.
P150: [제압사격]을 할 수 있는 [사격 모드]를 변경했습니다.
P150: [사격 모드]마다 발사 수의 상한을 설정했습니다.
P151: 표 「제압사격 수정」에 1행을 추가했습니다.
P151: 항목 「굴림」의 내용을 변경했습니다.
P151: 항목 「②회피행동」의 내용을 변경했습니다.
P151: 사이드 바에 「목표가 숨어 있다」를 추가했습니다.
P151: 사이드 바 「마스의 기재」의 내용을 변경했습니다.
P151: 사이드 바에 「여러 번의 [제압사격]」을 추가했습니다.
P151: 사이드 바에 「엎드리기」를 추가했습니다.
P151: 「회피행동」의 처리를 변경했습니다.
P152: 사이드 바에 「소음기」와 「[저격] 시의 [부위 공격]」을 추가했습니다.
P152: 항목 「부위 공격에 의한 수정」의 내용을 변경했습니다.
P153: 항목 「다른 목표를 [저격]한다」의 내용을 변경했습니다.
P153: 항목 「〈저격〉에 의한 [초장거리 사격]」의 내용을 변경했습니다.
P153: 항목 「[초장거리 사격]의 수정」의 내용을 변경했습니다.
P153: 사이드 바에 「[초장거리 사격]」과 「〈저격〉에 의한 [초장거리 사격]」을 추가했습니다.
P154: 사이드 바에 「격투에서의 거리」를 추가했습니다.
P154: 표 「격투 시의 수정」에 1행을 추가했습니다.
P154: 항목 「무장의 거리별 명중 수정」을 추가했습니다.
P155: 항목 「2. 명중률 산출」의 내용을 변경했습니다.
P155: 항목 「투사무기」에 대한 「회피행동」을 삭제했습니다.
P155: 사이드 바 「격투에 의한 이동 방해」를 추가했습니다.
P158: 항목 「암 록」의 계속효과 및 내용을 변경했습니다.
P158: 항목 「레그 록」의 계속효과 및 내용을 변경했습니다.
P158: 항목 「구속」의 내용을 변경했습니다.
P160: 사이드 바에 「격투 중인 목표에 대한 사격」을 추가했습니다.
P160: 항목 「양손 공격」의 내용을 변경했습니다.
P161: 항목 「②클래스 아츠로 공격」의 내용을 변경했습니다.
P161: 항목 「③2인 이상으로부터의 공격」의 내용을 변경했습니다.
P161: 항목 「④그레네이드와의 조합」 「⑤카운터 공격」을 삭제하고, 「[격투]에 의한 이동 방해」를 추가했습니다.
P165: 항목 「수정치」의 내용을 변경했습니다.
P166: 항목 「전념」 「회피」 「블록」의 내용을 변경했습니다.
P166: 항목 「스핀아웃(-20%)」의 내용을 변경했습니다.
P168: 항목 「조종사의 행동」의 내용을 변경했습니다.
P168: 항목 「어택」의 내용을 변경했습니다.
P168: 사이드 바에 「어택」 차량 내에서 사용할 수 있는 무기」를 추가했습니다.
P169: 항목 「탑승자D」의 내용을 변경했습니다.
P169: 사이드 바에 「조종사의 사망/기절」을 추가했습니다.
P170: 항목 「충돌」의 내용을 변경했습니다.
P170: 사이드 바에 「조종사의 교대」를 추가했습니다.
P171: 항목 「차량의 [회피행동]」의 내용을 변경했습니다.
P171: 사이드 바에 「간이 체스 규칙」을 추가했습니다.
P173: 항목 「전투 해결 체크」의 내용을 변경했습니다.
P174: 항목 「사용 가능 스킬」의 내용을 변경했습니다.
P175: 항목 「〈조달〉 이외의 [정보수집]」을 삭제하고, 「물물교환에 의한 정보수집」을 추가했습니다.
P175: 사이드 바에 「원활한 정보 수집」의 내용을 변경했습니다.
P175: 항목 「④DR의 성공률을 산출한다」의 내용을 변경했습니다.
P175: 항목 「⑦정보 입수와 정보료 지급」의 내용을 변경했습니다.
P178: 항목 「부위 공격」의 내용을 변경했습니다.
P178: 항목 「드로우」의 내용을 변경했습니다.
P179: 사이드 바에 「파괴하고 싶지 않은 엄폐물」을 추가했습니다.

P180: 「총검」의 데이터를 변경했습니다.
P181: 항목 「낙하 대미지 주사위」의 내용을 변경했습니다.
P181: 사이드 바에 「전투 이외의 대미지 페널티」를 추가했습니다.
P182: 항목 「후폭풍 대미지」의 내용을 변경했습니다.
P184: 항목 「내구력」 회복」의 내용을 변경했습니다.
P184: 항목 「출혈」 치료」의 내용을 변경했습니다.
P184: 사이드 바에 「응급처치 지식이 있는 자」를 추가했습니다.
P184: 사이드 바 「메딕 부재」의 내용을 변경했습니다.
P185: 사이드 바에 「건독의 무장에 관해」 「무장의 제한」을 추가했습니다.
P186: 사이드 바에 「RP가 주어지는 조건」 「특수한 RP 운용①」 「특수한 RP운용②」를 추가했습니다.

제4장 데이터 섹션
P200~207: 아래 무장 카드의 데이터를 변경했습니다.
MP5SD6
사냥용 엽총
모스버그 M590 샷건
SPAS12 세미 오토매틱 샷건
베네리 M4S90 M1014
XM-26 LSS
AKS74-U 어설트 카빈
89식 소총
FA MAS G2 어설트 라이플
FN F2000 어설트 라이플
H&K G36 어설트 라이플
H&K G36K 어설트 카빈
M16A4 어설트 라이플
M4 카빈
SIG SG550-2 어설트 라이플
SIG SG551-2 어설트 카빈
슈타이어 AUG 어설트 라이플
AK103 어설트 라이플
AK47 어설트 라이플
AK47S 어설트 라이플
FN FAL 어설트 라이플
H&K G3A3 어설트 라이플
M14 오토매틱 라이플
M2 머신건
FN 미니미 머신건
FN MAG 머신건
M60E4 머신건
PK 머신건
M651 최루 그레네이드탄
스로잉 나이프
격투/타·투·극
P208: 아래 방어구 카드의 데이터를 변경했습니다.
보디 아머 레벨3A
보디 아머 레벨3 플레이트 캐리어
보디 아머 레벨3
풀페이스
헬멧
헬멧(페이스 가드 있음)
P217: 「도트 사이트」를 나이트 비전, 녹트 비전과 병용할 수 있게 했습니다.
P217: 「소음기(장)」의 데이터를 변경했습니다.
P223: 「악운」의 데이터를 변경했습니다.
P224: 「정보상」의 데이터를 변경했습니다.
P228: 「경영」의 데이터를 변경했습니다.
P228: 「투자」의 데이터를 변경했습니다.
P228: 「도박」의 데이터를 변경했습니다.
P221: 「아음속탄」의 내용을 변경했습니다.
P237: 「군견」의 데이터를 변경했습니다.
P238: NPC 데이터를 3개 추가했습니다.
P246: 샘플 맵을 2개 추가했습니다.
P252~253: 샘플 TRS를 4개 추가했습니다.
P258: 대미지 페널티표의 내용을 변경했습니다.
P259: 펌블표의 내용을 변경했습니다.
P266~268: 블랭크 카드의 양을 늘렸습니다.

제5장 시나리오 섹션
P281: 『건독』에 실렸던 시나리오 1편을 『GDR』용으로 조정해서 추가했습니다.

GUNDOG REVISED

색인

GUNDOG REVISED

후기

『건독 리바이스드』를 구매하주신 여러분, 진심으로 감사드립니다.

◆

『건독 제로』의 2.5판이라 할 수 있는 본작을 구매하신 분 중에는 지금까지 발매했던 『건독』과 『건독 제로』중 어느 것을, 혹은 둘 다 구매하신 분도 있으리라 생각합니다. 여러분의 지원에 정말로 감사드립니다!

또한, 이번 작품을 통해 『건독』의 시스템이나 세계를 만나신 분도 있을 것입니다.

어서 오십시오! 총과 초연의 냄새가 떠도는 세계에!

◆

앞서 말씀드린바와 같이, 본작은 『건독 제로』의 2.5판에 해당하기에 시스템은 거의 변하지 않았습니다.

단지 알기 어려웠던 부분의 설명을 다시 쓰거나, 플레이어 여러분의 의견을 피드백하여 데이터나 시트를 수정했습니다.

서플리먼트 『바이트 더 불렛』에 영향을 줄 정도로 큰 수정은 없으므로(몇몇 무장 데이터 정도입니다만), 이쪽은 그대로 본서의 서플리먼트로서 다루고 있사오니 아무쪼록 잘 부탁합니다!

◆

마지막으로 한번 더, 본서를 구매해주신 여러분께 진심으로 감사드립니다!

앞으로도 『건독』 시리즈를 잘 부탁합니다!

Gen Karioka

역자 후기

건독 리바이스드의 데이터 파트와 시나리오 파트 번역을 맡은 유범입니다.

건독은 일본 룰치고는 상당히 보기 드문 룰이라고 생각합니다. 오히려 서양 룰에 가깝다는 느낌도 듭니다.

번역을 맡게 되면서 비로소 접한 룰이었는데, 지금은 공식 리플레이를 죄다 구매하고 마스터링도 돌려볼 정도로 마음에 드는 룰이 되었네요.

세세한 부분까지 꼼꼼하게 다루는 룰을 좋아하시는 분, 건액션을 좋아하시는 분이라면 취향에 맞으실 것이라고 생각합니다.

◆

안녕하세요. 건독 리바이스드의 설정, 규칙 파트 번역을 맡은 이그니시스입니다.

종종 플레이하던 시스템을 이렇게 번역하고 발매하게 되니 감회가 새롭습니다.

검과 마법의 세계에서 모험을 즐기시던 분께는 총과 초연의 냄새가 떠도는 세계가 생소할 수도 있습니다.

하지만 때로는 9mm 할로 포인트 탄이 마법보다 나을 수도 있습니다.

건독과 함께 즐거운 시간되시길!

STAFF

게임 디자인	狩岡源
편집	梶原佳介 清水健司
DTP	柳生詳史
커버 일러스트	Wolfina
샘플 캐릭터 일러스트	Wolfina 清水清
샘플 캐릭터 일러스트 원안 (오거, 듀라한, 퀸비, 코브라, 바이퍼, 암리타)	卍勇
본문 일러스트	有谷まほろ Wolfina 清水清 卍勇 ファントム

◎Special Thanks

月野零士
西上柾
의견, 요청을 보내주신 여러분
『건독』을 지원해주신 여러분

GUNDOG REVISED

한국어판

GUN ACTION TRPG 건독 리바이스드

2018년   8월   15일 초판 1쇄 발행

원제:	Role＆Roll RPGシリーズ
	『ガンアクションTRPG ガンドッグ・リヴァイズド』
저자:	Gen Karioka／Arclight
번역:	곽건민(이그니시스) / 유범
편집:	곽건민(이그니시스)
교정:	곽건민(이그니시스), 유범
발행:	TRPG Club

●R&R Official Web Site(일본어) http://r-r.arclight.co.jp/
●Support Web Site(일본어) http://r-r.rclight.co.jp/rpg/gundog/

●TRPG Club Official Web Site http://www.trpgclub.com

이 책의 내용은 픽션이며, 등장 인물과 단체명, 지역 등은 작품 내의 설정입니다.
실제 인물과 단체, 지명과는 아무 관계도 없습니다.

ISBN: 979-11-88546-06-0

파본 및 불량은 구매처에 문의하시기 바랍니다.
정가는 표지에 표시되어 있습니다.